CW01475056

Mexiko

Gerhard Heck
Manfred Wöbcke

DUMONT
Reise-Handbuch

Inhalt

Wissenswertes über Mexiko

Wissenswertes für die Reise

Unterwegs in Mexiko

Kapitel 1 Mexiko-Stadt und Umgebung

Inhalt

Kapitel 2   Das zentrale Hochland

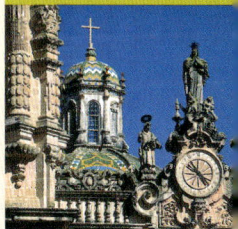

Inhalt

Kapitel 6 Von Mexiko-Stadt zum Atlantik

Kapitel 7 Oaxaca, Chiapas und Tabasco

Kapitel 8 Die Halbinsel Yucatán

Inhalt

Themen

Alle Karten auf einen Blick

▶ Dieses Symbol im Buch verweist
auf die Extra-Reisekarte Mexiko

Das farbenfrohe Guanajuato ist eine der schönsten
Kolonialstädte Mexikos und UNESCO-Weltkulturerbe

Wissenswertes über Mexiko

Im Land des Chac Mool

Wer zum ersten Mal nach Mexiko kommt, reist mit einem Koffer voller Vorstellungen: Märkte, Sonne, Palmenstrände, Folklore, Maya-Pyramiden und Azteken-Tempel, Kolonialkirchen und gastfreundliche Menschen. Tatsächlich erfüllt das Land all diese unterschiedlichen Urlaubsträume. Aber in den letzten Jahren geriet Mexiko leider auch wegen seiner Drogenmafia in die Schlagzeilen. Doch das ist bei weitem nicht alles, was dieses vielfältige Land ausmacht.

Das Land zwischen den beiden Kontinenten Amerikas, gestern noch ein Entwicklungsland, heute OECD-Staat, ist zu groß, zu komplex, zu widersprüchlich, um es nur in diesen Urlaubsbildern erfassen zu können.

Pablo Neruda formulierte es einst so: »Es gibt in Amerika und vielleicht auf dem Planeten kein Land mit größerer menschlicher Tiefe als Mexiko und seine Bewohner. In seinen großen Lichtpunkten wie in seinen gigantischen Irrtümern ist dieselbe Verkettung von grandiosem Edelmut mit hoher Lebenskraft, unerschöpflicher Geschichte und unaufhörlichem Werden zu erkennen.«

Mexikos alte Hochkulturen erblühten, lange bevor Europa aus dem Dunkel erwachte. »Eine der brillantesten Geistesschöpfungen der Menschheit« nannten Forscher den Kalender und das Zahlensystem der Maya, und John L. Stephens, der berühmte amerikanische Hobbyarchäologe und Reiseschriftsteller, gestand im 19. Jh. beim Anblick der im dichten Urwald von Palenque ruhenden Tempel: »Nichts hat mich im Roman der Weltgeschichte stärker beeindruckt.«

Mexikos Tragik beginnt mit der Entdeckung Amerikas durch Christoph Kolumbus und der Eroberung des Landes durch den spanischen Conquistador Hernán Cortés. Sie lösten einen demografischen Erdrutsch aus, der die Zerstörung alter Reiche und ihrer Kulturen zur Folge hatte. Eine Gedenktafel an der Plaza de las Tres Culturas in Mexiko-Stadt erinnert an dieses Desaster und zugleich an die ›Geburtswehen‹ eines neuen Volkes. »Am 13. August 1521 fiel Tlatelolco, heldenhaft verteidigt von Cuauhtémoc, in die Hände von Hernán Cortés. Es war weder ein Triumph noch eine Niederlage, sondern die schmerzhafte Geburt Mexikos und seines mestizischen Volkes.«

Auf den Trümmern ihrer zerstörten Städte mussten die versklavten Indios – so nannten die Spanier die *indígenas,* die Ureinwohner und deren Nachfahren, und so werden sie von vielen entwürdigend bis heute genannt – die Kirchen und Paläste ihrer neuen Herren erbauen. Es entstanden Städte nach dem Muster des alten Europa, mit Bauwerken aus der jeweils die Zeit dominierenden Stilrichtung: barocke Kathedralen oder neoklassizistische Regierungspaläste, Kapellen im Renaissance- und Theater im Jugendstil.

Im Mexiko von heute, das 2010 seine 200-jährige Unabhängigkeit feierte, erinnert kein Denkmal an Hernán Cortés, den spanischen Sieger, wohl aber viele an Cuauhtémoc, den besiegten letzten Aztekenführer. Dennoch scheint die Synthese der beiden doch so unvereinbaren Wurzeln gelungen. Die einzige Nation Lateinamerikas, deren Bevölkerung überwiegend *mestizos* sind, also Nachfahren aus Verbindungen zwischen weißen Spaniern und *indígenas,* trägt jedoch gelegentlich schwer an diesem Erbe. Die einst unüberbrückbaren Gegensätze zwischen Weiß und Braun existieren heute zwischen Arm und Reich.

Der Ölboom der 1970er-Jahre schien das Land kurzfristig seiner Sorgen zu entledigen. Doch genauso schnell, wie das Erdöl aus dem Golf von Mexiko sprudelte, verfiel in den 1980er-Jahren der Ölpreis. Weil es hoffte, in einer nordamerikanischen Freihandelszone seine wirtschaftlichen Probleme leichter lösen zu können, schloss Mexiko 1993 mit den USA und Kanada den NAFTA-Vertrag – die Rechnung ist bis heute nur teilweise aufgegangen.

Zunehmend mehr Europäer schätzen das Land mit seiner chaotisch-großartigen Hauptstadt, seinen Stränden, Regenwäldern und Tempelstätten. Im Zentrum des touristischen Interesses: Mexiko-Stadt – Traum und Albtraum, Metropole und Moloch und mit mehr als 25 Mio. Einwohnern größte Stadt der Welt. Trotz Smog, Erdbeben, Verkehrschaos – einen mehrtägigen Aufenthalt sollte sich kein Besucher entgehen lassen. Denn hier wie in keiner anderen Stadt kann er die Konfrontation der spanischen mit der indianischen Kultur und deren spätere Synthese in ihren architektonischen Spuren nachvollziehen, hier erwarten ihn Museen von Weltrang, die besten Theater, das aufregendste Kulturprogramm. Und auf dem Zócalo kann er unversehens Zeitzeuge der großen Politik werden.

Nur ein paar Stunden von der Hauptstadt entfernt: Kolonialstädte, in denen die Uhren langsamer gehen, mit Kathedralen und Herrenhäusern in überschwänglichem Barock, kopfsteingepflasterte Straßen, denkmalgeschützte Kleinode inmitten grüner Umgebung. Erholung findet man an den Stränden des Landes, ob im karibischen Yucatán oder pazifischen Acapulco. Die Tausende von Kilometern lange Küstenlinie ist der Trumpf Mexikos im Wettbewerb um größere touristische Marktanteile: weiße Sandstrände, Palmen, türkis-blau schimmerndes Wasser, komfortable Hotels.

Die präkolumbische Vergangenheit begegnet dem Besucher allerorten. Bis heute wurden in Mexiko mehr als 50 000 archäologische Stätten entdeckt, die meisten davon noch immer von dichter Dschungelvegetation überwuchert, nur 175 öffentlich zugänglich. Die bedeutendsten sind freigelegt, restauriert, und polyglotte Fremdenführer erzählen faszinierende Geschichten über die Götter, die Bauwerke und ihre Erbauer. Abseits der gängigen Routen aber bieten Ruinen noch immer eine Gelegenheit, etwas von der Entdecker-Atmosphäre zu verspüren, die die Forscher in den vergangenen Jahrhunderten beim Anblick dieser mächtigen steinernen Zeugen untergegangener Kulturen erlebten.

Zeugen aztekischer Vergangenheit: die Atlanten von Tula

Daten und Fakten

Name: Estados Unidos Mexicanos
Fläche: 1 972 550 km² (Dtld. 357 120 km²)
Hauptstadt: México D. F. (Distrito Federal);
im englischsprachigen Raum: Mexico City, im
Deutschen: Mexiko-Stadt
Amtssprache: Spanisch

Einwohner: 113 Mio. (Dtld. 82 Mio.)
Bevölkerungswachstum: 1,8 % jährlich
Lebenserwartung: Frauen: 75–78 Jahre,
Männer: 69–72 Jahre
Analphabetenrate: zwischen 7 % (Männer)
und 11 % (Frauen)

Währung: Mexikanischer Peso (Mex$);
1 Peso = 100 Centavos. Im Umlauf sind
Scheine zu 1000, 500, 200, 100, 50, 20, 10
und 5 Pesos sowie Münzen zu 20, 10, 5, 2
und 1 Pesos bzw. 50, 20 und 10 Centavos.
Zeitzonen: Mexiko hat drei Zeitzonen:
Hora del Pacífico, MEZ – 9 Std., z. B. in Baja
California Norte, Tijuna, Mexicali.
Hora del Montaña, MEZ – 8 Std., z. B. Baja
California Sur und Teile der Westküste, Sina-
loa, La Paz, Guaymas, Hermosillo, Los Mo-
chis, Mazatlán.

Hora del Centro, MEZ – 7 Std., z. B. Mexiko-
Stadt, Acapulco, Guadalajara, Oaxaca, Mé-
rida, Veracruz, Yucatán.
Von April bis Okt. gilt Sommerzeit (+ 1 Std.).

Landesvorwahl: 00 52
Internet-Kennung: .mx

Landesflagge: Die Farben Grün, Weiß und
Rot signalisieren Hoffnung, Frieden und Tap-
ferkeit. Die Darstellung in der Mitte symbolisiert den Gründungsmythos der Hauptstadt:
Die Azteken sollten dort siedeln, wo ein Adler auf einem Stein mit einem Kaktus sitzen
und eine Schlange verspeisen würde.

Geografie

Der größte Teil Mexikos, das Hochplateau
Mesa Central, wird im Osten und im Westen
von den Gebirgsketten der Sierra Madre flankiert und im Süden durch gewaltige Vulkane
begrenzt; hier liegt in 2200 m Höhe die
Hauptstadt des Landes, Mexiko-Stadt. Zu
beiden Seiten des Hochplateaus erstrecken
sich entlang der ca. 10 000 km langen Küstenlinie schmale Streifen flachen Landes. Den
größten Teil des Südens nimmt die ebene
Halbinsel Yucatán ein.

Geschichte

Als die Spanier 1519 Mexiko ›eroberten‹, stießen sie auf Bewohner, deren Kultur in den unterschiedlichen Regionen des Landes seit
Jahrtausenden hoch zivilisierte Gesellschaften hervorgebracht hatte: Die bedeutendsten
waren Maya, Olmeken, Zapoteken, Tolteken
und Azteken. Durch die spanische Conquista
wurden diese Kulturen bzw. ihre Nachkommen nahezu ausgelöscht. Danach war Mexiko 300 Jahre lang (1521–1821) spanische Kolonie. Aber auch nach der erkämpften Unab-

hängigkeit kam der natürliche Reichtum des Landes nicht der Mehrzahl seiner Bewohner zugute, zumal 1848 Mexiko nahezu die Hälfte seines Territoriums an die USA verlor. Mit der Mexikanischen Revolution (1910–17) und Persönlichkeiten wie Emiliano Zapata verbesserten sich die Lebensbedingungen der Bevölkerungsmehrheit etwas, es etablierte sich eine demokratische Staatsform. Nach dem Zweiten Weltkrieg, und besonders seit der Entdeckung des Erdöls, entwickelte sich Mexiko zur Industrienation, ohne dass es gelang, den Gegensatz zwischen Arm und Reich aufzuheben.

Staat und Politik

Mexiko gehört als präsidiale Bundesrepublik zu den ersten und stabilsten Demokratien Lateinamerikas. Dazu beigetragen hat auch die PRI, Mexikos Einheitspartei der ›institutionalisierten Revolution‹, die über einen Zeitraum von mehr als 70 Jahren alle Präsidenten und Gouverneure stellte. Doch begleiteten zunehmend Verfilzungen, Staatsbürokratie und politische Korruption die von ihr eingeleitete neoliberale Umstrukturierung der Wirtschaft. 2000 siegte bei den Präsidentschaftswahlen zum ersten Mal in der Geschichte Mexikos die konservative PAN. Gleichzeitig erstarkte als Opposition links der PRI die Partei der Demokratischen Revolution, die PRD. Bei den Präsidentschaftswahlen 2006 gewann Felipe Calderón (PAN) knapp gegen López Obrador (PRD). Er bekämpfte unter Inkaufnahme vieler Toten relativ erfolglos die Drogenmafia. Nach einem Wahlsieg der PRI ist Enrique Pena Nieto seit dem 1.12.2012 Mexikos neuer Präsident.

Wirtschaft und Tourismus

Gemäß seiner statistischen Daten zählt Mexiko seit 1993 als Mitglied der OECD zur Gruppe der führenden Industrienationen, dennoch ist es über weite Strecken ein Agrarland. Allerdings ist seine Wirtschaft stark diversifiziert: Bergbau, Erdöl, Elektronik und die Textilbranche gehören zu den entwickelten Industriebereichen. Hauptexportgüter sind Metallprodukte, Maschinen und Ausrüstungen (80 %) sowie Textilien und Leder (10 %).

Auch der Fremdenverkehr zählt zu den Devisen bringenden Sektoren, etwa 1,8 Mio. Mexikaner arbeiten im Tourismus. Ca. 20 Mio. Besucher pro Jahr verhelfen Mexiko zu einem Viertel seiner Devisen, darunter etwa 200 000 (2012) deutsche Urlauber.

Seit dem 1.1.1994 bilden Mexiko, die USA und Kanada eine Wirtschaftszone (NAFTA). Die damit einhergehende ›Neoliberalisierung‹ hat den öffentlichen Sektor drastisch zurückgedrängt, die sozialen Gegensätze verschärft und die Auslandsschulden erhöht: Es gibt eine verschleierte Arbeitslosigkeit (offiziell 2010: 5,6 %). Fast immer tragen mehrere Mitglieder zum Familieneinkommen bei.

Bevölkerung und Religion

Mexiko ist mit ca. 112 Mio. Einwohnern die größte spanischsprachige Nation der Welt. Die Geburtenrate ist mit 2,57 Kindern pro Frau mehr als doppelt so hoch wie in Deutschland. Die Mehrheit (75 %) der Mexikaner sind Mestizen, Nachkommen aus Verbindungen der *indígenas,* der indianischen Urbevölkerung, mit Spaniern. Der Anteil der *indígenas* wird auf 15 % geschätzt. Die Kreolen, die weißen, in Mexiko geborenen Nachkommen der Spanier, sind nur eine Minderheit von 10 %. Vor allem aber ist Mexiko ein junges Land: 40 % der Mexikaner sind unter 15 Jahre alt. Als ehemalige spanische Kolonie ist Mexiko katholisch. Daneben überdauerten indigene Grundhaltungen, Mythen, Vorstellungen von Zeit und Tod.

Natur und Umwelt

Urwälder, Küsten und Lagunen, Flüsse, Bergketten und Schluchten, Wasserfälle, aber auch Wüsten und vor allem Tausende von Kilometern lange Sandstrände – das ist Mexikos Natur. Seit 20 Jahren kümmert man sich auch vermehrt um den Umweltschutz und heute wirbt Mexiko zunehmend für sanften Naturtourismus.

Landschaften und Gewässer

Als Kaiser Karl V. den Eroberer Hernán Cortés bat, ihm das Land zu beschreiben, zerknüllte der ein Stück Papier und übergab es dem Kaiser. Ein anschaulicher Vergleich, denn zwei Drittel Mexikos werden von der gebirgigen Mesa Central (Hochebene) eingenommen, die zwischen 1000 und 2000 m hoch liegt und von Norden nach Süden ansteigt. Sie ist eine Fortsetzung der nordamerikanischen Kordilleren. Ihre Breite nimmt von 1500 km im Norden auf 200 km im Süden ab. Die Mesa Central wird von zahlreichen Gebirgsketten durchzogen, im Westen von der Sierra Madre Occidental und im Osten von der Sierra Madre Oriental. Diese in Nord-Süd-Richtung verlaufenden Höhenzüge bestimmen im Wesentlichen die geografische Gliederung Mexikos.

Das restliche Drittel besteht aus dem pazifischen und atlantischen Küstentiefland, der flachen Halbinsel Yucatán und den nordwestlichen Wüstengebieten. Das pazifische Küstentiefland zwischen den Ausläufern der Sierra Madre Occidental und dem Golf von Kalifornien erstreckt sich über 1300 km von der US-amerikanischen Grenze gen Süden bis auf die Höhe von Guadalajara. Hier stoßen die Ausläufer der Sierra Madre Occidental an die Küste. Im Osten ist die Küstenebene flach, teils sumpfig, teils von Urwald bedeckt, im Westen ist sie hügelig.

Im Süden Mexikos durchzieht die Sierra Volcánica Transversal als einziges Gebirge das Land in Ost-West-Richtung vom Atlantik zum Pazifik und schließt die Mesa Central im Süden ab. Den 900 km langen Gebirgszug krönt der höchste Berg Mexikos, der 5742 m hohe Pico de Orizaba, und hier liegen auch der Popocatépetl (5462 m), sein Schwestervulkan Ixtaccíhuatl (5286 m) sowie der 1943 entstandene Paricutín, dessen Ausbruch Egon Erwin Kisch miterlebte und in Reportagen nach Europa beschrieb. Südlich dieses Gebirges erstrecken sich die Bergmassive von Oaxaca und der Sierra Madre del Sur, die von dort zum Isthmus von Tehuantepec – der schmalsten Stelle Mexikos – hin abfallen. Daran schließen sich die Hochebenen von Chiapas an.

Die größten Gewässer des Landes sind die Seen von Chapala (bei Guadalajara) und Pátzcuaro (bei Morelia). Mexikos längster Fluss, der Río Grande – von den Mexikanern Río Bravo genannt – führt nur wenig Wasser und bildet über weite Strecken die Grenze zu den USA. Die wasserreichen Flüsse Grijalva und Usumacinta im Süden sind nicht schiffbar. In ihrem Einzugsgebiet liegen die tropischen Regenwälder von Chiapas. Der Ausdehnung der Wüsten des Nordens versucht man mit der Anlage künstlicher Seen und Bewässerungsmaßnahmen entgegenzuwirken.

Schließlich gehören zu Mexiko auch eine Reihe von Inseln, die zusammen eine Fläche von etwa 5000 km² ausmachen; die meisten von ihnen liegen in der Karibik vor der Ostküste der Halbinsel Yucatán, die größte unter ihnen ist die Insel Cozumel.

Klimazonen

Die gewaltige Ausdehnung des Landes, seine Lage zwischen zwei Ozeanen und die unterschiedlichen Höhenlagen bedingen verschiedene Klimazonen. Im Norden Mexikos ist es trocken und heiß, im Sommer steigt dort die Temperatur auf über 40 °C an. Gleichzeitig erlebt man die größten Temperaturschwankungen. Im Süden ist das Klima tropisch-warm und feucht. Auch die Küstengebiete sind durch hohe Luftfeuchtigkeit und beträchtliche Temperaturen geprägt. Über 1600 m Höhe ist das Klima ganzjährig frühlingshaft warm, mit sonnigen Tagen und kühlen Nächten.

Mexikos Regenzeit liegt zwischen Mai und Oktober; gewöhnlich erlebt man dann einen kurzen, aber heftigen Platzregen am Nachmittag oder Abend. Im Osten des Landes zeigt sich der Einfluss der Passatwinde, die dem ansteigenden Hochland auch während der Trockenzeit Regen bringen, so in den subtropischen Regionen des Südens, z. B. in Palenque von November bis April.

Klimatisch lassen sich in Mexiko drei Zonen unterscheiden: Die *tierra caliente* (heiße Zone) erstreckt sich vom Meer bis in 800 m Höhe; die durchschnittliche Jahrestemperatur liegt bei 25 °C. Die Luftfeuchtigkeit ist häufig hoch. In diese Klimazone fallen neben der trockenen Yucatán-Halbinsel auch die Sumpfgebiete von Tabasco und ein Teil des Dschungels von Chiapas. Die *tierra templada* (gemäßigte Zone) zwischen 800 und 1600 m Höhe weist jährliche Durchschnittstemperaturen um 20 °C und ein für Europäer angenehmes Klima auf. In der *tierra fría* (kühle Zone) oberhalb von 1600 m fällt die durchschnittliche Jahrestemperatur auf 15 °C; tagsüber ist es angenehm warm, abends jedoch kühlt es merklich ab.

Flora und Fauna

Vegetation

Die Vegetation Mexikos ist aufgrund der Landesgröße (etwa 3200 km Nord-Süd-Ausdehnung), der verschiedenen Höhenlagen (von

Küstenlandschaft in Baja California

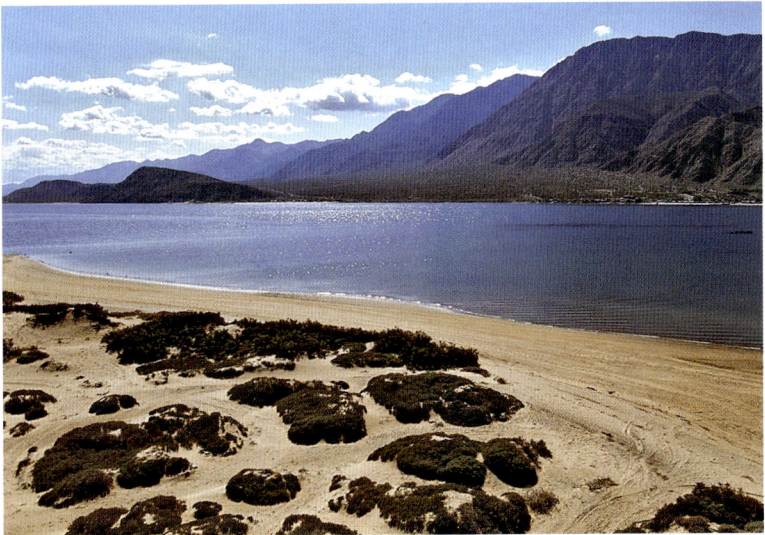

Meereshöhe bis auf über 5000 m) und der dadurch bedingten unterschiedlichen Klimazonen mannigfaltig. Zwischen 60 und 70 % der Tier- und Pflanzenwelt der Erde sind in Mexiko zu finden. Es gibt allein 25 000 Arten von Blütenpflanzen. Doch Ackerbau und Viehwirtschaft, die zunehmende Verstädterung, intensive Grundwasserentnahme, Brandrodung und Nutzholzverwertung haben im Laufe der letzten Jahrzehnte zu einer starken Dezimierung der Artenvielfalt geführt. Nach wie vor werden aber die einzelnen Regionen von einer vorherrschenden Vegetationsform bestimmt: z. B. prägen Kaktussteppen Baja California, Dornstrauchsteppen Yucatán und den Norden Mexikos, tropische Regenwälder und Dschungel den Süden. Hier gedeihen auch viele Edelhölzer, allen voran riesige Mahagonibäume und der bekannte Zapotebaum, bis heute Lieferant des *chicle,* des Gummisafts für die Kaugummiherstellung. Den Maya diente dieser Baum bereits als Bauholz für ihre Dachträger, und wegen seiner enormen Härte hielten diese Konstruktionen über einen Zeitraum von mehr als 1000 Jahren. Laub- und Kiefernwälder wachsen sowohl in den nördlichen Sierra Madres als auch im südlichen Chiapas. Mindestens 200 Arten von Eichen *(encino)* und 40 verschiedene Kiefernsorten *(pino)* wurden hier systematisch erfasst; allerdings wurden die Waldbestände *(selva)* Mexikos durch Raubbau stark dezimiert.

Im Bundesstaat Michoacán wurde z. B. durch Holzeinschlag der Lebensraum der schwarz-roten Monarchschmetterlinge, die hier zu Millionen überwintern, 1985 derart bedroht, dass 100 bedeutende Schriftsteller und Intellektuelle (›Gruppe der 100‹) als ›Studie der Natur‹ ein viel beachtetes Manifest verfassten. Dies war die Geburtsstunde der Umweltbewegung in Mexiko. Aber noch immer kochen viele mit Holz bzw. Holzkohle. Inzwischen überträgt die Regierung nicht genutztes Staatsland Landwirtschaftskooperativen zur Aufforstung, und in von Erosion bedrohten Regionen finanziert sie diese Projekte.

Mexikos vorherrschende Pflanze ist der Kaktus; von den 6000 weltweit bekannten Arten findet man im Land ca. 4000, darunter 300 endemische: angefangen von der Größe einer Haselnuss bis zum 15 m hohen Kandelaberkaktus, dessen Stamm bis zu 70 cm dick ist und von Spechten und Eulen bewohnt wird. Mit dem *órgano* (Orgel- oder Säulenkaktus) bildet man Zäune um Häuser und Gehöfte. Kakteen werden überhaupt in vielfältiger Weise genutzt: als Brennmaterial – dazu müssen sie allerdings lange trocknen, da sie zu 70–95 % aus Wasser bestehen –, aber auch als Baumaterial; einige tragen essbare Früchte oder lassen sich als Gemüse verwerten. Wahrzeichen des Landes ist der Nopalkaktus (Opuntie), wegen seiner schmackhaften Früchte auch Feigenkaktus genannt. Aus dem blattförmigen Stamm verzweigen sich immer neue Blätter (›Ohren‹), sodass er mehrere Meter hoch werden kann. Die Spanier nahmen die Opuntie mit in ihre Heimat, heute findet man sie im gesamten Mittelmeerraum. In den ariden und semi-ariden Zonen gedeihen zudem 170 Agaven-Arten, unter ihnen die Maguey-Agave (Mezcal-, Pulque- und Tequila-Gewinnung) und die Sisal-Agave aus Yucatán, seit jeher Hanf-Lieferant.

Landwirtschaftliche Nutzung

Die erwähnten Höhenlagen und die mit ihnen verbundenen Klimaregionen sind der Grund für sehr unterschiedliche landwirtschaftliche Nutzung. In der *tierra caliente* mit ihrer feucht-tropischen Vegetation dominieren im Süden Palmen und Mangroven, im Norden Nadelwälder und Savannen. Angebaut werden Bananen, Zuckerrohr, tropische Früchte, Kakao, Vanille, Tabak, Baumwolle. In der *tierra templada* herrschen Laubwälder vor, angebaut werden auch Zuckerrohr und Baumwolle, in erster Linie jedoch Kaffee. In der *tierra fría* gedeihen hauptsächlich Nadelwälder, die zum großen Teil Mais- und Bohnenanpflanzungen zum Opfer gefallen sind. Weiterhin werden hier Getreide, Gemüse und Agaven kultiviert.

Tierwelt

Die Tierwelt ist mit 1500 Säugetier- und Reptilienarten nicht weniger artenreich als die Vegetation: Hinsichtlich der Vielfalt an Repti-

Sümpfe und Mangrovenwälder im Biosphärenreservat Ría Lagartos

lienarten liegt Mexiko heute weltweit an erster, bei den Säugetieren an zweiter Stelle, an vierter Stelle bei den Amphibien und selbst bei den Vögeln mit über 1000 Arten noch an siebenter Stelle. Die Tierwelt verteilt sich analog der Pflanzenwelt: Höhenlage und Region bestimmen die Spezies.

Im wasserreichen Urwald des Südens leben Großeidechsen und Leguane sowie viele kleinere Echsen- und Molcharten. Tropische Wälder und Küstenabschnitte bieten hier Lebensraum für zahlreiche Schildkröten. Zum Schutz dieser Tiere hat Mexiko 1990 ein Fangverbot erlassen und entlang der Küsten werden ihre Brutstätten geschützt. In der Sierra Madre Occidental und den Gebirgszonen von Chiapas leben Pumas *(león),* Waschbären, Wildschweine *(pecari),* Affen und Rotwild *(venado).* Koyoten sieht und hört man überall. In den flachen Regionen von Chiapas und in Tabasco sind Wildschweine zu Hause, im gesamten Süden Fledermäuse und Gür-

teltiere. Die Lagunen an beiden Küsten bevölkern Reiher, Flamingos, Pelikane und viele weitere Wasser-, Sumpf- und Seevögel. Vor den Küsten trifft man auf Haie und Wale und vor der Insel Holbox auf Walhaie, die größten Fische der Welt. Moskitos, Skorpione, Spinnen, Zecken und Stechmücken kommen in unzähligen Arten im Land vor, gefährlich sind zum Glück nur ganz wenige. Dagegen plagen Heuschrecken und Ameisen seit jeher die Bevölkerung. Auch giftige Kriechtiere wie Klapperschlangen und Echsen sind nicht selten, von gefährlichen Begegnungen mit Menschen wird indes kaum berichtet.

Naturparks und Biosphärenreservate

Mexiko unternimmt seit geraumer Zeit große Anstrengungen, um die schönsten gefährdeten Landstriche in Naturschutzgebiete um-

Natur und Umwelt

zuwandeln. Aber noch steht das Land mit seinen Bemühungen am Anfang. Geschützt und als Naturparks ausgewiesen sind seit Langem die Vulkane Popocatépetl und Itzaccíhuatl bei Mexiko-Stadt sowie am Pico de Orizaba auf dem Weg nach Veracruz. Wegen der vielfältigen Tierwelt (u. a. Bären) viel besucht werden auch der San Pedro Martir-Nationalpark in Baja California und die Nationalparks von Cumbres de Monterrey und Sierra Madre Occidental. Von Mexiko-Stadt aus lohnt sich ein Besuch des südwestlich am Stadtrand gelegenen Parque Nacional Desierto de los Leones. Ein weitläufiges sich in Ost-West-Richtung erstreckendes Naturschutzgebiet ist der Nevado de Toluca-Nationalpark südwestlich von Mexiko-Stadt. Insgesamt 59 Seen bilden den Nationalpark Lagunas de Montebello in Chiapas. In den umliegenden tropischen Wäldern liegt auf einem Hügel zwischen zwei Seen die Pyramidenanlage der Maya von Chincultic aus dem 6. bis 8. Jh.

Umweltmaßnahmen in Mexiko-Stadt

Nach einer US-amerikanischen Studie aus dem Jahre 2000 bliesen die über 4 Mio. in Mexiko-Stadt zugelassenen Autos jeden Tag 32 t Blei in die Luft.

Dem Pkw-Verkehr hat die Stadtverwaltung der Hauptstadt deshalb schon seit Jahren Beschränkungen auferlegt. Alle in der Stadt registrierten Autobesitzer müssen ihren Wagen einmal pro Woche für einen Tag stehen lassen. Das bedeutet eine erhebliche Reduzierung des täglichen Verkehrs. Doch wie kann die Polizei kontrollieren, wer gerade fahren darf oder wer nicht? Ganz einfach! Die letzte Ziffer der Zulassungsnummer ist maßgebend für einen farbigen großen Punkt: 1 und 2 grün, 3 und 4 rot, 5 und 6 gelb, 7 und 8 rosa und 9 und 0 blau. Jede Farbe muss an einem Tag ruhen. Montags gelb, dienstags … Das Fahrverbot gilt auch für Leihwagen und Autos mit ausländischem Kennzeichen. Bei Zuwiderhandlung folgen Geldstrafen und Stilllegung des Fahrzeugs!

Heute bietet Mexiko Touristen, die sich bewusst für die unberührte Natur interessieren, über 100 staatliche geschützte Naturparks und Biosphärenreservate. Dazu zählen eine Reihe von Inseln vor der Küste Niederkaliforniens mit seltenen Tierarten und der Möglichkeit, Wale als nächster Nähe zu beobachten, und die größte Schlucht Nordamerikas, die Barranca del Cobre in der Sierra Madre Occidental. Im Hochland von Michoacán liegt das ›Schmetterlings-Sanktuarium‹, ein Biosphärenreservat, in dem jedes Jahr Millionen Schmetterlinge aus Kanada und dem Norden der USA überwintern. Die tropischen Wälder des Biosphärenreservats von Calakmul sind Lebensraum für Jaguare, Waschbären und Affen. Auch das unter Tauchern berühmte Palancar-Korallenriff auf Mexikos größter Insel Cozumel steht seit 1996 unter Naturschutz. Behutsame Tauchausflüge durch die bunte Unterwasserwelt sind jedoch möglich. Das Biosphärenreservat Sian Ka'an an der Ostküste der Halbinsel Yucatán umfasst eine Fläche von 650 000 ha, seine Küste bietet Lebensraum für 56 verschiedene Korallenarten, Kolonien von Schildkröten und exotische Fischarten. Im Norden dieser Halbinsel bieten die Sümpfe und Mangrovenwälder von Celestún und Ría Lagartos, ein riesiges Feuchtgebiet im Golf von Mexiko, die Heimat für Tausende von Flamingos.

Umweltschutz

Gegen das erste Atomkraftwerk des Landes gab es 1988 massive Proteste. Die 3,5 Mrd. US-$ teure Anlage Lagunas Verde liegt nördlich der Hafenstadt Veracruz und nur 18 km von einem noch tätigen Vulkan entfernt. Diesmal hatten die Proteste der ›Gruppe der 100‹ keinen Erfolg, obwohl ihr inzwischen auch die Schriftsteller Carlos Fuentes, Octavio Paz und Gabriel García Márquez angehörten. Da der Strombedarf Mexikos kontinuierlich steigt, haben das Energieministerium und die beiden staatlichen Stromkonzerne seit 2009 18 Großprojekte, darunter auch Atomkraftwerke, international ausgeschrieben.

Wirbelstürme

Huiranrucan nannten die karibischen Ureinwohner die sie alljährlich heimsuchenden Wirbelstürme. **Die spanischen Kolonialherren übernahmen den Namen, und noch heute heißen sie im Spanischen *huracán;* auch das deutsche Wort ›Orkan‹ leitet sich davon ab.**

Tropische Wirbelstürme treffen immer die gleichen Regionen und treten immer im Sommer und Frühherbst auf. Sie werden im pazifischen Raum Taifun, im Gebiet des Indischen Ozeans Zyklon und am Atlantischen Ozean Hurrikan genannt. Meteorologen unterscheiden sie von den Tornados, die als nichttropische Wirbelstürme kleiner und an keine regelmäßigen Zugbahnen gebunden sind.

Entstehen können tropische Wirbelstürme ausschließlich über Meeren, deren Wasser über längere Zeit hinweg 26–27 °C warm ist. Sie bilden sich, wenn Tiefdruckgebiete sich selbst bei der Wolkenbildung verstärken und rasch durch die frei werdende Kondensationswärme wachsen. Sie erreichen dadurch eine Höhe von maximal 15 km. Auf ihren Zugbahnen wandern sie, sich um ein windstilles Zentrum – Auge genannt – scheibenförmig mit Geschwindigkeiten bis zu 300 km/h drehend, langsam mehrere Tage lang über die Ozeane, bis ihnen in der Regel große Festlandgebiete ein Ende setzen.

Schwüle Luft, heftige Meeresdünung und Windstille sind die Vorboten, Katastrophen die Folge. Hurrikane versetzen die Menschen in Hilflosigkeit, da es gegen ihre Naturgewalt keinen ausreichenden Schutz gibt. Windgeschwindigkeiten von mehreren 100 km/Std. führen entlang der Sturmbahnen zu hohem Staudruck, der alles, was sich ihm in den Weg stellt, zerstört. In bebauten Gebieten bewirken die Turbulenzen, dass Bauten in Schwingungen geraten und einstürzen. Gleichzeitig führt der große Druckabfall im Zentrum des Wirbelsturms zu Überdruck in geschlossenen Gebäuden, wodurch diese regelrecht explodieren. Staudruck und Unterdruck lösen auf dem Meer heftigen Seegang aus, der dann im Gefolge des Hurrikans als Flutwelle die flachen Küstengebiete überschwemmt.

Zwar rasen immer Hurrikane über die Karibik, aber nur die wenigsten erreichen die Küsten Mexikos. Die weiter nördlich liegenden Antilleninseln und die Südostküste der USA sind wesentlich gefährdeter.

US-Meteorologen haben eingeführt, die Hurrikane innerhalb eines Beobachtungszeitraums alphabetisch mit Frauennamen zu benennen. So war z. B. Emily der fünfte und Wilma der 21. Hurrikan im Jahr 2005, beide zerstörten auch große Teile Yucatáns. Beim Wirbelsturm Emily wurden ca. 100 000 Touristen zwischen Cancún und Playa del Carmen evakuiert und versorgt, kein Mensch kam zu Tode. In Cancún kehrte nach drei Tagen der touristische Alltag wieder ein. Bei Wilma, dem schwersten Wirbelsturm in der Geschichte Mexikos, war der Schaden wesentlich größer. Er zerstörte die Häuser und Wohnungen von mehr als 1 Mio. Menschen und riss acht Menschen in den Tod. Das Jahr 2005 war ein Rekordjahr, niemals zuvor hat es in der Karibik so viele zerstörerische Wirbelstürme gegeben.

Seitdem sind bis heute alle großen Wirbelstürme an der Halbinsel Yucatán vorbeigezogen. Nur kleinere streiften, wie z. B. Hurrican Dean im August 2007, die Küste ohne Schaden anzurichten.

Natur und Umwelt

In Sachen ›Wald‹ blieben die Regierungen relativ konsequent: Da der Holzeinschlag in der Selva Lacandona binnen 20 Jahren die Hälfte des Regenwalds vernichtet hatte, entschloss sich 1989 die Regierung Salinas de Gortari als Erste, einen wesentlichen Teil des Gebietes zu schützen. Mit 2,5 Mio. US-$ wurden den Großgrundbesitzern 500 000 ha des Waldes abgekauft und drei bäuerlichen Gemeinden als Besitz übergeben.

Darüber hinaus verordnete die Regierung Salinas de Gortari (1988–94) mit einem Fünfjahresplan zum Umweltschutz eine Reihe einschneidender Maßnahmen. So wurden neue Naturschutzgebiete (z. B. im Norden Mexikos am Alto Golfo de California, in der Wüste Desierto de Altar und im Delta des Río Colorado), riesige Meeres- und Land-Ökosysteme ausgewiesen und für neue Infrastruktur- und Investitionsvorhaben ökologische Verträglichkeitsprüfungen vorgeschrieben, um die Luftqualität zu verbessern und Gewässer zu schützen. Sie entwickelte auch für Mexiko-Stadt ein Umweltschutzprogramm, das auf die Senkung der Blei- und Schwefeldioxydemissionen, die Bewältigung des Müllproblems und anderer drängender Umweltbelastungen zielte. Als die Regierung Salinas Ende 1994 abtrat, hatte sie 1 Mrd. US-$ in Umweltschutzprogramme investiert. Unter Präsident Calderón verdoppelte sich seit 2006 dieser Betrag. Und im Wahlprogramm der PRI und des neuen Präsidenten Pena Nieto steht Umweltschutz ebenfalls ganz oben.

Wie in allen Industrienationen geraten auch in Mexiko zunehmend Ökonomie und Ökologie in Konfrontation: So wurde z. B. bei Puerta Vallarta 3500 ha Mangrovenwald gefällt, um Platz für Golfplätze, Hotels und einen Yachthafen zu schaffen. Auch im Golf von Mexiko wird in großem Maß Erdöl offshore gefördert. Glücklicherweise war aber Mexiko von den Ereignissen der BP-Bohrinsel Deep Horizon im Sommer 2010 vor der Küste der USA nicht betroffen.

Der Pátzcuaro-See liegt malerisch inmitten bewaldeter Hügel

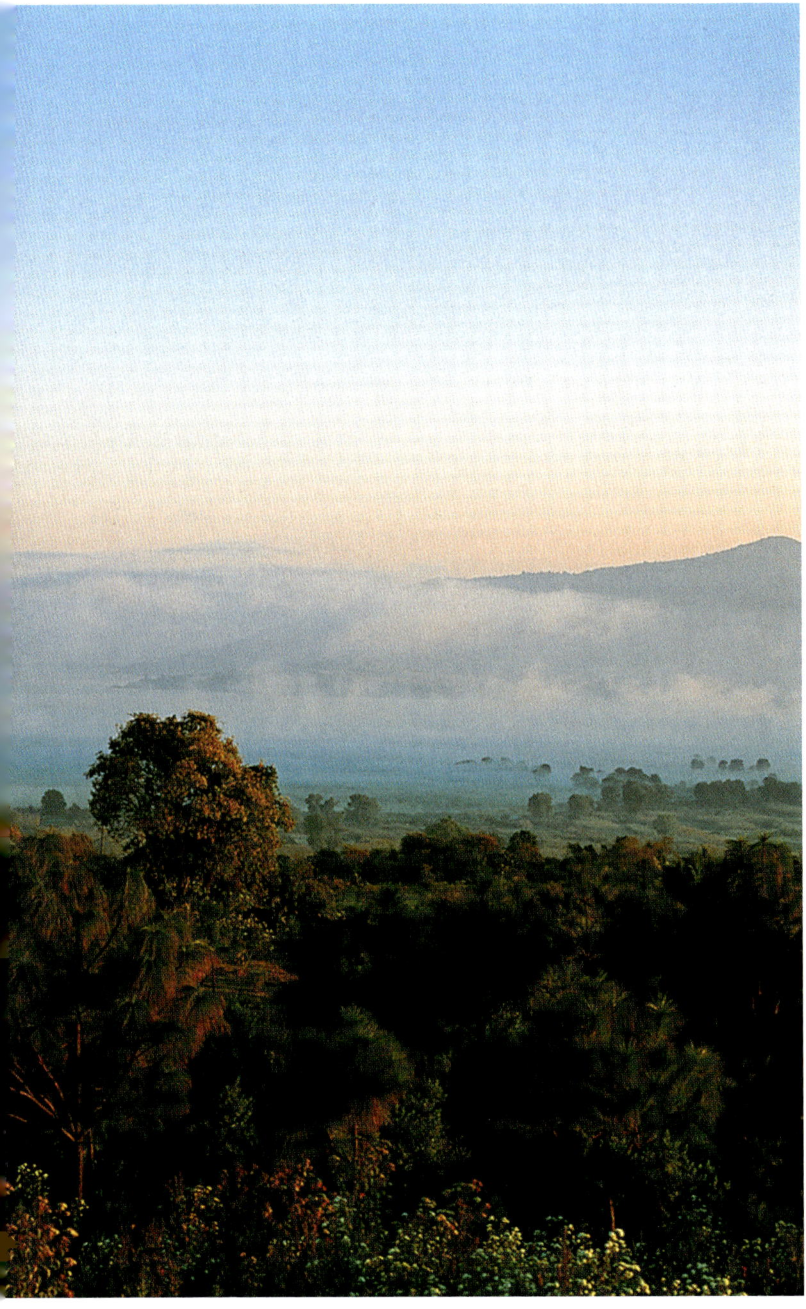

Wirtschaft, Soziales und aktuelle Politik

Mexiko ist ökonomisch gesehen als Mitglied der G-20-Staaten Weltklasse und gleichzeitig Entwicklungsland. Es ist die stabilste Demokratie des amerikanischen Kontinents südlich der USA, aber zugleich beeinflusst dieser wirtschaftlich übermächtige Nachbar wesentlich die mexikanische Innen-, Wirtschafts- und Außenpolitik.

Die mexikanische Wirtschaft

»Armes Mexiko, so weit weg von Gott und so nah bei den Vereinigten Staaten« – damit brachte der mexikanische Präsident Porfirio Díaz schon vor 100 Jahren die Zwänge der mexikanischen Politik auf den Punkt.

Als Mexiko Anfang der 1970er-Jahre begann, Öl in größeren Mengen zu exportieren, waren die Chancen für einen ökonomischen Aufstieg gut: Die Auslandsverschuldung belief sich auf ›nur‹ 12 Mrd. US-$, für die Bevölkerung wurden genügend Nahrungsmittel im Inland produziert, das Wirtschaftswachstum betrug durchschnittlich 7 %. Der anhaltende Ölpreisanstieg verhieß eine industrielle Zukunft und die Segnungen des westlichen Konsumstandards. Mit ausländischen Krediten war all dies noch schneller zu erreichen.

Anfang der 1980er-Jahre verkündete Präsident López Portillo (1976–82) nicht ohne Stolz: »Wir haben es geschafft! Man kann die Erde in zwei Gruppen einteilen – Länder, die Öl haben, und Länder, die kein Öl haben. Wir haben Öl!«

Doch die Einnahmen aus dem Öl kamen weder Mexikos wirtschaftlicher Infrastruktur noch einer konkurrenzfähigen Privatindustrie, geschweige denn den Bedürftigen in der Stadt und auf dem Land zugute. Durch Vetternwirtschaft und Korruption versickerte das Geld in den Staatsbetrieben, in repräsentativen Bauten und in der Bürokratie.

Der Ölpreisverfall traf Mexiko besonders hart, denn zwei Drittel aller Deviseneinnahmen und die Hälfte des Staatsbudgets stammten aus Erdöleinnahmen. Dies zu einer Zeit, als aus einer Fördermenge von 1,5 Mio. Barrel pro Tag noch ca. 16 Mrd. US-$ im Jahr die Staatskasse füllten.

Das Land kann mittlerweile nicht einmal die jährlich anfallenden Zinsen seiner Auslandsschulden bezahlen, an eine Tilgung ist nur begrenzt zu denken. Da die Erlöse aus dem Öl jetzt ausschließlich zur Besänftigung der ausländischen Banken eingesetzt werden müssen, stehen sie nicht mehr für die wirtschaftliche Entwicklung im Inneren, für den Kampf gegen Armut und Arbeitslosigkeit zur Verfügung.

Nach dem Regierungsantritt von Präsident Salinas de Gortari (1988–94) beschleunigte sich die bereits unter seinem Amtsvorgänger begonnene ›Modernisierung‹ im Geiste des wirtschaftspolitischen Neoliberalismus. Die Integration Mexikos in den Weltmarkt durch möglichst offene Grenzen, sparsame Haushaltspolitik und Privatisierung wurde zum neuen Leitmotiv der Politik. Die Regierung verkaufte mehr als 1000 Staatsbetriebe, darunter Banken und Fluggesellschaften, kürzte die Subvention der Grundnahrungsmittel, sorgte für mehr Wettbewerb im Inland und ließ freien Handel mit dem Ausland zu. NAFTA hieß das Zauberwort, das die mexikanische Wirtschaft wieder in Schwung bringen sollte: Das ›North American Free Trade Agreement‹ (Nordamerikanisches Freihandelsabkommen) mit Kanada und den USA umfasst heute einen gemeinsamen Wirtschaftsraum für 370 Mio. Menschen.

Unter Befürwortern ökonomischer Globalisierung findet das Land weltweit Anerkennung. Aber Mexikos Weg in die Erste Welt verkennt den Teufelskreis des neoliberalen Wirtschaftskonzepts, das die sozialen Kosten ignoriert. Insbesondere nach der Finanzkrise von 2008 ist der Staat finanziell so geschwächt, dass er zum Ausgleich der sozialen Ungerechtigkeiten kaum in der Lage ist.

Agrarpolitik

Nach der Revolution von 1917 konzentrierte sich die Wirtschaftsentwicklung in Mexiko primär auf den Agrarsektor, denn im Zuge der Verwirklichung ihrer Ziele wurden 18 Mio. ha Land an über 1 Mio. Campesinos verteilt und die kollektiven Ejidos gefördert. Die Ejidos hatten ihre Wurzeln im aztekischen Altepetalli. Die Felder in Gemeinschaftsbesitz wurden einzelnen Familien zugeteilt, die diese für ihre Selbstversorgung nutzen, aber nicht verkaufen konnten.

Seit 1940 bestimmten neue Akzente die staatliche Agrarpolitik. Anstelle der Landverteilung, die überwiegend die Selbstversorgung der ländlichen Familien im Auge hatte, traten Investitionen z. B. für Großbewässerung, Maschinen oder Düngemittel, die die Produktion marktorientiert steigern sollten.

An eine Selbstversorgung der Campesinos ist seit dem Beitritt zur NAFTA nicht mehr zu denken, die Zahl der landlosen Bauern stieg wieder von 1 Mio. (1940) auf 5 Mio. Sie fristen ihr Leben als unterbeschäftigte, außerhalb der Erntezeit arbeitslose Tagelöhner. Kein Wunder, dass der Schlachtruf nach ›Tierra y Libertad‹ in jüngster Zeit wieder deutlich zu vernehmen ist.

Konnte sich Mexiko bis 1975 noch weitgehend selbst versorgen, so muss das Land seither zunehmend Grundnahrungsmittel importieren. Denn angebaut werden vor allem Produkte, die für den Export bestimmt sind: Kaffee, Baumwolle oder Blumen. Was importiert werden kann, wird dann aber durch den Erlös aus den Exporten bestimmt.

Zugeteiltes Land, das bis in die 1990er-Jahre weder beliehen noch verkauft oder verpachtet werden durfte, kann jetzt veräußert werden. Damit wird ein günstiges Klima für Privatinvestitionen – vor allem für US-amerikanisches Kapital – in der Landwirtschaft geschaffen. Negativ wirkt sich die Öffnung des Marktes für diejenigen Betriebe der mexikanischen Landwirtschaft aus, die nach wie vor Grundnahrungsmittel produzieren. Denn Mais, Getreide und Bohnen können in den fruchtbaren Tälern der USA auf riesigen Flächen mit modernsten Maschinen und begünstigt durch das Klima wesentlich billiger produziert werden als von den Kleinbauern in Mexiko. Weil sie wegen der Weltmarktpreise nicht mehr vom Anbau und Verkauf der Ernte leben konnten, haben seit dem Inkrafttreten der NAFTA im Jahr 1994 zehntausende mexikanische Bauern aufgegeben. Die Folge: Mexiko, das Geburtsland des Maises, hat sich zum drittgrößten Importeur des Korns gewandelt. Bei Reis und Weizen liegen die Quoten höher; die Campesinos sind die Verlierer des NAFTA-Beitritts. Ihre Organisation ›Central Campesina Cardenista‹ sieht in den nächsten Jahren einen weitgehenden Zusammenbruch der kleinbäuerlichen Landwirtschaft und ein Anwachsen der Armut auf dem Lande voraus. Eine schleichende Landflucht ist vorprogrammiert, denn als Lohnarbeiter gibt es für sie nur einen Ausweg: sie ziehen z. B. nach Mexiko-Stadt als *paracaidistas* oder über den Zaun bei Tijuana in die USA.

Das Leben auf dem Land

Ein Viertel der mexikanischen Bevölkerung lebt auf dem Land. Bis zur Revolution von 1910 war der Lebensstandard der rechtlosen Landbevölkerung erbärmlich. Nach der Landreform haben sich die Verhältnisse für die *campesinos* (Bauern) und *peones* (Pächter) zwar verbessert, aber noch immer ist ihr Lebensstandard äußerst bescheiden: Ein Stückchen Land für den Anbau von Mais und braunen Bohnen, ein hüttenähnliches Haus aus luftgetrockneten Lehmziegeln, ein paar Hühner, zwei Ziegen und ein Schwein. Heute

Wirtschaft, Soziales und aktuelle Politik

Leben auf dem Land: Mutter und Tochter backen Maisfladen

erwirtschaften 80 % aller bäuerlichen Betriebe nur 15 % der gesamten Agrarproduktion. Das ist kaum verwunderlich, denn die Arbeit von Millionen von Campesinos erfolgt unter den widrigsten Umständen: Nur ein Drittel verfügt über einen Pflug und Zugtiere, viele arbeiten noch mit der Hacke. Die kleinen Parzellen, die zudem häufig an Hängen liegen, müssen eine im Durchschnitt achtköpfige Familie mit Grundnahrungsmitteln wie Mais, Bohnen und Chilis ernähren.

Für ihre bescheidenen Konsumwünsche, z. B. ein Transistorradio oder Plastikschüsseln, müssen die Bauern für den lokalen Markt produzieren. Dieser Marktverkauf ist Sache der Frauen. Meist liegt der *mercado* in einem Dorf, das wirtschaftlicher und sozialer Mittelpunkt eines Landkreises ist. Um dorthin zu gelangen, laufen die Frauen bis zu 20 km zu Fuß. Außer ihren Ernteerzeugnissen bieten sie selbst gefertigte Kunsthandwerksartikel wie bestickte Tücher oder Töpferwaren an. Wenn an den Markttagen keine organisierten Touristentouren das Dorf besuchen, ist der Erlös vom Verkauf meist spärlich.

Um die sogenannte Sockelarmut wirksam zu bekämpfen, führte Präsident Fox das von seinem Vorgänger 1997 ins Leben gerufene Sozialprogramm ›Progreso‹ fort, änderte aber dessen Namen 2004 in ›Oportunidades‹. Sein Nachfolger, Präsident Calderón, führt das Programm fort. Frauen mit geringem Einkommen erhalten staatliche Zuschüsse, wenn sie regelmäßig die Gesundheitsberatung aufsuchen, und zusätzliche Zuwendungen, wenn ihre Kinder die Schule besuchen und einen Abschluss machen. Lehrer und Dorfärzte melden die Erfolge an die Behörde. Mehr als 10 Mio. mexikanische Familien haben bisher von den Fördermaßnahmen profitiert.

gewerkschaftlichen Rechten immer noch wesentlich besser gestellt als die große Mehrheit, die als Tagelöhner, Gelegenheitsarbeiter, Straßenverkäufer, Dienstpersonal, Haushaltshilfen oder stundenweise bezahlte Aushilfskräfte von der Hand in den Mund leben.

Die Familie als Wirtschaftsfaktor

Im Zentrum des mexikanischen Lebens steht die Familie, die nicht selten mehr als ein Dutzend Personen umfasst: Großeltern, Schwiegereltern, Schwager und Schwägerinnen, Neffen und Cousinen, Enkel und Urenkel eingeschlossen. Die Familie hält zusammen, koste es, was es wolle. Jedes Mitglied einer Großfamilie übt mehrere Jobs nach- und nebeneinander aus, denn ein so großer Haushalt kann in der Regel nicht durch eine einzige berufliche Tätigkeit gesichert werden.

Wie in vielen Ländern Lateinamerikas gehen auch in Mexiko aufgrund dieser Bedingungen Arbeit und Freizeit fließend ineinander über. Jeder ist vom frühen Morgen bis zum späten Abend auf der Jagd nach zusätzlichen Einkünften. Diese Organisation der Lebenssicherung erlaubt nur kurze Erholungspausen: Sei es während der Bürozeit, in der Fabrik, auf dem Feld, bei Botengängen, als Taxifahrer oder kleiner Warenproduzent, als Händler oder Kellner, überall muss auch Zeit für einen Plausch, ein Spielchen, eine Tasse Kaffee oder eine persönliche Besorgung sein.

Vor allen Dingen in den ärmeren Familien können es sich die Frauen nicht leisten, sich nur um Kinder, Küche und Kirche zu kümmern und ansonsten die Augen niederzuschlagen. Parallel zur arbeits- und zeitaufwendigen Hausarbeit verdienen die Frauen hinzu: als Dienstmädchen, in den Fabriken, als Straßenverkäuferinnen, als Feldarbeiterinnen. Auf dem Markt werden überschüssige Erträge in Pesos umgesetzt. Insofern ist es nur zu verständlich, dass diese Frauen immer häufiger gegen das Märchen vom schutzbedürftigen und schwachen Geschlecht protestieren.

Das Leben in der Stadt

Zwei Drittel aller Mexikaner leben in den großen Metropolen, ein Viertel in Mexiko-Stadt. Doch nur die wenigsten haben ein so gutes Einkommen, dass sich ihr Lebensstandard mit dem eines Durchschnittseuropäers vergleichen ließe. Auf die Bedürfnisse dieser Oberschicht ist das Warenangebot in den Boutiquen und Läden der Hauptstadt zugeschnitten. Diese Elite sitzt an den Schalthebeln der wirtschaftlichen und politischen Macht. 20 % der städtischen Bevölkerung kann man als klassischen Mittelstand bezeichnen, zu dem die Ladenbesitzer und Facharbeiter, die Staatsbediensteten und Intellektuellen zu rechnen sind. Die verbleibenden 65 % leben an bzw. 25 % unterhalb der Armutsgrenze. Innerhalb dieser Gruppe sind die Arbeiter mit festem Arbeitsvertrag, gesetzlichem Mindestlohn und bescheidenen

Wirtschaft, Soziales und aktuelle Politik

Zum Überleben der Familien tragen auch die Kinder und Jugendlichen bei, die an jeder Ecke Kaugummi oder Süßigkeiten verkaufen, die in den Staus und an den Ampeln die Windschutzscheiben der Autos säubern oder nach dem Vorführen kleiner Kunststückchen die Hand für ein Almosen ausstrecken.

Immer deutlicher müssen sich die Architekten der neoliberalen Wirtschaftspolitik in Mexiko die Frage stellen lassen: Wie viel Sozialabbau ertragen die Armen noch? Die Kluft zwischen Arm und Reich lässt ein explosives Gemisch entstehen, das die ökonomischen Erfolge wieder zunichte macht. An Strategien für mehr soziale Gerechtigkeit werden deshalb die politischen Eliten in Mexiko und die internationalen Investoren aus der Ersten Welt nicht mehr vorbeikommen.

Vom schwierigen Verhältnis zu den USA

Mexikos Außenpolitik gilt als ›fortschrittlich‹. Aus seiner revolutionären Tradition heraus hat es immer besonders enge Verbindungen zu sozialistischen Staaten im ibero-amerikanischen Raum gepflegt, z. B. zu Chile unter Allende, zum sandinistischen Nicaragua und bis heute zu Kuba seit Castros Regierungsübernahme. In Zeiten des Kalten Krieges lehnte es Mexiko ab, die Schablonen US-amerikanischer Außenpolitik blindlings auf Lateinamerika zu übertragen. Das Land hat sich der Boykott-Politik gegenüber Kuba nie angeschlossen und wandte sich auf internationalem Parkett auch entschieden gegen die amerikanische Unterstützung der Contras in Nicaragua. Mexiko stand auch solidarisch zum republikanischen Spanien während des Bürgerkrieges (1936–39) und genoss über Jahrzehnte einen guten Ruf als Exilland für lateinamerikanische Sozialrevolutionäre und Antifaschisten aus Europa.

Die Haltung erklärt sich einerseits aus der eigenen Geschichte, in deren Verlauf Mexiko selbst Opfer ausländischer Machtansprüche und Interventionen wurde, andererseits aus der Notwendigkeit, seine Souveränität gegenüber dem ›Koloss im Norden‹ ständig behaupten zu müssen. Zwar kühlte sich unter dem neoliberalen, US-freundlichen Präsidenten Fox das Verhältnis zu Kuba ab, aber 2003 stimmte Mexiko im UNO-Sicherheitsrat z. B. auch gegen eine militärische Invasion im Irak.

Nahezu die Hälfte seines ursprünglichen Territoriums hat Mexiko an seinen nördlichen Nachbarn verloren. Als die USA das Gebiet ihrer heutigen Staaten Texas, Kalifornien, Neu-Mexiko, Utah und Arizona 1835 nicht für 5 Mio. US-$ käuflich erwerben konnten, verleibten sie es sich zwölf Jahre später kurzerhand militärisch ein, unter dem Vorwand, die Bevölkerung von der korrupten Herrschaft des mexikanischen Generals Santa Ana ›befreien‹ zu müssen.

Die besonderen Beziehungen zu den Vereinigten Staaten, die schon immer den außenpolitischen Spielraum Mexikos bestimmten, werden von wirtschaftlichen Erwägungen beherrscht: Mexiko ist abhängig von US-amerikanischem Kapital, von den US-amerikanischen Touristen – und von den US-amerikanischen Einwanderungskontrollen.

Lange überquerten Millionen Mexikaner jährlich illegal die über 3000 km lange grüne Grenze, um sich ohne arbeitsrechtlichen Schutz als Landarbeiter bei den Großfarmen der Südstaaten zu verdingen. Auf den Obstfeldern Kaliforniens verdienten sie in zwei Monaten so viel wie in einem Jahr in Mexiko. Diese Arbeitsemigranten werden *wet backs* genannt, weil sie die Grenze nur überwinden konnten, indem sie den Río Grande durchschwammen. Die USA duldeten zwar offiziell diesen Zustrom von Arbeitskräften nicht, behinderten ihn aber auch nicht effizient.

Nur ein kleiner Teil der illegalen mexikanischen Einwanderer wurde von den Grenzpatrouillen festgenommen. Unter der Führung eines Ortskundigen, *coyote* genannt, der meist eine satte Prämie kassierte, überquerten sie illegal die Grenze. Waren sie erst einmal in *El Norte,* konnten sie relativ leicht untertauchen, da es in den USA keine Meldepflicht gibt. Wer sich erwischen ließ, wurde ohne Bestrafung per Bus wieder über die

Grenze zurückgeschickt – und versuchte es meist eine Woche später wieder.

Doch seit 1991 haben die USA einen 24 km langen und 3 m hohen Wellblechzaun zwischen dem mexikanischen Tijuana und dem kalifornischen San Diego installiert, der inzwischen auf 4,50 m erhöht, durch Betonstützen verstärkt und mit Stacheldraht bewehrt wurde. Jetzt ist die Grenze an den Stellen dicht, an denen mexikanische Grenzstädte großen amerikanischen Metropolen gegenüberliegen: In San Diego, Tijuana, in El Paso/ Ciudad Juarez und in Laredo/Nuevo Laredo, aber es kommen immer noch *wet backs,* zumal ohne die mexikanischen Saisonarbeiter der Obst- und Gemüseanbau dieser Region unrentabel würde. Die ›Mauer‹ verläuft von der pazifischen Küste ca. 60 km ins Landesinnere. Dann übernimmt die Wüste die Arbeit der Grenzpolizei. Mehr als 250 tote Mexikaner pro Jahr sind die Bilanz des ›Tortilla-Vorhangs‹.

Das Verhältnis zwischen Mexiko und den USA hat sich durch den Vertrag für eine gemeinsame Freihandelszone (NAFTA) noch einmal gravierend geändert. So hat Mexiko nahe den Grenzorten US-amerikanischen Firmen die Möglichkeit eingeräumt, Manufakturen zu gründen, in denen US-Produkte von Mexikanern zu Billiglöhnen zusammengebaut und steuerfrei zurück in die USA gebracht werden können. Allein in Tijuana gibt es Hunderte solcher *maquiladoras,* in denen 120 000 Mexikanerinnen und Mexikaner arbeiten. Umgekehrt sind die mexikanischen Grenzorte beliebte Ausflugsziele der Amerikaner, die in den Bordellen und an den Theken der Vergnügungsviertel Dollars ausgeben. Doch der Zaun fördert auch Armut und Kriminalität: Seit Jahren geschehen in Ciudad Juárez Morde an Frauen, an deren Aufklärung niemand so recht interessiert ist.

Drogenkrieg

Zum schwierigen Verhältnis zu den USA trägt auch bei, dass 90 % der in den USA konsumierten Drogen Kokain und Marihuana aus dem nördlichen Südamerika via Mexiko ins Land gelangen. Den Handel und die Handelsrouten teilen sich mehrere mexikanische

Mafia-Gruppen, deren Mitglieder sehr gut verdienen und die dank des freien Waffenhandels in den USA leichten Zugang zu Schusswaffen haben. Jahrzehntelang war dies für Mexiko kein Problem. Da aber die USA weder den Drogenkonsum noch den freien Waffenhandel einschränken können oder wollen, übten sie Druck auf Mexiko aus, die Transitrouten für die Drogen in die USA zu unterbinden. Seit 2006 hat Präsident Calderón den mafiösen Drogen-Kartellen den Kampf angesagt und über 50 000 Polizisten und Soldaten eingesetzt. Eine innermexikanische Eskalation war vorprogrammiert. Bis 2012 gab es insbesondere im Norden in der Nähe der Grenze. ca. 30 000 Tote, vor allem Kuriere, Polizisten, Soldaten und Drogenhändler. Touristen sind bisher von diesem ›Drogenkrieg‹ nicht betroffen.

Lesetipps zum Thema

América: Zu Beginn des Romans von T. C. Boyle, der im Englischen ›The Tortilla Curtain‹ heißt, fährt der reiche US-Amerikaner Mossbacher an einem Highway in Südkalifornien den illegalen mexikanischen Einwanderer Cándido über den Haufen, drückt dem Schwerverletzten 20 US-$ in die Hand und fährt weiter. Ab dann werden die Lebens- und Überlebensgeschichten der Beteiligten parallel erzählt. Wer dieses 1995 erschienene Buch liest, lernt die immer größer werdende Kluft zwischen Arm und Reich und die kriminellen Energien auf beiden Seiten besser zu verstehen, und das nicht nur im US-amerikanisch-mexikanischen Grenzgebiet.

Tage der Toten: Ein spannender Kriminalroman von Don Winslow mit sehr vielen Hintergrundinformationen über die sozialen und gesellschaftlichen Machtstrukturen in Mexiko. In dem 2005 unter dem Originaltitel ›The power of the drug‹ erschienenen Buch gelingt es Art Keller, einem US-Drogenfahnder, in die Strukturen der mexikanischen Drogenmafia einzudringen. Er selbst wird plötzlich zum Opfer zwischen Interessengruppen in den USA und der mexikanischen Drogenmafia. Absolut großes, literarisches Kino.

Geschichte

Im Mexiko erlebt man 3000 Jahre Kulturgeschichte. Man begegnet ihr im ganzen Land. Allein 25 Orte und Denkmäler hat die UNESCO zum Erbe der Menschheit erklärt. Ihre Faszination erschließt sich dem Betrachter aber immer nur im Kontext ihres historischen Rahmens.

Die präkolumbischen Kulturen in Zentralamerika

Als älteste Kultur Mesoamerikas gilt die der Olmeken, die zwischen 2000 und 1500 v. Chr. die Golfküste von Veracruz und Tabasco besiedelten. Sie hinterließen trotz fehlender Natursteinvorkommen in dieser Region riesige, bis zu 30 t schwere, in Basaltstein gehauene Köpfe, die als idealisierte Herrscherporträts gedeutet werden. Nach dem religiösen und politischen Zentrum, dem heutigen Ort La Venta im Bundesstaat Tabasco, trägt diese Kultur (800–500 v. Chr.) ihren Namen.

Die olmekische Zivilisation besaß bereits alle Anzeichen einer differenzierten Gesellschaft, in der nicht mehr die ganze Bevölkerung durch die Nahrungsgewinnung gebunden, sondern es einer kleinen Gruppe erlaubt war, Kunsthandwerk und Architektur zu entwickeln und Religionsrituale ins Zentrum des Lebens zu stellen. So kannte der Staat der Olmeken bereits eine Priesterkaste und die Verehrung des Jaguars (el tigre).

Zwischen 250 und 550 n. Chr. gewann Teotihuacán im zentralmexikanischen Hochland als religiöser und kultureller Mittelpunkt an Bedeutung. Die Tolteken traten das kulturelle Erbe Teotihuacáns an und entwickelten sich seit 900 n. Chr. zu einer Großmacht: Krieger, Priester und Händler waren die staatstragenden Kasten, wobei dem Kriegerstand eine herausragende Bedeutung zukam. Die Hauptstadt der Tolteken war Tula, als ihr letzter König gilt Topoltzin, der den Ehrentitel ›Quetzalcóatl‹ (gefiederte Schlange) trug. Spätere aztekische Chroniken schilderten ihn als weißhäutig und bärtig. Nach seinem Sturz – so der Mythos – soll er gen Osten geflohen sein mit dem Versprechen, eines Tages vom Meer her als Gottheit zurückzukehren.

Bereits ab 1200 v. Chr. hatte sich in den südlichen Regionen Mexikos und den heute benachbarten Staaten Guatemala, Belize und Honduras die Kultur der Maya entwickelt. Die Blüte ihrer prächtigen Stadtstaaten endete 2500 Jahre später, noch vor der spanischen Eroberung (s. auch S. 32).

Seit etwa 900 v. Chr. siedelten die Zapoteken im Tal von Oaxaca und entwickelten ihre Kultur um die Orte Mitla und Monte Albán.

Die Azteken

Zu den von Norden einwandernden Gruppen gehörten auch die Méxica, von deren Namen sich die heutige Staatsbezeichnung ableitet und die in der europäischen Geschichtsschreibung als Azteken bezeichnet werden. Um 1370 ließen sie sich auf einer kleinen unfruchtbaren Insel im heute ausgetrockneten Texcoco-See im Hochland nieder und gründeten hier Tenochtitlán, das spätere Mexiko-Stadt. Den Aufstieg zur Großmacht im zentralen Hochland trieb der Herrscher Moctezuma I. voran, der den Beinamen ›Ilhuicamina‹ (Himmelsschütze) trug, weil es ihm durch seine Nähe zu den Göttern gelang, alle umliegenden Stämme zu Tributzahlungen zu zwingen. Die herrschende Klasse im Staat war der Kriegsadel, der sich allerdings bei seinen Entscheidungen an den Zeremonialhandlungen der Priester orientierte. Der Sonnen- und Kriegsgott Huitzilpochtli war der Stammesgott der Azteken. Unter Ahuitzotl dehnte sich die Herrschaft der Azteken weit über das Tal von Anahuac aus. Viele der in Kriegen gemachten Gefangenen wurden in Tenochtitlán in religiösen Riten der Sonne geopfert. Der Nachfolger Ahuitzotls, sein Neffe Moctezuma II. (›Xocoyotzin‹, der Jüngere), festigte die Vorherrschaft der Azteken. Sein Interesse galt jedoch mehr den Künsten als einer weiteren militärischen Expansion. Am 24. April 1519 überbrachten ihm Boten die unglaubliche Nachricht, von Osten, vom Meer her, sei Quetzalcóatl, der weißhäutige Gott-König aus vergangenen Zeiten, zurückgekehrt. Hernán Cortés war drei Tage zuvor, am Karfreitag (21. April) 1519, mit seinem Gefolge an der Ostküste gelandet.

Die Zerstörung des Aztekenreiches

Die Gesandten Moctezumas II. trafen nur wenige Tage nach der Ankunft von Hernán Cortés mit prächtigen Gastgeschenken ein, die den Spaniern eine Vorstellung vom großen Reichtum des Landes vermittelten. Cortés erfuhr schnell, dass Moctezuma das Land zwischen der Küste und seiner Hauptstadt Tenochtitlán erst vor kurzem unterworfen hatte und dass einzelne der besiegten Stämme danach trachteten, ihre Unabhängigkeit wiederzuerlangen. Er machte sich diese Rivalität zunutze, um Truppen gegen die Azteken zu rekrutieren.

Auf seinem Marsch zur Hauptstadt räumte Cortés schonungslos allen sich in den Weg stellenden Widerstand beiseite. 10 000 Tlaxcalteken verloren in Tlaxcala ihr Leben. Die blühende Stadt Cholula mit ihrer bedeutenden Tempelpyramide, deren Einwohner die Spanier freundlich aufnahmen und bewirteten, demütige Cortés, indem er am Tage des Weitermarsches 5000 Cholulaner vor der Pyramide niedermetzeln ließ.

Trotzdem ließ Moctezuma Cortés von Gesandten mit Gold beschenken (Cortés selbst berichtet von 400 Pfund), um ihn zur Umkehr zu bewegen. Denn das Blutbad von Tlaxcala und das Gemetzel von Cholula offenbarten Moctezuma eine ihm unbekannte Rücksichtslosigkeit und zugleich eine ihm rätselhafte Zielsetzung von Krieg: Für die Azteken galt es, durch Kriege Tributpflichtige und viele lebende Gefangene für ihre Opferriten zu machen, die Spanier dagegen betrieben mit ihren mörderischen Waffen eine Art Ausrottungsfeldzug. Doch Cortés dachte nicht an Umkehr, sondern gab vor, Moctezuma treffen zu müssen, weil er ihm persönlich eine Nachricht Kaiser Karls V. überbringen solle. Am 8. November 1519 erreichte Cortés mit 450 spanischen Soldaten Tenochtitlán. Trotz seiner 10 000 Mann starken Palastgarde und seines mehr als 50 000 Mann starken Heeres verzichtete Moctezuma rätselhafterweise auf jeden Widerstand. Und nicht nur das: Cortés wurde von Moctezuma und seinem Gefolge mit allen Ehren empfangen, fürstlich untergebracht, reichlich beschenkt und mit großem Respekt behandelt.

Nach dem Eintreffen in Tenochtitlán schickte Cortés rechtzeitig zur Kaiserweihe Karls V. eine erste Schiffsladung voller ›Geschenke‹ aus Mexiko nach Europa. Gegen Ende des Jahres 1519 befestigte Cortés sein Quartier, stellte Geschütze an strategisch günstiger Stelle auf und nahm Moctezuma in seinem eigenen Palast zur Geisel. Der aztekische Herrscher akzeptierte sein Schicksal; abermals leistete er keinen Widerstand.

Der schonungslose Eroberungszug des Hernán Cortés war auch nicht aus den eigenen Reihen zu stoppen. Selbst ein spanisches Geschwader von 20 Schiffen besiegte Cortés relativ schnell. Während der Abwesenheit von Cortés übernahm Pedro de Alvarado den Oberbefehl über die 140 in Tenochtitlán zurückgebliebenen Spanier. Bei einer religiösen Feierlichkeit töteten diese mehrere aztekische Häuptlinge. Danach kam es zum Aufstand; jetzt erst verloren die Azteken ihre religiöse Zurückhaltung gegenüber den ›weißen Göttern‹. Cortés, der seit dem 24. Juni

Kurzer Streifzug durch die Geschichte der Maya

Das Reich der Maya dehnte sich in der sogenannten klassischen Periode zwischen 700 und 900 n. Chr. von Mexiko bis ins heutige El Salvador aus. In dieser Epoche erbrachten sie ihre größten Kulturleistungen, und die großen religiösen Kultstätten im Südwesten Yucatáns, z. B. in Uxmal, Kabáh, in Sayil und in Chichén Itzá entstanden.

Von einem Maya-Reich im Sinne eines geschlossenen Maya-Staates zu sprechen – das weiß man heute – ist nur bedingt möglich. Politisch und wirtschaftlich handelte es sich um einzelne Stadtstaaten, die theokratisch organisiert waren und relativ lose Verbindungen untereinander hatten. Ihre Zentren bildeten die Tempel der Götter, die kultischen Ballspielplätze und die Paläste für die Priester. Um sie herum siedelten in weitem Umkreis die Bauern. Zwischen 700 und 900 n. Chr. zählten die Maya zu den höchstentwickelten Völkern der damals bekannten Welt. Sie benutzten den genauesten Kalender, rechneten mit der Zahl Null und waren hervorragende Baumeister.

Etwa um das Jahr 900 n. Chr. – den Zeitraum von 900 bis 1542 n. Chr. bezeichnen die Archäologen als nachklassische Periode – wanderte der toltekische Stamm der Itzá in den Norden Yucatáns ein. Sie assimilierten sich, dominierten schnell die Maya, prägten die neuen religiösen Rituale und bauten Chichén Itzá wesentlich aus. Das neue maya-toltekische Staatswesen war militärisch zentralistisch organisiert, beschränkte sich auf Yucatán und an die Stelle der Priester traten jetzt weltliche Fürsten.

Von Chichén Itzá aus wurde das westlich gelegene Mayapán gegründet. Es war die erste mit Mauern befestigte Stadt der Maya, das neue Zentrum, eine wirklich städtische Siedlung ohne große religiöse Zeremonialbauwerke. 1185 gelang es dem Fürsten von Mayapán, Chichén Itzá die Vormachtstellung abzuringen und mehrere Stadtstaaten unter seiner Herrschaft zur ›Liga von Mayapán‹ zusammenzuschließen. Politische Streitigkeiten führten aber zum Bruch der Liga und endeten 1445 mit der Zerstörung Mayapáns durch rivalisierende Maya-Geschlechter. Damit wurde auch das letzte bedeutende Maya-Zentrum seiner Funktion beraubt, die Provinzen fielen auseinander und verselbständigten sich wieder, ohne dass eine von ihnen Bedeutung erlangte. Jetzt erlebte der Osten Yucatáns durch den Küstenhandel einen stärkeren Aufschwung. Städte wie Tulum, Xel-Há und die Zentren des heutigen San Gervasio und El Cedral auf Cozumel erlangten Bedeutung.

Als die Spanier 1528 nach Yucatán kamen, nutzten sie das Fehlen eines einheitlichen Machtgefüges, ja sie förderten durch geschickte Absprachen die Zwietracht unter den Maya. Wo sie auf taktischem Weg ihre Herrschaft nicht ausdehnen konnten, halfen sie mit blutigem Gemetzel nach. So wurden z. B. Tausende von Maya in der Gegend um Chetumal Ostern 1536 niedergemacht. Relativ spät, erst 1542, konnte Don Francisco de Montejo dem spanischen König die Unterwerfung der Halbinsel und die Gründung Méridas melden. Politische Unterwerfung, religiöse Bekehrung und Zwangsarbeit waren die ›Gaben‹, die die ›zivilisierten‹ Spanier den Maya brachten. Die *ordonanzas* von 1552,

Thema

das Kriegs- und Missionsrecht für die eroberten Gebiete, zwang die Maya zur Aufgabe ihrer Religion, zum sofortigen Übertritt zum Christentum und zur Übersiedlung in die besser zu kontrollierenden Städte. Seit 1558 organisierte Bischof Diego de Landa die Inquisition in Yucatán. Blutiger Terror brach im Namen Christi über die Maya herein. In der Provinz Mani wurden – nach eigenen Berichten Landas – allein im Jahre 1562 insgesamt 4549 Personen gefoltert und 6330 ›Schuldige‹ mit 200 Peitschenhieben bestraft und kahl geschoren. Zudem vernichtete die Inquisition in Bücherverbrennungen nahezu alle geschriebenen Aufzeichnungen der Maya.

In der Folgezeit kam es immer wieder zu Aufständen. Die Eroberungskriege der Konquistadoren, die eingeschleppten europäischen Krankheiten, die Umsiedlungen sowie die unmenschlichen Lebensbedingungen in Zwangsarbeit führten zur nahezu vollständigen physischen Vernichtung der einheimischen Bevölkerung.

1821, nach dem Ende des mexikanischen Unabhängigkeitskrieges, verließen die Spanier Yucatán. Aber die Lage der Maya als ausgebeutete Landarbeiter änderte sich auch nach der Unabhängigkeit Mexikos nicht. Von den Kreolen wurden sie genauso schlecht behandelt wie von den spanischen Eroberern in den Jahrhunderten zuvor. 1847 kam es zur letzten und zugleich größten, aber nur teilweise erfolgreichen Erhebung der verbliebenen Maya. Ziel dieses als *guerra de castas* (Krieg der Kasten) in die Geschichte eingegangenen Aufstandes war die Vertreibung der mexikanischen Führungselite und die Gründung eines eigenen Maya-Staates. Die Maya besetzten damals sogar Mérida, doch lange konnten die Aufständischen die Stadt nicht halten. Mexikanische Regierungstruppen eroberten Mérida zurück, und seit 1848 gehört Yucatán fest zum Staat Mexiko.

In der zweiten Hälfte des 19. Jh. erlebte die Halbinsel dank des Sisals *(henequén)* und der billigen örtlichen Arbeitskräfte auf den Plantagen einen ungeahnten wirtschaftlichen Aufschwung. Zur gleichen Zeit wurden im südlichen Tiefland große Mengen Edelholz eingeschlagen, was den Waldbesitzern zu großem Vermögen verhalf. Nach der Revolution begann 1917 auch in Yucatán die Landreform, die soziale Lage der Nachkommen der Maya verbesserte sich ein wenig. Aber erst unter der Präsidentschaft von Lázaro Cárdenas gelang 1937 die volle rechtliche und politische Integration der Maya-Nachkommen in die mexikanische Republik; die soziale Integration jedoch lässt bis heute auf sich warten.

Lesetipps

Grube, Nikolai: Maya – Gottkönige im Regenwald, Königswinter (Ullmann) 2007. Der Wissenschaftler beschäftigt sich mit der Erforschung der Maya-Welt. Dieser Band versammelt großartige Aufnahmen und Illustrationen mit profunden Aufsätzen zu unterschiedlichen Aspekten des bislang wenig erforschten Volkes.

Rulfo, Juan: Mexiko – Wunderbare Wirklichkeit, Bern (Benteli) 2002. Jenseits der Karibikstrände und bunten Fiestas nimmt der Schriftsteller und Hobby-Fotograf Juan Rulfo den Leser mit in sein Mexiko: Schwarzweißbilder von Menschen und Landschaften, zeitlose Aufnahmen einer ›wunderbaren Wirklichkeit‹.

Schele, Linda; Freidel, David: Die unbekannte Welt der Maya – das Geheimnis ihrer Kultur entschlüsselt, München (Albrecht Knaus) 1991. Das Werk ist eine Fundgrube an Wissen und detailreichen Schilderungen des Maya-Alltags.

Ein Modell des aztekischen Tenochtitlán steht vor der Kathedrale in Mexiko-Stadt

1520 wieder mit einer verstärkten Truppe in Tenochtitlán weilte, konnte sich nicht mehr halten. Die Spanier verschanzten sich samt ihren Schätzen im Palast des Axayacatl. Am 27. Juni 1520 töteten sie Moctezuma II., der sich weigerte, sein Volk zur Ruhe zu rufen. In der Nacht vom 30. Juni zum 1. Juli 1520 (der *noche triste,* traurige Nacht) flohen die Spanier Hals über Kopf unter schweren Verlusten aus Tenochtitlán; dabei verloren mehr als 800 ihr Leben. Die meisten von ihnen ertranken in den Kanälen der aztekischen Hauptstadt, weil sie vor lauter Habgier auch ihre kiloschweren Schätze mitschleppten.

Cortés, der alle Geschütze verloren hatte, zog sich mit den wenigen Überlebenden nach Tlaxcala zurück. Hier konnte er neue Hilfstruppen unter den *indígenas* zusammen-stellen. Zudem war das Glück auf seiner Seite: Vier spanische Schiffe mit Soldaten, Pferden, Waffen und Schießpulver landeten zu neuen ›Entdeckungen‹ in Veracruz, ohne dass sie etwas von der Vertreibung Cortés' aus Tenochtitlán wussten. Cortés gewann sie mit großen Versprechungen für einen neuen Feldzug gegen die Azteken. Um die Stadt im Texcoco-See erreichen zu können, ließ er zwölf Boote in Tlaxcala bauen, sie wieder zerlegen und nach Tenochtitlán tragen. Während seines Marsches zur Hauptstadt stießen weitere spanische Truppen zu seinem Heer. Am 20. Mai, dem Pfingstmontag 1521, erreichte Cortés die Ufer des Texcoco-Sees.

In Tenochtitlán grassierten seit dem Sieg über die Spanier die von diesen aus Kuba eingeschleppten Pocken. Vier Monate später

Mexiko als spanische Kolonie (1535–1810)

Cortés ließ das aztekische Tenochtitlán als spanische Stadt aufbauen. Überall im Land zerstörte man die Tempel, die einheimischen Kaziken (Führer) wurden abgesetzt, die geistlichen Eliten vertrieben. Die Eroberer führten ihr spanisches Verwaltungssystem ein und erhoben das Christentum zur Staatsreligion. Auch der spanische Marienkult hielt in Mexiko 1531 in der Gestalt der dunkelhäutigen Virgen de Guadalupe (Jungfrau von Guadalupe) Einzug. Die katholischen Orden der Franziskaner, der Dominikaner, der Augustiner und Jesuiten sorgten sich um das Seelenheil der *indígenas,* überschwemmten das Land mit Kathedralen, Kirchen, Kapellen und Klöstern und eigneten sich selbst große Teile von Grund und Boden an. Auch die Führer der Konquistadoren nahmen sich riesige *encomiendas* (Landgüter), die ihnen der spanische König nachträglich als Lehen überließ. Ohne diese Unterstützung der katholischen Kirche wäre die Stabilisierung der spanischen Herrschaft in Mexiko nicht gelungen.

1535 ernannte Karl V. Antonio de Mendoza zum ersten Vizekönig von Neu-Spanien. Seine Hauptstadt wurde die auf den Trümmern Tenochtitláns neu errichtete Ciudad de México. Die Vizekönige besaßen umfangreiche Machtbefugnisse: Sie ernannten die Provinzgouverneure, kommandierten das Heer, bestimmten die Richter und standen der Kirche vor. 1547 ordnete der spanische König an, die verstreut siedelnden *indígenas* in *reducciones* (Zentren) zusammenzuführen, um ihre ›Bekehrung zum Christentum‹, ihre Überwachung und die Tributeintreibungen besser unter Kontrolle zu haben. Das führte zur Gründung vieler spanischer Siedlungen mit dem typischen Schachbrett-Grundriss.

Die Lebensbedingungen der *indígenas* verschlechterten sich rapide. Durch Fronarbeit auf dem Feld und in den Minen der Silbergbergwerke, durch eingeschleppte Krankheiten und wahllose Ermordungen wurde die Bevölkerung stark dezimiert. Einzelne Spanier

erlag ihnen der nach dem Tode Moctezumas neu gewählte Aztekenkönig Cuitlahuac. Ihm folgte sein Vetter Cuauhtémoc, der den letzten Widerstand des Volkes organisierte. Geschwächt von der Pockenepidemie konnte sich Tenochtitlán noch drei Monate der spanischen Belagerung erwehren. Mehr als 100 000 Azteken kamen dabei ums Leben. Als die Spanier am 13. August 1521 in die Stadt eindrangen, lag das einst so prächtige Tenochtitlán in Schutt und Asche.

Nach dem Fall des Aztekenreiches unterwarfen sich viele der angrenzenden *Indígena*-Stämme ohne jeden Widerstand. In den folgenden Jahren eroberten die Spanier weitere Gebiete, die sie zu dem Kolonialreich Nueva España (Neu-Spanien) zusammenschlossen.

Geschichte

wie der Erzbischof von Chiapas, Bartolomé de las Casas, prangerten Mitte des 16. Jh. die katastrophalen Lebensbedingungen der *indígenas* am spanischen Hof an, konnten aber nicht deren Ausrottung verhindern.

1570 lebten bereits 70 000 Spanier im Vizekönigreich, doch nur wenige gelangten zu Reichtum. Die Mehrzahl der spanischen Siedler, die der Traum vom Gold gelockt hatte, fristeten ein Dasein als Handwerker, Kleinbauern, Aufseher oder Vorarbeiter. Die spanische Krone saugte das reiche Land durch Steuern, Abgaben, Zinsen und Konzessionen aus. Hinzu kam, dass sich die spanischen Großgrundbesitzer mit dem System der *encomienda* immer mehr bereicherten. Das *encomienda*-System wendeten die Spanier in allen lateinamerikanischen Kolonien an. Eigentlich bedeutet *encomendar* ›anvertrauen‹. Die *indígenas* wurden einem Konquistador zum Schutz anbefohlen. In Wirklichkeit steckte hinter diesem euphemistischen Etikett ihre praktische Versklavung.

Die bis heute als Rechtfertigung vorgebrachten ›Kulturleistungen‹ der Kolonialherren sind mehr als widersprüchlich: Zwar befreiten sie die Einwohner von der Geißel der Menschenopfer, führten aber dafür den Scheiterhaufen der Inquisition ein. Zwar errichteten die Spanier Kathedralen, gründeten Schulen und Universitäten, zerstörten aber dafür die eindrucksvollen Kultstätten der *indígenas,* verbrannten die unersetzlichen *códices* (Aufzeichnungen) und vernichteten ein ganzes Kulturvolk.

Zeitzeugen-Literatur

Cortés, Hernán: Die Eroberung Mexikos – Eigenhändige Berichte an Kaiser Karl V., Tübingen (Erdmann) 1975.
Díaz del Castillo, Bernál: Wahrhafte Geschichte der Entdeckung und Eroberung von Neuspanien, Stuttgart 1965.
von Humboldt, Alexander: Reisen in die Tropen Amerikas, Neuausgabe Stuttgart 1969.
Kolumbus, Christoph: Schiffstagebuch, Neuausgabe Leipzig 1983.

In der Mitte des 18. Jh. stieg die Einwohnerzahl wieder auf fast 6 Mio. Das trotz Katholizismus geduldete Konkubinat förderte das Zusammenleben von Spaniern mit Indias. Als Mestizen wurden aber die Nachkommen aus diesen meist unehelichen Verbindungen sowohl von den *indígenas* als auch von den spanischen Eliten im Land ausgegrenzt und hatten zu den Schaltstellen der Macht keinen Zugang. Desgleichen war die kleine Mittelschicht hellhäutiger spanischer Mexikaner (Kreolen) von höheren Beamten- oder Militärposten ausgeschlossen und wurde von der spanischen Kolonialverwaltung bevormundet und herablassend behandelt. Am Vorabend des Unabhängigkeitskampfes herrschten in Mexiko, wo zu dieser Zeit ebenso viel Silber gefördert wurde wie in der ganzen übrigen Welt zusammen, große soziale Spannungen.

Mexikos Weg in die Unabhängigkeit

Spätabends am 15. September 1810 holte Miguel Hidalgo y Costilla, mexikanischer Priester spanischer Abstammung, in dem nordöstlich von Querétaro gelegenen Dorf Dolores unter lautem Glockengeläut seine Gemeinde und Tausende einfacher Leute zusammen und predigte für den Aufstand. Mit seinem Ausruf »Vivan las Américas, mueran el mal gobierno, mueran los Gachupines!« (Es lebe Amerika, Tod der schlechten Regierung, Tod den weißen Mexikanern direkter spanischer Abstammung!), mit diesem *Grito de Dolores* begann der vorbereitete bewaffnete Aufstand, Auftakt eines elfjährigen Unabhängigkeitskrieges, der über 700 000 Mexikaner das Leben kostete.

Nach 300 Jahren schlimmster Kolonialisierung war das Land jedoch nicht auf seine Unabhängigkeit vorbereitet. Politisches Chaos prägte die nächsten Jahrzehnte. Hidalgo, der für eine Agrarreform und für bessere Sozialverhältnisse kämpfte, wurde 1811 gefangen genommen und in Chihuahua hingerichtet. Erst zehn Jahre später, 1821, setzte sich die Unabhängigkeit Mexikos mit dem ›Plan von Iguala‹ durch. Er garantierte die Gleichberechtigung aller Mexikaner – ausgenommen der *indígenas* – und erhob den Katholizismus zur Staatsreligion. Der neue spanische Vizekönig Juan O'Donoju unterschrieb am 27. September 1821 im Namen der spanischen Krone den ›Vertrag von Córdoba‹: Neu-Spanien hieß jetzt offiziell Mexiko, an der Spitze des unabhängigen Staates stand ein Monarch. Die Spanier erkannten Mexiko erst 1836 an. Die soziale Lage der Landbevölkerung verschlechterte sich nach der Unabhängigkeit: Durch die hohe Verschuldung nahm die Zwangsarbeit zu, die Ejidos wurden an Großgrundbesitzer aufgeteilt, wodurch die *indígenas* zu rechtlosen Landarbeitern degradiert wurden. Der Kirche gehörten mehr als die Hälfte aller landwirtschaftlichen Nutzflächen.

Da es an einer allseits akzeptierten Zentralgewalt fehlte, setzten sich lokale und regionale Kämpfe fort, Regierungen stürzten in schneller Abfolge. Unter der Regierung von General Santa Ana kam es zum Krieg mit den USA um das schwach besiedelte mexikanische Texas, wo sich seit 1821 US-amerikanische Siedlerfamilien niedergelassen hatten. Am Ende verlor Mexiko 1848 nahezu die Hälfte seines Territoriums, darunter auch Arizona und Kalifornien, an die USA. Erst Mitte des 19. Jh. setzten sich mit den ›mexikanischen Abraham Lincoln‹, Benito Juárez, Reformen durch. Unter der Leitung des Rechtsanwalts, der von *indígenas* abstammte, wurde eine neue liberale, föderalistische Verfassung ausgearbeitet. Sie sah die radikale Trennung von Staat und Kirche, die Nationalisierung des Kirchenvermögens, Religionsfreiheit, die zivile Eheschließung, eine Garantie der Menschenrechte und eine Landreform vor. 1858 wurde Juárez Präsident. Drei Jahre lang musste er in einem Bürgerkrieg für diese Verfassung kämpfen, bis er 1861 in Mexiko-Stadt einzog.

Das Land war durch die ständigen Kriegswirren finanziell ausgeblutet. Juárez setzte deshalb 1861 die Rückzahlung aller Auslandsschulden aus. Sofort schickten England, Spanien und allen voran der französische Kaiser Napoleon III., der sich von den Überseebesitzungen großen Reichtum erhoffte, Militär, um die Erfüllung der Verpflichtungen zu erzwingen. Napoleon III. gelang es, Mexiko wieder zur Monarchie zu machen. Er setzte 1863 den jungen österreichischen Erzherzog Maximilian von Habsburg auf den Thron. Doch Maximilian I., anfänglich wegen seiner rauschenden Feste auf Schloss Chapultepec bei der mexikanischen Elite beliebt, betrieb eine liberale Politik und hob die meisten Reformen nicht auf. Zudem verbot er die Kinderarbeit und die Prügelstrafe, beschränkte die Arbeitszeit und schloss die Hacienda-Läden, in denen die *indígenas* gezwungen waren, überteuerte Waren zu kaufen. Diese Maßnahmen veranlassten die mexikanische Wirtschaftselite, zum Sturz des Kaisers Maximilian I. beizutragen.

Mexiko war unabhängig und wieder eine Republik, Benito Juárez ihr neuer Präsident. Auf seinen Befehl wurde der 35-jährige Maximilian füsiliert. Maximilian soll jedem Soldaten seines Hinrichtungskommandos einen Goldpeso gegeben und vor den Todesschüssen »Viva México« gerufen haben.

Die Jahrzehnte von 1876 bis 1910 standen ganz im Zeichen der diktatorischen Regierung von General Porfirio Díaz. Seine Person und sein Herrschaftsstil gaben dieser Epoche, die für Mexiko sowohl eine große industrielle Entwicklung brachte als auch katastrophale soziale Ungleichheit bedeutete, den Namen Porfiriato. Die Modernisierung wurde durch das nach Mexiko strömende Auslandskapital unterstützt: Die Gold- und Silberproduktion vervielfachte sich, Kupfer und Blei wurden intensiv gefördert, der Bergbau ausgebaut, Telefonnetze angelegt, das Eisenbahnnetz erweitert, die ersten Erdölvorkommen entdeckt. Auf dem Land führte der Wirtschaftsliberalismus zu einer nie da gewesenen Bodenkonzentration, bei der nahezu der gesamte Gemeindebesitz aufgelöst wurde und in die Hände von Großgrundbesitzern gelangte.

Auf den riesigen Haciendas fristeten Millionen von Campesinos ihr Dasein in Schuldknechtschaft, mit brutaler Härte an Flucht und Aufständen gehindert. Zudem übertrug Díaz den Latifundistas und Plantagenbesitzern eine eigene Gerichtsbarkeit. Unter seiner Diktatur herrschte politische Ruhe, waren Gewerkschaften verboten, die Ermordung politischer Gefangener stand auf der Tagesordnung. Zu Beginn des 20. Jh. stagnierte der Wirtschaftsaufschwung. Korruption und Vetternwirtschaft bestimmten das Geschehen in Armee und Verwaltung. In den neuen städtischen Mittelschichten (u. a. bestehend aus Anwälten, Ingenieuren, Händlern) wuchs mangels ausreichender Aufstiegsmöglichkeiten die Unzufriedenheit.

Tierra y Libertad – Die Mexikanische Revolution

Die Präsidentschaftswahlen von 1910 waren Anlass für die größte und tiefgreifendste Veränderung in der mexikanischen Gesellschaft. Um seine Wiederwahl zu sichern, ließ Präsident Porfirio Díaz die Wahlen dilettantisch fälschen und seinen Gegenkandidaten, den liberalen Großgrundbesitzer Francisco Madero, zudem verhaften. Der konnte jedoch ins nordamerikanische Texas fliehen und rief von hier aus auf der Grundlage des ›Plans von San Luis Potosí‹ zum bewaffneten Kampf gegen den Diktator auf. Am Sonntag, dem 20. November 1910, schlugen überall im Land die Aufständischen los. Madero verdankte seine Erfolge vor allem dem Umstand, dass im Norden die schillernde Figur des Francisco Villa, Pancho Villa genannt, mit einer Anhängerschaft aus Bauern und Landarbeitern, Berg- und Eisenbahnarbeitern, verarmten Bürgern und Banditen und im Süden Emiliano Zapata mit seiner Bauernarmee ihn unterstützten. 1911 wurde Francisco Madero Präsident, demokratische Rechte wie Presse-, Versammlungs- und Koalitionsfreiheit wurden gesetzlich verankert.

Doch Zapata weigerte sich, seine ›weiße‹ Armee – die Bauernsoldaten trugen als ›Uniform‹ ihre weißen baumwollenen Hemden – zu entwaffnen, solange die Frage der Land-

zuteilung nicht gelöst war. In seinem ›Plan von Ayala‹ verlangte er die Rückgabe der Ejidos, die Enteignung eines Drittels des Hacienda-Landes gegen Entschädigung und die entschädigungslose Enteignung allen Landbesitzes der Revolutionsgegner. Diese drei Kernforderungen des Ayala-Planes kulminierten in dem kurzen Kampfruf »Tierra y Libertad« (Land und Freiheit).

Die Revolution kostete ca. 1,5 Mio. Mexikaner das Leben. In den letzten Jahren waren die Fronten kaum noch zu erkennen, die einstmals vereinten Reformkräfte spalteten sich: Die Armee der konstitutionalistischen Kräfte Venustiano Carranzas kämpfte unter dem Bauern Álvaro Obregón gegen die División del Norte des Pancho Villa und gegen das Bauernheer Zapatas. Die beiden bekannten Revolutionshelden genossen ihren größten Triumph, als Carranza im November 1914 kurzfristig nach Veracruz ausweichen musste: Ihre Armeen marschierten in Mexiko-Stadt ein, vor dem Präsidentenpalast nahmen die beiden stundenlange Paraden ihrer bäuerlichen Truppen ab, beim Frühstück in der Casa de los Azulejos (heute Sanborns) und im Sessel des Präsidenten im Regierungspalast ließen Zapata und Villa sich fotografieren. Diese Fotos gingen um die Welt. Doch der Triumph war nicht von langer Dauer, da weder die sozialen Reformvorstellungen noch das Auftreten der Revolutionäre bei den Bürgern von Mexiko-Stadt auf große Gegenliebe stießen. Zapata kehrte mit seinen Bauern schon sehr bald nach Morelos, Pancho Villa ein wenig später in die Nordregion zurück.

Im Frühjahr 1917 hielt Carranza mit seiner Regierung wieder Einzug in Mexiko-Stadt. In der Tradition der Reformgesetze des Benito Juárez, unter dem Einfluss liberal-bürgerlicher Konstitutionalisten sowie im Bemühen, auch die sozialrevolutionären Kräfte der Landbevölkerung zu integrieren, verabschiedete er die bis heute gültige Verfassung. Die neue Verfassung postulierte bürgerliche Freiheiten, schränkte die Privilegien der Kirche gewaltig ein, garantierte das Streikrecht, den Acht-Stunden-Tag, die Sechs-Tage-Woche,

Pater Hidalgo ruft die Unabhängigkeit aus: Mural im Palacio del Gobierno von Guadalajara

Minimallöhne und Sozialleistungen. Alle Landkäufe und -verkäufe seit 1876 galten als vorläufig, die Bodenschätze wurden zum nationalen Eigentum erklärt, Privatbesitz an Grund und Boden wurde als ›geliehen‹ eingestuft. Zapata und seine weißen Bauernsoldaten hielten unerschütterlich all die Jahre an ihrer Forderung ›Tierra y Libertad‹ fest.

Doch gerade sie wurden 1919 mit der Ermordung Zapatas um ihren Einsatz betrogen. Zwar waren die gesetzlichen Voraussetzungen für eine Landreform gegeben, die die Neuverteilung an die Bauern sowohl wieder als Ejidos als auch als Neuvergabe von Land vorsah. Doch unter dem großbürgerlichen Carranza kamen weder die Landreform noch die Veränderung der Arbeitsbedingungen in der Industrie voran. 1923 wurde auch der letzte der legendären Revolutionshelden, Pancho Villa, ermordet.

Die Revolution stabilisiert sich – Herrschaft der PRI

1929 war ein wichtiges Jahr in der Geschichte Mexikos: Elías Calles gründete die Partido Nacional Revolucionario (PNR, National-Revolutionäre Partei), die Vorgängerin jener Partei, die dann 60 Jahre lang als Partido Revolucionario Institucional (PRI, Partei der Institutionellen Revolution) die politische Geschichte Mexikos bestimmte. Die Revolution wurde damit quasi als Staatspartei institutionalisiert und der ›Präsidentialismus‹ jetzt endgültig als Staatsform in Mexiko etabliert. Beides sorgte allerdings für politische Stabilität. Die ›Revolutionselite‹ schaffte sich mit dieser Partei ein Instrument, das den geregelten friedlichen Machtwechsel auf oberster Ebene gewährleistete. Konflikte wurden nun-

Geschichte

mehr politisch und nicht mehr militärisch aus-
getragen. Die damals (zuerst auf vier, dann)
auf sechs Jahre begrenzte Amtszeit und das
strenge Verbot der Wiederwahl schränkten
die Macht des Präsidenten ein. Jedoch ist er
während seiner Amtszeit, wenn auch ohne
Parteiamt, die alles bestimmende Führerfigur.
Die enge Verbindung zwischen Partei und
Staat wurde zum programmatischen Bestandteil der PRI und verlieh ihr eine Macht-
fülle, die bis ins entlegenste Dorf reichte; die
mexikanischen Nationalfarben (grün-weiß-
rot) waren auch die Farben der PRI.

Die Revolution brachte nicht nur eine Verfassung, sondern rief auch ein einheitliches
Nationalgefühl der Bevölkerung hervor, das
bis heute unvermindert anhält. Diese nationale Identität wurde einerseits durch die be-
tonte Rückbesinnung auf die präkolumbische Kultur des Landes und die proklamierte
Integration der *indígenas* gefördert und andererseits durch die geografische Nähe zu
den USA gespeist.

Die PRI dominierte 60 Jahre lang das politische Geschehen. Der amtierende Präsident wählte im Procedere des *dedazo* seinen
Nachfolger aus. Mit dem *dedo* (Finger) zeigte
der amtierende Präsident 14 Monate vor
Ende seiner Amtszeit auf seinen Kandidaten,
womit dieser ohne jede öffentliche Begrün-
dung zum Präsidentschaftsanwärter der PRI
ernannt war. Alle sechs Jahre wählte dann
das Volk seit 1934 am ersten Sonntag in demokratischen Wahlen bis in die jüngere Vergangenheit immer den Kandidaten der PRI
zum neuen Präsidenten.

Bis zum Zweiten Weltkrieg wurden neue
Gesetze erlassen, die die Rechte der Kirche
gemäß der Verfassung weiter einschränkten
und durch die Gründung der Bank von Mexiko die Instrumente staatlicher Wirtschafts-
förderung verstärkten. Der Mestize Lázaro
Cárdenas, der 1934 für sechs Jahre zum
Präsidenten von Mexiko gewählt wurde, begann mit einer Landverteilung, deren Ausmaß von keinem anderen Präsidenten er-

Das moderne Mexiko: im Internet-Café von Chiapa de Corzo

reicht wurde. Er förderte Gewerkschaftsgründungen und versuchte, die Dachorganisationen der Arbeiter und Bauern, der Staatsangestellten und des Mittelstandes sowie das Militär in die Partei zu integrieren. Zudem verstaatlichte er 1938 die ausländischen Ölgesellschaften.

Während des Zweiten Weltkrieges erklärte auch Mexiko Deutschland und Japan den Krieg, beteiligte sich aber erst 1945 durch Flugzeugangriffe im Pazifik an den militärischen Auseinandersetzungen. Allerdings gewährte Mexiko vielen Europäern und von den Nationalsozialisten verfolgten Deutschen politisches Asyl.

Das seit dem Zweiten Weltkrieg endgültig etablierte politische System Mexikos drängte die Geschichte des Landes geradezu in den Sechs-Jahres-Rhythmus der Regierungszeiten seiner Präsidenten. Die einzelnen Präsidentschaften setzten verschiedene Schwerpunkte. Diese führten zu einer weiteren Differenzierung des wirtschaftlichen und sozialen Systems. Das Transport- und Erziehungswesen wurden verbessert, die Militärausgaben gekürzt, Staudämme gebaut, das Frauenwahlrecht eingeführt, die Landverteilung fortgesetzt, in Gesundheitswesen und Altersversorgung wurden Fortschritte erzielt.

Unter großem finanziellen Aufwand fanden 1968 die XIX. Olympischen Spiele in Mexiko-Stadt statt. Eine Großkundgebung auf der Plaza de las tres Culturas (Platz der drei Kulturen) protestierte gegen die Ausrichtung. Die Demonstration wurde brutal niedergeschlagen, 250 Demonstranten wurden erschossen, mehr als 2000 verhaftet. Dieses Massaker und das fehlende Engagement der Regierung für dessen gerichtliche Untersuchung schwächten das politische Vertrauen in die staatstragenden ›sozialdemokratischen‹ PRI-Regierungen.

Das moderne Mexiko

Unter Präsident José López Portillo entdeckten Geologen neue Erdölvorkommen. Mexiko sah über Nacht eine neue Perspek-

tive. Das Land nahm jetzt mit seinen potenziellen Reserven einen hohen Rang unter den Erdöl fördernden Ländern ein. Die Öleinnahmen führten zu jährlichen Wachstumsraten von 7 %, neue Industrien entstanden, wirtschaftlicher Aufstieg war in Sicht.

Innenpolitisch ließ José López Portillo 1979 erstmals neben der PRI oppositionelle Parteien ins Parlament einziehen und reservierte ihnen 100 von 400 Sitzen im Abgeordnetenhaus. Der neue Ölreichtum gestattete Mexiko eine eigenständige Ausrichtung der Außenpolitik gegen die ideologisch starre Ost-West-Konfrontationspolitik der USA; Mexiko unterstützte die Sandinisten in Nicaragua und die Freiheitskämpfer in El Salvador. Doch ab 1981 sanken die Ölpreise ins Bodenlose. Über Nacht zerrann der mexikanische Traum von Geld und Reichtum, die Schulden stiegen auf 80 Mrd. US-$. Umschuldungsverhandlungen und ökonomische Liberalisierungsauflagen bestimmten die folgenden Regierungsperioden.

Unter Präsident Carlos Salinas de Gortari begann 1988 das größte Privatisierungsprogramm in der Wirtschaftsgeschichte Mexikos. Wegen der sozialpolitischen Folgen seiner Amtszeit zog er es vor, sich mit seiner Familie 1995 in die USA abzusetzen. Ein Jahr zuvor war Ernesto Zedillo Ponce de León zum Präsidenten des Landes gewählt worden. Seine Regierungszeit wurde durch die Aufstände in Chiapas belastet. Im Jahre 2000 erlebte Mexiko den demokratischen Wechsel. Die PRI verlor die Präsidentschaftswahlen, seitdem wird Mexiko von der konservativen Patei der Nationalen Aktion (PAN) und den von ihr gestellten Präsidenten regiert, seit 2001 von Präsident Vicente Fox und seit 2006 von Felipe Calderón.

Der Aufstand in Chiapas

Zynisch konstatiert der mexikanische Schriftsteller Carlos Mousivais: »Die Klasse, die heute im Namen der Revolution regiert, ist die Klasse, gegen die damals die Revolution losbrach«.

41

Geschichte

Silvester 1993 feierte der amtierende Präsident Salinas de Gortari in seinem Ferienhaus am Pazifikstrand. Voller Stolz hatten er und seine Gäste gerade die Gläser erhoben, um auf die Erfolge seiner Wirtschaftspolitik anzustoßen, da klingelte kurz nach Mitternacht – gerade war zum 1.Januar 1994 das NAFTA-Abkommen in Kraft getreten – das Telefon. Aufgeregt meldete das Verteidigungsministerium, dass 2000 indianische Guerilleros unter Verwendung des Namens Emiliano Zapata im Bundesstaat Chiapas ganz überraschend den Touristenort San Cristóbal de las Casas besetzt und den ehemaligen Gouverneur gefangen genommen hätten. Noch in derselben Nacht kehrte Salinas in seinem Präsidentenbus – auch er trägt den Namen Emiliano Zapata – nach Mexiko-Stadt zurück.

»Chiapas ist die südlichste, die ärmste Region Mexikos. Dort sind die Bauern Indios und die Indios sind Bauern«, beginnt Carlos Fuentes, Mexikos bedeutendster Schriftsteller und Essayist, seine Analyse des *Indígena*-Aufstandes. In Chiapas habe die Revolution nicht gesiegt, »hier gab es keine Agrarreform, hier gab man den Bauern nicht nur nicht das Land zurück, hier konnte die lokale Oligarchie Stück für Stück weiteres Land rauben. Viehzüchter und Großgrundbesitzer beuten Chiapas aus wie eine Kolonie!« Ca. 70 Familien, darunter zahlreiche Clans mit deutschen Vorfahren, besitzen die fruchtbarsten Ländereien. Ihnen stehen ca. 3,4 Mio. arme Einwohner gegenüber.

Was Präsident Salinas und der wohlhabende Teil der mexikanischen Bevölkerung mit dem Handelsabkommen NAFTA als großen Erfolg feierten, bedroht die indianischen Kleinbauern in ihrer Existenz. Denn im Zuge der Modernisierung des Agrarsektors wurde die Unveräußerlichkeit der Ejidos eigens für das Abkommen durch eine Verfassungsreform aufgeweicht.

Die ca. 2000 bewaffneten Nachkommen der Maya, die unter Führung ihres Subcomandante Marcos in der Neujahrsnacht 1994 zahlreiche Städte und Dörfer besetzten, bezeichneten sich selbst als Ejercito Zapatista de Liberación Nacional (EZLN, Zapatistische Nationale Befreiungsarmee) und stellten medienwirksam die alten Forderungen nach ›Tierra y Libertad‹.

Zuerst versuchte die Regierung, mit Waffengewalt Herr der Lage zu werden (dabei gab es ca. 180 Tote), dann beauftragte Präsident Salinas seinen Außenminister Camacho, eine friedliche Lösung für die Beendigung des Aufstandes zu suchen. Sie gelang Anfang März dank der Vermittlung des Bischofs von San Cristóbal, Samuel Ruiz. In einem 34 Punkte umfassenden Abkommen wurden den indianischen Gemeinden Selbstverwaltungsrechte zugesprochen, die Wasser- und Gesundheitsversorgung wurde verbessert, Maya wurde Unterrichtssprache in der Grundschule, und ›versteckter Latifundienbesitz‹ wurde unter den Bauern verteilt bzw. als Ejido zugewiesen.

Oberflächlich beruhigte sich die Situation, die Maya-Rebellen zogen sich unter Führung ihres Subcomandante Marcos in die lakandonischen Wälder zurück. Doch der Konflikt schwelte weiter, da die Abmachungen aufgrund des Widerstandes der weißen Grundbesitzer und der lokalen PRI-Funktionäre nur unzureichend verwirklicht wurden.

1995 kam es erneut zu militärischen Auseinandersetzungen in Chiapas. Politische Vorwürfe gegen den Gouverneur, Verschleppung der Reformen und die verstärkte Präsenz der Armee in zahlreichen Ortschaften provozierten erneut die Besetzung von Dörfern durch den EZLN. Sehr schnell ›befreite‹ das mexikanische Militär das Territorium, das von den Aufständischen als eigenes, selbst verwaltetes Gebiet ausgegeben wurde – darunter z. B. San Andrés Larrainzar und Guadalupe Tempeyac – wieder. Subcomandante Marcos, der per Haftbefehl gesucht wurde, gelang es zu entkommen.

Anfang 1995 gab die mexikanische Regierung vor, den immer schwarz maskiert auftretenden Subcomandante als Rafael Sebastián Guillén Vicente ›enttarnt‹ zu haben. Der wortgewandte Sprecher der *indígenas* sei selbst nicht *indígena,* sondern der Sohn eines weißen, reichen Möbelhändlers, der durch die Sandinisten Nicaraguas seine Berufung zum Revolutionär erkannt habe. Subcomandante Marcos büßte durch die Enttarnung keineswegs an Beliebtheit ein. 100 000 Sympathisanten protestierten in Mexiko-Stadt 1995 gegen den Einsatz des Militärs in Chiapas. Auch in den folgenden Jahren kam Chiapas nicht zur Ruhe. Denn inzwischen terrorisierte nicht nur das Militär die von den Zapatisten selbst verwalteten Dörfer, sondern auch paramilitärische Söldnertrupps der Großgrundbesitzer vertrieben immer wieder indianische Bauern aus ihren Dörfern und ermordeten im Dezember 1997 z. B. in Acteal während einer Messe 45 Kirchenbesucher, vorwiegend Frauen und Kinder. 1998 legte der offizielle Chiapas-Vermittler, Bischof Ruiz, sein Amt nieder, weil die Regierung Zedillo in Chiapas Menschenrechtsverletzungen offensichtlich nicht verfolge. Ein Jahr vor Ende seiner Amtszeit legte Zedillo im September 1999 einen Friedensplan für Chiapas vor, der die EZLN als Gesprächspartner anerkannte.

Nach dem Amtsantritt des PAN-Präsidenten Vicente Fox am 1. Dezember 2000 versprach dieser den Abzug des Militärs aus den von der EZLN selbst verwalteten Gebieten und größere regionale Selbstbestimmung (Cocopa-Initiative). Dutzende Vertreter der EZLN reisten auf der sogenannten ›Zapatour‹ 2001 durch Mexiko, um für die Cocopa-Gesetze zu werben; am 20. März 2001 sprach EZLN-Kommandantin Esther von der Tribüne des Kongresses in Mexiko-Stadt vor einer halben Million Menschen. Doch der Kongress lehnte Ende 2001 in seinem ›Indígena-Gesetz‹ die wesentlichen Punkte der Cocopa-Initiative ab. Die EZLN zog sich gewaltfrei zurück.

Erst 2003 machte Subcomandante Marcos wieder auf die Zapatisten und die EZLN aufmerksam: Sie gründeten als neue Form der indigenen Selbstverwaltungsstruktur fünf sogenannte Caracoles (Schneckenmuscheln). Diese bilden die regionalen Koordinationszentren für 30 autonome *Indígena*-Gebiete. Rechtspolitisch setzte die EZLN damit das Abkommen von San Andrés aus

dem Jahre 1996 um. Die Regierung Fox schritt nicht ein. Einer der Gründe: Fox verfügte über keine ausreichende Mehrheit im Parlament. Seitdem ich es ruhiger geworden in den Wäldern von Chiapas.

Die Präsidentschaft Felipe Calderóns

Bei den Präsidentschaftswahlen am 2. Juli 2006 siegte mit nur 250 000 (von über 40 Mio. abgegebenen) Stimmen Vorsprung der PAN-Kandidat Felipe Calderón vor dem linken PRD-Kandidaten López Obrador. Calderón trat im Dezember 2006 sein Amt an.

Im Gefolge neoliberaler Rahmenbedingungen mit zunehmender Korruption und Armut haben in Mexiko Mafia- und Drogenkartelle massiv an Gestaltungseinfluss gewonnen. Journalisten, die darüber berichteten, wurden ermordet, Polizisten bei Verhaftungen von Drogenhändlern erschossen, und Lösegelderpressungen waren an der Tagesordnung. Da 80 % der in den USA konsumierten Drogen über Mexiko ins Land gelangen, setzte Calderon gegen die vier großen Drogenkartelle der USA zuliebe seit 2007 massiv Militär und Polizei im Anti-Drogen-Kampf ein (s. S. 29).

UN-Berater bezweifeln allerdings den Erfolg von Calderóns militärischer Härte. Denn eine wesentliche Ursache der Drogengewalt in Mexiko liegen außerhalb des Landes: Die hohe Nachfrage nach Drogen in den USA und die Leichtigkeit, mit der sich Mexikaner aus den USA auf legalem Weg Schusswaffen besorgen können. 95 % aller in Mexiko benutzten Schusswaffen stammen aus den USA. In der US-amerikanischen Grenzstadt El Paso gibt es mehr Waffengeschäfte als in jeder anderen amerikanischen Stadt. 2012 stand El Paso an der Spitze des privaten Schusswaffen-Umsatzes in den USA. Auch 2013 scheiterte der amtierende US-Präsident Obama an einer Begrenzung des Waffenhandels. Welche Politik seit Ende 2012 der regierende mexikanische Präsident Nieto deshalb einschlagen wird, bleibt abzuwarten.

Zeittafel

ca. 35 000 v. Chr.	Wanderungen aus Asien über die Bering-Landbrücke Amerika während der letzten Eiszeit.
ca. 1200 v. Chr.	Olmeken besiedeln die Golfküste von Tabasco und Veracruz.
ca. 600 v. Chr.	Zapoteken besiedeln das Tal von Oaxaca.
200–900 n. Chr.	Klassische Periode der Maya und der Zapoteken
250–650	Blütezeit der Teotihuacán-Kultur in Zentralmexiko
ca. 900	Tolteken wandern von Tula zur Halbinsel Yucatán.
1000–1250	Neuer Höhepunkt der Maya-Kultur in Yucatán
1200	Mixteken besiedeln Monte Albán.
ca. 1325	Gründung Tenochtitláns durch die Azteken
1440–69	Moctezuma I.
1492	Christoph Kolumbus ›entdeckt‹ Amerika.
1502–20	Moctezuma II.
1519	Hernán Cortés landet in der Nähe des heutigen Veracruz.
1521	Cortés besiegt den letzten Aztekenherrscher Cuauhtémoc.
1531	Dem *indígena* Juan Diego erscheint eine dunkelhäutige ›Jungfrau Maria‹, Beginn der Christianisierung der *indígenas*.
1544–50	Bartolomé de las Casas, Bischof von Chiapas, erwirkt Gesetze zum Schutze der *indígenas*.
1803	Alexander von Humboldt bereist Mexiko.
1810	Nach elfjährigem Unabhängigkeitskrieg wird im Vertrag von Cordoba aus Neu-Spanien offiziell Mexiko.
1824	Mexiko wird Republik, jahrelange Unruhen mangels Zentralgewalt.

General Santa Ana Präsident. Beginn der ersten von insgesamt elf Amtsperioden (1833–55)	**1833**
Krieg zwischen Mexiko und den USA; im Vertrag von Guadalupe verliert Mexiko Kalifornien, Arizona und Neu-Mexiko an die USA.	**1844–47**
Benito Juárez wird Präsident, bis heute der einzige indianischer Herkunft, Ausarbeitung einer neuen Verfassung.	**1858**
Rückzahlungsstopp der Auslandsschulden, Maximilian von Habsburg wird Kaiser von Mexiko.	**1864–67**
Diktatur des Porfirio Díaz	**1876–1911**
Beginn der acht Jahre dauernden ›Mexikanischen Revolution‹	**1910**
Bürgerkrieg in Mexiko, 1,5 Mio. Tote	**1911–17**
Präsident Carranza verkündet die neue mexikanische Verfassung.	**1917**
Gründung der Partei der Institutionellen Revolution (PRI)	**1929**
Präsident Lázaro Cárdenas, größte Landreformen	**1934–40**
Präsident Díaz Ordaz; bei den 19. Olympischen Spielen in Mexiko-Stadt werden 1968 250 Demonstranten erschossen.	**1964–70**
Präsident Lopez Portillo, riesige Erdölfunde im Golf von Mexiko	**1976–82**
NAFTA-Abkommen; Erhebung der ›Zapatisten‹ (EZLN)	**1994**
Vicente Fox Quesada von der konservativen PAN wird Präsident.	**2000**
Felipe Calderón (PAN) wird Nachfolger von Vicente Fox. Er erklärt den immer mächtiger werdenden Drogenkartellen offen den Krieg. Dieser Kampf forderte ca. 30 000 Menschenleben.	**2006**
Der deutschen Rüstungsfirma Heckler Koch wird durch das Außenwirtschaftsgesetz untersagt, Waffen nach Mexiko zu exportieren.	**2011**
Seit 1.12.2012 ist Enrique Pena Nieto von der PRI neuer Präsident.	**2012**

Gesellschaft und Alltagskultur

Der fröhlichen und unterhaltsamen Seite des mexikanischen Alltags kann sich der Besucher selten entziehen. Denn die Mexikaner verstehen zu feiern. Und sie feiern oft, an Allerseelen sogar mit ihren Toten. Die Mehrzahl der Mexikaner ist katholisch, aber nicht nach den strengen Regeln des Vatikans. Maria, nicht Jesus, gilt alle Verehrung.

Die mexikanische Gesellschaft

Die übergroße Zahl der Mexikaner sind Mestizen oder Ladinos, Nachkommen aus Verbindungen von *indígenas* und Spaniern. Kreolen, weiße in Mexiko geborene Nachkommen der Spanier, sind heute eine verschwindende Minderheit. Aber auch afrikanische, arabische und sogar asiatische Vorfahren sind in mestizischen Familien keine Seltenheit. Eine braune Hautfarbe zu haben, Mestize zu sein, ist kein Makel, im Gegenteil: Als die Mexikaner 1810 ihre Unabhängigkeit von Spanien erkämpften, trugen viele Freiheitskämpfer das Bild der braunhäutigen Virgen de Guadalupe (Jungfrau von Guadalupe) als Banner vor sich her. Ihr Sieg brachte auch den Mestizen gesellschaftliche Anerkennung, die bis dahin von den weißen Spaniern als Mischlinge verachtet wurden. Heute noch geben Mexikaner spanischer Abstammung ihren Kindern bewusst indianische Vornamen, um die zwei Wurzeln ihrer Familiengeschichte zu dokumentieren.

Dennoch gibt es in der mexikanischen Gesellschaft zwei große Bevölkerungsgruppen: die *indígenas* und die Mestizen. Die Situation der *indígenas,* rund 20–25 % der Bevölkerung, beschrieb der 1998 verstorbene Literaturnobelpreisträger Octavio Paz so: »Mexiko verherrlicht seine indianische Vergangenheit, aber verachtet seine lebenden Indios.« Diese Indios, die selbst den Begriff *indígenas* (Eingeborene) bevorzugen, stehen am Rande der mexikanischen Gesellschaft. Die ehemaligen Ureinwohner, über Jahrhunderte ausgebeutet und ohne Bildungs- und Aufstiegsmöglichkeiten, sprechen zum Teil nicht Spanisch, die Mehrzahl von ihnen verständigt sich noch immer in den eigenen Sprachen. Es gibt 56 einheimische Idiome sowie viele Dialekte. Nur etwa 4 Mio. *indígenas* bezeichnen sich selbst als zweisprachig, d. h. sie sprechen auch Spanisch. Zwar ist das Verhalten der mestizischen Bevölkerung gegenüber den *indígenas* im Vergleich zum benachbarten Guatemala als aufgeklärt und fortschrittlich zu bezeichnen, doch kann von Integration keine Rede sein. Denn in erster Linie gilt es, die Sitten und Gebräuche der Ethnien, ihre Sprachen und Dialekte, ihre Musik, Kunsthandwerk und ihre Trachten zu beschreiben und zu erhalten.

Innerhalb der *indígenas* lassen sich wiederum zwei soziale Gruppen unterscheiden: Zur ersten zählen Lohnarbeiter auf den Plantagen, im Straßenbau, in saisonbedingten Arbeitsverhältnissen in den Großstädten und in der Erntearbeit in den USA; zur zweiten die Dorfbewohner im Süden des Landes, deren relativ gute Versorgung durch lokale Landwirtschaft gesichert ist; zu ihnen zählen heute in Chiapas die ›Zapatisten‹.

Feste und Feiertage

Weltliche und religiöse Feste werden das ganze Jahr hindurch im gesamten Land gefeiert. Oft entfallen dadurch die Arbeitstage, die zwischen dem Festtag und dem nächsten Wochenende liegen (puente = Brücke). Außer den hier vorgestellten nationalen Feiertagen und religiösen Festen, die in ganz Mexiko gefeiert werden, gibt es zahlreiche lokale Patronatsfeste und stadtbezogene Gedenktage (s. hierzu auch die ortsbezogenen Informationen unter der Rubrik ›Feste‹). Beim Touristeninformationsbüro in Mexiko-Stadt kann man eine Übersicht über alle, auch kulturelle und sportliche Feste (fiestas populares y eventos) erhalten. Landesweit werden gefeiert:

1. Jan.: Neujahr (Año Nuevo); die Silvesternacht wird mit Feuerwerk und viel Lärm gefeiert, am nächsten Morgen Neujahrsumzüge, Straßenfeste und Volkstänze.

6. Jan.: Tag der Heiligen Drei Könige (Día de los Reyes), wird in der Großfamilie gefeiert. Am Abend zuvor stellen die Kinder ihre Schuhe auf den Balkon, damit die Eltern Geschenke hineinlegen.

5. Feb.: Tag der Verfassung (Aniversario de la Constitución), Feiertag aus Anlass der Verabschiedung der Verfassung im Jahre 1917.

Februar: Karneval ist ein farbiges, aufregendes und lebhaftes Fest, das die Mexikaner auf der Straße feiern. Gewaltige Umzüge mit Glitter und Glamour, für die keine Kosten gescheut werden, bestimmen das Stadtbild, besonders aufwendig in Mazatlán, Veracruz, Mérida, Villahermosa.

21. März: Geburtstag des Staatspräsidenten Benito Juárez (1858–72, Natalicio de B. J.); Nationalfeiertag.

März/April: Karwoche vor Ostern (Semana Santa); Schulferien und freie Arbeitstage (Mi–Fr) werden für Verwandtenbesuche und Kurzurlaub genutzt.

1. Mai: Tag der Arbeit (Día del Trabajo).

5. Mai: Tag der Schlacht von Puebla (Día de la Batalla de Puebla); die mexikanische Armee besiegte an diesem Tag 1862 die Franzosen bei Puebla; Straßenparaden.

Juni: Fronleichnam (Jueves de Corpus).

1. Sept.: Bericht zur Lage der Nation (Informe Presidencial oder Día de la Nación); der Präsident legt seit 1824 Rechenschaft darüber

---

Gesetzliche Feiertage

1. Jan.: Neujahr

5. Feb.: Tag der Verfassung

21. März: Geburtstag von Benito Juárez, erster indianischer Präsident Mexikos

1. Mai: Tag der Arbeit

5. Mai: Jahrestag der siegreichen Schlacht gegen die Franzosen bei Puebla

16. Sept.: Tag der Unabhängigkeit

12. Okt.: Día de la raza, Entdeckung Amerikas

1. Nov.: Bericht zur Lage der Nation, Allerheiligen

2. Nov.: Tag der Toten

20. Nov.: Tag der mexikanischen Revolution

12. Dez.: Erscheinung der Jungfrau von Guadalupe

25. Dez.: Weihnachten

---

ab, was er im jeweils vergangenen Jahr seiner Amtszeit getan hat und was er in Zukunft noch zu tun beabsichtigt.

15./16. Sept.: Unabhängigkeitstag (Día de la Independencia), Hidalgos Grito de Dolores (1810) wird vom Präsidenten in Mexiko-Stadt vom Balkon des Nationalpalastes und von den lokalen Bürgermeistern auf den Balkonen aller Rathäuser wiederholt; in der Nacht des 15. wird gefeiert, am 16. ist arbeitsfrei; Militärparaden.

12. Okt.: Tag des Kolumbus, auch Tag der Rasse (Día de la Raza); die Mexikaner feiern die Vereinigung der präkolumbischen Bevölkerung mit den europäischen Spaniern als Grundlage ihrer Nation.

1. Nov.: Allerheiligen (Todos los Santos)

2. Nov.: Allerseelen, Tag der Toten (Día de los Muertos); Totenverehrung in der Nacht vom 1. zum 2. Nov., blumengeschmückte Friedhöfe.

20. Nov.: Tag der Revolution (Aniversario de la Revolución); Maderos Aufruf zu den Waffen (1910) wird gefeiert mit Kostümparaden und Sportfesten.

12. Dez.: Fest der Jungfrau von Guadalupe (Aparición de la Virgen de Guadalupe); anknüpfend an die Erscheinung der Jungfrau Maria im Jahre 1531, hoher kirchlicher Feiertag, vom Staat nicht anerkannt, jedoch toleriert (s. unten).

16.–24. Dez.: Zeit der *posadas,* als Vorbereitung zum Weihnachtsfest; jeden Tag findet eine *posada* statt, d. h. zuerst eine Art Prozession der Familie mit Freunden, in Anlehnung an die Herbergs-(span. *posada*)Suche von Joseph und Maria, dann werden die *piñatas* (mit Süßigkeiten gefüllte Papier- bzw. Pappfiguren) ›geschlachtet‹, anschließend wird getanzt und *ponche* (Punsch) getrunken.

25. Dez.: Weihnachtstag *(Navidad)*; wird im Familienkreis verbracht.

›Katholisch‹ mit der Jungfrau von Guadalupe

Nahezu alle Mexikaner (über 90 %) sind katholisch. Mehr als die Hälfte der Bevölkerung geht regelmäßig zur Messe, und es gibt kaum eine Schwierigkeit, vor deren Bewältigung sich ein Mexikaner nicht bekreuzigt.

Aber dieser tief im Volk verwurzelten Religiosität steht die in der Verfassung von 1917 festgeschriebene strikte Trennung von Staat und Kirche gegenüber. Bis 1992 wurde sie auch radikal praktiziert: Die Kirche durfte in Mexiko keinen Besitz haben, nicht in Firmen oder Banken investieren, kein Gotteshaus ohne staatliche Zustimmung bauen. Priester durften in der Öffentlichkeit keine Soutane tragen, sich weder passiv noch aktiv an Wahlen und Wahlkämpfen beteiligen. Zum Vatikan unterhielt Mexiko keine diplomatischen Beziehungen, und Religionsunterricht war in Schulen untersagt. Dass der Staat diesen antiklerikalen Bestimmungen trotz der breiten Religiosität Geltung verschaffen konnte, hat historische Ursachen: Die römisch-katholische Kirche stand an der Seite der spanischen *conquistadores* (Eroberer), an der Seite Kaiser Maximilians, an der Seite des Diktators Porfirio Díaz, und sie steht heute auf der Seite der konservativen Partido del Acción Nacional, PAN (Partei der Nationalen Aktion).

Das der Kirche durch die Verfassung verordnete Schweigen in politischen Angelegenheiten kommt der Mehrheit des mexikanischen Klerus ganz gelegen. Es erspart den Bischöfen, von denen viele dem rechtsklerikalen ›Opus Dei‹ angehören, gegen vom Staat zu verantwortende Missstände wie Armut, Korruption und Menschenrechtsverletzungen Stellung beziehen müssen. Nur ganz wenige Geistliche – allen voran der ehemalige Bischof Samuel Ruiz von San Cristóbal de las Casas – sympathisierten mit den Basisgemeinden und stellten sich offen auf die Seite der Armen.

Trotz der Trennung von Staat und Kirche haben sich beide arrangiert: Seit der Säkularisierung von 1917 lieh der Staat der Kirche ihre Kirchen und gestattete Priestern und Theologen den Religionsunterricht (in privaten kirchlichen Kindergärten und Schulen). Der große ideologische Einfluss der Kirche auf die mexikanische Bevölkerung kommt somit nach wie vor zum Tragen.

Allerdings ist es nicht die reine Lehre der vatikanischen Glaubenskongregation, die in den 450 Jahren seit der bedingungslosen Unterwerfung unter das katholische Spanien den mexikanischen Katholizismus prägt, sondern nahezu ausschließlich die glühende Verehrung der Jungfrau von Guadalupe. Sie, La Morena, die Dunkle, wie ihr Kosename heißt, ist in Mexiko allgegenwärtig: Keine Wohnung, kein öffentliches Verkehrsmittel, selten ein privater Pkw, in dem nicht das Abbild der Virgen de Guadalupe hängt. Jedes Jahr am 12. Dezember pilgern Hunderttausende zu ihrer Kultstätte im Nordosten von Mexiko-Stadt – viele rutschen den letzten Kilometer auf Knien zur Kathedrale und sprechen ihre Bitten und Dankgebete zur mexikanischen Muttergottes.

Die Legende um die Jungfrau von Guadalupe, die dem Katholizismus in Mexiko den Boden bereitete, geht auf das Jahr 1531 zurück. Da erschien dem getauften *indígena*-Jungen Juan Diego die Jungfrau in Gestalt eines dunkelhäutigen Mädchens an dem Ort, wo einst der Tempel der aztekischen Göttin des Lichts und der Fruchtbarkeit gestanden hatte. Innerhalb der folgenden Jahrzehnte traten Millionen von *indígenas* zum Christentum über. 200 Jahre später erkannte der Va-

Compro luego existo – Ich kaufe, also bin ich Thema

Die mexikanische Autorin Guadalupe Loaeza setzt sich in ihren gesell-schaftskritischen Büchern und Essays ironisch und anklagend zugleich mit der neuen mexikanischen Oberschicht auseinander. Also mit jenen ca. 10 Mio. Mexikanern, die sehr wohlhabend sind und unter denen ca. 1 Mio. als superreich gelten.

War das Zurschaustellen eines reichen Pri-vatlebens in Mexiko früher sehr verpönt, so hat sich das in den letzten Jahren, besonders auffällig nach dem Abschluss des Freihan-delsabkommens NAFTA im Jahre 1993, ge-ändert. Seitdem kann man nämlich alle edlen Güter aus den USA und Europa ohne die früher sehr hohen mexikanischen Importzölle erwerben. Davon machen die Reichen nur allzu gerne Gebrauch, und sie zeigen das Erworbene auch in aller Öffentlichkeit, aller-dings nicht ohne den Hinweis, es handele sich um ›wohlverdiente Früchte ihres arbeits-reichen Lebens‹.

Der reichste Mann Mexikos, der Telekom-munikations- und Finanztycoon Carlos Slim, lässt sich im Designeranzug und mit Brillant-ringen in seinen Villen für Lifestyle-Illustrierte ablichten. Ehemalige Politiker präsentieren sich in Boulevardblättern an den Swimming-pools ihrer Landhäuser mit ihren jüngeren Freundinnen, die Bikinis tragen, deren Preis dem Jahreslohn eines Arbeiters entspricht. Reich sein ist nicht länger tabu in Mexiko. Man gönnt sich eben etwas. In Anlehnung an Descartes *Cogito ergo sum* beschreibt Gua-dalupe Loaeza diesen Wertewandel zum Shopping als sinnstiftenden Existenzbeweis dieser Neureichen.

Im Westen von Mexiko-Stadt hat im Stadt-teil Santa Fé eine Ansammlung neuer Shop-ping Malls eröffnet, die ergänzt von Bou-tiquen, Edelrestaurants, Kinos, Fitness- und Wellness-Studios genau diesen neuen Kon-sumwünschen Rechnung tragen. Nirgendwo sonst in der Stadt sieht man in den Straßen so viele teure Geländewagen mit abgedun-kelten Fenstern, vor denen Chauffeure warten und sich mit dem privaten Sicherheitsperso-nal unterhalten.

Heute wissen die Mexikaner mehr über ihre Oberschicht, über deren Lebenswandel und Reichtum als früher. Und vielen ist dabei auch bewusst, dass dieser Reichtum nicht lupen-rein zustande kam. Darüber schweigen sich die Lifestyle-Magazine zwar aus. Doch Santa Fé selbst liefert den Beweis. Bis in die 1990er-Jahre war das Gelände Brachland und Santa Fé der Name einer gigantischen Mülldeponie. Als die Stadtplaner darüber nachdachten, dieses stadtnahe unbebaute Gelände im Zuge der Stadterweiterung zu neuem Bauland umwidmen zu können, erwarben Freunde und Politiker der regierenden PRI dieses Müllge-lände äußerst billig und verkauften es als Bau-land nach kurzer Zeit wieder teuer an die Stadt. Heute gehören diese Spekulanten zu den besten Kunden der Einkaufszentren in Santa Fé.

Auch die Kirche profitiert manchmal vom neuen Reichtum dieser schillernden Persön-lichkeiten. Woher Spenden kommen, interes-siert sie wenig. Als bekannt wurde, dass die Drogenbosse Amado Carrillo und Caro Quin-tano große Summen an die Kirche weiter-geleitet hatten, reagierte Bischof Ramon Go-dinez Flores gelassen: »Auch Sünder können Gutes tun.«

tikan 1754 die Erscheinung an: Die Jungfrau von Guadalupe wurde die Schutzheilige Mexikos. Pater Hidalgo, einer der wenigen katholischen Priester, die für die Unabhängigkeit Mexikos vom katholischen Spanien eintraten, führte seine Truppen unter dem Banner der Morena in den Kampf. »Tod den Spaniern *(Gachupines)*, es lebe die Jungfrau von Guadalupe!«, lautete sein Schlachtruf.

Nach dem Sieg über die Spanier steigerte sich die Verehrung der Jungfrau von Guadalupe im Volk. Deshalb versuchten auch politische Führer, sie für ihre Zwecke zu vereinnahmen. So ließ der diktatorische Präsident Porfirio Díaz sie zur ›Königin von Mexiko‹ ausrufen, Emiliano Zapata machte sie zur ›Schutzheiligen der Revolution‹ und den heutigen ›Zapatisten‹ in Chiapas ist sie ›ein Kämpfer mehr‹ – *un campanero mas.*

Viele Elemente der mexikanischen Marienverehrung weichen von den dogmatischen Vorgaben des römischen Katholizismus ab und vermischen sich mit indianischen Mythen. *Culto Guadalupano* ist deshalb die treffendere Religionsbezeichnung für diese Art frommen katholischen Volksglaubens.

An Allerseelen: Tequila und Gebete

Die Einstellung der Mexikaner zu Festen ist für Europäer besonders gewöhnungsbedürftig, wenn der Tod Anlass des Feierns ist. *»Viva los muertos«* – Hoch leben die Toten, schallt es am 1. November, dem *Día de los Muertos* (Allerheiligen), durch die Straßen.

»Der Tod ist immer bei uns, auf unseren Fiestas, beim Glücksspiel, in unserem Liebesleben, in unserem Denken. Tod und Töten sind Gedanken, die uns selten verlassen«, so charakterisiert der mexikanische Literaturnobelpreisträger Octavio Paz das Verhältnis der Mexikaner zum Tod. Bereits Mitte Oktober erweitern Geschäftsleute und Straßenverkäufer ihr Ladensortiment durch Totenschädel aus Papier und Ton, durch Figurengruppen von gestikulierenden, lachenden oder mürrisch dreinschauenden Skeletten,

Krawattennadeln in Form von Särgen oder Bleistiftspitzer, die wie Totenköpfe aussehen.

Am 2. November locken die Bäckereien mit Totenköpfen aus Zuckerguss und Marzipan, auf Wunsch mit farblich abgestimmtem Namensgruß, mit *pan de muerto* (Totenbrot), mit Skelett-Krapfen, Nougat- oder Marzipansärgen und bunten Zuckerskeletten. Die Fenster vieler Privatwohnungen und Häuser werden für diesen Tag mit Totenköpfen bemalt, nicht selten lehnt an der Eingangstür ein grinsendes Gerippe.

Wenn am *Día de los Muertos* die Seele des Verstorbenen heimkehrt, werden dessen Sterbezimmer mit Geschenken und Blumen geschmückt, ein Altar aufgestellt und die Lieblingsspeisen des Toten zubereitet. Die gelb-orange Farbe und der strenge Geruch der Cempoalxochitl, einer Tagetes-Blume, weisen den Toten den Weg zu ihrer Familie, denn diese Farbe können sie sehen. Zur Ehrung des Toten zählt auch ein wallfahrtsähnlicher Gang der Familie zum Friedhof nach Anbruch der Dunkelheit, um die Gräber zu besuchen; im Gepäck befinden sich Kerzen, Tequila, Tortillas und das unvermeidliche Totenbrot mit Verzierungen aus Miniatur-Totenköpfen. Was für Begräbnisse gilt, zählt auch hier: je größer die Feierlichkeit, je rauschender das Fest, desto größer die Verehrung. Um Mitternacht ist allerdings Schluss mit dem Feiern, dann müssen die Toten wieder zurück in die Unterwelt. Für Besucher bleibt der *Día de los Muertos* ein unvergessliches Erlebnis, findet hier doch in einzigartiger Weise das besondere Verhältnis der Mexikaner zum Tod Ausdruck. Alte Mythen vermischen sich mit den Ritualen des Katholizismus, die andachtsvolle Stille der Betenden mischt sich mit den Klängen ausgelassener Musik. Nicht selten werden die Fremden von den gastfreundlichen Mexikanern eingeladen, dieses besondere Ereignis mit ihnen zu feiern.

In der mexikanischen Kunst beschäftigte sich besonders ausdrucksvoll der Zeichner José Guadalupe Posada (1852–1913) mit dem Tod. Er malte Serien von Todeskarikaturen mit Polizisten, Kaufleuten und Straßenfegern, mit Kindern und Alten, Verlobten und Revolutionären. Seine Bilder, *calaveras* (Totenköpfe) genannt, dienen heute politischen Karikaturisten gerne als verfremdete Vorlagen für ihre Darstellung aktueller politischer Ereignisse.

Die mexikanische Männlichkeit – Machismo

Ungeachtet ihrer Frömmigkeit ist das bestimmende Moment in den Beziehungen der Mexikaner untereinander der sogenannte Machismo. »Das Ideal der Mannhaftigkeit besteht darin, nie zu kneifen. Denn wer sich öffnet, ist ein Feigling. Für uns bedeutet sich öffnen – im Gegensatz zu anderen Völkern – Schwäche oder Verrat. Ein Mexikaner darf sich fügen, nachgeben, ja sich erniedrigen, aber niemals ›kneifen‹, das heißt erlauben, dass die Außenwelt in ihn eindringt«, so beschreibt Octavio Paz die überall zu beobachtende Attitüde des Machismo.

»Keine Schwäche zeigen«, lautet dann auch vereinfacht der kategorische Imperativ des mexikanischen Mannes. Über die Herkunft der mexikanischen Spielart der Männlichkeit ist viel philosophiert worden. So sehen einige ihren Ursprung in dem sich während der spanischen Invasion entwickelnden Mestiziat. Die spanischen Herren kamen allein, ohne Frau und Familie; verarmte Europäer emigrierten, um in Neu-Spanien ihr Glück, nämlich Geld und Frauen zu finden. Das von der Gesellschaft nicht sanktionierte Konkubinat stellte ein legales Tauschverhältnis dar: Körper gegen Geld und Prestige. Eine Tatsache, die sich nicht verdrängen ließ und die das Verhältnis von Mann und Frau mit Unsicherheit und Zweifel erfüllte. Eine Möglichkeit, diese Spannung zu ertragen, lag in einer Idealisierung männlicher Charaktereigenschaften: Die Attitüde vom starken Mann, der niemals seine permanente Unsicherheit über das Wesen der Frau, über die Aufrichtigkeit ihrer Liebe und ihrer Treue zeigt.

Octavio Paz analysiert: »Unser Hermetismus ist ein Ausweg für unseren Argwohn und unser Misstrauen. Er zeigt, wie wir die Umwelt instinktiv als gefährlich ansehen. ...

Diese in ihrem Ursprung legitime Haltung ist zu einem Mechanismus geworden, der selbstständig – wie ein Automat – funktioniert. Daher reagieren wir auf Sympathie und Sanftmut mit Zurückhaltung, solange wir nicht wissen, ob die fremden Gefühle echt oder falsch sind. So ist unsere männliche Redlichkeit durch Wohlwollen wie eine Feindseligkeit in Gefahr. Jede Öffnung unseres Wesens bedeutet eine Beeinträchtigung unserer Männlichkeit.« *Macho* (wörtlich übersetzt ›Männchen‹)-Sein ist für den Mexikaner durchaus etwas Positives, und *muy macho* zu sein ist dementsprechend noch etwas Besseres. Die Auswirkungen dieser Ansicht auf die (ehelichen) Beziehungen zwischen Mann und Frau sind überall sichtbar: Es gibt keine allzu engen emotionalen Bindungen, und in der Öffentlichkeit wird sich der Ehemann nie mit den Gefühlen seiner Frau beschäftigen. Männer leben weitgehend in einer Männer-, Frauen in einer Frauenwelt. Kommunikationspartner und Bezugspersonen sind nicht die Ehepartner, sondern gleichgeschlechtliche Freunde. *Muy macho* zu sein heißt auch, sich eine Geliebte zuzulegen. Die Ehefrau weiß in der Regel von der *casa chica*, dem Haus der Freundin. Umgekehrt versteht es der Ehemann, sorgsam darüber zu wachen, dass seine Frau treu und die Tochter bis zur Heirat Jungfrau bleibt.

Mit der Mutterschaft erfährt die Frau eine Aufwertung. Als Mutter wird die Mexikanerin glorifiziert. *La madre* ist untadelig und rein, insbesondere ihren Söhnen in selbstloser Liebe und Opferbereitschaft zugetan. Auch wenn Frauen im Allgemeinen als verdorben und schlecht angesehen werden – für die Söhne ist *mamá* ganz anders. Viele junge Ehepaare verbringen (u. a. aus finanziellen Gründen) ein paar Jahre, manchmal auch das gesamte Leben im Hause der (Schwieger-)Eltern. Diese erweiterten Familien bieten jedoch nicht nur Schutz und emotionale Sicherheit. Besonders für eine junge Frau ist es sehr schwer, den Vorstellungen der autoritären Schwiegermutter zu entsprechen, die nun in ihrer Rolle als Mutter eines verheirateten Sohnes noch größeren Respekt genießt.

Gesellschaft und Alltagskultur

Ohne den den Alltag bestimmenden Machismo ist auch die glühende Begeisterung der Mexikaner für den Stierkampf nicht nachzuvollziehen.

Corrida de Toros – Töten als Kulturgut

Antike Fresken belegen es: Die ersten – allerdings unblutigen – Stierkämpfe fanden ca. 2000 v. Chr. auf der Insel Kreta statt. Erst im mittelalterlichen Spanien tötete man den Stier, und das Ganze wurde zum prickelnden Vergnügen des Adels und des Volkes.

Mit Hernán Cortés kam das Spektakel nach Mexiko. 1526, fünf Jahre nach der Eroberung der Aztekenhauptstadt, wurde der erste Stier unter den Augen staunender *indígenas* von einem spanischen Offizier in einer improvisierten Kampfbahn getötet.

Bis heute wohnt jeder mexikanische Präsident einmal im Jahr offiziell am ›Tag der Streitkräfte‹ in der Plaza de Toros in Mexiko-Stadt einem Stierkampf bei.

In Mexiko-Stadt wurde die erste Arena 1877 errichtet, 1945 die größte der Welt gebaut. Seit dieser Zeit töten im Winter – von November bis April – jeden Sonntagnachmittag ab 16 Uhr unter dem tosenden Beifall von 50 000 Zuschauern drei Toreros abwechselnd hintereinander insgesamt sechs Stiere. Nur sehr selten wird ein Torero tödlich verletzt, und noch seltener wird ein besonders bravourös kämpfender Stier ›begnadigt‹; er darf dann den Rest seines Lebens als *indultado* (Begnadigter) auf der Weide grasen (und seinen Samen für neue Stiere spenden).

Das Reglement einer Corrida ist seit Jahrhunderten (und in den über 200 Arenen Mexikos) stets das gleiche. Punkt 16 Uhr nimmt der *presidente* der Corrida seinen Platz in der Loge ein. Der *alguacil* reitet in die Arena, zieht seinen Hut als Zeichen der Bitte, den Kampf beginnen zu dürfen. Die Einzugsparade beginnt: Die drei *toreros* in ihren gold- und silberbestickten Anzügen und mit einem Cape über der linken Schulter betreten die Arena, dahinter die *banderilleros* mit ihren kurzen Widerhakenspießen, an denen bunte Papierbänder befestigt sind, gefolgt von den *picadores* mit ihren Lanzen auf ausgedienten gepanzerten Pferden und zum Schluss das Eselsgespann, das den getöteten Stier aus der Arena schleifen wird. Jetzt erst beginnt nach einem Zeichen des *presidente* der Kampf. Jeder dieser sechs Stierkämpfe hat drei Teile, die *tercios* genannt werden.

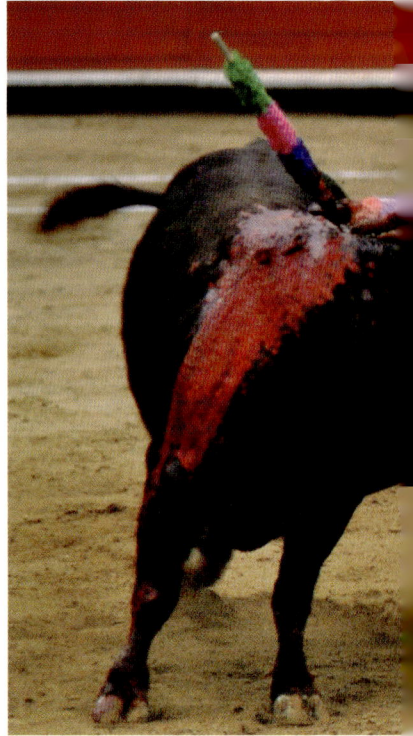

Im ersten *tercio* treten der Torero und seine Hilfsmatadores, *peones* genannt, dem noch frischen, aus einem dunklen Raum in die grelle Arena stürmenden Stier mit der rot-gelben *capa*, einem großen schweren Tuch, entgegen. Ziel ist es, Eigenart und spezifische Gefahren des Stieres kennen zu lernen.

Zwei *picadores* stechen dem Stier zweimal dicke Lanzen in den Nacken.

Der Stierkampf in Mexiko-Stadt erfreut sich immer noch großer Beliebtheit

Der zweite *tercio* steht ganz im Zeichen der *banderilleros.* Der Torero und zwei *matadores* setzen je ein Paar bunt gefiederter *banderillas* in den Stiernacken.

Am Beginn des dritten *tercio* gibt der *presidente* die Erlaubnis zum Töten des Stieres. *La hora de la verdad,* die Stunde der Wahrheit, nimmt ihren Lauf. In dieser Phase vollführt der Torero besonders mutige Manöver, *pases* genannt. Die *capa* hat er gegen die *muleta,* das große rote Tuch, eingetauscht.

Wenn die *suerte de matar* beginnt, das Zeremoniell des Tötens, wird es totenstill in der Arena. Mit einem Schlag sind all die vielen Geräusche, das Raunen und Rauschen der vorangegangenen Phasen verschwunden. Jetzt konzentriert sich alles auf einen Punkt im Zentrum des runden Platzes, wo sich *toro* und Torero direkt und allein gegenüberstehen; der eine geschwächt, blutend, mit seinen Hörnern als Waffe, der andere mit der *muleta,* dem roten Tuch, und dem Degen.

Wenn das bis zu 15 Zentner schwere Tier nicht sofort nach dem Degenstoß in den Nacken tot ist, bekommt es einen ›Gnadenstoß‹. Sein Kadaver wird von dem Eselsgespann aus der Arena geschleift. Zuvor trennt man dem Stier die Trophäe für den *torero* ab: Je nach Kühnheit und Eleganz erhält er ein Ohr, zwei Ohren, zwei Ohren und den Schwanz oder alle drei Teile plus einen Huf.

Dieses Schauspiel wiederholt sich bei einer Corrida sechsmal. Weltweit rufen Tierschutzorganisationen zum Boykott der Stierkämpfe auf, aber weder die Mexikaner, noch die Touristen folgen dem Aufruf.

Architektur und Kunst

Kunst und Kultur präsentieren sich in Mexiko äußerst vielfältig: Aus präkolumbischer Zeit sind einzigartige Baudenkmäler erhalten, die Spanier bauten Kirchen, Klöster und Paläste, und mexikanische Architekten errichteten preisgekrönte Wolkenkratzer aus Glas und Stahl. Frida Kahlo eroberte posthum mit ihrer Malerei Europa; Octavio Paz erhielt als Chronist der mexikanischen Seele den Literaturnobelpreis.

Pyramiden und Kathedralen

Die meisten der gewaltigen Schöpfungen der präkolumbischen Zivilisationen Mexikos wurden von den Spaniern zerstört. Erhalten blieben wenige der großen Tempelanlagen. Unter diesen beeindrucken besonders die Bauwerke der Maya.

Die grundlegenden Strukturmerkmale ihrer Architektur sind seit 400 v. Chr. über die Jahrhunderte hinweg unverändert geblieben: Auf der abgeflachten Spitze der Pyramide thronte ein Tempel, der Ballspielplatz hatte die doppelte T-Form, die breite Front der Paläste war dem zentralen Platz oder dem Tempel zugewandt. Die Pyramiden, Tempel und Paläste wurden nie abgerissen, sondern erweitert oder durch Überbauung vergrößert. Dies geschah jeweils im Kalenderrhythmus von 52 Jahren. Die Gebäudemauern sind daher erstaunlich dick, sehr gut zu beobachten in Monte Albán. Hier kann man in einem Tunnel die hintereinander gelagerten Wände gut erkennen.

Mit dem Beginn der spanischen Kolonialzeit traten an die Stelle der zuvor zerstörten Tempel und Paläste die Bauwerke der Eroberer. Innerhalb ihrer kolonialen Architektur kam es zur Ausbildung unterschiedlicher Stile, die der Architekturentwicklung des spanischen Mutterlandes folgten. Den neu gegründeten Städten Mexikos lag ein einheitliches System der Stadtplanung zugrunde. Um die zentrale Plaza gruppierten sich die Kirche, das Rathaus und das Hospital. Die Straßen waren schachbrettartig angeordnet. Profane Bauwerke hatten große Fenster im Erdgeschoss, darüber Balkone. Charakteristisch war der große, von Arkadengängen gesäumte Innenhof, der *patio*.

Bereits in den ersten 100 Jahren spanischer Kolonialherrschaft wurden mehr als 400 Klöster und mehr als doppelt so viele Kirchen in festungsartigem Stil erbaut. Wuchtiges, z. T. fensterloses Mauerwerk bot Schutz vor den Überfällen der noch zu bekehrenden *indígenas*. Die Kirchen standen meist in Ost-West-Richtung und besaßen ein rechteckiges Schiff. Das Dach war flach, wurde von Querbalken getragen, über dem Altar gab es eine kleine Kuppel. Erst vom 17. Jh. an verwendeten die Baumeister die lateinische Kreuzform mit einer großen Kuppel in der Mitte.

Der zunehmende Reichtum der katholischen Kirche – sie nannte etwa die Hälfte des gesamten Landes ihr Eigen – führte im 17. Jh. zu einer Abkehr von der auf Funktionalität ausgerichteten Architektur. Eine immer prunkvollere, aufwendigere Ausgestaltung der Gotteshäuser demonstrierte nicht nur die geistige, sondern auch die wirtschaftliche Überlegenheit der neuen Machthaber. Auch äußere Bauelemente wie Fassaden und Portale wurden nun mit dekorativem Zierrat versehen. Filigran anmutende Muster erinnern in der Epoche des Plataresco an die feinen Arbeiten eines Silberschmiedes (platero = Silberschmied).

Die im 16. Jh. in Spanien weiterentwickelten Elemente der maurischen Architektur wurden von den spanischen Konquistadoren in das Vizekönigreich Mexiko gebracht. Merkmale dieses ebenfalls weit verbreiteten sogenannten mexikanischen Mudéjar-Stils (die nach der Reconquista auf der Iberischen Halbinsel geduldeten arabischen Künstler hießen mudéjares) sind die rechtwinkligen Friese oberhalb gotischer Torbögen und steinerne Verzierungen, die verflochtenen Kordeln nachempfunden sind.

Im 17. Jh. dominierte in Spanien der Barockstil, der sich etwa ab Mitte des 18. Jh. in Mexiko mit dem Churriguera-Stil vermischte (sogenannt nach dem spanischen Baumeister José Benito Churriguera; 1665–1725). Eines der im Zeichen dieser neuen Kunstrichtung entstandenen Werke ist der von Jerónimo de Balbás gestaltete Königsaltar der Kathedrale von Mexiko-Stadt. Das Charakteristikum churriguereskera Bauwerke ist ihre überreiche, verspielt anmutende Ornamentik. Jedes nur denkbare Bauelement wird mit symbolischen wie realistischen Darstellungen, mit Blüten, Blättern, Spiralsäulen und Ranken, Engeln und Heiligen, häufig auch mit Blattgold-überzogenem Stuck versehen. Einheimische Kunsthandwerker nahmen den ursprünglich auf Altäre beschränkten churriguereskera Stil auf und führten ihn in einer fantastisch und bizarr anmutenden Gestaltung weiter, sodass es gerechtfertigt erscheint, hier von einer eigenständigen mexikanischen Stilart zu sprechen. Juwelen dieser Phase sind u. a. die Kirchen Santa Prisca in Taxco, San Francisco Xavier in Tepotzotlán und Santa María in Tonantzintla.

In der Region Puebla entwickelte sich in dieser Zeit eine regionale Variante des mexikanischen Barock. Beeinflusst von indianischen Motiven wurden hier die Fassaden mit farbigen Stuckdekorationen und bunten Kacheln künstlerisch gestaltet und die Dächer ausschließlich mit roten Dachziegeln gedeckt. Beeindruckende Bauwerke dieses Poblano-Stils sind z. B. die Kirche San Francisco in Acatepec, die Casa del Alfeñique in Puebla und die Casa de los Azulejos (Haus der Kacheln) in Mexiko-Stadt.

Endgültig abgelöst wurde die Epoche üppiger Barockarchitektur durch den Klassizismus. Diese im späten 18. Jh. aufkommende Kunstströmung prägte von nun an in ihrer klaren, nüchternen und ausgewogenen Art die mexikanisch-spanische Architektur. Auch die späteren europäischen Architekturepochen – allen voran der Jugendstil – hinterließen in den Städten des ›europäischsten Staates Lateinamerikas‹ ihre Spuren.

Seit dem Zweiten Weltkrieg hielt die US-amerikanische Hochhausarchitektur Einzug in die Städte Mexikos. Die spiegelverglasten Wolkenkratzer der Avenida de la Reforma in Mexiko-Stadt unterscheiden sich kaum von denen der Fifth Avenue in New York.

Die mexikanischen Architekten dieses modernen Funktionalismus wurden von Le Corbusier und Oscar Niemeyer stark beeinflusst.

Besuch von Archäologischen Stätten

Bis 2003 konnten die Besucher noch auf alle präkolumbischen Pyramiden und Tempelanlagen klettern; für die nicht ganz Schwindelfreien hatte man oft sogar von oben herab entlang den Stufen lange Ketten zum Festhalten angebracht. Denn vom hoch gelegenen Platz des Priesters war die Aussicht über die gesamte Anlage natürlich die beste.

Doch zu viel ist passiert und zu viel wurde mutwillig (z. B. durch Graffiti) beschädigt und damit für immer zerstört. Aus Verantwortung für ihre Denkmäler und das Welterbe der Menschheit haben die Behörden seitdem an mehreren Bauwerken das Klettern untersagt, z. B. in Chichén Itzá und in Tulum ist das Erklettern der höchsten Tempelanlagen nicht mehr gestattet. Vereinzelte Bauwerke innerhalb der Archäologischen Stätten sind nun nur noch von unten zu besichtigen, was ihre Attraktivität aber nicht mindert. Ausnahmen sind die Sonnen-Pyramide in Teotihuacan und die höchste Pyramide Yucatans in Coba.

Architektur und Kunst

Zu ihnen zählen Enrique del Moral, der wesentlich die Universität in Mexiko-Stadt mitgestaltete, und Mathias Goeritz, der die Türme in der Ciudad Satélite der mexikanischen Hauptstadt entwarf. Zu dieser Gruppe mexikanischer Architekten gehört auch Pedro Ramírez Vázquez, der Architekt des weltbekannten Anthropologischen Museums und des ebenso bedeutenden sakralen Neubaus der Kathedrale von Guadalupe.

Insgesamt 25 archäologische Stätten und Kolonialstädte Mexikos wurden von der UNESCO in ihre Liste des Welterbes der Menschheit aufgenommen (www.ciudades mexicanaspatrimonio.org).

Mexikanisches Kunsthandwerk

Artesanía ist heute in Mexiko der Sammelbegriff für das vielfältige Kunsthandwerksgewerbe, das durch den Tourismus in den letzten 30 Jahren einen außerordentlichen Aufschwung genommen hat. Diese Nachfrage hat einerseits zu größerer Einseitigkeit und damit zur Verarmung des Kunsthandwerks geführt, andererseits sind aber auch nur deshalb traditionelle Formen und Herstellungstechniken erhalten geblieben bzw. wieder aufgenommen und in neuen Mustern weiterentwickelt worden.

Das altmexikanische, präkolumbische Kunsthandwerk kannte Stein-, Gold-, Feder- und Töpferarbeiten sowie Holzschnitzereien. Aufzeichnungen und Überlieferungen zufolge genossen die damaligen Kunsthandwerker in der Bevölkerung hohes Ansehen. Ihre Werke dienten rituellen Zwecken oder dokumentierten den Rang und Reichtum einer kleinen herrschenden Schicht. Das gemeine Volk stellte sich seine Gebrauchsgüter aus Lehm (Töpfe), Wolle (Decken) oder Palmblättern (Matten) selbst her.

Im Vergleich zu anderen ›Goldprovinzen‹ der Neuen Welt (z. B. dem heutigen Peru und Bolivien) ist die mexikanische Goldschmiedekunst recht jung: Die ältesten erhaltenen Erzeugnisse datieren um 1000 n. Chr. Die bedeutendsten Goldschmiede waren damals die Mixteken von Mitla und Monte Albán. Ihre bevorzugte Herstellungstechnik war der Guss in ›verlorener Form‹. Um an die Füllung zu gelangen, wurde die Form nach dem Guss zerschlagen, sie war also ›verloren‹. Die Schmuckstücke waren immer Unikate. Diese Technik erlaubte es, sowohl hohle als auch massive Stücke zu fertigen. Bevorzugte Produkte waren Anhänger in Tier- und Menschenform, Kettenglieder und Goldkügelchen. Leider fiel der größte Teil dieser Kunstschätze den Spaniern in die Hände, die die Gegenstände zu Barren einschmolzen, um sie leichter nach Europa verschiffen zu können. Erst in den 1930er-Jahren fasste in Taxco die Edelmetallverarbeitung wieder Fuß, anknüpfend an die altmexikanische Tradition dieser Silberstadt.

Meister der Töpferkunst waren im präkolumbischen Mexiko die Azteken, die aus Ton Keramiken, Terrakotten und Musikinstrumente brannten. Gebrauchsgegenstände wie Teller, Schalen, Näpfe und Krüge wurden von ihnen ohne Töpferscheibe nur mit der Hand gefertigt, poliert, mit einem roten Überzug versehen oder mit schwarzen (selten weißen) geometrischen Mustern bemalt. Erst in der Spätphase, mit dem Einzug der Spanier und ihrer Kultur, wandten sich die Azteken bevorzugt figürlichen Gestaltungselementen zu. Kultischen, weniger dekorativen Zwecken dienten ihre Terrakottafiguren, die in den Nischen der Häuser aufgestellt wurden. Auch die aus Ton gefertigten Instrumente der Azteken, wie Flöten, Pfeifen und Klappern, die mit winzigen Figuren verziert waren, werden heute für die Touristen wieder angefertigt und sind auf jedem Markt zu finden.

Während der Kolonialzeit veränderte sich die Kunsthandwerksproduktion. Hinzu kamen eine Reihe neuer Handwerkszweige (z. B. Glasherstellung, Eisenverarbeitung) und Handwerkstechniken (z. B. Webstühle, Töpferscheibe), die verstärkt zur Bildung von Ma-

Devotionalienstand vor der Kathedrale von Mérida

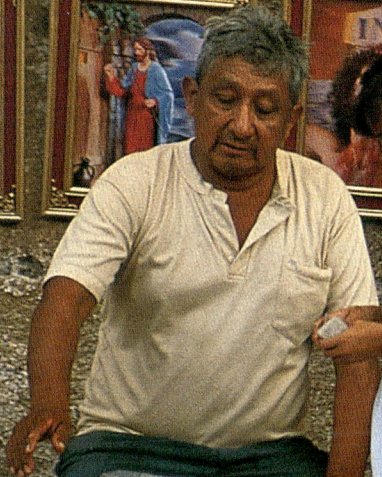

nufakturen *(obrajes)* führten. Unter dem Einfluss der Kirche hat sich auch die Kleidung der *indígenas,* einschließlich der dekorativen Strickmuster, verändert. Spanische Volkskunstelemente dominierten bis ins 20. Jh. hinein die ursprünglichen Formen der *indígenas.* Nach der Revolution erstarkte das nationale Bewusstsein, und indianisches Kunsthandwerk galt von nun an als Synonym für mexikanisches Kunsthandwerk. 1948 wurde das Instituto Nacional Indigenista (INI, Nationales Institut für Eingeborene) gegründet, das seitdem mit der Förderung des Kunsthandwerks betraut ist und z. B. 1951 in Mexiko-Stadt das Nationalmuseum für Volkskunst eröffnete. Um die Vermarktung kümmern sich z. T. ebenfalls staatliche und halbstaatliche Institutionen, allen voran der Fondo Nacional de Fomento para las Artesanías (FONART, Nationaler Fonds zur Pflege des Kunsthandwerks), dessen erklärtes Ziel es ist, Qualitätsstandards zu setzen und eine Übervorteilung der Hersteller durch Zwischenhändler auszuschließen.

Charakteristisches Merkmal des mexikanischen Kunsthandwerks ist heute seine regionale Spezialisierung. Materialien, Formen und Herstellungstechniken sind jeweils typisch für eine Region – eine Tatsache, die heute wesentlich zur Vielfalt des mexikanischen Kunsthandwerks beiträgt und es deshalb für ausländische Besucher so attraktiv macht. Dass ein regionales Produkt dabei sehr schnell zum nationalen aufsteigen kann, zeigt das Beispiel des *papel amate,* jenes dekorative, bräunlich getönte, filzähnliche Bastpapier, das im Stile naiver *Indígena-*Kunst mit grellbunten Naturdarstellungen (bevorzugt: Vogel-, Tier- sowie Pflanzenmotive) bemalt ist. Heute nehmen viele Touristen ein *papel amate* als typisch mexikanisches Mitbringsel mit nach Hause, und die offiziellen mexikanischen Tourismusbehörden verbreiten es in ihren Broschüren als neues Logo. Dabei wurde es lediglich durch Zufall in den 1960er-Jahren im Dorf San Pablito im Bundesstaat Guerrero von einem Kunstgewerbehändler entdeckt und fand dann in Mexiko-Stadt sofort reißenden Absatz.

Muralismo – Kunst, Bildung und Erbauung

Ohne Kunst und Bedeutung früherer mexikanischer Maler, besonders während des 17. und 18. Jh., schmälern zu wollen, hat nur die mexikanische Wandmalerei, genannt Muralismo, weltweite Bedeutung erlangt. Diese Malereibewegung entstand Anfang des 20. Jh. Ihre *murales,* wie man die großflächigen Wandgemälde nennt *(mural* = Mauer, Wand), die soziale Probleme in großen und realistischen Bildern darstellten, dienten der Aufklärung des Volkes nach dem Sieg der Revolution, nicht der ästhetischen Bereicherung einer Elite. Deshalb finden sich die Bilder vornehmlich an öffentlichen Gebäuden. Mitte der 1930er-Jahre erlebte diese neue Darstellungsform, die Themen wie die sozialen Folgen der Industrialisierung bearbeitete, einen weiteren Höhepunkt. Mit Hilfe von Regierungsaufträgen konnten die Künstler, von denen mehrere Mitglied der Kommunistischen Partei waren, ihre Ideen einem breiten Publikum in wirksamer Weise vorstellen.

Sie organisierten sich in einer eigenen Gewerkschaft und gaben die Zeitschrift ›El Machete‹ heraus, in der sie ihre Abkehr von der Staffelei begründeten. ›El Machete‹ war gleichzeitig auch Diskussionsforum des Muralismo insgesamt. Die drei bekanntesten und größten Künstler dieser Malerei-Bewegung waren José Clemente Orozco (1883–1949), Diego Rivera (1886–1957) und José David Alfaro Siqueiros (1896–1974).

Frida Kahlo – die Ikone der mexikanischen Malerei

Zu den berühmtesten Malerinnen und Malern der Moderne, die in Mexiko und darüber hinaus auch weltweit zu Ruhm gelangten, gehören Rufino Tamayo (1899–1992), Diego Rivera und Frida Kahlo, seine Ehefrau. Ihre Werke sind heute in eigens für sie gestalteten Museen zu besichtigen. Vor allem Frida Kahlo erlebte in den letzten Jahren besondere Auf-

Frida Kahlo – die Ikone der mexikanischen Malerei

Mural von Diego Rivera im Nationalpalast von Mexiko-Stadt

merksamkeit, nicht zuletzt auch, weil Hollywood ihr Leben mit Salma Hayek in der Hauptrolle preisgekrönt verfilmte.

Peggy Guggenheim und Pablo Picasso waren von ihren Werken fasziniert, in den 30er-Jahren des 20. Jh., als sie noch ganz im Schatten ihres Ehemannes Diego Rivera stand: Frida Kahlo, eine kleine, mädchenhaft wirkende Frau mit tiefschwarzem Haar, starken Augenbrauen und meist Kleider mit *Indígenas*-Mustern tragend, Ehefrau des kräftigen Diego Rivera, des größten mexikanischen Malers und Muralisten. Nach rund 30 Rückenoperationen lebte sie eingezwängt in enge Korsetts, lag sie zwei Jahre in Gips, saß sie oft im Rollstuhl und verbrachte sie malend ihr kurzes Leben. Mit sechs Jahren wurde die 1907 (oder 1910) geborene Tochter eines deutsch-ungarischen Juden, der 1881 aus Baden-Baden nach Mexiko-Stadt gekommen war und als Fotograf für den mexikanischen Staat arbeitete, Opfer der Kinderlähmung; die Mutter war eine Mestizin aus Oaxaca, tief-religiös und verbittert. Als 18-jährige Schülerin unterwegs in einem hölzer-

nen Autobus, stieß dieser mit einer Straßenbahn zusammen, eine Eisenstange durchbohrte Frida Kahlos Hüfte. Als man ihr im Krankenhaus einen Spiegel in das Bettgestell montierte, damit sie sich sehen konnte, fing sie an, Tagebuch zu schreiben und zu malen. Sie heiratete mit 22 Jahren den bereits berühmten, doppelt so alten Diego Rivera, reiste mit ihm ins Ausland, häufig in die USA. Ein nicht nur äußerlich ungleiches Paar, das zeitlebens untrennbar tragisch miteinander verbunden war.

Die schwerkranke, verführerisch-schöne Malerin stand immer im Schatten ihres übermächtigen Mannes, eines Weiberhelden, dessen Eskapaden im prüde-katholischen Mexiko gleichmütig hingenommen wurden, während Frida Kahlos Hinwendung zum Leben als Untreue gewertet wurde. Schließlich ließ sie sich von Rivera scheiden, heiratete ihn jedoch erneut. Ihre zwischenzeitlichen Affären mit dem Fotografen Nicolás Murray und mit Jacqueline Breton, der Ehefrau von André Breton, mit Leo Trotzkij und anderen waren ihre Antwort auf die stadtbekannten

Abenteuer ihres Mannes, der zeitweise sogar ein Verhältnis mit ihrer jüngsten Schwester Cristina einging.

Während Diego Riveras monumentale Wandbilder Kirchen, Schulen und Paläste schmückten, malte sie im Atelier Porträts ihres geschundenen Körpers. Sie malte Blut und Verzweiflung, Arterien und zweigeteilte Herzen, ihre Krankheit wie ihre Verwurzelung mit dem indianischen Erbe, malte das Unsichtbare sichtbar und immer wieder ihre Liebe zu Diego, in exakten Pinselstrichen, leuchtenden Farben, z. B. betitelt mit ›Diego y yo‹ (›Diego und ich‹, 1931).

»Monumentaler Realismus« urteilte Rivera über das Werk seiner Frau, etwa 150 Arbeiten, ein Drittel davon Selbstporträts. Ihre Bilder gingen um die Welt, fanden Eingang im Louvre, jedoch nicht zu Lebzeiten der Künstlerin. Erst in den 1970er-Jahren begann das Interesse an ihren Arbeiten, wurde Frida Kahlo zur Kultfigur. Seit 1985 dürfen ihre Bilder nicht mehr aus Mexiko exportiert werden. Das kleine Gemälde ›Diego y yo‹ erzielte 1990 einen Preis von 1,4 Mio. US-$. Das ›Autoretrato con pelo suelto‹ (›Selbstporträt mit offenem Haar‹) von 1947 ging nicht an den Popstar Madonna, die Frida-Kahlo-Bilder sammelt, sondern für 1,65 Mio. US-$ zurück an einen mexikanischen Sammler.

Nachdem ihr 1953 ein Bein amputiert worden war, verschlechterte sich ihr gesundheitlicher Zustand. Sie war in den letzten Jahren abhängig von Morphin, das ihre Schmerzen linderte. Frida Kahlo starb 1954, Diego Rivera überlebte sie nur um wenige Jahre. Das farbenfrohe Haus des großen Künstlerehepaares in Coyoacán (Mexiko-Stadt), in dem 1937 Leo Trotzkij Asyl fand und Frida Kahlo die Schüler der Bildhauerschule ›La Esmeralda‹ unterrichtete, ist heute als Museum der Öffentlichkeit zugänglich.

Mariachis und corridos

Im präkolumbischen Altmexiko stand Musik vorwiegend im Dienst religiöser Zeremonien, allen voran das die sakralen Rituale begleitende Trommeln der verschiedenen Schlaginstrumente. Man kannte aber auch Musik zur reinen Unterhaltung. Von den Azteken weiß man, dass sie kunstvolle Bühnen für tänzerische, von Musik begleitete Darbietungen errichteten und ihre Herrscher die bedeutendsten Musiker und Tänzer der jeweiligen Provinz am Hofe beschäftigten. Eine Notenschrift gab es vermutlich nicht – zumindest sind keine Aufzeichnungen vorhanden oder überliefert. Musiziert wurde mit Klappern, Pfeifen, Flöten, Trommeln: Dies belegen ausgegrabene Instrumente, Terrakottafiguren von Musikanten und Malereien. Bis heute sind Elemente dieser indianischen Musik mit ihren Flöten und Trommeln lebendig. Oft begegnet man auf Plätzen oder in Folklore-Veranstaltungen concheros, Tänzern, die historische danzas vorführen, begleitet von der Musik indianischer Instrumente. Jede der vielen conchero-Gruppen legt sich eine eigene Tracht zu, die auf indianische Ursprünge zurückgeht.

Flöten und Trommeln finden heute bei Musikdarbietungen eine Ergänzung durch die Marimba. Bei der Marimba handelt es sich um ein sehr großes Xylophon mit hängenden röhrenförmigen Resonanzkörpern. Sie wird von zwei bis vier Musikern gleichzeitig gespielt und darf bei keinem der sonntäglichen öffentlichen Konzerte fehlen, wie sie z. B. auf den Zócalos von Villahermosa oder Mérida stattfinden. Die melodiöse Marimba verbreitet Sonne und Fröhlichkeit, man erinnert sich sogleich an ›La Bamba‹.

Mariachi-Musik und Mariachi-Kapellen gibt es in Mexiko seit dem 18. Jh., heute sind sie Sinnbild der mexikanischen Musik schlechthin. Die Musiker, meist sechs bis acht Personen, tragen enge Hosen, Silberknöpfe an den uniformartigen Jacken sowie breite Sombreros. Sie spielen Trompete, Violine, Gitarre und Bass, manchmal auch die Harfe, und singen dazu. An Geburtstagen und auf Hochzeiten dürfen sie nicht fehlen; besonders gerne werden Liebeserklärungen an die Verlobte von einer Mariachi-Kapelle übermittelt. Mariachi-Musik kommt ursprünglich aus Zentralmexiko, ist aber heute im ganzen Land verbreitet. Zu ihrem Bekanntwerden in Europa haben die vielen US-Western beigetragen, in denen die verfolgten Helden oft jenseits der Grenze in mexikanischen Lokalen Unterschlupf finden. Treffpunkt vieler *Mariachi*-Kapellen sind heute allabendlich z. B. die Plaza Garibaldi in Mexiko-Stadt und die Plaza de los Mariachis in Guadalajara. Die Bezeichnung *mariachi* gibt Rätsel auf: Es wird jedoch vermutet, dass sie auf das französische *mariage* zurückgeht, da die *mariachis* im 19. Jh. häufig bei Hochzeiten eingesetzt wurden.

Balladen, sogenannte *corridos,* von Helden, Leid, Liebe und Verrat, aber auch politische Lieder, die die Revolution besingen oder eine neue Demokratisierung fordern sowie die Unterdrückung in Lateinamerika thematisieren, werden auf sogenannten *peñas* gesungen, auf öffentlichen Veranstaltungen in Restaurants oder Gaststätten, die vornehmlich jüngere Leute anziehen. *Peñas* knüpfen an die Tradition einer besonderen Form des Balladen-Gesanges an, der nach dem Ende der Kolonialzeit populär wurde.

Aktuelle *corridos* sind sogenannte *narco-corridos,* die den Drogenhandel, die Gewalt und ein schonungsloses Bild von der Grenze zu den USA besingen. Weil sie die Scheinheiligkeit der politischen Autoritäten thematisieren und die Polizei demaskieren, sind Bands wie beispielsweise ›Los Tucanos de Tijuana‹ oder ›Los Tigres del Norte‹ den Behörden ein Dorn im Auge.

Auch auf dem Gebiet moderner Rockmusik liefert Mexiko seinen Beitrag: Bereits seit vier Jahrzehnten beweist der aus Jalisco stammende Carlos Santana, wie melodiös und anspruchsvoll mexikanische Rockmusik klingen kann.

Mexikos Beitrag zur Weltliteratur

Mexiko hat weltbekannte Schriftsteller hervorgebracht, die auch in Europa große Resonanz fanden und finden. **Juan Rulfo** (1918–86), als Sohn eines Großgrundbesitzers geboren, der in der mexikanischen Revolution umkam, wuchs in einem Waisenhaus auf. Er verfasste nur zwei kurze Werke, den Roman ›Pedro Páramo‹ (1955) und die Sammlung von Erzählungen ›Der Llano in Flammen‹ (1953). Die 16 Geschichten handeln von den Menschen, die die wenig fruchtbaren mexikanischen Ebenen bewohnen, beschreiben deren Leben und Sterben, Liebe und Gewalt. Rulfo ist wortkarg, die knappen Texte enthalten kein überflüssiges Wort, fangen dennoch in ergreifender Weise die Wirklichkeit ein. Der Roman ›Pedro Páramo‹ beeinflusste die gesamte lateinamerikanische Literatur. Die Geschichte der Suche nach einem Vater, einem Großgrundbesitzer während der mexikanischen Revolution, der seine Mitmenschen heftig unterdrückt, wird in realistischer Weise und bildhaften Szenen mexikanischer Gewalt erzählt. Vorherrschendes Thema ist Rulfos Liebe zur armen Landbevölkerung.

Carlos Fuentes (geb. 1928) war im diplomatischen Dienst Mexikos und vertrat sein Land als Botschafter im Ausland. Seine zahlreichen Erzählungen, Essays, Theaterstücke und Romane wurden in viele Sprachen übersetzt. In den vier Erzählungen ›Verbranntes Wasser‹ schildert Fuentes in radikaler Weise das böse Leben zwischen Arm und Reich, zwischen verfallenen Häusern und streunenden Hunden in der apokalyptischen Großstadt. In ›Verhüllte Tage‹ vermischen sich Traum und Wirklichkeit, indigene Geschichte mit moderner Gegenwart, beschreibt Fuentes die sozialen und kulturellen Spannungen der mexikanischen Gesellschaft in surrealistischer Verfremdung.

Der Lyriker und Essayist **Octavio Paz** (1914–98) erhielt 1990 den Nobelpreis für Literatur für sein umfangreiches literarisches Gesamtwerk. Sein Vater war Mitarbeiter von Emiliano Zapata, er selbst viele Jahre als Botschafter im diplomatischen Dienst. Bekannt wurde Paz vor allem mit seinem 1950 erschienenen Essay ›Das Labyrinth der Einsamkeit‹, das den Standort der mexikanischen Kultur in Lateinamerika und der Moderne analysiert, Mexikos Suche nach einer authentischen Identität beschreibt.

Kultur und Tradition

Viele kulturelle Darbietungen, Spiele und Bräuche haben in Mexiko ihren Ursprung in mythischen Traditionen. Drei Beispiele, denen der Besucher im Lande begegnet, sollen hier vorgestellt werden.

Voladores – die Vogelmenschen

Auf vielen Dorfplätzen an der Ostküste, vor großen Pyramidenanlagen und zunehmend auch in öffentlichen Parkanlagen stehen bis zu 30 m hohe, riesige Baumstämme (heute zunehmend auch Betonpfeiler). Auf der Spitze befindet sich eine kleine Plattform, und diese ruht auf einem rotierend befestigten Holzrahmen.

Fünf *indígenas* in festlicher Tracht klettern behende den Stamm hinauf; vier nehmen auf dem Holzrahmen Platz, der fünfte spielt auf einer Flöte und tanzt dazu im Kreis in schwindelerregender Höhe auf der winzigen Plattform. Die vier sitzenden *indígenas* befestigen jetzt jeweils ein Tau um ihre Taille. Dann werfen sie sich kopfüber in die Tiefe, und die Seile winden sich von der Spitze des Baumstammes ab.

Das Zeremoniell, von den Totonaken schon in vorspanischer Zeit als kultische Handlung vollzogen, wurde von mehreren anderen *Indígena*-Stämmen übernommen. Es steht im Zusammenhang mit dem präkolumbischen Kalender und wird zu Ehren der Fruchtbarkeits- und Frühlingsgötter Tlazotetl und Xipe Totec aufgeführt. Der Flötenspieler auf dem Baumstamm verkörpert die Sonne, die vier Flieger symbolisieren die wichtigsten Elemente Erde, Luft, Wasser, Feuer.

Jeder der vier *voladores* schwebt in genau 13 Umdrehungen ›vom Himmel herab‹, bevor er auf der Erde landet, alle zusammen drehen sich also 52 Mal, was dem Kalenderzyklus einer präkolumbischen Epoche entsprach und sich genau mit der Zahl der Wochen im Jahr nach dem Gregorianischen Kalender deckt.

Bis zu Beginn der 1960er-Jahre konnte man *voladores* nur wenige Male im Jahr auf einigen abgelegenen Festplätzen begegnen.

Heute gehören sie auch in den großen Orten zum üblichen Unterhaltungsprogramm für Touristen.

Pelota – das kultische Ballspiel

Die Tatsache, dass Ballspielplätze stets in räumlichem Zusammenhang mit Pyramiden und Tempeln errichtet wurden, deutet an, dass Ballspielen im präkolumbischen Amerika eine kultische Handlung und kein sportlicher Wettbewerb war. Die Darstellung ballspielender Götter in den *códices* (indianische Handschriften) unterstützen diese von vielen Forschern vertretene Vermutung.

Gespielt wurde auf Plätzen, deren Grundriss entweder ein doppeltes T oder ein einfaches Rechteck darstellte. Der Spielfeldrand war mit behauenen Steinen ummantelt; dadurch konnte ein Spielen ›mit Bande‹ ermöglicht werden. Anhand der begrenzenden Mauern kann man zwei Hauptformen von Ballspielplätzen unterscheiden: Die Maya und Zapoteken bauten schräge Seitenwände, die Tolteken und Azteken senkrechte. Vor den senkrechten Seitenwänden umläuft meist eine 1 m hohe, mit Reliefs verzierte Stufe das Spielfeld. Auch Mischformen, wie in Xochicalco, kommen vor. In der Spielfeldmitte befinden sich in den Seitenwänden steinerne, schlangenverzierte Ringe, durch die der Ball hindurchgetrieben werden musste. Die Größe der Spielfläche ist unterschiedlich: Die Maße variieren zwischen 30 und 50 m in der Länge und reichen bis 20 m in der Breite.

In der religiösen Interpretation des Spiels symbolisierte der Ball die Sonne und sein Flug während des Spieles ihren Lauf am Firmament. Wie die Sonne ohne Stillstand ihren Lauf vollzieht, durfte beim Spiel der Flug des Balles nicht unterbrochen werden.

Jedes ›Team‹ hatte drei bis fünf Spieler und stand in einer der beiden Spielfeldhälften. Die Mannschaften schlugen sich den Ball gegenseitig zu, ohne dass er den Boden des Feldes berühren durfte. Gelang dies einer Mannschaft nicht, hatte sie verloren.

Der Kautschukball von ca. 25 cm Durchmesser besaß eine große Sprungfähigkeit. Die Spieler schlugen oder schleuderten ihn nicht mit der Hand oder dem Fuß, sondern mit der Hüfte und dem Gesäß, mit den Ellenbogen und den Knien. Diese Körperpartien wurden durch Lederumwicklungen oder breite, gepolsterte Gürtel geschützt.

Seit wann sich der Ritus durchsetzte, die unterlegene Mannschaft der Sonne zu opfern, ist unbekannt. Dahinter stand wohl der Glaube, dass die Sonne ihre Kraft nur aus dem Kostbarsten wiedergewinnen konnte, was der Mensch zu bieten hat: Blut. Denn die unterlegene Mannschaft hatte ja symbolisch den Sonnenlauf unterbrochen und somit den Tatbestand des Lebens ernstlich gefährdet. Ihr Blut konnte der Sonne Kraft wiedergeben, ihren Lauf am Firmament fortzusetzen. Die geopferten Spieler wurden mit großen Ehren bestattet. (Eine andere Theorie besagt, dass die Sieger geopfert wurden, weil sich die Götter nur mit den Besten zufrieden gaben.)

Noch heute wird *pelota* an der Westküste Mexikos in der alten Weise gespielt.

Peyote – Mythos und Droge

Egon Erwin Kisch wusste von den vielfältigen Segnungen des Peyote zu berichten: »Einerseits vertreibt er Mannesschwäche, andererseits wirkt er gegen Sexualgelüste. Er fördert Kindersegen und hilft gegen unerwünschte Liebesfolgen. Er beseitigt Erregungszustände ebenso wie Apathie.« Bei dem als Peyote (oder Peyotl) bezeichneten Wundermittel handelt es sich um einen kleinen graugrünen und stachellosen Kaktus der Gattung Lophophora. Die reife Pflanze enthält mehr als 30 Alkaloide, darunter das Halluzinogen Meskalin. Die Legalisierung des Peyote ausschließlich für *indígenas* gründet sich auf der Tatsache, dass der rituelle Peyote-Genuss Bestandteil der kulturellen Identitätsbildung vieler *Indígena*-Stämme wie z. B. der Huichol ist. Weston La Barre, amerikanischer Anthropologe und Experte für Peyote, bezeichnet den sich um die Pflanze rankenden Kult als Religion des bei weitem größten Teils der heutigen amerikanischen *indígenas*. Seine Anhängerschaft beziffert er auf annähernd 300 000 Menschen aus rund 50 verschiedenen Stämmen der USA und Mexikos.

Die Huichol leben weit verstreut in den Bergen der südlichen Sierra Madre Occidental. Alljährlich pilgern sie in kleinen Gruppen unter Führung eines Schamanen in die mehrere hundert Kilometer entfernt liegenden Jagdgründe des Peyote-Hirsches in den Bundesstaaten San Luis Potosí und Chihuahua. Der Hirsch, einst Hauptnahrungslieferant der *indígenas*, gilt heute als heilig. Nach der Mythologie müssen die Huichol sich mit Pfeil und Bogen nach Arikuta aufmachen, dem Land ihrer Ahnen. Der Hirsch und der Peyote-Kaktus sind in der Vorstellung der Indianer ein und dasselbe. Beide werden in der Sprache der Huichol als Kikuri bezeichnet. Nach der Überlieferung wächst der magische Kaktus auf den Spuren des Hirsches. Bereits die Kinder des Stammes werden auf die heiligen Wallfahrten vorbereitet. Jedes Jahr im Herbst rezitiert ein Schamane ihnen die alte Geschichte. Unter rhythmischem Trommelschlag und Gesang leitet er den magischen Flug der Kinder ins Wirikuta-Jagdgebiet ein und beschreibt den zu beschreitenden Weg.

Der eigentlichen Wallfahrt geht ein wichtiges Ritual voraus. Die Stammesangehörigen bekennen öffentlich ihre sexuellen Verfehlungen. Für jeden genannten Geschlechtspartner knüpft der Schamane einen Knoten in ein Seil. Die geschlechtliche Reinigungszeremonie ist beendet, wenn das Seil im Feuer brennt. Die Beteiligten treten dann in den Zustand des Noch-nicht-Geborenseins ein, Voraussetzung für den erfolgreichen Abschluss der bevorstehenden Reise. Ist das Ziel erreicht, der Peyote (Hirsch) entdeckt und symbolisch getötet worden, formieren sich die Sucher zu einem Kreis. Es wird gebetet und geweint, heiliges Wasser, Tabak und Mais werden dem Wirikuta dargebracht. Mit einem scharfen Messer trennt der Schamane den Kaktus von der Wurzel, und alle essen von seinem Fleisch. Nach der Zeremonie, die Wirkung der Pflanze hat bereits eingesetzt, verteilen sich die Sammler in der Wüste. Der zurückzulegende Weg ist lang – zu Fuß mehr als 20 Tagesmärsche – und es ist erlaubt, sich auch moderner Beförderungsmittel zu bedienen.

Essen und Trinken

Mais bestimmt in Mexiko seit Jahrhunderten das Leben, und Mais kommt tagtäglich in unterschiedlicher Form auf den Tisch. Doch die mexikanische Küche besteht nicht nur aus Maisbrot, Tacos und Tortillas. Die langen Küsten des Landes liefern köstliche Meeresfrüchte, und im Südosten sorgt der karibische Einfluss für exotischen Geschmack.

Die mexikanische Küche

Hauptbestandteil der mexikanischen Küche ist Mais, der in allen Variationen zubereitet wird, meist als *tortillas,* einem dem Pfannkuchen ähnlichen Brotersatz. Tortillas mit eingewickelten Fleisch- oder Gemüsestückchen heißen *enchiladas. Enchiladas suizas* enthalten zusätzlich Käse und eine Soße. *Tostadas,* knusprige Tortillas, werden mit Bohnen, Salat, Käse und Tomaten belegt. Selbst eine Suppe, die *sopa de aztecas,* enthält als Grundlage Tortilla-Stückchen. *Tamales* nennt man eine Mischung aus Maisbrei, Rindfleisch, Huhn, Pfefferschoten, in Mais- oder Bananenblättern serviert. *Quesadilla* ist Tortillateig mit Käse und Gemüsen. Fritierte Tortillas heißen *tacos,* die zur Hälfte geklappt sind und Fleisch oder Gemüse enthalten.

Nicht nur ein kulinarischer Genuss
Wer an der mexikanischen Küche Gefallen gefunden hat und nach der Rückkehr aus Mexiko den kulinarischen Genuss zu Hause fortsetzen und nicht beim ›Mexikaner‹ um die Ecke mit Tacos aus der Schachtel und Bohnenmus aus dem Eimer vorlieb nehmen will, kann auf ein regelrechtes Kunstwerk zurückgreifen: Marilyn Tausend: Mexiko – Rezepte und kulinarische Notizen (Christian Verlag, München 2004), eine Mischung aus Bildband, Rezeptbuch und Landeskunde.

Mole poblano, die berühmte Soße, besteht aus mehr als 20 Zutaten, u. a. Schokolade; sie wird nicht überall serviert, da die Zubereitung recht aufwendig ist. *Frijoles (refritos),* gebratener Bohnenbrei, kommt bereits zum Frühstück und zusammen mit fast allen Gerichten auf den Tisch. *Guacamole* nennt man ein Püree aus Avocados, Knoblauch, Tomaten und Zwiebeln. *Chili relleno* sind milde Pfefferschoten, gefüllt mit Hackfleisch oder Gemüse. Dünne Steakscheiben mit Gemüse und Chili nennen sich *carne asada.*

Eine Vorspeise aus rohen Meeresfrüchten sowie Limonensaft und Tomaten wird als *ceviche* bezeichnet. Als Vor- und Nachspeisen dienen auch die zahlreichen tropischen Früchte, u. a. Papayas, Mangos, Ananas und Kaktusfrüchte.

Auch die mexikanische *haute cuisine (alta cocina mexicana)* wurzelt in den Gerichten und Traditionen der Volksküche. Die Kluft zwischen dem Speiseplan der Bevölkerung und der *haute cuisine* ist in Mexiko sehr klein.

Restaurantbesuche

Mexikaner gehen gerne auswärts essen, deshalb gibt es selbst in kleinen Orten Restaurants in allen Preisklassen.

Das Mittagessen wird erst gegen 14 Uhr eingenommen und zieht sich oft bis zum späten Nachmittag hin. Das Abendessen beginnt entsprechend spät ab etwa 21 Uhr; erst dann füllen sich die Restaurants. Oft spielen Musikkapellen zum Essen.

Eine bekannte und empfehlenswerte Restaurantkette der Mittelklasse, deren Häuser vom Frühstück bis spät in die Nacht geöffnet sind, ist Sanborns. In vielen Restaurants wird ein Touristenmenü für 5–7 US-$ inkl. Getränk angeboten. Man sollte auch auf die *comida corrida* achten, ein wechselndes Tagesmenü mit mehreren Gängen zum Vorzugspreis.

Meist sind 10, 12 oder 15 % *servicio* im Rechnungsbetrag enthalten, sodass ein weiteres Trinkgeld eigentlich entfallen kann. Oft wird dies, *propina* genannt, jedoch zusätzlich gewünscht oder gefordert. Da das Gaststättenpersonal niedrig entlohnt wird, ist die Bedienung in vielen Fällen darauf angewiesen.

An jeder Straßenecke und auf Märkten gibt es die Garküchen mexikanischer Hausfrauen und ganzer Familien, die mit wenig Aufwand preiswerte Gerichte anbieten. Im Stehen oder gelegentlich auf behelfsmäßigen Sitzmöbeln, in den Märkten am Tresen oder einfachen Tischen, isst man Salat, Kohl, Käse, Tomaten, Chilis, Bohnenbrei, Fleischstückchen und natürlich Tortillas. Auf den Stopp an der Straßenküche sollte man verzichten, und wer einen empfindlichen Magen hat, sollte in Märkten zurückhaltend sein und nur vollständig gegarte Speisen zu sich nehmen.

Mitte 1999 hat Mexiko ein Gütesiegel für Restaurants eingeführt, deren Hygienestandards europäischen Normen entsprechen. Diese Lokale sind mit einem Schild gekennzeichnet, das den Buchstaben ›H‹ trägt.

Generell gilt: in Mexiko muss man viel Flüssigkeit zu sich nehmen. Darauf ist man im Land gut vorbereitet.

Refrescos heißen die beliebten alkoholfreien Fruchtgetränke, die für den europäischen Geschmack recht süß und kohlensäurehaltig schmecken; köstlich sind dagegen die im ganzen Land erhältlichen frisch gepressten Obstsäfte *(jugos).* Vorsicht ist geboten bei den aus Leitungswasser (nicht immer abgekocht) und Fruchtsirup gemischten *aguas frescas.* Mineralwasser *(agua mineral)* wird mit *(con gas)* und ohne Kohlensäure *(sin gas)* angeboten.

Zum Frühstück sollte man in Mexiko, dem Ursprungsland des Kakaos, ruhig einmal auf den gewohnten Morgenkaffee *(café de olla)* verzichten und sich eine heiße Schokolade *(xocoatl)* gönnen.

Das mexikanische Bier *(cerveza)* schmeckt ausgezeichnet, nicht nur zum Essen. Man kann wählen zwischen hellen *(clara)* und dunklen *(obscura)* Varianten. Unter den vielen Sorten sind Carta Blanca, Corona, Superior und Bohemia die beliebtesten. Mexikanischer Wein ist Importprodukten (sehr teuer) vorzuziehen.

Nationalgetränke: Mezcal, Pulque und Tequila

Äußerst beliebt ist bei Mexikanern der aus der Mezcal-Agave gewonnene Mezcal, ein klarer Schnaps. Kenner behaupten, dass die besten Sorten in Oaxaca gebrannt werden. Herkunftsnachweis und Garant für die Echtheit des Getränks ist ein Wurm, der *gusano.* Im Herzen der Mezcal-Agave zu Hause, landen die kleinen, fetten Würmer entweder als gebackene Knabberei in den *cantinas,* den Ausschankstuben des Mezcal, oder in den Mezcal-Flaschen selbst. Für eingefleischte Liebhaber des Schnapses ist der tote Wurm auf dem Flaschenboden ein Muss, der nach dem letzten Tropfen genüsslich zerbissen wird. Tierschützer greifen zum Mezcal ohne *gusano* – auch den gibt es.

Montezumas Rache

Wenn Urlauber in Mexiko von einer Magen-Darm-Erkrankung heimgesucht werden, bezeichnen sie diese als ›Moctezumas Rache‹. Warum? Moctezuma II war der letzte aztekische Herrscher, der bei der Eroberung Tenochtitláns 1520 von den Spaniern getötet wurde. Angeblich soll Moctezuma vor seinem Tod einen Fluch ausgesprochen haben, nach dem alle Eindringlinge seine Rache zu spüren bekämen und fürchterlich leiden müssten.

Essen und Trinken

Der milchig-vergorene Herzsaft der Pulque-Agave, schleimig und von geringem Alkoholgehalt, wird in speziellen *pulquerías* ausgeschenkt, *cantinas,* über und unter deren Schwingtüren man nur Hüte und Stiefel sieht. Männer sitzen vor einer Plastikkanne mit Pulque, die von Gläsern umringt ist. 800 dieser Spezialkneipen gibt es allein in Mexiko-Stadt, die meist von Ärmeren aufgesucht werden.

Doch bevor das Getränk dort in großen Plastikkanistern angeliefert wird, ist im Verarbeitungsprozess schon allerlei geschehen. Auf den Feldern der Maguey-Agave in Hidalgo und Jalisco wird den Pflanzen nach siebenjährigem Wachstum das große Herz herausgeschnitten. In der so entstandenen Öffnung am Boden der Pflanze sammelt sich eine zunächst klare und süße Flüssigkeit, *aguamiel* (Honigwasser) genannt. Diese wird von den *tlachiqueros* mit Plastikkalebassen herausgesaugt und in auf Eseln befestigte Gefäße *(castañas)* gefüllt. Dann ritzt der Arbeiter das Innere der Herzhöhle erneut mit einem Spezialmesser *(raspador)* auf, damit sich wieder Saft bildet.

In diesem Verfahren produziert die Agave – bis zu ihrem Absterben – mehrere Monate lang viele hundert Liter Honigwasser. Auf der Ranch wird der *aguamiel* in einer Halle, *tinacal,* in großen Plastikfässern gesammelt und innerhalb weniger Tage in einem einfachen Gärungsprozess mit Bakterien und Pilzen in Pulque verwandelt. Ein Liter *blanco* ist in der *pulqería* für einen Peso (ca. 8 Cent) zu haben, eine kleine Flasche Bier kostet das Mehrfache.

Das mexikanische Nationalgetränk Nummer eins ist Tequila. Er wird nicht aus Früchten oder Getreide hergestellt, wie oft angenommen, sondern aus dem Saft der blauen Maguey-Agave. Deren lange und scharfe Blätter bewahren eine Flüssigkeit, *aguamiel* (Honigwasser) genannt, die zu Tequila vergoren wird. Endlos ziehen sich die Agavenfelder die sanften Hügel Jaliscos hinauf und hinunter. Lange bevor die Spanier das mexikanische Hochland erreichten, verstanden es die *indígenas,* aus dem Agavensaft einen Schnaps herzustellen, der bei religiösen Ritualen und Zeremonien von Priestern und Offizieren und zur Opferung von Gefangenen getrunken wurde. Der Legende nach war es ein *Indígena*-Ehepaar vom Stamm der Tiquila, Mayáhuetl und Patécatl, dem es erstmals gelang, den Saft aus dem Inneren der Pflanze zu gewinnen und durch Gärung ein weißes, klares und wohlschmeckendes Getränk zu schaffen. Diese Fertigkeit wurde innerhalb des Stammes, der am Tiquila-Vulkan lebte, kultiviert. Nach Ankunft der Spanier erhielt das Getränk seinen Namen.

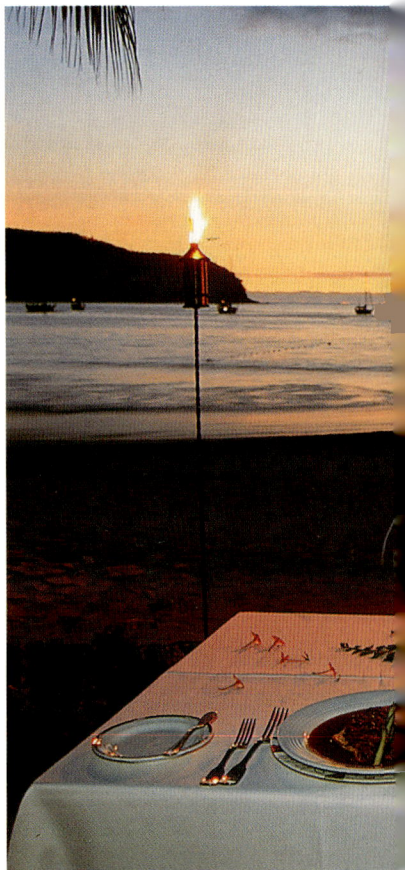

Krönung eines jeden Mexiko-Urlaubs: Privates Candlelight-Dinner am Strand

Für die Verarbeitung der Agave zum hochprozentigen Getränk wird das große Herz der Pflanze herausgelöst, die sich darin sammelnde Flüssigkeit vergoren und destilliert. Teilweise werden auch die Fruchtstrünke der Agave zerkleinert, zerkocht, ausgepresst, dann der Saft vergoren und schließlich ebenfalls destilliert. Nach der Destillierung kann der klare Tequila sogleich getrunken werden.

Als Tequila bezeichnet man heute den aus dieser Region stammenden Agavenschnaps, eines der bekanntesten Exportprodukte des Landes. Der Name ist keine Bezeichnung für eine Getränkesorte, sondern ein Markenname, den nur wenige Hersteller der Region im Staate Jalisco führen dürfen. Die Länge der Lagerzeit bestimmt die Qualität: Der junge, weißliche Tequila wird nur kurz in Eichenfässern gelagert, ein goldener Schimmer dagegen verrät, dass das Destillat längere Zeit in einem Eichenfass ruhte. Rund 70 Mio. Liter werden in Jalisco jährlich gebrannt, die bekanntesten Hersteller sind Sauza und Cuervo. Man trinkt Tequila entweder pur oder als Cocktail, z. B. mit Limonensaft und Salz als *margarita*.

Kulinarisches Lexikon

Basics

comer	essen
beber	trinken
desayuno	Frühstück
almuerzo	Mittagessen
cena	Abendessen
postre	Nachspeise
lista de comida	Speisekarte
cubierto	Besteck
plato	Teller
vaso	Glas
pimienta	Pfeffer
azúcar	Zucker
picante	scharf
muy picante	sehr scharf
sin picante	nicht scharf

Vorspeisen

botana mexicana	eingelegtes Gemüse mit Chili
crema del día	Tagessuppe
huevos	Eier
huevos fritos	Spiegelei
huevos revueltos	Rührei
sopa de pescado	Fischsuppe

Fisch und Fleisch

atún	Tunfisch
calamar	Tintenfisch
camarones	Krabben
carne molida	Hackfleisch
gambas, cigalas	Garnelen
guisado	Gulasch, Ragout
huachinango	Rotbarsch
langosta	Languste
mariscos	Meeresfrüchte
ostras	Austern
pescado	Fisch
salmón	Lachs
trucha	Forelle
asado	Braten
carne	Fleisch
carnero	Hammel
cerdo/puerco	Schweinefleisch
conejo	Kaninchen
cordero, cabrito	Lamm
jamón	Schinken
lengua	Zunge
parrillada	Grillplatte (Fleisch)
pollo	Huhn
res	Rind
salchicha	Würstchen
ternera	Kalb
venado	Wild

Gemüse und Beilagen

ajo	Knoblauch
arroz	Reis
col	Kohl
cebolla	Zwiebeln
ensalada	Salat
frijoles	Bohnen
lentejas	Linsen
maíz	Mais
pan	Brot
papas	Kartoffeln
pasta	Nudeln
patatas fritas	Pommes Frites
pimiento	Paprika
tomate	Tomate
verdura	Gemüse
zanahoria	Karotte

Nachspeisen/Süßes/Obst

flan	Karamellpudding
fresas	Erdbeeren
galletas	Kekse
helados	Eis
manzana	Apfel
mango	Mango
mermelada	Marmelade
melón	Zuckermelone
naranja	Orange
papaya	Papaya
pan dulce	Kuchen
pastel/pay de frutas	Kuchen/Obstkuchen
piña	Ananas
sandía	Wassermelone
toronja	Pampelmuse

Typische Gerichte

Antojitos: Kostproben und Vorspeisen, ähnlich den spanischen Tapas

Arroz con mariscos: Paella-ähnliches Reisgericht mit Fisch und Muscheln

Burritos y flautas con salsa picante: Tortillas aus Weizenmehl mit einer pikanten Soße

Cabrito: gebratenes oder gegrilltes Ziegenfleisch

Café de olla: mexikanischer Kaffee mit Zimt

Calamares relleno de huitlacoche con salsa de guajillo: Tintenfisch, gefüllt mit Maispilz, mit Tomaten und Chili

Camarones a la parilla: Langusten vom Grill

Camarones en coco con salsa de mango: Krabben in Kokos- und Mangosoße

Carne asada: sehr dünne Rindfleischscheiben, kräftig gewürzt und gebraten

Ceviche: in Zitronensaft marinierte rohe Fischstückchen und Krabben

Chicharrones: knusprig gebratene Stücke von Schweineschwarte

Chilaquiles: Tortillastücke mit gratiniertem Käse, Zwiebeln und Tomatensoße

Chiles en nogada: mit Hackfleisch und Früchten gefüllte Chilischoten in Walnusssoße

Cochinita pibil: pikant gewürztes Schweinefleisch auf yukatekische Art

Enchilada: gekochte und mit Fisch oder Fleisch gefüllte Tortilla, mit Käse als Enchilada suiza

Frijoles refritos: gebratenes Bohnenpüree (schwarz oder rot)

Guacamole: Avocadobrei mit Tomaten und Zitronensaft

Huachinango a la veracruzana: Rotbarsch in pikant gewürzter Tomatensoße mit Kapern und Oliven

Huevos rancheros: Spiegeleier mit Tortillas und Bohnenbrei

Huevos revueltos a la mexicana: Rühreier mit Zwiebeln, Tomatenstücken, Zwiebeln

Nachos con queso y guacamole: fritierte Tortillastücke mit Käse und Avocadomus

Panuchos: gebratene Tortillas mit Bohnenbrei, Salat und Geflügelstückchen

Pato en salsa de chipotle y tequila: Ente in einer Soße aus Chipotle-Chili und Agavenschnaps

Pescado ahumado: geräucherter Fisch

Plátanos fritos: gebratene Kochbananen

Pollo asado: kräftig gewürztes Brathähnchen

Pollo en mole poblano: Huhn in (Schokoladen-)Soße aus Puebla

Pozole: deftiger Eintopf aus Zentralmexiko

Quesadilla: Tortilla mit Käse

Sopa de Azteca: Hühnerbrühe mit Hühnerstückchen und Tortillastücken

Sopa de lima: Hühnerbrühe mit Hühnerstückchen, Tortillastücken und Zitrone

Sopa de nopales: Kaktussuppe

Taco: Tortilla, oft frittiert, mit einer Füllung aus Fleisch, Fisch oder Gemüse

Tostada: frittierte und belegte Tortilla

plátanos	Bananen	con leche	mit Milch
uva	Traube	cerveza	Bier
		chocolate	Schokolade
		té	Tee

Getränke

agua mineral	Wasser	té de manzanilla	Kamillentee
con gaz	mit Kohlensäure	vino blanco	Weißwein
café	Kaffee	vino rosado	Roséwein
negro	schwarz	vino tinto	Rotwein

Yucatán: Arbeiter in einer Sisal-Fabrik

Wissenswertes für die Reise

Informationsquellen

Touristeninformation

In Deutschland, Österreich und der Schweiz

Mexikanisches Verkehrsamt
Taunusanlage 21
60325 Frankfurt
Tel. 069 25 35 09, Fax 069 25 37 55
www.visitmexico.com
24-Stunden-Service Tel. 069 25 34 13
Prospektbestellung unter Tel. 00800 11 11 22 66 (kostenlos innerhalb Europas) oder per E-Mail unter visitmexico@unisono.es

Auswärtiges Amt
Tel. 030 18 17 20 00
www.auswaertiges-amt.de

In Mexiko

Secretaría de Turismo
Av. Presidente Masaryk 172
Col. Bosques de Chapultepec
11580 México D. F.
Tel. 55 30 02 63 00, 55 52 50 01 51
Kostenlose Hotline: Tel. 01800 008 90 90
Beratung (englisch): Tel. 55 52 50 01 23
www.sectur.gob.mx

Diplomatische Vertretungen in Mexiko

Deutsche Botschaft

Embajada de Alemania
Horacio 1506, Col. Los Morales, Sección
Alameda, Del. Hidalgo
11530 México D. F.
Tel. 55 52 83 22 00, Fax 55 52 81 25 88
www.mexiko.diplo.de

Österreichische Botschaft

Embajada de Austria
Sierra Tarahumara 420, Col. Lomas de
Chapultepec, Del. Hidalgo
11000 México D. F.

Tel. 55 52 51 08 06, Fax 55 52 45 01 98
www.bmeia.gv.at/botschaft/mexiko.html

Schweizer Botschaft

Embajada de Suiza
Torre Optima, 11 piso, Paseo de las Palmas
405, Col. Lomas de Chapultepec
11050 México D.F.
Tel. 55 91 78 43 70, Fax 55 55 20 86 85
www.eda.admin.ch/mexico

Diplomatische Vertretungen von Mexiko

In Deutschland

Mexikanische Botschaft
Klingelhöferstr. 3
10785 Berlin
Tel. 030 269 32 30, Fax 030 269 32 37 00
Konsularabteilung Tel. 030 269 32 33 32

In Österreich

Mexikanische Botschaft
Operngasse 21
1040 Wien
Tel. 01 310 73 83, Fax 01 310 73 87
embamex@embamex.or.at

In der Schweiz

Mexikanische Botschaft
Weltpoststr. 20
3015 Bern
Tel. 031 357 47 47, Fax 031 357 47 48
www.sre.gob.mx/suiza

Die besten Internetseiten

www.mexico-travel.com: Englischsprachiger kommerzieller ›Reiseführer‹ mit vielen Links; umfangreiches Verzeichnis von Unterkünften, die online buchbar sind.
www.visitmexico.com: Offizielle Website der Behörde für Tourismusförderung des me-

xikanischen Tourismusministeriums; mehrsprachig, umfassende Infos.

http://virtualmex.com: Englischsprachige private Website mit vielen Informationen, deren Hinweise sich in erster Linie an US-amerikanische Besucher richten.

www.mexonline.com: Älteste englischsprachige Website, orientiert sich an US-amerikanischen Reiseinteressen, mit vielen Links und praktischen kommerziellen Infos.

www.mexiko-travelnews.de: Website der Agentur International Media Consulting (Herdis Lüke), landeskundliche Infos.

www.(Name des Bundesstaates).gob.mx: Ausgewählte Bundesstaaten und einzelne Orte in diesen Bundesstaaten erreicht man über die Website nach Eingabe des Namens.

Karten

Am besten besorgt man sich eine Mexiko-Landkarte bereits vor Antritt der Reise (z. B. von Busche Map 1 : 2,2 Mio. oder vom US-Automobilclub AAA 1 : 3 Mio.). In Mexiko sind die Karten des Verlags Guia Roja die besten. Seine ›Mapas turísticas de México‹ sind in allen größeren Buchhandlungen erhältlich.

Lesetipps

Benini, Sandro: Drogen, Krieg, Mexiko; Zürich (Echtzeit-Verlag) 2013. Der Korrespondent des Schweizer Tages-Anzeigers lässt in seinen topaktuellen Berichten auch die Akteure (Drogenbosse, Polizeibeamte, gekaufte Killer) zu Wort kommen.

Cartier-Bresson, Henri: Mexikanisches Tagebuch 1934–1964 – mit einem Text von Carlos Fuentes, München (Schirmer/Mosel) 1995. Ein kleiner Bildband für Mexiko-Liebhaber von einem großen Fotografen.

Fuentes, Carlos: Verbranntes Wasser, Stuttgart (DVA) 1987.

Keller, Ulrike (Hrsg.): Reisende in Mexiko seit 1519 – ein kulturhistorisches Lesebuch, Wien (Promedia) 2003. Vom Naturforscher Alexander von Humboldt bis zur Dichterin, der Nonne Juana Inés de la Cruz, und dem Archäologen Alfonso Casa: 29 Augenzeugen berichten über ihr Mexiko. Ein Buch für kulturhistorisch und politisch Interessierte.

Kisch, Egon Erwin: Entdeckungen in Mexiko, Köln (Kiepenheuer & Witsch) 1981. 1945 erschien diese Sammlung von Berichten des ›rasenden Reporters‹ im mexikanischen Exil.

Huffschmid, Anne: Mexiko – das Land und die Freiheit, Zürich (Rotpunkt) 2010. Vom Land zur Megametropole Mexiko-Stadt: Probleme zwischen Müll und Drogen.

Lawrence, David Herbert: Mexikanischer Morgen, Zürich (Diogenes) 1984. Acht Skizzen von einem Aufenthalt in Oaxaca im Winter 1924/25.

Paz, Octavio: Das Labyrinth der Einsamkeit, Frankfurt (Suhrkamp) 2007.

Rivera, Guadalupe and Colle, Marie-Pierre: Mexikanische Feste – Die Fiestas der Frida Kahlo; München (Christian-Verlag) 1998. Mit Rezepten und Fotos illustriert die Tochter von Diego Rivera das Leben in ihrem Elternhaus.

Rulfo, Juan: Der Llano in Flammen; Frankfurt (Suhrkamp) 1999.

Rulfo, Juan: Pedro Páramo; München (Hanser) 2008.

Seghers, Anna: Crisanta – das wirkliche Blau, zwei Geschichten aus Mexiko, Darmstadt (Luchterhand) 1991. Die Autorin erzählt Geschichten von acht mexikanischen Frauen.

Steinbeck, John: Logbuch des Lebens. Im Golf von Kalifornien, z. Zt. nur antiquarisch. Der Nobelpreisträger erzählt von einer Bootsfahrt 1940 mit dem Biologen Edward F. Ricketts. Abenteuerlicher Bericht mit wissenschaftlichen und philosophischen Exkursen.

Traven, B.: Der Schatz der Sierra Madre, Zürich (Diogenes) 1983. Drei Männer auf der Suche nach Gold: der Abenteuerroman wurde, verfilmt mit Humphrey Bogart, zum Welterfolg.

Mexiko als Reiseland

Mexiko ist auf seine Besucher bestens vorbereitet. Das Land verfügt über eine ausgezeichnete touristische Infrastruktur, zu der sowohl Unterkünfte in allen Kategorien und in nahezu allen Orten gehören (s. Unterkunft S. 84) als auch gut ausgebaute Straßen, öffentliche und private Bus-, Bahn- und Flugverbindungen (s. S. 79).

Die Bevölkerung ist herzlich und freundlich, den fremden Besuchern gegenüber prinzipiell aufgeschlossen und hilfsbereit. In den Städten und Touristengebieten wird Englisch gesprochen, doch die Begeisterung der Mexikaner für die Fremden ist noch größer, wenn man einige Worte Spanisch kann.

Das Land macht es Besuchern leicht, auf einer Reise dessen kulturelle wie landschaftliche Vielfalt zu erfahren. Wer nicht allein mit dem Mietwagen oder öffentlichen Verkehrsmitteln unterwegs sein mag, bucht (in Mexiko oder bereits zu Hause) eine organisierte Rundreise, die mit den unterschiedlichen Facetten des faszinierenden Landes vertraut macht.

In Mexiko bekommen Besucher viel geboten: Kultur auf hohem Niveau, viele Sportmöglichkeiten und ideale Voraussetzungen für einen Bade- und Strandurlaub, dazu kommen beste Erholungsbedingungen und unberührte Natur.

Allein 29 Orte sind von der UNESCO zum Welterbe der Menschheit erkoren worden. Damit liegt Mexiko in Lateinamerika an erster, weltweit an sechster Stelle. Zu diesem Erbe gehören zuerst die herausragenden Tempelanlagen der alten präkolumbischen Kulturen, vor allem die der Maya und Azteken, aber auch die prächtigen Kolonialstädte, die die Spanier errichtet haben, mit barocken Kathedralen, herrschaftlichen Palästen und eindrucksvollen Klöstern.

Was kulturelle Unterhaltung wie z. B. Theater, Konzerte oder Vernissagen betrifft, ist Mexiko ebenfalls die Nummer eins in Lateinamerika. Allein für Mexiko-Stadt erscheint jede Woche die mehr als 100 Seiten starke Kulturprogrammzeitschrift ›Tiempo Libre‹ (s. S. 91, 144).

Wer kulturelle Erlebnisse mit sportlichen Aktivitäten kombinieren möchte, ist in Mexiko genau am richtigen Platz. Sportlich ambitionierte Besucher können alle Wassersportarten betreiben, aber auch Golf spielen oder bergsteigen (s. S. 86).

Für alle, die Urlaub mit Gesundheit in Verbindung bringen und sich auf hohem Niveau erholen möchten, ist Mexiko interessant, denn das Land ist innerhalb weniger Jahre zu einem Top-Reiseziel für genussreichen Wellness-Urlaub geworden (s. S. 87).

Bade- und Strandurlaub

Mexiko ist auch das Land für einen unvergesslichen Strandurlaub. Mehr als ein Dutzend großer Badeorte bieten das ganze Jahr über karibisches Flair entlang der Riviera Maya, allen voran Cancún und Playa del Carmen, und an der sich südlich anschließenden Costa Maya: türkisblaues Wasser, weiße Sandstrände und Schatten spendende Palmen. Für einen Badeaufenthalt ist aber nicht nur die Yucatán-Halbinsel attraktiv, sondern auch die großen Badeorte an der pazifischen Küste von Mexiko haben ihren Reiz, als da sind Acapulco, aber auch Puerto Vallarta, Mazatlán, Huatulco und die Strände der von Europäern noch weniger besuchten Halbinsel Baja California.

Kulturelle Sehenswürdigkeiten

Pyramiden, Tempel und Paläste der Maya konzentrieren sich in Mexikos Süden, also auf der Halbinsel Yucatán sowie in Chiapas. Die berühmten präkolumbischen Kultstätten von Chichén Itzá, Tulum und Uxmal liegen auf der Yucatán-Halbinsel und sind in Tagesausflügen von Cancún und der Riviera Maya problemlos zu besichtigen. Tief im Süden, nämlich im Bundesstaat Chiapas, liegt Palenque, für viele Mexiko-Kenner die beeindruckendste aller Maya-Anlagen des Landes. Den Nachfahren der Maya und anderer *indígenas* begegnet man besonders häufig in Yucatán und im Süden. Als ›Indianerhauptstadt‹ wird San Cristóbal de las Casas bezeichnet: In der Umgebung der Stadt liegen zahlreiche von *indígenas* bewohnte Dörfer und täglich kommen diese nach San Cristóbal, um Webarbeiten und Kunsthandwerk zu verkaufen.

Über ein reiches indianisches Erbe verfügt auch der benachbarte Bundesstaat Oaxaca. Hier finden sich nicht nur die herrlichen Pyramiden von Monte Albán sowie zahlreicher anderer Kultstätten, hier sind auch mehrere *Indígena*-Stämme zu Hause.

Das koloniale Herz Mexikos schlägt im Hochland von Zentralmexiko, nämlich in Mexiko-Stadt und seiner Umgebung. In diesem Gebiet liegen fünf Bundesstaaten (Aguascalientes, Guanajuato, Querétaro, San Luis Potosí und Zacatecas), die während der spanischen Kolonialzeit durch Silberabbau zu den reichsten des Landes avancierten. Unübertrefflich ist deshalb auch die barocke Pracht der dortigen Städte. Ein einzigartiges Juwel ist zum Beispiel Guanajuato, dessen Innenstadt vollständig unter Denkmalschutz steht. Weiter südlich liegt die Kolonialstadt Taxco, in der die Verarbeitung von Silber noch heute Tradition hat. Eine einzigartige Ansammlung von weltberühmten Museen (u. a. das Anthropologische Museum) und Bauwerken findet sich in der Hauptstadt des Landes, deren Altstadt (Centro Histórico) einen kulturhistorischen Höhepunkt jeder Mexiko-Reise darstellt. In der Umgebung der Stadt liegen weitere spektakuläre Kultstätten, u. a. die beeindruckenden Pyramiden von Teotihuacán.

Mexiko für Naturliebhaber

Eine der wertvollsten Schätze Mexikos ist seine Natur. Berühmt sind die hoch gelegenen **Nationalparks um die Vulkane Popocatépetl und Itzaccíhuatl** bei Mexiko-Stadt sowie am **Pico de Orizaba** auf dem Weg nach Veracruz. Wegen der vielfältigen Tierwelt (u. a. Bären) viel besucht werden auch der **San Pedro Martir Nationalpark** in Baja California und die Nationalparks von **Cumbres de Monterrey** und **Sierra Madre Occidental**. Von Mexiko-Stadt aus lohnt sich ein Besuch des südwestlich am Stadtrand gelegenen **Parque Nacional Desierto de los Leones.** Ein großes sich in Ost-West-Richtung erstreckendes Naturschutzgebiet ist der **Nevado de Toluca Nationalpark** südwestlich von Mexiko-Stadt.

In letzter Zeit nimmt jene Gruppe von Touristen zu, die sich bewusst für die Natur und die unberührten Schönheiten des Reiselandes interessieren. Mexiko bietet für sie immerhin 68 staatlich geschützte Naturparks und Biosphärenreservate. Dazu zählen z. B. eine Reihe von Inseln vor der Küste Niederkaliforniens mit seltenen Tierarten und der Möglichkeit, Wale aus nächster Nähe zu beobachten, und die größte Schlucht Nordamerikas, die **Barranca del Cobre** in der Sierra Madre Occidental. Im Hochland von Michoacán liegt das ›Schmetterlings-Sanktuarium‹, in dem jedes Jahr Millionen der gelb-braun gestreiften Monarch-Falter aus dem 6000 km entfernten Norden Kanadas und den USA überwintern.

Ein **Spezialreiseveranstalter** mit Sitz in Mexiko-Stadt: Ecogrupos de México, Centro Comercial Plaza Inn, Av. Insurgentes Sur 1971, local 251, Colónia Guadalupe, 012020 México, D. F., Tel. 55 56 61 91 21, Fax 55 56 62 73 54.

AMTAVE (Asociación Mexicana de Turismo Aventura y Ecoturismo), Eje 3 Sur, Baja California 145-A, Col. Roma Sur, Cuauhtémoc, México D.F., Tel. 55 55 44 75 67, www.amtave.org, ist eine Organisation von 50 Reiseveranstaltern mit den Schwerpunkten Natur/Erlebnis/Umweltschutz.

Vorschläge für Rundreisen

14 Tage auf der Yucatán-Halbinsel

1. und 2. Tag: Von Cancún aus gelangt man über die Autobahn ins 160 km entfernte Chichén Itzá, die bedeutendste Ausgrabungsstätte der Maya in Yucatán, von der UNESCO zum Welterbe ernannt. In unmittelbarer Nähe der Pyramiden liegen mehrere schöne Hacienda-Hotels.

3. und 4. Tag: Am dritten Tag geht es weiter in westlicher Richtung ins 180 km entfernte Mérida. Unterwegs lohnt ein Besuch von Izamal, einem gepflegten Städtchen mit großem Franziskaner-Konvent. Empfehlenswert ist eine Stadtrundfahrt per Pferdekutsche, typisch für die ›Gelbe Stadt‹. Das koloniale Mérida, Hauptstadt Yucatáns, bezaubert als prächtig restaurierte Stadt mit lebhaftem Ambiente. In der Umgebung von Mérida liegen zahlreiche ehemalige Sisal-Haciendas, von denen einige stimmungsvolle Hotels beherbergen und auch zu Restaurantbesuchen einladen.

5. Tag: Am Vormittag unternimmt man einen Halbtagesausflug ins 90 km entfernte Celestún, einem an der Küste gelegenen Naturschutzgebiet, zu erreichen über die gut ausgebaute Landstraße 281. Bei einer Bootsfahrt auf der Lagune bekommt man Flamingos und Reiher, mit etwas Glück auch Schildkröten und Klammeraffen zu sehen.

6. Tag: Über die MEX 261 gelangt man ins 100 km entfernte Uxmal, wo weitere Höhepunkte präkolumbischer Maya-Architektur warten: die Pyramide des Zauberers, das Nonnenkloster und der Gouverneurspalast. Nach Sonnenuntergang trifft man sich mit anderen Besuchern zur eindrucksvollen Luz y Sonido Show.

7. Tag: Über die sogenannte ›Puuc-Route‹ auf der Mex 261 gelangt man nach 20 km nach Kabáh, das für seine vollkommenen Maya-Gebäude und einen Torbogen berühmt

ist, nach weiteren 10 km nach Sayil, wo man u. a. den dreistöckigen ›Palast‹ der frühen Maya-Baumeister besichtigt.

8. und 9. Tag: Das Ziel des heutigen Tages, die Kolonialstadt Campeche, liegt 260 km von Mérida entfernt. Angesichts der prächtig restaurierten Altstadt, bislang nur von wenigen Touristen besucht, lohnt ein zweitägiger Aufenthalt.

10. bis 14. Tag: Über die zunächst nach Süden führende MEX 261 und anschließend in östlicher Richtung auf der MEX 186 gelangt man ins rund 350 km entfernte Chetumal an der Ostküste. Auf dem Weg liegen die Maya-Stätten Xpujil und Kohunlich - ideal für eine Besichtigung. Will man einen Abstecher zur 60 km südlich der Straße liegenden Maya-Stätte Calakmul unternehmen, dann muss man in Chicanná übernachten. Von Chetumal geht es weiter auf der MEX 307 nach Norden, vorbei am Sian Ka'an Naturreservat nach Tulum am südlichen Ende der Riviera Maya. Dessen Maya-Anlage liegt auf einer Klippe oberhalb des Karibischen Meeres und gehört zu den meistfotografierten Motiven der Halbinsel Yucatán. Über Xel-Há, wo ein Aufenthalt im Ökopark und ein Bad in glasklarem Wasser locken, geht es anschließend wieder zurück nach Cancún.

Vier Wochen quer durch Mexiko

1. Woche: Von Mexiko-Stadt lassen sich die archäologischen Stätten von Teotihuacán und Tula bequem mit dem Bus als eintägige Ausflüge besuchen. Eine Tour über die Ruta de la Independencia zu den schönsten Kolonialstädten Mexikos beginnt am vierten Tag der Rundreise. Von Mexiko-Stadt aus fährt man über die als Autobahn ausgebaute MEX 57 ins 280 km entfernte San Miguel de Allende. Die zahlreichen Sehenswürdigkeiten der inmitten einer schroffen Berglandschaft liegenden Kolonialstadt und die stilvollen Unterkünfte lassen es ratsam erscheinen, zwei Tage für die

Erkundung einzuplanen. Am sechsten Tag geht es wieder in südlicher Richtung ins rund 300 km entfernte Morelia. Zunächst besichtigt man jedoch das koloniale Kleinod Guanajuato, nur 60 km entfernt, zu erreichen über die Bundesstraße 110, in malerischer Lage inmitten eines Tales und auf über 2000 m Höhe gelegen. Ebenfalls kolonial geprägt ist das zum Nationaldenkmal erklärte Morelia, Hauptstadt des gleichnamigen Staates. Nach einer Stadtbesichtigung und einem Ausflug zum Pátzcuaro-See geht es nach zwei Tagen weiter in die Silberstadt Taxco.

2. Woche: In Taxco gibt es günstig und in großer Auswahl Silberwaren zu kaufen. Zwei Tage später beginnt die Fahrt in den Süden. Erste Station ist zunächst Puebla (130 km östlich von Mexiko-Stadt), von wo aus man nach Oaxaca weiterfährt. Die koloniale Stadt mit lebhafter indianischer Kultur ist umgeben von zahlreichen präkolumbischen Ausgrabungsstätten, indianischen Dörfern mit reger Kunsthandwerksproduktion sowie einem Höhepunkt der Rundreise: Monte Albán, die auf einer Bergkuppe liegende Kultstätte der Zapoteken.

3. Woche: Auf der Panamericana, der MEX 190, geht es zwei Wochen nach Reisebeginn weiter Richtung Tuxtla Gutiérrez, Hauptstadt des Bundesstaates Chiapas, und in die Berge nach San Cristóbal de las Casas, ›Indianerhauptstadt Mexikos‹. Nach einem zweitägigen Aufenthalt gelangt man ins schwülwarme Palenque, dessen Maya-Ruinen im Regenwald einen weiteren Höhepunkt der Rundreise darstellen. Dann folgt man der MEX 186 nach Villahermosa. Im dortigen Freilichtmuseum, inmitten eines tropisch gestalteten Parks, warten die steinernen Kolossalköpfe der Olmeken auf Besucher. Entlang der Küste führt die Route nach Campeche und zur Yucatán-Halbinsel.

4. Woche: Über Mérida und Chichén Itzá fährt man nach Cancún (siehe Rundreise Yucatán-Halbinsel). An der Riviera Maya verbringt man ein paar erholsame Tage mit Baden, bevor man wieder nach Mexiko-Stadt, zum Ausgangsort der Reise, zurückfliegt.

Tipps für die Reiseorganisation

Da Mexiko ein riesiges Land ist, muss man weite Strecken gelegentlich mit einem Inlandflug zurücklegen. Dazu stehen mehrere (auch Billig-)Fluglinien zur Verfügung (s. S. 81).

Ansonsten empfehlen sich Überlandbusse. Der 1.-Klasse-Bus *(de lujo, rápido, executivo, primera clase)* verbindet die großen Städte im Ein- oder Zweistundentakt, auch bei weiten Entfernungen.

Die Eisenbahn bedient nach ihrer Privatisierung nur noch ganz wenige Strecken, einige 1.-Klasse-Verbindungen und landschaftlich spektakuläre Abschnitte lassen sich jedoch gut in den Reiseplan einfügen.

Von der Halbinsel Baja California zum Festland verkehren zwei Fähren. Häufiger sind die Fährverbindungen zu den der Karibikküste vorgelagerten Inseln – Cozumel, Isla Mujeres und Holbox.

Auf der Halbinsel Yucatán empfiehlt sich bei bestimmten Strecken immer dann ein Mietwagen, wenn dort keine Busverbindungen existieren (z. B. von Tulum nach Punta Allen) oder die Busverbindungen recht umständlich sind, z. B. zwischen Chetumal und Campeche. Aber es geht auch ohne.

Studienreisen mit Besuch der Kulturstätten der Azteken und Maya bieten viele Veranstalter, z. B. Dr. Tigges, Holzkoppelweg 19, D-24118 Kiel, Tel. 0431 544 60, Fax 0431 544 61 11, www.DrTigges.de, und Ikarus Tours, Am Kaltenborn 49–51, D-61462 Königstein, Tel. 06174 290 20, Fax 06174 229 52, www.ikarus.com. Pauschalreisen mit den Schwerpunkten Sport, Erlebnis, Natur und Erholung organisiert Latino Travel, Rohrerstr. 100, CH-

5001 Aarau, Tel. 0041 628 34 71 90, www.la
tinotravel.ch.

Reisen mit Kindern

Mexikaner lieben Kinder und begegnen daher kleineren und größeren mit großer Herz-
lichkeit und einer Engelsgeduld. Zudem gilt,
dass Familien ihre Mexiko-Reise problemlos
gestalten können. In den Hotels der mittleren
und oberen Preisklasse sind die hygienischen
Bedingungen tadellos, tropische Krankheiten
und solche, die in Entwicklungsländern auftreten können (wie Cholera), gibt es im ganzen Land nicht, und die Mexikaner präsentieren sich als eine ausgesprochen kinder-
freundliche Nation. Nur in abgelegenen,
dschungelähnlichen Regionen gibt es ein ge-
wisses Malaria-Risiko. Selbstverständlich
sollte man sicherstellen, dass Kinder die in
Deutschland angeratenen Schutzimpfungen
(u. a. auch Tetanus, Hepatitis) erhalten haben.

Nicht ausgeschlossen ist es hingegen,
dass im Laufe der Reise leichtere Magen-
und Darmprobleme auftreten, hervorgerufen
durch das andere Klima, das ungewohnte Essen. Am besten, man packt vorsichtshalber
entsprechende Arzneien in den Koffer. Man
kann Vorsorge treffen, dass etwaige Störun-
gen auf ein Minimum beschränkt bleiben. So
sollten besonders Kinder auf eisgekühlte Getränke verzichten und Eiswürfel ablehnen *(sin
hielo, por favor)*. Gegebenenfalls ist Vorsicht
angeraten bei den so verführerisch ausse-
henden Obstsaftständen, die unterwegs im
Land besonders Kinder anlocken. Bei ihnen
sind die hygienischen Verhältnisse nicht immer einwandfrei. Im Übrigen gilt: Allzu große
Vorsicht und ständige Angst vor lauernden
Gefahren verderben nicht nur den Kindern die
Reise, sondern sind auch unbegründet.

Das Essen in den Hotels ist ebenfalls auf
den kindlichen Geschmack eingestellt, oft
bedient man sich am Buffet, das auch immer
Lieblingsspeisen der kleinen Gäste bereithält.
In den Restaurants werden Kinder freundlich
aufgenommen, und dank der zahlreichen US-
amerikanischen Gäste im Land verzeichnen
die Speisekarten die bei Kindern beliebten
Klassiker (Pommes & Co.).

Bei Kindern sehr beliebt ist der in vielen
Strandhotels und Resorts während der
Hochsaison angebotene ›Kids Club‹, in dem
ein reichhaltiges Programm an Wassersport
und anderen Aktivitäten lockt.

Familien reisen besonders gern auf die
Yucatán-Halbinsel, die touristische Infrastruktur ist hier hervorragend, das Karibische
Meer und die üppigen Palmenhaine gefallen
schon den Kleinsten. Die zahlreichen ökologischen Wasser- und Erlebnisparks sind eine
besondere Freude für aktive und an Natur interessierte Kinder. Faszinierend sind auch die
dort überall vorkommenden Leguane – kleine
Drachen, die Kinder oftmals schneller als ihre
Eltern entdecken. Auf Ausflügen zu den Py-
ramidenstätten erleben Kinder wiederum
eine andere Dimension ihres Ferienlandes.
Das gilt auch für Besuche in den kolonialen
Orten Yucatáns, wo die ganze Familie die un-
gebrochene Lebensfreude der Mexikaner
genießen kann.

Reisen mit Handicap

Mexiko ist für Behinderte kein einfaches
Pflaster. Eine behindertengerechte Ausstattung findet man nur in modernen Hotels der
oberen Preisklasse. Koloniale Gebäude (Hotels, Restaurants, Museen) sind für Behinderte wenig geeignet und bereiten z. T. große
Schwierigkeiten. Archäologische Stätten lassen sich meist mit dem Rollstuhl befahren,
moderne Museen und Busbahnhöfe besitzen
Rampen und Aufzüge. Einige wohlhabende
Großstädte wie Monterrey, Morelia, Guadalajara, Zacatecas, Oaxaca und Tuxtla Gutiérrez
haben die Innenstadt mit Rampen versehen.

Einreise- und Zollbestimmungen

Deutsche, Österreicher und Schweizer benötigen einen Pass, der noch sechs Monate gültig ist. Bei einem Aufenthalt bis zu 90 Tagen ist kein Visum erforderlich. Es ist lediglich eine **Touristenkarte** auszufüllen, die man kostenlos von der Fluggesellschaft im Flugzeug, an der mexikanischen Grenze oder bereits zu Hause in einem mexikanischen Konsulat erhält. Diese Karte wird bei der Einreise abgestempelt, die Kopie verbleibt während des Aufenthalts im Land im Pass und dient zur Ausreise. Die Touristenkarte kann nur außerhalb Mexikos erneuert werden; dies ist wichtig für Reisende, die vorübergehend in ein anderes mittelamerikanisches Land oder in die USA reisen wollen.

Bei Verlust: Oficina de Migración, Homero 1832, Col. Los Morales Polanco, 11510 México D.F., Tel. 01800 00 46 264, www.inm. gob.mx. Der Aufenthalt kann mit dieser Touristenkarte nach Rückbestätigung auch bis zu 180 Tagen verlängert werden.

Besucher, die sich länger als sechs Monate in Mexiko aufhalten, benötigen ein **Visum.** Dies kann jeweils um weitere sechs Monate bis zu maximal vier Jahren verlängert werden. **Verlängerung** in Mexiko-Stadt: Secretaría de Gobernación, Abraham González 48, Col. Juárez, Del. Cuauhtémoc, 06600 México D. F., Tel. 55 57 28 74 00, www.gober nacion.gob.mx. Kinder und Jugendliche unter 18 Jahren, die ohne Eltern oder mit nur einem Elternteil einreisen, benötigen ein eidesstattliches und beglaubigtes Einverständnis des/der Sorgeberechtigten.

Die **Zollbestimmungen** für Touristen sind großzügig, ebenso die Zollkontrollen. Ein Tourist kann alles mitbringen, was er für den persönlichen Gebrauch ausweisen kann. Erst größere Mengen (z. B. mehr als 3 l Alkohol, mehr als 400 Zigaretten müssen deklariert werden.

Haustiere benötigen ein Impfzertifikat gegen Tollwut, das nicht älter als sechs Monate sein darf und von einem mexikanischen Konsulat beglaubigt werden muss; ein Quarantäneaufenthalt entfällt. Bei der Rückkehr nach Deutschland und Österreich gelten die Zollbestimmungen der EU.

Anreise nach Mexiko

... mit dem Flugzeug aus Europa

Von mitteleuropäischen Flughäfen fliegen zur Zeit Air France (www.airfrance.de), Aeromexico (www.aeromexico.com.mx), British Airways (www.britishairways.de), Iberia (www.iberia.de), KLM (www.klm.de) und Lufthansa (www.lufthansa.de) nach Mexiko-Stadt. Lauda Air verkehrt wöchentlich von Wien nach Cancún, Air Berlin (www.airberlin.com) und Condor (www.condor.de) von Düsseldorf und Frankfurt.

Die **Flughafengebühr** von 23 US-$ bei Ankunft und 18 US-$ vor Rückflug ist meist im Ticketpreis enthalten.

Flugkosten: Hin- und Rückflug ab ca. 800 €. Die Flugzeit von Frankfurt nach Mexiko beträgt nonstop ca. 11 Stunden.

Pauschalreisen werden von vielen Veranstaltern angeboten, eine Übersicht bietet die Broschüre ›Mexiko-Schlüssel‹ des mexikanischen Verkehrsamtes (s. S. 72). Zwei Wochen mit Übernachtung und Frühstück können in Deutschland ab 1200 € gebucht werden.

... mit dem Flugzeug aus den USA

Aeroméxico und US-Fluggesellschaften verbinden viele Städte der USA (z. B. New York, Atlanta, Chicago, Miami, Dallas, San Francisco, Los Angeles) direkt mit Mexiko-Stadt sowie mit weiteren großen mexikanischen Städten (z. B. Acapulco, Cancún, Guadalajara, Mazatlán, Monterrey, Puerto Vallarta).

... mit dem Bus aus den USA

Von allen Grenzstädten fahren mexikanische Busgesellschaften der 1. und 2. Klasse nach Süden, teilweise direkt nach Mexiko-Stadt. Die modernste, komfortabelste und sicherste Firma ist ETN.

... mit der Eisenbahn aus den USA

Eisenbahnverbindungen bestehen an der mexikanischen Westküste von Nogales (Arizona) nach Süden: Guaymas, Los Mochis, Mazatlán; von Manzanillo nach Guadalajara; im Landesinneren von Ciudad Juárez (Grenzstadt: El Paso, Texas) und Ojinaga (Grenzstadt: Presidio, Texas) über Chihuahua (dort Abzweigung der Chihuahua al Pacífico-Eisenbahn durch die Sierra Madre nach Los Mochis) sowie Torreón, Aguascalientes, León und Querétaro nach Mexiko-Stadt; und von Piedras Negras (Grenzstadt: Laredo, Texas) über Monterrey und Ciudad Victoria zum Golfhafen Tampico. Nach der Privatisierung der Eisenbahn sind die meisten Strecken zurzeit ohne Betrieb.

... mit dem Pkw aus den USA

Die meisten US-Vermieter gestatten die Einreise mit Leihwagen nach Mexiko nicht. In Ausnahmefällen ist dies mit einer Extraversicherung möglich. Bei Wohnwagen wird der Übergang zumeist erlaubt.

Wer von den USA per Pkw nach Mexiko einreisen möchte, benötigt die US-amerikanischen Zulassungspapiere und seinen nationalen Führerschein. An der Grenze erhält man ein **Vehicle Permit** (Sticker auf der Scheibe), mit dem man sechs Monate in Mexiko fahren darf. Verkauf des Fahrzeugs ist verboten. Für Fahrten nach Baja California und Sonora und innerhalb von 25 km ab Grenze ist kein Vehicle Permit erforderlich.

Erforderlich ist auch eine auf den Fahrer des Wagens ausgestellte Kreditkarte, mit der Zollgebühren von 15 US-$ kassiert werden

(ohne Kreditkarte 30 US-$). An der Grenze ist eine mexikanische Haftpflichtversicherung abzuschließen (ca. 100 US-$ bei Sanborns oder Banjercito).

... mit dem Bus aus Guatemala und Belize

Eine Touristenkarte für Mexiko sollte vorher im mexikanischen Konsulat in Belize City besorgt werden, da sie an der Grenze nicht immer vorrätig ist. Durchgehende Busverbindung von Guatemala-Stadt nach Mexiko-Stadt auf der Panamericana über San Cristóbal de las Casas und Tuxtla Gutiérrez sowie Juchitán; von dort über Oaxaca oder Orizaba nach Mexiko-Stadt; Fahrtzeit 24 Std.

Täglich bestehen mehrere Busverbindungen von Guatemala über Belize City nach Chetumal (Quintana Roo) auf der Halbinsel Yucatán; die Fahrzeit beträgt 4 Std. von Belize City.

... mit dem Frachtschiff aus Europa

Frachtschiffreisen nach Mexiko vermittelt Frachtschiff-Touristik Kapitän Zylmann, Mühlenstraße 2, 24376 Kappeln, Tel. 04642 965 50, Fax 04642 67 67, www.zylmann.de; eine 4–7-wöchige Fahrt von Bremerhaven nach Veracruz (mit vielen Stopps) in einer komfortablen Doppelkabine inklusive Vollpension kostet pro Person und Tag ca. 100 Euro.

Verkehrsmittel

Verkehrsmittel über Land

Einst hatte die Eisenbahn in Mexiko einen guten Ruf. Die öffentlichen Eisenbahngesellschaften unterhielten umfassende Streckennetze im ganzen Land.

Nach der Privatisierung der staatlichen Eisenbahn sind fast alle Strecken eingestellt worden. Ob sie nach und nach wieder in Betrieb genommen werden, ist ungewiss.

Eine der schönsten Strecken führt von Chihuahua durch die Sierra Madre Occidental nach Los Mochis am Pazifik (s. S. 232). Viele Züge führen Speisewagen mit, auf allen Fahrten wird man von Frauen und Kindern verpflegt, die während der häufigen Stopps in den Zug kommen und preiswerte, selbst zubereitete und leckere Speisen anbieten. Auskünfte erteilt Ferrocarril Mexicano, Tel. 01888 1 22 43 73 (kostenlos) oder 614 439 72 12 (Chihuahua).

Bus

Das am meisten benutzte und verbreitete Transportmittel in Mexiko ist der Bus. Meist existiert ein zentraler Busbahnhof (Terminal), aber es ist auch möglich, dass die verschiedenen Busgesellschaften unterschiedliche Busbahnhöfe unterhalten (s. Ortsbeschreibungen).

Es gibt Buslinien der ersten und der zweiten Klasse. Der Fahrpreis liegt bei 5–10 € pro 100 km (1. Klasse). Die 1. Klasse-Busse (Primera Clase, Expreso, Rapido, Lujo) mit Sitzplatzreservierung sind bequem und schnell. Zwischen allen Städten gibt es mehrmals täglich Verbindungen. Seinen Sitzplatz sollte man durch den Kauf des Fahrscheins (boleto) bereits einen Tag im Voraus reservieren, auf viel befahrenen Strecken sogar einige Tage im Voraus.

Da ein und dieselbe Strecke oft von mehreren Busgesellschaften bedient wird, sollte man es nicht versäumen, sich nach dem betreffenden Bahnsteig *(ánden)* oder Zugang *(puerta)* zu erkundigen.

Am Flughafen von Mexiko-Stadt gibt es einen Busbahnhof mit Verbindungen zu zahlreichen Städten des Hochlands.

Die Busse der 2. Klasse *(Segunda Clase)* sind meist überfüllt, halten an jeder Station und sind deshalb und wegen ihres älteren Baujahres wesentlich langsamer. Sie nehmen außer Passagieren auch Tiere, vielfältiges Gepäck und sogar Gemüsesäcke mit.

Flugzeug

Inlandflüge werden von der großen privaten Fluggesellschaft Aeroméxico sowie vielen kleineren (regionalen) Linien wie Aviacsa (www.aviacsa.com) angeboten. **Auskunft:** Aeroméxico, Schenkendorfstr. 1, 65187 Wiesbaden, Tel. 0611 267 67 50, Fax 0611 267 67 60 (Faxabruf). Preiswerte (teilweise Low Budget-)Inlandsflüge bieten VivaAerobus (www.vivaaerobus.com), Volaris (www. volaris.mx) und Interjet (www.interjet.com.mx).

Mietwagen

Die meisten internationalen Leihwagen-Anbieter unterhalten Büros in den größeren mexikanischen Städten und auf den Flughäfen des Landes. Da die Haftpflichtversicherung in Mexiko nicht vorgeschrieben ist, ist es unbedingt erforderlich, eine Vollkaskoversicherung abzuschließen; diese kostet z. B. bei Hertz 25 US-$ pro Tag. Das Mindestalter zum Mieten eines Autos: 25 Jahre. Der nationale oder internationale Führerschein ist vorzulegen, eine Kreditkarte erspart die Kaution. Pro Tag kostet ein kleiner Leihwagen um 50 US-$, dazu kommen 15–18 US-$ Vollkaskoversicherung und 15 % Steuern. Bei Einwegmieten sind die Rückführungsgebühren sehr hoch. Bei Wagenübernahme sollte man immer Reserverad und Werkzeug prüfen, Türen und Bremsen kontrollieren sowie eine kleine Probefahrt machen.

Billiger und zeitsparender ist es, das Fahrzeug schon daheim zu mieten und in Mexiko (z. B. am Flughafen) zu übernehmen; an fast allen mexikanischen Flughäfen findet man Niederlassungen z. B. von Hertz, Tel. 01805 33 35 35 (www.hertz.de).

Straßenverhältnisse, Verkehrsregeln, Benzin

Mexiko verfügt über ein gut ausgebautes Straßennetz, das jedoch nur zu zwei Dritteln geteert ist. Die großen Überlandverbindungen sind in gutem Zustand, zum Teil sind sie autobahnähnlich ausgebaut und gebührenpflichtig *(cuota);* immer verläuft aber die (alte) gebührenfreie Straße *(libre)* in der Nähe und ist meist landschaftlich reizvoller. Die Autobahngebühren für die Strecken Mexiko-Stadt – Acapulco (325 km) und Mexiko-Stadt – Guadalajara (550 km) liegen zwischen 550 und 750 Pesos, für Mexiko-Stadt–Oaxaca (470 km) und Mérida–Cancún (280 km) zwischen 270 und 300 Pesos. Das Netz der staatlichen PEMEX-Tankstellen ist nicht sehr dicht.

Die Bundesstraßen heißen **Carretera Federal** und werden auf den Straßenschildern als **MEX** bezeichnet. Die Landstraßen in den einzelnen Bundesstaaten tragen als Bezeichnung vor der Nummer die Abkürzung des Staates, z. B. YUC 321 in Yucatán.

Auf mexikanischen Landstraßen ist besonders auf Vieh, in Ortschaften und vor Kreuzungen auf Bodenwellen *(topes)* zu achten. Kreisverkehr hat immer Vorfahrt. Höchstgeschwindigkeiten in Ortschaften 40, außerhalb 70 und auf den Autobahnen 110 km/h. Versicherungen sind nicht vorgeschrieben, aber dringend zu empfehlen. Den Pannendienst besorgen die **Ángeles Verdes**, ›grüne Engel‹, die von 8 bis 20 Uhr unterwegs sind und Englisch sprechen, Tel. (01 55) 52 50 82 21. Informationen, Auskunft und Kartenmaterial: AMA (Asociación Mexicana Automovilista), Orizaba 7, Col. Roma, Del. Cuauhtémoc, 06700 México D. F., www.ama.com.mx. Straßenhilfsdienst Tel. 55 88 70 55.

Wer sich auf abgelegene Strecken vorbereiten will, kann sich bei der Secretaría de Turismo (Adresse s. S. 72) das monatlich erscheinende »Boletín de Condiciones de Carreteras« bestellen, das den aktuellen Zustand der Straßen in den einzelnen Bundesstaaten präzise und sehr übersichtlich beschreibt.

Benzin: An den PEMEX-Tankstellen gibt es zwei bleifreie Sorten: Magna (grüne Zapfsäulen) und Premium (rote Säulen); Benzin kostet 0,65 € bzw. 0,68 €, Diesel 0,66 € pro Liter.

Drei Tipps für Autofahrer:
– Konzentrieren Sie sich immer auf den Verkehr vor Ihnen und den links und rechts von Ihnen, nicht auf den hinter Ihnen. Unerwartetes Bremsen oder Abbiegen Ihres Vordermannes, ohne den Blinker zu setzen, sind keine Ausnahme. Ebenso kommt es oft zum Wechsel der Fahrbahnen oder Überholen auf beiden Seiten.
– Mexikaner legen das Verkehrsrecht sehr individuell aus. Fahren Sie deshalb zügig und sehr konzentriert. Lassen Sie sich überholen, auch wenn es verboten ist.
– Wenn auf einer Landstraße das Auto vor Ihnen rechts blinkt, heißt das: Es naht Gegenverkehr, überhole mich nicht! Links blinken zeigt an, dass die Gegenfahrbahn frei ist. Es kann jedoch auch der Hinweis eines tatsächlichen Linksabbiegers sein. Deshalb: zurück zu Tipp 1!

Fähren

Nach der Privatisierung der staatlichen Fährgesellschaft verbinden derzeit lediglich noch zwei Fähren die Halbinsel Baja California mit der mexikanischen Westküste. Sie verkehren zwischen den beiden Häfen La Paz und Los Mochis sowie zwischen Santa Rosalia und Guymas:

La Paz–Los Mochis (Hafen **Topolobampo**), 6 x wöchentlich 14.30 Uhr

Los Mochis (Topolobampo)–La Paz, 6 x wöchentlich 23 Uhr

Fahrtdauer 7 Stunden, Fahrpreis 53 € pro Person, Baja Ferries, www.bajaferries.com. Baja Ferries verkehrt auch von La Paz nach **Mazatlán**, Fahrtdauer 14 Stunden, 67 Euro pro Person, 150 Euro pro Pkw.

Auf der Halbinsel Yucatán bestehen Fährverbindungen zur Insel **Isla Mujeres** von Punta Sam von Punta Sam (7 km nördlich von Cancún, Autofähre, www.maritimaisla mujeres.com, 7 Fahrten tgl. (So 4 Fahrten)

zwischen 7 und 20 Uhr, Überfahrt 45 Minuten, 260 Mex$ pro Fahrzeug inkl. Fahrer, 18 Mex$ pro weitere Passagiere).

Fußgänger benutzen die Personenfähre Ultramar von Gran Puerto (3 km nördlich von Cancún, www.granpuerto.com.mx, Überfahrten halbstündlich zwischen 5 und 20 Uhr, Fahrtdauer 20–25 Miniuten, Fahrpreis 70 Mex$).

Ultramar verkehrt auch von der Playa Tortugas in der Hotelzone, von El Embarcadero am Beginn der Hotelzone und von der Playa Caracol in Cancún (jeweils 11 US-$ für die einfache Fahrt, 17 US-$ retour). Eine ältere Personenfähre (Magaña) verkehrt von Puerto Juárez (4 km nördlich von Cancún, halbstündlich zwischen 8 und 20 Uhr, Fahrtdauer 20 Minuten, Fahrpreis 35 Mex$).

Von Playa del Carmen zur Isla Cozumel und zurück fährt die Personenfähre Ultramar 6 x täglich zwischen 7 und 20 Uhr (Fahrtdauer 60 Minuten, Fahrpreis 156 Mex$ einfache Fahrt).

Nahverkehr

Taxi

Taxis sind preiswerte Verkehrsmittel, und es gibt in den großen Städten unterschiedliche Taxi-Arten (nähere Informationen s. bei den einzelnen Ortsbeschreibungen). Man muss jeweils den Fahrpreis aushandeln, falls das Taxi keinen Taxameter besitzt (Infos zur ungefähren Fahrpreishöhe erteilt die Hotelrezeption).

In Mexiko-Stadt kostet z. B. eine Fahrt von der Innenstadt zum Flughafen ca. 12 US-$ in einem VW-Käfer, wenn das Taxameter eingeschaltet wird. Feste Preise gibt es am Flughafen von Mexiko-Stadt zu den Hotels (Ticketschalter). *Colectivos* heißen Gemeinschaftstaxis (oft VW-Busse), die in den größeren Städten auf festgelegten Routen verkehren und auf Zuruf halten.

Stadtbusse

Alle Städte verfügen über ein gutes Busnetz, in das man sich in jeder Stadt nach Ankunft am zentralen Überland-Busbahnhof einklinken kann. Preise pro Fahrt zwischen 5 und 10 Mex$ (Cancún).

U-Bahn

Nur Mexiko-Stadt verfügt über ein (sehr gutes) U-Bahn-System (s. S. 149).

Weiterreise

… in die USA

Die Grenze zwischen Mexiko und den USA kann an einer Vielzahl von Grenzübergängen überquert werden; sie hat insgesamt eine Länge von über 3000 km. Für die Einreise in die USA gelten die für Deutsche, Österreicher und Schweizer gültigen Bestimmungen, die sie aus ihren Heimatländern kennen bzw. bei den US-Botschaften jeweils aktuell (wichtig: Reisepass mit biometrischen Angaben) erfragen können. Es kann zu strengen Kontrollen durch die US-Behörden kommen.

… nach Belize

Deutsche, Schweizer und Österreicher benötigen für die Einreise nach Belize kein Visum. Täglich verkehren Linien- und Kleinbusse von Chetumal über Belize nach Santa Élena in Guatemala.

… nach Guatemala

Die Weiterreise nach Guatemala ist mit dem Flugzeug (ab Mexiko-Stadt bzw. ab Cancún) oder mit dem Bus (ab Mexiko-Stadt und Oaxaca oder San Cristóbal), aber auch durch Belize nach Petén möglich. Wichtig zu wissen: Bei der Einreise nach Guatemala wird am Grenzübergang ohne vorherige Beantragung eine 30-tägige Aufenthaltsgenehmigung erteilt.

Mexiko bietet Übernachtungsmöglichkeiten in allen Preiskategorien und Komfortstufen: von der Hängematte am Strand der Karibik für 50 Pesos bis zur 1000-US-$-Suite in einem Luxushotel in Acapulco. Dazwischen bieten sich vielfältige Alternativen in Hotels, Haciendas, Pensionen, Jugendherbergen und auch auf Campingplätzen.

Preise
Man muss zur Höhe eines konkreten Übernachtungspreises in einem konkreten Hotel zwischen drei Preisen unterscheiden:
Es gibt den ›**Front-Desk-Preis**‹. Der muss gesetzlich in den Zimmern ausgewiesen werden, steht häufig in Prospekten und wird an der Rezeption bei Nachfrage genannt. Er ist in der Nebensaison billiger als in der Hauptsaison (›Published‹ oder ›Rack Rate‹).
Es gibt einen Preis für **Reisebüros und Reiseveranstalter,** der ist – weil Veranstalter eine Gruppe bringen und auch verdienen wollen – manchmal bis zu 50 % niedriger. Wer sein Hotel über ein Reisebüro zu Hause bucht, bekommt vielleicht etwas von dieser Reduktion ab, d. h. er bucht billiger als in Mexiko.
Es gibt die **Last-Minute- und Internet-Angebote,** da kann man möglicherweise auf noch günstigere Preise stoßen.
Immer wird zu den Preisen 5–10 % Bedienung und 11–16 % Steuer addiert.
Einzelzimmer sind nur geringfügig billiger als Doppelzimmer.
Die Hotels von 3 Sternen aufwärts geben ihre Preise gerne in US-$ an und errechnen dann bei der Abreise den Tageskurs in mexikanischen Pesos.
In den Ortsbeschreibungen nennen wir empfehlenswerte Unterkünfte in allen Preisstufen. Wir geben dabei die ›Rack Rate‹ für ein Doppelzimmer (DZ) in Pesos (Mex$) an; nur dort, wo die Hotels selbst Preise in US-$ nennen, benutzen auch wir diese Währung.

Hotels

Die mexikanische Tourismusbehörde klassifiziert die Hotels in Kategorien mit 1 bis 5 Sternen; darüber hinaus gibt es Luxushotels (GT = Gran Turismo) und die Kategorie ›especial‹ (besondere Häuser in ehemaligen Klöstern, Haciendas und Palästen). Die Klassifikation entspricht in etwa der weltweit üblichen. Die Preise können innerhalb einer Kategorie jedoch sehr unterschiedlich sein, denn sie hängen von der touristischen Attraktivität des jeweiligen Ortes ab. So kann ein Zimmer bei gleichem Standard in Acapulco sehr viel mehr als an einem weniger bekannten Ort kosten. Immer aber sind die Preise niedriger als in vergleichbaren Orten in Europa, Komfort und Service manchmal sogar besser. Besonders romantisch und dennoch erschwinglich sind die in Hotels umgewandelten Haciendas und Posadas.

Haciendas

Hacienda-Hotels vermitteln Geschichte. Die spanische Krone schenkte während der Kolonialzeit Land an Personen, die ihr Dienstleistungen erbrachten und Treue erwiesen. Haciendas sind Gebäude, die auf diesen ausgedehnten Ländereien errichtet wurden und den wirtschaftlichen Reichtum der Kolonialherren durch den Anbau von Mais, Agave, Henequén, die Herstellung von Pulque oder die Viehzucht vermehrten. Später standen die meisten lange leer und verfielen. In heutiger Zeit wurden viele renoviert, und als Luxushotels, Museen oder Privathäuser erinnern sie an den architektonischen Glanz dieser mexikanischen Epoche. Zwar sind Hacienda-Hotels in ganz Mexiko zu finden, vor allem jedoch in den Staaten Campeche, Morelos, Yucatán und Jalisco. Haciendahotels findet man unter www.haciendahotelsmexico.com und www.hoteles-haciendas.com.

Jugendherbergen

In Mexiko gibt es Jugendherbergen *(Asociación Mexicana de Albergues Juveniles – AMAJ)* in allen größeren Städten, z. B. in Acapulco (60), Aguascalientes (72), Cabo San Lucas (164), Campeche (76), Cancún (600), Chetumal (70), Cuautla (48), Durango (80), Guadalajara (80), La Paz (60), Mexicali (52), Mexiko-Stadt (288), Morelia (72), Obregón (60), Playa del Carmen (192), Querétaro (72), San Luis Potosí (72), Tijuana (100), Tuxtla Gutiérrez (95), Veracruz (50), Zacatecas (60), Zihuatanejo (60); die Zahlen in Klammern stehen für die Bettenzahl.

Für ihre Benutzung ist der internationale Jugendherbergsausweis ratsam; er verbilligt die Übernachtung und verschafft leichteren Zugang. In den AMAJ-Jugendherbergen kostet die Übernachtung gewöhnlich 6–8 US-$, in einigen bei Reisenden beliebten Orten (z. B. in Acapulco, Cancún, Cabo San Lucas) verdoppeln sich die Preise. Auskünfte: **AMAJ,** Despacho 109-B, Insurgentes Sur 421, Col. Hipódromo Condesa, Tel. 55 55 64 03 33

Auskünfte über die zahlreichen privaten Jugendherbergen: Hostelling International Mexico, República de Guatemala 4, Colonia Centro, 06020 México D. F., Tel. 55 55 18 17 26, www.himexico.com

Pensionen

In vielen Orten Mexikos findet der Reisende einfache Gästehäuser, *Casas de Huespedes,* zum Teil mit Gemeinschaftsdusche und -WC, gelegentlich auch mit mehr Komfort. Es handelt sich oft um Familienbetriebe, die eine beschränkte Zimmerzahl im Angebot haben. Die Übernachtung ist meist sehr spartanisch, dafür aber durchaus preiswert, oft um 15 US-$ pro Zimmer und Nacht (s. Ortsbeschreibungen).

Camping

Zelten ist in Mexiko nicht verbreitet, aber man findet Campingplätze auf der Halbinsel Baja California und an den Küsten des Pazifiks. Meist erwarten diese aber die Wohnwagen von US-Touristen, gezeltet werden kann dort nur am Rande. Eine aktuelle Übersicht über alle mexikanischen Campingplätze bietet die vierte Auflage (2009) von ›Travelers Guide to Mexican Camping – Explore Mexico, Guatemala and Belize with your RV or Tent‹ von Mike and Terri Church, Rolling Homes Press, www.rollinghomes.com. Aber zunehmend lassen sich an bekannten Badestränden abseits der Hotelanlagen *cabañas* mieten, Palmblatt- oder Bretterhütten ohne Strom und Wasser, meist nicht abschließbar, mit Pritsche oder Haken für Hängematten (s. Ortsbeschreibungen).

Hängematten

Die eigene (oder gemietete) Hängematte lässt sich auf Campingplätzen, in Cabañas, auf speziellen Hängemattenplätzen und in einigen Gästehäusern im Garten oder auf der Terrasse gegen eine geringe Gebühr benutzen. Verlassen kann man sich auf das Vorhandensein solcher Übernachtungsmöglichkeiten nicht – am häufigsten gibt es sie an der Pazifikküste.

Ungebetene ›Gäste‹

Je einfacher die Unterkunft, desto häufiger muss man in tropischen Gebieten das Zimmer mit ungebetenen ›Gästen‹ teilen. Verbreitet sind z. B. Kakerlaken (span.: *cucarachas),* die eklig, aber harmlos sind und weglaufen, wenn man das Licht anmacht. Genauso harmlos, aber dazu noch sehr nützlich sind die Geckos (span.: *salamancas),* Eidechsen, die an Decken und Wänden entlanglaufen, um Mücken und Moskitos zu jagen.

Zunehmend mehr Menschen möchten im Urlaub auch Sport treiben. Für sie hält Mexiko ein breites Angebot bereit, z. B. nahezu alle Wassersportarten, Golfen oder Bergsteigen. Aber wer sich in erster Linie erholen will und auf Wellness setzt, kommt auch auf seine Kosten.

Angeln

Mexiko bietet hervorragende Möglichkeiten für Hochseeangler. An den Küsten sind zum Beispiel Thunfische, blaue und schwarze Marline, Fächerfische und Schnäpper zu Hause. Hochseeangeltouren werden daher in allen großen Badeorten organisiert. Zentrum dieser Sportart ist Los Cabos, weil vor den Küsten Niederkaliforniens ein besonders großer Fischreichtum herrscht; hier werden insbesondere Marline und Fächerfische geangelt. Die Veranstalter bieten auch sogenannte ›Fangen und Freilassen-Programme‹ (catch & release) an, damit dieser Fischreichtum erhalten bleibt.

Bergsteigen

In einigen Nationalparks besteht die Möglichkeit zum Bergwandern mit mittlerem Schwierigkeitsgrad, das sich auch ohne einheimische Führer unternehmen lässt. Für die Besteigung der schneebedeckten Vulkane Popocatépetl (5452 m) und Itzaccíhuatl (5286 m) ist zusätzliche Ausrüstung und Begleitung durch Ortskundige erforderlich.

Die Tour auf den Pico de Orizaba (5750 m), den höchsten Berg Mexikos, dauert mit An- und Abreise von Mexiko-Stadt vier Tage. Über Puebla reist man in das Dorf Tlachichuca, dort heuert man einen Geländewagen zur Station Piedra Grande (Unterkunft, Restaurant, Ausrüstung) an. Da der Gipfel vereist ist, muss entsprechende Ausrüstung

mitgebracht werden. Der Aufstieg dauert 8 bis 10 Stunden, der Abstieg rund 3 Stunden. Den Popocatépetl (s. S. 154) erreicht man von Mexiko-Stadt in 2 Stunden über Amecameca, von dort per Taxi bis zur Station Tlamacas (3800 m). Bis zum Gipfel aufzusteigen ist nicht immer möglich.

Auskunft: Federación Mexicana de Excursionismo y Montañismo, Av. Río Churubusco, Pureta 9, Ciudad Deportiva, Del. Itzacalco, 08010 México D. F., Tel. 55 55 19 16 00, Fax 55 56 54 50 53, sowie **Club Alpino Mexicano**, Córdoba 234, Col. Roma, 06700 México D. F., Tel. 55 55 74 96 83, www.club alpinomexicano.com.mx, und **Organización Mundo Alpino**, Las Granjas 86, Col. Sector Naval, 02080 México D. F., Tel. 55 53 96 23 66, Fax 55 53 41 13 50.

Golfen

In Mexiko kann man das ganze Jahr über Golf spielen; einige der 220 Golfplätze gehören zu den extravaganten der Welt. Die üppige Vegetation des Landes mit hohen Palmen, Hibiskus und Bougainvillea sorgt für die entsprechende Kulisse.

In Ixtapa z. B. verläuft der Golfkurs entlang einer Lagune, über Hügel an dichtem Dschungel vorbei und in den Sand der Playa Palmar; in Cancún wird das Einlochen am 12. Loch des Pok-Ta-Pok-Golfplatzes durch einen Maya-Tempel erschwert; in Puerto Vallarta besitzt der Golfplatz des Marina Vallarta Golfclubs Wasserhindernisse an 11 von 18 Löchern (davon zwei mit Alligatoren).

Alle Golfplätze sind auch Nicht-Clubmitgliedern zugänglich, bei fast allen kann man die Ausrüstung mieten, viele bieten für Anfänger Schnupperkurse an. Für Interessierte gibt die staatliche Touristeninformation in Mexiko-Stadt (s. S. 72) eine Broschüre heraus (www.mygolfmexico.com, www.golfinmexi co.net, www.teetimesmexico.com).

Segeln

Mit 10 000 km Küste ist Mexiko ein ideales Segelrevier. Beste Segelzeit am Golf von Mexiko: März–Juni (nach den jährlichen heftigen Stürmen); an der Karibik: im Winter; Pazifik und Seen: Oktober–Juni. Jachthäfen: Veracruz, Acapulco, Manzanillo, Puerto Vallarta, La Paz, Valle de Bravo.

Strände

In Mexiko heißt ein langer, weißer Sandstrand am Meer nicht *playa,* wie uns die Schlagersänger immer weismachen wollen, sondern *mar abierto,* offenes Meer. Denn dort hat das Meer fast immer höhere Wellen, die See ist recht rau, und es herrschen zum Teil gefährliche Strömungen. Mexikaner baden dort selten. *Playa* heißen nur die Strände in geschützten Buchten, in denen das Wasser ruhiger ist. Die großen Badeorte verfügen deshalb immer über beides (siehe Mexiko als Reiseland).

Tauchen

Erfahrene Taucher wissen, dass sie in Mexiko einige der besten Tauchplätze weltweit finden. An der Pazifikküste gehören dazu die Orte Los Cabos (Wracks, Unterwasserhöhlen und -cañóns sowie Unterwassersandbänke am Eingang zum Cortés-Meer), Puerto Vallarta (geschütztes Riff südlich der Stadt) und Mazatlán (besonders die vorgelagerte Isla del Venado).

Auch die Karibikküste zwischen Cancún und Chetumal bietet herrliche Tauchgründe. Neben der vielfältigen Unterwasserflora und -fauna trifft man dort auch auf gesunkene spanische Galeonen. Das schönste Tauchrevier dieser Küste besitzt die Insel Cozumel mit dem weltbekannten Palancar-Riff (s. S. 428).

Auf der Halbinsel Yucatán wird erfahrenen Tauchern zudem ein bisher unbekanntes Erlebnis geboten: Süßwassertauchen in den *cenotes,* den Wassergrotten und Unterwasserflüssen mit ihren ungewöhnlichen Kalkformationen unterhalb der Erdoberfläche.

Höhlentauchen: Yucatek Divers, Playa del Carmen, Tel. 984 803 13 63, Fax 984 873 00 54, www.yucatek-divers.com, schweizerische Leitung. Cenote Dive Center, Carretera Cancún-Tulum, Tulum, Tel. 984 871 22 32, www.cenotedive.com.

Walbeobachtung

Baja Wild Expeditions, San José del Cabo, Tel. 624 142 53 00, www.bajaex.com; erfahrener Veranstalter von Walbeobachtungstrips; im Angebot sind auch Surfen, Kajak, Wandern und Tauchen.

Wassersport

In den Ferienorten am Pazifik und an der Küste Yucatáns wird viel Wassersport betrieben. Dazu zählen z. B. Wasserski, sogenannte Water-Jets und vielerlei Plastikgeräte, die im Wasser gezogen werden, bis die Leute herunterfallen. Auf den damit verbundenen Lärm und die Belästigung für Schwimmer muss man vorbereitet sein.

Wellness ist ›in‹ in Mexiko

Das war abzusehen, denn bei Wellness geht es um mehr als um ein wenig Massieren oder Herumplantschen, es ist eine ›moderne Heilslehre‹. Wellness stimuliert äußerlich das Wohlbefinden, verwöhnt die Haut und meint die Seele. Die Haut als größtes Sinnesorgan des Menschen, die bisher von der Eventkultur verschont blieb, rückt jetzt in den Mittelpunkt,

Die Seele baumeln lassen

›Mexico chic‹ (von Foo Mei Zee und Barbara Kastelein, Bolding Books, London 2003) heißt ein herrlicher kleiner Bildband (bislang nur in englischer Sprache), der einige der schönsten Hotels, Haciendas und Spas in Mexiko porträtiert. Launige Lifestyle-Texte und ein gelungenes Layout.

ein neues Körpergefühl soll einen ergreifen. So wird es jedenfalls versprochen.

Mexiko scheint der richtige Ort für dieses neue Körpergefühl zu sein. Und viele Luxushotels bieten ihren Gästen dazu den Rahmen. Tatsächlich öffneten in den letzten Jahren zwischen Acapulco, Cancún sowie Baja California wahre Wellness-Tempel ihre Tore und überbieten sich heute mit ihren Anwendungsprogrammen. Ihr Plus: Die hohe Dienstleistungsqualität zu relativ günstigen Preisen und die aufwendige Ausstattung der Einrichtungen.

Nur in einem gesunden Körper wohne auch ein gesunder Geist – zitieren viele eine Weisheit der Antike. Aber braucht ein gesunder Geist tatsächlich einen gesunden Körper? Nicht so viel fragen, einfach abschalten, einfach entspannen … Denn Wellness à la Mexiko ist etwas Besonderes:

Früh am Morgen trifft man sich zur Meditation, und wenn die Sonne schon tief über der Karibik steht, geht es zum Reiki. Dazwischen können viele, viele Anwendungen liegen. Ob Gesichtsbehandlung, Massage mit warmen Steinen, japanische Druckmassage, Aqua-Aerobic oder Stretching – es gibt fast nichts, was nicht angeboten wird.

Neben den klassischen Badeorten am Pazifik und entlang der Karibikküste Yucatáns gehört das mexikanische Hochland zu den Lieblingszielen der Wellness-Urlauber: Sich verwöhnen lassen, inmitten kolonialer Pracht und zu Füßen schneebedeckter Vul-

kane. »Die Menschen haben genug von Urlauben, in denen sie zu viel essen und trinken, zu wenig schlafen und zu viel in der Sonne liegen«, meint Orlando Hidalgo, Sprecher der mexikanischen Spa-Vereinigung. Statt Aerobic werden ökologische Wanderungen angeboten, auf der Speisekarte stehen einheimische (kalorienarme) Spezialitäten.

Die vielen neu etablierten Spas in Mexiko dürfen nicht darüber hinwegtäuschen, dass *Sanitas per Aqua*, nämlich Gesundheit durch Wasser, schon für die indianischen Ureinwohner zum Leben gehörte. Die Azteken liebten ihr Temazcal; der Begriff aus der Nahua-Sprache lässt sich gliedern in *temas* (Bad) und *calli* (Haus). In den niedrigen, bienenkorbähnlichen Badehäuschen, erbaut aus Stein und Ton, schwitzten Männer und Frauen sich gemeinsam gesund. Dr. Horacio Rojas Alba vom angesehenen Instituto Mexicano de Medicinas Tradicionales weiß, dass das Temazcal nicht nur die Abwehrkräfte stärkt, den Kreislauf stabil hält und für eine schöne Haut sorgt, sondern fast so gut ist wie ein Besuch beim Therapeuten: »Im Temazcal wird die Seele gesund«, sagt er. Deshalb bieten viele Hotels neben modernen luxuriösen Spa-Behandlungen auch diese traditionelle Form der indianischen Sauna. Ein flackerndes Feuer am Strand, es riecht nach *copal* (verbranntem Baumharz), und dann kriecht man durch eine niedrige Tür – die nach Osten zeigt, zum Sonnenaufgang hin – in das Temazcal. Abkühlung sucht man anschließend in den Fluten der Karibik: Wellness à la Mexiko.

Ein Tipp zur Vorbereitung für die Reise: Wer im Wellness-Dschungel von Ayurveda, Feng Shui, Shiatsu, Qi Gong und Temazcal nach Orientierung sucht und wissen möchte, welche Methode für ihn garantiert die falsche ist, kann sich vorab schon zu Hause informieren: www.wellnessverband.de (inkl. Wellness-Lexikon).

Hängematten …

… und Mexiko gehören zusammen. Die *hamaca* wird heute nicht mehr nur aus Sisal, sondern zunehmend auch aus Seide (teuer), Baumwolle oder Nylon (billig) gefertigt. Ihre Qualität wird auch von der Dichte der Knoten und damit der Enge der Maschen bestimmt. Europäer bevorzugen die Größe *matrimonial,* also das ›Ehebett‹.

Tipp: Statt im großen Touristengeschäft kaufen Sie Ihre Hängematte lieber vom Straßenhändler oder – noch besser – gleich beim Produzenten. Dies ist nicht nur preiswerter, sondern kommt auch der ärmeren Bevölkerung direkt zugute.

Keramikarbeiten …

… sind beliebte und schöne Mitbringsel. Töpferwaren sind überall für wenige Pesos erhältlich: Vasen, Geschirr und Dekorationsobjekte, darunter die farbenfrohen Lebensbaum-Keramiken. In Oaxaca versieht man Töpferwaren teilweise mit einem metallisch schwarzen Glanz. Sehr dekorativ sind Arbeiten aus Obsidian (vulkanisches Gesteins-

Hängemattenproduktion im Dorf Ekbalem

glas). In Puebla ersteht man echte Talavera-Kacheln, kleine und unregelmäßig geformte Kacheln *(azulejos)* mit leuchtenden Farben und floralen Mustern.

Kunsthandwerk

Einen guten Überblick über das Kunsthandwerk Mexikos erhält man in den Museen mit dem Namen Museo de Arte Popular. Sie informieren umfassend über die *artesanías* und betreiben oft eine Verkaufsausstellung.

Lederwaren

Schuhe und Stiefel gibt es in großer Auswahl. Die Preisspanne variiert stark und geht bei besonders schönen Exemplaren aus weichem Leder bis zu 100 US-$. Taschen und Gürtel komplettieren das Angebot.

Märkte

Ein Fest für die Sinne sind die Markthallen und offenen Märkte der mexikanischen Orte. Aufgeschichteter Käse, Körbe mit Bohnen,

---

Feilschen – aber fair
In vielen Reiseführern wird empfohlen, in Mexiko beim Einkaufen zu handeln, insbesondere auf Märkten. Verständlich, denn man will ja bei den vielen schönen Dingen nicht übervorteilt werden. Soll er/sie doch nicht verkaufen, wenn mein Angebot zu niedrig ist! Am Ende einer Reise haben sich einige Besucher zu wahren Meistern des Runterhandelns entwickelt. Aber muss man unangemessene Preise herausschinden in einem Land, in dem Billigstlöhne gezahlt werden? Nur faire Preise sichern die Existenz der Anbieter.

Kaffee, Kakao, Gewürze, Pyramiden aus Orangen und Äpfeln, Chilischoten in Rot, Gelb und Grün, Limonen und alle Arten tropischer Früchte, Kräuter, Bündel von Zwiebeln und Knoblauch, dazu der Duft aus Kleinküchen. Die Palette an Heilkräutern und natürlichen Heilmitteln, an ›Pülverchen‹, Mixturen, Gräsern und Wurzeln ist ebenfalls riesengroß. Damit wird nicht nur Haarausfall behandelt, sondern auch dem Liebeskummer begegnet.

Auf den Märkten erhält man darüber hinaus auch Souvenirs, Kleidung, Lebensmittel und allerlei Waren aus zweiter Hand. In vielen Ortschaften werden an bestimmten Wochentagen *mercados* abgehalten, zu denen die Bevölkerung der umliegenden Dörfer kommt und lokale Produkte anbietet (s. Ortsbeschreibungen).

Souvenirs

Das mexikanische Kunsthandwerk (s. auch S. 56) ist sehr vielfältig, man muss sich nur ein wenig umsehen, um mit mehr als einem T-Shirt oder einer Flasche Tequila nach Hause zu kommen. Überall gibt es *tiendas,* die hochwertige *artesanías* anbieten, und fast jeder Ort besitzt einen Markt, auf dem auch lokales Kunsthandwerk angeboten wird. In Oaxaca z. B. lassen sich herrliche Keramikwaren erstehen, Michoacán ist bekannt für Kupferarbeiten, und auf der Isla Mujeres gibt es hölzerne Masken in großer Auswahl. Silber kommt häufig aus Taxco, wo das Silberschmiedehandwerk heute noch Tradition hat. Verkauft wird meist nach Gewicht. Bei allen Stücken sollte ein 925-Stempel die Echtheit garantieren.

Bizarre Souvenirs sind Objekte, die dem Día de los Muertos (Totentag) gewidmet sind: aus Pappmaché geformte Skelette in allen Größen, z. B. Miniatur-Skelette als *mariachi*-Kapellen.

In Bars und auf Plätzen

In den Badeorten der Pazifikküste und Yucatáns, in Los Cabos (Baja California) sowie in Mexiko-Stadt und in den Kolonialstädten des Hochlandes ist das Angebot besonders vielfältig. In **Restaurants** treten Musikgruppen auf, es gibt stimmungsvolle **Bars** und **Diskotheken,** in denen neben lateinamerikanischer Musik auch die neuesten US-Hits gespielt werden. In offenen **Palapa-Bars** am Meer trifft man sich zur Happy Hour auf eine Margarita oder eine Piña Colada. In der Hauptstadt und in Guadalajara haben *mariachis* Tradition, Musikgruppen, die auf öffentlichen Plätzen gegen Bestellung mexikanische Volkslieder schmettern; einzigartig und ein Muss für jeden Besucher. In Touristenorten treten *mariachis* häufig in Restaurants auf. Dagegen liebt man in den südlichen Bundesstaaten Oaxaca und Chiapas **Marimba-Musik.** Man trifft sich nach Sonnenuntergang auf den Plazas und lauscht den Klängen.

Konzerte, Ballett, Oper und Livemusik

Die größte Auswahl an kulturellen Veranstaltungen findet man in der Hauptstadt. Im Palacio de Bellas Artes, einem wunderschönen Art-Nouveau-Gebäude von 1934, kann man zweimal wöchentlich das berühmte **Ballet Folklórico** mit Volkstänzen aus unterschiedlichen Bundesstaaten erleben (ähnliches Angebot in Oaxaca und Mérida). Der Palast der Schönen Künste bietet **Konzerte und Opern.**

Weitere Häuser für (klassische) Konzerte und andere kulturelle Events sind das Polyforum Siqueiros an der Insurgentes Sur und das Auditorio Nacional im Chapultepec-Park.

Livemusik mit Rock und Latin Music konzentriert sich in Mexiko-Stadt auf die Stadtteile Coyoacán und San Ángel. Aktuelle Infos: ›Mexico City The News‹, ›Tiempo Libre‹.

Fiesta mexicana

»An wenigen Orten der Welt kann man ein Schauspiel erleben, das dem einer großen religiösen Fiesta in Mexiko gleichkommt: mit ihren heftigen, spröden, reinen Farben, Tänzen, Zeremonien, Feuerwerken, ungewöhnlichen Trachten und unerschöpflichen Kaskaden von Überraschungen, mit ihren Früchten, Süßigkeiten und allerlei Gegenständen, die man an solchen Tagen auf Plätzen und Märkten verkauft …« beschreibt Octavio Paz diesen Moment mexikanischer Lebensart.

In solchen Nächten pflegen Freunde, die Monate hindurch nicht mehr Worte von sich gaben, als die Höflichkeit unbedingt erforderte, sich zu betrinken, Geständnisse abzulegen, einander ihr Leid zu klagen, einander als Brüder zu entdecken und manchmal sogar – um sich gegenseitig auf die Probe zu stellen – einander zu töten. Die Nacht ist erfüllt mit Liedern und Gejohle. Verliebte wecken mit Kapellen ihre Mädchen. Scherzhafte Gespräche gehen von Balkon zu Balkon, von Gehsteig zu Gehsteig. Niemand spricht leise dabei. Hüte fliegen in die Luft, Schimpfworte und Späße prasseln wie schwere Kaskaden hernieder. Gitarren schluchzen. Gelegentlich geht das Spiel auch böse aus. Es gibt Beleidigungen, Streit, Messerstiche, Schießereien. Aber auch das gehört zur Fiesta. Denn der Mexikaner will mehr als Amüsement. Er will sich selbst übertreffen, die Mauer seiner Einsamkeit übersteigen, die das ganze Jahr über ihn umschließt. Alle sind in dieser Nacht von der Violencia und dem Wahnsinn gepackt. Die Seelen knallen wie Farben, Stimmen, Gefühle. Vergißt der Mexikaner sich selbst? Zeigt er sein wahres Gesicht? Wer soll das wissen? Wichtig allein ist, aus sich herauszugehen, sich eine Bahn zu brechen, sich an Lärm, Farben, Leuten zu berauschen, Mexiko feiert! …«

Octavio Paz: Das Labyrinth der Einsamkeit; Frankfurt (Suhrkamp), 1985, S. 53–55.

Drogen

Das mexikanische Strafrecht unterscheidet nicht zwischen ›harten‹ und ›weichen‹ Drogen. Der Besitz auch kleiner Mengen an Marihuana kann schon mit Gefängnis und Geldbuße bestraft werden. Die Strafen werden drastischer bei Verbreitung der Ware, Verkauf oder Import (Schmuggel). Individualreisende können beim Landübergang sorgfältig durchsucht werden. Auch Kontrollen im Landesinneren sind möglich und üblich.

Gelegentlich wird berichtet, dass Polizisten bei der Durchsuchung Drogen in das Gepäck von Reisenden schmuggeln, um eine Handhabe für einen Bestechungsvorgang zu schaffen. Trotz der rigorosen Gesetze gelangen bis heute viele Drogen über Mexiko in die USA.

Seit mehreren Jahren befindet sich Mexiko in einigen nördlichen Landesteilen darüber hinaus in einem regelrechten Drogenkrieg. Zigtausende von Polizisten und Armeeangehörigen gehen gegen die sich gegenseitig bekriegenden Drogenkartelle vor. Bislang brachten diese Einsätze jedoch nur partielle Erfolge, führten aber auch dazu, dass die Drogenbosse in Mexiko immer brutaler vorgehen. Touristen sind von diesen Auseinandersetzungen nicht betroffen. Neben den mexikanischen Grenzstädten wie Ciudad Juárez (das als gefährlichster Ort des Landes in die Geschichte einging) konzentriert sich die Auseinandersetzung auf den Bundesstaat Michoacán, und auch Acapulco wurde bereits mehrmals Schauplatz von Gewaltverbrechen.

Fotografieren

In Museen, archäologischen Stätten und öffentlichen Gebäuden ist das Fotografieren kostenpflichtig. Eine Extragebühr wird für Blitzlicht, Stativ und Videokameras erhoben.

Filmen kann in archäologischen Stätten recht teuer werden. Mestizen stellen sich gern in Pose, wenn man sie um ein Foto bittet. *Indígenas* dagegen, speziell im Bundesstaat Chiapas, lassen sich nicht gern fotografieren oder filmen. Deshalb sollte man unbedingt vorher das Einverständnis der betreffenden Personen einholen. In vielen Kirchen der indigenen Bevölkerung, insbesondere in der Kirche von San Juan Chamula in Chiapas, gilt absolutes Fotografierverbot.

Maße und Gewichte

Offiziell gilt in Mexiko das in Europa bekannte Dezimalsystem. Weit verbreitet sind aber auch US-amerikanische Maße und Gewichte.

Umrechnungshilfen

1 Meile	=	1609 m
1 Gallone	=	3,8 l
1 Pound	=	450 g
1 Acre	=	0,4 ha

Temperaturen

Fahrenheit	Celsius
104	– 40 °
86	– 30 °
68	– 20 °
50	– 10 °
32	– 0 °

Mexiko-Knigge

– Wenige Worte Spanisch sind wichtiger und wirksamer als viele Worte in Englisch.
– Mexikanische Behörden sind streng hierarchisch gegliedert, Kontakte zu höheren Positionen funktionieren besser mit Hilfe eines einheimischen *amigo*.
– Mexikaner haben Zeit, was heute nicht erledigt wird, kann auch gut *mañana* ins Auge

gefasst werden. Wichtig ist das Austauschen von Höflichkeiten, weniger Pünktlichkeit.

– *para servirle* (Ihnen zu dienen) oder *a sus órdenes* (zu Ihren Diensten) hört man überall. *Con permiso* sagt man immer, wenn man irgendwo vorbeigehen möchte.

– Man sollte sich nie über mexikanische Besonderheiten und Verhältnisse lustig machen, das ist die wichtigste Regel. Im Übrigen können dies Mexikaner viel besser.

– Es ist sehr empfehlenswert, sich vor der Reise einige der gängigen Begrüßungen und Höflichkeitsfloskeln einzuprägen, man hat es dadurch überall sehr viel leichter.

– Mexikaner legen großen Wert auf Kleidung und sind, jedenfalls in den großen Städten, immer ordentlich gekleidet. Zum Ausgehen macht man sich meist richtig schick. Bei mexikanischen Frauen heißt das hohe Absätze, Schmuck und Accessoires, meist auch starkes Make-up. Nur in Badeorten können Männer in kurzen Hosen auf die Straße und mit viel Nachsicht auch ins Restaurant gehen. Im Top mit Spaghettiträgern, lediglich mit einem Bikinioberteil bekleidet oder nabelfrei können Frauen am Strand und in Touristenzonen herumlaufen, jedoch nicht in Städten und erst recht nicht auf dem Land.

– Alle leichten Sachen, die man im Sommer in Zentraleuropa trägt, kann man auch in Mexiko tragen. Legere Sommerkleidung und Frauen in langen Hosen werden überall akzeptiert, Abendgarderobe ist nicht einmal in den teuersten Hotels gefragt.

Sehr bekannt sind die Fahnenschwinger im Karneval von San Juan Chamula

– Nur in Mexiko-Stadt wird vereinzelt in der ›Zona Rosa‹ Wert auf *Formal Dress* gelegt, d. h. Jackett und Krawatte bzw. Kleid oder Bluse mit langem Arm. Im Zentralhochland und in Mexiko-Stadt kann es nach Sonnenuntergang kühl werden. Leichter Pullover oder Wolljacke sind deshalb nützlich. Unbedingt notwendig sind Sonnenbrille und leichte Kopfbedeckung gegen die Sonne, flaches, festes Schuhwerk für den Besuch der archäologischen Stätten, ein Taschenmesser zum Schälen von Obst und für Reisen während der Regenzeit ein leichter Regenumhang. Nützlich sind auch eine Windjacke, einfache (leichte) Reisekleidung für Fahrten in Überlandbussen, ein sicherer Platz für Geld und Reisedokumente und ein älteres Baumwoll-T-Shirt fürs Schnorcheln.

– Kinder haben Narrenfreiheit. Sie dürfen im Restaurant lärmen und im Bus herumkleckern. Mexikaner lächeln darüber. Wenn es einen stört, macht man besser gute Miene zum bösen Spiel.

– Sollten Sie zu einer Hochzeit in Mexiko eingeladen werden: Frauen tragen bei Hochzeiten immer Hüte.

Zum besseren Verständnis des mexikanischen Alltags

Die Würde der Menschen im Gastland zu respektieren, ihnen höflich zu begegnen ist die beste und zugleich einfachste Verhaltensregel für Touristen. Darüber hinaus sind Kenntnisse der Umgangsformen, der Sitten und Gebräuche im Gastland ausgesprochen hilfreich.

Die große Religiosität der Mexikaner und besonders der *Indígena*-Bevölkerung macht es erforderlich, beim **Besuch katholischer Kirchen** Zurückhaltung und Bescheidenheit zu zeigen. Dies gilt besonders in kleineren Ortschaften. Männer sollten dort immer in langen Hosen, Frauen vollkommen bedeckt und möglichst mit Kopftuch eine Kirche betreten. Oft wird es zu Recht für nötig gehalten, Touristen durch Schilder darauf hinzuweisen, dass sie in einem Gotteshaus sind.

Die mexikanische Sprache kennt mehr als zehn Ausdrücke für den Begriff **Korruption**, und weit mehr Möglichkeiten bietet der Alltag, dies zu erfahren. Die Regierung ist gegen diese ›Tradition‹ machtlos, bzw. ihre Mitglieder sind häufiger daran beteiligt. Manchmal werden auch Touristen von Polizisten belästigt, damit ein Geldschein den Besitzer wechselt. Verkehrspolizisten verlangen ohne Umschweife Geld *para un refresco,* und man sollte besser nachgeben, um einer langwierigen Befragung auf der Polizeiwache zu entgehen. Bei Behörden geht es mit einem Schein oftmals schneller. Viele Angestellte sind auf dieses Zubrot angewiesen, da sie sehr wenig verdienen. Einen Teil des Schmiergeldes müssen sie darüber hinaus nach oben weitergeben.

Für den Umgang mit der **Polizei** gilt, dass man nach Möglichkeit nicht mit dem Gesetz in Konflikt kommen sollte. Dazu gehören unter anderem das strenge Einhalten der Verkehrsregeln und die Vermeidung jeglichen Kontakts zu Drogen. Sollte man mit der Polizei zu tun bekommen, gilt: die Registriernummer des Polizisten merken und bescheiden, ruhig, zurückhaltend reagieren. Die Touristenpolizei (in Mexiko-Stadt oft weiblich) ist sehr zuvorkommend und hilfsbereit.

Der in Mexiko verbreitete Machismo, eine Form betonter Männlichkeit, erschwert **allein reisenden Frauen** gelegentlich das Leben. Ohne Begleitung unterwegs zu sein, allein ein Hotel oder Restaurant aufzusuchen wird – auch ohne sogenannte aufreizende Kleidung – teilweise als Aufforderung zum Anbändeln missverstanden. Man sagt höflich, aber bestimmt »Nein«. Eine weite Bluse erspart Frauen manches Ärgernis. Eine *cantina* und einsame Strandabschnitte sollte frau alleine meiden. Tricks, die man unterwegs beobachtet: ein Ehering am Finger, Fotos von ›Mann und Kindern‹, auf Fragen nach dem Mann antworten »der ist dort drüben«, Männer nicht ansprechen und Blickkontakt vermeiden.

Leichter hat man es, wenn man sich in Mexiko als Deutscher zu erkennen gibt, um nicht mit einem US-amerikanischen ›Gringo‹ verwechselt zu werden. Es ist eine undefinierbare Liebe, von der niemand weiß, woher sie rührt. Wenn man seine Nationalität nennt – *soi aleman* (ich bin Deutscher) – , werden sofort der VW-Käfer (er wurde bis 2003 in Puebla gebaut), Franz Beckenbauer, Michael Schumacher und Boris Becker strahlend erwähnt. Manchmal kann diese Liebe auch recht peinlich werden, wenn zweifelhafte Figuren aus Deutschlands nationalsozialistischer Vergangenheit gerühmt werden. Ein Grund für die Sympathie der

Mexikaner gegenüber den Deutschen könnte auch ein sehr einfacher sein: Der deutsche Urlauber bleibt viermal so lange im Land wie der US-Amerikaner, gibt doppelt so viel Geld aus und interessiert sich manchmal auch für die Kulturstätten des Landes. Außerdem essen viele von ihnen lieber mexikanische Tortillas als Burger von McDonald's.

Trinkgeld

Propina heißt das Zauberwort, und ohne dies läuft wenig. Der Taxifahrer erwartet kein Trinkgeld, nur, wenn er lange nach der Adresse suchen muss oder das Gepäck trägt. Wenn man einen Mexikaner fragt, gibt er folgende Empfehlung: Der Gepäckträger im Hotel erhält 10 Mex$ pro Gepäckstück, das Zimmermädchen ca. 15 Mex$ pro Tag. Der Gepäckträger auf dem Flughafen bekommt 10 Mex$ pro Gepäckstück. Die Bedienung im Restaurant ist auf ein Trinkgeld angewiesen (10– 15 %), weil der Lohn sehr niedrig oder das Trinkgeld oft die einzige Entlohnung ist. Kinder, die auf den Mietwagen aufpassen, erwarten natürlich auch eine *propina*, der Tankstellenwart erhält immer ein Trinkgeld.

Mitunter muss man aber ein wenig aufpassen: so kommt es immer wieder vor, dass die präsentierte Restaurantrechnung bereits einen Aufschlag für Trinkgeld (bezeichnet als *service* oder *propina*) enthält – in diesem Fall entfallen selbstverständlich die 10 % Trinkgeld und man kann den Betrag nach Belieben aufrunden. Nicht akzeptieren hingegen muss man es, wenn die Angestellten eigenmächtig eine Summe, die meist um die 20 % beträgt, auf die Rechnung aufschlagen. Gelegentlich fügen sie dies handschriftlich hinzu. Tatsächlich sind viele Angestellte in Touristenorten sehr verwöhnt vom üppigen Trinkgeld-Gebaren der US-Amerikaner. Besonders Kreuzfahrttouristen, dass weiß man in Mexiko, entlohnen fürstlich.

Landeswährung

Währung ist der mexikanische Peso (Mex$), unterteilt in 100 Centavos. In Mexiko wird der Peso meist mit $ abgekürzt (auch M. N. = Moneda Nacional), sodass es bei Besuchern oft zu Verwechslungen mit dem US-$ (für Dollar) kommt. In von US-Amerikanern frequentierten Badeorten der Westküste muss man gelegentlich nachfragen, ob der angegebene $-Preis ein US-$ oder Mex$-Preis ist.

Wechselkurse

Wechselkurse (Mai 2013)
1 US-$ = 12,20 Mex$
1 €   = 15,73 Mex$
1 sFr   = 12,60 Mex$
Aktueller Wechselkurs: www.oanda.com

Geld

Hotels wechseln zu einem geringeren Kurs als Banken, in denen es oft lange Wartezeiten gibt und die Vorlage des Passes nötig ist. Einen besseren Wechselkurs bieten die Wechselstuben (casa di cambio). Geldwech-sel bei der Ankunft auf dem Flughafen ist durchaus günstig, doch erst nach der Zollkontrolle in der Ankunftshalle. Auch muss man als Neuankömmling ohne Kenntnis des Aussehens der Scheine besonders gut aufpassen. An Geldautomaten erhält man Bargeld mit Kreditkarten und Maestro-Karten. Pesos lassen sich im Abflugbereich der internationalen Flughäfen zurücktauschen.
Banken: Mo–Fr 9–13 und 14–16 Uhr
Wechselstuben (casa di cambio): Mo–Fr 8.30–18, Sa 8.30–13 Uhr

Kreditkarten

Kreditkarten (Mastercard, Visa, auch American Express) sind in Mexiko ein gebräuchliches Zahlungsmittel in Hotels, bei Mietwagen, in gehobeneren Geschäften und bei Fluggesellschaften. American Express-Karten werden seltener akzeptiert als andere Kreditkarten.

Die Bezahlung mit Kreditkarten ist günstiger, als Bargeld zu tauschen oder Pesos aus dem Automaten zu ziehen, da zum aktuellen Tageskurs (und ohne nennenswerte Gebühren) abgerechnet wird.

Vertretungen der Kreditkartenorganisationen gibt es in allen großen Touristenzentren. Die Zentralen befinden sich in Mexiko-Stadt.

Sperrung von EC- und Kreditkarten bei Verlust oder Diebstahl*:

+49 116 116

oder +49 30 40 50 40 50
(* Gilt nur, wenn das ausstellende Geldinstitut angeschlossen ist, Übersicht: www.sperr-notruf.de)
Weitere Sperrnummern:
– MasterCard: +49 69 79 33 19 10
– VISA: +49 69 79 33 19 10
– American Express: +49 69 97 97 20 00
– Diners Club: +49 69 66 16 61 23
Bitte halten Sie Ihre Kreditkartennummer, Kontonummer und Bankleitzahl bereit!

Preise

In Geschäften stehen die Preise meist fest. Auf Märkten und am Straßenrand kann man gelegentlich, am Strand sollte man handeln. In Geschäften wird 16 % Mehrwertsteuer zu allen Preisen addiert, auch im Hotel und im Restaurant. Bei Inlandflügen lässt sich dies umgehen, indem man die Tickets bereits im Heimatland kauft. Insgesamt liegt das Preisniveau (besonders bei Übernachtung und Transport) unter dem europäischen.

Shopping-Vergnügen in Cancún: Mall La Isla

Preisbeispiele:
Eine Tasse Kaffee zwischen 12 Mex$ (Schnell-imbiss) und 50 Mex$ (Hotelrestaurant)
Ein Taco am Stand 15–30 Mex$
Ein Tellermenü ohne Getränke im Mittel-klasserestaurant ab 90 Mex$
Hängematte ab 100 Mex$
DZ im Mittelklassehotel einer Kleinstadt 500 Mex$

Verkehrsmittel
Metro: 3 Mex$
Innerstädtische Busse: 5–7 Mex$
2. Klasse-Bus: 30–60 Mex$ für 100 km
1. Klasse-Bus: 100–150 Mex$ für 100 km
Taxis: 10 Mex$ (für ca. 1 km)
Mietwagen: 500–700 Mex$ pro Tag ohne Steuern und Versicherungen
Benzin: 11 Mex$ für 1 Liter Super
Eisenbahn: Es gibt z. Zt. keine Eisenbahn

außer CHEPE (s. Barranca del Cobre) und Te-quila Express sowie José Cuervo Express (beide von Guadalajara nach Tequila).

Eintrittsgelder
Archäologische Stätten: 31–141 Mex$
Museen: zwischen 31 und 48 Mex$

Spartipp
Wer mittags ein Restaurant aufsucht, sollte ungeachtet der Angebote auf der Speisekarte nach dem *menu del día* fragen bzw. bereits bei der Restaurantwahl auf dieses Angebot achten. Das Tagesgericht ist immer ein Menü aus drei Gängen und sehr preiswert. Oft wer-den die Gänge sehr schnell hintereinander (oder sogar gleichzeitig) serviert, weshalb es auch als *comida corrida* angeboten wird.

Reisezeit und Ausrüstung

Klima

Im Norden Mexikos ist es meist trocken und heiß, im Sommer erreichen dort die Temperaturen 40 °C mit beträchtlichen Schwankungen zwischen Tag und Nacht. Im Süden ist das Klima tropisch-warm und feucht. Auch die niedrig gelegenen Küstengebiete verzeichnen hohe Luftfeuchtigkeit und hohe Temperaturen. Über 1600 m Höhe ist das Klima ganzjährig warm, mit sonnigen Tagen und kühlen Nächten.

Die Regenzeit liegt in Mexiko zwischen Mai und Oktober. Im Osten des Landes, an der Küste des Golfs von Mexiko, und in den subtropischen Regionen des Südens, zum Beispiel in Palenque, regnet es auch zwischen November und April. ›Regen‹ heißt in dieser Region aber meist nur kurze, erfrischende Schauer am späten Nachmittag und nachts. Der Bundesstaat Chiapas ist der niederschlagreichste in ganz Mexiko. Hier regnet es zwischen September und November oft tagelang, sodass manche Verkehrswege nicht mehr passierbar sind.

Klimatabelle Mexiko-Stadt

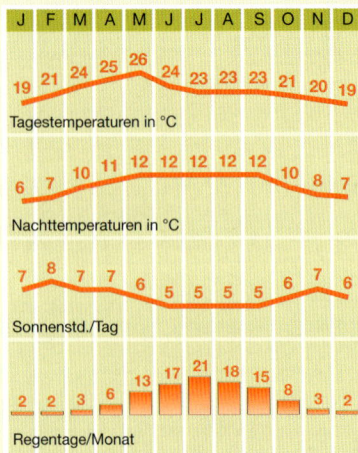

J	F	M	A	M	J	J	A	S	O	N	D

Tagestemperaturen in °C: 19, 21, 24, 25, 26, 24, 23, 23, 23, 21, 20, 19

Nachttemperaturen in °C: 6, 7, 10, 11, 12, 12, 12, 12, 12, 10, 8, 7

Sonnenstd./Tag: 7, 8, 7, 7, 6, 5, 5, 5, 5, 6, 7, 6

Regentage/Monat: 2, 2, 3, 6, 13, 17, 21, 18, 15, 8, 3, 2

Die Höhenlage bestimmt das Klima: Bis 800 m Höhe liegt die durchschnittliche Jahrestemperatur bei 25 °C, die Luftfeuchtigkeit ist oft sehr hoch (Yucatán-Halbinsel, Tabasco, Ebenen von Chiapas). Zwischen 800 und 1600 m Höhe findet man eine jährliche Durchschnittstemperatur um 20 °C. Oberhalb von 1600 m fällt die durchschnittliche Jahrestemperatur auf 15 °C, abends kühlt es deutlich ab.

Im Reiseteil finden Sie Hinweise auf spezifische klimatische Bedingungen der einzelnen Regionen.

Hochsaison (bei den Preisen!) besteht zu Weihnachten und Ostern, von November bis April und zur mexikanischen Ferienzeit im August. In diesen Zeiten steigen die Übernachtungspreise und die Belegungszahlen. Die klimatisch beste Reisezeit ist der Winter, genauer die Monate November bis April. Aber weil das Klima in Mexiko insgesamt gesehen relativ mild ist, kann man das Land zu jeder Jahreszeit bereisen.

Von Mitte September bis Mitte November muss man an der Ostküste der Yucatán-Halbinsel (nämlich Cancún und Riviera Maya mit Playa del Carmen und Tulum) mit wiederholten, starken Regenfällen rechnen. Zudem gerät man dann in die Hurrikan-Saison, d. h. starke Wirbelstürme können die Region heimsuchen.

Kleidung und Ausrüstung

Je nachdem, wohin Sie fahren: Für einen Badeurlaub an der Karibik- oder Pazifikküste benötigt man das ganze Jahr über leichte, luftige Kleidung, T-Shirts und viel Sonnencreme. Für abends empfiehlt sich etwas Modisch-Elegantes; in den mexikanischen Discos gilt der global einheitliche ›In‹-Dresscode.

Für höhere Lagen, zum Beispiel in Mexiko-Stadt, muss man in den Wintermonaten

J	F	M	A	M	J	J	A	S	O	N	D
27	28	29	30	31	31	32	32	32	30	29	28

Mittlere Tagestemperaturen in °C

20	20	22	23	25	26	26	25	25	23	22	21

Mittlere Nachttemperaturen in °C

25	24	25	25	26	27	27	28	28	27	26	25

Mittlere Wassertemperaturen in °C

7	7	8	9	8	7	8	9	8	7	7	7

Sonnenstunden/Tag

5	4	3	2	4	6	4	4	7	8	5	6

Regentage/Monat

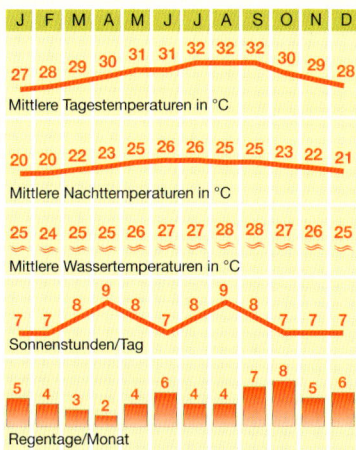

Klimatabelle Cancún

unbedingt warme Kleidung einpacken. Hier empfehlen sich wärmende Fleece-Pullover und windundurchlässige Jacken, die nach Regen schnell wieder trocknen. Diese Jacken sind in Ausrüstungsgeschäften zu erstehen.

Um die auch im Bergland starke Sonneneinstrahlung zu vermeiden, empfiehlt sich unbedingt die Mitnahme eines Sonnenhutes, vorzugsweise aus Baumwolle. Allerdings ist in Mexiko selbst die Auswahl an geflochtenen Hüten und Sombreros riesengroß. Zu den qualitativ hochwertigsten gehören die in Yucatán im kleinen Dorf Becal (in der Nähe von Mérida) gefertigten Panama-Hüte, die selbst zusammengefaltet im Koffer jede Reise unbeschadet überstehen. Zum Schutz gegen Moskitos sollten Sie ein langärmeliges Hemd einpacken.

In den letzten Jahren häufen sich auch in Mexiko die Klagen über das unberechenbare Wetter: Entlang der Karibikküste wurde es zwischen Januar und März für dortige Verhältnisse ungemütlich kalt, Reisende sollten sich darauf vorbereiten und stets Baumwoll-

pullover und Strickjacken, Frauen stets einen Pashmina-Schal einpacken. Bei einem geplanten Baderlaub gehören auch Tauchermasken zum Schnorcheln ins Gepäck, diese werden zwar überall verliehen, hygienischer ist es jedoch immer, seine eigene dabei zu haben. Wer zu Hause gern und viel wandert und in Mexiko eine Studienreise plant, wird sicher auch in Mexiko nicht auf seine Wanderschuhe verzichten.

Für Low-Budget-Reisende gilt: JH-Schlafsack oder Bettbezug einpacken, ebenso: Taschenlampe, Taschenmesser sowie Kordel. um für alle Fälle gerüstet zu sein. Und last but not least: Kopien des Reisepasses und des Flugtickets nicht vergessen.

Elektrizität

Die Wechselstromspannung beträgt in Mexiko 110 Volt bei 60 Hertz. Allgemein gebräuchlich sind US-amerikanische Flachstecker, daher ist ein Adapter für Flachstecker erforderlich.

Klimatabelle Guadalajara

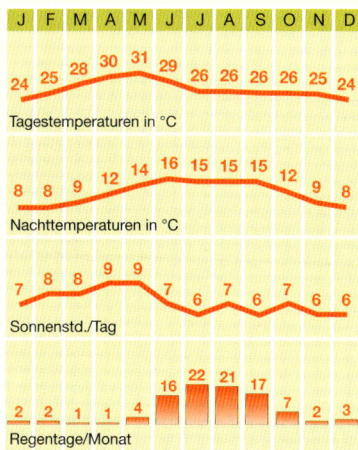

J	F	M	A	M	J	J	A	S	O	N	D
24	25	28	30	31	29	26	26	26	26	25	24

Tagestemperaturen in °C

8	8	9	12	14	16	15	15	15	12	9	8

Nachttemperaturen in °C

7	8	8	9	9	7	6	7	6	7	6	6

Sonnenstd./Tag

2	2	1	1	4	16	22	21	17	7	2	3

Regentage/Monat

Gesundheit und Sicherheit

Gesundheitstipps

Die hygienischen Verhältnisse bewegen sich in den großen Urlaubsgebieten auf hohem Standard. Dennoch: Polio- und Tetanus-Schutz sollten intakt sein, Hepatitis- und Typhus-Vorsorge nur dann, wenn man auf sehr bescheidenem finanziellen Niveau reist und sich landestypisch ernährt. In den tropischen Gebieten an der Golfküste und im Süden des Landes (unter 700 m) ist Malaria-Prophylaxe anzuraten. Ein Mittel gegen Durchfall gehört in die Reiseapotheke, denn ›Moctezumas Rache‹ trifft fast alle (in Mexiko wird Durchfall scherzhaft *el turista* genannt). Leitungswasser sollte nicht zum Zähneputzen benutzt werden; Eiswürfel, Salat und ungeschältes Obst vermeiden!

Gesundheitstipps für Fernreisen im Internet unter www.crm.de. Aktualisierte Informationen liefert das Auswärtige Amt (s. Informationsquellen, S. 72).

Apotheken

Apotheken *(farmacia)* ähneln den US-amerikanischen Drugstores, und meist werden außer Medikamenten auch Spielwaren und Reinigungsmittel angeboten. Alle gängigen Arzneimittel sind (rezeptfrei) erhältlich, in der Regel wesentlich preiswerter als in Europa.

Ärztliche Versorgung

In der Regel sprechen die mexikanischen Ärzte kein Englisch. Ein Wörterbuch ist beim Arztbesuch ratsam. In größeren Städten kann man sich auf die Empfehlung des Ho-

Traditionelle Medizin: getrocknete Heilpflanzen auf einem mexikanischen Markt

tels verlassen. Bei Problemen nennen die Botschaften Deutsch oder Englisch sprechende Ärzte.

In Mexiko-Stadt werden Touristen sehr gut in dem folgenden Krankenhaus behandelt: **American British Cowdray** (ABC) **Hospital**, Sur 126/Observatorio, Col. América, Tel. 55 52 30 81 61, www.abchospital.com. Typische Landes- und Touristenkrankheiten behandeln mexikanische Ärzte meist besser als der Doktor in der Heimat.

Obwohl die Honorare mexikanischer Leistungen im Gesundheitsbereich niedrig sind, empfiehlt sich der Abschluss einer Auslandskrankenversicherung, da die heimische gesetzliche Krankenkasse Kosten nicht übernimmt und US-Ärzte in Mexiko teuer sind.

Notruf

Polizei: 060, 061
Feuerwehr und Ambulanz: 080, 065
Der **Straßenhilfsdienst** Ángeles Verdes ist unter Tel. 0155 52 50 82 21 zu erreichen.
Nottelefon für Touristen: gebührenfrei im gesamten Land 01 80 09 03 92 00 (24 Std.) 0155 52 50 01 23 und 52 50 04 93 (engl.).

Sicherheit

Verhaltensempfehlungen für ausländische Touristen bezüglich ihrer Sicherheit auszusprechen steht eigentlich nur den Mexikanern selbst zu. Nicht zuletzt auch deshalb, weil der Grat zwischen nützlichen Hinweisen bzw. angebrachten Warnungen und Diskriminierung nur sehr schmal ist. Da ein Besucher von Mexiko-Stadt aber zur eigenen Sicherheit doch ein paar Vorkehrungen treffen sollte, hier ein Auszug aus der amtlichen Touristenbroschüre ›Bienvenido Amigo!‹:

»Vergessen Sie niemals, dass Sie eine der größten und geschäftigsten Städte der Welt besuchen, die somit leider auch ihre Kriminalitätsrate hat. Hier ein paar Hinweise für Sie: Nie, niemals sollten Sie direkt am Bordstein stehen, sondern immer einige Schritte zurück auf dem Bürgersteig. Deponieren Sie Geld, Reisepass, Flugtickets etc. im Hotelsafe. Tragen Sie Ihre Geldbörse nie in der hinteren Hosentasche, sondern immer in einer Seitentasche und halten Sie zusätzlich eine Hand darauf. Kameras, Taschen, Rucksäcke etc. sollten immer festgehalten werden und nie unbeaufsichtigt bleiben. In großen Menschenmengen sollten Sie diese Sachen vor der Brust tragen; lassen Sie sie nie an Ihrer Seite baumeln. Zeigen Sie niemals große Geldmengen in der Öffentlichkeit. Benutzen Sie niemals ein Taxi, in dem bereits ein Fahrgast sitzt. Sollten Sie von einem Polizisten gestoppt werden, notieren Sie sich seine Dienstnummer (die sichtbar an der Uniform angebracht ist). Bei ernsten Problemen kontaktieren Sie Ihre Botschaft.«

Wenn das Auto gestohlen scheint, nicht gleich verzweifeln: Es hat vielleicht im Parkverbot gestanden und ist von der Polizei abgeschleppt worden. Um das zu erfahren, sollte man in Mexiko-Stadt Locatel, Tel. 55 56 58 11 11, anrufen.

Viel trinken!

Täglich viel Flüssigkeit zu sich zu nehmen ist eine der wichtigsten Regeln für Mexiko-Reisende. Man sollte nach Möglichkeit immer (insbesondere aber beim Besichtigen der archäologischen Stätten) eine Wasserflasche bei sich haben; überall im Land wird preiswert Wasser in Plastikflaschen angeboten. Wer Leitungswasser als Trinkwasser bevorzugt, sollte es mit den geschmacksneutralen Entkeimungstabletten Micropur (oder Micropur forte) von Katadyn sicherer machen: Eine Tablette pro Liter und zwei Stunden vor dem Gebrauch ins Wasser geben.

In den Hotels der höheren Preisstufen gibt es ein ›Business-Center‹ mit PC-Ausstattung, in den Zimmern Laptop-Anschlüsse.

Internetcafés

Jeder größere Ort in Mexiko besitzt heute mehrere Internetcafés. Die Tarife sind – außer in Acapulco und Cancún – sehr niedrig (15–25 Mex$ pro Stunde).

Mexiko-Stadt: Javachat Café, Génova 44-K (Zona Rosa), Tel. 55 55 25 68 53, Mo–Fr 8–23, Sa/So 10–23 Uhr, www.javachat.com. mx.
Oaxaca: Los Alebrijes, Xicoténcatl 318 (zw. Colón u. Guerrero), tgl. 12–24 Uhr, 5 Mex$ pro 30 Min., www.losalebrijes.com.
Playa del Carmen: Zoo Café, 5a Av (zw. Calles 14 u. 16), Tel. 984 803 23 77, tgl. 10–22 Uhr, 15 Mex$ pro 30 Min.
San Cristobal de las Casas: Centro Cultural El Puente, Calle Real de Guadalupe 55, Centro Histórico, Tel. 967 678 37 23, www.el puenteweb.com; Sprachschule mit Restaurant und Internetcafé.

Post

Briefe *(carta)* und Postkarten *(tarjeta postal)* nach Europa haben relativ lange Laufzeiten (ca. 14 Tage). Wichtige Post ins Heimatland sollte man zurückreisenden Touristen mitgeben. In Mexiko Briefe und Karten selbst frankieren und in Postämtern *(correos)* einwerfen.

Postlagernde Sendungen (poste restante) immer nur an die Hauptpost (correo central) einer Stadt schicken lassen; poste restante – Sendungen werden nur 10 Tage aufbewahrt. Luftpost (correo aero) nach Europa: Postkarte 14,5 Mex$ (ca. 0,87 €).

Öffnungszeiten der Postämter: Mo–Fr 9–15, Sa 9–12 Uhr.

Telefonieren

In Mexiko gibt es überall öffentliche Telefonmöglichkeiten (Telefonzellen oder Wandapparate) in Restaurants, für Telefonkarten (zu 30, 50 und 100 Mex$), die das Telefonieren einfach und preiswert machen (Inlandsferngespräche sind billig, bei Auslandsgesprächen wird die Karte in 20 Mex$-Schritten genutzt, sodass meist ein Rest bleibt, den man verschenken oder für Inlands- bzw. Stadtgespräche nutzen kann). Inlandsferngespräche beginnt man in Mexiko mit 01, dann folgt die dreistellige nationale Vorwahl (s. Ortsbeschreibungen) und die örtliche Rufnummer. Zweistellige Ausnahmen bei der Vorwahl von drei Großstädten: Mexiko-Stadt 55, Guadalajara 33, Monterrey 88.

Längere Auslandsgespräche kann man in größeren Städten an Telefonapparaten (z. B. in Shopping Malls, Flughäfen, Busbahnhöfen) auch mit Kreditkarten (meist nur Visa, Mastercard oder Amex) führen. Der Preis unterscheidet sich nicht von dem mit Telefonkarten.

Vorwahlen
Mexiko: 00 52
Deutschland: 00 49
Österreich: 00 43
Schweiz: 00 41

Handys
Deutsche Handys (span.: *móvil* oder *celular)* funktionieren, sofern sie Triband benutzen.

Zeitungen

Die mexikanische Tageszeitung ›México City – The News‹ ist im gesamten Land erhältlich und bringt neben regionalen auch internationale Nachrichten in englischer Sprache. In der Hauptstadt sind europäische Zeitungen und Zeitschriften erhältlich, in einigen Badeorten nicht regelmäßig.

Die Landessprache Mexikos ist Spanisch. Darüber hinaus existieren noch 56 *Indígena*-Sprachen mit vielen Dialekten. Obwohl in den Hotels und Geschäften der größeren Städte Englisch verstanden wird, sollte sich der Tourist, der das Land auf eigene Faust bereisen will, zumindest Grundkenntnisse in Spanisch aneignen, da man besonders auf dem Land mit Englisch nur sehr schlecht oder überhaupt nicht weiterkommt. Auch sind viele Mexikaner nicht gut auf die englische Sprache zu sprechen, weil der Gesprächspartner auch ein ›Gringo‹, d. h. ein Bewohner des ungeliebten nördlichen Nachbarlandes, sein könnte.

Der Unterschied zwischen dem in Mexiko gesprochenen Spanisch und dem der Iberischen Halbinsel ist nicht sehr groß. Er betrifft neben wenigen Grammatikregeln, die sich gegenüber dem europäischen Spanisch verändert haben, vor allem das Vokabular. Das mexikanische Spanisch wurde von den verschiedenen *Indígena*-Sprachen, von denen das Náhuatl der Azteken und die Sprachen der Maya die bekanntesten sind, beeinflusst. So gingen viele geografische, botanische und landwirtschaftliche Ausdrücke aus den Sprachen der *indígenas* ins Spanische ein.

Der große phonetische Unterschied zwischen mexikanischem und europäischem Spanisch ist der ›Seseo‹, was bedeutet, dass z und c (vor e und i) – die im Spanischen beinahe wie das englische ›th‹ ausgesprochen werden – im Mexikanischen wie ein stimmloses ›s‹ klingen.

Aussprache und Betonung

c	vor e und i wie s (cerca)
	vor a, o, u wie k (cosa)
ch	annähernd tsch (muchacho)
g	vor e und i wie ch in Bach (geografía)
	vor a, o, u wie in Deutsch (gustar)
h	bleibt stumm (haber)
ll	wie l und j (hallar)
ñ	wie gn in Bologna (señor)
qu	wie deutsches k (queja)
rr	mehrfacher Zungenschlag (perro)
s	stimmlos wie in Essen (sol)
x	annähernd wie deutsches x (examen)
	vor e und i ähnlich wie im deutschen ich, jedoch weiter vorn artikuliert (México).

Die **Betonungsregeln** sind einfach. Wörter, die auf Vokal, n oder s enden, werden auf der vorletzten Silbe betont. Endet ein Wort auf einem Konsonanten (außer n und s), betont man es auf der letzten Silbe. Jede Abweichung von dieser Regel wird mit einem Akzent auf der zu betonenden Silbe gekennzeichnet.

Unterwegs

Abfahrt	salida
Adresse	dirección
Ankunft	llegada
Auf Wiedersehen	adios
Ausgang	salida
Auto	coche
Bad	baño
Bahnhof	estación
Bedienung	servicio
Benzin	gasolina
bewahren	guardar
bitte	por favor
bitte schön	de nada
billig	barato
Brief	carta
Briefmarke	sello, timbre
Bus(bahnhof)	(terminal de) autobus(es)
danke	gracias
defekt	defecto
Eingang	entrada
Fahrkarte	boleto
Fahrkartenschalter	taquilla
Flughafen	aeropuerto
Führerschein	permiso de conducir
Gebäude	edifício

Geld	dinero
Gepäck	equipaje
geradeaus	todo recto
gut	bueno
guten Morgen	buenos días
guten Tag (ab 12 Uhr)	buenas tardes
guten Abend	buenas noches
gute Nacht	buenas noches
Hafen	puerto
Haltestelle	parada
hier	aqui
ja	si
links	a la izquierda
nahe	cerca
nein	no
Ölwechsel	cambio de aceite
Pass	pasaporte
Postamt	correo
Postkarte	tarjeta postal
rechts	a la derecha
Ruine	ruina
Strand	playa
Tankstelle	gasolinera
Telefon	teléfono
Toilette	baño, retretes, sanitarios
Herren	caballeros, señores
Damen	damas, señoras
Touristenbüro	oficina de turismo
Vorsicht	cuidado
Warteraum	sala de espera
was	que
weit	lejo
Werkstatt	taller
wie	como
wie viel	cuanto
wo	donde
wohin	adonde
Zigaretten	cigarros
Zoll	aduana

Zeit

wann	cuando, a que hora
früh/spät	temprano/tarde

Stunde	hora
Tag	día
Jahr	año
Woche	semana
Monat	meses
heute	hoy
morgen	mañana
Montag	lunes
Dienstag	martes
Mittwoch	miercoles
Donnerstag	jueves
Freitag	viernes
Samstag	sábado
Sonntag	domingo

Einkaufen

kaufen	comprar
Geschäft	tienda
Markt	mercado
Geld	dinero
Bank	banco
Kreditkarte	tarjeta de crédito
teuer/billig	caro/barato
Wechselgeld	cambio
wie viel kostet	cuanto cuesta
geöffnet	abierto
geschlossen	cerrado

Übernachten

Stern	estrella
Luxus	lujo
Hotel/Pension	hotel/pensión
Bett	cama
Zimmer	cuarto, habitación
Einzelzimmer	habitación individual
Doppelzimmer	habitación doble
Doppelbett	cama matrimonial
2 Betten	dos camas
Handtuch	toalla
Schlüssel	llave
Stockwerk	piso
Parkplatz	aparcarmiento
Preis	tarifa, precio
Rechnung	cuenta
Unterschrift	firma

Notfall

Hilfe!	socorro
Polizei	policia
Arzt	medico
Apotheke	farmacia
Krankenhaus	hospital
Krankenwagen	ambulancia
Unfall	accidente
Panne	avería
abschleppen	remolcar
Durchfall	diarrea
erbrechen	vomitar
Erkältung	resfriado
Fieber	fiebre
gebrochen	fracturado
Kopfschmerzen	dolor de cabeza
Nieren	riñones
Pflaster	curita, emplasto
Verband	vendaje
verstaucht	dislocado

Zahlen

1	uno	20	veinte
2	dos	30	treinta
3	tres	40	cuarenta
4	cuatro	50	cincuenta
5	cinco	60	sesenta
6	seis	70	setenta
7	siete	80	ochenta
8	ocho	90	noventa
9	nueve	100	cien
10	diez	200	doscientos
11	once	300	trescientos
12	doce	400	cuatrocientos
13	trece	500	quinientos
14	catorce	600	seiscietos
15	quince	700	sietecientos
16	diez y seis	800	ochocientos
17	diez y siete	900	novecientos
18	diez y ocho	1000	mil
19	diez y nueve	2000	dos mil

Die wichtigsten Sätze

Allgemeine Floskeln

Entschuldigung!	¡Perdón!
Ich verstehe nicht.	Non le entiendo.
Sprechen Sie Deutsch/Englisch?	¿Habla Usted aleman/inglés?
Wie bitte?	¿Cómo dice/dices?
Ich heiße …	Me llamo …
Wie geht es Ihnen/dir?	¿Qué tal está usted? Qué tal?
Gut, danke.	Bien, gracias.
Und Ihnen/dir?	¿Y usted/tú?
Wann öffnet/schließt …?	¿A qué hora abre/cierra …?
Können Sie mir helfen?	¿Puede usted ayudarme?
Ich brauche …	Necesito …
Das gefällt mir (nicht).	(No) me gusta.

Im Lokal

Reservieren Sie uns bitte für heute Abend einen Tisch?	¿Puede reservarnos para esta noche una mesa?
Ist hier frei?	¿Está libre?
Bitte die Speisekarte!	¡El menú, por favor!
Ich möchte …	Quisiera …
Guten Appetit!/Prost!	Que aproveche!/Salud!
Bezahlen, bitte!	¡La cuenta, por favor!
Hat es geschmeckt?	¿Le/Les ha gustado la comida?
Das Essen war ausgezeichnet.	La comida estaba éxcelente.

Auf der Straße

Wo geht es nach …?	¿Cómo voy a …?
Wo gibt es … ?	¿Dónde hay por aquí?
Wie weit ist das?	¿A qué distancia está?
Wo kann ich den Wagen parken?	¿Donde puedo aparcar el coche?

Im Hotel

Haben Sie ein freies Zimmer?	¿Hay una habitación libre?
Wie viel kostet das Zimmer?	¿Cuanto cuesta la habitación?
Ich habe ein Zimmer reserviert.	He reservado una habitación.

Zu den bekanntesten Stränden Mexikos zählt die Playa del Carmen

Unterwegs
in Mexiko

Feier zum Tag der Toten vor der Kathedrale in Mexiko-Stadt

Kapitel 1

Mexiko-Stadt und Umgebung

Mexiko-Stadt ist der kulturelle, politische, administrative und wirtschaftliche Mittelpunkt des Landes. Hier konzentrieren sich die architektonischen Spuren der mexikanischen Geschichte, gibt es die schönsten Museen, pulsiert das politische Leben, aber hier treten auch die sozialen Gegensätze am deutlichsten zutage und werden die Umweltprobleme des Landes extrem spürbar. Deshalb macht die Stadt auf viele Besucher einen sehr ambivalenten Eindruck. Dennoch: Man kennt das Land Mexiko nicht, wenn man die Stadt Mexiko nicht besucht hat.

Ihren Ursprung hat die Stadt im 14. Jh, als die Azteken im flachen ›Hochtal der Anahuac‹ in 2240 m Höhe, umgeben von hohen Bergen und den beiden stets von Schnee bedeckten Vulkanen Popocatépetl und Ixtaccíhuatl, ihre Hauptstadt Tenochtitlán auf einer Insel inmitten des Texcoco-Sees bauten; ab 1521 errichteten die Spanier ihr neues politisches Zentrum ihres ibero-amerikanischen Vizekönigreiches auf deren Ruinen.

300 Jahre später entschied der Kongress der inzwischen unabhängigen ›Vereinigten Staaten von Mexiko‹ dort einen ›Distrito Federal‹ (D. F.) für seine Zentralregierung, zu schaffen, der sich flächenmäßig mit dem Gebiet der Hauptstadt deckt. Mexiko-Stadt (La Ciudad de México bzw. México D. F.) wuchs mit großer Geschwindigkeit. Heute leben dort fast 28 Mio. Einwohner. Und jeden Tag wächst die Stadt um ca. 2500 sogenannte *paracaidistas* (Fallschirmspringer), die ihre Dörfer verlassen, weil sie sich in den Straßen und Slums von Mexiko-Stadt bessere Lebenschancen erhoffen.

Auch in ihrer Umgebung kann die Stadt vieles bieten: Nördlich der Hauptstadt erhebt sich in Teotihuacán die größte und eindrucksvollste Pyramide Mexikos, und unweit davon stehen in Tula die sogenannten Atlanten, mächtige Steinskulpturen der Tolteken.

Auf einen Blick

Mexiko-Stadt und Umgebung

Sehenswert

1 **Mexiko-Stadt:** Megapolis Mexiko, die Stadt der Superlative. Die prächtigen Bauwerke der Azteken und der Spanier rund um den **Zócalo** wurde von der UNESCO zum Weltkulturerbe erklärt (s. S. 113). Bauwerke aus fünf Jahrhunderten stehen an der **Plaza de las Tres Culturas,** der ›Wiege des neuzeitlichen Mexiko‹ (s. S. 129). Und das **Anthropologische Museum** verspricht eine Zeitreise zu den präkolumbischen Hochkulturen Mexikos (s. S. 134).

2 **Teotihuacán:** Die größte und eindrucksvollste Pyramidenanlage Mexikos wurde ebenfalls von der UNESCO in die Liste des Weltkulturerbes aufgenommen (s. S. 158).

Tula: Vor 1000 Jahren trugen die eindrucksvollen, knapp 5 m hohen Atlanten von Tula das Dach eines Tempels auf ihren Köpfen (s. S. 164).

Schöne Routen

Vom Paseo de la Reforma zum Chapultepec-Park: Der Prachtboulevard trägt seinen Namen zu Ehren der Reformgesetze des ersten mestizischen Präsidenten Mexikos: Benito Juarez. Einst standen entlang der von Bäumen gesäumten, zehnspurige Hauptverkehrsstraße prächtige Villen. Heute erheben sich dort riesige Glaspaläste und Luxushotels, und in der Mitte ihrer Verkehrskreisel stehen sehenswerte Denkmäler (s. S. 130).

Spaziergang durch Coyoacán: Den beschaulichen Stadtteil mit dem Museo Frida Kahlo und dem Museo Leon Trotsky erkundet man am besten zu Fuß (s. S. 135).

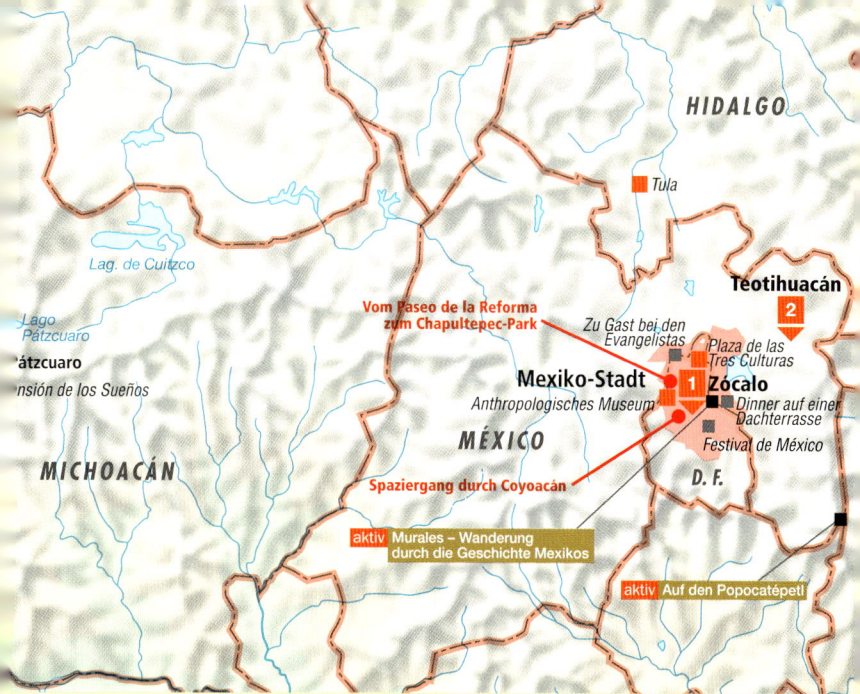

HIDALGO

■ Tula

Lag. de Cuitzco

Lago
Pátzcuaro

átzcuaro
nsión de los Sueños

MICHOACÁN

Teotihuacán
2

Vom Paseo de la Reforma
zum Chapultepec-Park

Zu Gast bei den
Evangelistas

Plaza de las
Tres Culturas

Mexiko-Stadt
Anthropologisches Museum

1

Zócalo

Dinner auf einer
Dachterrasse

MÉXICO

Festival de México

D. F.

Spaziergang durch Coyoacán

aktiv Murales – Wanderung
durch die Geschichte Mexikos

aktiv Auf den Popocatépetl

Unsere Tipps

Festival de México: Die gesamte historische Innenstadt wird einmal im Jahr zur Bühne, Kulturveranstaltungen aller Art finden dann auf den Straßen und in denkmalgeschützten Gebäuden statt (s. S. 126).

Zu Gast bei den Evangelistas: Unter den Arkaden der Plaza de Santo Domingo schaut man den *evangelistas* beim Abfassen von Briefen zu (s. S. 126).

Dinner auf einer Dachterrasse: Von den Restaurantterrassen der Hotels Holiday Inn, Majestic oder Gran Hotel hat man den schönsten Blick über den Zócalo (s. S. 142).

Mansión de los Sueños: Besser und eindrucksvoller kann man die koloniale Vergangenheit der Stadt nicht erleben, als bei einer Übernachtung in diesem herrschaftlichen Palast in Pátzcuaro (s. S. 171).

aktiv unterwegs

Murales – Wanderung durch die Geschichte Mexikos: Wandgemälden mit politischer Botschaft, sogenannten Murales, begegnet man überall in Mexiko-Stadt. An die Wände im 1. Stock des Nationalpalastes hat Diego Rivera die Geschichte Mexikos aus der Sicht des Volkes gemalt (s. S. 122).

Auf den Popocatépetl: Er ist der bekannteste Vulkan Mexikos, und man kann seinen Gipfel in 5400 m Höhe bei guter Kondition sogar in einem Tag ersteigen – vorausgesetzt die Wetterverhältnisse und die Behörden lassen es an dem besagten Tag zu (s. S. 154).

Unendlich viel zu sehen und zu erleben gibt es in La Ciudad de México. Kein anderer mexikanischer Ort kann in der Bedeutung der historischen Bauwerke, in der Präsentation großer Kunst, in der Vielfalt des kulturellen Angebotes, aber auch in den Dimensionen der sozialen Widersprüche der Hauptstadt das Wasser reichen.

Er begegnet einem überall: auf den Fahnen, als Staatswappen, auf den Pesos oder auf T-Shirts: der Mythos der Stadtgründung. Gemäß göttlicher Weisung sollten sich die vom Norden einwandernden Azteken (die sich selbst Méxica nannten) dort niederlassen, wo sie auf einen Adler trafen, der auf einem Stein *(tetl)* neben einem Nopal-Kaktus *(nochtli)* sitzend eine Schlange verspeiste. Auf den kleinen Inseln inmitten des flachen sumpfigen Texcoco-Sees stießen sie um 1370 auf einen solchen Adler, wurden sesshaft und gründeten die Siedlung Tenochtitlán. 100 Jahre später war die streng geometrisch angelegte Stadt das Zentrum des neuen Aztekenreiches. In ihrer Mitte erhob sich die große Zeremonienanlage des Templo Mayor in einem ausgedehnten quadratischen Areal, das von einer Mauer mit Schlangendarstellungen (Coatepantli) begrenzt wurde. Prächtige Tempelbauten, ›schwimmende‹ Gartenanlagen und eindrucksvolle Paläste wurden durch Kanäle und Brücken miteinander verbunden. Zum Festland führten drei große aufgeschüttete Dammstraßen, und über einen Aquädukt wurde Tenochtitlán mit Wasser versorgt.

So berichten es die spanischen Chronisten. Hernán Cortés selbst schrieb am 30. Oktober 1520 an Kaiser Karl V., Tenochtitlán sei so groß, reich und schön, dass seine Beschreibung dem Kaiser bestimmt ›unglaubhaft‹ erscheinen würde, obwohl er nicht einmal imstande sei, »den tausendsten Teil zu erzählen«. Nur ein halbes Jahr später, am 13. August 1521, war davon nichts mehr übrig. Cortés und seine indianischen Hilfstruppen hatten Tenochtitlán im wahren Sinne des Wortes dem Erdboden gleichgemacht.

An die hauptstädtische Funktion Tenochtitláns anknüpfend, gründete der spanische Eroberer noch im selben Jahr ›La Ciudad de México‹, die spätere Hauptstadt des kolonialen Vizekönigreiches Nueva España, Neu-Spanien. Architekt Bernardino Vázquez achtete streng darauf, dass die neue Siedlung nach dem von König Ferdinand (1479–1516) für alle kolonialen Stadtgründungen festgelegten Schachbrettschema angelegt wurde: Im Mittelpunkt die Plaza de Armas, der Exerzier- und Waffenplatz, umgeben von der Kathedrale und den Regierungsgebäuden. Für Klöster, Kirchen und Wohnpaläste sahen die Baupläne genügend Raum in den rechtwinklig abzweigenden Seitenstraßen vor. Ein von den Spaniern angelegter Kanal sorgte für die Entwässerung des Texcoco-Sees gen Norden in den Río Panuco; im Lauf der Jahrhunderte wurde der See dann nahezu trockengelegt, und die Stadt konnte sich somit ausdehnen.

Als gegen Ende des 17. Jh. die Ausbeutung der Edelmetalle und der Handel so manchen spanischen Adligen reich machten, änderte sich das Stadtbild: Verschwendungssucht und Eitelkeit in der Kolonie konzentrierten sich jetzt am Sitz des Vizekönigs. Zahlreiche alte Kirchen wurden prunkvoll erneuert, viele prächtige Paläste entstanden im Stil des überladenen mexikanischen Barocks. Europäische Besucher, z. B. Alexander von

Humboldt, schwärmten in ihren Reisebeschreibungen von La Ciudad de México, priesen sie gar als eine »der schönsten von Europäern geschaffenen Städte«.

Die ursprüngliche Schachbrettstruktur blieb nur im engeren Stadtkern um den Zócalo erhalten. Im 19. Jh. bildeten sich neue städtische Subzentren, und die umliegenden Dörfer wurden von der Stadt aufgesogen. Oft ist aber bis heute deren alter Dorfkern mit Zócalo, Kirche und Rathaus erhalten geblieben. Ein besuchenswertes Beispiel: der Stadtteil Coyoacán im Süden der Stadt.

Mitte des 19. Jh. mussten viele alte Gebäude neuen Straßen weichen. Kaiser Maximilian z. B. legte 1865 den heutigen Paseo de la Reforma an, um von seiner Residenz im damals außerhalb der Stadt liegenden Chapultepec-Park den Nationalpalast am Zócalo zügig erreichen zu können. Bis zur Revolution blieb Mexiko-Stadt eine beschaulich elegante, ruhige Hauptstadt. Mit den Kriegswirren kam ein rasanter Bevölkerungsstrom aus den umliegenden Provinzen, der auch nach Bürgerkriegsende anhielt. 1930 hatte die Stadt bereits die Millionengrenze erreicht und es war nicht abzusehen, wann dieser Zuwachs ein Ende finden sollte. Nach dem Zweiten Weltkrieg setzten verstärkt der Bau von Wohnhäusern (z. B. im Stadtteil Tlatelolco für 100 000 Menschen) und der Hochhausbau (z. B. am Paseo de la Reforma) ein. 1953 wurde im Süden die UNAM, eine gigantische ›Universitätsstadt‹ eröffnet, in der heute nahezu 500 000 Studierende lernen.

Doch der rasch wachsenden Bevölkerung und dem damit zunehmenden Verkehr ist man nicht Herr geworden. Im Gegenteil: Je attraktiver die Verkehrsverhältnisse wurden, desto mehr Menschen und Autos kamen. Der Verkehr ist eines der großen Probleme der Stadt, aber daran haben sich die Menschen gewöhnt, und auch die Besucher finden sich damit ab.

Heute ist Mexiko-Stadt das politische und kulturelle Zentrum des Landes. Hier gibt es die meisten Museen und die schönsten Parkanlagen, hier stehen die höchsten Hochhäu-

Tipp: Fortbewegung in der Stadt

In Mexiko-Stadt sind die Straßen ständig verstopft. Nur auf den breiten Boulevards haben Taxis und Busse auf eigens markierten Fahrbahnen eine Chance. Entlang der Insurgentes fährt der schnelle Metrobus. Das beste, schnellste und billigste Verkehrsmittel der Stadt ist die Metro (Plan s. S. 149), mit deren neun Linien (Líneas) man nahezu alle Sehenswürdigkeiten, den Flughafen und die vier großen Überlandbus-Stationen erreicht. Tipp: am ersten Tag einen Plan des Streckennetzes und einen Block Fahrscheine (boletos) am Fahrkartenschalter (taquilla) vor der ersten Fahrt besorgen. 5 Fahrkarten gibt's zum Preis von 10 Pesos. In der Innenstadt, in den Parks und im Stadtteil Coyoacán bewegt man sich zu Fuß.

ser und die größten Konzertsäle. Die Stadt ist immer lebendig. Hier erscheinen die meisten Zeitungen, hier gibt es die größten Skandale, die meisten Demonstrationen, aber auch die meisten Kirchen und die besten Mariachi-Kapellen. Und man kommt immer ein bisschen zu spät, weil die U-Bahn meist überfüllt ist.

Wer einmal in der Stadt Fuß gefasst hat, zieht hier nicht mehr weg. *Capitolino* zu sein – nicht nur Mexikaner – ist schon etwas Besonderes, stärkt das Selbstbewusstsein. Der Besucher, auch wenn er nur wenige Tage bleibt, kann sich dieser Mischung aus Metropole und Chaos nur schwer entziehen.

Zócalo

Cityplan: S. 114, 118

Das alte und neue Zentrum der Stadt ist heute ein riesiger unbebauter Platz, in dessen Mitte eine überdimensional große mexikanische Fahne weht; sie wird jeden Tag um 18 Uhr feierlich eingeholt. Die Großzügigkeit und Erhabenheit des Platzes wird durch die ihn rahmenden historischen Bauwerke unterstrichen: im Norden die Kathedrale, im Osten der Nationalpalast, im Süden das Rathaus und im Westen die Arkaden der Kaufleute. Der offizielle Name ist **Plaza de la Constitución** (Verfassungsplatz), umgangssprachlich heißt er **Zócalo.** Weitere sehenswerte Gebäude liegen in seiner unmittelbaren Nähe und sind von hier aus zu Fuß zu erreichen.

Der beeindruckend schlichte Zócalo zählt mit 240 m Seitenlänge zu den größten Plätzen der Welt. Er stand oft im Zentrum historischer Ereignisse und wird heute für militärische Paraden, nationale Feierlichkeiten und politische Demonstrationen genutzt. Von den Dachrestaurants der Hotels Majestic, Gran Hotel und Holiday Inn Zócalo (s. S. 142), die alle an der Westseite über den Arkaden der Kaufleute liegen, überblickt man ihn am besten. Unter dem Zócalo, in der Eingangshalle der U-Bahn-Station, befindet sich übrigens

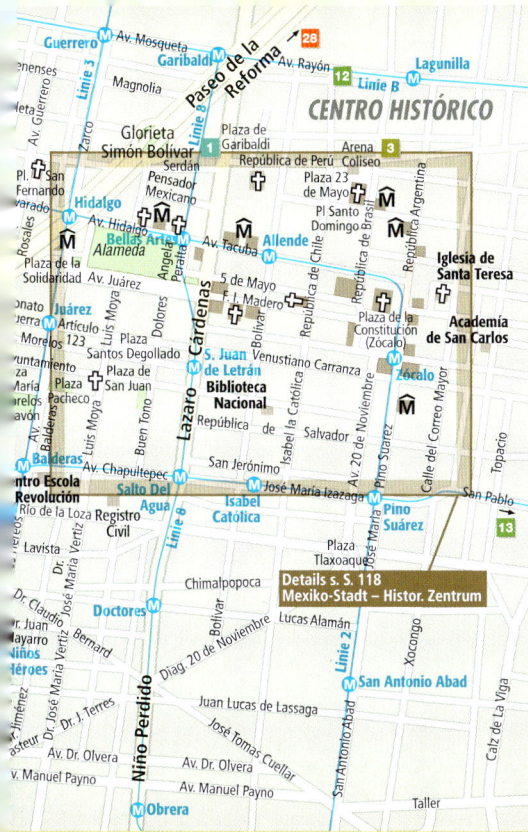

Mexiko-Stadt – Zentrum

3 s. Cityplan S. 136
4 Fonda El Refugio
5–**11** s. Cityplan S. 118

Einkaufen

1–**2** s. Cityplan S. 118
3 s. Cityplan S. 136
4 Antiques Center
5 Mercado Insurgentes de Artesanias
6 s. Cityplan S. 118
7 Galería de Arte Mexicano
8 Galería Windsor
9 British Bookshop
10–**11** s. Cityplan S. 136
12 Mercado de La Lagunilla
13 Mercado de la Merced

Abends & Nachts

1 Plaza Garibaldi
2–**3** s. Cityplan S. 118
4 La Bodega
5 s. Cityplan S. 136
6 Bar La Nueva Cuba
7 Isola

Aktiv

1 Frontón Palace México
2 Arena México
3 Arena Coliseo

40–**58** s. Cityplan S. 136

Übernachten

1 Marquis Reforma
2 Sheraton María Isabel
3 Habita
4 La Casona

5 s. Cityplan S. 118
6 Imperial
7–**13** s. Cityplan S. 118

Essen & Trinken

1 Centro Castellano
2 La Hacienda de los Morales

eine ständige Ausstellung von Repliken prä-kolumbischer Kunst und historischen Modellen der Stadt, die deren Entwicklung dokumentieren.

Templo Mayor **1**

Obwohl spanische Chronisten ausführlich über die Pracht der aztekischen Stadt Tenochtitlán berichteten, wurden erste Reste ihres zentralen Tempelbezirkes – **Templo Mayor** – erst um 1900 beim Bau von Abwasserkanälen im Nordosten des Zócalo entdeckt. Mit dem Ausbau der Metro anlässlich der Olympiade kamen 1968 weitere Gebäudereste zutage, und 1978 stießen Kabelverleger auf einen runden Reliefsteinblock von 3,25 m Durchmesser und ca. 10 t Gewicht mit der Abbildung der zerstückelten und enthaupteten Mondgöttin Coyolxauhqui. Danach begannen systematische Grabungsarbeiten,

Tipp: Arbeitsamt auf Mexikanisch

An der Westseite der schmiedeeisernen Staketenumzäunungen der Kathedrale sitzen an jedem Werktag ab dem frühen Morgen Männer unterschiedlichen Alters in einer langen Reihe. Vor sich hat jeder ein Sortiment an Spezialwerkzeugen kunstvoll aufgebaut. Auf bunt bemalten Schildern erklären sie ihre Fähigkeiten, präsentieren sich als *plomero* (Klempner), *electricista* (Elektriker), *pintor* (Anstreicher) oder *carpintero* (Schreiner). Sie warten. Nur selten hält ein Pkw am Straßenrand, lässt das Seitenfenster herunter, ruft einen von ihnen zum Auto. Ist man sich über den Schwierigkeitsgrad der Arbeit und den Arbeitslohn einig, steigt der Handwerker ein. Etwa ab 11 Uhr nutzt die Mehrzahl von ihnen die Eintönigkeit des Wartens für ein Schläfchen. Je fortgeschrittener die Tageszeit, desto geringer die Lohnangebote aus den anhaltenden Autos. Gegen Abend legen sich manche genau an der Stelle zum Schlafen nieder, an der sie den ganzen Tag vergeblich gewartet haben – *mañana,* vielleicht finden sie morgen Arbeit.

deren Fortsetzung jedoch durch die geschützten kolonialen Denkmäler rund um den Zócalo Grenzen gesetzt sind. Die Funde am Templo Mayor bestätigen, dass sich das Zentrum des historischen Aztekenreiches in der nordöstlichen Ecke des Zócalo und unter der Kathedrale befand.

Vom mächtigen Religionszentrum der Azteken mit seiner alles überragenden Stufenpyramide (Teocalli) sind nur die Grundmauern zu sehen. Auf der Plattform der Pyramide wurden der Sonnen- und Kriegsgott Huitzilopochtli und der Regengott Tlaloc in jeweils einem eigenen Tempelhaus verehrt. Im Verlauf der Ausgrabungen zeigte sich, dass der Templo Mayor nicht in einer einheitlichen Bauphase entstanden ist, sondern – wie die meisten präkolumbischen Pyramiden – in periodischen Abständen immer wieder neu

überbaut wurde und so erst gegen Ende des 15. Jh. seine gewaltige Größe erreichte. Bisher schälten die Archäologen sechs Vergrößerungsüberbauungen wie Zwiebelschichten aus dem Gestein.

Die Opferrituale, die sich auf dieser Pyramide abspielten, hat der spanische Conquistador Bernál Díaz del Castillo beschrieben: »Da ertönte die große Pauke des Huitzilopochtli. ... Es klang graushaft, erschütternd und beängstigend von der Spitze des großen Opfertempels herab; aber noch entsetzlicher war alles für uns, als wir hinaufsahen und mit eigenen Augen Zeugen werden mussten, wie die Azteken unsere unglücklichen Kameraden, welche sie bei Cortés' Niederlage gefangen genommen hatten, ihren Göttern opferten. Wir konnten ganz deutlich ... sehen ..., wie sie einem Teil der Spanier die Köpfe mit Federn schmückten, sie vor dem Huitzilopochtli herumzutanzen zwangen und sie dann gerade auf einem großen Stein ausstreckten, ihnen mit ihren Messern von Feuerstein die Brust aufschlitzten, die zuckenden Herzen herausrissen, und sie ihren Götzen darbrachten.«

Vor dem Eingang des Tempelhauses der zentralen Pyramide befindet sich auf der Plattform eines Baukerns aus der fünften Schicht eine lebensgroße, bemalte Chac Mool-Figur. In Rückenlage, mit angezogenen Beinen, aufgestützten Armen und hochgestemmtem Oberkörper hält Chac Mool auf der Brust eine Opferschale in den Händen.

Die gesamte Anlage ruhte auf Holzpfählen, die in den sumpfigen Grund des Texcoco-Sees getrieben worden waren und noch teilweise zu sehen sind. Heute ist die Anlage etwa 5 m abgesunken. Alle Bauwerke wurden von den Spaniern dort abgetragen, wo sie über das heutige Niveau des Zócalo hinausragten. Die Steine verwendeten sie für den Bau ihrer Häuser, den verbleibenden Schutt zum Zuschütten der Kanäle. »Die Kultur der Azteken wurde zerstört wie eine Sonnenblume, der ein Vorübergehender den Kopf abschlägt«, charakterisierte Oswald Spengler die Ereignisse. Metallstege, die innerhalb der Tempelanlage über die Fundamente und

Überbauungen gelegt wurden, ermöglichen Besuchern des Templo Mayor, die Bauwerke aus nächster Nähe zu betrachten.

Museo del Templo Mayor

Am Templo Mayor ist allerdings nur zu sehen, was tatsächlich erhalten blieb. Auf Ergänzungen, auf Restauration im Dienste des Tourismus wurde bewusst verzichtet. Rekonstruktionen Tenochtitláns finden Interessierte im Saal 7 des Anthropologischen Museums und in dem zur Anlage gehörenden **Museo del Templo Mayor.**

Die archäologischen Ausgrabungen des Templo Mayor, deretwegen zwei Häuserblocks abgerissen wurden, waren 1982 beendet. Präsident López Portillo übergab im selben Jahr die Anlage der Öffentlichkeit. Fünf Jahre später, 1987, öffnete am östlichen Rand des Ausgrabungsareals das Museo del Templo Mayor seine Tore. Entworfen hat es der mexikanische Museumsarchitekt Ramírez Vázquez, der bereits 25 Jahre zuvor das Anthropologische Museum konzipiert hatte: Um das Museum Templo Mayor zu erreichen, muss man zuvor auf Gitterlaufstegen über die Ruinen von Tenochtitlán hinwegschreiten, gewissermaßen als Einstimmung.

Das Museum präsentiert in hervorragender Weise jene Fundstücke, die bei der Ausgrabung des Templo Mayor entdeckt wurden, darunter auch den großen kreisrunden Steinblock mit dem **Relief der Mondgöttin Coyolxauhqui.** Detailgenau ist auf dem Rundmonolith eingemeißelt, wie das Leben der Göttin laut Mythos endete: Kopf, Arme und Beine sind vom Rumpf getrennt. Coyolxauhqui wollte nämlich ihre schwangere Mutter Coatlicue, die Göttin der Fruchtbarkeit und der Erde, töten, weil diese den noch nicht entbundenen späteren Kriegsgott Huitzilopochtli auf ›schamlose Weise‹ empfangen hatte. Huitzilopochtli, gerade noch rechtzeitig geboren, rächte die Mutter: Er enthauptete seine Stiefschwester Coyolxauhqui und warf ihren Körper den Schlangenhügel Coatepec hinab, sodass Arme und Beine abrissen. Huitzilopochtli, der Herzen von Menschenopfern verspeiste, tötete anschließend auch den Sohn der Mondgöttin, als dieser wiederum seine Mutter rächen wollte. Der Steinblock im Erdgeschoss des Museums ist so platziert, dass sich seine Funktion anschaulich erschließt: Man schaue vom zweiten Stock durch eine große Öffnung auf den Stein hinab. Dies ist die Perspektive der priesterlichen Akteure der Aztekenzeit, die ihren Opfern die Herzen aus den Körpern rissen und die so Getöteten dann hinunter auf den Stein der Coyolxauhqui warfen. Der Stein hatte seinen Platz einst im Inneren der Pyramide unter dem Tempel des Huitzilopochtli (Museo del Templo Mayor: Zócalo, Eingang Calle Seminario, Tel. 55 42 47 87, Eintritt 51 Mex$, Di–So 9–17 Uhr).

Catedral Metropolitana [2]

An der Südwestseite des aztekischen Tempelbezirkes errichteten die spanischen Sieger ihre heilige Stätte: die **Catedral Metropolitana.** Bis zur Fertigstellung in ihrer heutigen Form im Jahre 1813 vergingen mehr als 250 Jahre. Auf dem Weg vom Templo Mayor zur Kathedrale kann man sich auf dem Platz an der Ostseite des Gotteshauses in einem großen Brunnenbecken noch einmal von der Lage Tenochtitláns inmitten des Sees beeindrucken lassen.

Die Kathedrale der Hauptstadt – sie ist übrigens nicht nur die größte Kirche des Landes, sondern zugleich die größte des amerikanischen Kontinents – steht an der Nordseite des Zócalo: 118 m lang, 54 m breit und 55 m hoch. Bereits zwischen 1525 und 1532 wurde auf den Trümmern aztekischer Kult- und Opfertempel eine Kirche errichtet, deren Portal sich damals gen Westen richtete. Sie musste 1573 gemäß einem Dekret von Philipp II. der heutigen Kathedrale (Hauptportal jetzt gen Süden) weichen. Die Grundstruktur des Haupt- und der beiden Seitenschiffe sowie die ersten der insgesamt 14 Seitenkapellen (besonders eindrucksvoll sind Nuestra Señora de los Dolores und Las Reliquias) wurden zwischen 1600 und 1615, der erste Hauptaltar 1673, das Chorgestühl aus Zedernholz um 1700, die zentrale Kuppel und die beiden Glockentürme 1778 und das Ge-

Mexiko-Stadt – Histor. Zentrum

Sehenswert

1 Templo Mayor
2 Catedral Metropolitana
3 Galeria Cocina Duque de Herdez
4 Palacio Nacional
5 Palacio del Ayuntamiento
6 Corte de Justicia
7 Museo de la Ciudad de México
8 Portales de los Mercadores
9 El Monte de Piedad
10 Museo San Ildefonso
11 Secretaria de Educación Pública
12 Santo Domingo
13 Museo de la Medicina Mexicana
14 Portales de los Evangelistas
15 Iglesia de la Profesa
16 Palacio de Iturbide
17 Iglesia de San Francisco
18 Casa de los Azulejos
19 Torre Latinoamericana
20 Hemiciclo Juárez
21 Iglesia de San Juan de Diós
22 Museo Franz Mayer
23 Iglesia de Santa Veracruz
24 Museo Mural Diego Rivera
25 Palacio de Bellas Artes
26 Palacio de Correos
27 Museo Nacional de Arte

28–39 s. Cityplan S. 114
40–58 s. Cityplan S. 136

Übernachten

1–4 s. Cityplan S. 114
5 Gran Hotel Ciudad de México
6 s. Cityplan S. 114
7 De Cortés
8 Holiday Inn Zocalo
9 Best Western Majestic
10 El Salvador
11 Hostal Moneda

12 Isabel
13 Principal

Essen & Trinken

1 s. Cityplan S. 114
2 s. Cityplan S. 114
3 s. Cityplan S. 136
4 s. Cityplan S. 114
5 La Casa de las Sirenas
6 Los Girasoles
7 Terraza del Hotel Majestic
8 Bar La Opera
9 Café de Tacuba
10 La Selva
11 El Molino

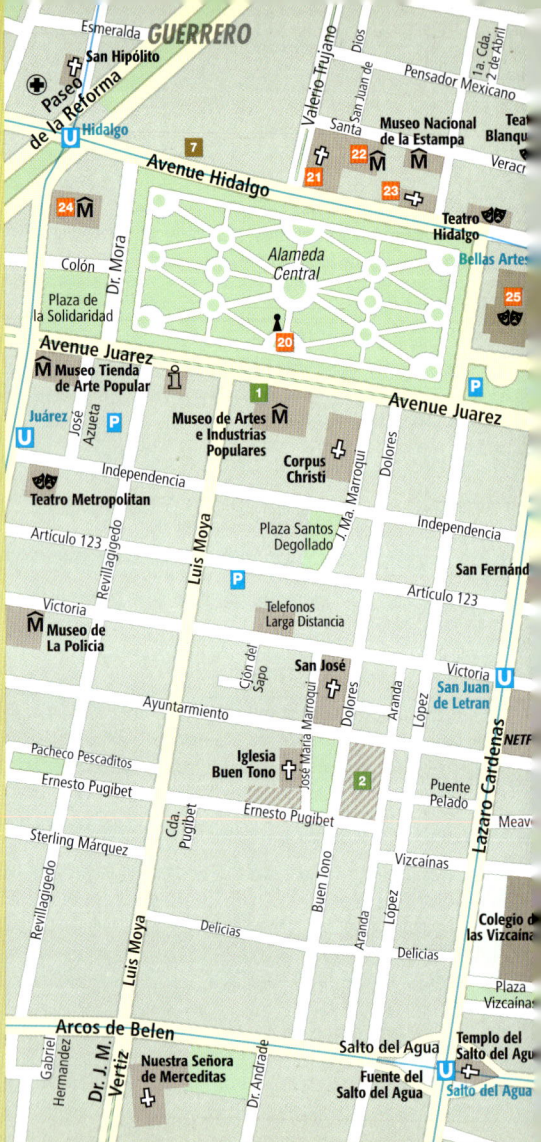

Map labels

GUERRERO
Esmeralda
San Hipólito
Paseo de la Reforma
Hidalgo
Avenue Hidalgo
Valerio Trujano
Dios
San Juan de Dios
Santa
Pensador Mexicano
1a. Cda. 2 de Abril
Museo Nacional de la Estampa
Teatro Blanqu
Veracr
Teatro Hidalgo
Bellas Artes
Alameda Central
Colón
Dr. Mora
Plaza de la Solidaridad
Avenue Juarez
Museo Tienda de Arte Popular
Juárez
José Azueta
Museo de Artes e Industrias Populares
Corpus Christi
J. Ma. Marroqui
Dolores
Avenue Juarez
Independencia
Independencia
San Fernánd
Teatro Metropolitan
Artículo 123
Revillagigedo
Luis Moya
Plaza Santos Degollado
Artículo 123
Victoria
Museo de La Policía
Telefonos Larga Distancia
Cjón del Sapo
J. María Marroqui
San José
Dolores
Aranda
López
Victoria
San Juan de Letran
Ayuntarmiento
Pacheco Pescaditos
Ernesto Pugibet
Iglesia Buen Tono
José María Marroqui
Puente Pelado
NETF
Lázaro Cárdenas
Meav
Sterling Márquez
Cda. Pugibet
Ernesto Pugibet
Vizcaínas
Buen Tono
Aranda
López
Colegio de las Vizcaína
Revillagigedo
Delicias
Delicias
Plaza Vizcaínas
Arcos de Belen
Gabriel Hermandez
Dr. J. M. Vertiz
Nuestra Señora de Mercaditas
Dr. Andrade
Salto del Agua
Templo del Salto del Agu
Fuente del Salto del Agua
Salto del Agua

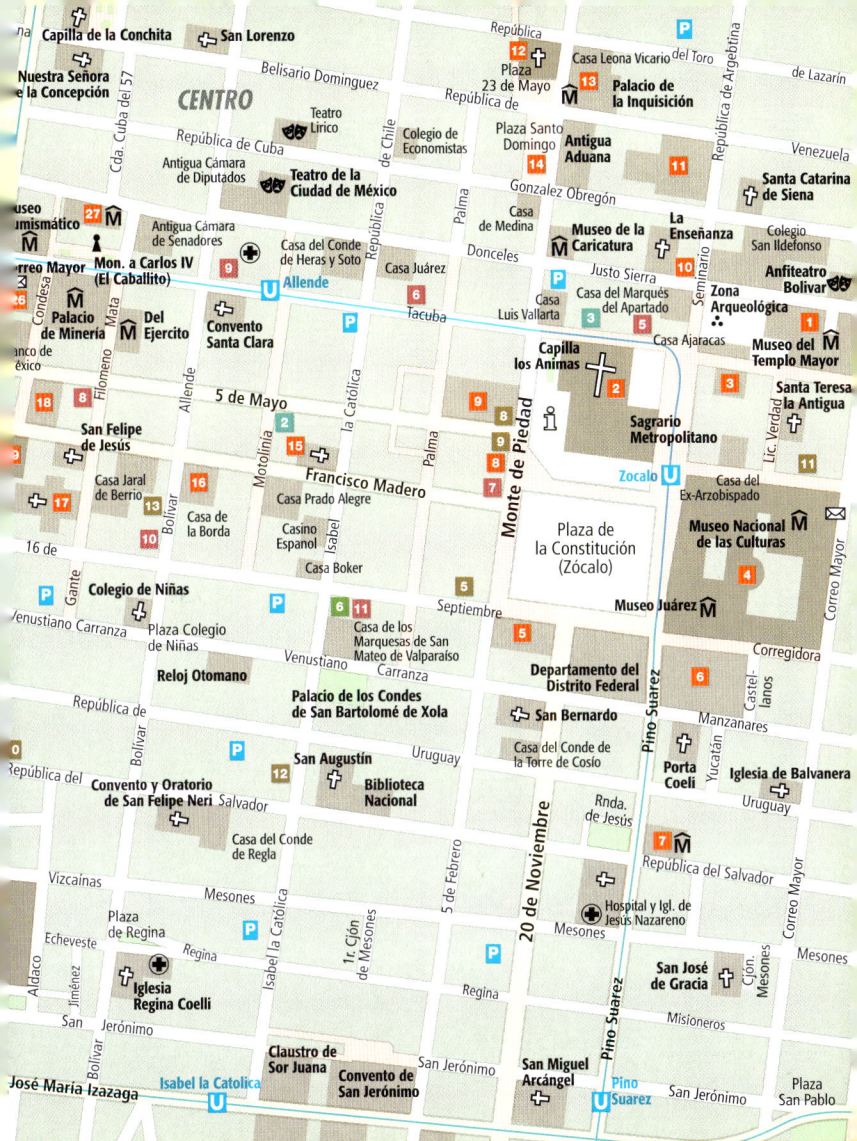

Map labels

Capilla de la Conchita · San Lorenzo · República · del Toro · Casa Leona Vicario · de Lazarín · de Argentina

Nuestra Señora de la Concepción · Belisario Dominguez · República · Plaza 23 de Mayo · Palacio de la Inquisición

CENTRO · Cda. Cuba del 57 · República de · de Chile · Venezuela

Teatro Lírico · Teatro de la Ciudad de México · Colegio de Economistas · Plaza Santo Domingo · Antigua Aduana · Santa Catarina de Siena

Museo Numismático · República de Cuba · Antigua Cámara de Diputados · Antigua Cámara de Senadores · Gonzalez Obregón · Casa de Medina · Museo de la Caricatura · La Enseñanza · Colegio San Ildefonso · Anfiteatro Bolivar

Correo Mayor · Mon. a Carlos IV (El Caballito) · Casa del Conde de Heras y Soto · Casa Juárez · Donceles · Justo Sierra · Seminario · Zona Arqueológica

Palacio de Minería · Del Ejercito · Convento Santa Clara · Allende · Tacuba · Casa Luis Vallarta · Casa del Marqués del Apartado · Casa Ajaracas · Museo del Templo Mayor

San Felipe de Jesús · 5 de Mayo · la Católica · Motolinía · Francisco Madero · Capilla los Animas · Sagrario Metropolitano · Santa Teresa la Antigua

Casa Jaral de Berrio · Casa de la Borda · Casa Prado Alegre · Casino Espanol · Casa Boker · Monte de Piedad · Zocalo · Casa del Ex-Arzobispado

16 de · Gante · Colegio de Niñas · Septiembre · Plaza de la Constitución (Zócalo) · Museo Nacional de las Culturas

Venustiano Carranza · Plaza Colegio de Niñas · Casa de los Marquesas de San Mateo de Valparaíso · Museo Juárez · Corregidora

Reloj Otomano · Venustiano Carranza · Departamento del Distrito Federal · Castel-lanos

República de · Palacio de los Condes de San Bartolomé de Xola · Uruguay · San Bernardo · Manzanares

Bolivar · San Augustín · Casa del Conde de la Torre de Cosío · Porta Coeli · Iglesia de Balvanera

Convento y Oratorio de San Felipe Neri · Salvador · Biblioteca Nacional · Rnda. de Jesús · Uruguay

Vizcaínas · Casa del Conde de Regla · 5 de Febrero · República del Salvador

Mesones · Plaza de Regina · Isabel la Católica · Hospital y Igl. de Jesús Nazareno · San José de Gracia · Correo Mayor

Echeveste · Regina · Iglesia Regina Coelli · 1r. Cjon. de Mesones · 20 de Noviembre · Mesones · Misioneros · Mesones

San · Jerónimo · Claustro de Sor Juana · Convento de San Jerónimo · San Jerónimo · San Miguel Arcángel · Pino Suarez · San Jerónimo · Plaza San Pablo

José María Izazaga · Isabel la Catolica · Pino Suarez

Legend

Einkaufen

1 Fonart
2 Mercado Artesanías San Juan
3 s. Cityplan S. 136
4–5 s. Cityplan S. 114
6 Galeria El Triunfo
7–9 s. Cityplan S. 114
10–11 s. Cityplan S. 136
12–13 s. Cityplan S. 114

Abends & Nachts

1 Plaza Garibaldi s. Plan S. 114/115
2 El Zinco
3 Centro Cultura de España

4 s. Cityplan S. 114
5 s. Cityplan S. 136
6–7 s. Cityplan S. 114

Aktiv

1–3 s. Cityplan S. 114

samtbauwerk in seiner heutigen Form 1813 vollendet. Viele bedeutende Baumeister und Künstler haben hier über Jahrhunderte die Kunstrichtungen und Architekturelemente ihrer jeweiligen Epoche verewigt, allen voran Jerónimo de Balbás, der in der Apsis den **Altar de los Reyes** (Altar der Könige) im barocken Churriguera-Stil schuf, und Manuel Tolsá, unter dessen Aufsicht die Fertigstellung der Kathedrale seit 1793 stand und der die Eingangsfassade gestaltete.

In der **Krypta** (der Eingang befindet sich innen, links neben dem Westportal) ruhen alle Erzbischöfe der Stadt in Marmorsarkophagen, so auch Friar Juan de Zumárraga, der erste Erzbischof von Nueva España. In einem anderen Teil der Krypta liegen weitere bekannte Persönlichkeiten begraben (tgl. 10–13 Uhr, Kathedrale Mo–Sa 7.30–19, So 7.30–20 Uhr).

Unmittelbar anschließend an die östliche Seite der Kathedrale wurde von 1749 bis 1768 das **Sagrario Metropolitano** (Erzbischöfliches Sakramentenhaus) angebaut, dessen churriguereske Barockfassade mit Hunderten von Skulpturen des spanischen Architekten Lorenzo Rodríguez ausgestaltet ist (Di–So 8–19 Uhr, Eintritt 5 Mex$). Dahinter steht das **Denkmal des Dominikanerpriesters Fray Bartolomé de las Casas.**

Galería Nuestra Cocina Duque de Herdez 3

An der Ostseite der Kathedrale (Seminario 18) errichteten um 1530 zwei Hernán Cortés begleitende Konquistadoren, Don Diego und Don Pedro Gonzales, ihr Wohnhaus, das später als erste Universität Amerikas genutzt wurde. 1994 erwarb es der mexikanische Nahrungsmittelhersteller Herdez und eröffnete das erste Museum für mexikanische Küche, das **Museo Gastronomico de Fundacion Herdez,** mit der größten wissenschaftlichen Bibliothek zur Gastronomie Lateinamerikas. Ausstellung und Videos informieren ausführlich und spannend über die aztekische, koloniale und mexikanische Kochkunst und ihre Zutaten (Di–Sa 9–17 Uhr, www.fundacionherdez.com.mx, Eintritt 5 Mex$).

Palacio Nacional 4

Ursprünglich von Hernán Cortés auf den Trümmern des Palastes des Aztekenherrschers Moctezuma II. errichtet, nimmt der **Palacio Nacional** (Nationalpalast) heute die ganze Ostseite des Zócalo in Mexiko-City ein. Der Bau war seit 1562 Regierungssitz der spanischen Vizekönige. 1693 wurden die beiden ersten Stockwerke des Nationalpalastes neu aus dem rötlichen Vulkanstein Tezontle errichtet, nachdem ein Jahr zuvor der Palast bei einem Aufstand der *indígenas* ausgebrannt war. Das dritte, galerieähnliche Stockwerk ließ Präsident Elías Calles dann 1927 aufstocken.

Der Zócalo mit dem Palacio Nacional bei Nacht

Der Nationalpalast ist einer der ältesten Regierungssitze der Welt, denn auch heute noch regiert hier der mexikanische Präsident. Das Gebäude hat drei Portale, die Zugang zu den Innenhöfen gewähren. Im mittleren Innenhof, in dem heute ein Springbrunnen plätschert, wurde der erste Stierkampf in der Neuen Welt abgehalten. Im nördlichen Innenhof lagen einst die Wohnräume der mexikanischen Präsidenten, heute ist hier das **Museum Benito Juárez** eingezogen: Benito Juárez, der erste und einzige *indígena,* der das Amt des Präsidenten bekleidete, lebte während seiner Präsidentschaft in diesen Räumen und starb auch hier.

Um den zentralen und östlichen Innenhof des Nationalpalastes gruppieren sich die Senatssäle und das Abgeordnetenhaus, wo 1857 die neue mexikanische Verfassung verabschiedet wurde. Auch in der heutigen Zeit herrscht in diesem Gebäudekomplex reger Publikumsverkehr. Über dem Balkon des mittleren Eingangs hängt seit 1896 die ›**Unabhängigkeitsglocke**‹, mit der Pater Hidalgo damals den Unabhängigkeitskrieg einläutete. Die Hauptattraktion im Nationalpalast sind für Besucher jedoch heute Diego Riveras Wandmalereien, die er in den 1930er-Jahren geschaffen hat (tgl. 9–17 Uhr, Eintritt frei, Ausweiskontrolle, s. S. 122).

aktiv unterwegs

Murales – Wanderung durch die Geschichte Mexikos

Tour-Infos

Start: Innenhof des Nationalpalastes, Metro-Linie 2, Station Zócalo

Länge: ca. 4 km Fußmarsch

Dauer: Je nach Intensität des Betrachtens der jeweilgen Wandgemälde bis zu zwei Stunden, Öffnungszeiten der Orte: tgl. 9–18 Uhr, Eintritt frei, Ausweiskontrolle am Eingang des Nationalpalastes

Nicht nur für Kunstliebhaber gehören die zahlreichen *murales,* die Wandgemälde, zu den Hauptattraktionen von Mexiko-Stadt. Die Kunst der Wandmalerei hat in Mexiko eine lange Tradition, aber erst im 20. Jh. entdeckten die Künstler die *murales* (sing. *mural*) als politische Waffe zur Aufklärung des überwiegend analphabetischen Volkes.

In Mexiko-Stadt begegnet man solchen Murales an vielen Orten. Das bedeutendste befindet sich im **Nationalpalast** 4. Hier schuf Diego Rivera an den Wänden über der großen Treppe des Innenhofes zwischen 1929 und 1935 eines seiner größten Meisterwerke, ›México através de los Siglos‹ (›Mexiko über die Jahrhunderte‹).

Schon beim Hinaufsteigen auf der breiten Treppe beeindrucken die Ausmaße des Wandgemäldes. In diesem gigantischen Mural werden wesentliche Ereignisse der postkolumbischen Geschichte des Landes dargestellt, wobei Rivera seine politische Position zum Ausdruck bringt, indem er das

Das Joch der *indigenas* bedeutet Profit für die Spanier, Diego Rivera

Monumentalfresko mit der Sequenz ›La Lucha de Clases‹ (›Kampf der Klassen‹) beginnen lässt – man findet sie an der Aufgangstreppe links – und mit der Darstellung der Mexikanischen Revolution 1910 (Mitte hinten) abschließt. Den nördlichen Gang des 1. Stocks gestaltete Rivera zwischen 1945 und 1951 mit Motiven der präkolumbischen Geschichte Mexikos, darunter auch sein bekanntes Mural ›La gran Tenochtitlán‹ – ›Das große Tenochtitlán‹.

Mit der Besichtigung von Murales kann man in Mexiko-Stadt viel Zeit verbringen. Neben dem Besuch des Nationalpalasts lohnt ein Gang in das nahe gelegene heutige Bildungsministerium, der **Secretaria de Educación Pública 11**. Es befindet sich einen Kilometer nördlich des Nationalpalastes und ist am besten zu Fuß linker Hand vorbei am **Templo Mayor 1** zu erreichen. Hier haben Diego Rivera und seine Schüler an großen Teilen der Innen- und Außenwände mehr als 200 Murales mit zeitgenössischen sozialkritischen Themen auf insgesamt 1600 m² Wandfläche angelegt.

Wer in der näheren Umgebung gerne weitere Murales besichtigen möchte, muss jetzt gen Westen Richtung Alameda-Park laufen und diesen durchqueren. Besser ist es allerdings, ein Taxi zu nehmen. Am westlichen Rand des Park befindet sich das 1990 eröffnete **Museo Mural Diego Rivera 24**, in dem nur ein einziges, aber riesiges und imposantes Wandgemälde von Diego Rivera ausgestellt ist, das im Erdbeben von 1985 gerettet werden konnte (s. S. 128).

Als Abschluss sollten Murales-Liebhaber einen schönen Spaziergang machen und den **Palacio de Bellas Artes 25** auf der gegenüberliegenden Seite des Alameda Parks besuchen, dessen Teppenhaus und Wände mit Werken von Rivera, Orozco und Siqueiros geschmückt ist (s. S. 128).

Palacio del Ayuntamiento und Corte de Justicia

Der **Palacio de Ayuntamiento 5** (Rathaus), heute Sitz des Bürgermeisters der Stadt, schließt den Zócalo nach Süden ab. Ursprünglich standen hier sechs Regierungs- und Geschäftshäuser aus der Cortés-Zeit – die sogenannten **Casas Consistoriales** –, die zusammen mit dem Nationalpalast während des Aufstandes gegen den Vizekönig Gálvez zerstört wurden. Das Gebäude wurde in seiner heutigen Form zwischen 1720 und 1724 errichtet (Di–So 10–18 Uhr, Eintritt und Führung frei, Ausweiskontrolle).

Direkt an den Nationalpalast grenzt in der Südostecke des Zócalo (Pino Suarez/Corregidora Joséfa Órtiz de Domínguez) die **Corte de Justicia 6** (Justizpalast) an. Hier stand während der Kolonialzeit ein Marktgebäude (Mercado del Volador), das zunächst erneuert, 1929 dann aber doch abgerissen wurde, um dem im Neokolonialstil errichteten Obersten Gerichtshof Platz zu machen. An den Wänden des Innenganges sind zwei der schönsten Mural-Gemälde von José Clemente Orozco, ›Justicia‹ (›Gerechtigkeit‹) und ›Prosperidad Nacional‹ (›Nationaler Wohlstand‹), zu sehen (Mo–Sa 9–17 Uhr, Ausweiskontrolle).

Zwischen Justiz- und Nationalpalast, in der Corregidora, rekonstruierte man den in der Kolonialzeit bedeutenden Acequia Real. Dieser ›Königliche Bewässerungsgraben‹ war zu seiner Zeit eine der zentralen Wasserstraßen, auf denen Obst, Gemüse u. a. Güter zum Mercado del Volador transportiert wurden.

Museo de la Ciudad de México 7

Wer die Geschichte der Stadt anschaulich werden lassen will, kann an dieser Ecke zwei Blocks Richtung Süden in der Pino Suarez 30, Ecke República de Salvador, das **Museo de la Ciudad de México** in einem Kolonialpalast aus rötlichem Vulkangestein mit schweren Holztüren und schönem Innenhof besuchen. In seinen 27 Räumen wird die Geschichte der Stadt in Modellen, Fotografien und Gemälden vorgestellt. Der Schlangenkopf an der Hausecke stammt aus der Schlangenmauer des Templo Mayor (Di–So 10–18 Uhr, Eintritt 30 Mex$).

Portales de los Mercadores

An der Westseite des Zócalo, unter den **Portales de los Mercadores** 8 (Arkaden der Kaufleute), werden bereits seit 1524 Waren feilgeboten. Die Wandelgänge wurden ursprünglich zum Schutz der Stände und Läden vor der morgendlichen Sonne bzw. dem nachmittäglichen Regen erbaut. Heute reihen sich unter den Bogengängen Schmuckläden aneinander.

Direkt an der südlichen Ecke der Arkaden lädt eines der eindrucksvollsten Hotel-Foyers der Stadt zu einer kurzen Pause ein. Die Halle des **Gran Hotel Ciudad de México** 5 (s. S. 141) wird von einer großen und einzigartigen Jugendstil-Glaskuppel überwölbt, unter der sich die Atmosphäre der Gründerzeit bis heute erhalten hat.

El Monte de Piedad 9

Nördlich der Arkaden (gegenüber der Westseite der Kathedrale) stand einst der Axayacatl-Palast, den der Vater Moctezumas II. 1470 hatte erbauen lassen. Cortés bewohnte ihn nach dem 8. November 1519. Heute befindet sich hier **El Monte de Piedad** (›Berg des Erbarmens‹), die Staatliche Pfandleihe. Die Institution wurde 1775 vom Grafen von Regla, Pedro Romero de Torreros, aus Dankbarkeit für sein Glück in den Silberminen von Pachua zur Unterstützung der Armen geschaffen. Ursprünglich im San Gregorio-Kolleg eröffnet, zog die Pfandleihe 1850 in das ältere Gebäude am Zócalo um. Für ca. eine Viertelmillion Euro pro Monat werden hier im größten Leihhaus Lateinamerikas Gegenstände versetzt; gegen Ende jeden Monats herrscht besonderer Andrang. Der Staat kontrolliert die Preise, Gewinne dürfen nicht gemacht werden. Obwohl 95 % der beliehenen Gegenstände in die Hände ihrer Besitzer zurückgehen, kommen bei monatlichen Auktionen noch immer etwa 2000 Pfandstücke unter den Hammer (Mo–Fr 8.30–18, Sa 8.30–13 Uhr; Auktionstermine beim Pförtner erfragen).

Museo de San Ildefonso und Secretaria de Educación

Dutzende von öffentlichen Gebäuden um den Zócalo sind mit den Murales der drei großen Maler Rivera, Orozco und Siqueiros ausgestaltet, weil Anfang der 1920er-Jahre der damalige Erziehungsminister José Vasconcelos Kunst in Form aufklärender Bilder erzieherisch einsetzte. »Viele Menschen können keine Bücher lesen, in Mexiko sind es besonders viele«, begründete er seine Bemühungen. Diesem Anliegen, mit Hilfe einer anschaulichen Bildersprache soziale und historische Zusammenhänge ›unters Volk zu bringen‹, nahm sich der Muralismo an (s. S. 122). Zwei Häuserblocks nördlich der Kathedrale gibt es zwei weitere bedeutende Beispiele dieser Kunstrichtung.

Das ehemalige Jesuitenkolleg in der Calle San Ildefonso, ein repräsentativer Barockbau aus dem Jahre 1749, wurde 1867 von Benito Juárez säkularisiert und in eine Escuela Nacional de Preparatoria (Vorbereitungsschule für die Universität) umgewandelt. Das Gebäude gilt als Geburtsstätte des Muralismo. Die hier an Hof- und Treppenwänden zwischen 1922 und 1927 angebrachten Wandmalereien von Orozco (z. B. ›Die Familie‹) und Siqueiros (z. B. ›Begräbnis des geopferten Arbeiters‹ haben die revolutionäre Geschichte des Landes zum Thema. In diesem Teil des Hauses ist heute das **Museo San Ildefonso** 10 eingerichtet (Eingang Calle Justo Sierra, Di–So 9–17 Uhr, www.sanildefonso.org.mx, Eintritt 31 Mex$).

In nordwestlicher Richtung in der Calle República de Argentina 28 liegt das Erziehungsministerium **Secretaria de Educación Pública** 11, untergebracht im Gebäude des im 17. Jh. gegründeten Klosters La Encarnación (in der ehemaligen Barockkirche des Klosters befindet sich heute die Biblioteca Iberoamericana). Die Innenhöfe des Ministeriums sind mit 235 Wandgemälden von Diego Rivera und anderen Muralisten ausgeschmückt worden. Die Wandbilder stellen unterschiedliche Szenen des Volkslebens dar und vermitteln dem Betrachter durchgängig sozialkritische Positionen (Mo–Fr 9–18 Uhr, Eintritt frei).

Deutsche im mexikanischen Exil Thema

Viele kritische deutsche Intellektuelle, insbesondere wenn sie jüdischen Glaubens waren, gingen nach der Institutionalisierung der nationalsozialistischen Barbarei im Deutschen Reich ins Exil. Denjenigen, die als Sozialisten und Kommunisten bekannt waren, verweigerten die USA sehr oft aus politischen Gründen das rettende Visum. Das benachbarte Mexiko verhielt sich kooperativer.

Dank seiner liberalen Asylpolitik, vornehmlich unter dem Reformpräsidenten Lázaro Cárdenas (1934–1940), erreichten um die 2000 deutschsprachige Exilanten über den Hafen von Veracruz den sicheren mexikanischen Boden. Was sie verband, war ihre eindeutig ablehnende Haltung gegenüber dem Faschismus.

In Mexiko-Stadt entstand eine aktive deutsche Exilkultur, zu der Künstler und Literaten unterschiedlicher Richtung beitrugen. Zu den bekanntesten Schriftstellern unter ihnen zählten der Dresdner **Ludwig Renn** (›Adel im Untergang‹, ›Der Krieger‹), der Saarländer **Gustav Regler** (›Der Brunnen des Abgrunds‹, ›Das Ohr des Malchus‹) oder der in Rastatt geborene **Bodo Uhse** (›Leutnant Bertram‹, ›Wir Söhne‹).

Die bekannteste unter ihnen war jedoch die Mainzerin **Anna Seghers,** deren Roman ›Das siebte Kreuz‹ im mexikanischen Exil verfasst und bereits 1944 in den USA zum ersten Mal verfilmt wurde. Dieser Roman machte die Exilantin weltbekannt. Das Symbol des siebten Kreuzes steht bei ihr für den unausweichlichen Untergang des Nationalsozialismus.

Über Deutschland hinaus bekannt waren unter den mexikanischen Exilanten auch der Fotograf **Heinrich Gutmann** und die Psychoanalytiker **Otto und Alice Rühle.**

1941 gründeten die deutschen Exilanten in Mexiko-Stadt den **Heinrich-Heine-Club,** ein blühendes Literaturzentrum, in dem Schriftsteller-Lesungen stattfanden und sogar Brechts ›Dreigroschenoper‹ und Büchners ›Woyzeck‹ aufgeführt wurden. Anna Seghers war die Präsidentin dieses Clubs. Zusammen mit Ludwig Renn gründete sie ›**Das freie Deuschland‹,** eine der bekanntesten Literaturzeitschriften des deutschsprachigen Exils, in der der Journalist **Egon Erwin Kisch** als Redakteur regelmäßig publizierte. Kisch war bekennender Kommunist, und nach Aufenthalten in Prag und Paris emigrierte er 1939 nach Mexiko. Seine während des Exils in Mexiko verfasste Reportagensammlung erschien 1945 unter dem Titel ›Entdeckungen in Mexiko‹. Kisch gründete im mexikanischen Exil zusammen mit Walter Janker den **Exilverlag ›El Libro Libre‹** (›Das freie Buch‹), der Dutzende in Deutschland verbotene Schriften publizierte.

Nach dem Ende der faschistischen Herrschaft kehrten manche der Exilanten über Umwege wieder nach Deutschland zurück, die überzeugten Kommunisten unter ihnen in den damals sowjetisch besetzten Teil. Wie sehr ihnen Mexiko ans Herz gewachsen war, wissen wir z. B. von **Walter Janka,** der diese Zeit als die ›glücklichsten Jahre seines Lebens‹ beschrieb, oder von Anna Seghers, von der überliefert ist, dass sie nach ihrer Rückkehr in das geteilte Berlin bedauerte, dass Berlin keinen »mexikanischen Sektor« habe.

Plaza Santo Domingo

Cityplan: S. 118

Die **Plaza Santo Domingo** nördlich des Zócalo in unmittelbarer Nähe des Erziehungsministeriums westlich der Avenida República de Brasil ist eines der freundlichsten Innenstadtareale – gesäumt von weltlicher und kirchlicher Kolonialarchitektur. Hier stand einst der Palast des letzten Aztekenherrschers Cuauhtémoc, und hier (in der Calle Cuba 95) erinnert eine Wandtafel an das Haus der Indianerin Malinche, sie war Dolmetscherin und Geliebten des Eroberers Hernán Cortés.

In der Mitte des Platzes befindet sich seit 1900 die Statue der Corregidora Joséfa Órtiz de Domínguez, der Ehefrau des Bürgermeisters von Querétaro, Miguel Domínguez. Das Ehepaar spielte in der Unabhängigkeitsbewegung von 1810 eine wichtige Rolle.

Santo Domingo und Museo de la Medicina

An der Nordseite des Santo-Domingo-Platzes steht die 1736 aus rotem Tezontle erbaute Barockkirche **Santo Domingo 12**, an der östlichen Seite liegt der 1736 errichtete Palacio de Inquisición (Inquisitionstribunal), in dem ›Verstöße gegen den christlichen Glauben‹ erbarmungslos verfolgt wurden.

Heute beherbergt das Gebäude das **Museo de la Medicina Mexicana 13**, in dem medizinische Objekte, Embryos, aber auch Modelle von einer alten Apotheke sowie der überlieferten Maya-Wellness (z. B. ein *banjo temazcal*) ausgestellt werden; 2009 wurde das Museum aufwendig renoviert (Di–Fr 9–17, Sa/So 9–14 Uhr, Eintritt frei, Ausweiskontrolle).

Doch die Plaza Santo Domingo hat für den einfachen Mexikaner heute weniger historische als alltagsrelevante Bedeutung. In den Arkadengängen an der Westseite, den **Portales de los Evangelistas 14**, sitzen nämlich hinter kleinen Holztischen vor museumsreifen Schreibmaschinen sogenannte *mecanográficos*, Lohnschreiber, die gegen Bezahlung für Analphabeten Briefe und Gesuche schreiben, für Bürokratieunkundige Formulare und Anträge ausfüllen und nach Aushandeln eines Kreativitätszuschlags auch für Schüchterne Liebesbriefe und Verlobungsanzeigen formulieren. Schon während seines Exilaufenthaltes haben diese Schreiber, die oft auch als *evangelistas* bezeichnet werden, den deutschen Schriftsteller Egon Erwin Kisch so beeindruckt, dass er ihr Wirken in der Exil-Zeitschrift ›Freies Deutschland‹ literarisch verewigte (s. S. 125). Gleich nebenan bieten Setzer und Drucker ihre Dienste mit alten Handpressen an.

Tipp: Festival de México

Seit 1984 wird das historische Zentrum von Mexiko-Stadt alljährlich im April/Mai für drei Wochen zum Schauplatz internationaler Kulturveranstaltungen. In alten Palästen und romantischen Innenhöfen, in Kirchen und Theatern werden Kammermusik, Jazz, Ballett und zeitgenössischer Tanz dargeboten, Filme gezeigt, aber auch Theater gespielt und Literatur gelesen.

Bereits ab Januar jeden Jahres wird an den Plakatwänden der Stadt und im Internet auf die einzelnen Veranstaltungen hingewiesen. Viele Mexikaner nutzen das hoch subventionierte Kulturangebot, um für ein paar Tage die Hauptstadt zu besuchen. Denn neben den vielen mexikanischen und iberoamerikanischen Künstlern, die auf den Bühnen und in den Sälen zu sehen oder zu hören sind, tragen stets auch hochkarätige internationale Orchester und Operngastspiele zur Attraktivität und zum Renommee dieses Kulturereignisses bei.

Tickets erhält man an den jeweiligen Veranstaltungsorten und zentral in Benjamin Franklin 176, Col. Escandón, Mexico D. F., Tel. 52 76 01 45.

Programminfos und Termine im Internet unter www.festival.org.mx

Vom Zócalo zur Alameda

Cityplan: S. 118

Das zweite große innerstädtische Zentrum der Hauptstadt erstreckt sich um den Alameda-Park, eine einladend grüne Parkanlage inmitten der turbulenten, lauten Innenstadt, nur 2 km westlich des Zócalo. Von den drei parallel verlaufenden Einkaufsstraßen, die die beiden Zentren verbinden, sind die **Av. Francisco Madero** und die **5 de Mayo** (Cinco de Mayo) wegen ihrer kolonialen Kirchen und Paläste und wegen ihrer Geschäfte von größerer Bedeutung.

Avenida Francisco Madero

Entschließt man sich, auf der Madero vom Zócalo zum Alameda-Park zu schlendern, so stößt man an der Kreuzung Madero/Isabel la Católica auf die **Iglesia de La Profesa** 15 (Gelöbniskirche), in ihrer heutigen Form 1720 von Jesuiten erbaut, mit barocker Eingangsfassade und prächtigem Hochaltar, den Manuel Tolsá schuf. Eine Ecke weiter, an der Kreuzung Madero/Motolina, erhebt sich der Palast des Marquis del Prado Alegre mit einer eindrucksvollen Fassade aus Tezontle-Steinen. In einer Ecke des Gebäudes ließ man einen präkolumbischen Quader aus Tenochtitlán einbauen.

Nur wenig entfernt liegt in der Madero Nr. 17 der **Palacio de Iturbide** 16. Vom Balkon seines Palastes hörte sich Agustín de Iturbide seine Ausrufung zum Kaiser an; er konnte das Haus während der nur kurzen Regentschaft aber kaum nutzen. Von dem mexikanischen Architekten Francisco Guerrero y Torres für den Marquis de Jaral de Berrío im Jahre 1780 erbaut, gehört es seit 1972 der Mexikanischen Nationalbank, die den schönen Innenhof für öffentliche Ausstellungen zur Verfügung stellt.

Weiter in Richtung Alameda-Park, von der Straße zurückversetzt, steht die **Iglesia de San Francisco** 17. Mit ihrem Bau – als Teil des gleichnamigen Klosters – wurde bereits 1524 begonnen. Cortés selbst brachte dazu wesentliche Mittel auf. Sie ist um mehrere Meter unter das Straßenniveau abgesunken.

Kurz bevor man den Alameda-Park erreicht, befindet sich in der Madero Nr. 4, schräg gegenüber der Torre Latinoamericana (s. u.), die **Casa de los Azulejos** 18. Das ›Haus der Kacheln‹ wurde 1596 als Kolonialsitz der Grafen von Orizaba errichtete. Seinen volkstümlichen Namen trägt das dreistöckige Gebäude wegen der blauen, weißen und gelben Puebla-Kacheln (*azulejos*), mit denen es 1793 verkleidet wurde. Heute nutzt Sanborn's den Innenhof als stilvolles Restaurant (s. S. 142). Den Treppenaufgang hat Orozco 1925 mit dem Mural ›Omni ciencia‹ (›Allwissenheit‹) ausgemalt. In diesem Haus trafen sich im Dezember 1914 Pancho Villa und Emiliano Zapata nach ihrem Einmarsch in die Stadt zum gemeinsamen Siegesfrühstück.

Torre Latinoamericana 19

Der ›**Lateinamerikanischer Turm**‹ am Ende der Madero war seit seiner Errichtung im Jahre 1956 mit 188 m Höhe (inkl. Antenne) und seiner weithin sichtbaren Digitaluhr lange Zeit der höchste Turm der Stadt. Inzwischen ist der Turm, der das Erdbeben von 1985 unbeschadet überstanden hat, etwas in die Jahre gekommen, zweifelsohne hat man aber vom Mirador, der Aussichtsplattform im 42. Stock, den besten Blick über die Innenstadt und gewinnt ein Gefühl für die Ausmaße der Megapolis. Ideal am späten Nachmittag, um den Sonnenuntergang zu erleben. (Torre Latinoamericana: Madero/Ecke Lázaro Cárdenas, Tel. 55 18 74 23, www.torrelatino.com, tgl. 9–22 Uhr, Eintritt 50 Mex$, Kinder 40 Mex$).

Parque Alameda

Cityplan: S. 118

Der **Parque Alameda Central** ist die grüne Lunge der Innenstadt (Metro-Station Bellas Artes, Linie 2, oder Hidalgo, Linien 2 und 3). Wegen seiner Grünflächen, der alten Schatten spendenden Bäume, der Ruhebänke und Springbrunnen dient er unter der Woche tagsüber als beliebter Treffpunkt. An Wochenenden und insbesondere an Feiertagen

Mexiko-Stadt

trifft man auch häufig Straßenkünstler, Gaukler, Artisten und Musiker auf dem Platz, und in der Weihnachtszeit verwandelt sich der Park in einen festlich beleuchteten Jahrmarkt.

Die Azteken nutzten den Alameda-Park als Marktplatz, den Spaniern diente er als Exerziergelände, und 1910, am Jahrestag der Unabhängigkeit Mexikos, enthüllte hier Präsident Porfirio Díaz ein Denkmal zu Ehren von Benito Juárez (1858–1872) – **Hemiciclo Juárez** 20 –, das sich an der Südseite des Parks befindet. An jedem 18. September paradieren hier vor dem amtierenden Präsidenten Abordnungen verschiedener Verbände.

Insbesondere die Gegend westlich des Alameda-Parks war 1985 von dem verheerenden Erdbeben betroffen.

Hotel de Cortés und San Juan de Díos

An der Nordseite des Parks, an der Avenida Hidalgo, erhebt sich die ehemalige Hospedería de Santo Nicolás de Tolentino (Herberge des hl. Nicolás de Tolentino), heute das Hotel **De Cortés** 7. Das 1780 errichtete Kolonialgebäude besitzt einen sehr schönen Innenhof.

Etwa 100 m daneben liegt die alte, 1727 fertiggestellte spanische **Iglesia San Juan de Díos** 21, vor der zur Zeit der Vizekönige religiöse Theaterstücke aufgeführt wurden. Mehrmals zerstörten Feuer und Erdbeben das Gemäuer.

Museo Franz Mayer und Santa Veracruz

Die angrenzenden Gebäude dienten seit 1582 als Krankenhaus und beherbergten das erste Waisenhaus des Kontinents. Das Erdbeben zog sie stark in Mitleidenschaft, aber 1986 wurden sie als Kunstmuseum **Museo Franz Mayer** 22 wieder eröffnet. Das Haus enthält die interessante Privatsammlung des Mannheimers Franz Mayer, der seit 1905 in Mexiko lebte und hier 1975 starb. Zu sehen sind Tausende von Gegenständen quer durch alle mexikanischen Epochen und Regionen. Den schönen Innenhof bewirtschaftet die kleine Cafetería del Claustro (Museo Franz

Mayer: Di–So 10–17, Mi bis 19 Uhr, Eintritt 35 Mex$).

Neben dem Museum liegt die **Kirche Santa Veracruz** 23, 1527 im Auftrag von Hernán Cortés errichtet. Eine Feuersbrunst zerstörte Santa Veracruz 1764, doch zwischen 1768 und 1783 hat man das Gotteshaus originalgetreu wieder aufgebaut. Das Altarkreuz stiftete Kaiser Karl V. im Jahre 1537.

Museo Mural Diego Rivera 24

Viele Gebäude um den Alameda-Park wurden 1985 Opfer des großen Erdbebens, bei dem mehr als 20 000 Menschen starben. Das Hotel Regis und das Hotel del Prado mit dem 1947 von Diego Rivera an die Wand der Vorhalle gemalten ›Sueño de una tarde dominical en la Alameda Central‹ (›Traum von einem sonntäglichen Nachmittag im Alameda-Park‹) wurden sehr stark beschädigt und mussten deshalb abgerissen werden. Das Gemälde, das sich gesellschaftskritisch mit historischen Persönlichkeiten der mexikanischen Geschichte auseinandersetzt, wurde von der Wand abgetragen und ist heute in unmittelbarer Nähe in einem eigenen Museum **Museo Mural Diego Rivera** wieder der Öffentlichkeit zugänglich (Av. Colón, Ecke Balderas, Di–So 10–18 Uhr, www.museomuraldiego rivera.bellasartes.gob.mx, Eintritt 35 Mex$).

Palacio de Bellas Artes 25

Die Ostseite des Alameda-Parks (Lázaro Cárdenas/5 de Mayo) beherrscht der **Palacio de Bellas Artes** (Palast der Schönen Künste). Über 30 Jahre lang wurde nach Plänen des Italieners Adamo Boari an dem Jugendstilbau aus weißem Carrara-Marmor gebaut, bis er 1934 eröffnet werden konnte. Oper, Theater, Nationalballett und Ausstellungsräume befinden sich hier unter einem Dach. Trotz aufwendiger Stützarbeiten ist der Palast bis heute ca. 4 m in den sumpfigen Boden abgesackt.

Im Theaterraum, der 3000 Personen fasst, dient ein 20 t schweres Glasmosaik als Bühnenvorhang, das der New Yorker Juwelier Tiffany anfertigte; es zeigt das Tal von Mexiko-Stadt mit den beiden Vulkanen Popocatépetl und Ixtaccíhuatl. Wandmalereien von Rivera (u. a. das bekannte ›Controlador El Hombre del Universo y Carnaval de Huejotzingo‹/›Der Mensch in der Zeitmaschine‹), Orozco und Siqueiros schmücken Treppenhaus und Wände. Im Gebäude, dessen Inneres im Art déco-Stil gestaltet ist, zeigt seit dem Zweiten Weltkrieg das Nationale Kunstinstitut wechselnde Ausstellungen. Ein Besuch in Verbindung mit einer Aufführung, z. B. des beliebten Ballet Folklórico, lohnt sich (Theater Palacio de Bellas Artes: tgl. Ballett-, Theater- oder Opernaufführungen; Tickets ab 150 Mex$, Programm: vgl. Plakate und Tageszeitungen; Ballet Folklórico de México von Amalia Hernández, Mi 20.30, So 9.30 und 21 Uhr, www.balletamalia.com, Eintritt 300–600 Mex$, Informationen und Reservierung unter Tel. 55 29 93 20; ebenso Museo del Palacio de Bellas Artes: Lázaro Cárdenas/Av. Juárez, Tel. 51 30 09 00, Di–So 10–18 Uhr, Eintritt 51 Mex$, www.bellasartes. gob.mx, Café Palacio, Café im Foyer).

Palacio de Correos und Museo Nacional de Arte

Entlang der Westseite des Alameda-Parks verläuft die achtspurige Av. Lázaro Cárdenas. Gegenüber vom Palacio de Bellas Artes steht hier das prachtvolle Hauptpostamt, der **Palacio de Correos** 26. Adamo Boari ließ es im Neo-Renaissancestil erbauen (1902–08). Schalterraum und Aufgänge zieren schmiedeeiserne Gitter aus Italien. **Museo y Biblioteca Postal de Filatelia** zeigen historische Fotos, Exponate des Postwesens und eine Sammlung mexikanischer Briefmarken (Palacio de Correos: Mo–Fr 8–20 Uhr, Museum Di–Fr 9–17, Sa 10–14 Uhr, Eintritt frei).

Auf der Rückseite der Post, in der Tacuba 8 Richtung Zócalo, befindet sich seit 1982 im früheren Telegrafenamt – einem ebenfalls prächtigen klassizistischen Bau von 1911 – das **Museo Nacional de Arte** 27. Es stellt eine breite Palette mexikanischer Kunst von der Unabhängigkeit bis ca. 1950 mit ständig wechselnden Sonderausstellungen vor (Museo Nacional de Arte: Di–So 10–18 Uhr, Eintritt 35 Mex$, www.munal.com.mx).

Stadtteil Tlatelolco

Cityplan: S. 114

Ein kurzer Abstecher von der Reforma, der zehnspurigen Ost-West-Achse der Hauptstadt, führt in nördlicher Richtung in den **Stadtteil Tlatelolco.** Dieses in den 1960er-Jahren erschlossene Wohngebiet bevölkern heute mehr als eine halbe Million Menschen (Metro-Linie 3, Station Tlatelolco). Zentrum des Viertels ist die Plaza de las Tres Culturas (Platz der drei Kulturen). Hier verbinden sich sinnbildlich die drei wesentlichen Epochen mexikanischer Geschichte, denn hier stehen die Reste einer präkolumbischen Tempelanlage, die von den Spaniern errichtete Kirche Santiago de Tlatelolco und der moderne Hochhausbau des Außenministeriums. Den Platz umgeben moderne 20-stöckige Wohnblocks, die durch das Erdbeben von 1985 teilweise zerstört wurden.

Plaza de las Tres Culturas 28

Die heutige **Plaza de las Tres Culturas** war bis 1473 das Zentrum der mit Tenochtitlán rivalisierenden Stadt Tlatelolco; damals wurde sie von den Azteken eingenommen, blieb aber weiterhin wichtiges Handelszentrum der Region.

Dank der Berichterstattung der Konquistadoren kann man sich ein Bild über den berühmten Markt von Tlatelolco machen: »In den Ständen der Töpfer fanden wir von großen Gefäßen bis zum kleinen Nachttopf alles. Wir gingen an Verkäufern von Honig, Honigkuchen und anderen Leckereien vorbei, an Möbel-, Holz- und Kohlehändlern. Ganze Kähne mit menschlichen Fäkalien lagen am Ufer. Die Mexikaner brauchten sie zum Gerben. Ich finde kein Ende mit dieser Aufzählung und doch habe ich das Papier, die Röhren mit dem flüssigen Eukalyptusöl und mit dem Tabak, die wohlriechenden Salben und die Hallen mit den Sämereien noch gar nicht genannt, ganz zu schweigen von den Heilkräutern. Wir ritten, begleitet von zahlreichen Kaziken, über den großen Marktplatz. Dort fanden wir eine unerwartet große Menge Menschen, zahlreiche Verkaufsstände und eine ausgezeichnete Ordnungspolizei. Die Kaziken machten uns auf alle Besonderheiten aufmerksam. Jede Warengattung hatte ihre Plätze. Da gab es Gold- und Silberarbeiten, Juwelen, Stoffe aller Art, Federn, Baumwolle und Sklaven. Der Sklavenmarkt war hier genauso groß wie der Negermarkt der Portugiesen in Guinea.« (aus: Bernál Díaz del Castillo, Wahrhafte Geschichte der Entdeckung und Eroberung von Mexiko).

Durch die **Pyramidenanlage** führt ein betonierter Weg. An beiden Seiten sind Erläuterungstafeln angebracht, die die Bedeutung der erhaltenen Mauern, Plattformen und Altäre erklären. An der Hauptpyramide lässt sich deutlich die Überbauungstechnik der präkolumbischen Indio-Kulturen erkennen.

An der Nordseite des Platzes erhebt sich die Barockkirche **Santiago de Tlatelolco,** 1612 anstelle des 1535 errichteten Franziskanerklosters erbaut, das in Teilen noch erhalten ist. Zum Kloster gehört eine Schule, die auch von Söhnen aztekischer Adliger besucht wurde. Lehrer an dieser Klosterschule war z. B. Bernardino de Sahagún, ein früher Chronist der mexikanischen Geschichte.

Auch in der jüngsten Geschichte Mexikos sollte das Zentrum Tlatelolcos noch zweimal eine große Rolle spielen. Am 2. Oktober 1968, am Vorabend der Olympischen Spiele, schlugen hier Polizei und Militär eine Studentenkundgebung gewaltsam nieder (250 Tote). Für die PRI, die Partei des damals regierenden Präsidenten Diaz Ordaz, begann damit ihr Niedergang. Am 19. September 1985 bebte in Mexiko-Stadt die Erde; danach glichen einzelne Bezirke gigantischen Trümmerfeldern, unter denen mehr als 30 000 Menschen begraben wurden. Besonders betroffen war der Stadtteil Tlatelolco, dessen neue Hochhausarchitektur zusammenbrach oder stark beschädigt wurde, weil so manche Bauvorschrift ignoriert worden war. Monatelang lebten damals die *damnificados* (Geschädigten) in Zelten auf der Plaza de las Tres Culturas, bis die an dem Bauskandal beteiligte Regierung bereit war, Entschädigungen zu zahlen. Jedes Jahr am 2. Oktober treffen

sich auf dem Platz regierungskritische Bürger, um an die Ereignisse von 1968 zu erinnern und zugleich gegen aktuelle politische Entscheidungen zu demonstrieren. 2009 waren es über 50 000 (Metrobus, Station La Raza).

Vom Paseo de la Reforma zum Chapultepec-Park

Cityplan: S. 114

Der **Paseo de la Reforma,** von Kaiser Maximilian zwischen Chapultepec-Park und Zócalo geplant, wurde 1877 von Porfirio Díaz nach zehnjähriger Bauzeit in erweiterter Form eingeweiht. Seinen Namen trägt der Prachtboulevard zu Ehren der Reformgesetze von Benito Juárez. Entlang der Reforma, wie der Boulevard verkürzt genannt wird, entstanden damals prächtige Villen, wurden an den Kreuzungen Statuen und Denkmäler errichtet. 1905 fuhr hier die erste Straßenbahn und sonntags promenierten die Spaziergänger.

Heute beginnt die Hauptverkehrsader der Megapolis im Nordosten, verläuft 7 km durch das Zentrum bis zum Chapultepec-Park und weitere 10 km vom Park durch das Villenviertel Las Lomas bis zum Westrand der Stadt. Besonders prächtig – d. h. mit Grünstreifen und breiten Fußgängerzonen – präsentiert sich die Reforma zwischen dem Alameda- und dem Chapultepec-Park. Hier liegen die großen Glaspaläste der Versicherungen und Banken, einige Nobelhotels, die Zona Rosa (s. rechts), Büros der Fluggesellschaften, die Galerien sowie – auf Verkehrsinseln – die besagten Denkmäler und Statuen.

Monumente und Denkmäler

An der Kreuzung mit der Calle Morelos und der Calle Ramírez trifft man auf die **Glorieta de Cristóbal Colón** `29`, das Denkmal für Christoph Kolumbus, das 1877 von dem Franzosen Cordier entworfen wurde. An seinen vier Ecken gesellen sich vier Mönche zu dem Entdecker, die allesamt von großer Bedeutung für Mexiko waren, darunter der bekannte Bartolomé de las Casas.

Folgt man an dieser Kreuzung der Calle Ramírez in nördlicher Richtung, erhebt sich unübersehbar auf der Plaza de la República an der Avenida Juárez der **Monumento a la Revolución** 30 (Revolutionsdenkmal). Der 68 m hohe Kuppelbau auf vier Torbögen soll als Teil des von Porfirio Díaz begonnenen Palacio Legislativo heute die Revolution von 1910 in Erinnerung halten. In den Säulen der Torbögen liegen die sterblichen Überreste der vier ›Revolutions‹-Präsidenten Carranza, Cárdenas, Calles und Madero sowie des Revolutionshelden Pancho Villa. Die vier Skupturen an den Säulen repräsentieren die Unabhängigkeit, die Reform-, Agrar- und Arbeitergesetze. Ins Parterre zog 1987 ein **Revolutionsmuseum** (Museo de la Revolución) ein (Di–Sa 9–17, So 9–15 Uhr, Eintritt frei).

Zurück zum Paseo de la Reforma: An der Kreuzung Reforma/Av. Insurgentes blickt das Standbild des von Cortés ermordeten Aztekenkaisers Cuauhtémoc in voller Kriegsmontur auf den tosenden Verkehr. Die **Glorieta de Cuauhtémoc** 31 stiftete Porfirio Díaz 1883 für den letzten Aztekenherrscher.

Hier kreuzt auch die 40 km lange Avenida de los Insurgentes die Reforma, die bedeutendste Nord-Süd-Achse der Stadt. Sie wurde nach den Aufständischen im Unabhängigkeitskrieg gegen die Spanier benannt und ist in einen Nord- (nördlich der Reforma) und Südabschnitt (südlich der Reforma) unterteilt. Auch die Nummerierung der Häuser trägt dieser Gliederung Rechnung: So gibt es z. B. die Nr. 40 zweimal, einmal in der Insurgentes Sur und ein weiteres Mal in der Insurgentes Norte.

An der Kreuzung der Reforma mit den Straßen Río Tíber und Florencia reckt sich eine 36 m hohe korinthische Säule mit einer vergoldeten Siegesgöttin auf der Spitze dem Himmel entgegen. Die Figur, die einen Lorbeerkranz in Händen hält, ist 6,70 m hoch und wiegt 7 t. Dieses **Monumento a la Independencia** 32 stiftete Porfirio Díaz 1910 aus Anlass des 100. Jahrestags der Unabhängigkeit Mexikos. Zu seinen Füßen stehen Helden aus den Befreiungskriegen wie Hidalgo, Morelos, Guerrero und Bravo, und es wird von den Me-

Tipp: Turibus

Zwischen dem Zócalo und dem Chapultepec-Park verkehrt ein offener Doppeldeckerbus, bei dem man an 24 Haltestellen ein- und aussteigen kann (tgl. 9–21 Uhr, www.turibus.com.mx). Eine zweite Route führt nach Coyoacán und San Ángel (aber viel Stau und nur mit Kopfbedeckung zu empfehlen).

xikanern nur **El Ángel** (›Der Engel‹) genannt. Beim Erdbeben 1957 fiel El Ángel von der Säule und zerbrach. Zwei Jahre später thronte er restauriert wieder an seinem alten Platz.

Zona Rosa

Die Zona Rosa, der elegante Einkaufs- und Unterhaltungsdistrikt von Mexiko-Stadt, erstreckt sich südlich des Paseo de la Reforma, in Höhe der beiden Glorietas Cuauhtémoc und El Ángel; der Stadtteil ist der teuerste der Hauptstadt. Das Rosa-Viertel, dessen Straßen die Namen europäischer Großstädte tragen, entwickelte sich nach dem Ersten Weltkrieg zum Wohnquartier der feinen Leute – die damals erbauten repräsentativen Wohnhäuser orientierten sich am französischen Architekturstil der Zeit.

Das Viertel zeichnet sich durch sehr viel Grün aus: Blumenkübel zieren die Gehwege, und hohe Bäume spenden Schatten. Aus den Villen wurden später Schmuckgeschäfte, Galerien, Boutiquen, Cafés, Restaurants, dann sprossen Hotels, Nachtclubs und Kinos wie Pilze aus dem Boden – alles sehr nobel und mit hoher, durchaus freundlicher Polizeipräsenz. Die Extravaganz und Gepflegtheit dieses Areals zieht europäische und mexikanische Touristen gleichermaßen an. Nirgendwo in der Stadt ist das Angebot so international und so teuer, stellt sich der Luxus in solch konzentrierter Form dar. Bettelnde Indio-Frauen mit ihren Kindern erinnern an den Preis dieses Reichtums; wer nach 24 Uhr durch die Zona Rosa läuft, sieht, wie sich einige von ihnen in den Hauseingängen zum Schlafen legen.

Mexiko-Stadt

In der Zona Rosa gibt es zwei größere Märkte mit besonderen Angeboten: Das **Plaza del Ángel Antiques Center** `4` (zwischen Londres und Hamburgo, Londres 154) – mit ca. 40 Antiquitätengeschäften, zwischen denen sich samstags zudem ein Antiquitäten-Flohmarkt mit ca. weiteren 100 Anbietern ausbreitet – und gegenüber (zwischen Londres und Liverpool) der **Mercado Insurgentes de Artesanías** `5` mit vielfältigem Silberschmuck-Angebot in ca. 100 Verkaufsständen.

An der Reforma, kurz vor dem Chapultepec-Park, erhebt sich die **Torre Mayor** `33`, mit 225 m und 55 Stockwerken zurzeit das höchste Gebäude Lateinamerikas. Der 2004 eröffnete, besonders erdbebensicher gestaltete Turm, in dem weltbekannte Unternehmen Büros unterhalten, ist in den oberen Etagen dem Personal vorbehalten. Nur die Shopping-Arkade, das Starbucks-Café und und ein Foodcourt im Erdgeschoss sind für die Öffentlichkeit zugänglich.

Chapultepec-Park

Cityplan: S. 114
Einen guten Überblick über den Park und die Lage der Gebäude inmitten des dichten Grüns kann man von der erhöht gelegenen Terrasse des Castillo de Chapultepec im Zentrum des Parks gewinnen.

Auf der Reforma vor dem Eingang zum Park plätschert zur Begrüßung die **Fuente de Diana Cazadora,** ein schöner Brunnen, dessen Name an das einstige Jagdgebiet **Bosque de Chapultepec** (Wald des Heuschreckenhügels) erinnern soll.

Der 4 km² große Chapultepec-Park mit Seen zum Bootfahren, mit Zoo und einem Botanischen Garten, mit Museen, einem Schloss und vielen Sportanlagen ist die zweite große grüne Lunge inmitten der smoggeplagten Großstadt. Das einstmals waldreiche Gebiet galt als Trinkwasserspeicher für Tenochtitlán und wurde bereits 1530 von Cortés der Öffentlichkeit zugänglich gemacht. Am Sonntag ist der Chapultepec-Park Picknick- und Tummelplatz mexikanischer Großfamilien, ein Freilichtmuseum der mexikanischen Lebenskultur. Dank umfangreicher Gartenarbeiten und ständiger Neubepflanzung besitzt der Park hohe Erholungsqualität (tgl. 5–17 Uhr, Metro-Station Chapultepec, Linie 1).

Monumento a los Niños Héroes `34`

In unmittelbarer Nähe des Parkeingangs südlich der Reforma befindet sich das **Monumento a los Niños Héroes** (Denkmal für die Heldenkinder) zur Erinnerung an jene sechs jungen Kadetten, die 1847 das Chapultepec-Schloss mutig (aber sinnlos) gegen eine US-amerikanische Übermacht verteidigten. General Santa Ana hatte bereits alle Schlachten im Kampf um den von den Vereinigten Staaten besetzten Bundesstaat Texas verloren. Einer der jungen Kadetten sprang, eingehüllt in die mexikanische Flagge, vom Turm, um nicht gefangen genommen zu werden. Das 1952 für die *defensores de la patria* geschaffene Denkmal stellt eine Mutter (als Symbol für Mexiko) mit einem gefallenen und einem kämpfenden Sohn dar, umgeben von sechs hohen Marmorsäulen (Symbole für die sechs Kadetten) mit Fackeln aus Bronze.

Museo Nacional de Arte Moderno `35`

Zur Rechten des Denkmals steht bereits mitten im Park das **Museo Nacional de Arte Moderno**, ein runder Glasbau des Architekten Ramírez Vázquez, in dem Bilder und Objekte moderner, überwiegend mexikanischer Künstler ausgestellt werden (Di–So 10–17.30 Uhr, Eintritt 35 Mex$).

Castillo de Chapultepec und Galería de Historia

Im Zentrum des Parks, ebenfalls südlich der Reforma, erhebt sich auf einem 60 m hohen Felsplateau das **Castillo de Chapultepec** `36`. Ursprünglich vom spanischen Vizekönig Conde de Galván 1793 als Sommerresidenz erbaut, diente die Anlage dann als Kaserne und Kadettenschule, bevor sie 1864 von Kaiser Maximilian und seiner Frau Charlotte zur

Blick auf den Paseo de la Reforma und den Chapultepec-Park

Residenz umgebaut wurde. Hier lebten später die republikanischen Präsidenten, bis Lázaro Cárdenas 1944 den Präsidentenwohnsitz in die Villa Los Pinos verlegte und das Schloss mitsamt seiner Einrichtung und allen Staatskarossen zum **Museo Nacional de Historia** (Nationalmuseum für Geschichte) erklärte. Das Haus dokumentiert die Geschichte Mexikos bis zur Gegenwart und zeigt sehenswerte Exponate aus der Zeit der Vizekönige, Waffen und Karossen sowie die Gemächer des Kaisers Maximilian. Illustriert werden einzelne Stationen der mexikanischen Geschichte durch Wandgemälde von Juan O'Gorman, Clemente Orozco und Alfaro Siqueiros. Der herrliche Blick von der Terrasse des Schlosses belohnt für den langen Aufstieg (Di–So 9–16.30 Uhr, Tel. 40 40 52 06, Eintritt 51 Mex$, stdl. ab 9.30 Uhr Führungen).

Auf halber Strecke zum Schloss ist in einem Rundbau, der **Galeria de Historia** 37 (auch als **Mueso del Caracol** bezeichnet), die ständige Ausstellung ›La Lucha del Pueblo Mexicano por su Libertad‹ dem Freiheitskampf des mexikanischen Volkes gewidmet. Die Räume des 1960 eröffneten, schneckenförmig angelegten Gebäudes liegen an einem Abhang. Man betritt die Galerie im oberen Stockwerk und folgt dem Weg hinunter durch zwölf Etappen der mexikanischen Geschichte.

133

Museo Nacional de Antropología 38

Im nördlichen Teil des Chapultepec-Parks, vom Schloss aus jenseits des Paseo de la Reforma, liegt das **Anthropologische Museum** (Museo Nacional de Antropología), das als das wichtigste Museum der Stadt und eines der bedeutendsten anthropologischen Museen der Welt gilt. Gebaut wurde es 1964 nach Plänen des mexikanischen Architekten Pedro Ramírez Vázquez. Den Eingang bewacht die 8 m hohe und 67 t schwere Kolossalfigur von Coatlichán, die vermutlich den Regengott Tlaloc darstellt, jedoch von manchen Forschern auch seiner Schwester, der Wassergöttin Chalchiutlicue, zugeschrieben wird.

Die zwölf Ausstellungshallen auf Erdgeschossebene widmen sich je einer der präkolumbischen Kulturen Mexikos. Nach Einführungen in die Menschheitsgeschichte und in die Besiedelung des amerikanischen Kontinents werden an Ausgrabungsstücken und Modellanlagen die großen Kulturen von Teotihuacán (Saal 5), der Tolteken (Saal 6), der Azteken (Saal 7) bis hin zu den Maya (Saal 10) vorgestellt. Im unteren Bereich des 2003 renovierten Maya-Saals befindet sich das Grab von Pakal II aus Palenque, eines von insgesamt mehr als 500 Exponaten.

Ein besonders herausragendes Ausstellungsstück des Museums ist der Sonnenstein der Azteken. Er hat einen Durchmesser von 3,57 m und wiegt 24,5 t. Während seiner Regierungszeit ließ ihn Axayacatl im Jahre 1479 aus Olivinbasalt hauen und im Zentrum von Tenochtitlán aufstellen. Wahrscheinlich diente der dem Sonnengott Tonatiuh geweihte Stein als Altarplatte, vor der oder auf der zahllose Opfer ihr Blut vergießen mussten, um so den Sonnengott gütig zu stimmen und zum Verzögern des Weltuntergangs zu veranlassen. Die meisten aztekischen Ritual- und Kultrequisiten wurden von den Spaniern zerstört, der Opferstein aber auf Geheiß des Erzbischofs Alonso de Montufar in der Nähe

Wasserspiel vor dem Anthropologischen Museum

des zerstörten Templo Mayor vergraben und erst 1970 unter dem Zócalo wiederentdeckt. (Anthropologisches Museum: www.mna.inah. gob.mx, Di–So 9–17 Uhr, Eintritt 51 Mex$, einen Plan erhält man kostenlos am Eingang des Museums).

Museo Soumaya 39

Der reichste Mann der Welt, der Mexikaner Carlos Slim, hat seine Kunstsammlung mit mehr als 50 000 Exponaten (und einem geschätzten Wert von ca. 900 Mio. US-$) seiner Vaterstadt geschenkt und dazu nordwestlich des Chapultepec Parks im Stadtteil Granada einen sechsstöckigen, silberfarbenen Metallbau (Baukosten 34 Mio. US-$) als passendes Museum errichtet. Es trägt den Namen seiner verstorbenen Frau. Das Museum ist die jüngste Architekturikone der Stadt, und die Kunstwerke sind von beeindruckender Vielfalt (Blvd. Miguel de Cervantes Sagredra 303, Tel. 555 16 31 17, tgl. 10.30–18.30 Uhr, Eintritt frei, www.soumaya.com).

Die südlichen Stadtteile

Cityplan: S. 136

Die Hauptverbindung in die südlichen Bezirke der Stadt ist die breite Avenida Insurgentes Sur, die am Paseo de la Reforma beginnt. Seit 2004 ermöglicht der Metrobus (s. S. 150) ein schnelleres Vorankommen in dieser stets von Pkws verstopften Straße.

Polyforum Siqueiros 40

Nach 3 km erreicht man an der Kreuzung Filadelfia den **Parque de la Lamo** mit dem unübersehbaren Wolkenkratzer World Trade Center. Im Park befindet sich das 1969 eröffnete **Museo Polyforum Siqueiros**, ein zwölfstöckiges Kulturzentrum in Form eines überdimensionalen Pilzes mit eindrucksvoller Außenbemalung von José David Alfaro Siqueiros. Im Inneren bestaunt man, über Decken und Wände verteilt, das 2700 m² große und zugleich letzte Wandbild von Siqueiros, ›La marcha de la humanidad en la tierra y hacia el cosmos‹ (im Volksmund verkürzt: Der

Tipp: Museumsbesuche

Achtung: Montags sind alle staatlichen Museen geschlossen (www.mexicocity.gob.mx), und sonntags sind dort (auch in den archäologischen Stätten) besonders viele Leute anzutreffen, weil dann der Eintritt für Mexikaner kostenlos ist.

Weg der Menschheit). Die Besucher können von einer sich drehenden Plattform aus das Kunstwerk betrachten (Di–So 10–18 Uhr, Eintritt 25 Mex$, Sa/So 11–13.30 Uhr Vorführung).

Von der Insurgentes Sur zweigt die Avenida Rio Churubusco nach Osten ab. Von ihr führt rechts die Avenida México direkt ins Zentrum von Coyoacán. Auch die Centenario führt direkt nach Coyoacán.

Coyoacán

Coyoacán, der Platz der Kojoten, ist ein Ort mit großer Vergangenheit: im 9. Jh. von den Tolteken gegründet, im 14. Jh. von den Azteken erobert, 1521–23 von Cortés nach der Zerstörung Tenochtitláns als Hauptquartier ausgewählt. Von Coyoacán aus begann der Konquistador seinen Eroberungsfeldzug bis nach Guatemala. Zu Beginn des 20. Jh. war Coyoacán noch ein kleines Provinzstädtchen im Süden der Hauptstadt, heute liegt der Stadtteil bereits mitten in Mexiko-Stadt (Metro-Linie 3, Station Viveros). Coyoacán ist beschaulich, geradezu der Gegensatz zum trubeligen Zentrum der Metropole. Koloniale Atmosphäre, ein eigener Zócalo, Straßencafés, Parks, Museen, Galerien, viele Bäume und Blumen prägen das begehrte Wohnviertel. Zentrum und Zócalo von Coyoacán ist die **Plaza Hidalgo** mit der Mitte des 16. Jh. erbauten Kolonialkirche **San Juan Bautista 41**. An der Nordseite des Zócalo steht das Wohnhaus von Hernán Cortés, der **Palacio de Cortés 42**; etwas weiter entfernt die **Casa de Malinche 43**, das Haus seiner Geliebten Malinche, in der Higuera/Ecke Vallarta, das älteste Haus des Stadtteils an der Plaza Conchita. Sa/So findet auf der Plaza ein großer Kunst-

Mexiko-Stadt – Südl. Stadtteile

Sehenswert

40 Museo Polyforum Siqueiros
41 Iglesia de San Juan Bautista
42 Palacio de Cortés
43 Casa de Malinche
44 Museo Frida Kahlo
45 Museo Casa de León Trotsky
46 Museo National de Intervenciones
47 Museo Diego Rivera Anahuacalli
48 Monumento Álvaro Obregón
49 Museo Colonial del Carmen
50 Museo Casa del Risco
51 Iglesia de San Jacinto
52 Museo Casa Estudios Diego Rivera y Frida Kahlo
53 Bilbiothek der UNAM
54 Torre de la Rectoria (UNAM)
55 Sala Nezahualcoyotl (UNAM)
56 MUAC
57 Estadio Olímpico
58 Pirámide de Cuicuilco und Museum

Übernachten
s. Citypläne S. 114 u. 118

Essen & Trinken
1 – 2 s. Cityplan S. 114
3 San Ángel Inn
4 s. Cityplan S. 114
5 – 11 s. Cityplan S. 118

Einkaufen
1 – 2 s. Cityplan S. 118
3 Bazar del Sábado
4 – 5 s. Cityplan S. 114
6 s. Cityplan S. 118
7 – 9 s. Cityplan S. 114
10 Liberia Gandhi

11 El Parnaso de Coyoacán
12 – 13 s. Cityplan S. 114

Abends & Nachts
1 s. Cityplan S. 114
2 – 3 s. Cityplan S. 118

4 s. Cityplan S. 114
5 Fonda San Ángel
6 – 7 s. Cityplan S. 114

Aktiv
1 – 3 s. Plan S. 114/115

---

handwerksmarkt statt. Gern besucht werden die Restaurants und die Buchhandlungen in Coyoacán, so z. B. am Zócalo die **Buchhand-** **lung Parnas** und die Lokale direkt daneben. Aber vor allem ziehen die eindrucksvollen Museen dieses Stadtteils die Touristen an.

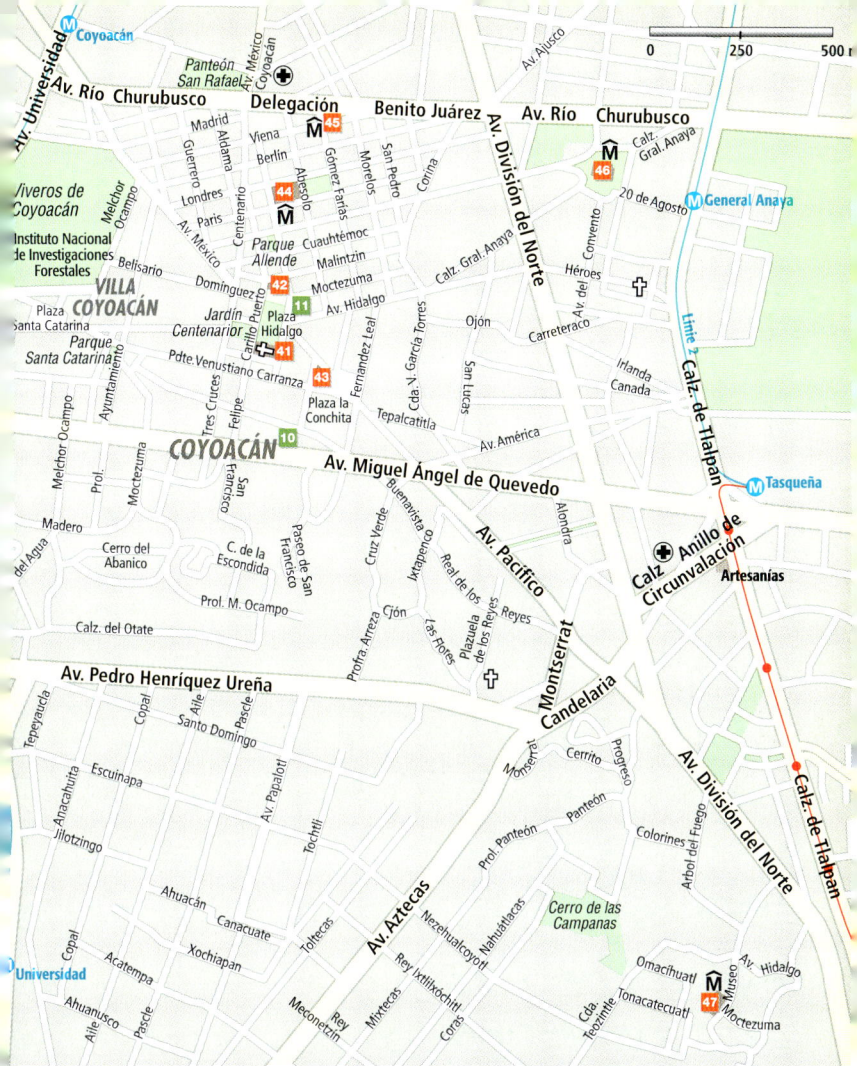

Das meistbesuchte ist das **Museo Frida Kahlo** 44, das Wohnhaus der mexikanischen Malerin Frida Kahlo (1907–54) und ihres Ehemanns Diego Rivera, mit dem sie hier von 1929 bis 1954 lebte. Das blau getünchte Haus, auch ›La Casa Azul‹ genannt, heute ein ›historisches Monument‹, wurde einschließlich seines schönen Innenhofs und seines großen Gartens 2001 umfangreich restauriert und befindet sich wieder im Zustand von 1958, dem Jahr, in dem es als Museum er-

öffnet wurde. Die Besucher bewegen sich zwischen der Original-Möblierung des Künstlerpaares, können die Kleider der Künstlerin, ihre Staffelei, zahlreiche Bilder und viele persönliche Erinnerungsstücke bestaunen. Mehrere Krücken, der Rollstuhl, medizinische Korsetts und eine riesige Medikamentensammlung erinnern an das schmerzhafte Leben nach einem Unfall, das die für ihre Zeit sehr emanzipierte Künstlerin erleiden musste (Museo Frida Kahlo: Londres 247/Allende,

137

Tipp: Wissenswertes über Frida Kahlo

Zur Vorbereitung auf den Besuch des Museo Frida Kahlo sollte man sich im Hof des Museums den **künstlerisch-dokumentarischen Videofilm** über ihr Leben, ihren Unfall, ihr Leiden und ihr Werk ansehen. Er läuft jeweils zur vollen Stunde zwischen 10 und 17 Uhr. Sehenswert ist auch die mit einem Oscar prämierte Hollywood-Verfilmung ›**Frida**‹ mit Salma Hayek.

www.museofridakahlo.org, Di–So 10–17.45 Uhr, Eintritt 75 Mex$, Studenten 35 Mex$).

Das Wohnhaus von Leo Trotzkij, heute **Museo Casa de León Trotsky** 45, liegt im Nordosten Coyoacáns. Man besichtigt die letzte, bescheidene Bleibe des russischen Revolutionärs und seiner Ehefrau Natalia Sedova, die einer Festung gleicht. Mexiko gewährte während des Zweiten Weltkrieges vielen politisch Verfolgten Asyl, unter ihnen auch dem russischen Revolutionär Leo Trotzkij. Dessen Vorstellungen von einer klassenlosen sozialistischen Gesellschaft, die er nach der russischen Revolution von 1917 mit Unterstützung des Proletariats in Europa und den USA als ›permanente Revolution‹ verwirklicht sehen wollte, standen im Gegensatz zu denen von Josef Stalin, der ideologisch auf die ›Verwirklichung des Sozialismus in einem Land‹ setzte. Stalin drängte Trotzkij aus allen politischen Ämtern und ließ ihn 1929 aus der UdSSR ausweisen. Trotzkij setzte als Emigrant seinen Kampf gegen Stalins Diktatur, die den Namen ›Sozialismus‹ nicht verdiene, fort und veranlasste die Gründung einer IV. Internationale. 1937 gewährte Mexiko Trotzkij Asyl. Doch Stalins Häscher spürten ihn in seinem Haus in der Calle Viena auf. Das erste Attentat scheiterte. Daraufhin ließ Trotzkij das Haus zu einer Festung ausbauen, das wir heute als Museum besuchen.

Fenster und Türen sind teilweise zugemauert, auf dem Dach befinden sich Schießscharten, im Inneren zahlreiche Stahltüren. Alle Sicherheitsvorkehrungen verhinderten nicht, dass Leo Trotzkij in diesem Haus, auf ausdrückliches Geheiß Stalins, von Juan Ramón Mercader del Río am 21. August 1940 mit einem Eispickel erschlagen wurde. Mercader, ein Vertrauter Trotzkijs, erhielt 20 Jahre Gefängnis, starb 1978 in Kuba und wurde in Moskau als ›Held der Sowjetunion‹ beerdigt. Damit Natalia Sedova nach Trotzkijs Tod weiter in dem Haus wohnen konnte, kaufte es die mexikanische Regierung.

Mitglieder der trotzkistischen Partido Revolucionario de los Trabajadores, die mexikanische Sektion der Vierten Internationalen, erläutern die Dokumente und persönlichen Dinge bei den Führungen durch das Haus. Einschüsse an den Wänden, Spuren von Anschlägen, sind überall zu sehen. Trotzkijs Brille liegt noch auf dem Schreibtisch, an dem er erschlagen wurde. Über seinem Grab im Garten weht eine rote Fahne mit Hammer und Sichel (Museo Casa de León Trotsky: Calle Viena 45, Eingang Av. Rio Churubusco 410, Di–So 10–17 Uhr, Eintritt 35 Mex$).

Das **Museo Nacional de las Intervenciones** 46 (Museum der Interventionen) befindet sich im äußersten Osten des Stadtteils Coyoacán. Das 1524 gegründete Churubusco-Kloster dient seit 1980 als Museum der antikolonialen Kriege, die Mexiko gegen Spanien, Frankreich und die USA führte. Der **Convento de Churubusco** eignete sich als Standort besonders gut: An dieser Stelle verteidigten sich am 20. August 1847 ca. 1500 Mexikaner gegen eine übermächtige US-amerikanische Armee (Calle General Anaya/ Calle 20 de Agosto, Di–So 9–18 Uhr, Eintritt 51 Mex$).

In der Calle del Museo 150 befindet sich das **Museo Diego Rivera Anahuacalli** 47. In dem von Diego Rivera selbst mitgestalteten Haus aus Vulkanstein (Haus von Anahuac) werden große Teile seiner präkolumbischen Sammlung ausgestellt, weiterhin viele Skizzen zu seinen Mural-Gemälden (www.anahuacallimuseo.org, Di–So 10–18 Uhr, Führungen 10.30, 12.30, 13.30 Uhr, Eintritt 45 Mex$ oder gleiche Eintrittskarte wie Museo Frida Kahlo).

Villa Obregón und San Ángel

Dort, wo die Avenida Río Churubusco von der Insurgentes Sur abzweigt, beginnt in südlicher Richtung der **Stadtbezirk Villa Obregón.** In seinem Zentrum, im **Jardín de la Bombilla,** steht das **Monumento Álvaro Obregón** 48 (Calle Prior/Calle Chimalistic), das 1935 für den General der Revolution und späteren Staatspräsidenten erbaut wurde. Obregón fiel hier 1928 einem Attentat zum Opfer. Im Erdgeschoss des weißen Bauwerkes werden seine rechte Hand und ein Stück seines Armes, die er in den Kriegswirren verloren hatte, in einem Spiritusglas wie eine Reliquie ausgestellt und verehrt.

Ein Stück weiter, jenseits der Avenida Revolución, erstrecken sich die **Plaza del Carmen** mit einem ehemaligen Karmeliterkloster – heute **Museo Colonial del Carmen** 49 – und die Plaza de San Jacinto. Dieser westlich der Insurgentes Sur gelegene Teil von Villa Obregón trägt den Namen **San Ángel.** Es ist einer der schönsten Stadtteile im Süden der Hauptstadt mit engen Gassen, anheimelnden Plätzen und netten Lokalen, in denen abends mexikanische Folklore-Musik dargeboten wird.

Zentrum ist die **Plaza de San Jacinto.** Sie verwandelt sich jeden Samstag in einen bunten Künstlermarkt, den **Bazar del Sábado** 3 (Sa 10–19 Uhr), auf dem Bilder, Schmuck und Kunsthandwerksartikel angeboten werden (s. S. 144) Auch das **Museo Casa del Risco** 50 liegt an der Plaza. Hier werden Gemälde aus dem 16.–18. Jh. und wertvolle Antiquitäten ausgestellt. Ein zweistöckiger Brunnen aus Kacheln und Porzellan ziert einen der beiden Patios. An der Westseite erhebt sich die Kirche **San Jacinto** 51, wo ein wunderschöner Klostergarten Zuflucht vor dem hektischen Großstadtleben bietet.

Wie schon in Coyoacán, so kann man auch in San Ángel auf den Spuren des kongenialen Künstlerpaares Frida Kahlo und Diego Rivera wandeln. Der Architekt Juan O'Gorman errichtete den beiden 1929 ein Studiohaus aus zwei Kuben im Bauhausstil. Hier lebten sie bis zu ihrer Scheidung 1949 – ein jeder in seinem eigenen Bereich. Das heute hier eingerichtete **Museo Casa Estudios Diego Rivera y Frida Kahlo** 52 vermittelt durch persönliche Dokumente, Kleider, Möbel, Bilder, Zeichnungen und Fotografien einen Eindruck von den Lebensverhältnissen des Paares (Diego Rivera 2/Ecke Altavista, Di–So 10–18 Uhr, Eintritt 25 Mex$).

Auf der anderen Straßenseite lädt das Nobelrestaurant **San Ángel Inn** 2 (s. S. 142) zu einem Besuch ein. Die ehemalige Hacienda bewohnte seinerzeit General Santa Ana.

Universidad Nacional Autónoma de México

Weiter im Süden der Insurgentes (Endstation der Linie 3) liegt der Campus der **Universidad Nacional Autónoma de México** (UNAM). 1950 wurde mit dem Neubau dieser größten Hochschule Lateinamerikas begonnen, an deren Gestaltung über 100 Architekten beteiligt waren und auf deren 8 km² großem Campus heute über 500 000 Studierende ihre Lehrveranstaltungen besuchen. Auf Geheiß Kaiser Karls V. gründete der spanische Vizekönig Antonio de Mendoza im Jahre 1551 die Vorläuferin der UNAM; der Lehrbetrieb fand damals in einem Haus unweit des Zócalo statt. 1929 erhielt die Universität einen autonomen Status und 1954 begann der Lehrbetrieb auf dem neuen Campus, der **Ciudad Universitaria.**

Mehrere Gebäude des Hochschulareals gelten als Präsentationsobjekte moderner mexikanischer Architektur, so z. B. das **Bibliotheksgebäude** 53, dessen zehnstöckiger Bücherturm mit riesigen Steinmosaiken (jede Fassade jeweils 1200 m²) von Juan O'Gorman gestaltet wurde. Auf den Mosaiken wird die Geschichte der Wissenschaft erzählt. Daneben erhebt sich der sogenannte **Torre de la Rectoria** 54 (Rektoratsturm), den Wandbilder von Siqueiros schmücken. Auch die Naturwissenschaftliche und die Medizinische Fakultät sind mit Murales dekoriert.

Ebenfalls auf dem Universitätscampus steht die **Sala Nezahualcoyotl** 55, eine gigantische Kultur-Rundhalle für 2500 Besucher mit hervorragender Akustik. 1977 eröffnet, gilt sie als eine der besten Konzerthallen der Welt. In den angrenzenden kleinen Sälen des Kulturzentrums werden regelmäßig Avantgarde-Filme gezeigt; hier sind außerdem die **Nationale Bibliothek** und die **Bibliothek für Nationale Zeitungen und Zeitschriften** untergebracht. Das **Museo Universitario Arte Contemporáneo (MUAC)** 56 zeigt eine Palette zeitgenössischer Kunst (Centro Cultural Universitario, www.muac. unam.mx, Mi, Fr, So 10–18, Do, Sa 12–20 Uhr, Eintritt 30 Mex$, So frei). Auf dem Campus ist immer etwas los (Infos unter www.cul tura.unam.mx).

Estadio Olímpico und Pirámide de Cuicuilco

Westlich der UNAM, auf der anderen Seite der Insurgentes Sur, liegt das **Estadio Olímpico** 57 (Olympiastadion), in dem 1968 die Olympischen Spiele eröffnet wurden.

Nur 4 km südlich des Olympiastadions zweigt hinter dem Anillo Periférico von der Insurgentes Sur die Straße zur **Pirámide de Cuicuilco** 58 (Ort des Gesangs und des Tanzes) ab. Im Zentrum der Anlage steht eine 18 m hohe Rundpyramide von 110 m Durchmesser. Cuicuilco war zwischen 1000 und 700 v. Chr., d. h. bis zum Aufstieg Teotihuacáns, in dieser Region die politisch führende Macht. Um 200 n. Chr. wurde die Pyramide unter den Lavaströmen des Vulkans Xitle verschüttet und erst 1917 wieder entdeckt. Ihre unteren Stufen sind aus gestampftem Lehm errichtet, auf der zweiten Plattform finden sich die Fundamente zweier gegenüberliegender Altäre.

In dem kleinen **Museo de sitio y zona arqueológica de Cuicuilco** werden Ausgrabungsfunde ausgestellt, und auf einem großen Wandbild ist der Ausbruch des Xitle künstlerisch nachempfunden (Mo–So 9–17 Uhr, Führungen Mo–Fr jeweils 9 und 13.30 Uhr, Eintritt frei).

Infos

Vorwahl Mexiko Stadt: 55

Secretaría de Turismo: Presidente Masaryk 172, Col. Chapultepec Morales, Tel. 30 02 63 00, www.visitemexico.com, **www.mexico city.gob.mx**; Informationskioske u. a. am

Flughafen, vor dem Anthropologischen Museum, bei der Basílika de Guadalupe, an der Westseite der Kathedrale, am Paseo de la Reforma gegenüber Monumento de la Independencia, an den Busbahnhöfen.

Telefon-Hotline: Tel. 52 50 01 23 (Anruf kostenlos) bietet rund um die Uhr Hilfe für Touristen.

Hauptpost: Tacuba/Lázaro Cárdenas, in der Nähe von Bellas Artes, Mo–Fr 8–20 Uhr.

Übernachten

Designer-Palast ▶ Marquis Reforma 1 **:** Paseo de la Reforma 465, Tel. 52 29 12 00, Fax 52 29 12 12, www.marquisreforma.com; großartige Architektur in günstiger Lage, ein ›Leading Hotel of the World‹ (www.lhw.com), viel Glas, viel Komfort, aufregendes Spa, nur Suiten mit edlem Mobiliar, 224 Suiten, ab 2650 Mex$.

Unübersehbar ▶ Sheraton María Isabel Hotel & Towers 2 **:** Paseo de la Reforma 325, Tel. 52 42 55 55, Fax 52 08 40 90, www. sheraton.com; in der Nähe der Zona Rosa gelegen, aus den oberen der 755 Zimmer Blick auf die Unabhängigkeitsstatue El Ángel, ab 2500 Mex$.

Top Stylish ▶ Habita 3 **:** Av. Presidente Masaryk 201, Tel. 528 23 1000, Fax 528 231 01, www.hotelhabita.com. 32 DZ und 4 Suiten, nahe Chapultepec Park im Stadtteil Polanco mit seinen vielen edlen Restaurants; viel Glas, viel Chrom, viel Grün. Minimalistisch stilvoll, z. B. Arne Jacobsen- und James Eames-Stühle. Schwimmbad auf dem Dach, Buch- und Kunstladen in der Lobby. Das Habita gehört zu den ›Leading Hotels of the World‹ (www.leadinghotels.com), ab 2150 Mex$.

Persönlicher Luxus ▶ La Casona 4 **:** Durango No. 180, Metro-Station Sevilla, Tel. 52 86 30 01, Fax 52 11 08 71, www.hotallaca sona.com.mx; exklusives kleines Hotel in einem komplett renovierten Gebäude, das als *Monumento artístico* preisgekrönt wurde. Alle Zimmer sind stilvoll eingerichtet. DZ ab 1500 Mex$.

Klassisch ▶ Gran Hotel Ciudad de México 5 **:** Av. 16 de Sept. 82, Tel. 10 83 77 00, Fax 10 85 03 79, www.granhoteldelaciudadde

mexico.com.mx; Jugendstilhotel direkt am Zócalo, eindrucksvolles Glas-Kuppeldach von Tiffany, traumhaft renoviert, ab 1350 Mex$.

Ideale Lage ▶ **Imperial** 6 **:** Paseo de la Reforma 64, Tel. 57 05 49 11, Fax 57 03 31 22, www.hotelimperial.com.mx; Jugendstilgebäude (historisches Monument) in der Nähe der Zona Rosa, 65 Zimmer, zum Teil mit einem schönen Blick auf den Stadtboulevard, ab 1300 Mex$.

Stilvoll ▶ **De Cortés** 7 **:** Av. Hidalgo 85, Tel. 55 18 21 81, Fax 55 12 18 63, www.boutique hoteldecortes.com; 1780 erbautes Hospiz mit schönem Innenhof, direkt an der Nordseite des Alameda-Parks, 29 Zimmer, ab 1250 Mex$.

Montezumas Palast ▶ **Holiday Inn Zocalo** 8 **:** 5 de Mayo, Ecke Zócalo, Tel. 51 30 51 30, Fax 51 30 51 30, www.holidayinn.com; wie alle Hotels dieser Kette: strenge Qualitätsstandards, gehobener Komfort, sauber, ohne Schnörkel, mit schönem Dachrestaurant, 105 Zimmer, ab 990 Mex$.

Top zentral ▶ **Best Western Majestic** 9 **:** Av. Madero Nr. 73, direkt am Zocalo, Tel. 552 18 600, Fax 551 26262, www.hotelmajes tic.com.mx. 85 DZ. Die Lage macht's; gediegenes älteres Haus, große Zimmer, traumhafter Ausblick vom Dachrestaurant, ab 990 Mex$.

Einfach und nett ▶ **El Salvador** 10 **:** República de El Salvador 16 (nahe Alameda), Tel. 55 21 10 80, Fax 55 21 12 47, www.hotelel salvador.com; ein renoviertes Haus, beliebt bei jungen Leuten, ab 530 Mex$.

Zentrales Stadthotel ▶ **Hostal Moneda** 11 **:** Calle Moneda 8 *(Centro)*, Tel. 55 22 58 03, www.hostalmoneda.com.mx; neue Herberge mit 8 Schlafsälen und 10 DZ, nur einen Block vom Zócalo, umweltbewusst, Internetcafé, Fahrradverleih, DZ 500 Mex$.

Viel Patina ▶ **Isabel** 12 **:** Isabel la Católica 63 (nahe Zócalo), Tel. 55 18 12 13/ 17, Fax 55 21 12 33, www.hotel-isabel.com.mx; neokoloniales Gebäude, in die Jahre gekommen, beliebt bei deutschen Besuchern, 74 Zimmer ab 420 Mex$.

Nahe Bellas Artes ▶ **Principal** 13 **:** Bolivar 29, Tel. 55 21 13 33, www.hotelprincipal.com;

Tipp: Hotelstandorte

Die Hotels, die von Touristen bevorzugt werden, konzentrieren sich in vier Bezirken: Am nördlichen und nordöstlichen Rand des **Chapultepec-Parks,** entlang des **Paseo de la Reforma,** in der **Zona Rosa** und der historischen **Innenstadt.** In diesen innerstädtischen Bezirken liegen auch die meisten Sehenswürdigkeiten. Mit wenigen Ausnahmen gilt die Faustregel: Das Angebot zwischen Zócalo und Alameda-Park und den einmündenden Seitenstraßen ist größer und billiger, zwischen Alameda-Park und Zona Rosa bzw. Chapultepec-Park luxuriöser und teurer.

zentrale Lage, historisches Gebäude, Zimmer um einen Innenhof, einfache Ausstattung, alle mit Bad und TV, ab 400 Mex$.

Essen & Trinken

Spanische Eleganz ▶ **Centro Castellano** 1 **:** im Hotel Camino Real, Polanco, Mariano Escobedo Nr. 700, Mo–Sa 13–24, So 13–21 Uhr; seit mehr als 20 Jahren eines der elegantesten Restaurants der Stadt, die geschmackvolle Ausstattung schafft viel Atmosphäre, ausgefallene internationale Küche, Menü ab 400 Mex$, Buffet 500 Mex$.

Beste Wahl ▶ **La Hacienda de los Morales** 2 **:** im Stadtteil Polanco, Vázquez de Mella 525 (Col. Los Morales del Bosque), Tel. 52 83 30 00, www.haciendadelosmorales. com, tgl. 11.30–24 Uhr; mehrfach preisgekröntes Restaurant (u. a. *Chaîne des Rôtisseurs*) in einer Hacienda aus dem 16. Jh. mit sehr schönen Räumlichkeiten und traumhaftem Innenhof. Hier speiste schon Queen Elizabeth II. Gehobene internationale Küche mit mexikanischen Akzenten, So Mittag Livemusik, Menü ab 300 Mex$.

Landhaus ▶ **San Ángel Inn** 3 **:** im Stadtteil San Ángel, Calle Diego Riviera 50, Ecke Altavista, Tel. 56 16 22 22, www.sanangelinn. com, tgl. 12–2 Uhr; alte Hacienda inmitten eines herrlichen Gartens. Internationale Küche, Menü ab 280 Mex$.

Familienatmosphäre ▶ Fonda El Refugio
4 : Zona Rosa, Calle Liverpool 166, Tel. 55
25 81 28, www.fondaelrefugio.com, tgl. ab 20
Uhr; Hochlandküche für Feinschmecker, Privathaus als kleines Restaurant, Menü ab 260
Mex$.

Städtische Pracht ▶ La Casa de las Sire
nas 5 : República de Guatemala 32, Centro
Histórico, Tel. 57 04 32 73, www.lacasadelas
sirenas.com.mx, Mo–Sa 13–1, So 18–1 Uhr;
im Erdgeschoss des ehemaligen Wohnhauses findet sich eine stilvolle Bar und Cantina,
im 1. Stock das Restaurant, dessen Balkon
den Blick auf die Kathedrale freigibt. Gute
mexikanische Küche, Spezialität: *guacamole*
und Pilze in Chili-Käse-Sauce, Hauptgerichte
ab 200 Mex$.

Mit Ausblick ▶ Café Los Canarios 1 : im
Hotel Marquis Reforma, (s. S. 140), tgl. 8–24

Tipp: Dachrestaurants – Dinner mit Aussicht

Mitten im Centro Histórico, unmittelbar an der
Westseite des Zócalo, verfügen drei Hotels
über Dachrestaurants, deren Attraktionen ihre
internationale Küche und der Blick über den
Platz zur Kathedrale, auf den Nationalpalast
und zum Rathaus sind.

Schöner Blick ▶ Balcón del Zócalo: im
Holiday Inn Hotel **8** (s. S. 141), tgl. 8–23 Uhr;
große begrünte Terrasse in Höhe der Kathedrale, Essen und Getränke à-la-Carte, Mittagsbuffet 220 Mex$, abends á la carte, Menüs ab 200 Mex$.

Tolles Buffet ▶ Dachrestaurant des Gran
Hotel 5 (s. S. 141): tgl. 8–23 Uhr; beste Aussicht auf den Zócalo, sehr gutes Buffet mit
großer Auswahl (Sa/So 9–18 Uhr). Am
Wochenende Sekt und Fruchsäfte im Preis
inbegriffen, abends á la carte, Menüs ab
180 Mex$.

Ältestes Haus am Platz ▶ Terraza del Ho
tel Majestic 7 : im Best Western Hotel Majestic, s. S. 141, tgl. 8–23 Uhr; zu allen Tageszeiten sehr besucht, Sa/So reichhaltiges
Buffet 160 Mex$, Menüs ab 100 Mex$.

Uhr; lichtdurchflutet und elegantes Ambiente,
Blick auf die Reforma, aufmerksamer Service,
italienisch-mexikanische Küche mit großer
Speisenauswahl, sehr gutes Fleisch, Gerichte
ab 100 Mex$, So Buffet 179 Mex$, tgl. 16.30–
20.30 Uhr Nachtisch-Buffet 72 Mex$.

Herrlicher Innenhof ▶ El Patio 7 : im Hotel De Cortés (s. S. 141), Tel. 55 18 21 81/-84,
www.boutiquehoteldecortes.com.mx, tgl. 8–
22 Uhr; sehr schöner Innenhof in alter
Hacienda, die Tische gruppieren sich um den
zentralen, blumengeschmückten Brunnen.
Internationale Küche, Gerichte ab 100 Mex$,
Salate ab 50 Mex$, Fisch 140 Mex$.

Schön und historisch ▶ Casa de los Azu
lejos 18 : Madero 4, Tel. 50 10 90 13, tgl. 7–
1 Uhr; sehr schönes Sanborn's-Restaurant in
einem eindrucksvollen Kolonialgebäude, Innenhof und 1. Stock, von den Balkonen Blick
in die lebhafte Calle Madero, Kaffee 25 Mex$,
Cocktails 60 Mex$, Gerichte ab 100 Mex$.

Alta Cocina Mexicana ▶ Los Girasoles 6 :
Calle Tacuba 8–10/Ecke Xicotencatl 1 (Plaza
Manuel Tolsa), Tel. 55 10 06 30, www.restau
rantelosgirasoles.com, tgl. 11–23 Uhr; sehr
nettes Lokal im Zentrum, mit regionalen Spezialitäten in mexikanischem Ambiente, Menü
ab 100 Mex$.

Viel Auswahl ▶ Terraza del Hotel Majestic
7 : s. S. 142.

Hauch der Geschichte ▶ Bar La Opera 8 :
Zentrum, 5 de Mayo 10/Filomena Mata, Tel.
55 12 89 59, Mo–Sa 13–24 Uhr; geschichtsträchtiges Restaurant voller Plüsch und
Stuck, in der Wand noch Einschussstellen
aus der Pistole von Pancho Villa. Gute mexikanische Küche, ausgezeichnete Margaritas,
Menü ab 90 Mex$.

Mittendrin ▶ Cafe de Tacuba 9 : Zentrum,
Tacuba 28 neben der Metro-Station Allende
(Linie 2), Tel. 55 21 20 48; www.cafedetacuba.
com.mx, tgl. 8–23.30 Uhr; im Gebäude eines
ehemaligen Klosters werden hier seit 1912
Speisen und Getränke in Räumen mit handbemalten Tavalera-Kacheln serviert, große
Auswahl an *enchiladas*, preislich moderat,
z. B. Menü ab 50 Mex$.

Schick und schön ▶ La Selva 10 : Bolívar
31/16 de Septiembre, Centro Histórico, Tel.

Im Kolonialambiente speisen: Restaurant Sanborn's in der Casa de los Azulejos

55 21 41 11, tgl. 8–22 Uhr; hübscher überdachter Innenhof und appetitliche Snacks (Pizza, Baguettes, Croissants, Sandwiches, Chapatas und Salate). Café Organico auch zum Mitnehmen, wechselnde Kunst- und Fotografieausstellungen, Kaffee 25 Mex$, Snacks ab 35 Mex$.

Nur Süßes ▶ El Molino 11 : 16 de Septiembre No. 59, Centro Histórico, Tel. 55 12 31 14, tgl. 7–21 Uhr; Konditorei mit riesigem Kuchen-, Torten-, Gebäck- und Pralinenangebot. 10 Tische mit Selbstbedienung, großer Kaffee 18 Mex$, Kuchenstück ab 20 Mex$.

Einkaufen

Kunsthandwerk ▶ Fonart 1 : Verkaufshalle in der Av. Juárez 89 gegenüber dem Hermiciclo Juarez, tgl. 10–19 Uhr; staatlich geförderte Verkaufsausstellungen von Holz-, Ton-, Glas-, Bast- und Stoffarbeiten aus verschiedenen Provinzen, sehr empfehlenswert.

Mercado de Artesanías San Juan 2 : Calle Ayuntamiento, südlich des Alameda-Parks, Mo–Sa 10–19, So 9–16 Uhr, Tel. 55 21 78 46, seit 1907 bieten hier ca. 180 Einzelgeschäfte unter einem Dach eine riesige Auswahl mexikanischer Handwerkskunst an. **Bazar del Sábado 3 :** Kunsthandwerk auf den Plazas San Jacinto und El Carmen im Stadtteil San Ángel, jeden Sa 11–18 Uhr; Künstlermarkt, wegen des gehobenen Angebots städtischer Kunsthandwerker und Freizeitmaler sehr beliebt. Hinzu gesellen sich mehr und mehr Indio-Frauen, die z. B. Zierkakteen und selbst gestrickte Wollpuppen anbieten; gelegentlich Tanzvorführungen.

Antiquitäten ▶ Plaza del Ángel 4 : rund 40 Antiquitätengeschäfte (s. S. 133). **Mercado Insurgentes 5 :** vor allem Silberschmuck (s. S. 133). **Galeria El Triunfo 6 :** 16 de Septiembre 41, Historisches Zentrum, www.eltriunfo.com.mx, tgl. 9–21 Uhr; Edelkitsch vom

Tipp: Stadt-Magazine

Tiempo Libre: eine wöchentl. Programmzeitschrift von hoher Qualität, die über alle Kultur- und Unterhaltungsveranstaltungen im Großraum Mexiko-Stadt informiert. Erscheint Do, sehr empfehlenswert, 9 Mex$ (www.tiempolibre.com.mx). Ähnliche Publikationen: **Dónde Ir,** 20 Mex$ (www.donde-ir.com); **Chilango,** 29 Mex$ (www.chilango.com).

Feinsten aus aller Herren Länder, riesige Auswahl an Antiquitäten.

Kunst ▶ Galería de Arte Mexicano 7 : in der Zona Rosa, Milan 18; das in den 1930er-Jahren eröffnete Haus verfügt über ein breites Angebot von Werken zeitgenössischer ibero-amerikanischer Künstler; auch Objekte und Plastiken; Mo–Sa 9–20 Uhr, www.galeria deartemexicano.com. **Galería Windsor** 8 : ebenfalls in der Zona Rosa, Hamburgo 224/Praha, Tel. 55 25 83 42. Antiquitäten und moderne Malerei, auch alte Landkarten, Mo–Sa 9–20 Uhr.

Bücher ▶ British Bookshop 9 : Río Ganges 64, Mo–Sa 9–19 Uhr; mit großem Second Hand-Angebot und einem gut sortierten Antiquariat. **Buchladen im Anthropologischen Museum** 38 : gut bestückt im Bereich ›Präkolumbische Kunst‹ (Öffnungszeiten s. S. 134). **Libreria Gandhi** 10 : Miguel Ángel de Queredo 128, Coyoacán, Metro-Station Queredo (Linie 2), ausgezeichnete Buchhandlung mit großem nationalem Sortiment; weitere Filiale gegenüber dem Palacio de Bellas Artes, Av. Juárez 4, Ecke Lázaro Cárdenas (beide Mo–Sa 9–19 Uhr). **El Parnaso de Coyoacán** 11 : Av. F. Carillo Puerto 2–6, an der Plaza Hidalgo von Coyoacán, tgl. 9–22 Uhr; mit Straßencafé, öfter Autorenlesungen.

Märkte ▶ Mercado de La Lagunilla 12 : nordöstlich der Plaza Garibaldi in der Rayón zwischen Allende und Comonfort (Metro-Station Allende, Linie 2), jeden So ab 10 Uhr; Flohmarkt für Antiquitäten, Bücher, Nippes, zunehmend Neuwaren und Raubkopien. **Mercado de la Merced** 13 : Antillo de Cir-

cunvalación, Zentrum, Metro-Station La Merced (Linie 1), tgl. 7–22 Uhr; Traditionsmarkt vor allem für Lebensmittel, über mehrere Straßen; sehr viel Atmosphäre.

Abends & Nachts

Stimmungsvoll ▶ Plaza Garibaldi (Lázaro Cárdenas/ Honduras) 1 : Zentrum der Mariachi-Musik nach Einbruch der Dunkelheit. Hier warten Dutzende von Mariachi-Kapellen, um auf Bestellung sofort unter freiem Himmel Lieder nach Wahl zu spielen. Eindrucksvolles musikalisches Durch- und Nebeneinander, ein ›Muss‹ für alle Besucher der Hauptstadt; wenn es regnet, kann man die umliegenden *cantinas* aufsuchen. Der Platz wurde neu angelegt, das hat seine Attraktivität gesteigert (empfehlenswerte Cantina: Salon Tenampa, 12–24 Uhr, www.salontenampa.com).

Guter Jazz ▶ El Zinco 2 : Motolinea 20/Ecke 5 de Mayo (Centro Histórico), Tel. 55 18 63 69, Mi–Sa 21–2 Uhr, www.zincojazz. com. Hinter der unscheinbaren und schwer zu findenden Kellertür des mexikanischen Bankgebäudes verbirgt sich ein Jazzclub mit Livemusik; beliebter Treffpunkt der mexikanischen Szene mit gelegentlichen Auftritten von prominenten Musikern.

Kultur mit Ausblick ▶ Centro Cultural de España 3 : República de Guatemala 18 (Centro Histórico), Tel 55 21 19 17, tgl. ab 10 Uhr. Zahlreiche Musikveranstaltungen, Ausstellungen, Kurse, Bibliothek. Mit Café-Restaurant auf dem Dach, das einen schönen Blick auf Kathedrale und Zócalo bietet. Di–Sa 10–23, So 10–16 Uhr, Eintritt frei.

Stimmung ▶ La Bodega 4 : Popocatépetl 25/Amsterdam (Col. Condesa), Tel. 55 25 24 73, www.labodega.com.mx, Fr/Sa ab 20 Uhr; Gesang und Tanzshows, Eintritt und Verzehr 200 Mex$.

Augenweide ▶ Fonda San Angel 5 : Plaza San Jacinto No. 3, San Angel, Tel. 55 50 16 41; Musik zum Tanzen, besonders Rumba und Bolero, Do/Fr ab 21.30 Uhr Livemusik.

Heiße Rhythmen ▶ Bar La Nueva Cuba 6 : Rio Tiber No. 91, Juarez, So–Do ab 22 Uhr, Livemusik; große Tanzfläche, Mindestkonsum 150 Mex$.

Viva México: der Unabhängigkeitstag

Thema

Jedes Jahr am 15. September, wenn die Zeiger der Uhr der Catedral Metropolitana in Mexiko-Stadt auf 11 Uhr abends stehen, läuten die Glocken und der Präsident der Republik tritt mit der mexikanischen Flagge in seinen Händen auf den Balkon des Palacio Nacional. Mexiko feiert seine Unabhängigkeit.

Das ist der Augenblick des Grito de Dolores. Die Nationalhymne wird angestimmt, und der Präsident wiederholt laut rufend in abgewandelter Form die traditionellen, bedeutungsschweren Sätze, mit denen am 16. September 1810 Pater Hidalgo in der kleinen Dorfgemeinde Dolores den bewaffneten Aufstand gegen die spanischen Kolonialherren eröffnete: »Es lebe Mexiko! Es lebe unsere Unabhängigkeit! Es leben die Helden, die uns unser Vaterland und unsere Freiheit gegeben haben!« Die Rufe werden von der Menge, die sich auf dem Zócalo vor dem Nationalpalast versammelt haben, im Chor wiederholt. Die Feiern zum mexikanischen Unabhängigkeitstag beginnen.

In dieser Nacht verwandelt sich das Zentrum von Mexiko-Stadt in ein buntes Sommerfest mit den typischen kulinarischen Köstlichkeiten, mit Mariachi-Musik und großem Feuerwerk. Am nächsten Tag findet eine Militärparade statt und unter dem Beifall der Zuschauer marschieren Abordnungen der Streitkräfte und der Militärschulen im Gleichschritt vom Zócalo über die Reforma zum Chapultepec-Park.

Bereits Wochen vorher weht durch das ganze Land der Geist des nationalen Patriotismus. Alle Städte sind mit Fahnen in Grün, Weiß und Rot geschmückt, an den zentralen Plätzen befinden sich Plakate mit patriotischen Parolen. Der 15./16. September 1810 ist ein Datum, das tief in der Geschichte und in den Herzen der Mexikaner verankert ist,

weil es an den Beginn jener politischen Bewegung erinnert, die Mexiko Unabhängigkeit und Freiheit brachte. Nach drei Jahrhunderten spanischer Herrschaft in Nueva España entwickelte sich in den Köpfen und Herzen der spanischen Mexikaner, insbesondere bei den Kreolen und Mestizen, der Wunsch nach dem Ende der königlichen Bevormundung aus Madrid.

Freiheit und Unabhängigkeit waren jedoch – so glaubte eine Gruppe um Ignacio Allende in Querétaro – nur durch bewaffneten Aufstand zu erreichen. Ihre Pläne wurden entdeckt und so musste die Bewegung sofort losschlagen. Am 15. September 1810 befreite Allende mit einer Gruppe von ca. 300 Männern in Querétaro gefangene Mitstreiter aus dem Gefängnis und kerkerte dafür die spanische Führung der Stadt ein. Im benachbarten Dorf Dolores predigte Pater Hidalgo für die Unabhängigkeit, und am Morgen des 16. September trat er mit einer Fahne mit dem Bild der Jungfrau von Guadalupe und dem enthusiastischen Aufruf zur Unabhängigkeit den spanischen Soldaten entgegen. Dieser Grito de Dolores, der Schmerzensschrei nach Unabhängigkeit, ist als wesentliches Moment am Beginn des Unabhängigkeitskampfes in die Geschichte eingegangen.

Die tatsächliche Unabhängigkeit erhielt Mexiko erst 1821, als der spanische Vizekönig Juan O'Donojú den Vertrag von Córdoba unterschrieb und Mexiko zu einem unabhängigen Staat erklärte.

145

Mexiko-Stadt

Im Park ▶ **Isola** `7` **:** Lago Mayor, Segunda Sección, Tel. 26 14 36 91, Do–Sa ab 22 Uhr; im Chapultepec-Park gelegene exklusive Diskothek im Bootshafen-Stil mit Parkblick.

Aktiv

Jai Alai ▶ `1` **: Frontón Palace México**, Plaza de la República gegenüber Revolutionsdenkmal; das schnellste Ballspiel der Welt (mit Wettmöglichkeiten). Der Fronton-Palace war länger geschlossen und öffnete 2010 aus Anlass der Unabhängigkeitsfeier wieder seine Tore. Spielzeiten: s. Tageszeitung.

Lucha Libre ▶ **Lucha Libre** heißt der neue Volkssport, gemeint ist Freistil-Box-und-Ringkampf. In Mexiko kämpft man maskiert, und zu Las Luchas geht es in die **Arena México** `2` **:** westlich der Zona Rosa, Dr. Levista 189, zwischen den Metro-Stationen Baldreas und Cuauthemoc; oder in die **Arena Coliseo** `3` **:** nördlich des Zócalo im Centro Histórico, República de Perú 77, Metro Station Allende. Infos über Termine, Kämpfer und Preise (ab ca. 200 Mex-$) unter www.cmll.com.

Termine

Alle gesetzlichen mexikanischen Feiertage werden in Mexiko-Stadt besonders intensiv und spektakulär gefeiert. Hinzu kommen noch diverse andere:

Neujahr: 1. Jan.

Dreikönigstag und **Fest der Segnung der Tiere:** 6. Jan. Hauptstadtbewohner bringen ihre Haustiere, die vorher mit Bändern und Blumen geschmückt wurden, zur Segnung in die Kirche; besonders eindrucksvoll in der Kirche San Antonio im Stadtteil Cuauhtémoc und in der Kirche von Xochimilco.

Tag der Verfassung: 5. Feb.

Fastnachtsdienstag: 24. Feb. ab 18 Uhr Karnevalsumzüge in den Stadtteilen Tlahuac und Tlatengo.

Fest des Hl. Gregor: erster So nach dem 9. März. Im Stadtteil San Gregorio Atlapulco in Xochimilco mit vielen Volkstänzen.

Geburtstag von Benito Juárez: 21. März.

Karwoche: Es finden mehrere Prozessionen in der Stadt statt, besonders eindrucksvoll ist diejenige im Stadtteil Ixtapalapa; hier tragen die Teilnehmer ein schweres Holzkreuz durch die Straßen.

Tag des Heiligen Kreuzes: 3. Mai. Blumenkreuze werden an die Gebäude gehängt, abends Feuerwerk. Das Fest geht auf eine Begebenheit im 12. Jh. zurück: Don Pedro de Siria sammelte Geld für ein großes Kreuz, das aber nie angefertigt wurde.

Erinnerung an die Schlacht von Puebla: 5. Mai. Im Viertel Peñón de los Baños (Stadtteil Venustiano Carranza), faschingsähnlicher Umzug mit einer symbolischen Wiederholung der Schlacht (Stadtteil Milpa Alta) mit christlichen und maurischen Tanzdarbietungen.

Fest des Hl. Antonius: 13. Juni. Sehr eindrucksvoll im Viertel San Antonio Tecomitl.

Peter und Paul: 29. Juni. Straßenfeste mit Feuerwerk; besonders in Coyoacán.

Corpus Christi: Ende Juni. Beweglicher kirchlicher Feiertag. Maulesel aus Maisblättern in allen Größen werden zum Kauf angeboten. Sie sind mit Früchten und Blumen beladen. Auf dem Zócalo ein buntes Fest, Kinder gehen in Indio-Kleidung in die Kathedrale.

Fest der Carmen in San Ángel: 16. Juli. Vor der festlich geschmückten Carmen-Basilika Volkstänze und Prozessionen.

Große Feste zu Ehren des Apostels Santiago (Johannes): 25. Juli. In den Stadtteilen Cuauhtémoc und Cuajimalpa. Am darauf folgenden Sonntag – ebenfalls für den Apostel – ab 10 Uhr Volkstänze und Markt auf der Plaza de las tres Culturas, ab 12 Uhr in Xochimilco.

Erinnerung an den Untergang Tenochtitláns: 13. Aug. Mit Zeremonialfeiern auf der Plaza de las tres Culturas.

Mariä Himmelfahrt: 15. Aug. Wird in allen Stadtteilen mit Straßentänzen gefeiert, besonders eindrucksvoll in Milpa Alta.

Jahrestag der Verteidigung des Chapultepec-Schlosses durch die Niños Héroes: 13. Sept. Pathetische Feierlichkeiten am Denkmal.

Grito de Dolores: 15. Sept. Um 23 Uhr tritt der amtierende Präsident auf den Zentralbalkon des Nationalpalastes, läutet die Unabhängigkeitsglocke und wiederholt den *Grito de Dolores*. Die Menschenmenge auf dem

Totenköpfe aus Marzipan und Zuckerguss: Das gibt's nur an Allerheiligen

Zócalo skandiert *Viva México, Viva la Independencia!*, bevor sie sich dem anschließenden Feuerwerk zuwenden.

Unabhängigkeitstag: 16. Sept. Paraden auf dem Zócalo und von hier via Reforma zum Chapultepec-Park.

Día de la raza: 12. Okt. In den Straßen wird die Entdeckung Amerikas gefeiert.

Allerheiligen/Allerseelen: 1./2. Nov. Alte Bräuche mischen sich mit christlichen Traditionen, der Tod wird sehr menschlich gefeiert, mit Süßigkeiten, Masken und Umzügen, besonders in Iztapalpa und Xochimilco.

Tag der Revolution: 20. Nov. Letzte – ganz große – Parade des Jahres auf dem Zócalo.

Namenstag der Heiligen Cecilie: 22. Nov. Nahezu alle Mariachi-Kapellen der Stadt spielen der Schutzpatronin der Musiker zu Ehren bis tief in die Nacht auf der Plaza Garibaldi.

Fest der Jungfrau von Guadalupe: 12. Dez. Auf dem Vorplatz der Basilika wechseln Bußszenen und Freudentänze, Mariachi-Kapellen und Pilgerzüge, Prozessionen und Dankesgebete von morgens bis abends einander ab; mehr als 100 000 Menschen füllen den Platz.

Verkehr

Flugzeug:

Aeropuerto Internacional Benito Juárez: Tel. 55 71 36 00, www.aicm.com.mx. Nahezu stündlich fliegen Maschinen zu allen größeren Städten des Landes. Zum Flughafen fährt die Metro-Linie 5 (Station *Terminal Aerea*). Vorsicht: Nicht die Linie 1 zur Station *Blvd. Puente Aerea* benutzen, das ist der Frachtterminal!

Airlines (Stadtadressen): Aeroméxico: Paseo de la Reforma 445, Tel. 51 33 40 00, kos-

Mexiko-Stadt

tenlos in Mexiko: 01 (800) 021 40 00, www.
aeromexico.com. **American Airlines:** Paseo
de la Reforma 300, Tel. 52 09 14 00. **Iberia:**
Av. Ejercito National 436, Tel. 11 01 15 51.
Lufthansa: Paseo de las Palmas 239, Col.
Lomas de Chapultepec, Tel. 52 30 00 50.

Eisenbahn:

**Estación Central de Ferrocarril de Buena-
vista:** Av. Insurgentes Norte, 10 Min. zu Fuß
von der Metro-Station *Revolución* (Linie 2).
Das Gebäude wird vorbildlich instand gehalten, aber Züge fahren keine mehr.

Überlandbusse:

Durch Mexiko reist man per Bus. Mit den drei
großen Überlandlinien **Autotransporte de
Oriente** (ADO, www.ticketbus.com.mx), **Estrella Blanca** (www.estrellablanca.com.mx),
Estrella Doro (www.autobus.com.mx) und
vielen kleinen lokalen Busunternehmen erreicht man jeden Ort im Land. Wer nach der
Ankunft gleich **vom Flughafen** aus weiterrei-
sen will, findet in der Halle F, Tor 7, Busse
nach Cuernavaca, Pachuca, Querétaro, Puebla, Toluca und zu weiteren Orten.

Entsprechend den Himmelsrichtungen der
Fahrtziele liegen die vier großen Busbahnhöfe
jeweils außerhalb des **Stadtzentrums:**
Terminal de Autobuses del Norte: Av. de los
100 Metros 4907, Tel. 55 87 15 52, Metro-
Linie 5 bis *Autobuses del Norte.* Mehr als 30
Busgesellschaften fahren von hier nahezu alle
nördlich der Hauptstadt gelegenen Städte an
(z. B. Chihuahua, Guadalajara, Mazatlán, San
Luis Potosí, Tampico). Hier fahren ebenfalls
die Busse zu den Pyramiden von Teotihuacán
ab. Unter den Linien bietet ETN im Bus kos-
tenlosen Internet-Zugang. Zudem Verbindungen in die USA nach El Paso und Laredo
(beide Texas) mit Omnibus de México oder
Transportes Chihuahenses (Tel. 55 87 53 55);
dort Anschlüsse an Greyhound zu allen Städten der USA und Kanadas.
Terminal de Autobuses del Sur: Av. Tasqueña 1230, Tel. 56 89 97 45, Metro-Linie 2
Tasqueña. Buslinien nach Acapulco, Cuernavaca, Taxco und Zihuatanejo, auch Non-Stop-
Verbindung nach Acapulco im Luxusbus.

Terminal de Autobuses del Oriente: Calzada
Ignacio Zaragoza 200, Tel. 57 62 59 77, Me-
tro-Linie 1 bis Station *San Lázaro.* Buslinien
zu den östlich und südöstlich von Mexiko-
Stadt gelegenen Städten Puebla, Jalapa,
Veracruz, nach Villahermosa, Campeche, Mé-
rida und Cancún, aber auch nach Oaxaca, Te-
huantepec, Tuxtla Gutiérrez und Tapachula.
Terminal de Autobuses del Poniente: Av.
Sur 122/Av. Río Tacubaya, Tel. 52 74 00 38,
Metro-Linie 1 bis zur Station *Observatorio*,
Buslinien nach Manzanillo, Morelia, Guada-
lajara, Puerto Vallarta.

Metro:

Informationen unter www.metro.df.gob.mx.
Schnellstes, verkehrssicherstes und billigstes
Fortbewegungsmittel in der Stadt. Es gibt
neun Linien; Streckenpläne an allen Fahrkar-
tenschaltern. Preis: 3 Mex$ für eine Fahrt mit
unbegrenzten Umsteigemöglichkeiten. Die
Metro verkehrt werktags ab 5 (bzw. die Linien
4–9 ab 6), Sa ab 6 und So/Fei ab 7 Uhr im
Minutentakt bis 0.30 bzw. Sa bis 1.30 Uhr.

Große Gepäckstücke (bis auf Fahrräder)
dürfen nicht mitgenommen werden. In den
Hauptverkehrszeiten (morgens bis 10, nachmittags 16–20 Uhr) sind die Wagen *(carros)*
der Metro brechend voll, Körperkontakte un-
vermeidlich. Das ist die Zeit der ›Fummler‹ und
Taschendiebe – nichts in Gesäßtaschen auf-
bewahren, Handtaschen, Rucksäcke vor den
Bauch, Verschlüsse zuhalten! Frauen benutzen an einigen Bahnhöfen eigene Bahnsteig-
abschnitte und Abteile *(solo mujeres y niños).*

Die **Metro-Bahnhöfe** sind gut beschildert,
in den Wagen ist die Route mit ihren Stationen in Schrift und Symbolen (für Analphabeten) vorbildlich erläutert. Beim Umsteigen unbedingt vorher die Endstation als Richtung
(dirección) der neuen Route einprägen, weil
das Gedränge und die Menschenströme auf
den Umsteigebahnhöfen *(correspondencias)*
eine Richtungskorrektur kaum zulassen. Mit
der Metro erreicht man direkt alle großen
Busbahnhöfe, den Flughafen und viele Sehenswürdigkeiten, z. B.:
Linie 1: Anthropologisches Museum, Chapultepec-Park, Museum für Moderne Kunst

Umsteigebahnhof
Haltestelle
Überlandbusbahnhof

(Station: Chapultepec), Zona Rosa, Paseo de la Reforma (Station: Insurgentes).

Linie 2: Zócalo, Nationalpalast, Kathedrale, Templo Mayor (Station: Zócalo), Bellas Artes, Alameda-Park, Lateinamerikanischer Turm (Station: Bellas Artes), Stierkampf-Arena (Station: Cuatro Caminos).

Linie 3: Plaza de las tres Culturas (Station: Tlatelolco), Coyoacán, Universität.

Linie 6: Basilika von Guadalupe (Station: Basilica).

Innerstädtische Busse:

Ruta 100: grau mit blauen oder grünen Streifen, verkehren in kurzen Abständen, fahren oft auf einer eigenen Fahrspur und sind deshalb relativ schnell. Man muss aber die Bezirke der Stadt kennen, denn an den Bussen

Tipp: Eco Bicis – Radeln in Mexiko-Stadt

Seit 2012 stehen an 260 Stationen im Zentrum der Stadt ca. 4000 rote Fahrräder (sogenannte Eco Bicis) gegen eine Ausleihgebühr zur Verfügung. Zwar gibt es nur wenige gute Radfahrwege, aber Fahrradfahren wird in der Stadt immer beliebter. Deshalb wird sonntags der Prachtboulevard Paseo de la Reforma zwischen 8 und 14 Uhr für Autos und Busse gesperrt. Dann gehört die achtspurige Hauptverkehrsstraße zwischen dem Chapultepec-Park und der Basilica de Guadalupe den Radfahrern – das sind immerhin 24 Kilometer. Und einmal im Monat wird diese Route für einen »Cicloton« auf 32 Kilometer erweitert.

steht nur der Name ihrer Endstation (der Bus *Ciudad Universitaria* z. B. fährt gen Süden die Insurgentes Sur entlang und der Bus *La Villa* fährt zur Basilika von Guadalupe). Der Einstieg ist immer vorn, abgezähltes Fahrgeld in ein Behältnis beim Fahrer einwerfen (2 Mex$).
Peseros: private Kleinbus-Linien (ebenfalls grau mit grünen Streifen), fahren als *colectivos* oder *microbus* meist auf den gleichen Routen, können aber von den Fahrgästen überall angehalten werden (Preise: bis 5 km 2,50 Mex$, bis 12 km 3 Mex$, darüber 4 Mex$, 23–6 Uhr 20 % Aufschlag).
Metrobus: öffentliches Verkehrsmittel, fährt im 5-Minuten-Takt auf einer eigenen Mittelspur entlang der längsten Straße der Stadt, der Insurgentes. Man erreicht ihn über eigens konstruierte Ein- und Aussteigeplattformen, Preis: pro Fahrt 3,50 Mex$, aber für den Erwerb der aufladbaren Karte zahlt man wegen Pfand 11,50 Mex$. Fr/Sa fährt ein Nighttouri-Bus 21-1 Uhr, auch durch die Stadtteile Condenso und Polanca. Seit 2010 tanken die Touri-Busse CO_2-neutrales Biodiesel.
Turibus/Stadtrundfahrten: Tel. 51 33 24 88, www.turibus.com.mx, 9–21 Uhr. Zwischen Zócalo und Chapultepec-Park verkehrt auf dem sog. *Circuito Turístico* (34 km) ein offe-

ner Doppeldecker im 30–40-Minuten-Takt zu Museen und Sehenswürdigkeiten. Erläuterungen über Kopfhörer (schlechtes Englisch). An 24 Haltestellen kann man ein-, aus- und wieder zusteigen. Tickets am Bus (1 Tag = 125 Mex$, Kinder 65 Mex$).

Taxis:
In der Hauptstadt gibt es mehrere Arten von Taxis. Die Chauffeure kennen in der Regel die bekanntesten Plätze und Bauwerke, alle großen Hotels, aber nur ganz selten Nebenstraßen, und sie sprechen fast nie Englisch. Man muss wissen, wohin man will, um gegebenenfalls den Fahrer ›beraten‹.
Die **Taxis Libres**, die grünen VW-Käfer mit ausgebautem Vordersitz sind seit dem 1. Januar 2013 verboten: Alle Fahrzeuge müssen ab sofort vier Türen haben. Die Taxis haben keinen festen Standplatz, sammeln ihre Kunden am Straßenrand ein und fahren rasant durch den chaotischen Verkehr. Man sollte unbedingt darauf achten, dass der Zähler eingeschaltet ist (*Por favor, conecte el taximetro*)! Der Grundpreis beträgt 6 Mex$, dann 78 Centavos alle 40 Sek. Preisbeispiel: Chapultepec–Zócalo: ca. 30 Mex$, Zócalo–Coyoacán ca. 70 Mex$ (für max. drei Pers.). Wenn Sie ein Taxi brauchen: Warten Sie an der Straße, bis ein leeres vorbeifährt. Wenn Sie im Hotel eines anfordern, bestellt der Concierge in der Regel seinen Cousin (und das dauert länger).
Taxis de Sitio: Sie stehen an festen Standplätzen *(sitio autorizado),* werden telefonisch angefordert und kehren an Standplätze (z. B. vor Luxushotels) zurück. In Puncto Komfort und Seriosität mit unseren Taxis vergleichbar – allerdings auch preislich, d. h. für Mexiko sehr teuer! Preise hängen in den Hotels aus, z. B. Chapultepec–Zócalo 120 Mex$.
Taxis del Aeropuerto: Tel. 55 71 93 44, www.taxisdelaeropuerto.com.mx. Weiß-gelbe Taxis, die Fluggäste (bis zu vier Pers.) vom Flughafen zum Hotel (und umgekehrt) bringen – rund um die Uhr zum Festpreis. Taxi ab Flughafen z. B.: 130 Mex$ bis Zócalo, 170 Mex$ bis Reforma und Chapultepec, 900 Mex$ bis Cuernavaca, 1200 Mex$ bis Puebla.

Die südliche Umgebung von Mexiko-Stadt

Man kennt sie von vielen Fotos: die ›schwimmenden Gärten‹ von Xochimilco und den wunderschönen Vulkan Popocatépetl. Wer in Mexiko-Stadt weilt, sollte sie unbedingt aufsuchen. Die südliche Umgebung der Stadt bietet neue Möglichkeiten, Eindrücke von einer anderen Lebensqualität der Hauptstadt zu gewinnen.

Auf dem Weg nach Xochimilco ▶ 1, G 3

Karte: S. 153

Desierto de los Leones ￼

Eines der beliebtesten Ausflugsziele der Hauptstädter ist der **Nationalpark Desierto de los Leones**, 20 km südwestlich der Stadt an der Straße nach Toluca. In der ›Wüste der Löwen‹ trifft man weder auf Löwen noch auf Sanddünen, sondern nur auf dichte, hohe Tannen, denn der Nationalpark ist ein prachtvolles, 2000 ha großes Waldareal in 3000 m Höhe. Mitten darin steht ein **Karmeliterkloster,** das 1606 gegründet wurde und noch vollkommen erhalten ist (tgl. 6–17 Uhr, Kloster Di–So 10–17 Uhr).

Tlalpán ￼

Südlich der Ruinen von Cuicuilco erreicht man die grüne Wohngegend von **Tlalpán**, einst ein kleines Kolonialstädtchen mit schöner Kirche aus dem 16. Jh. (San Agustín de las Cuevas), heute ein beliebtes Ausflugsziel der smogge-plagten Großstadtmexikaner.

Xochimilco ￼

Karte: S. 153

Von Tlalpán ist es nicht mehr weit nach **Xochimilco**, dem Ort der Blumenfelder. Man fährt 16,5 km. Das Dorf mit seinen berühm-ten *jardines flotantes* (schwimmenden Gärten) wurde im 12. Jh. von den Tolteken gegründet. Zwar gibt es hier nach wie vor viele Blumen sowie ein Labyrinth von Kanälen und Seen, aber die ›schwimmenden Gärten‹ (Chinampas) schwimmen schon seit Langem nicht mehr.

Die Chinampas

Die Chinampas waren einst eine originelle Anbauform der Azteken im ackerlandarmen Hochland von Mexiko: Große Schilfrohr- und Korbgeflechtflöße wurden mit Erde gefüllt, auf denen Pflanzen angebaut wurden. Wegen des niedrigen Wasserstandes wuchsen die Wurzeln allmählich in den Grund des Sees, und es entstanden fruchtbare, vom Grundwasser ständig bewässerte Inseln, die noch heute bis zu sieben Ernten im Jahr bringen. Obwohl 165 ha der Chinampas schon 1984 zur **Zona Conservación Ecológica** (Naturschutzgebiet) erklärt wurden und seit 1987 gar zum UNESCO-Welterbe gehören, sind die Chinampas durch illegale Besiedlung und Abwässer bedroht. Auf den Kanälen der Gärten werden die Touristen in blumenbekränzten *trajineras* (Stocherkähnen) hin- und hergefahren. Kleinere Boote sorgen längsseits für die Verpflegung (Getränke, Obst, Tacos etc.), Mariachi-Kapellen bieten auf Beibooten ihre Dienste an. Sonntags ist Xochimilco auch ein sehr beliebtes Ausflugsziel von Familien aus Mexiko-Stadt. Xochimilco wurde aufwendig saniert; dazu

Die südliche Umgebung von Mexiko-Stadt

Tipp: Auf die Vulkane

Zum Besteigen der Vulkane **Popocatépetl** und **Ixtaccíhuatl** benötigt man sehr festes Schuhwerk, warme Kleidung, Eisausrüstung und ortskundige Führer; dies alles muss man aus Mexiko-Stadt mitbringen. Die Besteigung ist wegen der Gefahr neuer Ausbrüche und austretender Gase seit 1996 nicht mehr uneingeschränkt möglich. Eine Besteigung auf den hier beschriebenen Routen bedarf deshalb zuvor aktuell eingeholter Informationen Erkundigen Sie sich vor Ort über den aktuellen Stand (s. rechts).

gehörten die Renovierung des Marktplatzes und der Bootsstege Las Flores, Nuevo Nativitas und Zacopa sowie der Bau einer neuen Mole und die Einführung des ›Turibus‹, einer neuen Buslinie für Touristen. An einer Tafel am Eingang stehen die Preise für die Fahrt auf den Kanälen: 1 Std. ab 250 Mex$ pro Boot (6–8 Personen).

Museo Dolores Olmedo Patino

Wenn man – vor oder nach dem Besuch der Gärten – den *tren ligero* an der Station La Noria verlässt, kann man das ca. 250 m entfernt in der Av. México 5843 liegende **Museo Dolores Olmedo Patino** besuchen, in dem die 2002 verstorbene Geliebte Riveras, Dolores Olmedo, die größte Privatsammlung seiner Werke und viele Bilder von Frida Kahlo in ihrer Hacienda La Noria zusammengetragen hat. Das Haus aus dem 17. Jh., einschließlich der gepflegten Gartenanlage, lohnt den Besuch nicht nur für Kunstliebhaber, zumal auch viele andere Veranstaltungen und Ausstellungen hier stattfinden (Di–So 10–18 Uhr, Tel. 55 55 12 29, Eintritt 55 Mex$).

Verkehr

U-Bahn-Linie 2 bis Tasqueña, dort Umsteigen in den *tren ligero* bis Endstation Xochimilco, dann zu Fuß Richtung *embarcadero* (Anlegestelle). Vorsicht vor Schleppern! Der schwer arbeitende *remero,* der das **Boot** mit

einer langen Stange geschickt um die vielen anderen Boote herumsteuert, bekommt außer dem ausgehandelten Preis (einstündige Rundfahrt ca. 300 Mex$) ein Trinkgeld.

Parque Nacional Ixta-Popo
► 1, H 3/4

Karte: rechts

Popocatépetl (Rauchender Berg) und Ixtaccíhuatl (Schlafende Frau) bilden als erloschene Vulkane einen mächtigen Bergkamm, der die Hochebene von Mexiko-Stadt von der von Puebla trennt. Beide schneebedeckten Fünftausender und ihr Umland sind Teil des geschützten **Nationalparks Ixta-Popo.**

Popocatépetl **4**
s. S. 154

Ixtaccíhuatl

Nördlich des Popocatépetl erhebt sich der 5286 m hohe **Ixtaccíhuatl 5**. Der Name des Bergmassivs geht auf eine aztekische Legende zurück: Vor Urzeiten hatte ein junger Krieger seine Geliebte, die Prinzessin Ixtaccíhuatl, vor der Opferung bewahren wollen und kurzerhand entführt. Bei der Flucht kam sie jedoch ums Leben, und er bettete ihren Körper auf den Berg. Ixtaccíhuatl wurde so zur *mujer dormida*, zur schlafenden Frau, die den Bewohnern von Mexiko-Stadt an klaren Tagen am Horizont als sanfte Silhouette mit Kopf, Brust und Beinen einer liegenden Frau erscheint (da die Bergkuppen schneebedeckt sind, wird der Ixtaccíhuatl auch öfters ›weiße Frau‹ genannt). Ihr Liebster aber setzte sich neben sie, stützte sein Gesicht in die Hände und trauerte. Seither wacht der edle Krieger als Popocatépetl über das Tal von Anahuac, in dem Mexiko-Stadt liegt.

Die Besteigung des Ixtaccíhuatl ist zur Zeit (2013) erlaubt und nimmt auf der ›**La Joya**‹-**Route** ebenfalls nur einen Tag in Anspruch. Diese südwestliche Route wird nach dem ungefähr 6 km unterhalb des Gipfels in ca. 4000 m Höhe liegenden Punkt La Joya genannt, an dem der Socorro Alpino Mexicano (der mexikanische ›Alpenverein‹ eine unübersehbare große gelbe Box mit einem Registrierungsbuch aufgestellt hat. Jeder muss sich in diesem Buch vor dem Aufstieg namentlich mit Telefonnummer sowie Datum und Uhrzeit eintragen und nach dem Abstieg wieder austragen. Von dort erreicht man nach ca. einer Stunde den ausgeschilderten Punkt **Anteportillo** und nach abermals einer Stunde den **Portillo de la Guglia.** Hier erinnert ein großer blauer Metallbehälter an eine kanadische Bergsteigerin, die nach erfolgreichem Aufstieg später in Mexiko-Stadt starb. Bis zum **Portillo de los Pies** am Fuße des Gipfels benötigt man eine weitere Stunde. Danach wird der Aufstieg (1 Std.) bis zur Spitze des Iztaccihuatl sehr steil.

Infos

Secretaría de Turismo: in Mexiko-Stadt, s. S. 140.

Centro Nacional de Prevención de Desastres (CENAPRED): Delfin Madrigal Nr. 665, Col. Pedregal de Santo Domingo, Coyoacán, Tel. 606 88 37, 424 61 00, Fax 606 16 08, www.cenapred.unam.mx; diese staatliche Behörde, die eng mit der Universität der Stadt, der UNAM, zusammenarbeitet, informiert auf ihrer Website unter der Rubrik ›Monitoreo Volcánico‹ tgl. mit Fotos über die Vulkane des Landes und somit auch über Popocatépetl und Ixtaccihuatl.

Die **Forschungsgruppe an der UNAM** verfügt über einen Hubschrauber für Erkundungsflüge über die Vulkane. Auf der entsprechenden Website kann man einen Flug über den Krater des Vulkans mitverfolgen und außerdem über die Internetseite www.webcamgalore.com den Vulkan beobachten. Auskünfte und Trainingsprogramme bietet der Club de Exploraciones da Mexico (www.cemac.org.mx) an.

aktiv unterwegs

Auf den Popocatépetl

Tour-Infos

Start: Tlamacas, Basisstation, ca. 5 km hinter dem Paso de Cortes

Länge: ca. 13 km

Dauer: Aufstieg 6–8 Std., Abstieg 3–4 Std.

Wichtige Hinweise: Wer den 5452 m hohen Popocatépetl erklimmen will, muss nicht über bergsteigerisches Können verfügen, es ist jedoch empfehlenswert, sich einen Tag auf knapp 4000 m Höhe in der Herberge Tlamacas zu akklimatisieren. Da die meisten Bergsteiger nachts aufbrechen, verfügt die Herberge über Aufenthaltsräume und Spinte, die man abschließen kann. Sie bietet aber keine Übernachtungsmöglichkeit. Auskunft über die aktuelle Situationen einer Besteigung, gerade auch wegen der Gefahr neuer Ausbrüche oder austretender Gase, gibt die Website www.cenapred.unam.mx. 2011 war der Popocatepetl für Bergsteiger vorübergehend gesperrt, im Mai 2013 brach er sogar wieder aus.

Wer einen Tagesausflug zum bekanntesten Berg Mexikos, dem **Popocatépetl** 4 (▶ 1, H 4), unternehmen will, muss die Stadt Richtung Südosten (auf der MEX 150, dann ab Chalco MEX 115) verlassen und zuerst ins 70 km entfernte **Amecameca** fahren. Von dieser Stadt mit schönem Markt führt eine schmale Landstraße über den 3500 m hohen **Paso de Cortés** Richtung Cholula. Auf dem Pass (23 km von Amecameca) gabelt sich die Straße: Richtung Norden erreicht man nach 15 km am **Paraje Minas** den Fuß des Ixtaccíhuatl, Richtung Süden nach 6 km **Tlamacas** (3880 m). Tlamacas ist Ausgangspunkt für alle Besteigungen des Popocatépetl und besitzt eine sehr schöne Herberge mit Restaurantbetrieb und Übernachtungsmöglichkeit.

Im Dezember 1994 begann der **Popocatépetl** zum ersten Mal seit 1921 wieder feine schwarze Asche auszublasen. Seitdem kommt er nicht mehr richtig zur Ruhe. Dass er von Zeit zu Zeit zu qualmen pflegt, führte zu seinem Namen (Rauchender Berg), aber die aktuelle Gefahr eines Ausbruchs hat seitdem in regelmäßigen Abständen die Evakuierung von Tausenden von Familien zur Folge. Zwar stößt der ›Popo‹, wie ihn die Mexikaner abgekürzt nennen, Jahr für Jahr Hunderte von Tonnen Schwefeldioxid aus, aber der periodisch auftretende Ascheregen, begleitet von einem heftigen Grummeln im Bergmassiv, könnte, so schätzen Fachleute, einen ganz großen Ausbruch ankündigen. Den letzten bedeutenden Ausbruch datieren die Chronisten ins Jahr 1802.

Von Tlamacas kann man den Gipfel des Popocatépetl auf zwei unterschiedlich schwierigen Routen ersteigen. Die ›klassische‹ (und einfachere) Route führt von Tlamacas entlang der Ostseite des Vulkans leicht ansteigend zur **Hütte Las Cruces** in 4480 m Höhe (3 km von Tlamacas). Danach beginnt der ca. 30 Grad steile Anstieg zum Kraterrand (2,5 km). Wenn die Sonne aufgeht, eröffnet sich an dieser Stelle eine erste hinreißende Aussicht hinauf zur Bergspitze, um die sich am Morgen Wolken- und Nebelbänke zusammenballen. Doch schon bald lösen sie sich auf und der Blick auf den Vulkan wird für den Rest des Tages frei. Am unteren Rand des Kraters, dem ›Labio inferior‹, richtet man erste neugierige Blicke hinab ins Erdinnere, aus dem der aztekische Feuergott durch Spalten im Lavagestein harmlose Rauchzeichen aussendet. Zum Gipfel, dem **Pico del Anahuac,** benötigt man von hier noch 1,5 Std. entlang der rechten Seite des Kraterrandes. Man wandert über Vulkanasche und Gletschereis, muss aber an keiner Stelle klettern.

Der Krater des Popocatépetl hat die Form eines Ovals (ca. 800 x 400 m), seine Wände fallen steil ab. Am Gipfel überwältigt ein gewaltiges Panorama: Im Norden erheben sich die Nachbarvulkane Ixtaccíhuatl und Malinche, in den Tälern verstreut liegen viele Haciendas den Ebenen von Morelos, im Südwesten rückt die Silberstadt Taxco ins Blickfeld und schließlich im Osten Mexikos höchste Erhebung, der Pico de Orizaba. Die Häuser der Hauptstadt bleiben leider fast immer unter einer dichten Smogwelle versteckt und auch Puebla, die Industriestadt im Osten des Vulkans, ist oft von Abgasen verschleiert. Wer morgens um 2 Uhr in Tlamacas aufbricht, kann den Gipfel in 5452 m Höhe auf dieser ›Las Cruces‹-Route gegen Mittag erreichen und noch vor Sonnenuntergang nach 4 Std. Abstieg wieder zurück sein.

Eine andere, wesentlich steilere Route auf den Popocatépetl führt über den **Ventorrillo-Sattel** (5000 m) an der Westseite des Berges.

Sie sollte nur von erfahrenen Bergsteigern begangen werden. Entlang dieser Route stehen in 4460 m Höhe die **Querétaro-Hütte** und unter dem Sattel in 4930 m Höhe die **Teopixcalco-Hütte;** beide bieten Übernachtungsmöglichkeiten und einen herrlichen Blick über das Tal von Anahuac. Vom Ventorrillo führt dann der zwischen 30 und 45 Grad steile Anstieg direkt über den Gletscher zum Gipfel. Auch der Ventorrillo-Aufstieg ist von Tlamacas aus an einem Tag zu schaffen, wenn man früh genug aufbricht.

Egal, welche Route man wählt: Unabdingbar ist, je nach Jahreszeit das Wetter (zwischen Oktober und März gibt es kaum Regen, der Himmel ist klar; von Mai bis September ist es meist nachmittags verhangen) und die Schneegrenze (Sommer: Beginn ca. 800 m unterhalb des Kraterrandes) einzukalkulieren.

Sagenumwoben – der Popocatépetl

Der Virgen de Guadalupe einen Besuch abzustatten, das ist nicht nur für Gläubige ein Muss. Und in fast allen Hotels werden Tagestouren zur eindrucksvollen Pyramidenstätte Teotihuacán, nach Tepotzotlán und Tula angeboten. Wer es eilig hat, sollte eine Tour buchen. Reist man auf eigene Faust, erlebt man mehr.

Wallfahrtskirche von Guadalupe ►1, G 3

Karte: rechts

Der bedeutendste Wallfahrtsort von Mexiko, wenn nicht ganz Lateinamerikas, liegt ca. 5 km nördlich von Tlatelolco: **La Villa de Guadalupe** mit der **Basílica de la Virgen de Guadalupe 1** (Basilika der Jungfrau, Metro-Station La Villa, Linie 6). An jedem Sonntag und insbesondere an jedem 12. Dezember kann man den tiefen Glauben beobachten, die die Mexikaner der hier erschienenen Jungfrau entgegenbringen.

Im Zentrum eines großen Platzes erhebt sich die **alte Basilika** mit ihren vergoldeten Kuppeln. Sie wurde zwischen 1695 und 1709 an jener Stelle errichtet, an der die erste Kirche zu Ehren der Jungfrau stand. Da diese Basilika durch ihr Absinken im Laufe der letzten Jahrhunderte gefährliche Risse aufwies und für die vielen Gläubigen nicht mehr genügend Raum bot, wurde 1976 direkt daneben eine neue Basilika aus Beton und Marmor errichtet, die 12 000 Menschen fasst. Das alte Heiligtum wurde aufwendig restauriert und kann heute wieder besichtigt werden. Das **Museo de la Basilica** befindet sich im hinteren Teil des Baus (www.museobasilicadeguadalupe.org.mx, Di–So 10–18 Uhr, Eintritt 5 Mex$). Der Umhang des Juan Diego mit dem Bild der Jungfrau von Guadalupe hängt heute hinter dem Hauptaltar der **neuen Basilika** in einem goldumrahmten, kugelsicheren Glasschrein. Ca. 20 Mio. Pilger kommen Jahr für Jahr zu diesem Wallfahrtsort.

Damit möglichst viele Gläubige die Virgen de Guadalupe aus nächster Nähe sehen können, befindet sich unter dem Bild ein eigener, vom Altarraum offen abgetrennter Raum mit Zugängen zu beiden Seiten des Bildes. Auf vier parallel laufenden Rollstraßen, wie man sie von Flughäfen kennt, werden hier die Gläubigen an dem Bildnis vorbeibefördert. Ca. 30 Sekunden verbleiben jedem Pilger, um ganz nahe bei seiner Madonna zu sein, sie anzuschauen, sich zu bekreuzigen und sein Geld in einen überdimensional großen Opferstock zu werfen. Damit im Vorbeifahren nichts danebenfallen kann, wurde ein ca. 5 m langes ›Kollektenauffangbehältnis‹ mit einer trichterähnlichen Öffnung unter dem Bild angebracht. An den Opferstock angeschlossen ist eine digital gesteuerte Münzsortier- und Geldzählmaschine, damit man die Gaben für den Herrn auch tagtäglich in der bischöflichen Schatulle genau verbuchen kann.

Auf den **Tepeyac-Hügel** führt eine Treppe hinauf, die viele Pilger auf Knien bewältigen. Am Fuß der Stufen steht seit dem Ende des 18. Jh. die kleine Kapelle **Capilla del Pocito.** Ihre Kuppel ist mit blauen und weißen Kacheln verkleidet. Innen sprudelt eine Quelle, deren Wasser Wunder bewirken soll. Oben auf dem Hügel befindet sich die **Capilla de Tepeyac,** deren Wände mit Darstellungen der Marienerscheinung von 1531 ausgemalt sind.

Wenn möglich, sollte man an einem Sonntag einer der stündlichen Messen zu Ehren

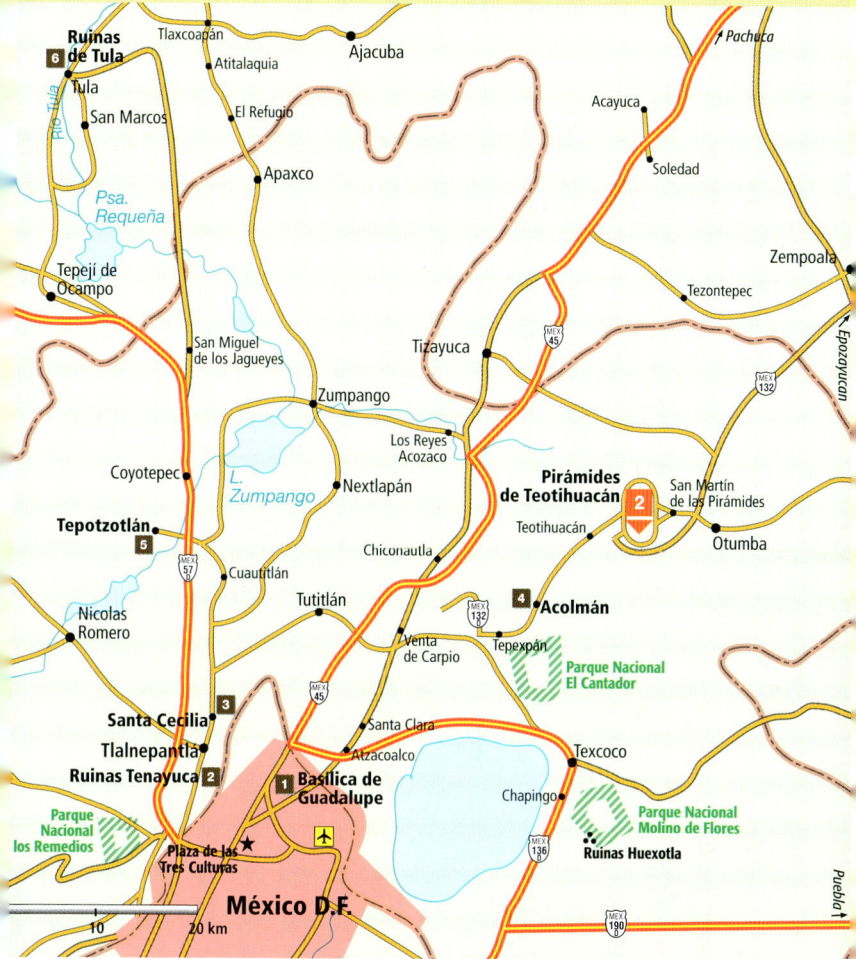

Ruinas de Tula `6`
Tlaxcoapán
Ajacuba
↗ *Pachuca*
Tula
Atitalaquia
San Marcos
El Refugio
Acayuca
Soledad
Rio Tula
Apaxco
Psa. Requeña
Zempoala
Tepeji de Ocampo
San Miguel de los Jagueyes
Tizayuca
Tezontepec
`MEX 45`
Epozoyucan
`MEX 132`
Zumpango
Coyotepec
L. Zumpango
Nextlapán
Los Reyes Acozaco
Pirámides de Teotihuacán `2`
San Martín de las Pirámides
Teotihuacán
Otumba
Tepotzotlán `5`
`MEX 57`
Cuautitlán
Chiconautla
`MEX 132`
Tutitlán
`4` **Acolmán**
Nicolas Romero
Venta de Carpio
Tepexpán
Parque Nacional El Cantador
`MEX 45`
Santa Cecilia `3`
Tlalnepantla
Ruinas Tenayuca `2`
Santa Clara
Atzacoalco
`1` **Basílica de Guadalupe**
Texcoco
Chapingo
Parque Nacional los Remedios
Plaza de las Tres Culturas ★
Parque Nacional Molino de Flores
`MEX 136`
Ruinas Huexotla
México D.F.
`MEX 190`
Puebla ↓
10   20 km

---

der Jungfrau von Guadalupe beiwohnen. Auf dem Platz vor der Basilika und in den Seitenstraßen und Zufahrtswegen werden dann den ganzen Tag über in unzähligen Buden Süßigkeiten, Kerzen, Heiligenbildchen und Christusstatuen, Tacos und Speiseeis angeboten. Höhepunkt dieser Mischung aus Religiosität und Volksfest ist der 12. Dezember jeden Jahres. Dann bereichern Hunderte von *indígenas*-Tänzern das Programm für die christliche Heilige, die Predigten aus der Basilika werden per Lautsprecher hinaus auf den Platz übertragen, und bußwillige Sünder können in einer der vielen auf dem Platz aufgestellten provisorischen Holzkabinen die Beichte ablegen.

Tenayuca und Santa Cecilia ▶ 1, G 3

Karte: oben
Eine der wenigen nicht restaurationsbedürftigen **präkolumbischen Pyramiden** steht in

Die nördliche Umgebung von Mexiko-Stadt

Tenayuca **2** , 10 km nördlich von Mexiko-Stadt im Ort **San Bartolos.** Die ›Schlangenpyramide‹ ist nur 19 m hoch, aber vollständig erhalten. Sie hat eine Grundfläche von 62 x 56 m und erhielt 1507 ihre heutige Form. Mit dem Bau wurde im 12. Jh. begonnen, aber alle 52 Jahre, nach Ablauf einer mythischen Epoche, wurde das Bauwerk erweitert. Der Bodenfries zählt 136 stilisierte Schlangen.

3 km entfernt steht mitten im Dorf **Santa Cecilia** **3** eine weitere **Pyramide.** Sie ist nur 10 m hoch, trägt aber als einzige aller aztekischen Pyramiden noch auf der oberen Plattform den Originaltempel.

Acolmán ▶ 1, H 3

Karte: S. 157

An der Straße nach Teotihuacán (MEX 58, dann 132) liegt auf einer von Agaven bewachsenen Hochebene (2200 m) 42 km nordöstlich von Mexiko-Stadt in **Acolmán** eine mächtige **Klosteranlage** **4** , die Augustiner 1539 gründeten. Unter ihrer Anleitung ließen die spanischen Mönche das Kloster von den *indígenas* erbauen. Die Fassade mit dem eindrucksvollen Torbogen wurde 1560 vollendet. Das Kirchenschiff hat eine Länge von 60 m, die Wandfresken sowie die Malereien in den Kreuzgängen sind Originale aus dem 16. Jh. Museum und Kloster beherbergen eine wertvolle Sammlung theologischer Bücher (tgl. 9–12 und 13–17.30 Uhr, Eintritt 51 Mex$).

Tipps zur Reiseorganisation

Die drei nördlich von Mexiko-Stadt liegenden Orte **Teotihuacán, Tepotzotlán** und **Tula** kann man mit Pkw und öffentlichen Verkehrsmitteln nur beschwerlich in einer Tagestour besuchen, denn die Verbindungen zwischen ihnen sind nicht gut. Besser ist ein Tagesausflug von Mexiko-Stadt mit einem Taxianbieter nach Teotihuacan und am nächsten Tag nach Tepotzlan und Tula. Oder man übernachtet in Teotihuacán und reist am nächsten Tag nach Tula.

2 Teotihuacán ▶ 1, H 3

Karte: rechts

Teotihuacán ist die größte und eindrucksvollste Pyramidenanlage Mexikos; sie liegt ca. 60 km nordöstlich der Hauptstadt. 1988 nahm die UNESCO sie in ihre ›Welterbe‹-Liste auf.

Über die Bewohner Teotihuacáns, d. h. über das Volk, das die mächtigsten Bauwerke Alt-Amerikas geschaffen hat, ist so gut wie nichts bekannt – man weiß weder die Namen ihrer Priester oder Herrscher noch den Namen ihres Stammes. Die Azteken, die Teotihuacán bereits zerstört und verlassen vorfanden, berichteten den Soldaten des Hernán Cortés, die Stadt sei von Riesen erbaut worden. Nach Gesprächen mit aztekischen Adligen schrieb der spanische Franziskanermönch Bernardo de Sahagún (1499–1570) in seinen Geschichtsabhandlungen: »Sie nannten den Ort Teotihuacán, weil er der Begräbnisplatz der Könige war, und die Alten sagen von ihnen, wer gestorben ist, ist zum Gott geworden. ... Deshalb nannten sie den Ort Teotihuacán, der Ort, an dem die Menschen zu Göttern wurden.«

In Teotihuacán lässt sich eine fast 1000-jährige Bautätigkeit von ca. 250 v. Chr. bis 700 n. Chr. nachweisen. Den kulturellen Höhepunkt erlebte die Stadt 200–650 n. Chr. Zu Beginn dieses Zeitraums wurden alle Prachtbauten und die großen Pyramiden fertiggestellt. Der politische Einfluss der Stadt reichte weit über das zentrale Hochland bis ins heutige Guatemala (wie Funde in Tikal belegen).

Die Stadt beherbergte zu jener Zeit zwischen 100 000 und 150 000 Einwohner. Teotihuacán war eine glanzvolle Tempelmetropole, keine Totenstadt, sondern ein religiöses Zentrum, zu dem viele Pilger von überall herkamen. Zugleich war es auch ein bedeutender Handels- und Umschlagplatz. Hunderte kleiner Handwerksbetriebe, in denen unter anderem auch Obsidian verarbeitet wurde, ein großer Markt und ausgebaute Verbindungswege belegen seinen urbanen Charakter.

Zu Beginn des 8. Jh., mitten im Wohlstand und ohne jedes Anzeichen künstlerischer De-

Map of Teotihuacán with scale 200–400 m

- Pirámide de la Luna
- Palacio Quetzalpapalotl
- Plaza
- Templo de la Agricultura
- Puerta 3
- Mural del Puma
- Tepantitla
- Puerta 4
- Puerta 2
- Pirámide del Sol
- Puerta 5
- Yayahuala
- West Plaza-Komplex
- Zacuala
- Tetitla
- Atetelco
- Nordost-Komplex
- Río San Juan
- Palacio del Quetzalcoatl
- Camino de los Muertos
- Souvenirs
- Puerta 1
- Bushaltestelle
- Souvenirs
- Ciudadela
- Villa Arqueológica
- San Juan Teotihuacán
- Mexiko-Stadt

kadenz, muss Teotihuacán zum Teil gewaltsam zerstört worden und in Flammen aufgegangen sein; für den Untergang der Stadt, dessen Ursache bis heute nicht genau bekannt ist, bieten die Forscher unterschiedliche Erklärungen an. Sie reichen vom Eindringen feindlicher Stämme aus dem Norden über veränderte Wirtschaftsstrukturen (z. B. Bruch des Obsidianmonopols, Auftreten von Handelskonkurrenten oder eine Bauernrevolte) bis hin zur Selbstzerstörung durch die eigene Priesterkaste.

Zur Zeit der Spanier war Teotihuacán von Erde überdeckt; die ersten Ausgrabungen

Die Gesamtanlage von Teotihuacán hat beeindruckende Ausmaße

begannen Mitte des 19. Jh. Systematische Rekonstruktionsarbeiten werden erst seit 1962 vom Instituto Nacional de Arqueología e Historia durchgeführt. (Teotihuacán, Zona Arqueológica: tgl. 7–18 Uhr, Eintritt 57 Mex$).

Die Gesamtanlage

Im neuen **Museum** an der Südseite der Sonnenpyramide am östlichen Eingang am Tor 5 (Puerta 5) kann der Besucher sich anhand von Grafiken, Skizzen, Fotografien und Ausgrabungsfunden über die Bedeutung und die herausragende Kultur der Stadt informieren; hier steht auch ein Modell der gesamten Tempelstadt. Neben der Aufgangstreppe befindet sich eine Nachbildung der Chalchuihtlicue, der Göttin des Wassers (Original: Anthropologisches Museum in Mexiko-Stadt).

Der Gesamtanlage von Teotihuacán liegt – wie die Ausgrabungen belegen – eine sorgfältige Planung zugrunde, an die sich seine

Erbauer über Jahrhunderte gehalten haben. Das zentrale Kultzentrum ist entlang einer 2 km langen **Nord-Süd-Achse** errichtet, die im Norden von der Pirámide de la Luna (Mondpyramide) abgeschlossen wird. Im Süden verliert sie sich ins offene Land. An dieser 40 m breiten, gen Norden leicht ansteigenden Prachtstraße liegen die großen Pyramiden und prächtigen Bauten, die offenen Plätze, die kultischen Plattformen. Die Azteken gaben dieser **Zeremonienstraße** den Namen **Mic Caotli,** die Spanier **Camino de los Muertos** (Straße der Toten).

Die Bauform

Den Kern aller großen Pyramiden in Teotihuacán bildet ein Gemisch aus Schotter, Geröll und Lehm, das mit ausgesuchten Steinen verkleidet wurde. Ursprünglich wurde auf diese Steinummantelung eine Schicht Mörtel gezogen, danach noch eine Kalk-

schen 1917 und 1920 ausgegraben und rekonstruiert. Die **Zitadelle** mit mehreren Terrassen und 15 Pyramidenstümpfen erhielt ihren Namen von den Spaniern, die die strenge Einfassung des Zeremonienplatzes als Wehranlage deuteten.

An der Ostseite der Zitadelle erhebt sich der **Templo del Quetzalcóatl,** ein sechsstufiger Terrassenbau aus dem Jahr 200 n. Chr. Die prachtvoll gestalteten Fassaden der nach oben niedriger werdenden Plattformen sind reich mit Reliefs und herausragenden Skulpturen verziert. In bestimmten Abschnitten schmücken Köpfe der ›Gefiederten Schlange‹ und des Regengottes Tlaloc die Friese; an ihnen sind teilweise noch Farbreste zu erkennen (Nachbildung dieses Mauerabschnitts im Anthropologischen Museum in Mexiko-Stadt). Der Tempel ist stark zerstört, nur die Vorderseite blieb erhalten. In einem Grab am Rand des Quetzalcóatl-Tempels wurden 1986 Skelette von 18 hochrangigen Persönlichkeiten entdeckt.

Folgt man der breiten Zeremonialstraße in Richtung Norden, liegt linker Hand der neu entdeckte **Nordost-Komplex** mit unterirdischen Wohnkammern und Wandbemalungen. Weiter nördlich davon – ebenfalls erst vor wenigen Jahren neu ausgegraben – liegt der **West-Plaza-Komplex** mit eindrucksvollen Schlangensymbolen und einer vollständig erhaltenen Treppe in einem Tempel.

schicht glatt aufgetragen. Bei den heutigen Rekonstruktionen hat man auf die Mörtelschicht verzichtet.

Die Außenseiten der Fassaden vieler Bauwerke werden von einem **Talud-Tablero-Profil** bestimmt. Dabei handelt es sich um eine Senkrechte mit einem waagrecht vorspringenden Sims (Tablero) über einer schrägen Böschungsmauer (Talud). Diese Dekorationsform der gestaffelten Bänderung, die die ansonsten kahle Pyramide in Stufungen gliedert, ist überall im Einflussbereich der Teotihuacán-Kultur zu finden.

Ciudadela und Templo del Quetzalcóatl

Passiert man den Camino de los Muertos, liegen am Südende gegenüber dem südlichen Eingang am Tor 1 (Puerta 1) zur Tempelstadt die Ciudadela (Zitadelle) mit dem Tempel des Quetzalcóatl; diese Bauwerke wurden zwi-

Pirámide del Sol

Zur Rechten beeindruckt die große **Pirámide del Sol** (Sonnenpyramide). Sie ist nach Westen gerichtet, hat einen fast quadratischen Grundriss von 220 x 225 m und ist 65 m hoch (239 Stufen). Steht die Sonne in Teotihuacán im Zenit (etwa am 16./17. Mai und am 27./28. Juli), wirft die Pyramide keinen Schatten. Der Rauminhalt umfasst mehr als 1 Mio. m^3. Unter der Voraussetzung, dass 2000 Arbeitskräfte ununterbrochen an dem Bau gearbeitet hätten, errechneten die Archäologen eine Bauzeit von 20 Jahren. Breite Treppen führen an dem gestuften Bauwerk hinauf zur höchsten, 40 m^2 großen Plattform der Pyramide, auf der einst ein Tempel stand. Auf den weit-

Tipp: Zeremonie an der Sonnenpyramide

Die Erbauer der Sonnenpyramide in Teotihuacán hatten übrigens genaue Kenntnisse des Sonnenverlaufs. Zweimal im Jahr, an den Tagen des Äquinoktium (Tagundnachtgleiche), am 21. März und am 23. September steht die Sonne senkrecht über der Sonnenpyramide. An diesem Tag ist Teotihuacán voller Menschen, denn dieses Ereignis wird von vielen Mexikanern für eine **zeremonielle Besteigung der Sonnenpyramide** genutzt, und auf dem Vorplatz sieht man überall (nach ihren Vorstellungen ›aztekisch‹ gekleidete) Tänzer. Einem Mythos nach überträgt die Pyramide an diesem Tag einen Teil ihrer Solarenergie auf diejenigen, die sie erklettern.

läufigen Treppen vollzog sich ein Teil des Götterkults. Von der Höhe hat man die beste Aussicht über die gesamte Anlage.

Mural del Puma

Weiter in Richtung Pirámide de la Luna auf dem Camino de los Muertos stößt man zur Rechten auf das berühmte Wandgemälde **Mural del Puma** mit der Darstellung eines etwa 2 m großen Jaguars.

Templo de los Animales Mitológicos, Templo de la Agricultura

Bevor man zur Mondpyramide gelangt, stehen linker Hand der **Templo de los Animales Mitológicos** (Tempel der Mythologischen Tiere) mit Fresken verschiedener Tiergestalten und der **Templo de la Agricultura** (Tempel des Ackerbaus). Er besteht aus drei übereinander gesetzten Teilen, die zu unterschiedlichen Zeiten gebaut wurden. Wandgemälde, die Pflanzen und Tiere darstellten, sind leider nicht erhalten geblieben.

Pirámide de la Luna

Die **Pirámide de la Luna** am Ende des Camino de los Muertos nimmt eine Grundflä-

che von 150 x 120 m ein und ist 45 m hoch. Man darf sie heute nur noch zur Hälfte besteigen, hat aber auch von dort einen herrlichen Blick über die ganze Anlage. Von der Mondpyramide ist nur die nach Süden gerichtete Vorderseite rekonstruiert. Hier ist ein Vorbau angesetzt. Da der Camino de los Muertos gegen Norden leicht ansteigt, liegen die oberen Plattformen der Mond- und Sonnenpyramide auf gleicher Höhe. Der Platz vor der Mondpyramide ist durch vier treppen- und pyramidenförmige Bauwerke architektonisch eindrucksvoll gestaltet. Auf diesem 200 x 135 m großen Platz wurden die bedeutenden Zeremonien abgehalten. Im Zentrum erhebt sich ein rechteckiger, an den Seiten verzierter Altar.

Bei Ausgrabungen im Jahre 2004 entdeckten Archäologen im Inneren der Mondpyramide eine Grabkammer mit 12 menschlichen Skeletten, die zur Grundsteinlegung geopfert wurden. Die Funde belegen, dass zehn der Opfer in einem blutigen Ritual mit auf dem Rücken gefesselten Händen geköpft und dann in die Grube geworfen wurden. Nur zwei wurden sorgsam gebettet und reich mit Jade geschmückt.

Palacio del Quetzalpapalotl und Palacio del Puma

Im Westen des Platzes vor der Mondpyramide steht der **Palacio del Quetzalpapalotl** (Palast des Quetzal-Schmetterlings). Das 1962 ausgegrabene Gebäude ist das prachtvollste Bauwerk der Stadt und war die Wohnstätte des Hohepriesters. Die viereckigen Säulen des Hofes schmücken verschiedene Tierreliefs. Der Name des Palastes geht auf die Darstellung der hier beheimateten Quetzal-Schmetterlinge zurück.

Über eine Treppe und eine schmale Straße erreicht man den **Palacio del Puma.** Dieses Gebäude mit drei Räumen erhielt seinen Namen nach der bildlichen Darstellung zweier riesiger Raubkatzen, die Schnecken in ihren Tatzen halten. Sie befinden sich im mittleren Raum neben der Tür. Eine Treppe führt von der Mitte des Hofes zu einer Plattform, auf der einst ein Tempel stand.

Für Archäologen sind nicht die großen (re-konstruierten) Pyramiden von vorrangigem Interesse, sondern die vielen bunten **Fresken,** die noch im Original zu sehen sind: Vor mehr als 1500 Jahren malten sie indianische Künstler in den feuchten Putz.

Fresken

Innerhalb der Anlage sind es z. B. das **Mural del Puma,** das der Straße der Toten zuge-wandte Wandgemälde einer lebensgroßen, gelb-rot gestreiften Raubkatze (auf halber Strecke zwischen Sonnen- und der Mondpy-ramide), und im Hof der Jaguare viele auf rot-brauner Wand dargestellten Tiere, die dem Gebäude seinen heutigen Namen gaben.

Frühe Freskenmalereien sind vor allem in den Gebäuden zu besichtigen, die außerhalb der umzäunten Anlage liegen und über die den Komplex umlaufende Ringstraße von Tor 1 oder 2 aus leicht zugänglich sind. Westlich des bebauten Areals, in der Nähe des Tors 1, stehen die vier **Gebäudekomplexe Tetitla, Atetelco, Yayahuala** und **Zacuala.** Die In-nenwände der Priesterpaläste, die teilweise auch als Tempel dienten, sind mit **Motiven aus der indianischen Mythologie** bemalt.

Östlich der Anlage, auf dem Areal zwi-schen den Toren 1 und 2 (ca. 400 m hinter der Sonnenpyramide), steht der **Palast Tepan-titla** mit dem gut erhaltenen **Wandgemälde Paraíso de Tlaloc** (Paradies des Regengot-tes Tlaloc; Replik im Anthropologischen Mu-seum in Mexiko-Stadt). Es ist wegen seiner Darstellungsdichte und der Fülle seiner Na-turmotive das bedeutendste Wandbildnis Teotihuacáns.

Umgebung der Anlage

Die gigantischen, außergewöhnlichen Archi-tekturleistungen in Teotihuacán, die dem Na-men ›Ort, an dem die Menschen Götter wur-den‹ die große Würde verleihen, werden durch sehr irdische Interessen in der Umge-bung entwürdigt. Von der Spitze der Son-nenpyramide sieht man, wie sich viele Hoch-häuser und die glänzenden Aluminiumdächer mächtiger Fabrik- bzw. Lagerhallen unauf-haltsam der Pyramidenanlage nähern. Zu den ganz großen modernen ›Schandflecken‹ in unmittelbarer Nähe der Pyramidenanlage zählen die Hallen der US-amerikanischen Le-bensmittelkette Wal-Mart; sie errichtete hier in unmittelbarer Nähe des Welterbes das größte Warenhaus Mexikos.

Übernachten

Den Göttern nahe ▶ **Villa Arqueológica:** Periférico Sur S/N Zona Arqueológica, San Juan Teotihuacán, Tel. 987 872 62 63, www.villasarqueologicas.com.mx; schönes Mittel-klassehotel in Form einer Atriumanlage mit Pool. 42 Zimmer, koloniale Einrichtung, DZ ab 680 Mex$.

Verkehr

Anreise: mit dem Bus ab Terminal del Norte (Metrolinie 5, Autobuses del Norte), Abfahrt 7–17 Uhr alle 30 Min., Zusteigemöglichkeit in den Bus bei Indios Verdes (Endstation Me-trolinie 3), Fahrpreis 36 Mex$/ einfache Stre-cke, Fahrtzeit 50 Min.; der Bus fährt zum Tor 1 (von hier 300 m Fußweg zum Südende des Camino de los Muertos) und weiter zum Tor 5 (Museum).

Tepotzotlán ▶ 1, G 3

Karte: S. 157

An der Straße nach Querétaro (MEX 57) liegt 40 km nördlich von Mexiko-Stadt der kolo-nial geprägte Ort **Tepotzotlán 5** mit einer der schönsten Barockkirchen des Landes.

1582 gründeten Jesuiten die Klosteran-lage **Colegio Noviciado y Casa de Proba-ción.** Hier wurden die Söhne indigener Adli-ger auf das Priesteramt vorbereitet bzw. spa-nische Priester in den Sprachen Náhuatl und Otomí unterwiesen. Das Kloster, heute **Mu-seo Nacional del Virreinato** (Museum des Vizekönigreiches), wurde 1762 erweitert und ist Franziskus Xavier, dem engsten Freund des Gründers des Jesuiten-Ordens, Ignatius von Loyola, geweiht. Zum Kloster gehört die zwischen 1628 und 1762 errichtete Kloster-kirche **San Francisco Javier.** Ihre Fassade ist mit mehr als 300 Skulpturen geschmückt und gilt in Mexiko als Meisterleistung des churrigueresken Stils. Im Inneren sind alle Altarwände goldüberzogen (Klosteranlage: tgl. außer Mo 10–17 Uhr, Eintritt 55 Mex$).

Tepotzotlán spielt auch in der Biografie des kubanischen Revolutionärs Che Guevara eine Rolle: Hier heiratete er am 18. August 1955 die Peruanerin Hilda Gadea Acosta.

Verkehr

Anreise: mit dem Bus ab Terminal del Norte (Metrolinie 5, Autobuses del Norte); Buslinie Camionera del Norte.

Vorsicht! Der Ort wird oft mit dem südlich von Mexiko-Stadt in der Nähe von Cuernavaca gelegenen Tepoztlán verwechselt.

Tula ▶ 1, G 3

Karte: S. 157

Die ehemalige Hauptstadt der Tolteken, **Tula** **6**, liegt 30 km nördlich von Tepotzotlán (d. h. 75 km nordwestlich von Mexiko-Stadt, MEX 67 bis Tepejí del Río, dann 126). Nach dem Niedergang von Teotihuacán ließen sich um 950 in Tula die Tolteken nieder. Die Stadt wurde mit gewaltigen Plätzen und Gebäuden sowie ausgedehnten Wohn- und Handwerksvierteln auf einer Fläche von ca. 12 km^2 angelegt. Über 200 Jahre war sie das größte religiöse Zentrum des Náhuatl sprechenden Stammes. Um 1150 brachen die Tolteken von hier aus zu einer 1200 km langen Wanderung nach Yucatán auf – so eine der Theorien, die den toltekischen Einfluss auf die Maya-Kultur (z. B. in Chichén Itzá) erklären.

Erst 1938 wurde Tula wiederentdeckt; bis dahin hielt man fälschlicherweise Teotihuacán für die Hauptstadt der Tolteken. Die Ausgrabungen begannen 1940 mit der Freilegung von Haupttempeln, Ballspielplätzen, Zentralaltar und El Corral im Norden der Anlage.

Man betritt die archäologische Stätte an ihrer Nordseite und steht zunächst vor dem **Juego de Pelota** (Ballspielplatz I), dessen Länge (67 m) und Breite (12,5 m) die Besucher in Staunen versetzen. Ein zweiter großer Ballspielplatz westlich des ›Großen Plat-

zes‹ wurde erst im Jahr 1970 entdeckt und freigelegt. Unmittelbar davor an seiner Ostseite erhebt sich eine kleinere Mauer, die **Tzompantli** (Ort der Totenköpfe) genannt wird und auf die Azteken zurückgeht.

Die südlich davon liegende ca. 10 m hohe **Stufenpyramide des Quetzalcóatl,** auch Templo de Tlahuizcalpantecuhtli (Tempel des Morgensterns) genannt, ist heute wegen der dort gefundenen vier riesigen, 4,60 m hohen schwarzen Steinskulpturen das Zentrum der archäologischen Stätte. Diese **Atlanten** dienten vermutlich als Träger des Tempeldaches. Ihre Brust schützen sie mit einem Schild in Form eines Schmetterlings, in den Händen halten sie Waffen. An der Nordseite der Pyramide befindet sich die **Coatepantli** (Schlangenmauer), ein gut erhaltenes Relief (40 m lang und 2 m hoch), auf dem menschliche Skelette dargestellt sind, die von Schlangen verschlungen werden.

Der unmittelbar links an den Morgenstern-Tempel anschließende **Palacio Quemado** (Verbrannter Palast) umfasst drei Hallen mit 3 x 14 Säulen. Im mittleren Hof befinden sich zwei **Chac Mool-Statuen.** Der **Templo Mayor** (Hauptpyramide) sowie der **Palast** sind bisher nur teilweise freigelegt. Am Eingang kann der Besucher sich in einem neuen **Museum** lokale Fundstücke ansehen.

Zur Ruinenstätte gehört auch das 1,5 km nördlich liegende Bauwerk **El Corral** (Hof), ein halbrundes Gebäude, das durch rechteckige Plattformen begrenzt wird (Tula, Zona Arqueológica: tgl. 10–17 Uhr, Eintritt 46 Mex$).

Übernachten, Essen

Unter einem Dach ▶ **Restaurant im Hotel Casa Blanca:** Pasejo Hidalgo 11, Tel. 732 11 86, tgl. 8–22 Uhr, www.casablancatula.com: weil die Besitzer mit ihrer Casa Blanca in Acapulco so erfolgreich waren, eröffneten sie in Tula ein Pendant: ein kleines Hotel mit einem großen hervorragenden und doch preiswerten Restaurant, Tellergerichte ab 40 Mex$.

Verkehr

Anreise: von Mexiko-Stadt nach Tula: Bus von Terminal del Norte (Halle 8), alle 30 Min.

Im Westen von Mexiko-Stadt

Ausflüge in die westliche Umgebung der Hauptstadt sind oft auch der Beginn einer Rundreise, zumal die sehenswerten Städte Toluca und Morelia und der eindrucksvolle Pátzcuaro-See relativ weit entfernt liegen. Wer sich für die Monarch-Schmetterlinge interessiert, muss sowieso einige Tage in der Gegend bleiben.

Toluca und Umgebung

▶ 1, G 3

Toluca, die Hauptstadt des Bundesstaates México (500 000 Einw.), liegt rund 70 km westlich von Mexiko-Stadt im Zentrum eines weiten Hochtales in 2670 m Höhe. Sie ist eine moderne, wohlhabende Handels- und Industriestadt inmitten eines landwirtschaftlichen Anbaugebietes, die aufgrund ihrer kolonialen Bauwerke, der archäologischen Stätten sowie ihrer Naturschönheiten in der Umgebung zunehmend Touristen anzieht. Dazu zählen auch viele Besucher aus Mexiko-Stadt, die der Hauptstadt für ein paar Tage entfliehen wollen. Das **historische Zentrum** Tolucas (aztekisch: Tollocán) erstreckt sich zwischen den Straßen Benito Juárez, Lerdo de Tejada, Quintana Roo und Miguel Hidalgo. Es enthält eine Reihe prächtiger Gebäude aus dem 18. und 19. Jh., die von der Stadtverwaltung aufwendig restauriert und teilweise in Museen umgewandelt wurden.

Museen

Zu diesen Museen gehören das **Museo de Numismática** in der Avenida Hidalgo Poniente 506, in einem zweigeschossigen Stadtpalast des 19. Jh. mit zwei Patios, dessen Ruhm weit über Mexiko hinausgeht (Di–Sa 10–18, So 10–15 Uhr, Eintritt 10 Mex$), und das **Museo José Ma. Velasco** in der Avenida Lerdo de Tejada Poniente 400/Nic. Bravo, mit Zeichnungen und Gemälden von José María Velasco (Di–Sa 10–18, So 10–15 Uhr, Eintritt 10 Mex$).

In unmittelbarer Nähe ist ein drittes sehr schönes Museum, das **Museo de Bellas Artes,** in einem ehemaligen Karmeliterkloster untergebracht. Ausgestellt werden Gemälde aus dem 16. bis 18. Jh., auch koloniale Möbel und Skulpturen. Hauptattraktion des Museums ist ein mächtiger Katafalk, eine pyramidenartige Konstruktion aus Bildern und Inschriften rund um den Tod (Santos Degollado Poniente 102, Di–So 10–18 Uhr, Eintritt 10 Mex$).

Von der Kathedrale zum Paseo Tollocán

1867 begann der Bau der **Kathedrale** (Independencia Poniente), zunächst im Stil einer alt-römischen Basilika, die erst 1978 von dem mexikanischen Architekten Ouezada fertiggestellt wurde. Sehenswert ist vor allem die barocke Ausgestaltung im Inneren. Die gewaltige Kuppel des Gotteshauses wird von einer Josephsstatue gekrönt.

Die Kirche liegt südlich der Plaza Cívica, deren moderne öffentliche Gebäude durch ihre Verkleidung mit rötlichem Sandstein einen neo-kolonialen Anstrich erhalten haben. Bei Regen spaziert man im Zentrum der Stadt unter **Kolonnaden.** Die oberen Stockwerke schmücken schmiedeeiserne Balkone, besonders schön in den **Straßen Hidalgo, Bravo und Constituyentes.**

Eindrucksvolle Arkaden umgeben auch die **Plaza Fray Andrés de Castro;** die Statue

Im Westen von Mexiko-Stadt

des Gründers und ersten Missionars von Toluca ziert den Platz. In der Mitte steht eine kleine Kapelle, der Rest eines ehemaligen Franziskanerklosters, die heute für kulturelle Zwecke genutzt wird.

Lohnenswert ist auch ein Gang durch den Botanischen Garten **Cosmo Vitral Jardin Botánico** in den Hallen eines ehemaligen Marktes nordöstlich der Plaza de Castro in der Avenida Lerdo de Tejada, Ecke Juárez. Der mexikanische Künstler Leopoldo Flores schuf mit dem Cosmo Vitral eine Bleiverglasung, die heute den Garten umschließt. Gegensätze wie Tag und Nacht, Licht und Dunkel, Gut und Böse sind die beherrschenden Themen auf den 3000 m² Glas. Die gewaltige Stahlkonstruktion war um die Wende zum 20. Jh. ursprünglich als Markt konzipiert worden (Di–So 9–17 Uhr, Eintritt 10 Mex$).

Der **Paseo Tollocán,** der die Stadt im Süden, Westen und Norden umrundet, führt im Nordwesten am **Sierra Morelos-Park,** der grünen Lunge der Stadt, vorbei.

Calixtlahuaca ▶ 1, G 3

9 km nordwestlich von Toluca (Straße nach Querétaro, dann 3 km) gelangt man nach **Calixtlahuaca,** einer archäologischen Stätte der Matlatzinca-Kultur (Otomí) aus dem Jahre 450, die später von den Azteken überbaut wurde. Interessant ist die **Rundpyramide des Ehécatl,** weil sie ein Beispiel für eine in Mexiko selten anzutreffende Pyramidenform ist. Die Pyramide war dem Gott des Windes geweiht. Weiterhin findet man die **Tempelpyramide** des Regengottes Tlaloc und eine Schädelmauer (Tzompantli) (Di–So 9–17 Uhr, Eintritt 41 Mex$).

Metepec, Teotenango, Vulkan Nevado de Toluca ▶ 1, G 3-4

Das **Kunsthandwerkszentrum Metepec** liegt 8 km südöstlich von Toluca. In der Stadt findet man zahlreiche Keramikbetriebe, die in ganz Mexiko bekannte Produkte herstellen. Berühmt sind insbesondere die Kerzenständer *árboles de la vida* (Lebensbäume) sowie Sonnen-Keramiken. Viele bunt gestrichene Häuser in der Umgebung mit Läden voller far-benfroher Keramikwaren sind das Markenzeichen dieses Vorortes.

Die bedeutendste Ausgrabungsstätte des Staates México ist **Teotenango** (›Ort der Götter‹), 25 km südlich von Toluca, wo Archäologen auf einem Berg eine gewaltige präkolumbische Stadt entdeckten und restaurierten. Die bisherigen Fundstücke werden im lokalen **Museo del Barro y Casa di Cultura** gezeigt (Di–So 9–17 Uhr, Eintritt 10 Mex$).

45 km südwestlich von Toluca liegt der **Vulkan Nevado de Toluca** (Xinantécatl) mit 4578 m Höhe, dessen Umgebung zum Nationalpark erklärt wurde. Die enge und sehr kurvige, nicht asphaltierte Serpentinenstraße führt durch Wälder, Busch- und Felslandschaft bis über die Baumgrenze. Man gelangt mit dem Auto bis zum Kraterrand. Von dort in 3700 m Höhe erblickt man den ersten der beiden Kraterseen, die **Laguna de Luna.** Von hier führt ein Fußweg (1 Std.) zum südlichen Rand, von dem sich ein Gratweg in westlicher Richtung bis **El Fraile** (Der Mönch) erstreckt, dem mit 4578 m höchsten Punkt, von dem man auf den zweiten Kratersee, die **Laguna el Sol,** hinabblickt.

Infos

Vorwahl Toluca: 722

Officina de Turismo: Plaza Fray Andres de Castro, Zentrum, Tel. 276 19 00, www.toluca. gob.mx, Mo–Fr 9–18 Uhr, Schalter im Palacio Municipal, Av. Independencia 207.

Übernachten

Luxus ▶ **Quinta del Rey:** Paseo Tollocán Oriente km 5, Tel. 211 87 77, Fax 216 72 33, www.quintadelrey.com.mx; weitläufige Anlage mit Tennisplatz und Pool; 63 Zimmer, ab 1700 Mex$.

Schön & praktisch ▶ **Holiday Inn:** Metepec, Paseo Tollocán, Ctra. México–Toluca km 57,5, Tel. 275 44 44, Fax 216 47 98, www. holidayinn.com.mx; vertraute Qualität; 150 Zimmer, ab 1250 Mex$.

Zentral ▶ **San Francisco:** Rayón Sur 104, Tel. 213 31 14; angenehmes modernes Hotel mit Patio-Restaurant im Zentrum, 97 Zimmer, ab 600 Mex$.

Essen & Trinken

Beste Steaks ▶ **Casa Criolla:** Ramon Corona Nr. 602, bei der Iglesia del Ranchito, Tel. 219 90 30, Di–Fr 13.30–23, Sa–Mo 13.30–18 Uhr; sehr gute Steaks, ab 100 Mex$.

Bäuerliche Gerichte ▶ **Finca de Adobe:** Leona Vicario Nr. 763/Plaza las Americas, Tel. 270 25 95, www.fincaadobe.com, tgl. 7–23 Uhr; mexikanische Küche, Spezialität: *costillas la finca y arracheras,* Tellergerichte ab 90 Mex$.

Mexikanische Küche ▶ **Biarritz:** Nigromante Nr. 200/Ecke 5 de Feb., Tel. 214 57 57, Mo–Fr 8–23, Sa/So 8–21 Uhr; *enchiladas* ab 50, Menü ab 90 Mex$.

Unter Mexikanern ▶ **Hidalgo:** Av. Hidalgo 231-A, Tel. 215 27 93, tgl. 8–23 Uhr; Café-Restaurant gegenüber den Portales, köstliche mexikan. Küche. Tagesmenü 70 Mex$, Frühstück 50 Mex$.

Einkaufen

Kunsthandwerk ▶ **Centro de Artesanía Mexiquense:** Paseo Tollocán/Urawa; Handgefertigtes aus dem gesamten Land.

Markt ▶ **Mercado Benito Juárez:** Paseo Tollocán/Isidro Fabela, tgl. (Höhepunkt Fr) 6–18 Uhr; offener Markt *(tianguis)*, von Gemüse bis Kunsthandwerk wird alles verkauft.

Aktiv

Nicht nur für Kinder ▶ **Zacango-Zoo:** 12 km südl. der Stadt in Metepec, Tel. 298 06 34, tgl. 10–16 Uhr, Eintritt Erw. 20, Kinder 10 Mex$; mit Spielplatz und Cafés.

Kulturhaus ▶ **Casa de la Cultura:** Pedro Ascencio Norte 103, Tel. 214 63 42, Mo–Fr 9–15, 17–20 Uhr, Eintritt frei; Ausstellungen, Lesungen, Konzerte, Schauspiel und Folklore in einem traditionellen Haus des 19. Jh.

Pferde, Pferde ▶ **Villa Charra:** an der Via López Portillo, nordöstlich der Stadt, So ab 13 Uhr, 50 Mex$; festliche Reiterspiele im Charreada-Zentrum.

Verkehr

Busstation: Berriozabal 101–105 (südl. Umgehungsstraße), Tel. 219 22 22, stdl. Busverbindungen zur Hauptstadt und nach Morelia.

Tipp: Zu den Schmetterlingen

Der Bundesstaat Michoacán ist heute weltweit unter Naturliebhabern für ein einzigartiges Schauspiel bekannt: Zwischen November und März trifft man im **Santuario de la Mariposa Monarca** (▶ 1, F 3) auf Millionen der schönen Monarch-Schmetterlinge, die hier überwintern. Die Schmetterlinge sitzen auf den Tannen, Pinien und Fichten des 3000 m hoch gelegenen Reservats, sodass oft deren Nadeln gar nicht mehr zu sehen sind. (90 km nordwestlich von Toluca; die Reisebüros von Toluca bieten Touren an.)

Morelia und Lago Pátzcuaro ▶ 1, E 3

In dem westlich von Mexiko-Stadt und Toluca relativ weit entfernt gelegenen Bundesstaat **Michoacán** liegen nur wenige präkolumbische Stätten, die im Vergleich mit anderen Pyramidenanlagen des Landes auch weniger beeindruckend sind. Die hier lebenden Purépecha, Tarasken genannt, pflegen die hohe Kunsthandwerkskultur ihrer Vorfahren. Daneben leben sie von Landwirtschaft und Fischfang. Doch gibt es im hügeligen Hochland von Michoacán eine reiche indigene Tradition, die sich allerdings weniger spektakulär bemerkbar macht.

Die Azteken, die sich im 15. Jh. fast alle benachbarten Völker unterwarfen und ihr Reich bis Oaxaca ausdehnten, scheiterten am Widerstand der entschlossenen und tapferen Purépecha. Den Spaniern, die die Azteken bekämpften, setzten die Einwohner jedoch keinen Widerstand entgegen, im Gegenteil, sie gaben ihnen sogar bereitwillig ihre Frauen, und so wurden sie auch bald Tarasken, Schwager der Spanier, genannt.

Morelia

Spanische Franziskanermönche gründeten 1531 den in 1900 m Höhe gelegenen Ort **Morelia.** Ursprünglich hieß er Valladolid, doch

Im Westen von Mexiko-Stadt

1928 wurde er nach dem größten Sohn der Stadt, dem Priester und Freiheitshelden José María Morelos (1765–1815), umbenannt. Die Hauptstadt des Staates Michoacán besitzt eine der schönsten Altstädte des Landes. In rosa Sandstein und rotem Cantera erstrahlen dort die historischen Bauwerke, der Wohlstand der Industriestadt spiegelt sich in der aufwendigen Restaurierung der prachtvollen Kirchen, Klöster und großzügigen Paläste wider. Die meisten der im 17. und 18. Jh. errichteten Gebäude stehen heute unter Denkmalschutz.

Zwischen der von Jacaranda- und Lorbeerbäumen beschatteten und an drei Seiten von Arkaden gesäumten **Plaza de los Mártires** und der **Plaza de Armas** ragt die barocke **Kathedrale** 65 m hoch in den Himmel. Ihre in Deutschland gefertigte Orgel hat 4600 Pfeifen, und die gewaltigen hölzernen Türen sind mit kunstvoll gearbeitetem Leder bespannt. In einer Seitenkapelle steht das Taufbecken aus massivem Silber. Schräg gegenüber steht an der Avenida Madero Oriente, Ecke Calle Juárez, der **Palacio de Gobierno** aus dem Jahre 1732 mit schönen Patios, Galerien und Treppenhäusern. Die Murales des einheimischen Künstlers Alfredo Zalce aus Pátzcuaro zeigen Ausschnitte aus der Geschichte des Staates Michoacán. Am nördlichen Ende der Juárez liegt – in einem ehemaligen Karmeliterkloster aus dem Jahre 1619 – die **Casa de la Cultura** mit einem **Museum,** einer Kunstgalerie und einer interessanten Maskenausstellung. Die Patios und schön angelegten Gärten des Gebäudes bieten sich für eine Rast an (Mo–Fr 9–19, Sa/So 10–18 Uhr).

Ein kleines Stückchen weiter befindet sich an der Ecke von Avenida Madero Poniente und Nigromante der **Palacio Clavijero** (mit Touristeninformation), ein ehemaliges Jesuitenkolleg aus der Mitte des 18. Jh. Folgt man der Nigromante über die Calle Santiago Tapia hinaus, entdeckt man an einem kleinen Platz das **Ex-Convento de Santa Rosa** aus dem 16. Jh. Innerhalb eines Radius von 1 km liegen weitere Stadtpaläste, Klöster, Kirchen und Bürgerhäuser aus der Kolonialzeit mit kunstvollen Fassaden. Einige Häuser wurden restauriert und zu öffentlichen Verwaltungsgebäuden sowie Museen und Kunsthandwerksläden umgewandelt. Andere beherbergen Hotels und Restaurants, sodass der Besucher Gelegenheit hat, die historischen Bauwerke auch von innen zu betrachten. Ein gelungenes Beispiel bietet die **Casa de las Artesanías** im ehemaligen Franziskanerkloster an der Plaza Valladolid (Av. Humboldt, vier Blocks östl. der Kathedrale). Sie bietet in liebevoll dekorierten Räumen die gesamte Palette des Michoacán-Kunsthandwerks.

Einer der architektonischen Höhepunkte in Morelia ist jedoch zweifellos der **Palacio de Justicia,** der aus dem 18. Jh. stammt und 100 Jahre später mit einer außerordentlich aufwendigen, kunstvollen Fassade versehen wurde. Ihm gegenüber liegt das **Museo Regional Michoacano** in einem Palast aus dem 18. Jh., in dessen fünf Abteilungen Objekte der Kolonialzeit, aber auch Keramiken und zeitgenössische Kunst ausgestellt werden. Sehenswert sind vor allem alte *Indígena*-Schriften. Exponate zur Kolonialgeschichte des Bundesstaates und zur Regentschaft des Präsidenten Lázaro Cárdenas (Di–Sa 9–18 Uhr, Eintritt 37 Mex$).

Ein Spaziergang führt von der Innenstadt entlang der Avenida Corregidora nach Osten zum **Acueducto Colonial,** der im Jahr 1785 von den Spaniern errichtet wurde. Der auf einer Strecke von 1,5 km mit 250 Bögen restaurierte Aquädukt ist ein Wahrzeichen der Stadt.

Wer sich am Ende eines Besuchs in Morelia für die Geschichte des Staates und seines Namens interessiert, sollte das **Museo Casa de Morelos** besuchen. Es ist das Museum des Staats- und Freiheitshelden José María Morelos in seinem ehemaligen Wohnhaus mit zahlreichen Erinnerungsstücken (Av. Morelos Sur 323, tgl. 9–18 Uhr, 31 Mex$).

Infos

Vorwahl Morelia: 443

Touristenbüro: Av. Tata Vasco 80/Hospitales, Col. Vasco de Quiroga, Tel. 317 80 32, www.michoacan.gob.mx/turismo.

Übernachten

Grand Hotel ▶ Los Juaninos: Av. Morelos 39, Tel./ Fax 312 00 36, www.hoteljuaninos. com. mx; neben der Kathedrale, Boutique-Hotel, einst Bischofspalast, dann Johanniter-Krankenhaus. 30 große Zimmer, DZ ab 3250 Mex$.

Boutique-Hotel ▶ Villa Montaña: Los Altos de Santa María, Patzimba 201, Tel. 314 01 79, Fax 315 14 23, www.villamontana.com.mx; rustikal-komfortable Bungalows auf einem Hügel südlich der Stadt, weitläufiger Garten, mit mexikanischen Antiquitäten möblierte Zimmer, Restaurantterrasse mit schönem Blick auf Morelia, 40 Zimmer, ab 200 US-$.

Landsitz ▶ Hotel de la Soledad: Ignacio Zaragoza 90/Ocampo, Tel. 312 18 88, 01 800 716 01 89, Fax 312 21 11, www.hsoledad. com; ehemaliges Kloster aus dem 18. Jh. mit kolonialem Ambiente, schöner Innenhof, 50 Zimmer und 9 Suiten, ab 1200 Mex$.

Beste Aussicht ▶ Misions Catedral More-lia: Ignacio Zaragoza Nr. 37, Tel. 313 04 06, www.hotelesmision.com; gegenüber der Kathedrale, unterschiedlich große Zimmer, sehr schöne Dachterrasse, herrlicher Ausblick über die Stadt, ab 1000 Mex$.

Essen & Trinken

Herrlicher Ausblick ▶ La Azotea: im Hotel Los Juaninos, tgl. ab 18 Uhr; Dachrestaurant für Gourmets, Menüs ab 20 US-$.

Speisen in Kultur ▶ La Casa del Portal: Guillermo Prieto 30, Tel. 313 48 99; traditions-reiches Haus mit vielen Antiquitäten, Freisitz unter Arkaden, Hauptgerichte ab 140 Mex$.

Preiswert & gemütlich ▶ Las Trojes: Juan Sebastian Bach 51, Col. Loma Camelinas, Tel. 314 73 44, tgl. ab 13.30 Uhr; internatio-nale und regionale Küche, ab 60 Mex$.

Einheimisch ▶ Cenaduria Lupita: Sánchez de Tagle 1004 (Col. Ventura Puente), Tel. 312 13 40, tgl. außer Di ab 18 Uhr; Küche mit re-gionalen Spezialitäten, ab 40 Mex$.

Verkehr

Flughafen: Tel. 312 90 02.
Aeroméxico: Av. Carmelinas 5030, Tel. 324 24 24.

Pátzcuaro

Im Zentrum des Seengebietes liegt 65 km südwestlich von Morelia (und 350 km von Mexiko-Stadt entfernt) das Städtchen **Pátz-cuaro** in 2135 m Höhe. Es konnte sich sei-nen altspanischen Charakter vollkommen er-halten. Wegen seiner Lage am malerischen **Pátzcuaro-See** und der umliegenden ar-chäologischen Stätten sowie der ausgepräg-ten Kunsthandwerkstradition der *indígenas* (Holz, Kupfer) kommen in jüngster Zeit immer mehr Touristen. Die Bewohner der Stadt und der unmittelbaren Umgebung sind überwie-gend Nachkommen der vorkolumbischen Purépecha.

Zwei Personen werden in der Stadt be-sonders verehrt: Vasco de Quiroga, ein spa-nischer Jurist und Priester, später Bischof, der sich im 16. Jh. um das Wohlergehen der *indígenas* kümmerte und Krankenhäuser, Schulen und Werkstätten gründete, und Ger-trudis Bocanegra, die im Unabhängigkeits-kampf eine heldenhafte Rolle spielte. Die bei-den größten Plazas tragen daher ihre Namen.

Auf und ab führen die Gassen mit spani-schem Kopfsteinpflaster vorbei an weiß ge-kalkten einstöckigen Kolonialhäusern, zum Teil noch aus Lehm, mit roten Sockeln. Die Ziegeldächer ragen weit über den Fußweg. Fenster und Balkone sind mit Schmiedeeisen vergittert, durch offene wuchtige Türen blickt man in blumengeschmückte Patios. Um die Plazas herum sind die meist zweistöckigen Häuser mit Galerien und Arkaden versehen. Die prächtigsten Gebäude liegen an der **Plaza Vasco de Quiroga,** wo die spanischen *encomenderos* (Beauftragten) ihre Stadtpa-läste errichteten. In ihnen sind heute teilweise Hotels, Restaurants und Geschäfte unterge-bracht. An der **Plaza Bocanegra** steht die ehemalige Kirche San Agustín aus dem Jahre 1576, heute Stadtbibliothek, mit einem gro-ßen Wandgemälde von Juan O'Gorman (1942) an der Rückseite. Das danebenlie-gende Kino stammt aus den 1930er-Jahren.

Das ehemalige Dominikanerinnen-Kloster südöstlich der Plaza Quiroga, auch **Casa de los Once Patios** (Haus der elf Innenhöfe) ge-nannt, beherbergt heute Werkstätten und Läden, die Kunsthandwerk aus Michoacán feilbieten. Ganz in der Nähe liegt die wuchtige **Iglesia de la Compañía** aus dem 16. Jh. Das spanische **Colegio San Nicolás** (Don Vasco), von Quiroga 1538 geschaffen, um die *indígenas* in der spanischen Sprache und im Handwerk zu unterrichten, enthält heute das **Museo Regional de Artes Populares** (Museum für Volkskunst) mit einer eindrucksvollen Sammlung von Kunsthandwerksstücken und kolonialen Gemälden der vergangenen Jahrhunderte, darunter eine vom Volk hoch verehrte Christusfigur aus Zuckerrohrpaste (Calle Ensenada, Colegio de Don Vasco/Ecke Alcantarilla), Di–Sa 9–19, So 9–14.30 Uhr, Eintritt 12 Mex$).

Schutzheilige der Ortschaft ist die **Virgen de la Salud,** und in der gleichnamigen Basilika zieht die Statue dieser Jungfrau, aus Zuckerrohrpaste und Orchideen-Honig geformt, viele Gläubige aus den umliegenden Indio-Gemeinden an. In der Kirche befindet sich auch das Grab des großen Wohltäters von Michoacán, Vasco de Quiroga.

Im Restaurant des **Hotels Posada Don Vasco** wird gelegentlich der aus der vorspanischen Zeit überlieferte Tanz der Gebrechlichen, *danza de los viejitos,* aufgeführt. Junge Männer mit Stöcken und den Masken von Alten machen sich dabei in tänzerischer Weise über die Gebrechlichkeit des Alters lustig.

Der **Pátzcuaro-See,** von vielen als der schönste See Mexikos gepriesen, liegt 3 km von der Stadt entfernt. Er ist von bewaldeten Hügeln und Vulkanlandschaft umgeben. Am Ufer sieht man neben Fähr- und Fischerbooten gewaltige schwimmende Maschinen liegen, mit denen das unkontrollierte Wachstum der Wasserlilien bekämpft wird. Schmale Kanäle führen durch diesen grünen Pflanzenteppich auf den See hinaus. In dessen Mitte liegt die Insel Janítzio, die schon vom Ufer aus an der gewaltig aufragenden **Statue von José María Morelos** mit seiner gen Himmel gereckten Faust zu erkennen ist. Für 50 Mex$ können Einheimische und Besucher dorthin übersetzen (Dauer 40 Min.). Auf der Insel angekommen, führt ein von Souvenirshops, Restaurants und kleinen Wohnhäusern gesäumter Weg auf den Hügel. Dort kann man innerhalb des mit Murales ausgestalteten Denkmals nach oben klettern und von hier einen fantastischen Blick auf den See mit seinen umliegenden Dörfern, auf die Stadt und die eindrucksvolle Berglandschaft genießen.

Tzintzúntzan und Villa Escalante

Am Ostufer des Sees – auf dem Weg nach Quiroga – liegt **Tzintzúntzan,** vor der Ankunft der Spanier Hauptstadt des Purépecha-Reiches. In dem hügeligen Waldgebiet verborgen ist eine aus Erdreich geschaffene gewaltige Plattform von mehreren 100 m Länge, auf der fünf Yácatas ruhen, künstliche halbrunde Plattformen, ebenfalls aus Erdreich, einst Basen für hölzerne Rundtempel. Die in der Nähe der Plattform gefundenen Gräber legen die Vermutung nahe, dass man beim Ableben einer hochstehenden Persönlichkeit die Ehefrau und einige Diener mitbegrub.

16 km südlich von Pátzcuaro liegt das Kupferstädtchen **Villa Escalante** (auch **Santa Clara del Cobre**), dessen gesamte Bevölkerung vom Kupferhandwerk lebt. Selbst öffentliche Gebäude sind mit Kupfer verziert. Werkstätten und Verkaufsläden säumen die Straßen, von Schmuck bis zu Haushaltswaren bieten sie eine breite Palette an Kupferprodukten an. Einen Überblick verschafft man sich am besten im Kupfermuseum. Das nahe gelegene Kupferbergwerk liefert seit Jahrhunderten das für die Umgebung so lebenswichtige Gebrauchsmetall, das erst in jüngster Zeit knapp geworden ist.

Uruapán

Ein weiterer Ausflug führt in südwestlicher Richtung (60 km) nach **Uruapán** (300 000 Einw.), eine reizvolle Kolonialstadt in einem Vulkangebiet, umgeben von Avocado-Pflanzungen. Den Ausbruch des Paricutín (2774 m) im Jahre 1943 hielt Egon Erwin Kisch, der in Mexiko Asyl gefunden hatte, in Reportagen nach Europa literarisch fest. Er beschrieb, wie die Lavamassen ein kurz zuvor evakuiertes Städtchen unter sich begruben, sodass nur noch der Turm der Kirche herausschaute.

Traumhafte Lage: das Städtchen Pátzcuaro am gleichnamigen See

Ausflüge zum Vulkan sind von der Ortschaft Angahuán möglich.

Infos

Vorwahl Pátzcuaro: 434
Touristenbüro: Buenavista 7, Tel. 342 12 14, www.patzcuaro.gob.mx, www.patzcuarome xico.com

Übernachten

Traumhotel ▶ Mansión de los Sueños: Ibarra 15, Tel. 342 57 08, Fax 342 57 18, www. mexicoboutiquehotels.com/lamansion; herrschaftliches Anwesen des 17. Jh. nahe dem Zócalo, prächtige Fassade mit drei Balkonen, großer Garten, Livemusik im Patio-Restaurant, 11 große, klassisch-elegante Suiten, einige mit Kamin, ab 1900 Mex$.

Kolonial möbliert ▶ Mansión Iturbe: Plaza Vasco de Quiroga, Portal Morelos 59, Tel. 342 03 68, Fax 342 36 28, www.mansioniturbe. com; das liebevoll restaurierte Kolonialhaus stammt aus dem Jahr 1790, es hat eine Pa-

tio-Bar und zwei schöne Restaurants, 14 Zimmer, ab 1400 Mex$.

Sehr stilvoll ▶ Pasada La Basílica: Arciga 6, Tel. 342 11 08, Fax 324 06 59, hotelpb@ hotmail.com; einstöckiges Kolonialhaus im Zentrum, mit Terrakotta und Holz ausgestattete Zimmer, offene Kamine, mexikanisches Ethno-Design, von der Terrasse Seeblick, 12 Zimmer, ab 800 Mex$.

Essen & Trinken

Regional & scharf ▶ El Patio: Plaza Vasco de Quiroga 19, Tel. 342 04 84; beliebtes Haus mit regionalen Spezialitäten, *michoacáns,* Tellergerichte ab 80 Mex$.

Einkaufen

Wochenmarkt ▶ Von der **Plaza Quiroga** bis zum nebenan liegenden **Mercado,** freitags.

Termine

Día de los Muertos: 1./2. Nov.; wird am Pátzcuaro-See besonders aufwendig gefeiert.

Landschaft bei San Miguel de Allende

Kapitel 2

Das zentrale Hochland

Das zentrale Hochland erstreckt sich nordwestlich von Mexiko-Stadt und besteht aus den fünf Bundesstaaten Guanajuato, Querétaro, Aguascalientes, San Luís Potosí und Zacatecas. Es gilt als kulturelle Schatzkammer der Kolonialepoche. Hellgrün schimmernde Lorbeerbäume beschatten die Plazas, die von herrschaftlichen Bürgerhäusern, von prächtigen Stadtpalästen gesäumt werden. Entlang der kopfsteingepflasterten Straßen liegen Kirchen aus rosafarbenem Stein und einstöckige Wohnhäuser, in Pastellfarben gestrichen und mit wuchtigen schmiedeeisernen Fenstergittern versehen.

Vor der Eroberung durch die Spanier war das karge, dünn besiedelte Hochland, das sich zwischen den Ausläufern der beiden Gebirgszüge Sierra Madre Oriental und Sierra Madre Occidental erstreckt, eine der ärmsten Gegenden des Landes. Mehrere indianische Stämme wie Purépecha, Tolteken, Otomí und Huasteken siedelten hier, errichteten jedoch keine größeren Zeremonialzentren.

Mit der Entdeckung reicher Silber- und Goldvorkommen entstanden florierende Städte mit großzügigen Stadtanlagen und prächtigen Palästen, mit vielen Kirchen und Klöstern sowie Herrenhäusern, und die Konquistadoren begannen mit der Erbauung einer ›Silberstraße‹, die die Städte Zacatecas, Aguascalientes, Guanajuato, San Miguel de Allende und Querétaro miteinander verband. Eine Reihe der spanischen Prachtbauten dienen heute als Verwaltungsgebäude, Museen, Hotels und Restaurants.

Als Route der Unabhängigkeit *(Ruta de la Independencia)* werden Kolonialstädte wie Querétaro, San Miguel de Allende und Dolores Hidalgo bezeichnet, die im mexikanischen Unabhängigkeitskampf vor 200 Jahren eine große Rolle spielten. Wegen ihrer Bedeutung für die mexikanische Geschichte wurden die Stadtzentren aufwendig restauriert und strahlen heute in historischem Glanz.

Das zentrale Hochland

Sehenswert

3 **San Miguel de Allende:** Eine Künstler-
stadt in den Bergen, Schatzkästlein von
historischen Stadtpalästen, von US-Amerikanern als Boutiquen und Hotels betrieben (s.
S. 182).

4 **Guanajuato:** Ehemalige Bergwerks-
schächte untertunneln die ganz unter
Denkmalschutz stehende Kolonialstadt mit
ungewöhnlich steilen und kurvigen Altstadt-
gassen (s. S. 187).

Subterránea: In Guanajuato verläuft in einem
trockengelegten Flussbett eine Straße durch
die Stadt – teilweise unterirdisch (s. S. 192).

Zacatecas: In Zacatecas fährt man mit einer
kleinen Bahn in die Schächte der Edén-Mine
(s. S. 208).

Schöne Route

Panoramastraße bei Guanajuato: Eine Carretera Panorámica verläuft entlang der Berghänge um den größten Teil der sich über
mehrere Hügel erstreckenden Stadt Guanajuato. Sie erlaubt einen herrlichen Einblick in
die Gestaltung der Prachtbauten (s. S. 187).

Zacatecas

Tepic

Rio Grande de Santiago

aktiv Im Höllenmaul – zur Silbermine La Valenciana

Mercado Hidalgo

Tequila

Guanajuato 4

Café Las Musas

3 **San Miguel de Allende**

Subterránea

Querétaro

La Casa de la Marquesa

Panoramastraße bei Guanajuato

Guadalajara

Lago de Chapala

Lag. de Cuitzco

tiv Fahrt nach Tequila – wo Hochprozentiges gebraut wird

Lago Pátzcuaro

Mexiko-Stadt

Unsere Tipps

La Casa de la Marquesa: Im ehemaligen Kolonialpalast von 1756 in der Altstadt von Querétaro kann man stilvoll übernachten und vorzüglich speisen (s. S. 180).

Café Las Musas: Im ehemaligen Convento La Concepción in San Miguel ist heute eine Kunstschule beheimatet, um den romantischen Innenhof liegen Werk-, Ausstellungs- und Unterrichtsräume. Hier findet man unter schönen Arkaden auch das italienisch inspirierte Café Las Musas (s. S. 184).

Mercado Hidalgo in Guanajuato: Der Markt von 1910 ist nicht nur Markthalle und Sehenswürdigkeit aus Schmiedeeisen, Glas und Naturstein, sondern beherbergt auch mehrere Kleinrestaurants und Garküchen. Huhn oder Fisch, Obst oder Gemüse: billig, gut und schnell isst man im Mercado Hidalgo (s. S. 190).

aktiv unterwegs

Im Höllenmaul – zur Silbermine La Valenciana: Die legendäre Silbermine liegt in den Hügeln nördlich der Stadt Guanajuato. Die Iglesia La Valenciana (Templo de San Gayetano), eine 1780 im churrigueresken Stil auf dem Gelände erbaute Kirche, ist das Geschenk des einstigen Minenbesitzers an die Stadt und zählt zu den am reichsten verzierten Kirchen des Landes (s. S. 193).

Fahrt nach Tequila – wo Hochprozentiges gebraut wird: Weiß oder goldfarben – auch beim Tequila ist alles eine Geschmackssache. Mit der Eisenbahn geht's zu den Wurzeln des mexikanischen Nationalgetränks (s. S. 200).

Querétaro

Schon der weit gereiste deutsche Reporter Egon Erwin Kisch, der nach 1933 im mexikanischen Exil lebte, war von der Stadt, zu der die »Muse der Geschichte immer wieder zurück (geht)«, so beeindruckt, dass er ihr in seinen ›Entdeckungen in Mexiko‹ ein eigenes Kapitel widmete. Dem Besucher begegnet diese Gestalt gewordene Geschichte bei einem Bummel durch das historische Zentrum auf Schritt und Tritt.

Im kolonialen Zentrum von Querétaro mit zahlreichen blumengeschmückten Plazas, prächtigen, aus rosafarbenem Naturstein errichteten spanischen Aristokratenpalästen mit Patios und Arkadengängen sowie engen, gepflasterten Straßen scheint die Zeit stehen geblieben zu sein. Bei einem Spaziergang durch die seit 1998 als UNESCO-Welterbe geschützte Altstadt entdeckt man eine Vielzahl prächtiger und auffälliger Bauwerke, Andere Stadtteile vermitteln das Bild einer modernen mexikanischen Großstadt. In der Umgebung liegen zahlreiche industrielle Fertigungsbetriebe, werden Opale und andere Halbedelsteine gewonnen und auch verarbeitet. Die 1,2 Mio. Einwohner zählende Hauptstadt des gleichnamigen Staates liegt in 1850 m Höhe auf einem landwirtschaftlich genutzten Plateau zwischen Mexiko-Stadt und den einst für die Spanier bedeutsamen Minenstädten Zacatecas, Guanajuato und San Luis Potosí.

Querétaro wurde von Otomí-*Indígenas* gegründet und 1446 von den Azteken unter Moctezuma I. eingenommen. 1526 gelang den Spaniern die erste Eroberung, 1531 fiel der Ort endgültig in deren Hände. König Philipp IV. aus dem fernen Spanien verlieh Querétaro 1656 den Titel der ›sehr edlen und treuen Stadt Santiago de Querétaro‹. Nach Mexiko-Stadt und Puebla wurde Querétaro zur ›Dritten (d. h. drittbedeutendsten) Stadt des Vizekönigreiches Nueva España‹.

Historisch gesehen wurde die Stadt diesem Prädikat gerecht, denn bedeutende Ereignisse fanden hier statt: Hier begannen 1810 die Aufstände gegen die spanische Herrschaft. 38 Jahre später beendete hier der Vertrag von Guadalupe Hidalgo den Krieg mit den USA, demzufolge rund die Hälfte des mexikanischen Landes an die Vereinigten Staaten fiel. Vor den Toren der Stadt wurde der österreichische Erzherzog Maximilian 1867 hingerichtet. Und schließlich arbeitete man in Querétaro nach den erneuten Bürgerkriegswirren 1917 eine neue Verfassung aus.

Sehenswertes im Stadtzentrum ▶ 1, F 2

Cityplan: S. 178

An der Plaza de la Constitución

Die **Plaza de la Constitución** 1, einst zum Besitz des Convento San Francisco gehörend, ist am Nachmittag bevorzugter Treffpunkt von Studenten, die im **Palacio de las Bellas Artes** 2 (1804) ihrem Kunststudium nachgehen. Unweit erhebt sich eines der ältesten Gotteshäuser und Klöster Mexikos, der **Convento de San Francisco** 3, dessen Bau auf das Jahr 1540 zurückgeht. 1698 vollständig erneuert, wurde die Kirche 1817 in ein Krankenhaus umgewandelt. In der ersten Hälfte des 20. Jh. restaurierte die mexikani-

Eine der ältesten Kirchen Mexikos: San Francisco in Querétaro

sche Regierung die Kirche, deren Kuppeln noch heute die aus den Gründerjahren stammenden Kacheln zieren (Di–So 10–19 Uhr).

Das **Museo Regional** 4, untergebracht im ehemaligen Kloster neben der Kirche, zeigt nicht nur präkolumbische Funde und Zeugnisse der Tolteken und Otomí: Die Urne der *corregidora* (Bürgermeisterin, s. S. 178) sowie Dokumente zur Regentschaft des Habsburgers Kaiser Maximilians und seiner Auseinandersetzung mit Benito Juárez gehören zu den historisch bedeutsamen Schätzen (Di–So 10–19 Uhr, Eintritt 41 Mex$).

Santa Clara-Kirche 5

Die Innenstadt birgt ein weiteres Juwel mexikanischer Sakralkunst: Malerisch zwischen zwei hübschen Plätzen liegt die **Iglesia Santa Clara,** äußerlich eher unscheinbar, beeindrucken im Inneren überwältigende Dekorationen im barocken Churriguera-Stil der Kolonialepoche.

Kunstmuseum 6

Der **Ex-Palacio Federal** südlich der Kirche, das ehemalige Convento San Agustín, ein herrlicher Barockbau aus der ersten Hälfte des 18. Jh. mit Kreuzgang und Brunnen sowie spätbarocken Säulen, beherbergt heute ein sehenswertes Kunstmuseum (Museo de Arte). 1867 wurde das Gebäude von Juárez-Truppen im Kampf gegen Kaiser Maximilian besetzt (Allende 14 Sur/Pino Suárez, Di–So 10–18 Uhr, www.museodeartequeretaro. com, Eintritt 30 Mex$).

Theater und Jardín Zenéa

Im **Teatro de la República** 7 an der nordwestlichen Seite der Plaza Obregón erklang 1854 zum ersten Mal die mexikanische Nationalhymne. 1867 tagte ein Kriegsgericht im Theater und verurteilte Kaiser Maximilian zum Tode. Die Beratungen für die Verfassung von 1917 und die Gründung der PRI fanden in denselben Räumen statt. Das meistfotografierte Detail im Inneren sind die Namen der Schöpfer der revolutionären Verfassung in goldener Schrift (Juárez/Hidalgo, Di–So 9–18 Uhr).

Einer der schönsten Plätze im kolonialen Herzen der Stadt ist der **Jardín Zenéa** 8, in dessen nostalgisch anmutendem Musikpa-

Querétaro

Sehenswert

1 Plaza de la Constitución
2 Palacio de las Bellas Artes
3 Convento de San Francisco
4 Museo Regional
5 Iglesia Santa Clara
6 Ex-Palacio Federal (Kunstmuseum)
7 Teatro de la República
8 Jardin Zenéa
9 Plaza de la Independencia
10 Casa de la Corregidora
11 Casa de los Condes de Ecala
12 Acueducto de Querétaro
13 Convento de la Cruz
14 Cerro de las Campanas

Übernachten

1 La Casa de la Marquesa
2 Fiesta Inn
3 Hacienda Jurica
4 Mesón de la Merced
5 Señorial

6 Hidalgo
7 Plaza

Essen & Trinken

1 1810
2 Harry's New Orleans Café & Oyster Bar
3 El Mesón de Chucho e Roto
4 Mesón de la Corregidora

Einkaufen

1 Casa de las Artesanías
2 Mercado
3 Mercado de la Cruz

Abends & Nachts

1 Jardin de los Patitos
2 JBJ Bar
3 Mambo Café

villon an Wochenenden nach Sonnenuntergang Konzerte gegeben werden.

Rund um die Plaza de la Independencia

An der **Plaza de la Independencia** 9 – auch Plaza de Armas genannt – liegt die **Casa de la Corregidora** 10 (Palacio de Gobierno), der ehemalige Wohnsitz der Doña Josefa Ortíz de Domínguez. Als die beherzte Bürgermeistersfrau erfuhr, dass ihre Pläne zum Aufstand gegen die Spanier verraten waren, übermittelte sie eine Nachricht an Pater Hidalgo ins 60 km entfernte Miguel el Grande (das heutige San Miguel de Allende). Der eigentlich für den 10. Oktober geplante Aufstand begann daraufhin bereits in der Nacht des 16. September 1810, als Pater Miguel Hidalgo die Kirchenglocken im Dörfchen Dolores (heute Dolores Hidalgo) läutete und die Losung ›zu den Waffen‹ ausgab. Heute erinnert eine über dem Portal des Hauses angebrachte ›Freiheitsglocke‹ an diese Ereignisse (Mo–Fr 8–19,

Sa/So 8–18 Uhr). Ebenfalls an der Plaza steht die **Casa de los Condes de Ecala** 11, das Haus der Grafen von Ecala, eines der schönsten Kolonialhäuser Mexikos, das 1970 sogar auf einer spanischen Briefmarke verewigt wurde. An dem Gebäude aus graubraunem Aledano-Stein stützen ionische Säulen die Arkaden; üppiges Schmuckwerk und ein Habsburger Doppeladler zieren die Balkonfenster (Mo–Fr 9–17 Uhr).

Außerhalb des Zentrums

Cityplan: oben

Aquädukt und Convento de la Cruz

An eine weitere Episode kolonialer Vergangenheit erinnert der am östlichen Stadtrand gelegene **Acueducto de Querétaro** 12, ein nach Sonnenuntergang beleuchteter Aquädukt von 1,2 km Länge mit insgesamt 74

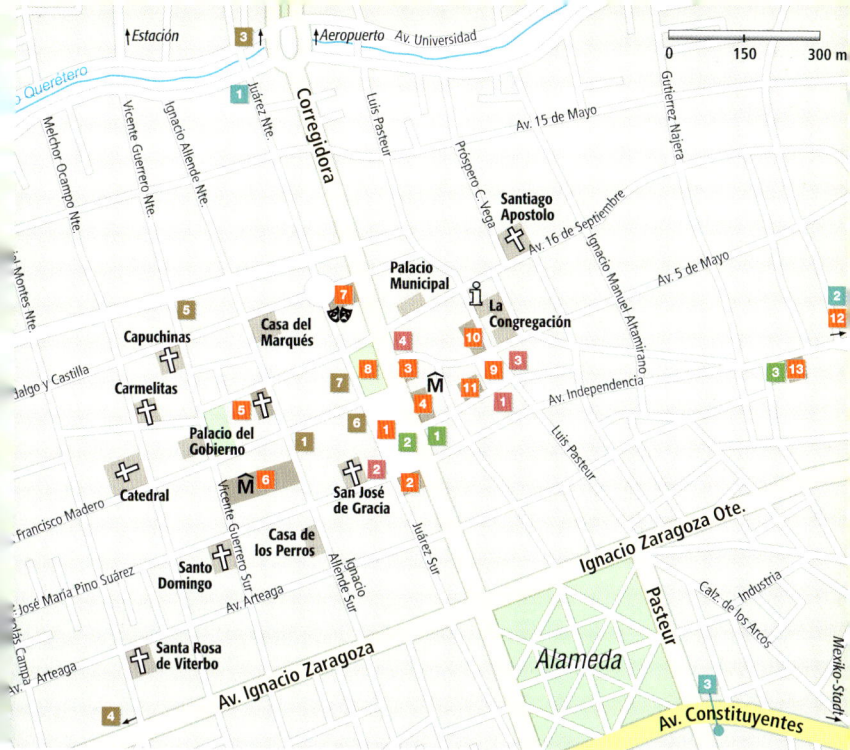

Rundbögen, 23 m hoch. Um die Trinkwassernot zu beheben, spendeten Stadtrat und der Marquis del Aguila über 100 000 Pesos (1,7 Mio. Euro), um aus einer fast 2 km entfernten Quelle Wasser herbeizuschaffen. Neun Jahre (1726–35) dauerten die Bauarbeiten, bis das Wasser im Convento de la Cruz – an der höchsten Stelle der Stadt – sprudelte, weitere drei Jahre, bis durch unterirdisch miteinander verbundene Brunnen die ganze Stadt versorgt war. Der **Convento de la Cruz** 13, rund 10 Minuten vom Zentrum entfernt, ist ein um sieben Innenhöfe angelegtes Franziskanerkloster, das unterschiedliche Stile miteinander vereinigt. Es wurde an jener Stelle errichtet, an der die Spanier 1531 die Otomí und Chichimeken blutig unterwarfen. Kaiser Maximilian war das festungsartig errichtete Kloster zugleich Wohnsitz und Zufluchtsort. Während einer Führung bekommt man auch jenen Raum gezeigt, der dem Monarchen als ›Gefängniszelle‹ bis zu seiner Hinrichtung 1867 diente. Sehenswert ist auch

der Klostergarten, in dem zahlreiche Exemplare einer ›Arbol de la Cruz‹ genannten Mimosen-Art wachsen. Auffällig sind die Nadeln, deren Kreuzform der Baum seinen Namen verdankt (Di–Sa 9–14, 16–18, So 9–16 Uhr).

Cerro de las Campanas 14

Auf dem **Cerro de las Campanas**, dem Hügel der Glocken am westlichen Stadtrand, wurde am 19. Juni 1867 Kaiser Maximilian erschossen. Den Hügel schmückt eine überlebensgroße Statue von Juárez. Etwa auf halbem Weg zur Kuppe hinauf ließ das Haus Habsburg 1901 eine kleine Gedächtniskapelle errichten, die einige historische Dokumente enthält.

Infos

Vorwahl Querétaro: 442

Información Turística: Pasteur Norte 4, Tel. 238 50 67, Fax 238 51 49, www.de-paseo. com, tgl. 9–20 Uhr.

Tipp: Stilvoll wohnen

Eine stilvolle Adresse für eine Übernachtung ist die mit Geschmack restaurierte historische **Hacienda Jurica** **3**, ein vor den Toren Querétaros gelegenes Landgut aus dem 17. Jh., zu dem eine private Kapelle gehört. Blumengeschmückte Innenhöfe, Antiquitäten, eine Bibliothek, das vorzügliche Restaurant La Fontana sowie ein breites Sportangebot (u. a. Pool, Golfplatz, Reitstall) verlocken zu einem mehrtägigen Aufenthalt (s. rechts).

Übernachten

Historischer Palast ▶ La Casa de la Marquesa **1** : Madero 41 (Zentrum), Tel. 212 00 92, Fax 212 00 98, www.lacasadelamarquesa.com; einst (1756) prächtige Residenz eines spanischen Adligen, heute eines der schönsten Kolonialhotels des Landes. 25 individuell ausgestattete Suiten; mexikanische Kunstobjekte, Antiquitäten, kunstvoll arrangierte Blumensträuße auch in Salons und Aufenthaltsräumen. Edles Restaurant Comedor de la Marquesa, mit Voranmeldung auch für Nicht-Hotelgäste, DZ ab 210 US-$.

Zeitgemäßer Luxus ▶ Fiesta Inn **2** : Av. 5 de Febrero 108 (Col. Niños Héroes), Tel./Fax 196 00 00, www.fiestainn.com.mx; neues und modernes Haus, das mit allen Annehmlichkeiten ausgestattet ist, ruhiger Patio, behindertengerechte Ausstattung, 173 Zimmer, ab 106 US-$.

Alter Landsitz ▶ Hacienda Jurica **3** : Ctra. a San Luis Potosí km 229 (18 km nördlich), Tel. 218 00 22, 01800 227 47 27, Fax 218 01 36, www.brisas.com.mx; Wohnen wie beim mexikanischen Landadel, 182 DZ ab 116 US-$ (s. links).

Stimmungsvoller Stadtpalast ▶ Mesón de la Merced **4** : 16 de Septiembre Oriente 95, Tel. 214 14 98, www.hotellamerced.com; großer Patio, von dem 14 Suiten abzweigen, Träume vom mexikanischen Kolonialstil mit verschwiegenen Patios, dicken Wänden und Arkadengängen, ab 776 Mex$.

Casa de la Marquesa: einst private Residenz eines spanischen Adligen

Historisches Kolleg ▶ **Señorial** `5` : Guerrero Norte 10-A, Tel. 214 37 00, Fax 212 34 30, www.senorialqro.com; 54 komfortable Zimmer mit Bad, TV, Telefon, Klimaanlage, sicherer Parkplatz im Zentrum, DZ ab 50 US-$.

Patio-Hotel im Zentrum ▶ **Hidalgo** `6` : Madero Poniente 11, Tel. 212 00 81, Fax 212 81 02, www.hotelhidalgo.com.mx; neben dem Jardín Zenéa, die Zimmer sind um einen Patio gruppiert, beste Altstadtlage: nur einen halben Block zum Zócalo, köstliche regionale Küche im Restaurant La Llave, 47 DZ, ab 49 US-$.

Einfach, aber schöner Blick ▶ **Plaza** `7` : B. Juárez Norte 23 (Ecke 16 de Septiembre), Tel. 212 11 38, Fax 212 34 30, gegenüber Paque Zenéa, 29 Zimmer mit Bad, TV, einige blicken auf Plaza und San Francisco-Kirche, DZ ab 35 US-$.

Essen & Trinken

Edel & elegant ▶ **1810** `1` : Andador Libertad 62, Tel. 214 33 24, www.restaurante1810.com, tgl. 8–24 Uhr; große Auswahl mexikanischer Spezialitäten im Freien vor historischen Häusern, gehobenes Publikum, Menü 11–17 US-$.

Eine Prise Südstaaten ▶ **Harry's New Orleans Café & Oyster Bar** `2` : Plaza de la Constitución (neben dem Gran Hotel), Tel. 214 26 20, tgl. 9–24 Uhr; Restaurant und Bar mit internationaler Küche, häufig Jazzmusik, Gerichte ab 9 US-$.

Beste mexikanische Küche ▶ **El Mesón de Chucho el Roto** `3` : Calle Pasteur Sur 16 (Andador Libertad, Plaza de Independencia), Tel. 212 42 95,www.chuchoelroto.com.mx, tgl. 8–1 Uhr; beliebtes Restaurant (Name steht für den mexikanischen ›Robin Hood‹) mit gehobener regionaler Küche; Livemusik. Gut: Bohnensuppe mit Kaktusblättern (45 Mex$) und *enchiladas queretanos* (mit Fleisch, Karotten, Kartoffeln), ab 120 Mex$.

Comida Corrida ▶ **Mesón de la Corregidora** `4` : 16 de Septiembre 16B (Plaza de la Corregidora), Tel. 212 07 84, tgl. 11–22 Uhr; mexikanische Gerichte, schmackhaft und variationsreich, täglich wechselndes Mittagsmenü ab 90 Mex$.

Tipp: Opale

Es lohnt sich, in Querétaro nach verarbeiteten Opalen Ausschau zu halten, die im gleichnamigen Bundesstaat in mehreren großen Minen abgebaut werden. In **Lapidarias** genannten Geschäften ist das Angebot an Schmuckstücken und zu Miniaturen verarbeiteten Steinen besonders groß.

Am Fuße der gewaltigen **Corregidora-Statue** liegen mehrere Café-Restaurants mit Freisitz.

Einkaufen

Kunsthandwerk ▶ **Casa de las Artesanías** `1` : Andador Libertad 52 (Plaza de Armas), Di–Sa 10–20, So 10–17 Uhr; Kunsthandwerk in einem Stadtpalast, mit Café im Patio. **Mercado** `2` : Av. Corregidora/Andador Libertad, Do–Mo 9–19 Uhr; Kunsthandwerk und Souvenirs an Ständen in der Fußgängerzone des Zentrums.

Markt ▶ **Mercado de la Cruz** `3` : neben der Markthalle beim Templo de la Cruz; Sonntagsflohmarkt.

Abends & Nachts

Lebensfreude unter Sternen ▶ **Jardín de los Platitos** `1` : Av. Juárez/Universidad; abends Treffpunkt der Mariachi-Kapellen.

Treff für Rockfans ▶ **JBJ Bar** `2` : Paseo Bernardo Quintana (ein Block vom Aquädukt), Di–Sa ab 21 Uhr; der beste Ort für (Live)-Rockmusik.

Südamerikanische Rhythmen ▶ **Mambo Café** `3` : Av. Constituyentes 119, Tel. 223 3213, ab 20 Uhr; Bar und Disco mit Salsa-Musik, auch Salsa-Tanzkurse.

Verkehr

Flughafen: nordöstlich der Stadt.

Aeroméxico: Corregidora Norte 306, Tel. 246 34 87.

Busbahnhof (Central de Autobuses): Prolongación Luis Vega 800, Tel. 229 00 61.

Autobahn: nach Mexiko-Stadt 220 km, gebührenpflichtig.

Die ein halbes Jahrtausend alte Kolonialstadt an den Ufern des Río Laja steht seit 1926 vollständig unter Denkmalschutz. Mit engen, kopfstein-gepflasterten, teilweise recht steilen Gassen, mit Palästen, spanischen Arkaden und den Alleen Schatten spendender Jacaranda-Bäume er-scheint sie wie ein einziges Freilichtmuseum. Mexikanisches Brauchtum und anglo-amerikanisches Flair bestimmen hier das Leben.

Das Kleinod San Miguel de Allende (SMA, 140 000 Ew.) liegt rund 50 km nördlich von Querétaro an einem Berghang in 1900 m Höhe. Der berühmteste Sohn der Stadt, der Freiheitskämpfer Ignacio Allende (1779–1811), gab der 1542 von dem spanischen Missionar Juan de San Miguel als Miguel el Grande ge-gründeten Siedlung ihren heutigen Namen. Wegen ihrer international angesehenen Kunst-akademie, dem 1951 gegründeten Instituto Allende, wurde die Stadt zum Zweitwohnsitz vieler ausländischer Künstler und Kunstlieb-haber. Die hohe Lebensqualität verbunden mit niedrigen Lebenshaltungskosten machen SMA, wie der Ort von den Einwohnern ge-nannt wird, auch zum bevorzugten Alterssitz von US-Amerikanern. Etwa 12 000 leben in der Stadt und ihrer Umgebung. Manche dieser Leute eröffneten Galerien und Kunsthand-werksboutiquen, erwarben historische Ge-bäude, in denen sie Hotels, Restaurants und Bed & Breakfast-Pensionen eröffneten. Dies bereichert bislang eher die Atmosphäre der einzigartigen Stadt, ohne sie zu stark zu ›ame-rikanisieren‹.

Tipp: Unterkunft in historischen Häusern

Wohl kaum eine andere mexikanische Klein-stadt verfügt über so viele Hotels in histori-schen Häusern wie San Miguel. Als Sehens-würdigkeit gilt mittlerweile die **Casa de Sierra Nevada** **1**, eine Hotelanlage, die aus vier restaurierten Kolonialhäusern aus dem 17. Jh. besteht. In stilvollem Ambiente wan-deln die Hotelgäste durch romantische Pa-tios und herrliche Dachgärten. Auf einem der Dächer gibt es sogar Arkaden mit Pool. Be-sonderen Charme hat die El Caracol-Suite des Hotels, von der aus eine Treppe zur pri-vaten Aussichtsterrasse führt. Wer in den Ge-nuss der im Patio servierten Gourmetgerichte kommen will, sollte rechtzeitig reservieren (s. rechts).

Zentrum ▶ 1, F 2

Cityplan: S. 184

Plaza de Allende

Herz der Stadt ist die **Plaza de Allende** mit einem wunderbaren grünen Dach aus den Kronen indischer Lorbeerbäume und umge-ben von Kolonialhäusern und Palästen des 17. und 18. Jh. Beispiel dafür ist das ehema-lige Wohnhaus von Ignacio Allende: Das im Patio mit barocken Arkaden versehene Bau-werk beherbergt heute das kleine **Museo Histórico Casa de Allende** **1** mit präko-lumbischen Fundstücken und Exponaten der Unabhängigkeitsbewegung (Di–So 9–17 Uhr, Eintritt 42 Mex$). Eine Statue des Stadtgrün-ders San Miguel steht vor dem Wahrzeichen der Stadt, der **Parroquia de San Miguel** 2. Die rosafarbene Pfarrkirche weist Stilelemente verschiedener Epochen auf. Im ausgehenden 17. Jh. erbaut, wurde sie 1890 mit neugotischen Formen von Ceferino Gutiérrez, einem indigenen Laien-Architekten, verfremdet, nachdem dieser angeblich Postkarten des Ulmer Münsters und anderer europäischer Kirchen studiert hatte (tgl. 8–19 Uhr außer zur Messe). Auf dem Platz stehen heute oft Studenten vor ihren Staffeleien und malen das Gebäude. Am Zócalo liegt auch der frühere Markt **Mercado Aldama** 3 von der Wende zum 20. Jh., in dem sich heute Restaurants und eine Touristeninformation befinden.

Zwei Kunstschulen

Das ehemalige Kloster **La Concepción** 4, nur zwei Blocks von der Plaza an der Ecke Hernandez Macias/Canal entfernt, ist mit seinen historischen Bogengängen der Öffentlichkeit zugänglich, da sich in dem Gebäude heute das Kulturzentrum Centro Cultural Ignacio Ramírez mit der Kunstschule Bellas Artes Nigromante befindet.

Die auch in den USA und Kanada renommierte Kunsthochschule **Instituto Allende** 5 bietet Master- und B.A.-Studiengänge sowie Sprachunterricht und Kurse zur mexikanischen Kultur. Das Institut liegt am Südrand der Stadt und wurde 1928 von Sterling Dickinson, einem der ersten in San Miguel sesshaft gewordenen US-Amerikaner, gegründet. Die Adresse des Instituto Allende ist durchaus stilvoll: Casa Solariega, ein Landsitz von 1734. Besucher sind zu einer Besichtigung willkommen, ein Café lädt zu *café con leche* und Kuchen ein (tgl. 11–18 Uhr, www.instituto-allende.edu.mx).

San Francisco-Kirche 6

San Miguel besitzt ein Dutzend Kirchen, deren Glocken immer wieder zu Messen rufen. Ein Paradebeispiel des mexikanischen Churriguera-Stil ist die überreich gestaltete Fassade der **Iglesia de San Francisco** (1790), die man an der gleichnamigen Plaza bewundern kann.

Tipp: Festlicher Höhepunkt

Die **Osterwoche** ist für jeden Mexikaner ein festlicher und spiritueller Höhepunkt des Jahres. In San Miguel de Allende feiert man besonders aufwendig. Zu den Prozessionen und Festivitäten reisen mexikanische Familien aus dem ganzen Land an. Wegen der zu erwartenden Bettenknappheit sollten Individualreisende deshalb auch so früh wie möglich ihr Hotel reservieren.

Infos

Vorwahl San Miguel de Allende: 415 **Oficina de Turismo:** Plaza Principal 8, Tel. 152 09 00, Fax 152 17 47, www.sanmiguelguide.com, Mo–Sa 9–18 Uhr.

Übernachten

Prächtige Stadthäuser ▶ **Casa de Sierra Nevada** 1 **:** Hospicio 42, Tel. 152 70 40, www.casadesierranevada.com; 32 Zimmer, ab 210 US-$ (s. links).

Suiten im antiken Stil ▶ **Antigua Villa Santa Mónica** 2 **:** Fray J. G. Mojica 22, Tel. 152 04 51, Fax 152 05 18, www.antiguavillasantamonica.com; kleines koloniales Stadthaus mit 14 Zimmern, am Parque Benito Juárez gelegen, sehr stilvoll und gemütlich eingerichtet, DZ 175–219 US-$.

Ausblick zur Plaza ▶ **Posada de San Francisco** 3 **:** Plaza Principal 2, Tel. 152 72 13, Fax 152 72 14, www.posadadesanfrancisco.com; Kolonialhaus aus dem 18. Jh. mit Patio-Restaurant, einige der 46 Zimmer haben Ausblick auf die Plaza, traditionelle Einrichtung, ab 92 US-$.

Einfach, preiswert & gut ▶ **Posada la Fuente** 4 **:** Ancha de San Antonio 57/Callejón de San Antonio, Tel./Fax 152 06 29; an der südlichen Stadteinfahrt, 12 Zimmer und 2 Suiten (auch mit Kamin) im Kolonialstil eingerichtet, hübscher Patio mit Brunnen, DZ ab 45 US-$.

Im Kloster ▶ **Posada de las Monjas** 5 **:** Canal 37, Tel. 152 01 71, Fax 152 62 27; ehema-

liges Nonnenkloster in der Nähe des Zócalo, 64 Zimmer, 600 Mex$.

Private Jugendherberge ▶ Hostal Alcatraz [6] : Relox 54, Tel. 152 85 43, alcatraz hostel@yahoo.com; mit Patio, 600 m vom Busbahnhof; Übernachtung im Mehrbettzimmer ab 130 Mex$ pro Person.

Essen & Trinken

Rustikale Romantik ▶ Tío Lucas [1] : Mesones 103, Tel. 152 49 96, 12–24 Uhr; Patio-Restaurant, Spezialität sind Steakgerichte, tgl. Jazz (live) in der Bar, Menü ab 11 US-$.

Paella, Gambas & Tortillas ▶ Rincón Español [2] : Correo 29, Tel. 152 23 27, tgl. ab 12 Uhr; spanische Küche, rustikale Atmosphäre, Menü ab 10 US-$.

Grüner Innenhof mit Mariachis ▶ Bugambilia [3] : Hidalgo 42, Tel. 152 01 27, tgl. 18–24 Uhr; einzigartig: beste mexikanische Küche, dazu Musik im Patio, ältestes Restaurant der Stadt in kolonialem Ambiente, Menü ab 160 Mex$.

Klosteratmosphäre ▶ Las Musas [4] : Hernandez Macias 75, Tel. 152 49 46, tgl. 9–20 Uhr; romantisches Café unter den Klosterar-

San Miguel de Allende

kaden, die italienischen Gerichte gibt es hier ab 85 Mex$.

Einkaufen

Kunsthandwerk ▸ Casa Anguiano 1 : Ecke Canal 28/Hernandez Macias, Mo–Sa 9–20, So 10–18 Uhr; in der Casa Anguino gibt es eine reiche Auswahl an mexikanischem Kunsthandwerk zu vernünftigen Preisen. **El Mesón de San José 2 :** Mesones 38, tgl. 9–20 Uhr; bezaubernde Shopping-Arkade mit mehreren um einen kleinen Patio angeordneten Kunsthandwerksläden, in denen sich gut stöbern lässt. **Instituto Allende 5 :** Casa Solariega, Ancha de San Antonio 20, tgl. 11–18 Uhr, s. S. 183.

Aktiv

Touren ▸ Tranvia Allende 1 : Calle Juárez (gegenüber der San Francisco-Kirche), 9–19 Uhr, Tickets: Portal Allende 4, Tel. 154 54 08. Ein origineller ›Touristenbus‹ bietet alle zwei Stunden eine Stadtrundfahrt.

Sprachschulen ▸ Neben Cuernavaca ist San Miguel de Allende bei Sprachstudenten sehr beliebt: ein halbes Dutzend Institute bieten sowohl Einzel- als auch Gruppenunterricht, stundenweises Training ebenso wie monatelangen Unterricht. Auch der preisgünstige Aufenthalt bei einheimischen Familien kann organisiert werden. **Habla Hispana 2 :** Calzada de la Luz 25, Tel. 152 07 13, Fax 152 15 35, www.mexicospanish.com. **Warren Hardy 3 :** San Rafael 6, Tel. 152 47 28, www.warrenhardy.com.

Termine

Das **Stadtfest San Miguel** findet Ende Sept./Anfang Okt. statt.

Verkehr

Bahnhof und **Busse** am Westrand der Stadt (2 km, Verlängerung der Canal), Tel. 152 00 07.

Ausflug nach Dolores Hidalgo ▸ 1, F 2

39 km nordwestlich von San Miguel liegt das für jeden patriotischen Mexikaner so bedeutsame Dolores Hidalgo (25 000 Einw.): Hier entzündete sich 1810 der Schrei *(Grito)* nach Unabhängigkeit und breitete sich dann wie ein Flächenbrand in ganz Mexiko aus. Das Zentrum der aufwendig restaurierten Stadt, den **Parque Hidalgo** (Plaza Principal), ziert ein Denkmal des Nationalhelden. Sein früheres Wohnhaus, zwei Blocks entfernt, wurde in ein Museum umgewandelt (**Casa de Hidalgo**, Morelos 1, Di–So 8–18 Uhr), und im einstigen Kerker (Calle Zacatecas) gedenkt man im **Museo de la Independencia** (Fr–Mi 9–17) des Unabhängigkeitskampfes. Es gibt hier viele Kunsthandwerksläden und Geschäfte mit stilvollen mexikanischen Einrichtungsobjekten.

Infos

Vorwahl Dolores Hidalgo: 418
Información Turística: Plaza Principal, Tel. 182 11 64, www.doloreshidalgo.gob.mx, tgl. 9–17 Uhr.

Tipp: Tequila-Eis

Den am Zócalo in **San Miguel de Allende** ansässigen Eiscreme-Shops sagt man nach, die besten und ausgefallensten Sorten des Landes herzustellen. Neben Geschmacksrichtungen tropischer Früchte (Maracuja, Mango, Guave, Papaya oder Avocado) sind auch ungewöhnliche Sorten wie Tequila und feuriges Chili im Angebot.

Übernachten

Historisches Eckhaus ▶ Posada Cocomacán: Plaza Principal 4, Centro, Tel. 182 60 86, Fax 182 60 87, www.posadacocomacan.com.mx; hübsches zweistöckiges Haus von 1725. Von der Dachterrasse blickt man auf Kirche und Hauptplatz, ein Restaurant befindet sich im Erdgeschoss des Hauses, DZ ab 440 Mex$.

Zentrale Lage ▶ Posada las Campanas: Guerrero 15, Centro, Tel. 182 04 27, Fax 182 24 23, www.hotelposadalascampanas.com; traditionelles Mittelklassehaus, 43 behagliche, mit viel Holz eingerichtete Zimmer, Patio, Terrasse, Parkplatz; DZ ab 420 Mex$.

Im kolonialen Stil ▶ El Relicario: Calzada de los Heroes 12, Col. Revolución, Tel. 120 07 12, www.hotelelrelicario.com.mx; farbenfroh und rustikal präsentiert sich das gediegene und zentral gelegene Vier-Sterne Hotel, 15 Fußmin. zur Plaza, 49 Zimmer ab 520 Mex$.

Im Herzen von San Miguel de Allende: die neugotische Parroquía

Die jahrhundertealte Silberstadt ist ein städtebauliches Juwel. Enge kopfsteingepflasterte Straßen ziehen sich durch die hügelige Stadtlandschaft; Treppen, Plazas, aufgelassene Minenschächte und zahllose Kolonialpaläste mit maurischem Einschlag prägen in Guanajuato das Bild. Eine friedvolle und heitere Atmosphäre liegt über der Stadt mit ganzjährig frühlingshaftem Klima.

Das Idealbild einer mexikanischen Kolonialstadt zeigt das 90 km nordwestlich von San Miguel de Allende (375 km von Mexiko-Stadt) in einem engen Talkessel in 2050 m Höhe gelegene Guanajuato (150 000 Einw.). Die historische Altstadt und die Bergwerksanlagen wurden 1989 in die UNESCO-Liste des Welterbes aufgenommen und stilgetreu restauriert. Sehenswert sind auch die während der Epoche des Diktators Porfirio Díaz entstandenen Bauwerke im neoklassizistischen Stil sowie solche mit üppigem Jugendstil-Dekor.

Guanajuato, die einstige *Indígena*-Siedlung, wurde 1529 von Spaniern erobert, die schon bald erkannten, welchen Glücksgriff sie getan hatten: Reiche Silber- und Goldvorkommen ließen Guanajuato in nur fünf Jahren zur Schatzkammer Spaniens erblühen. 200 Jahre später erreichte die Silberausbeute mit der Erschließung der oberhalb der Stadt gelegenen Valenciana-Mine ihren Höhepunkt.

Zentrum

Cityplan: S. 188

Panoramablick auf die Stadt

Im Zentrum liegen die Sehenswürdigkeiten dicht beieinander und man entdeckt stille Plazas, Gassen, die von Bogengängen überspannt werden, kleine Cafés und Geschäfte.

Da ein Teil des Verkehrs unterirdisch in Tunneln verläuft, ist der Autoverkehr erträglich.

Den schönsten Blick über die Stadt und ihre zahlreichen, in kräftigen Farben gestrichenen Bauwerke erhält man vom **Pípila-Denkmal 1**, der im Südwesten auf einem Felsen oberhalb der Stadt gelegenen Aussichtsstätte an der Carretera Panorámica. Diese Panoramastraße verläuft fast um die gesamte Stadt. Von oben kann man gut erkennen, wie die Front einzelner Häuser besonders aufwendig errichtet wurde und das dahinter liegende Bauwerk eher einfach und unscheinbar bleibt. Man kann entlang der Carretera Panorámica durchaus auch – ganz

Tipp: ›Kleine Nachtmusik‹

An Wochenenden und in lauen Sommerabenden ziehen studentische Sängergruppen und Musikkapellen *(estudiantinas)* aus Liebe zur Geselligkeit, Tradition und Musik durch die engen Gassen und tragen bis in die Morgenstunden ihre Balladen vor. Unterwegs wird den Teilnehmern gelegentlich (in den eigens in Guanajuato zu erwerbenden Keramikkrug – dem *porrón*) Wein eingeschenkt. Besonders inbrünstig und laut hallt es im **Callejón del Beso:** Diese ›Gasse des Kusses‹ ist so schmal, dass man sich von Balkon zu Balkon küssen könnte.

Guanajuato

oder teilweise – zu Fuß gehen, denn unterwegs findet man mehrere Cafés, in denen man im Schatten ausruhen kann

Am besten mietet man für die Hinfahrt ein Taxi und geht – nach einer Rast in einem der umliegenden Cafés – zu Fuß zurück. Dabei gelangt man in der Nähe des **Mercado Hidalgo** 1 wieder in die Stadt zurück.

Rund um den Jardín de la Unión

Mittelpunkt von Guanajuato ist der mit Brunnen, alten Lorbeerbäumen, Pflanztrögen (einstigen Bergwerksloren) und schmiedeeisernen Bänken geschmückte **Jardín de la Unión** 2, ein malerischer Platz, um den sich zahlreiche Freiluft-Cafés und Restaurants gruppieren. Zweimal wöchentlich werden im Pavillon Konzerte gegeben. An der Plaza liegt auch die **Posada Santa Fé** 4, ein Kolonialgebäude, das seit 1862 als Hotel dient und dessen Café in den 1920er-Jahren zum Treffpunkt der Bohème avancierte.

Das **Teatro Benito Juárez** 3 ist ein unter Diktator Porfirio Díaz errichteter klassizistischer Prachtbau aus dem Jahre 1903, dessen plüschiges Interieur nach wie vor den festlichen Rahmen für Theateraufführungen bildet. Beim jährlich im Oktober stattfindenden renommierten ›Internationalen Cervantes-Festival‹ avanciert das Theater zum Mittelpunkt der Stadt. Jedoch werden die *Entremeses Cervantinos* (Cervantinische Zwischenakte), meist humorvolle Einakter, auch überall in der Stadt aufgeführt, teilweise von kleinen Schauspieltruppen an der Straßenecke. Während dieser zehn Tage sind alle Hotelzimmer ausgebucht (Di–Sa 9–14, 17–20 Uhr).

Ebenfalls am Jardín de la Unión liegt die kleine **Iglesia de San Diego** 4, zwischen 1663 und 1784 erbaut, die mit ihrer Churriguera-Fassade dem Platz ein typisch mexikanisches Gesicht verleiht. Das alte Klostergebäude von San Diego (17. Jh.) wurde in ein Hotel umgewandelt.

Südlich des Jardín Unión bietet das **Museo Iconográfico del Quijote** 5 eine einzigartige Sammlung von Gebrauchsgegenständen und Kunstwerken (darunter auch von Salvador Dalí), die die berühmten Figuren des spanischen Schriftstellers Miguel de Cervantes (1547–1616) darstellen. Bei den Gedenkfeiern zum 400-jährigen Erscheinen der ersten Ausgabe des ›Don Quijote de la Mancha‹ erklärte das UNESCO-Zentrum 2005 Guanajuato zur Hauptstadt Cervantes' in Amerika und initiierte das Cervantes-Studienzentrum (Manuel Doblado 1, Plazuela San Francisco, www.museoiconografico.guanajuato.gob.mx, Di–Sa 9.30–19 Uhr, Eintritt 30 Mex$).

Für Einheimische und Besucher gleichermaßen bedeutungsvoll ist die **Iglesia de Nuestra Señora de Guanajuato** 6 aus dem

Map labels:

La Valenciana | 2 | 5 | El Subterráneo | 8

Llanitos de Salgado · La Alhóndiga · El Apartado · Terrenoto · Cilito · Grasero · El Subterráneo

Estación de Autobuses · 28 de Septiembre · 5 de Mayo · 7 · 10 · 1 · Jardín de la Reforma · Av. Juárez · Plaza San Fernando · Reforma · Plaza San Roque · Alonso · Positos · 9 · M · 7 · 8 · 6 · i · 6 · 1 · Teatro Principal · 2 · Cantarranas · 2 · 1

Jardín del Cantador · Av. Juárez · Hotel San Diego · 4 · 3 · Sopeña · 6 · 2 · 5 · M · Calvario

Callejón del Beso · San Miguel · 1 · 3

N · 100 · 200 m

---

17. Jh., in der Nähe des Jardín an der Plaza de la Paz. Sie beherbergt eine hoch verehrte Marienstatue, die 1557 als Geschenk von König Philipp II. aus Spanien kam.

Oberhalb der Altstadt

Über der Altstadt und der Basilika thront die 1955 umgestaltete, aus einem Jesuitenkolleg hervorgegangene **Universität** 7. Das helle, reich verzierte Gebäude ist das Wahrzeichen der Stadt. Ein langer Treppenaufgang führt zu dem sieben Etagen zählenden Bauwerk, dessen Stil scherzhaft ›1955er-Barock‹ genannt wird. Neben der Universität liegt die **Jesuitenkirche de la Compañía de Jesús** 8 aus dem Jahre 1765 mit äußerst kunstvoll gestalteter Front und einer eindrucksvollen Kuppel mit drei übereinander liegenden Ringen von Lichtöffnungen.

Zu den sehenswerten Museen der Stadt gehört das **Museo Diego Rivera** 9 im Geburtshaus des einflussreichen mexikanischen Malers und Gatten von Frida Kahlo. Von dem 1886 in Guanajuato geborenen Künstler, der sich selbst als das ›Wunderkind der Stadt‹ bezeichnete, sind etwa fünf Dutzend seiner Werke ausgestellt (Calle Pósitos 47, Di–Sa 10–15, So 10–15 Uhr).

Alhóndiga de Granaditas 10

Folgt man der Pósitos nach Westen (später 28 de Septiembre), trifft man auf ein gewalti-

ges, festungsartiges Bauwerk, die **Alhóndiga de Granaditas.** Mexikos Bastille wurde von den Bewohnern Guanajuatos einst als Getreidespeicher genutzt und diente während des Unabhängigkeitskrieges der royalistischen Armee als letzte Rückzugsbastion vor den Truppen des siegreichen Hidalgo. Es war der 28. September 1810, als José Martínez, ein junger indianischer Minenarbeiter (genannt El Pípila), zum Tor der Alhóndiga vordrang, es in Brand setzte und so den Aufständischen den Weg ins Innere ebnete. Der Einnahme des alten Speichers durch Hidalgo folgte ein trauriges Finale: Nachdem der Aufstand niedergeschlagen war, Martínez und Allende, Aldamas und Jiménez in Chihuahua exekutiert worden waren, stellte man ihre Köpfe zehn Jahre an den vier Ecken der Alhóndiga zur Schau. Heute besichtigen jährlich Tausende von Besuchern den Bau und die ausgestellten Dokumente, die an die blutigen Zeiten der Unabhängigkeitsbewegung erinnern. Auch zu sehen: Exponate zur Geschichte des Silberbergbaus (5 de Mayo/Mendizábal 6, Di–Sa 10–18, So 10–15 Uhr).

Mumien-Museum 11

Stände, an denen Skelette und Totenschädel aus süßem Brot und aus Pappmaché verkauft werden, säumen den Weg zum **Museo de las Momias,** in dem etwa 100 mumifizierte Leichen ausgestellt werden. Mineral-

189

Guanajuato

haltige Erde und trockene Luft sorgten in der Stadt für eine natürliche Mumifizierung von Verstorbenen, eine Tatsache, die man in Guanajuato publikumswirksam nutzen wollte. Das auf einem Hügel am Friedhof im Westen der Stadt liegende Museum zeigt die mumifizierten Leichname, die 1865 bei Friedhofsarbeiten ausgegraben wurden. Männer und Frauen, ein Säugling, teilweise mit den originalen Kleiderfetzen, liegend in Särgen, einzeln stehend bzw. in Gruppen – bei Führungen wissen die Reiseleiter so manche schauerliche Geschichte über die Toten zu erzählen. Das Interesse der Besucher ist groß, doch nicht jeder ist dem Anblick gewachsen und von einem Besuch mit Kindern ist unbedingt abzuraten (Explanada del Panteón, tgl. 9–18 Uhr, Eintritt 52 Mex$, www.momiasdeguanajuato.gob.mx).

Mercado Hidalgo [1]

Bedeutendster und schönster Markt Guanajuatos ist der **Mercado Hidalgo** an der Avenida Juárez, 1910 aus rosa schimmerndem Cantara-Stein, Gusseisen und Glas im Stil einer viktorianischen Eisenbahnstation erbaut. Von der umlaufenden Galerie blickt man auf Stände mit Gemüse, Obst und Fleisch; es wird lebhaft und viel gekauft. In einem Bereich des Marktes finden sich Dutzende von Essständen, an denen man für wenige Pesos Fruchtsäfte, Obstplatten und lokale Spezialitäten serviert bekommt. Außerdem erwarten die Besucher einige Kunsthandwerksstände (Mo–Sa 8–19 Uhr).

Infos

Vorwahl Guanajuato: 473

Oficina de Turismo: Plaza de la Paz 14, Tel. 732 24 64, Fax 732 42 51, www.guanajuato.gob.mx, Mo–Fr 9–19, Sa/So 10–14 Uhr.

Übernachten

Während des im Oktober stattfindenden Cervantes-Festivals müssen Unterkünfte mehrere Monate im Voraus reserviert werden!

Französischer Koloinalstil ▶ Villa María Cristina [1] **:** Paseo de la Presa la Olla 76, Tel. 731 21 82, www.villamariacristina.net; das aufwendig restaurierte Boutique-Hotel verführt mit klassisch-eleganten Räumen, edlen Bädern und bezaubernden Kolonialstilelementen. Dazu kommen ein schickes Spa und ein exquisites Restaurant; 13 Suiten ab 290 US-$.

Kleines Juwel ▶ Casa Estrella de la Valenciana [2] **:** Callejón Jalisco 10, La Valenciana, Tel. 732 17 84, www.mexicaninns.com; intimes (6-Zimmer-) Luxushotel im zeitgenössischen Stil mit mexikanischen und mediterranen Stilelementen, Panoramablick von zahlreichen Terrassen auf Berge und Stadt, mexikanisches Kunsthandwerk, handgearbeitete Möbel und Kachelbilder, DZ ab 218 US-$.

Alter Stadtpalast ▶ Quinta Las Acacias [3] **:** Paseo de la Presa 168, Tel. 731 15 17, www.mexicoboutiquehotels.com; Boutique-Hotel in einem französisch inspirierten Stadtpalast des 19. Jh., 17 aufwendig gestaltete

Friedvoll und heiter ist die Atmosphäre in der alten Silberstadt Guanajuato

Zimmer und Suiten, teils im europäischen, teils im mexikanischen Stil, DZ ab 175 US-$.

Mitten im Leben ▶ **Posada Santa Fé 4 :** Jardín de la Unión 12, Tel. 732 00 84, Fax 732 46 53, www.posadasantafe.mx; traditionsreiches Haus (seit 1862) am Zentralplatz, äußerlich aufwendig restauriert, beliebtes Restaurant, 48 eher modern eingerichtete Zimmer, ab 1040 Mex$.

Wohnen wie ein Großgrundbesitzer ▶ **Parador San Javier 5 :** Plaza Aldama 92, Tel. 732 06 26, Fax 732 31 14; Luxus und Stil zum moderaten Preis in einer Hacienda des 17. Jh., mit großem Garten und Pool, 112 Zimmer, ab 930 Mex$.

Individuell ▶ **Hostería del Frayle 6 :** Sopeña 3, Tel. 732 11 79, Fax 732 11 73, www.hosteriadelfrayle.com; in einem Kolnialhaus in günstiger Lage Nähe Zócalo, 37 unterschiedlich große Zimmer, DZ ab 650 Mex$.

Im historischen Zentrum ▶ **Murillo Plaza 7 :** Insurgentes 9, Tel. 732 18 84, Fax 732 59 13, www.hotelmurilloplaza.com; dreistöckiges Kolonialhaus in der Nähe der Alhóndiga, 31 DZ, ab 550 Mex$.

Mit rustikaler Note ▶ **Parador del Convento 8 :** Calz. Guadalupe 17, Tel./Fax 732 25 24; im Zentrum, einfaches Hostal, Internetanschluss, 38 Zimmer, ab 54 US-$.

Essen & Trinken

Viele Stammgäste ▶ **Tasca de la Paz 1 :** Plaza de la Paz 28, Tel. 734 22 25, tgl. ab 8 Uhr; Bar-Restaurant in einem zentral gelegenen Kolonialhaus (auch Freisitz) mit spanischer Küche, Spezialität sind *paella* und *fabada,* ein asturischer Eintopf, Dinner mit Wein 20 US-$.

Gourmet-Küche in elegantem Rahmen ▶ **María Cristina 1 :** tgl. 8–22 Uhr; das Res-

Tipp: Subterránea – im Untergrund

Eine außergewöhnliche Straße! Sie verläuft teilweise unterirdisch, besitzt kaum Fußwege, ist düster und voller Geheimnisse: Und obwohl sich das Zentrum von Guanajuato auch wunderbar zu Fuß entdecken lässt, lohnt es sich, hier ins Auto zu steigen, denn nur auf diese Weise kann man die ungewöhnliche Straße ›erfahren‹. Wer ohne Leihwagen unterwegs ist, sollte ein Taxi nehmen. Das hat für alle, die Spanisch sprechen und verstehen, noch einen Vorteil, denn die Taxifahrer kennen natürlich die Geschichte der Straße in sämtlichen Details und erzählen sie nur allzu gern.

In Guanajuato wurde in den 1960er-Jahren der Fluss umgeleitet, weil es immer wieder zu katastrophalen Überschwemmungen in der Stadt kam. Heute verläuft deshalb im einstigen trockengelegten Flussbett eine fast 3 km lange kurvige Straße, im Volksmund ›La Subterránea‹ genannt, offiziell Calle Miguel Hidalgo und Calle Padre Belauzarán. Von der ›Unterirdischen‹ zweigen vielerorts leere Minenschächte und ehemalige Wasserkanäle ab, die zu Wegen und Gassen ausgebaut wurden und ebenfalls teilweise unterirdisch verlaufen. Es lohnt sich, den Fotoapparat dabeizuhaben: Bei einer Fahrt durch die Subterránea passiert man immer wieder alte Brücken und Bögen, schmiedeeiserne Hausbalkone und koloniale Fassaden.

---

taurant der exquisit restaurierten Hotelvilla stellt nicht nur die Geschmacksnerven zufrieden. Art Déco und französisches Esprit prägen das Ambiente, glänzendes Parkett und ein offener Kamin sind eine Bereicherung. Bevor man zum Essen Platz nimmt (vorzugsweise an einem Tisch an einem der weit geöffneten, bodentiefen Fenster mit französischem Balkon), studiert man bei einem Aperitif an der Bar die wechselnde Menükarte (gegrillte Shrimps mit Risotto 27 US-$).

Unter Bäumen am Park ▶ **Posada Santa Fé** **4** : tgl. 7–23 Uhr; vor dem gleichnamigen, 1862 gegründeten kolonialen Hotel stehen die schmiedeeisernen Tische am Zentralpark. Man bedient sich vom reichhaltigen Buffet (Cesar Salad mit Guacamole und Shrimps 140 Mex$).

Mehrere Restaurants mit Freisitz liegen rund um den Jardín de la Unión, darunter:

Mittagsmenüs ▶ **Casa Valadéz** **2** : Jardín de la Unión 3, Tel. 732 11 57, www.casavaladez.com, tgl. 7–23 Uhr; mexikanische Spezialitäten und internationale Gerichte mit Blick auf das Altstadtensemble, Menü ab 85 Mex$.

Einkaufen

Markt ▶ **Mercado Hidalgo** **1** : Av. Juárez, Mo–Sa 8–19 Uhr; zweistöckiger Metallbau

mit Jugendstil-Schmuckelementen und umlaufender Galerie, s. S. 190.

Kunsthandwerk ▶ **Ríncon Artesanal** **2** : Sopeña 5 (1 Block östlich des Jardín Unión), Tel. 732 86 32, tgl. 10–21 Uhr; eine reichhaltige Auswahl von Kunsthandwerk lokaler Produzenten sowie aus dem Staat Michoacán: Skulpturen, Töpferei, Schmuck, Webarbeiten.

Abends & Nachts

Unter freiem Himmel ▶ Ab 20 Uhr trifft man sich am Wochenende auf dem **Jardín de la Unión** **2**, dort spielen Mariachi-Kapellen bis in die frühen Morgenstunden, es wird getanzt und gesungen.

Mitreißende Rhythmen ▶ **La Dama de las Camelias** **1** : Sopeña 32, Mo–Sa ab 19 Uhr; eine der beliebtesten Bars von Guanajuato, mit einer gepflegten, lebenslustigen Atmosphäre, Latin Music und – natürlich – exotischen Cocktails.

Termine

Festival Internacional Cervantino: zählt mit mehr als 150 000 Besuchern und rund 150 Veranstaltungen zu den bedeutendsten Kunstfesten des Landes. Für zwei Wochen im Okt. werden in den Theatern und auf den Plätzen die Cervantinischen Zwischenstücke von Mi-

aktiv unterwegs

Im Höllenmaul – zur Silbermine La Valenciana

Tour-Infos

Start: Guanajuato, Bus-Terminal (oder Taxi)
Länge: 5 km hin und zurück
Dauer: ein halber Tag

Um 1900 verschickten Besucher der Region gerne ihre Postkartengrüße von der berühmten **Silbermine La Valenciana,** damals die größte Silbergrube der Welt, die in den Hügeln nördlich von Guanajuato an der kurvigen Straße nach Dolores Hidalgo liegt. Erst 1935 wurden die Gruben geschlossen, spätere Versuche, durch erneute Öffnung der Minen an den damaligen wirtschaftlichen Erfolg anzuknüpfen, waren nicht erfolgreich.

Die ungewöhnlich ergiebige Silbermine, die dem Grafen von Valenciana gehörte und diesen zu einem der reichsten Männer der damaligen Zeit machte, wurde 1766 entdeckt. Ein Viertel der Weltproduktion an Silber wurde hier zutage gefördert, ca. 10 000 Männer arbeiteten in dem Stollen; eine gefährliche und schmutzige Arbeit. Nur zu verständlich ist daher, dass sich für die Mine bald die Bezeichnung **Boca del Infierno** (Höllenmaul) bildete. In über 500 m Tiefe schufteten die Minenarbeiter, um den Reichtum des Besitzers zu mehren und die Gier der Welt nach dem Edelmetall zu befriedigen. Von den zahlreichen, durchweg einfachen Gebäuden und Behausungen sind die meisten verfallen, ebenso wie der einstige Förderturm.

Nach Betreten des Geländes liegt gleich links die **Iglesia La Valenciana,** auch Templo de San Gayetano genannt, eine der schönsten Barockkirchen Zentralamerikas. Sie wurde 1780–88 im Auftrag des Conde de Valenciana über der Silbermine errichtet und als ›Geschenk an die Stadt‹ dieser übergeben. San Gayetano ist eine der am reichsten verzierten Kirchen des Landes und eine der Perlen kolonialer Baukunst. Die Fassade besteht vollständig aus rosafarbenem Gestein und ist mit kunstvollsten Steinmetzarbeiten versehen. Drei churriggereske Retablos (Altarbilder) teilweise vergoldet, und mit Pilastern und Baldachinen gekrönt, gehören zu den Schätzen im Inneren der Kirche. Besonders schön ist ein Besuch in den frühen Nachmittagsstunden, wenn Sonnenstrahlen durch die Kirchenfenster fallen und eine zauberhafte Stimmung verbreiten. Im Januar und Februar blühen zudem die mächtigen Jacaranda-Bäume und tauchen die Umgebung in ihren blassblauen Blütenschatten.

Nach der Besichtung der Kirche lohnt ein Besuch der um den Kirchplatz angesiedelten **Kunsthandwerksgeschäfte.** Aus dem reichhaltigen und gut sortierten Angebot an traditioneller mexikanischer Volkskunst lässt sich die ganze Palette des mexikanischen Kunsthandwerks erstehen. An der **Plazuela** trifft man selbst ernannte Führer, die Besucher durch das Gelände führen und (zumeist auf Spanisch) den früheren Abbau des Silbers erklären. Abschließend kehrt man ein im Restaurant **Conde de la Valenciana,** einem prächtigen kolonialen Bauwerk, einst im Besitz des Grafen. Im schattigen Innenhof spielen Mariachi-Musiker zu köstlicher Avocadosuppe auf.

guel de Cervantes, dem Schöpfer des Don Quijote, gespielt. Dazu gibt es Opern- und Theateraufführungen und Kunst. Von Mitte Aug. an werden die rund 50 000 Tickets in Guanajuato verkauft bzw. sind über Ticketmaster erhältlich (www.ticketmaster.com.mx).

Verkehr

Busbahnhof: Juárez 131/Hidalgo; die Verbindungen von Guanajuato sind gut: stündlich fahren vom Busbahnhof aus Überlandbusse in Richtung Querétaro und nach San Miguel de Allende.

Guadalajara

Die Hauptstadt des Staates Jalisco ist mit 5,5 Mio. Einwohnern die zweitgrößte Stadt des Landes. Trotz typischer Großstadtprobleme wie Luftverschmutzung, Verkehrschaos und armen Favelas am Stadtrand gilt Guadalajara in den mexikanischen Medien als Paradebeispiel einer Metropole, die ihre Identität bewahren konnte.

Die Bewohner der Stadt, *tapatíos* genannt, sind stolz auf ihre Traditionen: Ihr Bundesstaat ist die Heimat der *mariachis* und des Tequila, man pflegt die *Charro*-Tradition ebenso wie konservative Tänze. Konservativ ist man auch, wenn es um die Bewahrung der Schätze aus der Kolonialzeit geht. So ist das Zentrum Guadalajaras dank aufwendiger Restaurierung ein städtebauliches Juwel geblieben. Zu Fuß lässt sich das Zentrum der ›Stadt der Rosen‹ mit seinen Plazas und kleinen Parks gut erkunden, die Wege sind von Barockkirchen, Stadtpalästen und Herren-

Tipp: Für Eilige

Wer nicht dem kompletten vorgeschlagenen Rundgang folgen möchte, sollte sich auf folgende Sehenswürdigkeiten konzentrieren: besonders das Innere des berühmten **Degollado-Theaters** `4` ist eine Besichtigung wert (s. rechts); die prächtigsten Bauwerke der Stadt säumen die autofreie **Plaza Tapatía** (s. S. 196). Das **Instituto Cultural Cabañas** `5` bietet eine einzigartige Atmosphäre und ein kulturelles Highlight der Stadt. Schließlich kann man im **Palacio de Gobierno** `2` ein Wandgemälde des großen Muralisten José Clemente Orozco bewundern (s. rechts). Bleibt noch Zeit, bietet sich ein Ausflug nach **Tonalá** an: Die Auswahl an Töpferwaren ist groß, die Preise sind niedrig, die Verkäufer aufgeschlossen und zuvorkommend (s. S. 202).

häusern gesäumt. Die Lage der Metropole auf einem Plateau in 1570 m Höhe sorgt für mäßige Temperaturen. Das Klima ist das ganze Jahr hindurch nahezu frühlingshaft, mit warmen Tagen (20–25 °C) und kühlen, klaren Nächten.

Die Gründung Guadalajaras geht auf die Jahre 1530–42 zurück. In den Annalen steht zu lesen, dass die Siedlung im Hochtal von Atemajac aus 63 europäischen Familien bestand, die ihre Häuser an elf in Nord-Süd- und zehn in Ost-West-Richtung verlaufenden Straßen anlegten. Vorausgegangen waren drei erfolglose Gründungsversuche und Jahre kriegerischer Auseinandersetzungen mit den indianischen Ureinwohnern. Den Plänen des Konquistadors Nuño de Guzmán, der das nach seiner Heimatstadt benannte Guadalajara als Hauptstadt des von ihm gegründeten Königreiches Neu-Galicien sehen wollte, war der rasche Aufschwung der Stadt zu verdanken. Bergbau und Landwirtschaft begründeten bald den Reichtum des Handelszentrums.

Zentrum ▶ 1, F D 2

Cityplan: S. 196

Rund um die Kathedrale

Ausgangspunkt für einen Spaziergang durch die Altstadt ist die **Kathedrale** `1`, ein mächtiges Bauwerk mit drei Renaissanceportalen und zwei Spitztürmen, die mit gelben Kacheln

Die Plaza de los Laureles in Guadalajara

verkleidet sind. Im Inneren beeindrucken elf Altäre sowie das Murillo-Gemälde ›Fiesta de la Asunción‹ (Mariä Himmelfahrt). Gleich vier parkartige Plätze umgeben das 1571 begonnene Gotteshaus: Die Brunnen geschmückte **Plaza de los Laureles** liegt im Westen und die **Plaza de Armas** mit einem aus Frankreich stammenden schmiedeeisernen Musikpavillon im Süden. Bei den hier regelmäßig nach Sonnenuntergang stattfindenden Musikveranstaltungen sieht man gelegentlich noch den *paseo*, einen Tanz, bei dem Männer und Frauen sich in entgegengesetzter Richtung im Kreis bewegen. Hier liegt auch der **Palacio del Gobierno** 2 aus dem Jahre 1643 (1730 erweitert), in dessen Treppenhaus man sich das Wandgemälde anschauen sollte, das José Clemente Orozco schuf, einer der großen mexikanischen Muralisten und ein Sohn der Stadt. Das Bild zeigt Pater Hidalgo in revolutionärer Pose. Im Sitzungssaal findet man weitere Murales mit Darstel-

lungen zur Entstehung der mexikanischen Verfassung (Mo–Fr 9–20 Uhr).

Dem Gedenken an den Helden der mexikanischen Unabhängigkeit ist die Statue von Pater Hidalgo auf der mit zwei Brunnen versehenen **Plaza de la Liberación** östlich der Kathedrale gewidmet, die auch Plaza de los Tres Poderes genannt wird. Gegenüber befindet sich das **Museo del Estado** 3, das in einem ehemaligen Jesuitenseminar (1758) mit Kreuzgängen und verschwiegenen Innenhöfen untergebracht ist. Ausstellungsstücke zur Archäologie Jaliscos sowie viele Gemälde aus dem 18. und 19. Jh. sind hier zu sehen (Museo Regional, Di–So 9–16.30 Uhr, Eintritt 46 Mex$).

An der Ostseite der Plaza de la Liberación erhebt sich das **Degollado-Theater** 4, ein klassizistischer Prachtbau von 1866, dessen Logen sich in Gold und Rot über fünf Stockwerke ziehen. Noch immer ist das Theater Schauplatz von Opern und Symphonien sowie einer bei Touristen beliebten Folklore-Aufführung. An der Rückseite des Hauses zeigt ein großes Bronzerelief die Gründung der Stadt durch die Spanier (Besichtigung Di–Sa 12–14 Uhr; Di 20 Uhr Foklore-Ballett, Eintritt 50–180 Mex$).

Die **Rotonda de los Hombres Ilustres** schließt den Kreis der Plätze um die Kathedrale im Norden. Sie ist mit Bronzebüsten der großen Männer des Staates geschmückt.

Kulturzentrum und Plaza de los Mariachis

Plaza Tapatía heißt die Fußgängerzone östlich der Plaza de la Liberación. Diese mit Skulpturen geschmückte Promenade führt zum früheren Waisenhaus **Instituto Cultural (Hospicio) Cabañas** 5 in der Calle Hospicio 8. Es wurde 1805 von Manuel Tolsá im klassizistischen Stil um 23 Innenhöfe angelegt und ist heute Kulturzentrum der Stadt mit 18 Ausstellungssälen. In der Kapelle am Haupthof liegen Besucher rücklings auf eigens bereitgestellten Bänken, um Orozcos Hauptwerk ›Mensch in Flammen‹ zu betrachten, ein die Kuppel bedeckendes Wandbild. Ebenfalls im Kulturzentrum ausgestellt: ›Die vier Reiter der Apokalypse‹ (Di–So 10–18 Uhr, Eintritt 70 Mex$, www.hospiciocabanas.com).

Nicht weit entfernt liegt die **Plaza de los Mariachis** 6, die schon am frühen Nachmittag zum Zentrum einheimischen Liedguts gerät. Zahlreiche Mariachi-Kapellen spielen auf Bestellung die gewünschten Lieder, während sich mexikanische Großfamilien und Touristen an Holztischen ihre Speisen schmecken lassen.

Markt 7

Zum Einkaufen begibt man sich am besten in den **Mercado Libertad,** den größten Markt des Landes. Das Gebäude, in dem er untergebracht ist, ähnelt von außen eher einem Parkhaus. Im Inneren bieten über 1000 Stände ein Kaleidoskop von Farben und Gerüchen, im ersten Stock befinden sich Essensstände und Garküchen, wo auf wackligen Barhockern die ganze Palette mexika

Guadalajara

nischer Kochkunst serviert wird. Hier einzukaufen ist ein Erlebnis!

Auf den Spuren von José Clemente Orozco

Wer an den Arbeiten von José Clemente Orozco (1883–1949) interessiert ist, wird in Guadalajara schnell fündig: Neben den oben erwähnten Palacio del Gobierno und Hospicio Cabañas beherbergt das **Museo Taller de José Clemente Orozco** 8 (Di–Sa 10–16, So 10–15 Uhr, Eintritt frei) zahlreiche seiner Werke, und in der **Universität** 9, einem Bau aus dem 19. Jh., findet man weitere Murales des Künstlers.

Kunsthandwerk in Tlaquepaque ▶ 1, D 2

Ein Muss für Freunde mexikanischer Kunst ist **Tlaquepaque,** einst Vorort, heute an den südöstlichen Stadtrand von Guadalajara gerückt. Die Kunsthandwerksmetropole des Landes ist für qualitativ hochwertige Ware berühmt. Entlang der verkehrsberuhigten Straßen Independencia und Juárez reihen sich Galerie an Galerie, Werkstatt an Kunsthandwerksbetrieb. Und die Häuser, die sie beherbergen, oft Villen aus der Zeit des Porfiriats, sind eine Augenweide. Sie wurden Ende des 19. Jh. erbaut, als es in der Oberschicht von Guadalajara als schick galt, im kleinen San Pedro Tlaquepaque ein Sommerhaus zu besitzen: Anwesen mit 20 und mehr Räumen, hohen Decken und Blumen gefüllten Innenhöfen.

In Tlaquepaque verkauft man Keramiken und bemalte Kacheln, Tiere aus Pappmaché und Ton, Objekte aus Eisendraht und Glas, dickbauchige Trinkgläser mit blauem Rand in allen Formen und Größen, Holztruhen und Silberschmuck, Edelsteinarbeiten sowie Schnitzereien. Die bedeutendsten Künstler des Landes unterhalten in Tlaquepaque Werkstätten, beispielsweise Sergio Bustamante (Independencia 238), der bekannt ist für seine surrealistisch anmutenden Objekte aus Bronze, Kupfer, Stein und Pappmaché. Seit kurzem fertigt Bustamante auch Schmuck.

Und wer ein Restaurant oder ein Café zur Rast sucht, hat ebenfalls die Qual der Wahl. Zu den beliebtesten gehört **El Restaurante sin Nombre** 1 (s. S. 198), das Restaurant ohne Namen, untergebracht in einem der schönen alten Häuser. Man sitzt im Patio inmitten tropischer Vögel und duftender Orchideen, im Salon (der gleichzeitig als Kunstgalerie fungiert) oder in einem anderen der stilvollen Räume. Originell: Alle angebotenen Gerichte sind am Eingang ausgestellt, ›lebensecht‹ in Keramik.

Eine Auswahl von Spezialitätenrestaurants und Cafés, an denen häufig Mariachi-Kapellen vorbeiziehen, findet sich in der ehemaligen Markthalle, **Parián** genannt, die von Arkaden gesäumt wird. Gegenüber erstreckt sich der Jardín Hidalgo, ein kolonialer Platz mit Rundbühne, eisernen Bänken und vielen Schatten spendenden Bäumen.

Tipp: Ein besonderes Erlebnis

Im **Mercado Libertad** `7` mischt man sich unter die Einheimischen und genießt das pralle mexikanische Leben beim Einkauf (s. S. 196).

Das Kunsthandwerksmekka des Landes liegt in **Tlaquepaque** (s. S. 197 und `5`).

Nach Sonnenuntergang strömen die Menschen in die Cafés und Restaurants der **Plaza Mariachis** `7` und bestellen bei den Musikern ihre Lieblingslieder (s. S. 202).

Infos

Vorwahl Guadalajara: 33

Sectur: Calle Morelos 102 (Fußgängerzone Plaza Tapatía), Tel. 36 68 16 00, Fax 36 68 16 86, Mo–Fr 9–20, Sa/So 9–13 Uhr, www.jalisco.gob.mx

Übernachten

Luxus und Stil vereint ▶ Quinta Real `1` : Av. México 2727/López Mateos, Tel. 36 69 06 00, 0188 500 40 00, Fax 36 69 06 01, www.quintareal.com; Haus in ruhiger Lage am westlichen Stadtrand, erlesener Kolonialstil in einer ehemaligen Hacienda, das beste und schönste Haus der Stadt, 76 Suiten, ab 185 US-$.

Blick von oben ▶ Misión Carlton `2` : Av. Niños Héroes 125/16 de Septiembre, Tel. 36 14 72 72, Fax 36 13 55 39, www.hotelesmision.com; das moderne 20-stöckige Komforthotel liegt zentral und bietet einen fantastischen Blick über die Altstadt, 250 Zimmer, ab 1400 Mex$.

Historisches & Zeitgenössisches im Mix ▶ De Mendoza `3` : Venustiano Carranza 16, Tel. 39 42 51 51, Fax 36 13 73 10, www.demendoza.com.mx; kolonialer Stil mit Pool und Tiefgarage im Zentrum, 104 Zimmer, ab 103 US-$.

Dachterrasse mit Pool ▶ Cervantes `4`: Prisciliano Sánchez 442/Ecke D. Guerra, Col Centro, Tel. 36 13 66 86, www.hotelcervantes.com.mx; das auffällig an der Straßen-

kreuzung thronende fünfstöckige Eckhaus überzeugt mit niedrigen Preisen, farbenfroher Gestaltung und zuvorkommendem Personal, 100 Zimmer ab 700 Mex$.

Vier Jahrhunderte Tradition ▶ Francés `5`: Calle Maestranza 35 (Nähe Plaza), Tel. 36 13 11 90, Fax 36 58 28 31, www.hotelfrances.com; 1610 erbauter Prachtpalast, heute Nationaldenkmal mit antiker Möblierung, 60 Zimmer, ab 650 Mex$.

Koloniale Pracht für kleine Budgets ▶ Posada Regis `6` : Corona 171, Tel. 36 14 86 33, Fax 36 13 30 26, www.posadaregis.com; französisches Haus von 1870, auch große Zimmer mit Balkon, günstige Lage zwei Blocks zur Kathedrale, 22 Zimmer, DZ 350 Mex$.

Jugendherberge ▶ Hostal Guadalajara Centro `7` : Maestranza 147 (Ecke Lopez Cotilla), Tel./Fax 35 62 75 20, www.hostelguadalajara.com; die private Herberge befindet sich in einem kolonialen Eckhaus im Zentrum und bietet einen breiten Service, 500 m von der U-Bahn-Station Plaza Universidad und drei Blocks zur Plaza de la Liberación, 30 Betten, ab 150 Mex$.

Essen & Trinken

Treff für Touristen ▶ El Restaurante sin Nombre `1` : Tlaquepaque, Madero 80, Tel. 36 35 45 20, Mo–Do 11–22, Fr/Sa bis 24 Uhr; für einen Stop im Zentrum des Kunsthandwerks, tropisch-grüner Garten, mexikanisches Menü 15 US-$.

Edel & vorzüglich ▶ El Sacromonte `2` : Pedro Moreno 1398, Tel. 38 25 54 47, www.sacromonte.com.mx, Mo–Sa 13–23 Uhr; vorzügliche, kunstvoll arrangierte und zubereitete Gerichte entzücken nicht nur das Auge, serviert werden sie in einem kühlen Patio-Garten. Den Aperitif nimmt man in der nebenan liegenden, stilvoll designten Bar El Duende ein, Hauptgerichte um 14 US-$.

Historischer Klosterpatio ▶ La Fonda de San Miguel `3` : Donato Guerra 25, Tel. 36 13 09 09, www.lafondadesanmiguel.com, Di–Sa 8.30–24, So bis 21, Mo bis 18 Uhr; Salate, hausgebackenes Brot und köstliche lokale Spezialitäten werden im Patio des ehemaligen Klosters Santa Teresa serviert, am Wochenende spielen lokale Musiker auf. Gut ist auch das stilvolle Frühstück (6 US-$), Hauptgerichte bis 15 US-$.

Lieblingsadresse für Genießer ▶ Mariscos Progreso 4 : Tlaquepaque, Progreso 80, Tel. 36 57 49 95, tgl. 11–19 Uhr; Fisch und Meeresfrüchte vom Holzkohlengrill werden hier serviert, als Vorspeisen gibt es köstliche *ceviche* (marinierter roher Fisch) und *guacamole,* man sitzt im Freien unter Bäumen und genießt die lebhafte Atmosphäre, die auch durch die Mariachi-Bands geprägt wird, Hauptgerichte ab 9 US-$.

Mexikanisch ▶ La Pianola 5 : Av. México 3220, Zona Minerva, Tel. 38 13 13 85, tgl. 12–24 Uhr; mexikanische Küche, abends (elektrische) Pianomusik, *chile en nogada* 8 US-$.

Einkaufen

Shoppingmalls ▶ Galería del Calzado 1 : Av. México 3225, www.galeriadelcalzadogdl.com.mx, Mo–Sa 10–18 Uhr; Guadalajara besitzt Hunderte von Schuhgeschäften – hier sind allein 60 davon unter einem Dach vereint. **La Gran Plaza 2 :** Av. Vallarta 3959, beliebte Mall mit Boutiquen mexikanischer, latein- und nordamerikanischer Designer, mehrere Kinos, Cafés sowie Restaurants sind hier ansässig (www.lagranplazafashionmall.com). **Centro Magno 3 :** Av. Vallarta 2425, Mo–Sa 9–20 Uhr; eine weitere große Mall der Stadt, durch die man schlendern kann (www.magnobowl.com.mx/magno).

Kunsthandwerk ▶ Instituto de la Artesanía Jalisciense 4 : González Gallo 20, tgl. 9–17 Uhr; Ausstellung und Verkauf von

Charreadas: Frauen führen Kunststücke auf ihren Pferden vor

aktiv unterwegs

Fahrt nach Tequila – wo Hochprozentiges gebraut wird

Tour-Infos

Start: Bahnhof von Guadalajara
Länge: je Strecke 50 km
Dauer: einen Tag
Wichtige Hinweise: Fahrten Sa/So 9–19 Uhr ab Bahnhof Guadalajara (Av. Washington/Calz. Independencia Sur), Fahrtdauer 1 Std. 45 Min. bis Amatitán, von dort Weiterfahrt mit Bus. Preis 1200 Mex$, Auskunft: Tel. 33 38 80 90 99, www.tequilaexpress.com.mx.

Die Kleinstadt **Tequila** (▶ 1, C 2), 50 km nordwestlich von Guadalajara, liegt zu Füßen des erloschenen Vulkans Cerro de Tequila und ist umgeben von silbrig schimmernden Agavenfeldern. Im Zentrum der Tequila-Produktion wird heute in Dutzenden von Fabriken der über Mexikos Grenzen hinaus bekannte Branntwein hergestellt. An deren Besichtigung sind viele Besucher interessiert.

Bis zum Horizont erstrecken sich die Agavenfelder. Die Namen der Tequila-Dynastien prangen – aus weiß getünchten Feldsteinen gesetzt – von den Hängen. Mit dem Tequila-Boom und der Etablierung als Modegetränk in den 1990er-Jahren verdoppelte sich nicht nur die Produktion, auch die Besucherzahl in der 35 000 Einwohner zählenden Stadt Tequila nahm zu. Heute produzieren in der Um-

Tequila-Probe auf einer Tequila-Hacienda

gebung mehr als 30 Destillerien über 50 % des mexikanischen Tequila.

Die Anreise erfolgt zumeist per Auto oder Bus von Guadalajara. Eine reizvolle Alternative ist die Fahrt mit dem sogenannten Tequila-Express – eine organisierte Tour mit der Eisenbahn. Mariachi-Bands, eine gut bestückte Bar und Snacks tragen zur Popularität der Zugfahrt bei. Auf dem Weg nach Tequila hält der Zug, damit die Passagiere eine historische Tequila-Hacienda besichtigen können; außerdem erfahren die Reisenden, wie Ernte und Verarbeitung der Agaven vonstatten gehen.

In Tequila besucht man die bezaubernde historische **Hacienda La Perseverancia,** die

älteste Produktionsstätte für Tequila in Mexiko. Sie wurde von der Brennerei-Dynastie Sauza im Jahr 1875 gegründet. Nach einem üppigen mexikanischen Mittagessen und dargebotenem Folkloreprogramm geht es dann am Nachmittag wieder zurück nach Guadalajara.

Da die großen Tequila-Fabriken mehrmals täglich 90-minütige Besichtigungstouren (ca. 50 Mex$) in englischer und spanischer Sprache anbieten, lässt sich ein Besuch in Tequila auch problemlos individuell organisieren. Tickets bucht man im Touristeninformationsbüro auf der Plaza. Unbedingtes Muss ist auch das originelle **Tequila-Museum** (Museo Nacional de Tequila, Munat), das gleich gegenüber der Cuervo-Destillerie liegt (Ramón Corona 34, Di–So 10–17 Uhr, Eintritt frei).

Wenn man mit dem Besichtungsprogramm durch ist, lohnt die Einkehr in einem der vielen Cafés und Restaurants, die die Plazas und Straßen des Ortes säumen. Besonders reichhaltig ist auch das Angebot an Tequila-Sorten, die in Dutzenden von Geschäften, von denen sich einige gar als Tequila Museum (Museo de la Familia Sauza, Vicente Albino Rojas 22) bezeichnen, verkauft werden. So gibt es die Sorte *blanco, joven* (jung, auch gold genannt), *reposado* (ein Jahr im Holzfass gereift), *añejo* (über ein Jahr im Holzfass gereift). Interessant sind besonders hochwertige, in Deutschland kaum erhältliche Marken, die teilweise in mundgeblasenen Miniaturflaschen angeboten werden und sich durchaus als Mitbringsel eignen.

Von Ende November bis Mitte Dezember feiert man in der Stadt zudem die **Feria Nacional del Tequila,** bei der mehrere Wochen lang Paraden, Rodeos, Hahnenkämpfe und Mariachi-Musik dargeboten werden und die Destillerien mit zahlreichen Ausstellungen und Präsentationen rund um Mexikos Kultgetränk aufwarten.

Guadalajara

Kunsthandwerk des Staates Jalisco. **Casa del Artesano** `5` : Morelos 288, Tlaquepaque, Mo–Sa 10–19 Uhr; hochwertiges Kunsthandwerk, im Hause selbst hergestellt aus Glas, Ton, Eisen, Holz, Keramik, Kupfer und Leder.

Abends & Nachts

Der Musik lauschen ▶ **Plaza de Mariachis** `6` : zwischen der Kirche San Juan de Dios und der Calzada Independencia, südlich des Mercado Libertad; ein echtes Highlight: Man nimmt nach Sonnenuntergang auf Holzbänken vor den Restaurants und Cafés Platz und engagiert ›seine‹ Mariachi-Band. Dazu muss man wissen, dass die hiesigen Musiker als die besten des Landes gelten.

Vorhang auf ▶ **Teatro Degollado** `4` : Vorstellungen im Theater, s. S. 195.

Termine

Charreada: Lienzo Charro Agua Azul, So ab 12 Uhr. In der Hauptstadt des Bundesstaates Jalisco liebt man traditionelle Reiterwettkämpfe mit farbenprächtiger Folklore; auch Vorführungen von Damen.

Internationales Reiter- und Mariachi-Festival: 10 Tage Anfang Sept.; Mariachi-Konzerte und Reitervorführungen mit Wettbewerben, Freiluftkonzerten und gesungenen Messen.

Fiestas de Octubre: 1.–30. Okt.; eines der wichtigsten Feste des Landes mit Kulturprogramm, Livemusik sowie Ausstellungen in der Stadt.

Verkehr

Flughafen: 18 km südwestlich der Stadt an der Straße zum Chapala-See (Linienbus und *colectivo*).

Fluglinien: Aeroméxico, Av. Americas 1643, Col. Providencia, Tel. 38 17 71 05. **Aero California,** Av. Vallarta 2440, Col. Arcos Vallarta, Tel. 36 16 25 25.

Zentraler Busbahnhof: Niños Héroes/28 de Enero; stündlich fahren Busse in alle Richtungen.

Autobahn: von Mexiko-Stadt nach Guadalajara 550 km, Gebühren für die gesamte Strecke rund 750 Mex$.

Ausflüge von Guadalajara

Tonalá ▶ 1, D 2

Nicht ganz so schick wie Tlaquepaque, aber ebenfalls bekannt für seine Kunsthandwerkstradition ist das südlich an der Straße nach Chapala gelegene Tonalá, ein Töpferdorf, in dem noch immer nach jahrhundertealten Techniken gearbeitet wird. ›Ort der Sonne‹ nannten die Tonalteken ihre Siedlung, die sie lange vor der spanischen Invasion gründeten. Sie widmeten sich dem Töpferhandwerk, für das sie schließlich im ganzen Land bekannt wurden, sodass Tonalá den Beinamen ›Geburtsort der Töpferei‹ bekam. Heute ist das Dorf an Guadalajaras Stadtgrenze gerückt, zu althergebrachten Materialien und Arbeitsweisen sind neue Techniken und modernes Design getreten. Kitsch steht neben Kunst und Gebrauchsgegenständen in den Verkaufsregalen.

Nicht verpassen sollte man den Tianguis, den **Markttag,** der donnerstags und sonntags in den Straßen und auf den Plätzen des Städtchens abgehalten wird. Zum Verkauf kommen Tausende von Produkten, poliert *(brunido)* und als weiße Rohware *(caolín).* Auch aus den umliegenden Dörfern reisen die Gewerbetreibenden an, um ihre Waren feilzubieten.

Laguna de Chapala ▶ 1 D 2/3

Am Flughafen vorbei gelangt man über eine Autobahn zur 60 km südöstlich gelegenen Laguna de Chapala, mit rund 85 x 27 km Ausdehnung Mexikos größter See. Üppige Vegetation, mildes Klima und eine malerische Landschaft sind ausschlaggebend dafür, dass Tausende von US-Amerikanern und Kanadiern ihren Ruhestand am Chapala-See genießen. Am westlichen Ende der Nordküste erstreckt sich über eine Strecke von 26 km die sogenannte ›Lakefront‹, hier reihen sich mehrere malerische Dörfchen aneinander. Es gibt eine Reihe von bezaubernden Boutique-Hotels, gute Restaurants und eine Auswahl anspruchsvoller Kunsthandwerksgeschäfte. Hauptort ist das 1538 von einem

Priester gegründete **Chapala.** Malerischer Seeblick, gepflegte Gartenanlagen und Kunsthandwerkshändler konkurrieren um die Aufmerksamkeit der Besucher. Am Wasser liegen zudem mehrere Cafés, und im Beer Garden spielen seit mehr als acht Jahrzehnten die *mariachis* auf.

Das pittoreske, von Kopfsteinpflastergassen durchzogene Fischerdörfchen **Ajijic** wurde von Nahua-*Indígenas* um 1400 gegründet. Die Kirche San Andrés und die Kapelle Virgen de Santiago gehen auf das 16. Jh. zurück. In den Wintermonaten leben bis zu 15 000 US-Amerikaner und Kanadier in Ajijic. Kultureller Treffpunkt der Ausländer ist die **Lake Chapala Society,** deren gepflegte Gärten einen Besuch wert sind und die zudem eine umfassende Bibliothek englischsprachiger Bücher unterhält. Am Wochenende ist der Chapala-See angesagtes Ziel der Bewohner von Guadalajara, die hier zu Tausenden Erholung suchen.

Der See ist in den vergangenen Jahren kleiner geworden; der Wasserspiegel sinkt unaufhörlich, und besonders an seiner Ostseite liegt ein beträchtlicher Teil bereits trocken. Auch Wasserlilien, die die Oberfläche mit dichtem Grün bedecken und sich schnell ausbreiten, wurden zur Plage. Sie entziehen dem ›Unterwasserleben‹ jegliche Lebensgrundlage. ›Gedüngt‹ werden sie von Chemikalien, die über die Flüsse in den See gelangen.

Übernachten

Stilvoll im Grünen ▶ **Quinta Quetzalcoatl:** Chapala, Zaragoza 307, Tel. 376 765 36 53, Fax 765 34 44, www.accommodationslakechapala.com; die Villa, in der D. H. Lawrence an seinem Buch »Die gefiederte Schlange« schrieb, beherbergt heute ein stimmungsvolles, von dem US-amerikanischen Ehepaar Henderson geführtes Boutique-Hotel, zahlreiche Touren werden organisiert, 8 Zimmer, ab 85 US-$.

Im Park ▶ **La Nueva Posada:** Ajijic, Donato Guerra 9, Tel. 376 766 14 34, Fax 766 14 44, www.hotelnuevaposada.com; stilvoll und erholsam, spanischer Kolonialstil inmitten eines wunderschönen tropischen Parks mit jahrhundertealten Kautschukbäumen und mit Seeblick, 23 große Zimmer, ab 68 US-$.

Essen & Trinken

Herrenhaus am See ▶ **Los Cazadores (Casa Braniff):** Chapala, Paseo Ramón Corona 18, Tel. 376 765 21 62, Di–So 13–20 Uhr; mexikanische Küche, Fisch- und Meeresfrüchte in einem Herrenhaus des 19. Jh., schöner Blick auf das Geschehen am Chapala-Pier, Spezialitäten ab 12 US-$.

Tex-Mex-Küche ▶ **Ajijic Tango:** Ajijic, Morelos 5, Tel. 376 766 24 58, www.ajijictango. com, Mi–Mo 12.30–21 Uhr; argentinische Steaks vom Holzkohlengrill, Pastaspezialitäten und Pizzas, dazu südamerikanische Musik und Dekoration, Menü ab 13 US-$.

Einkaufen

Kunsthandwerk ▶ **Centro Artesanal La Vieja Posada:** Ajijic, 16 de Septiembre 4; Mobiliar im Kolonialstil, Kleidung lokaler mexikanischer Designer, untergebracht in einer Hacienda aus dem 19. Jh. **Opus Boutique y Galeria:** Ajijic, Morelos 15, mexikanische Volkskunst, Schmuck, Bekleidung und ausgefallene Souvenirs in den Räumen eines Kolonialhauses

Antiquitäten ▶ **Bazar Barbara:** Ajijic, Independencia 7; gut sortierter Antiquitätenshop mit einer Kollektion seltener mexikanischer Objekte der Volkskunst (www.ajijic4me.com).

Aktiv

Golf ▶ **Chapala Country Club:** Laguna Road, östlich von Chapala, Tel. 376 763 53 84, www.ccchapala.com; 9-Loch-Par-36-Golfplatz, im Clubhaus werden Sandwiches, Salate und Getränke serviert.

Lake Chapala Society ▶ Ajijic, 16 de Septiembre 116-A, www.lakechapalasociety.com, 10–14 Uhr; Treffpunkt von Besuchern für einen Plausch mit den US-amerikanischen Initiatoren der Gesellschaft sowie das Stöbern in der Bibliothek.

Verkehr

Stündlich **Busse** auf der Strecke Chapala–Guadalajara.

San Luis Potosí, Aguascalientes, Zacatecas

San Luis Potosí, Aguascalientes und Zacatecas: das koloniale Dreieck in Mexikos Norden bietet eine lebhafte Mischung aus modernem Gepräge und altspanischem Ambiente. Im Schachbrettmuster angelegte Städte, großartige Kirchen, Plazas, auf denen Musikkapellen aufspielen – und bislang eher wenig Touristen.

Der Bundesstaat San Luis Potosí ist die Heimat der Huaxteken, die inmitten der steppenartigen Hochebene siedeln. Und hier soll, den Berichten zufolge, auch der legendäre Peyotl-Kaktus gedeihen, für den die Huichol und Tarahumara aus ihren Hunderte von Kilometern entfernten Wohngebieten im Winter herpilgern. San Luis Potosí ist für die *indígenas* gleichbedeutend mit ›Wiríkuta‹, ihrem ›Heiligen Land‹.

Weitgehend dem 21. Jh. verschrieben hat sich hingegen die gleichnamige Hauptstadt des Staates. Das stark angewachsene San Luis Potosí sieht in den Außenbezirken so aus wie jede andere moderne mexikanische Stadt, hat jedoch im Stadtkern rund um die Plaza de Armas ihre koloniale Bausubstanz erhalten. Kirchen im überreichen mexikanischen Barock erfreuen Besucher. Die Verbindung zu den *indígenas* stellt ein Museum dar, in dem über 700 Zeremonialmasken ausgestellt sind.

Westlich von San Luis Potosí gelangt man in die alte Minenstadt Aguascalientes. Einige gut hergerichtete Denkmäler und koloniale Bauwerke locken Besucher an, doch die meisten bleiben nur kurz, denn nicht weit entfernt im Norden liegt mit Zacatecas eine der schönsten Kolonialstädte Mexikos. Poetisch gepriesen als ›Stadt mit der rosafarbenen Steinfassade und dem Herzen aus Silber‹ besitzt die über 500 Jahre alte spanische Siedlung eine Vielzahl kolonialer Bauwerke und zudem wunderschöne stimmungsvolle Hotels in allen Preisklassen. Die Tatsache, dass

die Stadt inmitten einer unfruchtbaren, wüstenähnlichen Umgebung liegt, verstärkt noch ihren Reiz und die große Anziehungskraft.

San Luis Potosí ▶ 2, I 7

Rund 200 km nördlich von Querétaro, über die MEX 57 von Mexiko-Stadt aus schnell zu erreichen, liegt die schachbrettartig angelegte Kapitale (950 000 Einw.) des gleichnamigen Staates San Luis Potosí. Der Ort, 1880 m hoch gelegen, wurde 1590 an der Stelle einer alten Huaxteken-Siedlung als Minenzentrum für die in der Umgebung gelegenen Gold- und Silberbergwerke gegründet und erhielt Mitte des 17. Jh. Stadtrecht. Nachdem San Luis Potosí 1863 und 1867 als Sitz der ›Exilregierung‹ unter Benito Juárez landesweit bekannt geworden war, fiel die Stadt wieder in einen tiefen Dornröschenschlaf. Dennoch: 420 km von Mexiko-Stadt und allen hauptstädtischen Sorgen entfernt, lebt man hier recht gut vom Handel, der Landwirtschaft sowie einer Reihe industrieller Fertigungsbetriebe.

Der Tourismus soll als weiterer Wirtschaftszweig erschlossen werden, denn in der ehemaligen Gold- und Silberstadt finden sich zahlreiche Monumente der glanzvollen Vergangenheit. Neben prächtigen Bauwerken der Kolonialzeit verfügt San Luis Potosí über eine große Anzahl von Parks und Grünflächen sowie autofreie Straßen. Einige Szenen des Kinofilms ›Frida‹ über die Malerin

Frida Kahlo wurden im historischen Zentrum der Stadt gedreht, so z. B. an der begrünten Plaza de Armas.

Die diesen Zentralplatz überragende **Kathedrale** wurde in ihrem Inneren aufwendig restauriert. Ihre ungewöhnlich lange Bauzeit (1670–1740) trug zur Ausbildung unterschiedlicher Stile bei. Während die Fassade beispielsweise Elemente des spanischen Barock zeigt, ist der Hauptaltar im neoklassizistischen Stil gehalten. Die **Casa de la Virreina,** Palais und Domizil der ehemaligen spanischen Vizekönigin, beherbergt heute ein Restaurant. Auch der an der Westseite des Platzes gelegene **Palacio del Gobierno,** 1770 im klassizistischen Stil errichtet, vermittelt einen Eindruck von dem Reichtum, der sich aus der Minenausbeute ergab.

Nicht weit entfernt erhebt sich an der Plaza del Carmen die Kirche **Nuestra Señora del Carmen** mit gekachelter Kuppel. Vor der barocken Fassade finden sich allabendlich Grüppchen älterer Männer zum Kartenspiel ein. An diesem Platz liegen auch das Teatro de la Paz und das **Museo Nacional de la Máscara** in einem opulenten Gebäude aus dem Jahre 1894, in dem mehr als 2000 Masken aus allen Teilen Mexikos ausgestellt sind (Calle Villerias 2, Di–Fr 10–14, 17–19, Sa/So 10–14 Uhr, Eintritt 25 Mex$).

Infos

Vorwahl San Luis Potosí: 444
Información Turística: Manuel José Othón 130 (Col. Centro), Tel. 812 99 39, Fax 812 31 43, www.sanluispotosi.gob.mx, Mo–Sa 8–18 Uhr.

Übernachten

Top-Adresse im Zentrum ▶ Westin San Luis Potosí: Real de Lomas 1000, Tel. 825 01 25, Fax 825 02 00, www.westin.com; stilvoll und luxuriös im üppigen Kolonialstil, abends aufwendig illuminiert, edel gestalteter Poolbereich, 123 Zimmer, ab 130 US-$.

Zimmer mit Aussicht ▶ Panorama: Ven. Carranza 315, Tel. 812 17 77, 01800 480 0100, Fax 812 45 91, www.hotelpanorama.com.mx; von US-amerikanischen Individual-

reisenden geschätztes Mittelklassehotel im Zentrum, renoviert, Internetanschluss im Zimmer, fantastische Sicht auf die Altstadt von den zum Pool ausgerichteten Zimmern, 127 Zimmer, ab 900 Mex$.

Blick über die Stadt ▶ Maria Cristina: Juan Sarabia 110, Tel. 812 94 08, Fax 812 88 23, www.mariacristina.com.mx; modernes komfortables Haus in zentraler Lage, DZ ab 64 US-$.

Preiswert im historischen Zentrum ▶ De Gante: 5 de Mayo 140/Ecke Madero, Tel. 812 14 92, Fax 812 14 93; an der Plaza de Armas, 49 einfache Zimmer, ab 420 Mex$.

Essen & Trinken

Gehobene Spezialitäten ▶ La Gran Vía: Av. Venustiano Carranza 560, Tel. 812 28 99, www.lagranvia.com.mx, tgl. 13–24 Uhr; spanische und portugiesische Küche ab 170 Mex$, auch diverse Fischspezialitäten.

Traditionelles Ambiente ▶ La Corriente: Ven. Carranza 700, Tel. 812 93 04, Mo–Sa 8–24, So 10–18 Uhr; Restaurant und Bar mit viel Atmosphäre, zu den huastekischen Spezialitäten erklingt abends häufig Gitarrenmusik, diverse Räume sowie ein stimmungsvoller Patio, Hauptgerichte um 9 US-$.

In der Altstadt ▶ La Oruga y La Cebada: Callejón de Lozada 1, Tel. 812 45 08, tgl. 13–24 Uhr; landestypische Küche, man genießt *Enchiladas Potosinos* und einen romantischen Blick auf die Dächer und Türme der Paläste von San Luis Potosí, Hauptgerichte um 70 Mex$.

Indianische Küche ▶ Fonda de Orizatlán: Pascual M. Hernandez 240, Tel. 814 67 86,

Tipp: San Louis Potosí für Genießer

In San Luis Potosís' Restaurants werden immer wieder traditionelle **huastekische Spezialitäten** aus dem östlichen Bundesstaat angeboten. Beliebt ist z. B. *Zacahuil,* Enchiladas in XL-Größe. *Cecina Huasteca* wiederum ist würziges Trockenfleisch, das in zahlreichen Varianten verarbeitet wird.

tgl. 12–15, 18–22 Uhr; der Speiseraum ist dekoriert mit historischen Schwarzweißfotos, die Küche hat sich auf die traditionellen Gerichte der Huaxteken spezialisiert, sehr empfehlenswert, Menü ab 85 Mex$.

Einkaufen

Kunsthandwerk ▶ **Fonart:** Aldama 300/ Madero, Centro Histórico, Mo–Sa 9–19 Uhr, www.fonart.gob.mx; große Auswahl an anspruchsvollem, aus Mexiko stammendem Kunsthandwerk zu festen Preisen.

Markt ▶ **Mercado Hidalgo:** Mier y Terán/ J.M. Morelos, Mo–Sa 9–20 Uhr; Kunsthandwerk sowie günstige Essstände.

Abends & Nachts

Kulturelles ▶ **Casa de la Cultura:** Carranza 1815; Ausstellungen, Aufführungen, koloniale Malerei.

Theater ▶ **Teatro de la Paz:** Villerías 105, Plaza del Carmen; tgl. Aufführungen in einem neoklassizistischen Gebäude. Anschließend nimmt man einen Cappuccino im Café de la Paz nebenan.

Termine

Stadtfest: 18.–26. Aug.

Festival de Poesía: Mitte Sept.; Lesungen und Ausstellungen mit international renommierten Dichtern.

Verkehr

Flughafen: Tel. 822 21 19.

Aeroméxico: Flughafen, Tel. 833 04 31 **Aero California,** Plaza Gigante Tangamanga, LOC No. 16, Tel. 811 80 50.

Busbahnhof: am Verkehrskreisel im Osten der Stadt, Diagonal Sur; nach Mexiko-Stadt 6 x tgl.

Aguascalientes ▶ 2, H 7

Ungefähr 210 km nordöstlich von Guadalajara liegt Aguascalientes, die 480 000 Einwohner zählende Hauptstadt des gleichnamigen Bundesstaates. Die Spanier gründeten den Ort 1575 als Fort zur Abwehr aufständischer Chichimeken und benannten ihn nach den zahlreichen Thermalquellen, die in der Umgebung der Stadt aus der Erde sprudeln. In der fruchtbaren Ebene in 1890 m Höhe mit angenehmem Klima werden Wein und Obst angebaut und (Kampf-)Stiere gezüchtet.

Im Volksmund heißt der Ort auch ›La Ciudad Perforada‹, da ein Labyrinth unterirdischer Gänge bisher unbekannter Herkunft im Fels unterhalb der Stadt angelegt ist. Man nimmt an, dass die Gänge und Höhlen von präkolumbischen *indígenas* stammen; sie sind allerdings nicht zu besichtigen.

Auch in Aguascalientes hat die Geschichte ihre Spuren hinterlassen: An der Plaza Principal (Plaza de la República) steht der **Palacio de Gobierno,** der im 18. Jh. erbaute Regierungspalast. Er wurde von Osvaldo Barra mit einem gewaltigen Mural ausgeschmückt, das die Haupterwerbsquellen des Staates – Landwirtschaft und Industrie – zeigt. Der aufwendig gestaltete zweistöckige Innenhof ist für Besucher freigegeben (Mo–Fr 8–16 Uhr). Der barocke **Palacio Municipal** (Rathaus) stammt aus dem 18. Jh.; überragt wird der blumengeschmückte Platz von der barocken Kathedrale aus derselben Zeit. Renommiert ist die dem in Aguascalientes geborenen Grafiker José Guadalupe Posada gewidmete Ausstellung seiner Drucke im **Museo José Guadalupe Posada.** Es liegt an dem ruhigen und hübschen kolonialen Plätzchen Jardín del Encino neben der aus dem 18. Jh. stammenden Iglesia de San Juan del Encino im ehemaligen Priesterhaus (Di–So 11–18 Uhr). Im prächtigen neoklassizistischen **Museo de Aguascalientes** präsentiert man (lokale) Kunst des 20. Jh. in mehreren Sälen, die sich um zwei Patios gruppieren (Av. Zaragoza 505, Di–So 11–18 Uhr, Eintritt 10 Mex$).

Infos

Vorwahl Aguascalientes: 449

Información Turística: Palacio de Gobierno, Plaza de la Patria 141 Poniente, Tel. 915 95 04, www.aguascalientes.gob.mx, Mo–Fr 8–18, Sa 8–14 Uhr.

Übernachten

Zwischen Bougainvilleen & Jacarandas ▶

Gran Hacienda de la Noria: Av. Héroes de Nacozari Sur 1315, Col. La Salud, Tel. 918 43 43, Fax 916 81 03, www.granhotelanoria. com.mx; kolonialer Prachtbau in weitläufiger Grünanlage außerhalb der Stadt, 50 Suiten, ab 1400 Mex$.

Komfortabel & ruhig ▶ Fiesta Inn: Ma-
hatma Gandhi 302 Sur, Villa Asunción, Tel. 149 02 00, Fax 149 02 06, www.fiestainn. com; Mittelklassehaus in modernem Design abseits des Zentrums, Pool, 125 DZ, ab 1400 Mex$.

Preiswert & beliebt ▶ Elizabeth: Av. de la
Convención Sur 107, Tel. 978 29 26, Fax 978 20 36, www.hoteleselizabeth.com; Komforthotel beim Busbahnhof mit günstigen *paquetes* für mehrere Nächte, 75 DZ, ab 490 Mex$.

Zentral & günstig ▶ Asis: 5 de Mayo 504,
Tel. 915 28 17, hotelasis@hotmail.com; Dachterrasse, Parkplatz, 38 einfache Zimmer, ab 320 Mex$.

Gegenüber dem Busbahnhof ▶ Continen-
tal: República de Brasil 609/Guatemala, Fracc. Las Américas, Tel./Fax 978 28 29, www.hotelcontinental.com.mx; mit eigenem Parkplatz und Restaurant, einfache DZ, ab 280 Mex$.

Essen & Trinken

Authentische Küche ▶ Las Mercedes: 5a
Ave. 801, Tel. 978 10 90, tgl. 8–23 Uhr; regionale Spezialitäten, darunter schmackhafte Suppen, Lammeintopf ab 110 Mex$.

Kulinarisches Highlight ▶ Mitla: Madero
220 (Centro), Tel. 916 61 57, tgl. 12–15, 18–22 Uhr; das älteste Restaurant der Stadt bietet lokale Leckerbissen, z. B. Geflügel in Weinsauce ab 110 Mex$.

Abends & Nachts

Kulturelles ▶ Casa de la Cultura: Av. Car-
ranza 101/Galeana; Ausstellungen, Konzerte u. a. in einem kolonialen Gebäude.

Termine

Feria San Marcos: April/Mai, Höhepunkt am 25. April im Parque San Marcos; Fest zu Ehren des Stadtheiligen.

Quincenario de la Virgen de la Asunción: 1.–15. Aug.; das bedeutendste religiöse Fest der Stadt ist die Wallfahrt anlässlich Mariä Himmelfahrt.

Festival de las Calaveras: 10 Tage Ende Okt./Anfang Nov.; das Fest der Totenköpfe zeigt u. a. einen Aufmarsch mit 20 Karossen sowie Vorführungen zu den Skelettfiguren von José Guadalupe Posada, auch Straßenmusik.

Verkehr

Flughafen: Tel. 915 81 32.

Aeroméxico, Av. Fco. I. Madero 474, Tel. 918 21 27. **Aero California,** Av. Madero 319 (Zentrum), Tel. 915 24 00.

Busbahnhof: Av. Circunvalación Sur (am südlichen Stadtrand). Tgl. 6 x nach Mexiko-Stadt, stdl. nach Zacatecas und León sowie San Luis Potosí.

Zacatecas ▶ 2, H 7

Zunehmend mehr Touristen kommen in die Silberstadt Zacatecas, die sich weit ab von den üblichen Rundreiserouten im Norden befindet (rund 130 km nördlich von Aguascalientes). Sie liegt eingebettet in einer Talsohle zwischen kahlen, unbewaldeten Hügeln in 2470 m Höhe. Die Hauptstadt (270 000 Einw.) des gleichnamigen Staates ist durchaus einen Abstecher wert, ihre engen Gassen, zahlreichen Klöster und Barockkirchen gehören zum UNESCO-Welterbe. Cantera heißt der rötliche Stein, aus dem einst die Bauwerke errichtet wurden.

Der Denkmalschutzgesellschaft Monumentos Coloniales sind nicht nur die hervorragenden Restaurierungen zu verdanken, sondern auch das frei von Hochhäusern und Reklameschildern gehaltene Stadtbild. Zacatecas wurde 1548 von den Spaniern wegen der reichen Silbervorkommen in der Umgebung gegründet; Vorkommen, die so gewaltig waren, dass die Siedlung schon bald zum fünftgrößten Silberproduzenten der Welt avancierte. Nicht zuletzt, um ihr Gewissen zu beruhigen und Vorsorge zu treffen für einen ›gepolsterten‹ Platz im Himmel, stifteten die Silberbarone einen Teil ihres Vermögens den Orden, die damit prunkvolle Kirchen, Klöster und andere kirchliche Einrichtungen erbauten.

Stadtbesichtigung

Die **Plaza de Armas** aus dem 18. Jh. ist das Herz der Stadt. Ihren Charme verdankt sie kolonialen Gebäuden. Hier befindet sich auch die 1612 begonnene und Mitte des 18. Jh. vollendete **Kathedrale,** die als eine gelungene Synthese aus spanischem Barock und indianischer Steinmetzkunst gilt. Eindrucksvoll ist die Hauptfassade, die komplett mit kunstvollen, filigranen Reliefs überzogen ist. Zwischen Früchten, Reben, Ranken und Blüten eingebettet sieht man die zwölf Apostel. An der Ostseite liegt der prächtige **Palacio del Gobierno** (1727) mit aufwendig geschmiedeten Balkongittern und einem berühmten Mural zur Geschichte Mexikos im Treppenaufgang. Neun vergoldete Altäre im Churriguera-Stil zeigt **Santo Domingo,** eine barocke Missionskirche der Jesuiten (1749) am Ende der Callejón de Veyna.

In Zacatecas geborene berühmte Maler wie die Brüder Coronel und Francisco Goitía stifteten ihre Kunstsammlungen von internationalem Rang: Im **Museo Pedro Coronel,** dem ehemaligen Colegio de Don Luis Gonzaga, einem Jesuitenkolleg des 17. Jh., hängen Originale von Picasso, Chagall und Miró – eine der bedeutendsten Sammlungen Mexikos (Plaza de Santo Domingo, Fr–Mi 10–17 Uhr, Eintritt 25 Mex$). Im **Museo Rafael Coronel** werden Tausende von Masken in einem restaurierten Teil der frühbarocken Klosterruine von San Francisco ausgestellt, weiterhin antiker Schmuck, präkolumbische Tonwaren und Terrakotta-Figuren (Do–Di 10–17 Uhr, Eintritt 25 Mex$). Einen hervorragenden Überblick über ein Jahrhundert künstlerischen Schaffens in Zacatecas sowie eine Ausstellung der Werke des Francisco Goitía bietet das **Museo Goitía** in der ehemaligen Gouverneursresidenz im Estreda-Park (Gral. Enrique Estrada 102, Di–So 10–16.30 Uhr, Eintritt 25 Mex$). Ein Besuch der **Edén-Mine**

(La Mina el Edén), eines 1960 stillgelegten Silberbergwerks aus dem 16. Jh., lohnt ebenfalls Es liegt unter dem Zentrum, mit einer kleinen Bahn fährt man hinein. Dann geht es zu Fuß durch ein weit verzweigtes unterirdisches Labyrinth. Der gesamte Berg wurde ausgehöhlt, schmale Wände tragen heute die Last, tiefe Höhlen und Schächte öffnen sich zu den Seiten und in die Tiefe (tgl. 10–18 Uhr, Eintritt 100 Mex$, www.minaeleden.com.mx).

Ungewöhnlich ist das **Hotel Quinta Real,** ein Luxusbauwerk im Stil eines kolonialen Stadtpalastes, das sich in die Ruinen einer ehemaligen Stierkampfarena ganz in der Nähe des kolonialen Aquädukts Cubo einpasst. Der **Acueducto del Cubo,** im 18. Jh. am Südrand der Stadt errichtet, besteht aus 39 hervorragend restaurierten Bögen. Einen eindrucksvollen Überblick über Zacatecas verschafft eine Fahrt mit der **Seilbahn** (teleférico) vom Cerro de Grillo zum Cerro de la Bufa.

Infos

Vorwahl Zacatecas: 492
Oficina de Turismo: Hidalgo 403, Tel. 922 67 51, Fax 924 03 93, www.zacatecas.gob.mx, Mo–Sa 9–18 Uhr.

Übernachten

Fast unter Stieren ▸ Quinta Real: Av. I. Rayón 434, Tel. 922 91 04, Fax 922 84 40, www.quintareal.com; eines der schönsten Hotels des gesamten Landes in ungewöhnlicher Lage: am Aquädukt und in der historischen Stierkampfarena, 49 Suiten, ab 205 US-$.

Bezaubernder Stadtpalast ▸ Mesón de Jobito: Jardín Juárez 143, Tel. 924 17 22, Fax 924 35 00, www.mesondejobito.com; koloniale Anlage im historischen Zentrum, Balkone zum Patio, traditionell möbliert, 53 Zimmer, ab 990 Mex$.

Zentrale Lage ▸ Posada de los Condes: Av. Juárez 107, Tel. 922 10 93, Fax 924 00 72; 300 Jahre altes Kolonialgebäude im Zentrum, 57 Zimmer, schmiedeeiserne Balkone (kein Parkplatz), ab 550 Mex$.

Viele Bauwerke in Zacatecas wurden aus rötlichem Cantera-Stein errichtet

Für junge Leute ▶ **Hostal Villa Colonial:** 1 de Mayo/Callejón Mono Prieto, Tel./Fax 922 19 80, www.hostels.com; zentrales Kolonialhaus mit je 3 Doppel- und Vierbettzimmern sowie Dachgarten mit Blick auf die Kathedrale, Lounge, Küche, Internetanschluss, Waschmaschine, ab 110 Mex$ pro Person.

Essen & Trinken

Einzigartige Lage ▶ **Quinta Real-Restaurant:** Tel. 922 91 04, tgl. 7–24 Uhr; erlesenes Restaurant (Reservierung erforderlich) auf mehreren Ebenen in der alten (Stierkampfarena), Menü ab 250 Mex$.

Authentisch mexikanisch ▶ **Las Dorados de Villa:** Plazuela de Garcia 1314, Tel. 922 57 22, tgl. 14–22 Uhr; rustikales, stimmungsvolles Ambiente mit Pancho Villa-Memorabilia dekoriert, beste lokale Küche, u. a. *Sopa de Lima* (mexikanische Hühnersuppe) 2,50 US-$, und *Enchilladas Zacatecanas* 5 US-$.

Effizienter Service ▶ **Sanborn's:** Hidalgo 212, Tel. 922 12 98, tgl. 8–24 Uhr; zur legendären Restaurantkette gehörend, mexikanische Gerichte, Desserts und Getränke, serviert von Damen in mexikanischer Tracht. Menü um 8 US-$.

Einkaufen

Shoppingcenter ▶ **Mercado Jesús Gonzalez Ortega:** Av. Hidalgo; im Jugendstil verzierter Markt von 1889, der heute zwei Dutzend feinerer Geschäfte beherbergt.

Abends & Nachts

Bühnenprogramm ▶ **Teatro Calderón:** Av. Hidalgo 501, Tel. 924 87 79, reich verziertes dreistöckiges Bauwerk aus dem 19. Jh.

Tanzen ▶ **La Mina Club:** Dovalí Jaime, Tel. 922 30 02, www.minaeleden.com.mx, Disco Do–Sa ab 22 Uhr.

Termine

›**Programa de Actividades‹:** die Broschüre des Touristenbüros informiert über die Feste und Festspiele der Stadt.

Verkehr

Flughafen: Tel. 924 40 47; tgl. Flüge nach Mexiko-Stadt, León, Ciudad Juárez, Tijuana.

Baja California: Küste bei La Paz

Kapitel 3

Mexikos Norden

Neben der 1300 km langen und wüstenähnlichen Halbinsel Baja California mit
ihren meterhohen Kandelaberkakteen,
einsamen Buchten und Stränden sowie
zauberhaften Missionsstädtchen und
mondänen Badeorten ist im Norden Mexikos auch ein Schatz der Sierra Madre
zu entdecken: die berühmte Kupferschlucht, zu der vom Pazifik eine abenteuerliche Eisenbahnstrecke hinaufführt.

Wer auf der MEX 1 unterwegs ist, die
von der US-amerikanischen Grenze in
Tijuana über 1700 km bis in den äußersten Süden der Halbinsel Baja California
und nach Cabo San Lucas führt, der begegnet nur wenigen Menschen und wird
mit bleibenden Eindrücken einer gran-
diosen Natur belohnt. Zwischen Pazifik
und dem Golf von Kalifornien liegen einsame, heiße und trockene Landstriche,
eine bizarre Tafelberglandschaft, Dornen-
gestrüpp und Kakteenwüste. Golfplätze
und Luxushotels erwarten die Reisenden
im Süden: Cabo San Lucas ist für US-
Amerikaner eine mondäne Winterdesti-
nation.

Als grandioses Naturerleben durch-
dringt das Geheul der Kojoten die
Wälder. Ein System von vier monumenta-
len Schluchten, mit einer Fläche von
60 000 km² das größte Canyonsystem

der Welt, mächtiger noch als der be-
rühmtere Grand Canyon, erwarten den
Besucher im Herzen der Sierra Madre.
Die Anreise mit dem Zug über Dutzende
von Brücken und durch zahlreiche Tunnel, die durch die unwegsame Bergre-
gion führen, ist faszinierend. Mancher
unterbricht die Reise, übernachtet in einem der wenigen Orte und begibt sich
auf Maulesel-Safari hinunter in die
Schluchten. Etwa 50 000 Angehörige der
Tarahumara siedeln zurückgezogen in
den kaum zugänglichen Tälern und Berghängen der Barranca del Cobre, betreiben Ackerbau und Viehzucht wie schon
ihre Vorfahren. An den Haltestellen des
Zuges begegnet man ihren Frauen, die an
Reisende Körbe und Puppen verkaufen.

Mexikos Norden

Sehenswert

Rosarito: Im Foxploration, einem Themenpark auf dem Filmstudiogelände bei Rosarito, ist die für die Dreharbeiten nachgebaute ›Titanic‹ zu sehen (s. S. 219).

Loreto: Das Museo de las Misiones Jesuíticas in Loreto bildet eine Einheit von Form und Inhalt, äußerer Rahmen und Ausstellungsstücke ergänzen sich hier perfekt (s. S. 225).

5 Barranca del Cobre: In der Sierra Madre liegt Mexikos ›Kupferschlucht‹, ein abenteuerliches System von 20 Canyons, noch immer Heimat von Tarahumara-Indianern und gewaltiger als der Gran Canyon (s. S. 233).

Chihuahua: Im Palacio del Gobierno, dem Regierungspalast von Chihuahua, pilgern Mexikaner zum Grab und dem Denkmal von Pater Hidalgo (s. S. 237).

Schöne Routen

Zeitreise mit dem Geländewagen: Ein Ausflug zur Misión San Javier verbindet landschaftliche Höhepunkte mit einem Besuch kulturhistorisch sehenswerter Bau- und Kunstwerke (s. S. 225).

Mit Bus, Fähre und Bahn nach Chihuahua: Reisende, die mit öffentlichen Verkehrsmitteln unterwegs sind, fahren mit dem Bus von Tijuana (s. S. 215) bis La Paz (s. S. 226, 228), von dort mit der Fähre nach Los Mochis/Topolobampo (s. S. 233) und weiter mit der Eisenbahn nach Chihuahua (s. S. 235) – eine geniale Kombination.

Map labels:
- Tijuana
- Mexicali
- Rosarito
- Ensenada
- Tucson
- Per Boot zur Walbeobachtung
- Ciudad Juárez
- Baja California
- Nogales
- USA
- aktiv Über Nacht im Kupfer-Canyon
- Sierra Madre
- Rio Grande
- Rio Bravo del Norte
- Mit Bus, Fähre und Bahn nach Chihuahua
- Golfo de
- Hermosillo
- Barranca del Cobre
- Ojinaga
- Per Boot zur Walbeobachtung
- Guerrero Negro
- 5
- Chihuahua
- Pazifischer Ozean
- Busfahrt
- San Ignacio
- California
- Ciudad Obregón
- Creel
- El Divisadero
- Cuiteco
- Cerocahui
- Occidental
- Loreto
- Loreto
- Eisenbahnfahrt
- MEXIKO
- Zeitreise mit dem Geländewagen
- Los Mochis
- Topolobampo
- San Carlos
- Culiacán
- Per Boot zur Walbeobachtung
- Fähre
- La Paz
- Durango
- Hotel Las Ventanas al Paraíso
- Los Cabos
- Mazatlán

Unsere Tipps

Hotel Las Ventanas al Paraíso: Das schönste Hotel von Baja California liegt im äußersten Süden in Los Cabos. Zumindest auf einen Drink sollte man hier einmal einkehren (s. S. 229).

Per Boot zur Walbeobachtung: Von Ensenada (s. S. 220), Guerrero Negro (s. S. 222) und San Carlos (s. S. 225) aus fahren kleine Boote in die entsprechenden Buchten, in denen man den Naturschauspielen der riesigen Säugetiere (s. S. 221) beiwohnen kann.

aktiv unterwegs

Über Nacht im Kupfer-Canyon: Die wilde, faszinierende Natur der Barranca del Cobre nur vom Eisenbahnfenster aus zu erleben ist eigentlich zu schade. Deshalb empfiehlt sich eine Unterbrechung der Eisenbahnfahrt für eine Übernachtung z. B. im Tarahumara-Dorf Cerocahui oder in Cuiteco (s. S. 238).

Baja California

Baja California (Niederkalifornien) erstreckt sich über 1300 km von Tijuana bis nach Cabo San Lucas. Die 30 bis 100 km breite Halbinsel vor der mexikanischen Westküste ragt wie ein ausgestreckter Finger ins Meer. Umspült vom Golf von Kalifornien – von den Mexikanern auch *Mar de Cortés* genannt – und vom Pazifik, bieten die Bundesstaaten Baja California Norte und Baja California Sur Wüste, Hitze und Einsamkeit.

Mexikos ›heißer Ofen‹ (es wird berichtet, dass Hernán Cortés bei seiner Ankunft an der Südspitze der Halbinsel das Land wegen seiner Temperaturen *callida fornax*, heißer Ofen, nannte) hat es in sich: Ursprünglich Teil des mexikanischen Festlandes, entwickelten sich nach der geologischen Abtrennung vom Festland in Millionen von Jahren Pflanzen- und Tierformen, die sonst nirgendwo existieren: Klapperschlangen ohne Klapper oder Bäume wie die Cirios, seltsam dünn, mit kahlen, spindeldünnen Zweigen bestens dem Klima angepasst. Vielleicht am beeindruckendsten sind die bis zu 25 m hohen und 2 m dicken Cardón-Kakteen. Diese sogenannten ›Kathedralen der Wildnis‹ prägen neben Salzwüsten, blühenden Oasen und verlassenen Missionsstädtchen die Landschaft ebenso wie die steil aufragenden Felsen der Sierra de la Giganta, ihre Cañóns und trockenen Flusstäler *(arroyos)*. Im Größenvergleich zum Festland wirkt die schlaucharttige Halbinsel zwar klein, tatsächlich ist sie jedoch länger als Italien. Dabei ist sie mit Ausnahme der an der nordamerikanischen Grenze gelegenen Großstädte Tijuana und Mexicali, in denen über 80 % der Bewohner Baja Californias leben, nahezu menschenleer.

Den US-Amerikanern ist das ungewöhnliche Baja California schon lange als Traumreiseziel für jede Art von Wassersport bekannt: vom Tauchen bis zum Hochseeangeln. In Cabo San Lucas, das an der äußersten Süd-

spitze von Niederkalifornien erst seit zwei Jahrzehnten auf der Weltkarte des internationalen Tourismus verzeichnet ist, flirteten in den 1940er-Jahren schon Spencer Tracy und Katherine Hepburn. Vor der Küste liegen zahlreiche Inseln, die zu Naturreservaten erklärt wurden. Geschützt werden nicht nur Pflanzenarten, die sich im Laufe von Jahrtausenden immer besser der extremen Wasserarmut anpassen konnten, sondern auch seltene Reptilien und Seevögel. Auch für Kolonien von Kormoranen, Robben, Seelöwen und Pelikanen bieten die Inseln Lebensraum, und in den Gewässern von Baja California tummeln sich über 800 Meerestierarten, darunter Grau-, Buckel- und Schwertwale, sowie neben Delfinen, Haien und Riesenrochen auch winzige, bunt schillernde Tropenfische.

Baja California – Paradies für Naturliebhaber, eine Region, die sich in vielerlei Hinsicht vom Festland unterscheidet. 1533 umsegelten der Spanier Oredono Jiménez und seine Mannschaft die Halbinsel und überbrachten die Kunde vom Irrtum der Kartografen, denn diese hatten Baja California für eine Insel gehalten. Wenige Jahre später gründete Hernán Cortés an der Südküste die Kolonie Santa Cruz (das heutige La Paz), überließ die weitere Erkundung des unwirtlichen Landes dann allerdings einem anderen, dem unglückseligen Hauptmann Francisco Uloa, von dem man nach Aufbruch seiner Expedition im Jahr 1540 nie wieder hörte.

Erst 150 Jahre später landeten hier Jesuiten in göttlicher Mission. Unter Pater Salvatierra zwangen sie die in der Wildnis siedelnden *Indígena*-Stämme – Pericues, Guiracuras und Cochimes – zur Aufgabe ihrer Götterverehrung und zur Arbeit. Heute leben nur noch wenige *indígenas* im Norden von Baja California, eingeschleppte Infektionskrankheiten und Zwangsarbeit entvölkerten nahezu die gesamte Halbinsel.

Das mexikanische Tourismusministerium plant das Großprojekt ›Escalera Nautica‹, das die Anlage bzw. die Erweiterung von 27 Jachthäfen entlang der Küste von Baja California vorsieht. Sie sollen jährlich 60 000 Sportboote aufnehmen können. Dafür ist der Bau neuer Straßen erforderlich. Der wirtschaftliche Nutzen des 2 Mrd. Dollar teuren Projekts wird von der Umweltschutzorganisation ›Pro Península‹ bezweifelt, die enorme Schäden an der Natur befürchtet.

Tijuana ► 2, A 1

Ausgangspunkt einer Tour von Norden nach Süden ist Tijuana, die 2-Mio.-Einwohner-Stadt an der Grenze zu den USA gegenüber der südkalifornischen Stadt San Diego. **Tijuana** zählt zu den meistfrequentierten Grenzübergängen der Welt, pro Jahr treffen hier 25–30 Mio. (Kurz-)Besucher aus den USA ein. Unzählige Restaurants, Geschäfte und Hotels prägen die Stadt, in der man an Wochenenden mehr Touristen als Einheimischen begegnet. Die Tagesbesucher kommen wegen der billigen Einkaufsmöglichkeiten in der Freihandelszone und wegen des vielfältigen Unterhaltungsangebots, in dem Hunderennen, Ballspiel und Stierkampf nicht fehlen. Erstmals machte Tijuana während der Zeit der US-amerikanischen Prohibition durch den Zustrom durstiger *yanquis* von sich reden. Damals wie heute spiegelt sich in Hunderten von Vergnügungsetablissements eine Mischung aus amerikanisch-mexikanischem *way of life* wider.

Tijuana ist eine moderne Stadt, die in der zweiten Hälfte des 19. Jh. gegründet wurde

und kaum Sehenswürdigkeiten, ja vielleicht nicht einmal mexikanisches Ambiente besitzt. Die Mexikaner schätzen Tijuana als Stadt mit der niedrigsten Arbeitslosenquote. Man sagt, dass jeder Mexikaner, der von hier in die USA auswandert, durch Dutzende von Landflüchtigen ersetzt wird, die in Tijuana Arbeit suchen und finden. Eine Erklärung für die funktionierende Wirtschaft liefern Hunderte in der Umgebung ansässige *maquiladoras,* wie die ausländischen Firmen entlang der US-amerikanischen Grenze genannt werden. Zwischen den USA und Mexiko wurde 1965 eine Vereinbarung getroffen, nach der im »gegenseitigen Wirtschaftsinteresse« amerikanische Rohprodukte und Halbfertigwaren in mexikanischen Grenzstädten zollfrei eingeführt, hier in US-eigenen Firmen zu Fertigprodukten verarbeitet und dann erneut zollfrei in die USA reimportiert werden. Gegenwärtig nutzen allein 1600 amerikanische Unternehmen, darunter General Motors, General Electric und Honeywell, den Vorteil der niedrigen mexikanischen Lohnkosten und der recht hohen Inflation des mexikanischen Peso. Sogar japanische Firmen wie Sanyo, Hitachi und Sony siedelten sich mittlerweile an, insgesamt sind es mehr als 2000 Betriebe mit rund 600 000 Arbeitsplätzen.

Die Luft- und Wasserverschmutzung von Tijuana ist enorm. Laut Vertrag darf die Stadt jährlich mehrere Millionen Liter ungeklärter

Tipp: Mit dem Auto durch Baja California

Rund 1700 km führt die Carretera Transpeninsular (Bundesstraße MEX 1) von Tijuana nach Süden bis zum Cabo San Lucas – via Ensenada, Guerrero Negro, San Ignacio, Santa Rosalía, Loreto und La Paz. Vierradantrieb ist ratsam für Touren abseits der Hauptstraße. Nach Einbruch der Dunkelheit wird das Autofahren wegen Sandverwehungen, tiefer Schlaglöcher und frei laufender Tiere risikoreich. Nur die vierspurige Strecke von Tijuana nach Ensenada befindet sich in gutem Zustand.

Der Zaun von Tijuana ist für viele wie ein Eiserner Vorhang

Abwässer zur Aufbereitung in die US-Grenzstadt San Diego pumpen. Aber mit den ständig steigenden Bevölkerungszahlen fließen auch riesige Mengen Schmutzwasser direkt ungeklärt in den Tijuana-Fluss und mit diesem weiter ins Meer.

Stadtrundgang

Ein internationaler Treffpunkt ist nach wie vor die **Avenida Revolución,** die während der Prohibition den Beinamen ›längste Bar der Welt‹ bekam. Neben Geschäften für Unterhaltungselektronik, französisches Parfüm und mexikanisches Kunsthandwerk lockt der **Palacio Frontón,** ein im maurischen Stil erbautes Gebäude an der Ecke Avenida Revolución/7a Calle, in dem jahrzehntelang Jai Alai, ein aus dem Baskenland stammendes Ballspiel, gespielt wurde. Bei dem auch in Florida verbreiteten Spiel wird ein kleiner Ball, *pelota,*

so schnell an eine Wand geschmettert, dass ihn der Mitspieler möglichst nicht pariert (dem Squash vergleichbar). Im Jai-Alai-Gebäude befindet sich die berühmteste Kneipe der Stadt: Tía Juana Tilly's.

Das **Wax Museum** zeigt 85 Wachsfiguren von Prominenten aus aller Welt (1a Calle 8281, Madero, www.museodeceratijuana.com.mx, Centro, tgl. 10–18 Uhr, Eintritt 35 Mex$).

Im **Centro Cultural,** dem hiesigen Kulturzentrum (Paseo de los Héroes/Calle Mina), einem modernen Vorzeigeobjekt der Stadt, werden nicht nur Exponate zur Geschichte des Landes präsentiert (Museo de las Californias: Di–So 10–19 Uhr, Eintritt 25 Mex$), sondern auch – im halbkugelförmigen Cine Planetario – eine Tonbildshow über Land und Leute gezeigt (www.cecut.gob.mx). 6 km außerhalb der Stadt, direkt am Meer gelegen, befindet sich die **Plaza Monumental,** eine

Am Zaun von Tijuana   Thema

Tijuana, nur wenige Kilometer südlich vom kalifornischen San Diego gelegen, weckt Erinnerungen an die ehemalige Grenze zwischen der Bundesrepublik Deutschland und der DDR: Türme mit Scheinwerfern und ein endloser Metallzaun, im wahrsten Sinne des Wortes ein Eiserner Vorhang, der den reichen Norden vom armen Süden trennt.

Tatsächlich ist die mit Stahl und Hightech bewehrte US-mexikanische Grenze mit einer Länge von 3000 km die längste Trennungslinie zwischen einem reichen Industrieland und einem Schwellenland. Trotz strenger Bewachung kommt es jährlich zu schätzungsweise 2 Mio. illegalen Grenzübertritten. Die Auswirkungen der neoliberalen Wirtschaftspolitik Mexikos lassen den Menschenstrom in die USA bis zum heutigen Tag nicht abreißen. Im Gegenteil: Für einen US-Dollar bekommt man aufgrund der mexikanischen Inflation viele Pesos.

Die ›Illegalen‹ sind bei den meisten Bürgern Kaliforniens nicht willkommen. Seit Mitte der 1990er-Jahre breitet sich eine Welle von Fremdenfeindlichkeit im bevölkerungsreichen US-Bundesstaat aus. Die erbittert geführte Debatte wurde durch eine Volksabstimmung im Rahmen der amerikanischen Kongress- und Gouverneurswahlen am 8. November 1994 angeheizt. Die Kalifornier sollten über eine ›SOS‹-Initiative (Save Our State) entscheiden, die Schulen und Krankenhäuser verpflichtete, illegal in Kalifornien lebende Ausländer nicht mehr aufzunehmen. Damit wäre den mexikanischen Illegalen, auch wenn sie als Saisonarbeiter in der kalifornischen Agroindustrie unverzichtbar sind, der Zugang zu allen staatlichen Sozialleistungen verwehrt worden. Der republikanische Gouverneur Pete Wilson, der sich zur Wiederwahl stellte, versprach außerdem, den Eisernen Vorhang durch Nachtsichtgeräte und eine Er-

höhung des Zauns auf 3,65 m dicht zu machen. Die ›SOS‹-Initiative fand unter den Bürgern Kaliforniens tatsächlich eine Mehrheit. Bevor das Gesetz aber in Kraft trat, ließ es Präsident Bill Clinton für verfassungswidrig erklären. Mit den Arbeiten am Zaun ließ der wiedergewählte Pete Wilson jedoch unverzüglich beginnen.

Auf Betreiben des bis 2006 als mexikanischer Präsident amtierenden Vicente Fox hin wurde immer häufiger darüber diskutiert, mit den USA ein Einwanderungsabkommen zu treffen, Quoten für legale Auswanderung festzulegen und den ca. 4 Mio. illegal in den USA lebenden Mexikanern eine Aufenthaltsgenehmigung zu erteilen.

In Kalifornien ist die nicht-hispanische Bevölkerungsschicht bereits in der Minderheit. Und knapp 70 % aller in den USA lebenden Latinos sind Mexikaner. Obwohl die meisten der mexikanischen Zuwanderer für US-Verhältnisse eher arm sein dürften, werden sie schon bald einen wichtigen wirtschaftlichen und politischen Machtfaktor in Nordamerika bilden. In vielen Regionen Mexikos übersteigen die Transferleistungen der Migranten schon jetzt alle anderen Devisenquellen. Durch neue Kommunikationsmittel wie Internet, Mobiltelefon und billige Flüge werden die engen Kontakte mit dem Herkunftsland gewahrt und ein stetiger Austausch, eine Vermischung kultureller Werte kann stattfinden: Die Grenze von Tijuana ist aus dieser Perspektive gesehen eher ein niedriger Zaun.

Tipp: Shopping in Tijuana

Mexikanisches Kunsthandwerk, Schuhe und Lederwaren werden in der Grenzstadt in einem Dutzend offener und klimagekühlter Malls angeboten. Die Auswahl ist groß, die Preise sind moderat.

riesige Stierkampfarena. Bei der Bevölkerung ebenfalls beliebt sind Hunderennen, die in einem eigens dafür gebauten *racetrack* mehrmals wöchentlich stattfinden.

Infos

Vorwahl Tijuana: 664
Información Turística: Av. Revolución zwischen 3 a und 4 a Calle, Tel. 685 22 10, Fax 681 95 79, www.seetijuana.com, tgl. 9–18 Uhr.

Übernachten

Blick über die Stadt ▶ Palacio Azteca: Blvd. Cuauhtémoc Sur 213, Tel. 681 81 00, Fax 681 81 60, www.palacioazteca.com; komfortabel, günstige Lage, Pool, 197 Zimmer, ab 74 US-$.

Komfort im Zentrum ▶ Pueblo Amigo: Vía Oriente 9211 (Zona Río), Tel. 624 27 00, Fax 683 50 32, www.hotelpuebloamigo.com; modernes Haus in der Nähe der Grenze, mit Schwimmbad (innen), gutem Restaurant, 108 Zimmer, ab 79 US-$.

Edler Minimalismus ▶ Real del Río: José Maria Velasco 1409-A (Zona Río), Tel. 634 31 00, Fax 634 30 53, www.realdelrio.com; Mittelklassehaus, 103 Zimmer, Bar, Restaurant, ab 1100 Mex$.

Essen & Trinken

Viel Betrieb ▶ Bol Corona: Ocampo (zw. 3a u. 4a Calles), Tel. 638 44 30, www.bolco

Auf der Avenida Revolución stimmen Mariachis ihre Lieder an

rona.com, tgl. 8–24 Uhr; preiswerter Coffee-shop, Steakrestaurant, Fischspezialitäten, gut besucht, Menü ab 70 Mex$.

Schweinebraten mexikanisch ▶ Carnitas Uruqpán: Blvd. Díaz Ordaz 12650, El Prado, La Mesa, Tel. 681 61 81, tgl. 11–23 Uhr; geröstetes Schweinefleisch ab 65 Mex$.

Regionale Küche ▶ Café la Espécial: Blvd. Salinas 3600, Tel. 686 62 58, www.cafela especial.com, tgl. ab 9 Uhr; mexikanische Spezialitäten, *Carne asada* ab 65 Mex$.

Einkaufen

Kunsthandwerk ▶ Mercado de Artesanías: Calle 2/Av. Negrete; Mexikanisches Glas (Wein- und Tequilagläser), Webarbeiten aus dem Hochland und Töpferwaren – hier gibt es ein recht großes Angebot an Kunsthandwerk in zahlreichen kleinen Geschäften – Handeln ist ein Muss.

Shoppingcenter ▶ Plaza Río Tijuana: Paseo de los Héroes, Av. Independencia; Komplex mit Spezialgeschäften für mexikanische Lederwaren, Souvenirläden und Designerboutiquen (www.plazariotijuana.com.mx).

Abends & Nachts

Tijuana-Wahrzeichen ▶ Palacio Frontón: Av. Revolución 8208 (zw. 7a u. 8a Calle); in dem Palast aus der ersten Hälfte des 20. Jh. fanden früher Jai-Alai-Spiele statt, heute Theateraufführungen und kulturelle Events.

Termine

Feria de las Californias: im Aug./Sept.; Sportveranstaltungen, Ausstellungen, Konzerte, Theater.

Stierkampf: Mai–Sept. So nachmittags in der Arena am Blvd. Agua Caliente und in der Plaza Monumental an der Küstenstraße, Tel. 680 18 08.

Verkehr

Flughafen: im Nordosten Tijuanas, Tel. 607 82 00; tgl. Flugverbindung nach Mexiko-Stadt und La Paz. **Aeroméxico:** Paseo de los Héroes, Centro Comercial Plaza Río, Tel. 684 92 68. **Aero California:** Aquiles Serdan 95, Centro, Tel. 684 21 00.

Bus Mexicoach (www.mexicoach.com): für 4 US-$ von der Grenze zur Av. Revolución (zwischen 6a und 7a Calle), von dort 6 x tgl. nach Rosarito (26 US-$ hin und zurück).

Zentraler Busbahnhof: Tel. 621 29 82, 15 km südöstlich des Zentrums von Tijuana, Zubringerbusse (Buena Vista) ab Av. Constitución/2a Calle. 1.-Klasse-Busse verkehren mehrmals täglich nach Süden bis La Paz/Cabo San Lucas (24 Std.), nach Mexiko-Stadt (50 Std.) und die Westküstenstraße (MEX 15/200) entlang.

Straßenbahn (*trolley*): vom Zentrum San Diegos zur mexikanischen Grenze (San Ysidro), von dort 2 km ins Zentrum Tijuanas.

Baja California Norte
▶ 2, A 1

Rosarito

Nur wenige Kilometer südlich von Tijuana liegt **Rosarito,** ein hauptsächlich von Südkaliforniern frequentierter Badeort, der einst als *hideaway* für Hollywoodstars von sich reden

Tipp: Hollywood goes Mexico

In den 1996 in bester Pazifiklage errichteten **Fox Studios Baja** finden Dreharbeiten für große Hollywood-Produktionen statt. Den Anfang machte der Oscar-prämierte Welterfolg »Titanic«. Ebenfalls produziert wurden hier Szenen für den James Bond-Film »Tomorrow never dies« und für »Pearl Harbour«. Heute können auf dem Filmstudio-Gelände in einem großen Themenpark am Meer zahlreiche Aufnahme-Sets, Gebäude und Gerätschaften besichtigt und bei einer ›Titanic-Tour‹ die originalgetreue Replik des Ozeandampfers in Augenschein genommen werden (Baja Studios Xploration, MEX 1 km 32,8, 5 km südl., Rosarito, Tel. 664-614 94 44, www.bajafilmstudios.com, Mi–Fr 9–16.30, Sa/So 10–17.30 Uhr, 12 US-$).

Baja California

machte. Schon Orson Welles und Rita Hayworth checkten im Rosarito Beach Hotel ein. Daneben locken zahlreiche weitere Hotels und Apartments aller Preiskategorien, Dutzende von Restaurants und günstige Einkaufsmöglichkeiten entlang des Blvd. Benito Juárez. Eine Besichtigung lohnen die wenige Kilometer südlich von Rosarito gelegenen Filmstudios Foxploration (s. S. 219).

Übernachten

Legendär ▶ Rosarito Beach Hotel: Blvd. Benito Juárez 31, Rosarito, Tel. 661-612 01 44, Fax 612 11 25, www.rosaritobeachhotel. com; das in Filmkreisen berühmte und beliebte Traditionshaus mit Restaurant und 280 Zimmern erstrahlt nach seiner Renovierung wieder in zeitgemäßem Glanz, ab 79 US-$.

Puerto Nuevo

Die MEX 1 führt weiter, vorbei an Popotlá und Santa Marta nach **Puerto Nuevo,** ›Baja's Lobster Capital‹ mit jährlich mehr als 600 000 servierten Hummern. In diesem kleinen, aus nur wenigen Straßen bestehenden Ort reihen sich über 30 Fischrestaurants wie an einer Perlenschnur aneinander, Grund genug, hier essen zu gehen. Fangfrischer Hummer, zu dem nach US-amerikanischer ›All you can eat‹-Manier Bohnen, Reis, warme Maismehltortillas und scharfe Molcajete-Sauce serviert werden, steht überall auf der Speisekarte. Freien Ausblick auf den Pazifik hat man beim Essen im **Angel del Mar** (20 US-$).

Ensenada

Über die MEX 1 gelangt man schließlich in das von Tijuana 110 km entfernte **Ensenada,** eine Stadt mit 370 000 Einwohnern (davon 40 000 US-Amerikaner und Kanadier) an der Bahía Todos Santos (Allerheiligenbucht). Fischfang und Fischverarbeitung, der Tiefseehafen, die Bootsindustrie sowie zunehmend auch der Fremdenverkehr prägen das Städtchen. Noch sind es hauptsächlich US-Amerikaner, welche die Gelegenheit zum zollfreien Einkauf und die zahlreichen Wassersportmöglichkeiten nutzen.

Vom Hafen der Stadt, an dem der *Malecón,* eine attraktive Promenade, entlangführt, werden während der Saison (Nov.–März) **Walbeobachtungstouren** angeboten. Das lokale **Caracol Museo de Ciencias** (Av. Reforma/Calle 10 no. 660, Plaza Somar, Tel. 177 08 97, www.caracol.org.mx) und **Kulturzentrum mit Aquarium** bietet auf über 6000 m² eine Abteilung für Meerestiere (*sala El Mar*), eine Dokumentation der Pflanzenwelt von Baja California (*sala La Tierra*) sowie eine interaktive Ausstellung für Kinder. Außerdem erfreuen eine Cafeteria, ein Museumsshop und diverse Folkloreveranstaltungen die Besucher (Di–Fr 9–17, Sa/So 10–17.30 Uhr, Eintritt 20 Mex$).

Infos

Vorwahl: 646

Fideicomiso Público para la Promoción Turística de Ensenada: Blvd. Lázaro Cárdenas 609/5, Tel. 178 85 78, Fax 178 85 88, www.enjoyensenada.com, Mo–Sa 8–18 Uhr.

La Bufadora

Ein Ausflug nach **La Bufadora,** einer Fontäne auf der Halbinsel Punta Banda, lohnt sich (35 km südlich der Stadt an der Steilküste, Abzweigung bei El Maneadero, 16 km, dann 19 km in nordwestlicher Richtung). Ein eindrucksvolles Naturschauspiel ist es, wenn mit den Wellen das Wasser in die Höhle eindringt, sodass unter gewaltiger Geräuschentwicklung ein Wasser-Luft-Gemisch bis zu 20 m in die Höhe spritzt.

Über die Halbinsel nach Süden

El Rosario ▶ 2, A 2

Bei der Weiterfahrt gen Süden verläuft die MEX 1 zunächst einige Kilometer landeinwärts, bis sie im ehemaligen Missionsort der Dominikaner **El Rosario** die weit geschwungene gleichnamige Bucht erreicht. Ein Bach teilt das Dorf in Rosario de Arriba und Rosario de Abajo. Danach führt die Straße gen

Wale – die Giganten der Ozeane

Die faszinierendsten Meeresbewohner Niederkaliforniens sind die Grauwale *(ballena gris)*, 40 t schwer und bis zu 20 m lang. Alljährlich ziehen Tausende der Ozeanriesen von den arktischen Gewässern der Bering-See und der Tschuktschen-See an die Pazifikküste Mexikos.

Zwischen November und März paaren sich die gewaltigen Säugetiere (mitunter sind auch Finnwale oder Blauwale darunter) in den Lagunen der Westküste von Baja California. Und nach 13 Monaten Tragezeit bringen die weiblichen Tiere auch hier in den planktonreichen Gewässern ihre Jungen zur Welt. Die sanften Giganten der Weltmeere bevorzugen diese Region wegen der flachen und warmen Gewässer mit hohem Salzgehalt, der den Auftrieb erhöht und daher Paarung und Geburt erleichtert. Erst ab dem Frühjahr beginnt erneut ihre Wanderung in die zur Nahrungsaufnahme besser geeigneten Gewässer der Arktis – alles in allem eine jährliche Rundreise von mehr als 13 000 km.

Während des 19. Jh. wurden die Bestände des kalifornischen Grauwals nahezu ausgerottet. Erst seit 1947 sind die Tiere unter Schutz gestellt. Dadurch ist ihre Zahl wieder auf über 20 000 angewachsen. Ebenfalls unter Naturschutz stehen seit 1972 die von den Walen besuchten Lagunen von Guerrero Negro, einem rund 700 km südlich von Tijuana gelegenen Städtchen. Diese Wal-Schutzzone Parque Natural de la Ballena Gris wurde 1988 erweitert zum über 25 000 km² großen Biosphärenreservat. Dazu gehören nun u. a. auch Wüstengebiete, die eine Heimat für seltene Reptilienarten bieten. Das El Vizcaíno genannte Reservat wurde von der UNESCO in die Liste ›Erbe der Menschheit‹ aufgenommen.

Walbeobachtungsstellen befinden sich an den Stränden südlich der Stadt sowie im Biosphärenreservat; beste Zeit für Walbeobachtung: 6–9 und nach 17 Uhr. Grauwale sind vor der Küste zumeist in kleinen Gruppen unterwegs und bewegen sich nicht schneller als acht Kilometer pro Stunde. Mit dem Fernglas können die Tiere beim Springen beobachtet werden, ohne dass man sie stört.

Wer näher heran möchte, bucht am besten von Ensenada, Guerrero Negro oder San Carlos aus eine »Whale Watching«-Tour mit einem Veranstalter, der dafür sorgt, dass Rücksicht auf die sensiblen Tiere genommen wird; d. h. abzuraten ist von Fahrten, bei denen die Wale mit dem Boot verfolgt oder eingekreist werden. Aus Rücksicht auf die Tiere bleiben die Boote in der Regel weit genug entfernt und verzichten auf das »Streicheln«.

Wale sind Lungenatmer und müssen deshalb zum Luftholen an die Wasseroberfläche schwimmen. Während des Atmens öffnen die Tiere die Verschlusskappen ihrer Blaslöcher und stoßen beim Auftauchen die angesammelte und verbrauchte Luft, ca. 1000 l, in einer gewaltigen Fontäne aus dem Blasloch. Fachleute erkennen an deren Größe und Form, um welche Walart es sich handelt.

Neben dem Grauwal tummeln sich noch etwa zehn weitere Walarten in den Gewässern von Baja California. So auch der gigantische Blauwal, der eine Länge von über 30 m und ein Gewicht von 150 t erreichen kann. Die kleineren Buckelwale sind berühmt für ihre Gesänge, die ihre Artgenossen über Tausende von Kilometern durch das Meer wahrnehmen können.

Baja California

Osten, ins Herz der Halbinsel, durch einsame, wüstenartige Gegenden, in denen Pferde nach wie vor ein verlässliches Fortbewegungsmittel sind.

Bahía de Los Ángeles ▶ 2, B 3

Nachdem die ausgetrocknete Laguna de Chapala passiert ist, zweigt die Straße bei Km 603 zur **Bahía de Los Ángeles** ab, einer der attraktivsten Buchten der Halbinsel, sie ist menschenleer und von grandioser Schönheit. Der kleine gleichnamige Ort bietet einige romantische Restaurants und gemütliche Pensionen. Die lang gezogene Isla Ángel de la Guardia ist Heimat vieler Meeresvögel. Ein paar Tage lässt es sich an der Bucht gut campen.

Guerrero Negro ▶ 2, B 4

700 km südlich von Tijuana ist **Guerrero Negro** (10 000 Einw.) erreicht, eine staubige, lang gezogene Kolonie aus Motels, Restaurants und Werkstätten. Aufmerksamkeit verdient die Lage des Ortes am 28. Breitengrad, der die Staaten Baja California Norte und Baja California Sur trennt: Dies bedeutet auch eine Stunde Zeitunterschied zwischen der *hora de la montaña* und der *hora del Pacífico*. Ein 43 m hoher Stahladler *(Monumento Aguilar)* nördlich der Ortschaft erinnert an die verwaltungspolitische Teilung der Halbinsel im Jahre 1974. Eine ungeteerte Straße führt ein paar Kilometer weiter nördlich zu den Sarafandünen, eine Abzweigung von der Hauptstraße zu einem kleinen Flugfeld. Das Hotel La Pinta (in der Nähe des Monuments) bietet Komfort und Walbeobachtungsmöglichkeiten.

Kaum zu glauben, dass sich vor Guerrero Negro auf der **Isla de Cedros** die – mit einer Salzgewinnung von rund 7,5 Mio. t jährlich – größte Saline der Welt befindet. Sie ist zu 49 % im Besitz japanischer Eigentümer; geliefert wird denn auch vornehmlich nach Japan. Das ›Solarsalz‹ wird aus Meerwasser gewonnen, und die starke Sonneneinstrahlung, verbunden mit einer ständigen Brise, sorgt für schnelle Trocknung. Hoch türmen sich die Berge der weißen Kristalle, zwischen denen riesige Förderbänder verlaufen, und unablässig verkehren die schweren Lastwagen der ESSA, ›Exportadora de Sal‹, mit ihrer Fracht auf den Straßen.

Auch Meeresbiologen ist Guerrero Negro wohlbekannt, denn die Buchten und Lagunen des **Biosphärenreservats El Vizcaíno** besuchen jährlich viele Grauwale (s. S. 221). 15 km südlich der Stadt führt eine 27 km lange Abzweigung von der MEX 1 zum Reservat (die Strecke ist durch kleine Schilder mit Grauwal-Symbolen ausgewiesen).

Organisierte Bootsausflüge führen vom Hafen Guerrero Negro zur **Scammon-Lagune** (Scammons Lagoon, Laguna Ojo de Liebre), die allerdings auch mit dem Auto zu erreichen ist. Dort ist die Wahrscheinlichkeit Walen zu begegnen besonders hoch.

Der Río San Ignacio führt zum gleichnamigen Oasenstädtchen

Übernachten

Mit Walbeobachtung ▶ **Desert Inn:** Blvd. E. Zapata (Paralelo 28), Guerrero Negro, Tel. 615-157 13 04, Fax 157 13 05, www.desert inns.com; kolonialer Stil mit schönem Patio, am Meer gelegen mit Blick auf die Walbucht, 28 Zimmer, ab 71 US-$.

Baja California Sur

San Ignacio ▶ 2, C 4

Auf dem Weg von Guerrero Negro zur Ostküste, die bei Santa Rosalía erreicht wird, führt die MEX 1 durch die Sierra de San Francisco und trifft nach 150 km auf das an einem Fluss gelegene Oasenstädtchen **San Ignacio.** Der nach dem Gründer des Jesuitenordens Ignatius von Loyola benannte Ort (4000 Einw.) lohnt einen Aufenthalt. Müde und verstaubte ›Baja-Fahrer‹ schätzen das in einer ehemaligen **Franziskaner-Mission** untergebrachte Hotel Desert Inn, erholen sich in Dattelpalmenhainen am Flussufer oder auf dem *Zócalo,* den bunt gestrichene Häuser aus dem 18. Jh. sowie Schatten spendende Lorbeerbäume umgeben. Sehenswert ist die aus dickem Lavagestein 1728 von Jesuiten erbaute und 1786 von Dominikanern erweiterte **Missionskirche** mit barocken Holzschnitzarbeiten, einer Vielzahl kunstvoll gearbeiteter Statuen und drei vergoldeten Altären. 1976 wurde die Kirche restauriert.

Baja California

Im benachbarten **Museo de las Pinturas Rupestres de San Ignacio** (Di–Sa 9–18 Uhr) mit Ausstellungsstücken zur indianischen Kultur erhält man die Genehmigung zum Besuch der Felsmalereien in der Sierra de San Francisco (35–50 km von San Ignacio), z. B. in der **Cueva del Ratón**.

Übernachten

Typisch Baja ▶ **Desert Inn:** Ctra. Transpeninsular, Tel. und Fax 154 03 00, 01800 026 3605, www.desertinns.com; ehemalige Missionsstation in einem Dattelpalmenhain, Patio mit Pool, 25 Zimmer, ab 72 US-$.

Motel-Stil ▶ **Posada San Ignacio:** Av. Carranza 22, Tel. 615-154 03 43; sehr einfach, jedoch preis- und empfehlenswert, ab 320 Mex$.

Santa Rosalía ▶ 2, C 4

Die MEX 1 führt weiter nach **Santa Rosalía,** Hafen und Anglerparadies am Golf von Kalifornien. Die Stadt (12 000 Einw.), 1885 nach der Entdeckung von Kupfervorkommen von einer französischen Bergwerksfirma gegründet, lebt vom Fischfang und von der Fischverarbeitung. Erhalten sind noch zahlreiche Holzhäuser aus dem 19. Jh., die als bunte Farbtupfer die Gassen säumen. Größte Sehenswürdigkeit ist die vom Erbauer des Eiffelturms, Gustave Eiffel, 1887 konstruierte **Kirche Santa Bárbara,** ein aus Stahlfertigteilen erbautes Gebäude, das 1890 von der Kupfermine in Paris gekauft und nach Mexiko verschifft wurde. Am nördlichen Ortseingang liegt die ehemalige **Mine El Boleo** mit Resten der mineneigenen Eisenbahn.

Einige Kilometer südlich der Stadt führt ein Abzweig nach **San Borjita,** einem Ort mit prähistorischen Felsmalereien. Die weitere Fahrt nach Süden führt nach **Mulegé,** einer 60 km südlich von Santa Rosalía am Eingang der Bahía de Concepción und am Río Santa Rosalía gelegenen Oase (4500 Einw.). Das glasklare Wasser, der weiße Sand und die steilen Berge sind die Attraktionen des Touristenstädtchens, in dem sich gute Wassersportmöglichkeiten bieten. Sehenswert sind die von Jesuiten am Flussufer angelegten Dattel-

palmenhaine sowie die Missionskirche Santa Rosalía de Mulegé aus dem Jahre 1705.

In **Canipole**, weitere 75 km südlich von Mulegé, entdeckte man *pinturas rupestres,* fremdartige Höhlenmalereien der Urbewohner, die die Archäologen mit denen der australischen Aborigines vergleichen. Sollte Baja California eine Wiege prähistorischer Kultur sein? Petroglyphen wie diese findet man noch an zahlreichen weiteren, nicht immer einfach zugänglichen Stellen der Halbinsel.

Übernachten

Mit Airstrip für Sportflugzeuge ▶ **Hotel Serenidad:** 6 km südlich von Mulegé am Strand im Ortsteil Barrío El Cacheno, Tel. 615-153 05 30, Fax 153 03 11, www.hotel serenidad.com; 52 Zimmer, umgeben von einem Palmenhain. Tauchen, Schnorcheln und organisierte Touren zu alten Missionsstädtchen und landschaftlichen Highlights von Baja California, abends Barbecue und Margaritas, 65 US-$.

Aktiv

Bootstouren ▶ Am Hafen können Boote gemietet werden für Angeltouren oder zum Muschelsammeln. Außerdem werden Touren zur **Isla San Marcos** angeboten, um im Norden der Insel am Felsen La Lobera Seehund-Kolonien zu beobachten.

Loreto ▶ 2, C 5

Das 60 000 Einwohner zählende **Loreto** liegt 2 km von der MEX 1 entfernt am Golf von Kalifornien. Subtropische Vegetation sowie die langen Strände südlich von Loreto machen das verschlafene Fischerdörfchen zum Ziel sonnenhungriger US-Amerikaner, die Ruhe und Einsamkeit verbunden mit einer guten touristischen Infrastruktur schätzen. Gleich hinter der Stadt erheben sich die grau-braun schimmernden Berge der Sierra de la Giganta, fünf unbewohnte Inseln ragen vor der Küste aus dem Blau des Meeres, und felsige Buchten beschützen das glasklare Wasser. Die Tage vergehen hier mit Windsurfen, Wasserski und Segeln, aber auch mit Hochseeangeln, für das Loreto mittlerweile international bekannt ist. Gefangen werden neben Marlin und Meerbrasse auch Fächer- und Gelbschwanzfisch.

In Loreto nahm die Kolonialisierung von Baja California ihren Anfang: Hier landete im Jahre 1697 der Jesuitenpater Juan María de Salvatierra und gründete die erste Siedlung auf der Halbinsel, der 17 weitere Missionsstationen folgten. Die Missionssiedlung avancierte zum bedeutendsten Verwaltungssitz von Baja California und zum Ausgangspunkt von Forschungsreisen. 1770 übernahmen Franziskaner die Mission, und weitere sechs Jahre später wurde Loreto Hauptstadt der Halbinsel (1776–1829).

Sehenswert ist die im Jahre der Missionsgründung errichtete älteste Kirche von Baja California, **Nuestra Señora de Loreto,** ein äußerlich schlichtes Bauwerk an der zentralen Plaza. »Cabeza y Madre de las Misiones de Baja y Alta California« lautet die Inschrift über dem Kirchenportal. Das in dem ehemaligen Missionsgebäude aus dem 18. Jh. untergebrachte **Museo de las Misiones Jesuíticas** wird heute vom Instituto Nacional de Antropología y Historia (INAH, Nationales Institut für Anthropologie und Geschichte) unterhalten und präsentiert Dokumente und Exponate – darunter antike Waffen, Gemälde, Skulpturen, archäologische Fundstücke und Biografien von Missionaren – zur Christianisierung Niederkaliforniens (Di–So 9–13, 14–18 Uhr, Eintritt 42 Mex$).

Eine Fahrt mit dem Geländefahrzeug (buchbar in Loreto) zur **Misión San Javier** führt durch eine sonnenflirrende Ebene vorbei an Kaktushainen hinein in die Sierra de la Giganta. Nach 35 km ist die aus dem Jahre 1699 stammende Mission erreicht, ein gut erhaltenes Bauwerk im maurischen Stil, geschmückt mit beachtenswerten steinernen Reliefs. In der Nähe der Kirche findet man auch Höhlenmalereien.

Infos

Vorwahl Loreto: 613

Oficina de Turismo: Palacio Municipal, Av. Madero, Tel. 135 04 11, www.gotoloreto.com, Mo–Fr 8–17 Uhr.

Übernachten

Historisches Haus ▶ **Posada de las Flores:** Salvatierra/Madero, Tel. 135 11 62, Fax 135 10 99, www.posadadelasflores.com; kolonialer Stadtpalast am Zócalo, 15 Zimmer, stilgerecht restauriert und ausgestattet mit Antiquitäten, vom Pool auf der Dachterrasse hat man einen Panoramablick auf Loreto, ab 170 US-$.

Blick auf das Mar de Cortéz ▶ **Oasis:** Baja California/López Mateos (am Malecón), Tel. 135 01 12, 01800 624 9449, Fax 135 07 95, www.hoteloasis.com; tropisches Urlaubsfeeling versprechen die rustikal und luxuriös dekorierten Zimmer und Suiten, teilweise mit Blick auf die vorgelagerten Inseln Coronado und Carmen Island. Das Del-Carmen-Restaurant mit seiner großen Terrasse zum Meer ist einer der Treffpunkte Loretos und ideal, um die hiesige Spezialität *Clambake*, in Holzkohle gegrillte Muscheln, zu kosten, 40 Zimmer, ab 115 US-$.

Kolonialstil am Meer ▶ **Desert Inn:** Francisco Madero 28/Calle Davis, Tel. 135 00 25, 01800 026 3605, Fax 135 00 26, www.desert inns.com; zweistöckige Villen und Bungalows, 2 km nördlich der Stadt an der Bahía de Concepción, eigene Boote, 49 Zimmer, ab 79 US-$.

Aktiv

Angeln & Ausflüge ▶ **Hotel Oasis:** Das Hotel bietet Ausflüge zur **Walbeobachtung** (Jan.–März, 260 US-$/Pers.; s. unten), ganztägiges **Hochseeangeln** (300 US-$/3Pers.) und Trips zur **Insel Coronado** (130 US-$/ Pers.) an.

Walbeobachtung ▶ **San Carlos:** Zwischen Loreto und La Paz verläuft die MEX 1 an der Westseite der Halbinsel. In dem Städtchen Villa Constitución führt ein Abzweig (60 km) zu dem an der Westküste in der Bahía de Magdalena gelegenen Fischerort San Carlos, von dem aus besonders im Februar und März ausgezeichnete Möglichkeiten zur Beobachtung von Walen bestehen. Die einheimischen Fischer haben sich darauf spezialisiert, mit kleinen Booten zu den aussichtsreichsten Plätzen zu fahren.

Baja California

Verkehr

Flughafen: Av. Aeropuerto, 4 km südlich der Stadt (jenseits des Río Loreto), Tel. 135 04 99; tgl. Verbindungen nach Tijuana, La Paz, mehrmals wöchentl. nach Mexiko-Stadt, Los Angeles und San Diego.

Busse: Busbahnhof Ayuntamiento/Ecke B. Juárez, Tel. 135 07 67; mehrmals tgl. nach Norden und Süden.

La Paz ▶ 2, D 6

Die Hauptstraße führt weiter nach **La Paz** (›Der Friede‹), Freihafen und Hauptstadt (180 000 Einw.) des Staates Baja California Sur. Die Stadt liegt unter dem Wendekreis des Krebses an einer weit geschwungenen Bucht am Cortés-Meer. Alte Palmenhaine und Lorbeerbäume umgeben den Ort. Er besitzt eine der schönsten Strandpromenaden des Landes, den Malecón, der entlang des Paseo Álvaro Obregón verläuft. Dort reihen sich die Restaurants und Cafés aneinander, tagsüber treffen sich hier Mexikaner und Touristen, abends gerät die ganze Uferstraße zur städtischen Flaniermeile.

Das moderne Erscheinungsbild der schachbrettartig angelegten Stadt lässt nur allzu leicht die lange und wechselvolle Geschichte vergessen: Hernán Cortés und Sir Francis Drake, Piraten, Soldaten, Abenteurer und Missionare versuchten, den Ort zu erobern und hier Fuß zu fassen. Erst den Jesuiten gelang im 18. Jh. der Aufbau einer Missionsstation. 1829, nachdem Loreto von einem Hurrikan zerstört worden war, ernannte man La Paz zur neuen Hauptstadt Niederkaliforniens. Sie wurde damals als ›Schatzkammer der Region‹ berühmt und um ihre Austernbänke und ihre weißen und schwarzen Perlen beneidet. Aber infolge einer Epidemie, deren Ursachen niemals geklärt wurden, gingen alle Austernbänke zugrunde, und La Paz erlebte während des Zweiten Weltkrieges eine schwarze Epoche. Bis weit in die 1960er-Jahre blieb es ruhig in der Stadt. Heute ist La Paz Verkehrsknotenpunkt der südlichen Halbinsel.

Geschützte Strände gruppieren sich um die halbmondförmige Bahía de la Paz, einge-

rahmt zwischen der Stadt und dem nördlich gelegenen Pichilingüe (Anlegeplatz der Fähren). An Wochenenden, wenn die Strände von mexikanischen Familien zum Picknick besucht werden, wird es eng.

Von der Atmosphäre her schönster Treffpunkt der an historischen Sehenswürdigkeiten armen Stadt ist die **Plaza Constitución** (Jardín Velazco), die noch aus der Kolonialzeit stammt und vor einigen Jahren aufwendig restauriert wurde. Eine Besichtigung lohnt die am Platz stehende **Kathedrale Nuestra Señora de la Paz,** ein Bauwerk mit zwei Glockentürmen, dessen Ursprünge auf das Jahr 1720 zurückgehen, als Jesuiten den damaligen ›Stararchitekten‹ J. Bravo für den Bau verpflichteten. Die heutige Form des Gotteshauses stammt aus dem frühen 19. Jh.

Ganz in der Nähe (5 de Mayo/Altamirano) liegt das **Museo Regional de Antropología,** untergebracht in der Casa de la Cultura. Es gibt viele historische Dokumente zu sehen, und der Besucher gewinnt Einsicht in die Lebensgewohnheiten der Ureinwohner. Wer bisher keine Gelegenheit hatte, die zwar zahlreichen, aber meist abseits gelegenen und schwer erreichbaren Petroglyphen von Baja California zu besuchen und die prähistorischen Fels- oder Höhlenzeichnungen zu betrachten, findet sie im Museum auf Fotos dokumentiert (tgl. 9–18 Uhr, Eintritt 35 Mex$).

Infos

Vorwahl La Paz: 612
Oficina de Turismo: Mariano Abasolo, Tel. 124 01 03, Mo–Sa 8–19 Uhr.
Secretaría de Turismo BCS: Ctra. Transpeninsular al Norte km 5,5, Edifício Fidepaz, Tel. 124 01 00, Fax 124 07 22, Mo–Fr 9–17 Uhr.

Übernachten

Bezauberndes B&B ▶ **El Ángel Azul:** Independencia 518/Guillermo Prieto, Tel./Fax 125 51 30, www.elangelazul.com; stilvoll wohnen in traditionellem Ambiente: der ehemalige Gerichtshof (historisches Monument) beherbergt heute ein Boutique-Hotel unter Schweizer Leitung, in dem man zu moderaten Prei-

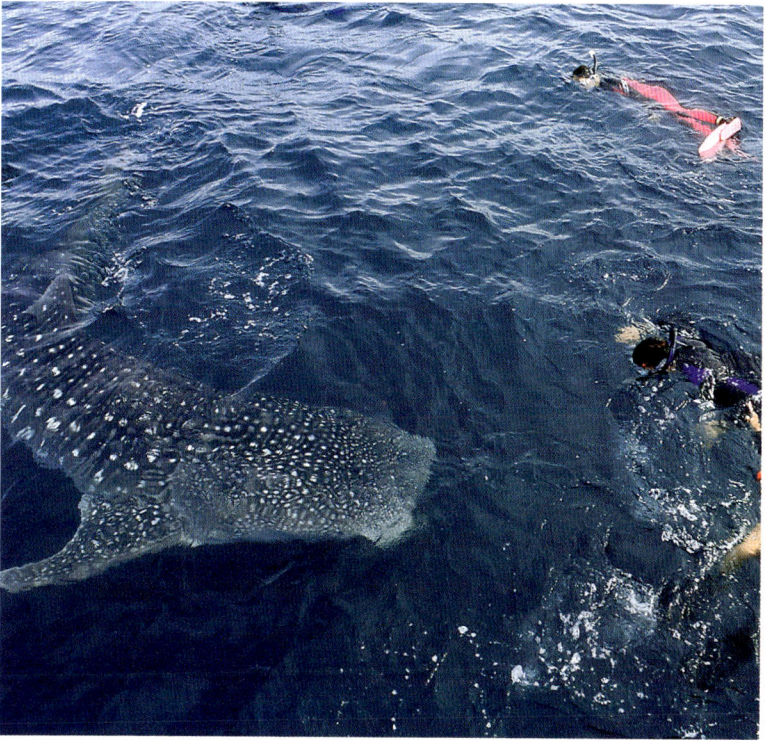

Taucherparadies La Paz

sen mexikanisches Flair genießt, 10 DZ, ab 130 US-$.

Meerblick inklusive ▶ Los Arcos: Av. Álvaro Obregón 498 (Ecke Rosales), Tel. 122 27 44, Fax 125 43 13, www.losarcos.com; belebtes Hotel im Kolonialstil an der Uferstraße, Treffpunkt US-amerikanischer Hochseeangler, 130 Zimmer und 32 Bungalows, ab 100 US-$.

Das erste Hotel der Stadt ▶ La Perla: Álvaro Obregón 1570, Tel. 122 07 77, Fax 125 53 63, www.hotelperlabaja.com; umfassend modernisiertes Haus von 1940 im mexikanischen Stil am Malecón, 110 Zimmer, ab 80 US-$.

Im historischen Zentrum ▶ Yeneka: Madero 1520/16 de Septiembre, Tel. 125 46 88, Fax 122 41 06, yenekamacias@prodigy.net.

mx; einfaches Haus im Zentrum, Exkursionen und Angeltouren, 20 DZ, ab 45 US-$.

Für sparsame Individualreisende ▶ Pensión California: Santos Degollado 209 (zwischen Madero und Revolución), Tel. 122 28 96, Fax 123 35 25, pensioncalifornia@prodigy.net.mx; im Zentrum von La Paz gelegen, sehr empfehlenswert, 25 Zimmer, ab 220 Mex$.

Essen & Trinken

Italienische Eleganz ▶ Palermos: Paseo Álvaro Obregón Malecón, Ecke Hidalgo, Tel. 123 12 22, www.palermoslapaz.com, tgl. 12–23 Uhr; an der Uferstraße gelegenes Haus im Palazzo-Stil, div. Pastaspezialitäten sowie Pizza aus dem Steinofen, Grillgerichte und Fischspezialitäten 200–400 Mex$.

227

Baja California

Kantonesische Gerichte ▶ Nuevo Pekin:
Álvaro Obregón 875/Gpe. Victoria, Tel. 125 09
95, www.nuevopekin.com.mx, tgl. 12–23 Uhr;
unmittelbar an der Bucht gelegen, chinesische Küche, z. T. mexikanisch feurig interpretiert, Menü ab 90 Mex$.

Aktiv

Tauchen ▶ Trips nach El Bajo (Tauchrevier
rund 50 km entfernt im Golf von Kalifornien),
wo man u. a. Walen sowie Seelöwen begegnet. Touren bieten die Reisebüros der Stadt
an.

Termine

Stadtfest: 24. Jan., im Gedenken an die
Stadtgründung.

Verkehr

Flughafen: 13 km außerhalb der Stadt, tgl.
Verbindung nach Tijuana, 2 x wöchentl. Mexiko-Stadt, 1 x wöchentl. nach San Diego
und Los Angeles. **Aeroméxico:** Álvaro Obregón (zwischen Morelos und Hidalgo), Tel. 124
63 66.

Zentraler Busbahnhof: südlich des Zentrums in der Av. Jalisco/Héroes de la Independencia, stdl. nach Cabo San Lucas, 5 x
tgl. nach Tijuana.

Fährhafen: 16 km nördlich in Pichilingüe,
Verbindung nach Topolobampo (Los Mochis,
6 x wöchentlich, 7 Std.); Bus zum Hafen ab
Arreola/21 de Agosto. **Baja Ferries:** Ignacio
Allende 1025, Col. Centro, Tel. 123 66 00,
www.bajaferries.com.

Cabo San Lucas   ▶ 2, D 7

Von La Paz aus sind es dann nur noch wenige Stunden bis zum mexikanischen *finisterra,* zu erreichen über die MEX 1 (231 km)
oder die an der Westküste verlaufende
MEX 9 (150 km).

Dort, wo Pazifik und Golf von Kalifornien zusammentreffen, liegt **Cabo San Lucas** an der
Südspitze von Baja California. Der einstige Fischerort boomt seit über zehn Jahren gewaltig. Zusammen mit dem 32 km weiter östlich
gelegenen Badeort **San José del Cabo** bildet
Cabo San Lucas das Ferienzentrum **Los Ca-**
bos (100 000 Einw.). Dank der milliarden-
schweren Investitionen von FONATUR (der
mexikanischen Behörde für den Ausbau von
neu zu erschließenden Touristenzielen) und
US-amerikanischer Firmen sowie des neuen
internationalen Flughafens avancierte Los Cabos zu einem der am schnellsten wachsenden
Ferienzentren des Landes und zum heutigen
Trendziel der kalifornischen Szene.

Gute Fischrestaurants, Edel-Boutiquen,
Diskotheken und nicht zuletzt der Jachthafen
mit ca. 3000 Liegeplätzen bieten in Cabo San
Lucas die nötige Ausstattung für die am Wassersport interessierten Besucher.

Vom weißen Strand der Playa Médano von
Cabo San Lucas fällt der Blick auf den vor der
Küste liegenden **El Arco,** einen in Jahrhunderten durch Wind und Wellen geschaffenen
Felsenbogen, berühmtes Wahrzeichen des
mexikanischen Landend. Wer die Stadt mit
einem Boot verlässt, hat ebenfalls einen
schönen Blick auf El Arco. Ein Spaziergang
führt zum historischen Leuchtturm, Faro
Viejo, von dessen Anhöhe man einen Panoramablick über den Pazifik und den Golf von
Kalifornien genießen kann.

Infos

Vorwahl Cabo San Lucas: 624
Información Turística: Zaragoza/Mijares,
Tel. 142 30 10, Fax 142 96 28, Mo–Fr 9–19
Uhr, www.visitloscabos. travel, tgl. 8–19 Uhr.

Übernachten

Schöner   Wohnen ▶ Esperanza: Ctra.
Transpeninsular km 7, Punta Ballena, Tel. 145
64 00, Fax 145 64 99, www.esperanzaresort.
com; nordöstlich der Stadt am Strand gelegenes, weitläufiges Luxusresort im Palapa-Stil, feinste Ausstattung, 50 *casitas,* 6
Suiten mit Privatterrasse und 60 Villen, ab
525 US-$.

Edles mexikanisches Ambiente ▶ Shera-
ton Hacienda del Mar: Cabo del Sol, Ctra.
Transpeninsular km 10, Tel. 145 80 00, Fax
145 80 02, www.sheratonloscabos.com; außergewöhnlich luxuriöses und prächtig ge-
staltetes Hotel im klassischen Hacienda-Stil.
Im Restaurant Tomate (eines von insgesamt

vier) genießt man üppige Frühstücksbuffets auf einer Terrasse unter Arkaden und maurischen Bögen mit Traumblick auf das Meer. Das renommierte Cactus Spa und zwei nahe Weltklasse-Golfplätze sind weitere Highlights, Zimmer ab 229 US-$.

Land's End in Baja ▶ Finisterra: Bahía Cabo San Lucas, Tel. 143 33 33, Fax 143 05 90, www.finisterra.com; terrassenartig auf einer Halbinsel an der Bucht gelegenes Luxushotel mit großzügigen Pools, 287 Zimmer, ab 205 US-$.

Felsen vor der Tür ▶ Solmar: Playa Solmar, Tel. 143 35 35, Fax 143 04 10, www.solmar.com; 1 km außerhalb der Stadt an der Playa Solmar ragen die kahlen Felsenwände unmittelbar neben der Anlage senkrecht in den Himmel, zusammen mit dem Grün der üppigen Kokospalmen und dem Blau des Meeres ein beeindruckender Kontrast, 90 Zimmer, ab 190 US-$.

Familiäres Feeling ▶ Club Cabo: Ctra. vieja a San José, Tel./Fax 143 33 48, www.clubcaboinn.com, 3 km östlich der Stadt; auf dem großen tropischen Grundstück ihres Hauses vermieten Martin und Irene bestens gepflegte Zimmer, Palapas und Suiten mit Kochzeile. Auch Stellplätze für Camper sind vorhanden. Zwar sind es ein paar Minuten zum Strand, doch spenden Pool und Whirlpool schnelle Erfrischung, Suite ab 65 US-$.

Bestes Preis-Leistungs-Verhältnis ▶ Mar de Cortéz: Lázaro Cárdenas/Guerrero (Stadtzentrum), Tel. 143 00 32, Fax 143 02 32, www.mardecortez.com; Hotelanlage im mexikanischen Stil mit Pool und romantischem Hof. Angesichts der geschmackvollen und gepflegten Ausstattung ein echtes Schnäppchen im teuren Cabo San Lucas. Tipp: die besonders schönen Terrace Rooms. 90 Zimmer, ab 45 US-$.

Essen & Trinken

Mit Livemusik ▶ Puerta Vieja: Cabo Bello, Ctra. Transpeninsular km 6,3 (5 km östlich von CSL), Tel. 104 33 34, www.puertavieja.com, tgl. 12–23 Uhr; elegantes Restaurant mit erlesener Küche und Meeresspezialitäten, Menü ab 22 US-$.

Für Verliebte ▶ Mi Casa: Av. Cabo San Lucas/Ecke Cárdenas, Tel. 143 19 33, www.micasarestaurant.com.mx, tgl. 12–15 (außer So), 18.30–22.30 Uhr; Bar-Restaurant in einem der ältesten Kolonialhäuser der Stadt, Speisen im offenen, von Bäumen beschatteten Innenhof, anspruchsvolle mexikanische Küche, dazu spielen Trios wehmütige Herz-Schmerz-Lieder, mexikanische Spezialitäten ab 18 US-$.

Immer wieder schön ▶ Edith's: Camino a Playa el Médano, Tel. 143 08 01, www.ediths cabo.com, tgl. 17–23 Uhr; in den beiden of-

Tipp: Hotel Las Ventanas al Paraíso

Säulenkakteen und in die Böden eingelassene Kiesel prägen die Hotelanlage. Gäste wohnen in einer von 61 prachtvollen Suiten, die kleinsten knapp 90 m² groß, dazu kommen ein Patio mit Jacuzzi, der eigene Plunge Pool mit Meerblick, ein offener Kamin (im Winter kann es nach Sonnenuntergang stark abkühlen) und ein Teleskop zum Sternegucken. Das schönste Hotel von Baja California liegt im äußersten Süden der Halbinsel, in Los Cabos. Das *hideaway* für Hollywood-Stars und Co. ist auch eine gefragte Location für Modefotografen, weil es Schönheit, Luxus und Stil vereint. Das aufmerksame, aber nie aufdringliche Personal ist bereit, jeden Wunsch zu erfüllen. Zum *Turn Down Service* (dem abendlichen Bettvorbereiten) gehört ein kleines Aromatherapie-Programm. Selbstverständlich wird man von jedem Bediensteten im Hotel mit seinem Namen angesprochen. Ein ›Pool Butler‹ reicht CDs, Magazine, Bücher und temperiertes Zitronenwasser. Am Strand döst man im privaten Pavillon oder lässt sich mit Spa-Anwendungen verwöhnen (Las Ventanas al Paraíso, Cabo Real, Ctra. Transpeninsular km 19,5, San José del Cabo, Tel. 144 28 00, Fax 144 28 01, www.lasventanas.com; 61 Suiten, ab 550 US-$).

Baja California

fenen *palapas* mit Blick auf die beleuchteten Jachten und die Cabo San Lucas-Bucht genießt man romantische Atmosphäre bei Fisch und Meeresfrüchten vom Grill, *Cesar's Salad* oder scharfen Tortilla-Suppen, Vorspeisen ab 4 US-$, Hauptgerichte ab 18 US-$.

Meeresfrüchte & Meerblick ▶ Baja Cantina: CSL Marina, Dock L–M, Tel. 143 11 11, www.bajacantina.com.mx, tgl. 7–1 Uhr; Frühstück ab 5, Lunch ab 10 US-$, mexikanische Grillgerichte ab 16 US-$.

Mexikanische Atmosphäre ▶ Los Tres Gallos: Leona Vicario/20 de Noviembre, Col. Centro, Tel. 130 77 09, Mo–Sa 9–21.30 Uhr; Enchiladas, Queso Fundido und Guacamole im Garten-Patio unter Obstbäumen, viele begeisterte Stammgäste, Gerichte um 180 Mex$.

Abends & Nachts

Szene-Treff ▶ Diskothek **Cantina Cabo Wabo:** Vicente Guerrero/Lázaro Cárdenas, Tel. 143 11 88; von außen Leuchtturm und andalusischer Stil, innen Rock 'n' Roll (www.cabowabocantina.com).

Aktiv

Hochseeangeln ▶ Los Cabos gilt weltweit als eines der besten Reviere fürs Hochseeangeln.

Bootsausflüge ▶ Vom **Hafen** aus werden Touren mit anschließendem Besuch der Playa del Amor angeboten.

Verkehr

Flughafen Los Cabos: 12 km nördlich von San José del Cabo, tgl. nach Mexiko-Stadt. **Aeroméxico:** Flughafen, Tel. 146 50 97. **Busbahnhof:** Zaragoza/16 de Septiembre, Tel. 143 50 20, stdl. nach San José del Cabo, 6 x tgl. nach La Paz, 2 x tgl. nach Tijuana.

San José del Cabo ▶ 2, D 7

Während Cabo San Lucas recht hektisch und betriebsam erscheint, verbreitet **San José del Cabo** schon eher mexikanische Atmosphäre. Der Ort mit kurvigen Straßen, Palmenhainen, hübschen Patio-Restaurants und kleinen Boutiquen ist etwas abseits des Meeres gelegen. Der Boulevard Mijares führt zu einer von FONATUR gebauten Hotelzone am Strand. Ein hübscher Palacio Municipal ziert das Zentrum.

Bereits 1535 von Cortés besucht, wurde in der kleinen Stadt zwei Jahrhunderte später eine **Jesuitenmission** gegründet. Das Gebäude zwischen dem Cerro del Vigía und dem Cerro de la Luz lässt sich besichtigen, eine breite Treppe führt von der Straße zu dem schneeweißen Bau mit zwei restaurierten Glockentürmen. Während hier zur Kolonialzeit die Piratenschiffe Proviant fassten und auf spanische Handelsschiffe nach Manila warteten, trug der Hafen im 19. Jh. zum Wohlstand der Handelsstadt bei.

San José liegt an einer Lagune mit ausgedehnten Sümpfen (Estero San José), denn in dem **Biosphärenreservat** trifft das Süßwasser des Arroyo San José auf einströmendes Meerwasser. Wasservögel (mehr als 70 Arten) lassen sich bei einem Bootsausflug erspähen. In der Umgebung der Stadt findet man Obstplantagen mit tropischen Früchten.

Zwischen Cabo San Lucas und San José del Cabo erstreckt sich auf über 30 km der *corredor turístico,* an dem in den letzten Jahren exklusive Eigentumswohnanlagen, Hotels und Mega-Resorts entstanden. Cabo del Sol heißt ein Komplex mit mehreren Fünf-Sterne-Hotels und hochpreisigen Apartments und Villen sowie einem von Jack Nicklaus errichteten Golfplatz. Zu Cabo Real gehören zwei weitere, von Nicklaus und Trent Jones designte Golfplätze und mehrere Hotels, darunter auch das Las Ventanas al Paraíso.

Infos

Vorwahl San José del Cabo: 624 **Oficina de Turismo:** Ctra. Transpeninsular/Valerio González, Plaza San José, Locales 3 y 4, Tel. 146 96 28, Fax 142 33 10, www.visitloscabos.travel, tgl. 8–17 Uhr.

Übernachten

Hotel-Legende ▶ Palmilla: Ctra. a Cabo San Lucas km 7,5, Tel. 146 70 00, Fax 146 70 01, www.palmilla.com; Resort der One & Only-Marke, 10 km westlich von San José in einer Palmenoase am Meer, im Hacienda-Stil und mit großem Wellness-/Spa-Bereich, eines der schönsten und berühmtesten Hotels von Baja California; Naturerleben, Luxus und Romantik gehen hier eine perfekte Verbindung ein. 172 Zimmer, ab 550 US-$.

Bougainvillea & Bambus ▶ Casa Natalia: Blvd. Mijares 4, Tel. 146 71 00, Fax 142 51 10, www.casanatalia.com; französischer Chic und das sympathische Besitzerehepaar prägen das entzückende Hotel, das zu den »Small Luxury Hotels of the World« gehört, Blumen und farbenprächtiges Interieur lassen die Zimmer erstrahlen, 18 Terrassen- oder Balkonzimmer um einen Patio mit Pool, kostenloser Strand-Shuttle, ab 195 US-$.

Zentral und doch ruhig ▶ La Tropicana: Blvd. Mijares 30 (1 Block vom Zócalo), Tel. 142 09 07, www.hoteltropicana.com; 40 Zimmer, deren Bäder mit mexikanischen Talavera-Kacheln ausgestattet sind, umgeben einen üppig begrünten Patio; mit Poolanlage und mexikanischem Restaurant im Freien, DZ 108–127 US-$.

Mexikanische Landhaus-Atmosphäre ▶ El Encanto Inn: Calle Morelos 133, Tel. 142 03 88, Fax 142 46 20, www.elencantoinn.com; in bester Innenstadtlage von San José gelegenes Boutique-Hotel, das durch seine Mischung aus mexikanischem Kolonial-Look und edlem Landhausstil die Gäste bezaubert. Der mit Lorbeer bewachsene Patio, erfüllt von Jasminduft und dem Klang plätschernder Brunnen, lädt mit seiner Restaurantterrasse zum mexikanischen Dinner, 28 komfortable Zimmer und Suiten um einen Pool, ab 99 US-$.

Tropisches Ambiente ▶ Yuca Inn: Álvaro Obregón 1, Tel./Fax 142 04 62; nahe der Plaza, www.yucainn.com.mx; 10 gepflegte Zimmer mit Bad, Kühlschrank und Ventilator Gäste treffen sich in der gut ausgestatteten Gemeinschaftsküche, am Pool und unter den offenen Palapas und schätzen die gut sortierte Bibliothek, ab 35 US-$.

Essen & Trinken

In-Adresse ▶ Damiana: Blvd. Mijares 8, Plaza de San José (Zentrum), Tel. 142 04 99, ab 11 Uhr; internationale Küche (Spezialität

Schalentiere) im Bougainvillea-Patio eines historischen Kolonialhauses, den »Aperitif des Hauses« nimmt man zuvor an der stilvollen Bar, Menü ab 16 US-$.

Panasiatische Spezialitäten ▶ Baan Thai: Morelos (zw. Obregón u. Comonfort), Tel. 142 33 44, www.bajabaanthai.com, Mo–Sa 12–22.30 Uhr; in einem 150 Jahre alten Stadthaus im Kolonialstil mit einem tropisch gestalteten Patio werden Thai- und indonesische Gerichte serviert (Seafood Wantons, Tom Yum Soup oder Singapure Noodles und viele andere Gerichte aus dem Wok oder vom Grill, daneben wohlschmeckende Curries, zur Lunchzeit gibt es ein üppiges Buffet), ebenso köstlich sind die tropischen Cocktails und Desserts auf Kokosnussbasis, Hauptgericht um 13 US-$.

Fusion Food ▶ ElComal: Blvd. Mijares 1357, Tel. 142 55 08, www.restauranteelcomal.com, Mo–Sa 11–15, 18–22 Uhr; Bougainvillea und alte Obstbäume spenden Schatten im romantischen Patio, serviert werden Shrimps-Enchiladas, Meeresfrüchte in Fettucine, gegrillter Ziegenkäse mit Taco-Salat und andere Köstlichkeiten, Lunch ab 7 US-$.

Einkaufen

Shoppingcenter ▶ Centro Comercial Plaza Los Cabos: Blvd. Mijares (Ctra. a Cabo San Lucas); größtes Einkaufszentrum, Kunsthandwerks- und Modeboutiquen, Cafés und Restaurants.

Abends & Nachts

Kulturelles ▶ Casa de la Cultura »Alfredo Green Gonzales«: Alvaro Obregón, Plaza Mijares, Tel. 146 98 36, www.casaculturasjc.blogspot.de, Mo–Sa 9–22 Uhr; *ballet folklórico* (mexikanische Volkstänze), klassische und Popkonzerte sowie Dichterlesungen.

Verkehr

Flughafen: 12 km nördlich von San José del Cabo, tgl. Flug nach Mexiko-Stadt. **Aeroméxico:** Flughafen, Tel. 146 50 97.
Busbahnhof: Valerio González, Tel. 142 11 00, stdl. nach Cabo San Lucas, 6 x tgl. La Paz, 2 x tgl. Tijuana.

Vom Pazifik in die Sierra Madre Occidental

Die schönste Eisenbahnstrecke Mexikos führt von Los Mochis nach Chihuahua und durchquert dabei einen Teil der Sierra Madre Occidental, der nach den dort beheimateten Indígenas auch Sierra Tarahumara genannt wird: Es geht durch alle Klima- und Vegetationszonen des Landes, über Dutzende von Brücken und durch viele Tunnel, über Bergkämme und durch zerklüftete Schluchten.

Die Barranca del Cobre, ein System zahlreicher Schluchten in der Sierra Madre Occidental, lässt sich mit dem Zug durchqueren. Die Cañóns del Cobre, Urique, Batopilas, Oteros, Terarecua und Sinforosa sind die größten und bekanntesten Täler, in ihnen fände der nordamerikanische Grand Canyon gleich mehrmals Platz. Der Bau der Eisenbahnstrecke der ›Ferrocarril de Chihuahua al Pacífico‹ durch weitgehend wegloses, bis dahin unzugängliches Gebiet gehörte zu den Jahrhundertleistungen des Landes. Im Vordergrund des Interesses standen die Erschließung reicher Minenvorkommen und der Wälder der Sierra Madre Occidental sowie der Transport quer durch Mexiko zum Pazi-

Tarahumara-Mädchen am Aussichtspunkt El Divisadero

fik. Nach 80-jähriger Bauzeit – unterbrochen von finanziellen Problemen, Revolutionswirren und zwei Weltkriegen – wurde die Eisenbahnstrecke 1961 fertiggestellt. Als Symbol trägt die Bahn auf jedem Wagen einen Tarahumara mit Stirnband und Lendenschurz, der gerade einen gewaltigen Sprung unternimmt – vom C (Chihuahua) zum P (Pacífico), der Zug wird daher *Chepe* genannt.

Von Los Mochis in die Sierra Madre ▶ 2, E 5–F 4

Karte: S. 236

Los Mochis 1 (▶ 2, E 5) ist eine recht gesichtslose Stadt (260 000 Einw.) US-amerikanischen Zuschnitts ohne Höhepunkte. Es gibt nichts zu sehen und zu erleben, und in der sehr sehenswerten Kolonialstadt El Fuerte lässt sich die Eisenbahnfahrt zwei Stunden später beginnen.

Von hier ›unten‹ am Pazifik fährt die Bahn – während ein Ober den Passagieren das mexikanische Frühstück serviert – zunächst durch tropische Vegetation: Zuckerrohrfelder und das Gelb der Färberdisteln prägen die Landschaft, dazwischen liegen einfache Hütten, an langen Leinen weht Wäsche im Wind, Pferde und Kühe weiden, Kinder spielen. Es folgt einsame Kaktuslandschaft, schließlich, bei Km 781, überquert man den Río Fuerte auf der mit 500 m längsten Brücke der Strecke. Kurz darauf geht es in schwindelerregender Höhe über den Chini-Pass, eine Bergformation, wo im November 1961 Präsident López Matéos die Schienen der Öffentlichkeit übergab.

Endlich ist der Gebirgszug der Sierra Madre erreicht. Der Zug durchquert nun eine sich stetig wandelnde Landschaft, vorbei an Cañóns, Wasserfällen, Flüssen und Seen, über 39 hohe Brücken sowie durch 86 Tunnel.

Infos

Vorwahl Los Mochis: 668

Oficina de Turismo: Ignacio Allende 655 Sur, Tel. 815 65 07, www.visitlosmochis.com.mx, Mo–Fr 9–16, Sa 9–14 Uhr.

Übernachten

Gediegen ▶ **Santa Anita:** Leyva/Hidalgo, Tel. 818 70 46, Fax 812 00 46, www.santaanita hotel.com; Kristalllüster, glänzender Granit und barocke Stühle in der Lobby, gepflegte, im minimalistischen Stil gestaltete Zimmer. Das hauseigene Reisebüro besorgt Fahrkarten und Übernachtungen für die Barranca del Cobre-Tour. 110 Zimmer, ab 75 US-$.

Verkehr

Flughafen: 13 km an der Straße nach Topolobampo; Verbindung u. a. 3 x wöchentl. Mexiko-Stadt und tgl. La Paz. **Aeroméxico:** Álvaro Obregón 1104 Poniente, Tel. 815 25 60, Flughafen, Tel. 812 01 40.

Bahnhof: Av. FFCC, Tel. 824 11 51. ›Chepe‹ nach Chihuahua, Tel. 01 800 12 24 373 (kostenlos), www.chepe.com.mx; 1.-Klasse-Zug *(Primera Express)* Abfahrt in Los Mochis und Chihuahua tgl. 6 Uhr, Ankunft jeweils 22 Uhr, mit acht Stopps unterwegs (insgesamt 685 km), Fahrpreis ca. 130 €; zweite Klasse *(clase económica)* Abfahrt 6 Uhr, Ankunft ca. 22 Uhr, ab Chihuahua Mo, Do, Sa, ab Los Mochis Di, Fr, So, ca. 78 €. Tickets und Transport zum Bahnhof im Hotel Santa Anita. Die Strecke verbindet Ojinaga (Grenzort in Texas: Presidio) und Los Mochis (Hafen Topolobampo) am Pazifik. Landschaftlich reizvoll ist jedoch nur die Teilstrecke von Los Mochis bis Chihuahua.

Busbahnhof: Juárez/Degollado, Tel. 812 17 57, stdl. auf der MEX 15 in nördlicher und südlicher Richtung

Fährhafen: in Topolobampo, 25 km; 6 x wöchentl. nach La Paz, Baja California Sur (7 Std.). **Baja Ferries:** Blvd. Centenario/Rosales, Plaza Encuentro, Tel. 818 68 93, www.bajaferries.com.

5 Barranca del Cobre ▶ 2, E 4

Karte: S. 236

Höhepunkt der Fahrt durch die Sierra Madre ist **El Divisadero** 2, ein Aussichtspunkt in 2250 m Höhe. Hier halten alle Züge für

Die Tarahumara

Thema

Vor den spanischen Konquistadoren und der Zwangsarbeit in den Kupferminen flüchteten die Tarahumara-Indianer um 1600 in die unzugänglichen, unwirtlichen Zonen der Sierra Madre Occidental. Über Jahrhunderte veränderte sich wenig in ihrem Leben. Mythen und Natur prägen den Alltag dieser amerikanischen Ureinwohner.

Noch heute liegt das Siedlungsgebiet der mit den Hopi verwandten *indígenas* im Gewirr der vielfältigen Cañóns. Die etwa 50 000 Tarahumara sind Halbnomaden, im Sommer siedeln sie in den höher gelegenen Regionen, wo sie Ackerbau, Viehzucht und Obstanbau betreiben und sich in der Holzwirtschaft verdingen. Die in eine Vielzahl bunter Baumwoll-Unterröcke gekleideten Frauen verdienen sich ein paar Pesos durch den Verkauf von Webarbeiten, getöpferten Vasen und Gefäßen aus geflochtenem Gras an Touristen hinzu. Die Kleidung der Männer besteht traditionell aus einem weißen Rock und einer weiten Bluse. Nur wenige Tarahumara sprechen Spanisch.

Im Winter ziehen sie sich in tiefer gelegene, wärmere Zonen zurück. Die Tarahumara nennen sich selbst *rarámuri,* was so viel wie Fußläufer bedeutet, und gut zu Fuß ist dieser Stamm in der Tat: Zum Erntedankfest veranstalten sie traditionell einen 200 km-Lauf, bei dem sie mit den Füßen einen kleinen Holzball vor sich hertreiben. Ins Reich der Legenden gehört indes die Behauptung, die Tarahumara seien so ausdauernde Läufer, dass sie sogar Wild zu Tode hetzen könnten. Die Anhänger des Peyote-Kults, den sie einmal jährlich betreiben, huldigen auch dem *tesguino,* einem Maisbier, das für religiöse Zeremonien ebenso eingesetzt wird wie bei weltlichen Ereignissen wie Geburt, Hochzeit und Tod.

Schmale Fußwege führen bergab zu den Siedlungen der Tarahumara in den Cañóns,

sie führen von 3000 Höhenmetern auf wenige hundert Meter hinunter, wobei durchaus Entfernungen von mehr als 100 km zurückzulegen sind. In diesen Dörfern haben sie sich in kleinen Häusern aus Lehmziegeln Schlafplätze geschaffen. Denn nach wie vor soll sich das Leben im Freien abspielen. Auch die Küche befindet sich traditionell im Freien. Frauen kochen auf einem kleinen Holzfeuer, hier werden die Bohnen für das Frühstück zubereitet, wird Mais gemahlen und werden die Tortillas gebacken.

Doch nach und nach zieht auch bei den Tarahumara die Moderne ein: die Kinder besuchen Internatsschulen, wo sie Spanisch lernen und sich mit dem Wissen des 21. Jh. vertraut machen. In einigen Dorfgemeinschaften plant man Gästehäuser für zahlende Besucher, die von den Tarahumara lernen wollen, im Einklang mit der Natur zu leben.

Leider hat die Moderne auch mit anderen Mitteln Einzug gehalten im Leben der Ureinwohner. Die schwer zugänglichen Schluchten der Sierra Madre sind seit Langem wichtige Anbaugebiete für Mohn und Marihuana. Drogenbosse kontrollieren die Vermarktung, zum Anbau werden immer wieder Tarahumara gezwungen. Periodisch durchgeführte Polizeikontrollen konnten bislang nur wenig an der Situation ändern. Verhaftet werden regelmäßig kleine Händler, während die tatsächlichen Drahtzieher weiter unbehelligt in ihren Villen an der Pazifikküste residieren.

234

20 Min. Gelegenheit für Passagiere, die ohne Unterbrechung weiterfahren, die drei zusammentreffenden Schluchten Cañón del Cobre, Cañón Urique und Cañón Terarecua zu bestaunen: eine Erosionslandschaft, die Wind und Wasser in Millionen von Jahren geschaffen haben. Nur wenige Meter von der Bahnstation entfernt (an der Tarahumara-Frauen selbst geflochtene Körbe und bunte Stoffpuppen verkaufen) fällt die Felswand 1700 m tief fast senkrecht ab.

In **Los Ojitos** `3` erreicht man den höchstgelegenen Ort der Strecke, einen Pass in 2461 m Höhe, danach **Creel** `4` (2240 m), benannt nach einem britischen Eisenbahnpionier. Das etwas trist erscheinende Zentrum der Holzwirtschaft ist Hauptsiedlungsgebiet der Tarahumara (s. links). Von Creel (7000 Einw.) führt eine geteerte Straße bis zur Seilbahn hinter El Divisadero. Von der Siedlung mit Wildwest-Ambiente aus besteht regelmäßger Busverkehr zu den umliegenden Dörfern. Der Ort ist Ausgangspunkt für ein- oder mehrtägige Ausflugstouren zu den Wasserfällen, Seen und Jesuiten-Kirchen der Umgebung. In Creel selbst gibt es einfache Unterkünfte und Mittelklassehotels. Von hier kann man zu dem in Kiefernwäldern versteckten See **Arareco** und zur ehemaligen Jesuitenmission **Cusárare** `5` gelangen.

Die weitere Fahrt führt durch ausgedehnte Nadelwälder. Minenanlagen und immer wieder Sägewerke bestimmen das Gesicht der Strecke, dann schnurgerade Straßen, gepflegte Felder, schöne weiß gestrichene Holzhäuser. Ein letztes Mal vor Chihuahua hält die Eisenbahn. **Cuauhtémoc** `6` ist auf dem Schild zu lesen; und in graues Tuch, Latzhosen und Karohemd gekleidete weiße Männer, altmodisch gewandete Frauen in langen Kleidern, Kopftuch und Strohhut, das lange blonde Haar zu einem dicken Zopf geflochten, warten am Bahnsteig.

Diese strenggläubigen Christen, die sich nach den Lehren des holländischen Reformators Menno Simons (16. Jh.) Mennoniten nennen, stehen technischen Neuerungen weitgehend ablehnend gegenüber. Rund 50 000 leben in 144 kleinen Gemeinden in der Umgebung von Cuauhtémoc (100 000 Einw.), eingewandert 1922 aus Kanada, nachdem ihnen Präsident Obregón die Erlaubnis erteilte, größere Ländereien zu erwerben und zu besiedeln. Die Halbwüste, die die Mennoniten in langen Jahren harter Arbeit urbar machten, nutzen sie heute zum Anbau von Obst und Getreide. Noch immer sprechen sie einen friesischen Dialekt, heißen Abram oder Jacob, doch statt der Kutsche nehmen auch sie mittlerweile lieber das Auto.

Übernachten

Reservieren ratsam ▶ Plaza Mexicana Margarita: Creel, Elfido Batista, Tel. (635) 456 02 45, www.casamargaritacreel.com.mx; Schmiedeeisen, Holzbalkendecken und rustikale Terrakotta-Fußböden, dazu typische mexikanische Möbel, farbenfrohe Bemalung und einheimische Kunst prägen das gepflegte 2,5-Sterne-Hotel im Zentrum, 27 Zimmer plus Schlafsaal, mit gemütlicher Kneipe, Internetcafé und weiterem günstigen Gästehaus, ab 700 Mex$.

Rustikale Cabaña-Atmosphäre ▶ Korachi: Calle Francisco Villa 116, Col. Centro, Creel, Tel. (635) 456 00 64, www.hotelkorachi. com; kleines Haus mit komfortablen Zimmern, 8 DZ, 24 US-$, 13 cabins 32 US-$.

Aktiv

Reiten ▶ Rancho del Oso: Hotel Paraíso del Oso, Cerocahui, Tel. (614) 421 33 72, www.mexicohorse.com; Ausritte in Kleingruppen mit Führer, zu Tarahumara-Dörfern, zum See und zu den Wasserfällen, 10 US-$/ Std. und Person.

Chihuahua   ▶ 2, F 4

Karte: S. 236

Noch 125 km, der Zug rattert nun durch Kakteenlandschaften und Prärien. Schließlich ist Chihuahua erreicht, Herkunftsort der winzigen und haarlosen Hunde gleichen Namens.

Chihuahua `10`, das wirtschaftliche Zentrum des mexikanischen Nordens, die Hauptstadt (1,1 Mio. Einw.) des gleichnamigen und größten mexikanischen Staates, vereint die Atmosphäre einer reichen Industrie- mit der einer Kolonialstadt. Man lebt gut von der Viehverladung und vom Holz, das in der Sierra Madre geschlagen wird, verfügt über Fleischkonservenfabriken, profitiert vom Bergbau und der Industrie.

Die 1709 gegründete Stadt (Chihuahua = trockener Platz), 1500 m hoch in einem weiten Tal der Sierra Madre gelegen, spielte eine wichtige Rolle in der mexikanischen Freiheits- und Unabhängigkeitsbewegung. In Chihua-

hua wurden Pater Hidalgo und seine Kampf-gefährten Allende, Aldama und Jiménez 1811 hingerichtet. 1847/48 war der Ort von den Nordamerikanern, 1865/66 von Franzosen besetzt. Pancho Villa, in Chihuahua als Francisco geboren, einer der Helden der Revolution, zog 1914 mit seiner División del Norte in die Stadt ein. Sein Hauptquartier Quinta Luz, eine 50-Zimmer-Villa, die er nach seiner dritten Frau benannte, beherbergt heute das **Museo Histórico de la Revolución Mexicana** (10a Calle 3014/Méndez, Col. Santa Rosa, Di–

Sa 9–13, 15–19, So 9–17 Uhr, Eintritt 10 Mex$). Neben Schwarz-Weiß-Fotografien und Steckbriefen Pancho Villas ist auch das Auto ausgestellt, in dem er 1923 erschossen wurde. Es steht, von Kugeln durchsiebt, im Innenhof. Für den Revolutionär wurde an der Plaza Revolución ein Mausoleum aus Marmor errichtet; ein Denkmal (Universidad/División del Norte) zeigt Villa auf seinem Pferd.

Vor der Barockfassade der **Kathedrale** an der Plaza Principal (auch Plaza de Armas oder Plaza Constitución genannt) steht im Schatten zweier mächtiger Kirchtürme das Denkmal des Stadtgründers. Die aufwendige Ausstattung der Kirche und ihre wertvollen religiösen Kunstwerke sind im 18. Jh. aus den Silbereinkünften der Umgebung finanziert worden. Luftballonverkäufer flanieren auf und ab, Rancheros lassen ihre Cowboystiefel reinigen und polieren. Ein paar Querstraßen weiter liegt an der Plaza Hidalgo der **Palacio del Gobierno**, 1891 erbaut, mit riesigen Wandfresken von Aaron Piña Mora im Arkadenhof, die die bewegte Geschichte der Stadt widerspiegeln. Das Grab und ein Denkmal erinnern an Pater Hidalgo, der an diesem Ort von den Spaniern hingerichtet wurde.

Von den vielen Museen der Stadt gehört das **Centro Cultural Universitario Quinta Gameros** (Bolivar 401/4a Calle, Di–So 11–14, 16–19 Uhr, Eintritt 31 Mex$) zu den schönsten, untergebracht in der Casa Gameros. Das ehemals herrschaftliche Haus eines Bergbauingenieurs zieren vier wuchtige, in alle Himmelsrichtungen zeigende Türme sowie eine doppelte Freitreppe. Marmorne Skulpturen, Blumen- und Tierreliefs sowie steinerne Musen schmücken die Fassade. Im Inneren sind Art Nouveau-Möbel, Exponate zur zeitgenössischen Kunst und Dokumente zur Mennoniten-Besiedlung zu sehen.

Historisch bedeutsam ist das **Museo Casa de Juárez** (5a Calle 321/Juárez, Di–So 9–19 Uhr, Eintritt 24 Mex$), einst Sitz des bedeutenden mexikanischen Präsidenten Benito Juárez. Ausgestellt sind neben vielen Dokumenten auch persönliche Möbelstücke und andere Einrichtungsgegenstände. Am Westrand der Stadt (Verlängerung der Av.

Zarco) liegen die Reste des **Acueducto Colonial**, der bereits im 17. Jh. von versklavten Tarahumara aus weißem Stein erbaut wurde.

Infos

Vorwahl Chihuahua: 614

Oficina de Información Turística: Patio Central del Palacio de Gobierno, Tel. 429 33 00, Mo–Fr 8–18, Sa 8–16 Uhr.

Dirección de Turismo: Av. Tecnológico 1504, Tel. 429 33 20, www.ah-chihuahua. com, Mo–Fr 9–17 Uhr.

Übernachten

Blick auf die Kathedrale ▶ **Quality Inn:** Victoria 409, Tel. 439 90 00, Fax 415 35 38, www.qualityinnchihuahua.com; das hervorragend gelegene Hotel (gegenüber Kathedrale und Zócalo), ein moderner Hochhausbau, macht äußerlich wenig her, bietet aber gute und große Zimmer im internationalen Stil, ein beliebtes Restaurant und eine Pianobar für Cocktails, 131 Zimmer, ab 1000 Mex$.

Mit beschaulichem Patio ▶ **Posada Tierra Blanca:** Av. Niños Héroes 102, Tel. 415 00 00, Fax 416 00 63, www.posadatierrablanca. com.mx; in der Nähe großer Einkaufszentren, Parkplatz und Pool, 94 komfortable klimatisierte Zimmer, ab 62 US-$.

Farbenfrohe Atmosphäre ▶ **Parador Chihuahua:** 3a Calle 304, Tel. 415 08 29, Fax 415 08 27, www.paradorchihuahua.com; zentrale Lage, Pool, 28 moderne, jedoch recht kleine Zimmer, ab 605 Mex$.

Essen & Trinken

Im Bistro-Stil ▶ **Del Paseo Café:** Paseo Bolívar 411, Centro Histórico, Tel. 410 32 00, www.delpaseocafe.com.mx, tgl. 8–1, So ab 16 Uhr; stimmungsvolles Ambiente, gute Küche (mexikanisch und international), dazu Tische auch im Freien, Spezialität ist Arrachera a la borracha (Roastbeef mit Zwiebeln und Pilzen) zu 119 Mex$.

Mexikanische Klänge ▶ **Calicanto Café:** Aldama 411, Tel. 410 44 52, tgl. 16–1 Uhr; zentral gelegenes Haus mit regionaler Küche, am Wochenende Mariachi-Musik im Garten, Menü ab 85 Mex$.

aktiv unterwegs

Über Nacht im Kupfer-Canyon

Tour-Infos

Start: Bahnhof von Los Mochis oder Chihuahua

Länge: 685 km

Dauer: 2-4 Tage

Wichtige Hinweise: Hotel Misión, Cerocahui, Tel. 635 456 52 94, www.hotelmision.com, ab 95 US-$/Pers. inkl. VP; **Hotel Cabañas Pinar de Cuiteco,** Tel. 668 812 00 21, Bungalows ab 1250 Mex$; **Panorama-Hotel Divisadero Barrancas,** Tel. 614 415 11 99, www.hoteldivisadero.com, DZ inkl. Verpflegung ab 240 US-$; **Paraíso del Oso,** 185 US-$, DZ *all inclusive,* www.mexicohorse.com); **Rancho del Oso** (s. S. 235)

Nicht nur wegen des relativ hohen Aufwands, den man für die Eisenbahnfahrt treiben muss (An- und Abfahrt mit Übernachtung am Ausgangs- und Zielort), sondern in erster Linie wegen der faszinierenden Umgebung sollte zumindest eine Unterbrechung der etwa 15-stündigen Eisenbahnfahrt von Los Mochis nach Chihuahua eingeplant werden. Auch sollte man die Fahrt von Los Mochis oder El Fuerte hinauf in die Berge der Sierra Madre und weiter nach Chihuahua planen (und nicht etwa in umgekehrter Richtung), weil man dann den schönsten Teil des Naturschauspiels bei Tageslicht erlebt. Auf der Strecke ist für Verpflegung gesorgt: Die *primera clase* führt einen Speisewagen mit.

Für eine Übernachtung bietet sich das inmitten des Cañón del Urique gelegene **Cerocahui** 7 , von der Bahnstation **Bahuichivo** 8 nach 18 km zu erreichen. Das 1600 m hoch gelegene Cerocahui, eine von etwa 900 Tarahumara bewohnte Siedlung besitzt eine gut erhaltene Jesuitenmission von 1690. Gleich neben der Kirche liegt das **Hotel Misión,** äußerlich eine einfach-rustikale Herberge, innen

Mit dem Chepe durch die Canyons der Sierra Madre

zum stimmungsvollen Mittelklassehotel ausgebaut. Gäste werden bei Ankunft in Bahuichivo vom Bahnhof abgeholt. Mit einem Wagen des Hotels gelangt man hinunter zum Cañón del Urique mit schwindelerregenden Ausblicken in die Schlucht, auf grau-braune Bergformationen und sich senkrecht aufbauende Felsentürme. Durch Pinien- und Eichenwälder erreicht man den **Cerocahui-Wasserfall**. Auch Ausritte zur verlassenen Goldmine **Sangre de Cristo** sind möglich.

Ebenfalls zu empfehlen ist eine Übernachtung in **Cuiteco** 9 auf 1700 m Höhe, eine knapp 200 Einwohner zählende Siedlung, die etwa 2 km vom Bahnhof entfernt liegt. Vom Bahnhof führt eine enge Schotterstraße zunächst zum Hotel **Cabañas Pinar de Cuiteco** und von dort weiter durch Apfelplantagen zum Dorf mit seiner 350 Jahre alten Kapelle, noch heute prägender Bestandteil von Cuiteco. Wanderungen führen in die herrliche Umgebung, u. a. auch zu einem **Wasserfall** mit einem kleinen See zum Schwimmen. Eine Unterkunft in buchstäblich atemraubender Lage bietet sich in **El Divisadero** 2 : Unmittelbar am Rand der Schlucht liegt das rustikale Panorama-Hotel **Divisadero Barrancas**.

12 km von der Bahnstation Bahuicivo Richtung Cerocahui liegt das 21-Zimmer-Hotel **Paraíso del Oso**, gleich daneben die **Rancho del Oso**, ein Paradies für Pferdeliebhaber, die von hier aus begleitete Ausritte unternehmen. Von den Bahnhöfen Divisadero und Posada Barrancas führt ein jeweils 2,5 km langer Fußweg am Rand der Schlucht entlang (*rim trail*) zum **Adventure Park Barrancas del Cobre** mit einer 3 km langen Seilbahn (*teleférico*, 8 Min., 20 US-$) hinab zur Station B. Dort ziehen Abenteuerlustige sieben Zip Lines (Seilrutschen zum Einhängen eines Tragegurts) und zwei Hängebrücken von insgesamt 5000 m Länge zwischen zwei Hügeln eines Seitentals an.

Regionale Spezialitäten ▶ **El Campanario:** im Hotel Campanario, Blvd. Diaz Ordaz 1405, Tel. 415 45 45, tgl. 7–23 Uhr; gute mexikanische Küche können sich die Gäste schmecken lassen, Menü ab 75 Mex$.

Con pollo o queso ▶ **Tacos Orientales:** Ortiz Mena 3427, Tel. 418 13 37, tgl. 13–3 Uhr; eine Vielzahl unterschiedlicher Tacos und Enchilladas ab 28 Mex$.

Einkaufen

In der Innenstadt von Chihuahua gibt es zahlreiche Geschäfte für **Lederwaren**: Stiefel, Schuhe, Reitzubehör, Taschen.

Abends & Nachts

Folklore ▶ **Centro Cultural:** Aldama 430/Ocampo, Tel. 416 12 30, Di–So 10–14, 16–19 Uhr; in der luxuriösen neo-klassizistischen Residenz aus dem 19. Jh. werden Fundstücke der Paquime-Kultur gezeigt, abends gibt es in unregelmäßigen Abständen Folkloreaufführungen und andere kulturelle Events.

Theater ▶ **Teatro de los Héroes:** División del Norte 2301/23a Calle, Tel. 141 21 72; gehört zu den größten (1400 Plätze) und modernsten Theatern Lateinamerikas, sehr schöner Garten.

Verkehr

Flughafen: 17 km östlich der Stadt, Tel. 420 51 04; tgl. nach Mexiko-Stadt, mehrmals wöchentl. nach Guadalajara, Tijuana und Monterrey. **Aeroméxico:** Ortiz Mena 2807, Tel. 201 96 96, Mo–Fr 9–19 Uhr. **Aerocalifornia:** Ortiz Mena 1809, Tel. 437 10 22.

Bahnhof: Mendez/24a Calle, Tel. (614) 439 72 12, Fax 439 72 08. ›**Chepe**‹ nach Los Mochis, 01 800 12 24 373 (kostenlos), www.chepe.com.mx; Abfahrt 6 Uhr, Ankunft in Los Mochis 22 Uhr, Fahrpreis 1. Klasse ca. 130 US-$; in den Süden vom Bahnhof in der División del Norte (östlich des Tecnológico); tgl. nach Mexiko-Stadt (30 Std.).

Überlandbusse: vom Busbahnhof Blvd. Juan Pablo II., Tel. 429 02 30, tgl. nach Mexiko-Stadt (24 Std.), 5 x tgl. nach Ciudad Juárez (El Paso/Texas, 5 Std.).

Warten auf die Wellen: Abendstimmung in der Bahía de Acapulco

Kapitel 4

Von Mexiko-Stadt zum Pazifik

Gut 400 km Distanz und über 2000 m Höhenunterschied liegen zwischen Mexiko-Stadt und der Bucht von Acapulco. Entlang dieser landschaftlich sehr abwechslungsreichen Route gründeten die Spanier die Kolonialstädte Cuernavaca und Taxco und transportierten später ihre Beute und Handelsgüter von der Pazifikküste hinauf zur Hauptstadt. Christliche Orden errichteten eindrucksvolle Klöster und Kirchen.

Die von den Spaniern begehrten Güter aus Asien gelangten per Schiff über den Pazifik, dann über die Landbrücke Mexiko bis zur Atlantikküste und von dort wieder per Schiff nach Spanien. Dass Acapulco und seine geschützte Bucht wegen der in ihrem Hafen umgeschlagenen Güter das begehrte Ziel britischer Seeräuber war und von Francis Drake geplündert wurde, assoziiert man heute keineswegs mit dem Namen Acapulco. Die Bedeutung dieser Handelsroute zwischen Hauptstadt und Pazifik wurde durch die Silbervorkommen in Taxco noch unterstrichen. Schließlich wurde ein Teil der in Asien erworbenen Waren mit Silber aus Taxco bezahlt.

Es ist aber nicht nur die koloniale Geschichte, auf deren Spuren sich die Reisenden bewegen. Zwischen Cuernavaca und Taxco erhebt sich weithin sichtbar auf einem Bergkegel die präkolumbische Pyramidenanlage Xochicalco, die wegen ihrer Einzigartigkeit als Welterbe unter UNESCO-Schutz steht. Haus der Blumen hieß diese Stätte in der Sprache ihrer indianischen Erbauer, deren Mittelpunkt die Pyramide der gefiederten Schlange bildet.

Von allen Städten entlang dieser Route hat sich Acapulco am entschiedensten der Moderne verschrieben – seit Jahrzehnten mit großem Erfolg. Dazu haben sicherlich seine traumhafte Bucht und seine schönen Strände wesentlich beigetragen. Acapulco zog auch den mexikanischen Maler Diego Rivera an. Er lebte hier mit seiner Geliebten Lola Olmeda.

Von Mexiko-Stadt zum Pazifik

Sehenswert

Cuernavaca: Die von Chichimeken errichtete Pirámide de Teopanzolco wurde 1910 durch Zufall entdeckt (s. S. 247).

Xochicalco: Von der rätselumwitterten Pyramide der gefiederten Schlangen war schon Alexander von Humboldt fasziniert (s. S. 253).

6 **Taxco:** In der hügeligen Altstadt, geprägt von schmalen Gassen und alten Kolonialpalästen, liegen viele Silberschmieden und -ateliers: Taxco, UNESCO-Welterbe, ist die ›Silberstadt‹ Mexikos (s. S. 256).

Acapulco: Im Historischen Museum im Fuerte de San Diego lernen Besucher die Bedeutung der mexikanischen Pazifikküste kennen (s. S. 263).

La Quebrada: Aus 40 m Höhe wagen die sieben Springer von Acapulco den Sprung in eine schmale Meeresbucht (s. S. 268).

Schöne Routen

Ruta de Volcán: Eine Tour von Cuernavaca entlang der beiden Vulkane Popocatépetl und Ixtaccihuatl führt durch grandiose Naturlandschaften und zu zehn historischen Klöstern aus dem 16. Jh. – eine Fahrt durch ein UNESCO-Welterbe (s. S. 245).

Costera Miguel Alemán: Acapulcos Prachtstraße führt in weitem Bogen entlang der Bucht und wird gesäumt von Luxushotels, Geschäften, Restaurants und Strandcafés (s. S. 262).

Mexiko-Stadt

Toluca

Vol. Ixtaccíhuatl
5286 m

● Puebla

Ruta de Volcán

Cuernavaca

Vol. Popocatépetl
5465 m

Spanischkurs

Xochicalco

Taxco 6

Tequesquitengo-See

Semana Santa

aktiv Über den Tequesquitengo-See nach Taxco

Sierra Madre del Sur

Oaxaca

Acapulco

La Quebrada ■ ■ ■ Restaurant Bella Vista

Costera Miguel Alemán

Unsere Tipps

Spanischkurs: Keine andere Stadt in ganz Mexiko bietet eine derart große Auswahl an ausgezeichneten Sprachschulen wie Cuernavaca; zudem verfügt die Stadt über eine kulturelle Infrastruktur, in der sich Lernende wohl fühlen (s. S. 248).

Semana Santa: Die Karwoche, in Taxco zu verbringen, ist ein ganz besonderes Erlebnis: Jeden Tag von Palmsonntag bis Ostern windet sich eine Prozession durch die engen Straßen der Stadt. Je näher der Ostersonntag rückt, umso länger und aufwendiger wird sie (s. S. 261).

Panoramablick über Acapulco: Das Restaurant Bella Vista im Hotel Las Brisas hält, was der Name verspricht. Von seiner Terrasse kann man die Bucht, die den Ruhm von Acapulco begründete, in ihrer ganzen Schönheit bewundern (s. S. 270).

Über den Tequesquitengo-See nach Taxco: Nach dem Aufstieg zum Aztekentempel El Tepozteco bei Tepoztlán und der Besichtigung der präkolumbischen Zeremonialstätte Xochicalco umrundet man den idyllischen Tequesquitengo-See und kehrt ein in der historischen Hacienda Vista Hermosa; dann ist der Weg nicht mehr weit zur Silberstadt Taxco (s. S. 254).

Cuernavaca

Die Nähe zu Mexiko-Stadt bestimmt seit Jahrhunderten die Bedeutung von Cuernavaca. Es ist wegen der landschaftlich schönen Umgebung und des angenehmen Klimas ein beliebtes Wochenend-Ausflugsziel bzw. ein begehrter Alterssitz begüterter Mexikaner, vor allem der Hauptstädter. In den Straßen der Stadt begegnet man zudem das ganze Jahr über vielen ausländischen Sprachschülern.

Hat man die letzten südwestlichen Vororte von Mexiko-Stadt hinter sich gelassen, ist es noch eine knappe Autostunde (85 km) bis nach Cuernavaca, der Hauptstadt des Staates Morelos. In 1542 m Höhe gelegen, erfreuen sich mehr als 1 Mio. Einwohner das ganze Jahr über frühlingshafter Temperaturen. Auch die *capitalinos* aus Mexiko-Stadt wissen das angenehme Klima zu schätzen. Außerhalb Mexikos ist Cuernavaca wegen seiner pädagogischen Institutionen und Sprachschulen bekannt. In Deutschland kennt man es in erster Linie wegen des Wirkens von Ivan Illich, der sich Mitte der 1960er-Jahre als Gesellschafts- und Kulturkritiker vehement für eine ›Entschulung der Gesellschaft‹ aussprach und die Stadt im Titel seines bedeutendsten Buches bekannt machte.

Cuernavaca ist die spanische Verballhornung des Namens ›Cuauhnahuac‹, denn für die Spanier klang dieses Náhuatl-Wort (›nahe bei den Bäumen‹) wie *cuerno de vaca* (›Kuhhorn‹). Um 1100 wurde die Stadt von den Tlahuica gegründet und 200 Jahre später von den Azteken erobert. Aztekische Adlige waren die Ersten, die Cuernavaca des angenehmen Klimas wegen schätzten und hier ihre Paläste errichteten. Hernán Cortés, der die Stadt 1521 eroberte, tat es ihnen gleich.

Mit den Spaniern kam das Zuckerrohr in den Staat Morelos und in und um Cuernavaca entstanden viele prächtige Haciendas. Nach der Unabhängigkeit bezogen Kaiser

Maximilian und Kaiserin Charlotte hier 1864 eine Sommerresidenz.

Die große Reiterstatue des Emiliano Zapata am Stadteingang erinnert an die mexikanische Revolution. Zapatas Ruf ›Land und Freiheit!‹ erklang zuerst in Morelos, und es war Zapata, der Cuernavaca 1914 gegen republikanische Truppen verteidigte. 1936–38 lebte der englische Schriftsteller Malcolm Lowry dort (Calle Humboldt 15), der in der Stadt seinen später verfilmten autobiografischen Roman ›Unter dem Vulkan‹ schrieb.

Sehenswürdigkeiten der Stadt ► 1, G 4

Cityplan: S. 246

Von Jardín Juárez zum Centro Cultural Muros

Terrassenförmig erstreckt sich Cuernavaca entlang eines Hanges, die Straßen sind steil und kurvenreich. Das Zentrum der Stadt bilden zwei miteinander verbundene Parkanlagen. Der kleinere der beiden begrünten Plätze – offizieller Name Jardín Juárez – ist der von Schatten spendenden Bäumen umgebene **Zócalo.** Der Musikpavillon in seiner Mitte ist das Werk von Gustave Eiffel, dem Erbauer des nach ihm benannten Wahrzeichens der Stadt Paris. Donnerstags und sonntags spielen hier ab 20 Uhr einheimische Folkore- und

Mariachi-Kapellen. Auf der südwestlichen Seite des Zócalo steht das neue, aber im Kolonialstil errichtete **Regierungsgebäude.** Dahinter schließt sich die **Parkanlage Morelos** mit einem Gedenkstein für die im Zweiten Weltkrieg gefallenen mexikanischen Soldaten, mit Bäumen und vielen Blumenanlagen und mit noch mehr Straßenverkäufern an. Vom Nachmittag bis spät in den Abend sind beide Parks voller Leute. Das historisch bedeutendste Gebäude am Zócalo befindet sich am östlichen Rand des Zentrums, der **Palacio de Cortés** **1**, 1527–29 gebaut und seit 1530 Sitz des Hernán Cortés, der damals den Titel eines Marquis von Oaxaca trug (Cuernavaca gehörte unter spanischer Herrschaft zum Verwaltungsbezirk von Oaxaca). Der quadratische Palast mit wenigen Fenstern, aber vielen Zinnen gleicht einer uneinnehmbaren Festung.

Während des mexikanischen Unabhängigkeitskrieges wurden hinter den dicken Mauern des Palacio Freiheitskämpfer wie Nicolás Bravo, José María Morelos und Ignacio López de Rayón eingekerkert. 1911 trafen sich hier Emiliano Zapata und Francisco Madero, um über die Entwaffnung der aufständischen Bauernheere zu verhandeln. Seit 1927 wohnte der US-Botschafter Dwight Morrow in Cuernavaca. Während seiner nur dreijährigen Amtszeit konnte er den Maler Diego Rivera dafür gewinnen, im oberen Stockwerk des Palacio die Seiten- und Deckenwände mit historischen Darstellungen der Conquista, der Unabhängigkeitskriege und der mexikanischen Revolution zu schmücken. Dabei hat Diego Rivera auch Emiliano Zapata – historisch verfremdet – verewigt: Er hält die Zügel des Pferdes, auf dem Hernán Cortés in die Stadt reitet. 1970 wurde der Palast zum **Museo Regional Cuauhnáhuac** bestimmt, das die Geschichte der Gegend einschließlich einer Rekonstruktion der Hacienda-Wirtschaft in vorbildlicher Weise dokumentiert (Di–So 10–17, Eintritt 41 Mex$).

Cuernavaca ist die einzige Stadt Mexikos, in der die Spanier von der klassischen Architektur eines Zócalo abwichen: Ihre größte Kirche errichteten sie in 200 m Entfernung. Mit dem Bau der **Iglesia de la Asunción** **2**, der Kathedrale der Stadt, wurde bereits 1529 unter Cortés begonnen. Sie ist eine der für diese Zeit typischen Festungskirchen, die zu den ältesten Gotteshäusern Mexikos zählt. Seit 1598 diente sie den Franziskanern als Klosterkirche, 1821 wurde ihr der Status einer Kathedrale verliehen. Während der Revolutionswirren brannte sie aus, die Außenmauern blieben erhalten. 1957 wurde die Kirche vollständig renoviert. Noch heute beeindruckt

Tipp: Ruta de Volcán

Eine enge Verbindung von Natur und Geschichte kennzeichnet die **Ruta de Volcán** (▶ 1, G/H 3–4), die von Cuernavaca nach Osten zu Füßen der beiden Vulkane Popocatépetl und Ixtaccíhuatl führt und dabei an zehn sehr unterschiedlichen alten spanischen Klöstern vorbeiführt, die alle zwischen 1560 und 1580 gegründet wurden. Seit 1994 stehen sie unter dem Namen ›Los primeros monasterios de las faldas del Popocatépetl‹ auf der Liste des UNESCO-Welterbes und werden entsprechend instand gehalten. Die Ruta de Volcán beginnt in Tepoztlán, führt über Tlayacapan, Oaxtepec sowie Totolapan nach Atlathaucan und endet nach dem Besuch von vier weiteren Klöstern in Zacualpan de Amilpas. 60 km östlich von Cuernavaca trifft man auf die sehr hübsche koloniale Kleinstadt Tlayacapan, die überragt wird von dem hohen Ex-Kloster San Juan Bautista. Das Kloster wurde von den Augustinern gebaut und mit einem großen Atrium versehen. Ein kleines Museum zeigt präkolumbische Fundstücke und religiöse Kunstwerke. Auch in Zacualpan de Amilpas gründeten die Augustiner ein Kloster, das Convento de la Inmaculada Concepción, mit einer wehrhaften Kirche. In den Ecken des Atriums findet man zwei kleine Prozessionskapellen (Informationen unter www.morelostravel.com).

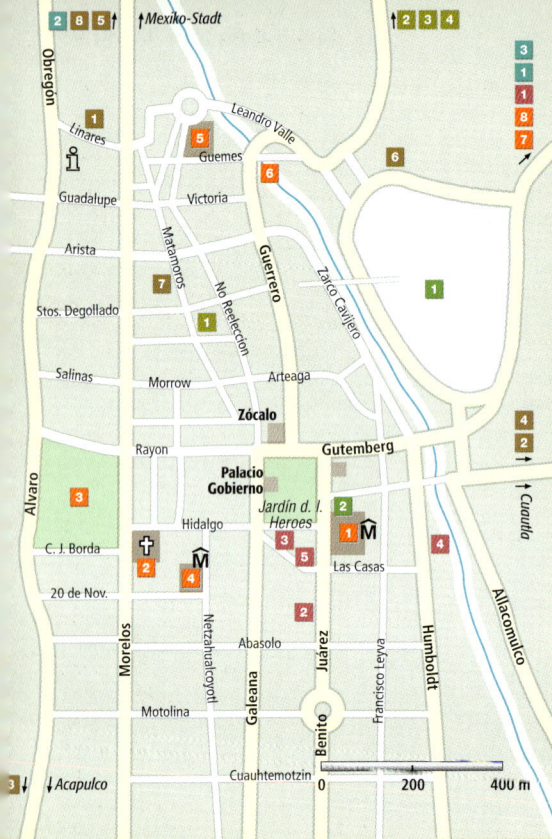

Cuernavaca

Mexiko-Stadt

Obregón
Linares
Guadalupe
Arista
Stos. Degollado
Salinas
Alvaro
C. J. Borda
20 de Nov.
Morelos
Netzahualcoyotl
Galeana
Motolina
Leandro Valle
Guemes
Victoria
Matamoros
No Reelección
Guerrero
Zarco Caviero
Morrow
Arteaga
Zócalo
Rayon
Gutemberg
Palacio
Gobierno
Hidalgo
Jardín d. l.
Heroes
Las Casas
Abasolo
Juárez
Francisco Leyva
Benito
Cuauhtemotzin
Acapulco
Cuautla
Atlacomulco
Humboldt
0   200   400 m

Übernachten
1 Las Mañanitas
2 Vista Hermosa
3 Casa Tamayo
4 Jacarandas
5 Casa del Artista
6 Papagayo
7 Hotel Royal
8 Villa Calmecac

Essen & Trinken
1 El Madrigal
2 Gaia
3 Casa Hidalgo
4 Bajo El Volcán
5 Los Arcos

Einkaufen
1 Mercado Principal
2 Fonart

Abends & Nachts
1 El Alebrije
2 Barba azul
3 Taizz

Aktiv
1 Morelos Trails
2 CIDOC
3 Centre of Bilingual
   Multicultural Studies
4 Kukulcan

Sehenswert
1 Palacio de Cortés
2 Iglesia de la Asunción
3 Jardín Borda
4 Museo Robert Brady
5 El Castillito
6 Barranca Amanalco
7 Centro Cultural Muros
8 Pirámide de Teopanzolco

die Düsternis ihres Innenraums. An den Seiten des Hauptschiffes befinden sich die Überreste eines Wandgemäldes aus dem 17. Jh., das Ankunft und Kreuzigung jener 24 mexikanischen Franziskaner in Japan darstellt, die dort im 16. Jh. während des Shogunats missionieren wollten (tgl. 8–19 Uhr).

Rechts neben dem Altar führt ein Gang zum ehemaligen Wohnbereich (convento) der Franziskanermönche. An die Kathedrale wurde nach ihrer Fertigstellung rechter Hand eine ›offene Kapelle‹ für die bekehrten indí-genas angebaut, denen man zumutete, in der sengenden Sonne oder auch im Regen zu stehen. Auf dem Gelände vor der Kathedrale steht eine eindrucksvolle Parroquia als sogenannte ›Kapelle des Dritten Ordens‹ mit einem prachtvollen vergoldeten Holzaltar.

Vom Turm der Kathedrale, dessen Spitze man auch mit einem Fahrstuhl erreichen kann, bietet sich ein beeindruckender Blick über das Zentrum von Cuernavaca. Der sonntägliche Gottesdienst in dem Gotteshaus wird von einer Mariachi-Kapelle begleitet. Für diese *misa de los mariachis* muss man unbedingt rechtzeitig die Plätze einnehmen (Beginn 10 Uhr).

Gegenüber der Kathedrale, auf der anderen Seite der Av. Morelos, liegt der **Jardín Borda** 3, ein Park mit Springbrunnen und Wasserbecken, den der ›Silberkönig‹ aus Taxco, Don José de la Borda, im Stil französischer Gärten aus der Zeit Ludwigs XIV. auf einem Terrain von ca. 30 000 m² anlegen ließ. Das niedrige Gebäude am Eingang diente einst Borda, später Kaiser Maximilian als Sommerresidenz (Eingang Av. Morelos 271, Di–So 10–17.30 Uhr, Eintritt 30 Mex$, www. jardinborda.com).

Südlich des Jardín Borda steht das Haus von Robert Brady, heute das **Museo Robert Brady** 4. Brady, ein weit gereister Maler und Sammler, kam in den 1960er-Jahren nach Cuernavaca. 1300 Exponate mexikanischer und internationaler Kunst (u. a. Frida Kahlo, Diego Rivera, Rufino Tamayo) und sein eigenes Haus aus dem 16. Jh. vermachte er nach seinem Tod 1986 der Stadt Cuernavaca (Calle Netzahualcóyotl 4, zw. 20 de Noviembre und Hidalgo, Tel. 314 35 29, www.brady museum.org, Di–So 10–18, Eintritt 35 Mex$).

Unweit des Zentrums in nördlicher Richtung steht aus der Zeit von Porfirio Díaz ein liebenswertes Kleinod, **El Castillito** 5, ein kleiner Backsteinrundturm mit nur vier Zimmern. In diesem Häuschen wohnte 30 Jahre lang der Gärtner Arcadio Varela, der sich um den angrenzenden Garten und seine Bäume kümmerte und deshalb in der Stadt nur den Namen ›Apostol del Arbol‹ hatte. 2003 wurde in diesem Castillito das **Museo Fotográfico de la Ciudad Cuernavaca** eröffnet, in dem alte Fotografien und alte Stadtpläne die Stadtentwicklung dokumentieren. Vom Türmchen des Castillito hat man einen weiten Blick über die Stadt und kann bei guter Sicht sogar den Popocatépetl sehen (Calle Agustin Guemes Celis 1, Di–So 10–17, Eintritt frei).

Cuernavaca wird vor von tiefen Schluchten *(barrancas)* durchzogen, weshalb man innerhalb der Stadt viele Brücken passiert. Unterhalb des El Castillito ist die **Barranca Ama-**

nalco 6 als Wanderpfad mit Stufen und Geländern angelegt worden. An ihrem Eingang ist der kleine Garten mit Bänken und einem botanischen Lehrpfad eine Oase der Ruhe, die gerne von jungen mexikanischen Paaren aufgesucht wird.

Mehrere Straßenzüge in westlicher Richtung stand einst – inmitten eines riesigen Parks – das größte und renommierteste Hotel der Stadt, das Casino de la Selva. Heute, nach seinem Abriss, befinden sich hier zwei große Einkaufszentren und seit 2004 das bedeutendste Kunstmuseum der Stadt, das **Centro Cultural Muros** 7. In ihm werden einerseits die Wandgemälde aus dem alten Hotel ausgestellt, die von Schülern Diego Riveras als Dekoration der Lobby einen gigantischen Weltgeschichtszyklus abbilden, wie auch die bedeutende Kollektion des osteuropäischen Emigranten-Ehepaars Jacques und Natasha Gelman, die seit 1941 mit den großen zeitgenössischen Malern Mexikos befreundet waren. Zu den über 320 Exponaten des Museums gehören die bekanntesten Werke von Frida Kahlo, Diego Rivera, Rufino Tamayo und David Alfaro Siqueiros. Immer wieder findet man kleine Hinweise, welche Bilder gerade aus dem Muros an die großen Galerien der Welt ausgeliehen wurden. Sehr eindrucksvoll sind unter anderem die Porträts von Natasha Gelman, die sich von den vier Künstlern im Laufe der Zeit malen ließ. Anhand dieser Bilder kann man die sehr unterschiedlichen Sichtweisen der Maler bezüglich ein und derselben Person vergleichen (Av. Vincente Guerrero 205, Di–So 10–18 Uhr, Eintritt 30 Mex$).

Pirámide de Teopanzolco 8

Außerhalb des Zentrums in nordöstlicher Richtung im Stadtteil Col. Vista Hermosa liegt an der Av. Río Balsas die älteste Sehenswürdigkeit der Stadt: die **Pirámide de Teopanzolco** (Zona Arqueológica de Teopanzolco). Die mächtigen Überreste der um 800 von Chichimeken errichteten Pyramide wurden erst 1910 unter einem riesigen Hügel entdeckt. Die Truppen Emiliano Zapatas brachten damals Kanonen auf diesem Erd-

Tipp: Spanischkurs in Cuernavaca

Eine Sprache in dem Land zu erlernen, in dem sie gesprochen wird und ›zu Hause ist‹, gilt unter Pädagogen als der erfolgreichste Weg. Und wenn man dies nun mal mit dem Kennenlernen von Land und Leuten verbinden kann, spricht eigentlich wenig dagegen, sich für das Erlernen einer Sprache – in unserem Fall Spanisch – zu entscheiden. Cuernavaca ist dafür der richtige Ort, keine andere Stadt Mexikos verfügt über eine derart große Auswahl an sehr guten Sprachschulen und gleichzeitig über eine kulturelle Infrastruktur, in der sich Lernende wohl fühlen. Dazu gehören die innerstädtischen Plätze und Fußgängerzonen, die vielen preiswerten Straßenlokale, Diskotheken und ein großes Freizeitangebot in der unter Naturschutz gestellten Umgebung.

Sprachschulen: In Cuernavaca gibt es ca. 30 Sprachschulen und Pädagogische Institutionen, die Spanischkurse zusammen mit einer Unterkunft bei mexikanischen Familien anbieten; jährlich kommen ungefähr 30 000 Schüler aus der ganzen Welt. Empfehlenswert sind u. a. die Institutionen **CIDOC** **2** (Centro Intercultural de Documentación), Azálea 3 (Jardines de Reforma), Tel. 311 89 56, www.cuernavacalanguageschool.com; **Center of Bilingual Multicultural Studies** **3**, Nueva Polonia 189, Lomas de Cortés, Tel. 311 30 72, www.spanish-cuernavaca.com; **Kukulcan** **4**, Manuel Mazari 208, Col. Miraval, Tel. 312 52 79, Fax 318 74 52, www.kukulcan.com.mx, diese erfahrene Institution kümmert sich neben dem Erlernen der Sprache auch um die Unterbringung der Schüler.

hügel in Stellung und beschossen von hier aus die Regierungstruppen. Bei den Gegenangriffen gaben die in das Erdreich einschlagenden Granaten überraschenderweise Mauerreste frei; es handelte sich dabei um die Seitenwände der vollständig mit Erde bedeckten Teopanzolco-Pyramide. Die späteren Ausgrabungen legten eine innere und eine äußere Pyramide frei, ein weiteres Beispiel für die Gepflogenheit, neue Pyramiden über älteren Anlagen zu konstruieren. Kleine Coyotenköpfe zieren die Seitenwände der Tempel auf der Pyramide. An ihrer Westseite befindet sich eine große Doppeltreppe (tgl. 10–17 Uhr, Eintritt 42 Mex$, Kinder unter 13 Jahren frei).

Wer sich unter freiem Himmel ausruhen möchte, besucht den im Osten der Stadt gelegenen **Chapultepec-Park,** eine riesige Freizeitanlage in naturbelassener Umgebung mit Seen für Ruderboote, mit Schwimmbecken, einer Miniatureisenbahn und vielem mehr, was insbesondere Familien mit Kindern an Wochenenden anlockt.

Infos
Vorwahl Cuernavaca: 777

Secretaría de Turismo de Morelos: Av. Morelos Sur 187 (Col. Las Palmas), Tel. 314 38 72, Fax 3 14 38 81.
Modulo de Información Turística: Calle E. Zapata, Col. 3 de Mayo, Tel. 326 60 37, www.morelostravel.com.
Secretaría de Turismo de Cuernavaca: Av. Morelos 802, Col. Centro, Tel. 312 67 47, www.cuernavaca.gob.mx.

Übernachten
Schönster Hacienda-Stil ▶ Las Mañanitas **1** : Ricardo Linares 107, Col. Centro, Tel. 314 14 66, Fax 318 36 72, www.lasmananitas.com.mx; hinter einer unscheinbaren Mauer gelegen, das beste Haus am Platz, ausgezeichnet von Relais & Châteaux, traumhafter Garten mit reichhaltigem Vogelbestand, wunderschöne Poolanlage, ein Haus voller Kunst, 21 Suiten, teilweise mit eigenem Kamin und Terrasse, ab 265 US-$.
Mexikanisches Landleben ▶ Vista Hermosa **2** : Río Pánuco 600, Col. Vista Hermosa, Tel. 315 23 74, Fax 315 23 96, www.hotelvistahermosa.com.mx; nettes kleines Hotel in ruhiger, gehobener Wohngegend, freundlicher Service, schöner Garten mit

Pool, 40 Suiten, allesamt mit Terrasse, ab 1600 Mex$.

Kunst im Hotel ▶ **Casa Tamayo** 3 : Rufino Tamayo 26, Col. Acapatzingo, Tel. 312 81 81, Fax 318 94 77; das ehemalige Haus des Kartoonisten Abel Quesada ist heute ein versstecktes Kleinod mit Pool, Park und gutem Restaurant, rustikal geweißt, mit Wendeltreppen, Kronleuchter, mit einer Sammlung von Quesada-Zeichnungen, 13 DZ, 1500–1900 Mex$.

Wohnen in herrlicher Umgebung ▶ **Jacarandas** 4 : Av. Cuauhtémoc 133, Tel. 100 77 77, www.jacarandas.com.mx; inmitten eines schönen großen Gartens gruppieren sich drei Hotelflügel um den Pool, 80 freundliche, helle Zimmer mit Terrasse, ab 1500 Mex$.

Kleinod im Grünen ▶ **Casa del Artista** 5 : Calle de las Piedras 307, Abzweigung von der Av. Domingo Diez, hinter Walmart, Col. Bel Empleado, Tel. 311 70 75, www.casadel artista.com; ehemals ein italienisches Sommerhaus mit großem Garten und Pool, heute von der US-amerikanischen Künstlerfamilie Touchon liebevoll als Pension (Bed & Breakfast) mit angeschlossener Galerie genutzt. Nur vier sehr große, lichtdurchflutete Zimmer, die die Namen großer Künstler tragen (besonders schön ist der Pablo-Picasso-Bungalow), 95 US-$.

Verwöhn-Service ▶ **Papagayo** 6 : Motolinea 13 (Centro), Tel. 314 17 11, Fax 314 19 24, hotelpapagayo@prodigy.net; mit Pool im Innenhof, schöne Restaurantterrasse, Abendessen mit Musikbegleitung, 73 Zimmer, 635 Mex$.

Beliebt bei Sprachschülern ▶ **Hotel Royal** 7 : Matamoros 11, Col. Centro, Tel. 318 64 80, Fax 314 40 18, www.hoteles-royal.com; mitten im Zentrum gelegen, dreistöckig, alle 40 Zimmer mit gekachelten Fußböden, Bad/ WC, Kabel-TV, einfach, sehr sauber, freundlicher Service, Parkplätze, DZ 300 Mex$, Zimmer mit 2 Doppelbetten (4 Pers.) 460 Mex$.

Ökologischer Geist ▶ **Villa Calmecac** 8 : Zacatecas 114 (Col. Buenavista), Tel. 313 29 18, Fax 3 13 21 46, www.villacalmecac.com; private Herberge der gehobenen Art, um-

weltbewusst, organisiert Naturausflüge, 9 DZ, 250 Mex$.

Essen & Trinken

Hohe mexikanische Küche ▶ **El Madrigal** 1 : Sonora 115, Col. Vista Hermosa, Tel. 100 77 00, www.elmadrigal.com.mx, tgl. ab 18 Uhr; eines der besten Restaurants in der ganten Stadt in einem wunderschönen Garten, seine Inhaber kümmern sich liebevoll um jedes Detail, innovative internationale Küche mit mexikanischen Akzenten, z. B. Enten-*Tacos* oder *chipotle beef*, 4-Gänge-Menü 400 Mex$.

Eleganz im Garten ▶ **Gaia** 2 : Av. Benito Juárez 102, wenige Schritte südlich des Palacio de Cortés, Tel. 310 00 31, www.gaiarest. com.mx, tgl. ab 18 Uhr; das von außen unscheinbare, innen sehr stilvolle ehemalige Wohnhaus des berühmten mexikanischen Schauspielers Mario Moreno, dessen Pool im Innenhof von Diego Rivera mit einem Mosaik der griechischen Fruchtbarkeitsgöttin Gaia gestaltet wurde, muss man betreten, um die Schönheit des Hauses und seiner Terrassen zu erleben. Für die hohe Qualität mexikanisch-mediterraner Küche garantiert seit Jahren eine der wenigen, mehrfach ausgezeichneten Chefköchinnen Mexikos, Andrea Blanco. Die Speisekarte allein macht schon Appetit, z. B. Fettuccine mit Pilzen und *chipotle salsa* (115 Mex$) oder Filet Mignon mit Pilzen und *chili salsa* (180 Mex$), Salate ab 70 Mex$.

Traumblick vom Balkon ▶ **Casa Hidalgo** 3 : Jardín de los Héroes 6, am Zócalo mit Blick auf den Palacio de Cortés, Tel. 312 27 49, www.casahidalgo.com, tgl. ab 13.30 Uhr; liebevoll restauriertes Haus mit sehr schöner Außenterrasse und Balkon im ersten Stock, moderne mexikanische Küche, z. B. Krabben-*Tacos* in Bananenblättern mit *chipotle salsa*, gute Weinkarte, aufmerksamer Service, Salate ab 40 Mex$, Hauptgerichte ab 180 Mex$.

Enzückender Patiogarten ▶ **Bajo El Volcán** 4 : Humboldt 19, Ecke Las Casas, Tel. 318 58 21, tgl. 8–23 Uhr; ›Unter dem Vulkan‹, das Restaurant im Hotel gleichen Namens,

Farbenfroh: Hausfassade in Cuernavaca

serviert vorzügliche mexikanische Spezialitäten, ab 100 Mex$.

Mit Livemusik ▶ Los Arcos 5 : Jardín de los Héroes 4, neben Casa Hidalgo, Tel. 312 15 10, tgl. 8–24 Uhr; nettes Lokal mit großer, überdachter Terrasse am Zócalo, gute *tortas* ab 15 Mex$, Hamburger 24 Mex$, Gerichte ab 55 Mex$.

Preiswerte Restaurants mit der Möglichkeit, auch unter freiem Himmel zu speisen, liegen rund um den Zócalo. Außerdem bieten Bars oft kleine Imbisse an (s. rechts).

Einkaufen

Markt ▶ Mercado Principal 1 : fünf Blocks nördlich des Zócalo, rechts über eine Fuß-

Abends & Nachts

Bars: In der Nähe des Cortés-Palastes führt die Gasse Las Casas zur Plazuela 2 de Mayo de 1812. Dort findet man Imbiss-Möglichkeiten und Treffpunkte wie El Romantico und El Garage.

In-Treffpunkt ▶ **El Alebrije** [1] : Av. Plan de Ayala 405, Tel. 322 42 82, Di–So ab 21 Uhr; seit zehn Jahren zieht der Club ein vornehmlich jüngeres Publikum an.

Blaubart ▶ **Barba azul** [2] : Prado 10, Col. San Jerónimo, Tel. 313 19 76, Di–So ab 22.30 Uhr; das Geschehen verlagert sich in dieser beliebten Diskothek in den hauseigenen Garten.

Viel Betrieb ▶ **Taizz** [3] : Bajada Chapultepec 13, Tel. 315 40 60, www.taizz.com.mx, Di–Sa ab 21 Uhr; seit 25 Jahren Pop und Elektro, mit Restaurant (internationale Küche).

Aktiv

Ausflüge ▶ **Morelos Trails** [1] : Matamoros 11, Zentrum, Tel. 318 64 80, www.mexico sagaz.org; Reisebüro für Führungen in Cuernavaca, Touren in die Umgebung und Sportaktivitäten wie Rafting, Klettern, Flusstauchen …

Sprachschulen ▶ **CIDOC** (Centro Intercultural de Documentación) [2]. **Center of Bilingual Multicultural Studies** [3]. **Kukulcan** [4] (alle Schulen finden sich beim Tipp »Spanischkurs in Cuernavaca«, s. S. 248).

Verkehr

Überlandbusse:

Nach **Mexiko-Stadt** von 3 bis 22.30 Uhr alle 30 bzw. 45 Min. zum Busbahnhof Central Sur (Metro: Tasqueña) 68 Mex$; zum Flughafen 200 Mex$; Buslinie: Pullman de Morelos, Busstation: Terminal Casino de la Selva, Tel. 312 94 72, www.pullman.com.mx.

Nach **Taxco und Acapulco** zwischen 6 und 17 Uhr stdl., Buslinie: Estrella del Oro (1. Klasse), Av. Morelos 812, Col. Las Palmas, Tel. 312 30 55.

Nach **Norden** (z. B. Guadalajara) 6–16 Uhr stdl., Buslinie: Estrella Roja, Galeana, Tel. 318 59 34.

gängerbrücke (Seitenstraße der Av. Guerrero), tgl. 7–ca. 14 Uhr.

Kunsthandwerk ▶ **Fonart** [2] : hinter dem Jardín Morelos und neben dem Palacio Cortés, Mo–Sa 9–13, 16–19 Uhr; im staatlichen Kunstgewerbezentrum werden Kunsthandwerks- und Folkloreartikel zu niedrigen Preisen angeboten.

Cuernavaca

Nach **Puebla** 6–20 Uhr alle 2 Std., Linie: Buses Oro, Av. Cuauhnahuac km 2,5, Tel. 320 27 48.

Innerstädtisch:

Busse: nur als *colectivo,* Einheitspreis 6,50 Mex$.

Tren Turístico: umgebauter Bus, der aussieht wie eine alte Straßenbahn und vom Zócalo auf unterschiedlichen Routen zu allen Sehenswürdigkeiten der Stadt fährt, Dauer 1 Std. 15 Min., Preis 40 Mex$.

Taxis: in der Innenstadt ohne Taxometer, pauschal 35–50 Mex$.

Ausflüge in die Umgebung von Cuernavaca

Tepoztlán ► 1, G 4

Ca. 20 km nordöstlich von Cuernavaca liegt der Ort Tepoztlán, in dem in einigen Familien heute noch die *Indígena*-Sprache Náhuatl gesprochen wird. Tepoztlán bietet mit den es umgebenden Bergketten und Tälern nicht nur sehr schöne Wandermöglichkeiten, sondern auch eine Klosteranlage aus dem 16. Jh. und einen beeindruckenden örtlichen Markt. Das zwischen 1560 und 1588 erbaute **Dominikanerkloster Nuestra Señora de la Natividad** mit gewaltigen Schutzmauern und zwei unterschiedlichen Glockentürmen an den Seiten des kunstvoll gestalteten Hauptportals befindet sich direkt hinter dem Markt (Di–So 10–17 Uhr).

In seiner unmittelbaren Nähe wurde 1966 das **archäologische Regionalmuseum Carlos Pellicer** eröffnet (Di–So 10–18 Uhr).

Das Dorf Tepoztlán mit seinen kopfsteingepflasterten Straßen hat viel Atmosphäre und wurde international bekannt durch das Buch ›Die fünf Familien‹ von Oscar Lewis (1914–70), der mit seinen Untersuchungen zur ›Armutskultur‹ (Culture and Poverty) Auf-

Die Pyramide der gefiederten Schlangen gibt den Archäologen bis heute Rätsel auf

Tipp: Traumhaft schlafen in der Hacienda Cocoyóc

In der 1560 erbauten, traumhaften Anlage in Cuautla befindet sich heute ein Luxushotel, das den Namen der Hacienda trägt, die einstmals Hernán Cortés gehörte. Zum Gelände gehören eine wunderschöne Parkanlage, ein Aquädukt, Wasserfälle sowie ein Schwimmbad. Auch wenn man hier nicht übernachtet, lohnt sich ein Besuch z. B. für einen Kaffee auf der Terrasse mit Blick auf die wunderbare Anlage, die auch über einen 9-Loch-Golfplatz, Tennisplätze und einen Reitstall verfügt. Ctra. Cuautla–Cuernavaca, Cuautla (30 km südöstl. von Tepoztlán, MEX 138), Tel. 735 356 22 11, www.cocoyoc.com.mx, 315 Zimmer, DZ ab 1600 Mex$.

sehen erregte. In Tepoztlán beginnt auch die **Ruta de Volcán** (s. S. 245).

Infos

Vorwahl Tepoztlán: 739
Information: Envila, Ecke 5 de Mayo, Tel. 395 00 09, Fax 395 04 82, tgl. 9–14 Uhr.

Übernachten

In herrlicher Hanglage ▶ **Posada del Tepozteco:** Calle del Paraíso 3, Barrio de San Miguel, Tel. 395 00 10, Fax 395 03 23, www.posadadeltepozteco.com; prächtiger, liebevoll umgebauter Stadtpalast inmitten eines großen Gartens mit Pool, Blick ins Tal auf Kirchen und Klöster bis hinüber zum Popocatépetl, die Zimmer sind groß, in warmen Farben gehalten, stilvoll möbliert, eine Oase der Entspannung, der Hotelier ist Architekt, 20 DZ, ab 208 US-$.

Essen & Trinken

Lokale Produkte ▶ **Posada del Tepozteco:** Restaurant im gleichnamigen Hotel, tgl. 12–14, 17–22 Uhr; ausgezeichnete italienisch-mexikanische Küche, nur örtliche Produkte und Gewürze, Gerichte ab 120 Mex$.

Guacamole und Ceviche ▶ **Los Colorines:** Tepozteco 13, Tel. 395 01 98; authentische mexikanische Küche, Suppe 35 Mex$, Hauptgerichte 50–90 Mex$.

Termine

Reto de Tepozteca: Alljährlich wird in Tepoztlán am 8. September ein großes Fest zu Ehren der präkolumbischen Könige von Cuauhnahuac mit indianischen Tänzen gefeiert.

Xochicalco ▶ 1, G 4

Auf dem Weg von Cuernavaca Richtung Süden sollte man an der bedeutenden archäologischen Stätte Xochicalco Halt machen. Die Anlage liegt 32 km südwestlich von Cuernavaca und ist von der Stadt auch per Bus gut zu erreichen.

Die Pyramide wurde auf einem Berg errichtet. Ihm zu Füßen, ca. 1 km davor, wurde ein ökologisch und museumspädagogisch herausragendes **Museum** neu erbaut, dessen sechs Säle man in jedem Fall vor dem Besuch der archäologischen Stätte besuchen sollte; hier erhalten die Besucher hilfreiche Erläuterungskarten in ihren Landessprachen (auch in Deutsch).

Die präkolumbische Kultstätte von **Xochicalco** (Haus der Blumen) wurde um 800 auf einem Bergkegel als Festung und zentrale Zeremonienstätte errichtet und mehrmals erweitert. Dank ihrer Lage im Schnittpunkt mehrerer indianischer Hochkulturen finden sich architektonische Einflüsse der Teotihuacán-Kultur, aber auch von Tolteken, Maya, Mixteken und Zapoteken. Die zentrale Pyramide der Anlage mit einer Grundfläche von 21 x 19 m schmückt ein Relief mit acht gefiederten Schlangen. Diese ›Pirámide de las Serpientes emplumadas‹ ist wegen ihres offenen Innenbereichs einzigartig in Mexiko. Von ihr führt eine breite, von 20 Steinsockeln begrenzte Straße in südlicher Richtung zu einem der drei Ballspielplätze, die alle gut erhalten sind. Direkt neben dem nördlichen *Pelota*-Platz, dessen ›Tore‹ am Boden liegen, befindet sich das *temazcal* (Dampfbad). Durch einen unterirdischen Gang (Taschenlampe mitnehmen) gelangt man zu einem

aktiv unterwegs

Über den Tequesquitengo-See nach Taxco

Tour-Infos

Start: Cuernavaca
Länge: ca 170 km
Dauer: 1 Tag, mit Übernachtung 2 Tage
Faltplan: ► 1 G 4

Von Cuernavaca erreicht man über die MEX 95 die 20 km nordöstlich gelegene Kleinstadt **Tepotzlán**, ein Ort, an dem koloniale und indigene Einflüsse präsent sind. ›Ort der zerbrochenen Steine‹, wie Tepotzlán übersetzt heißt, befindet sich in einem um die 1700 m hoch gelegenen Tal, dass den Ureinwohnern als heilig galt. Vom Nordrand des Ortes – und durch eine Straße mit zahlreichen Souvenir- und Getränkeständen, in der auch die traditionellen indianischen Handarbeiten verkauft werden – führt ein steiniger und nach Regen rutschiger Weg, teilweise auf unregelmäßigen Stufen, durch die dichte Vegetation des Parque Nacional El Tepozteco hinauf nach **El Tepozteco**, 400 m höher gelegen (90 Min.). Auf dem Gipfel des Berges erhebt sich auf mehreren Plattformen ein kleiner **Aztekentempel,** im 14. Jh. erbaut und Tepoztécatl, dem Gott des Maguey-Ackerbaus, geweiht (tgl. 9–18 Uhr, Eintritt 42 Mex$). Von hier hat man einen fantastischen Blick über Tepoztlán und seine Umgebung. Viele Besucher kommen nicht allein wegen der ca. 3 m hohen Tempelreste (mit erkennbaren Strukturen zweier Räume), sondern aus spirituellen Gründen, denn der Berg gilt als Kraftort. Sie nehmen die besondere Ausstrahlung des Berges auf.

Nach **Xochicalco,** eine bedeutende präkolumbischen Stätte und das eigens eingerichtete Museum 32 km südwestlich von Cuernavaca gelangt man mit dem Auto auf der MEX 95 (oder der Autopista del Sol) bis Alpuyeca, dann auf der MOR 421 nach Westen; nach 8 km (vor Rodeo) zweigt eine geteerte Straße nach Norden nach Xochicalco ab.

Wenn man nach der Besichtigung der Kultstätte von Xochicalco (s. S. 253) wieder in Alpuyeca zur MEX 95 zurückgekehrt ist, erreicht man nach 16 km den östlich der Straße liegenden, sehr schönen **Tequesquitengo-See** (Abzweigung von der MEX 95 in Alpuyeca in Richtung Osten auf die MOR 89). Der alte Kratersee ist von dichten Bäumen und üppigen Pflanzen umgeben. An seinem östlichen Ufer liegt der Ort Tequesquitengo, in den wochenends Besucher aus Mexiko-Stadt kommen, denn der See ist ein beliebtes Ausflugsziel mit Wassersportmöglichkeiten (z. B. Wasserskifahren im Molacho's Club) und vielen Restaurants.

Westlich des Sees (38 km südlich von Cuernavaca) liegt die **Hacienda Vista Hermosa** (s. S. 248), vor 400 Jahren eine Zuckerrohrmühle, heute ein Luxushotel in einer traumhaft schönen Gartenanlage. Der Eroberer Hernán Cortés soll die Hacienda 1529 gegründet haben. Meterdicke Mauern aus Naturstein und gebrannten Ziegeln, gewaltige Arkadengänge tragen zum festungsartigen Charakter des Bauwerks bei. Einer Zeitreise in vergangene Jahrhunderte gleichen auch die teilweise riesigen, mit mexikanischen Antiquitäten ausgestatteten Gästezimmer. Inmitten des gewaltigen Parks liegen ein Reitstall sowie zwei große Pools. Reisebusse steuern die Hacienda häufig zum Lunch an. Das Hotel ist buchbar bei deutschen Reiseveranstaltern (u. a. DER-Tour). Von der Hacienda erreicht man nach rund 30 km **Taxco.**

Um den See herum führt eine nicht gut ausgebaute Straße, es empfiehlt sich, langsam zu fahren. Man hat so Gelegenheit, einzukehren, wo es einem gefällt. Zahlreiche Hotels bieten in der Nebensaison günstige Übernachtungspreise für sogenannte mehrtägige *packages* (z. B. zwei oder drei Übernachtungen inkl. HP, auch Massagen, Reiki-, ayurvedische Ölbehandlungen).

In der Hacienda Vista Hermosa träumt man in Himmelbetten

Observatorium mit einer Art Teleskop-Öffnung. Von hier konnten die Priester während des Jahres das jeweils genaue Datum ermitteln und den Kalender gegebenenfalls korrigieren, denn am 21. Juni steht die Sonne genau über der Öffnung. Schon Alexander von Humboldt war von Xochicalco sehr beeindruckt und beschrieb die Anlage in seinem Buch ›Reisen in die Tropen Amerikas‹ ausführlich; sie steht seit 1999 als Welterbe unter dem Schutz der UNESCO (tgl. 9–17 Uhr, Eintritt 57 Mex$).

Da die Bauten in Xochicalco von sehr unterschiedlichen Stilrichtungen geprägt sind (die Talud-Tablero-Bauweise findet sich ähnlich in Teotihuacán, während ein Ballspielplatz und die Darstellung sitzender Personen auf den Kulturbereich der Maya verweisen), ist die Geschichte der Kultstätte auch heute noch nicht vollständig enträtselt (www.inah.gob.mx).

Übernachten

Perfekter Luxus ▶ Villa Bejar Spa: Blvd. Tequesquitengo/Lomas Tropicales, am südlichen Seeufer, Tel. 734-347 06 20, www.villa bejar.com.mx; Luxus-Anlage mit Spa, 11 Suiten, 140 US-$.

Historisches Kleinod ▶ Hacienda Vista Hermosa: Ctra. Alpuyeca–Tequesquitengo, 2 km westl. des Sees, Tel. 734-345 53 62, Fax 734-345 53 64, www.haciendavistahermosa. com.mx; die ehemalige Hacienda von Eroberer Hernán Cortés lockt auch viele deutsche Touristen an, 120 Zimmer, ab 1900 Mex$ (s. auch links).

Verkehr

Mit dem Bus: Linie ›Pullman de Morelos‹ nach Micatlan, Abfahrt am Bahnhof Abasolo, und die letzten 8 km per *colectivo* mit anschließendem Fußmarsch.

6 Taxco

Wegen seiner Silbervorkommen gehörte Taxco einst zu den reichsten Städten Mexikos. Es gelang seinen Bewohnern auch in den späteren Jahrhunderten, die Geschlossenheit des kolonialen Stadtbildes mit seiner prächtigen Barockkirche Santa Prisca zu bewahren. Deshalb steht die ganze Stadt heute unter Denkmalschutz und gehört zu den schönsten und deshalb gerne besuchten Städten Mexikos.

Nur 30 km südlich des Tequesquitengo-Sees liegt westlich der neuen Autopista del Sol an den Hängen der El-Atache-Berge in 1660 m Höhe die ehemalige Silberstadt Taxco; man erreicht sie heute direkt auch auf der Bundesstraße MEX 95.

100 Jahre vor der Ankunft der Spanier hatten die Azteken unter Moctezuma I. die Siedler der Gegend – damals hieß der Ort Tlachcotecapan, ›Platz der Ballspiele‹ – unterworfen und tributpflichtig gemacht. Nach seinem Sieg über die Azteken fielen Hernán Cortés auch die ›Tributerhebungslisten‹ in die Hände, die die Umgebung des damaligen Ortes Tlachcotecapan als reich an Mineralien und Silber auswiesen. Deshalb schickte er ein Expeditionskorps los, das 1528 die Silbervorkommen bestätigte und in unmittelbarer Nähe den Ort El Real de Tzelcingo gründete. Dieser wurde dann 1581 in Taxco umbenannt. Das alte indianische Tlachcotecapan liegt 14 km vom heutigen Taxco entfernt und trägt jetzt den Namen Taxco el Viejo.

Über 150 Jahre bestand Taxco nur aus einer verstreuten Ansammlung von Häusern und Hütten armer Minenarbeiter, bis sich zu Beginn des 18. Jh. durch die Ankunft der Gebrüder de la Borda alles änderte. Aus dem Baskenland in die Neue Welt gekommen, begann Francisco de la Borda 1708 mit dem Silberschürfen in der Mine La Lajuela, heiratete in die angesehene ortsansässige Familie Verdugo ein und ließ 1716 seinen jüngeren Bru-

der José nachkommen. 1743 kam die Mine mit dem Tod von Francisco in den Besitz von José de la Borda, der kurze Zeit später auf die San-Ignacio-Ader stieß. In nur neun Jahren förderte er in dieser Mine Silber im Wert von über 12 Mio. Pesos. ›Gott gibt Borda, also gibt Borda auch Gott‹ wurde zum Wahlspruch von Don José. Zwischen 1751 und 1758 ließ er nach eigenen Vorstellungen die Santa-Prisca-Basilika im Zentrum von Taxco bauen. 1778 starb Borda in Cuernavaca und im selben Jahr versiegten die Silberfunde. Taxco verlor über Nacht an Bedeutung.

Über viele Jahrzehnte blieb Taxco eine abseits gelegene, verschlafene Stadt, bis 1928 eine Straße nach Mexiko-Stadt eröffnet wurde und 1930 William Spratling, mexikokundiger Buchautor und Professor aus New Orleans, an die Silbertradition der Stadt anknüpfte. Er siedelte hier Silberschmiede aus Iguala an, die in Anlehnung an indigene Traditionen Silberschmuck herstellten. Von diesen lernten viele Einheimische das Silberschmiede-Handwerk und eröffneten später kleine Läden in der Stadt. Heute zählt Taxco 150 000 Einwohner und besitzt mehr als 300 Silbergeschäfte, für die fast 1000 Silberschmiede in der Stadt das ganze Jahr über tätig sind. Die Läden mit Ohrschmuck, Halsketten, Armreifen, Gürtelschnallen, Etuis, Kästchen und Souvenirs zwischen Kunst und Kitsch reihen sich im Stadtzentrum und auf der Ringstraße Avenida de los Plateros aneinander. 50 % der städtischen Einnahmen resultieren aus diesen beiden Erwerbszweigen, die dank der vielen Touristen weiterhin in Blüte stehen; William Spratling wurde 1953 zum Ehrenbürger der Stadt ernannt; er verbrachte die letzten Jahre seines Lebens in Taxco el Viejo.

Stadtrundgang ▶ 1, G 4

Cityplan: S. 259

Kathedrale 1

Die **Kathedrale San Sebastián y Santa Prisca** (im Volksmund abgekürzt: Santa Prisca) steht am zentralen Zócalo der Stadt, der den Namen Plaza de la Borda trägt. Ihre 48 m hohen Zwillingstürme sind nahezu von jedem Punkt der Stadt aus zu sehen. Sie wurde 1751–59 von den Architekten Diego Durán und Juan Caballero aus dem rötlichen Buntsandstein der Umgebung errichtet und gehört zu den eindrucksvollsten Beispielen mexikanischer Barockarchitektur mit deutlichen Einflüssen des Churriguera-Stils. Die relativ kurze Bauzeit und die klare Konzeption des Stifters ließen ein stilistisch geschlossenes Bauwerk entstehen.

Die Basilika erinnert an zwei Märtyrer: Prisca, die 13 Jahre alte römische Christin, die auf Geheiß des Kaisers Claudius II. eine Opfergabe auf dem Altar des Apoll darbringen sollte. Sie verweigerte dies, wurde gefoltert und den Löwen vorgeworfen. Der Legende nach legten sich aber die Löwen zu ihren Füßen nieder, worauf der Kaiser das Mädchen in der Arena enthaupten ließ. Diese Martyriumsszene wird auf einem großen Gemälde von Miguel Cabrera im Inneren der Kirche dargestellt. Der Heilige Sebastian war römischer Offizier, beschützte christliche Gefangene und gewährte sogar einem Priester Zugang zu ihnen, um sie zu taufen. Der Legende nach wurde er ertappt und in der Arena durch Bogenschützen hingerichtet. Auch diese Szene, die ein beliebtes Thema christlicher Maler wurde, ist von Cabrera auf einem großen Gemälde nahe dem Eingang

Tipp: Taxco von oben

Den besten Gesamteindruck von der am Hang liegenden Stadt bekommt man bei einer Fahrt entlang der Panoramastraße oberhalb des Ortes. Nach Einbruch der Dunkelheit ist es besonders eindrucksvoll, auf das erleuchtete Taxco von einer Anhöhe (z. B. von der Restaurant-Terrasse der Posada de la Misión) hinüberzuschauen.

festgehalten. Der Grundriss der Kirche entspricht einem lateinischen Kreuz, wobei die Vierung überkuppelt ist. Zwei Türme flankieren die Hauptfassade mit dem Eingang. Santa Prisca ist Ausgangs- und Endpunkt vieler Prozessionen.

Einer der ganz großen ehemaligen Schätze des Gotteshauses, die **Monstranz,** befindet sich heute in der Kathedrale Notre Dame in Paris. Geschmückt mit 5800 Diamanten, 2653 Smaragden, 550 Rubinen und über 100 Amethysten und Saphiren, ist sie wohl eines der kostbarsten Stücke religiöser Kunst Lateinamerikas. Als Borda 1772 in finanzielle Schwierigkeiten geriet, verkaufte er sie mit Zustimmung des Vizekönigs für 110 000 Pesos an die Kathedrale in Mexiko-Stadt. Mit der Säkularisierung des Kirchenbesitzes 1859 wurde die Monstranz Staatseigentum. Wenige Jahre später erwarb sie Doña Candida Añorga de Barrón für 180 000 Pesos von der mexikanischen Regierung und stiftete sie der Kirche in Paris.

Rund um den Zócalo und zum Mercado

Der Zócalo, direkt vor der Santa-Prisca-Kirche, ist von vielen prächtigen ehemaligen Wohnhäusern aus dem 18. Jh. eingerahmt; hier steht auch der **Palacio Borda 2,** ein prächtiges Wohnhaus, das Don José 1759 ganz in der Nähe ›seiner‹ Kirche fertigstellte. 1981 wurde das Haus renoviert, in seiner neuen Funktion als Centro Cultural Taxco finden hier Kunstveranstaltungen statt (Di–So 8–20 Uhr, Eintritt frei).

Taxco

Die **Casa Figueroa** ■3■, ein Kolonialge- bäude südwestlich des Zócalo (Calle Guada- lupe 2), wurde 1767 als Residenz des spani- schen Edelmannes de la Cadena, eines en- gen Freundes von José de la Borda, fertiggestellt. Damals hieß sie La Casa de las Lagrimas (›Haus der Tränen‹), weil sich viele *indígenas* beim Bau des großen, 26 Zimmer umfassenden Palastes zu Tode ›schufteten‹. 1943 kaufte das Haus der Fotograf Fidel Fi- gueroa. Seine bis zu ihrem Tode in Taxco le- bende Frau machte es als Museum der Öf- fentlichkeit zugänglich, heute ist es allerdings geschlossen und nur von außen zu bewun- dern.

Direkt hinter der Kathedrale in der Calle Porfirio Delgado 1 an der Plazuela Juan Alar- cón trägt ein Museum den Namen William Spratlings: **Museo Don Guillermo Spratling** ■4■. In ihm werden seine persönliche präko- lumbische Antiquitätensammlung, die er in seinem Wohnhaus in Taxco el Viejo zusam- mengetragen hatte, sowie eine historische Fotodokumentation der Geschichte Taxcos ausgestellt. Seit 2006 kann man auch seine Originalentwürfe für die ersten seiner Silber- schmuckstücke besichtigen, darunter auch die, die Frida Kahlo als Geschenk Sprat- lings trug (Di–Sa 9–17, So 9–15 Uhr, Eintritt 35 Mex$).

Nordöstlich des Zócalo liegt in der Calle Juan Ruiz de Alarcón 6 die schöne **Casa Humboldt** ■5■. Das Haus mit einem großen In- nenhof wurde 1770 von der Familie Villa- nueva gebaut. 1803 wohnte hier der deut- sche Naturwissenschaftler Alexander von Humboldt während einer seiner zahlreichen Reisen durch Zentralamerika. Heute beher- bergt es als **Museo de Arte Sacro Virreinal** in seinen vier Stockwerken Sammlungen re- ligiöser und kolonialer Kunst (Di–Sa 10–18, So 10–15 Uhr, Eintritt 35 Mex$).

Das **Convento San Bernardino de Siena** ■6■, 1595 von Franziskanern fertiggestellt, 1805 durch Feuer zerstört und 1824 wieder aufgebaut, erreicht man in der Calle Benito Juárez. Hier wurde der für die Unabhängig- keit Mexikos bedeutende Iguala-Plan von Agustín de Iturbide unterzeichnet.

Der **Markt** ■7■ der Stadt befindet sich in der Calle Tetitlán, nahe der Plazuela San Juan. Ein reichhaltiges Angebot von Obst und Ge- müse bis hin zu folkloristischen Handarbei- ten wird unter Schatten spendenden, über die Straße gespannten Tüchern feilgeboten.

In Taxco bewegt man sich zu Fuß. Von der zentralen Busstation im Tal fahren kleine *Colectivo*-Busse zu den höher gelegenen Plätzen und Straßen im Stadtzentrum. Klein- busse bringen die Fahrgäste auch zu einer Seilbahn-Talstation im Norden der Stadt, mit der man zu den Lomas de Taxco in 1900 m Höhe fahren kann. Von der Hügelkette hat man einen herrlichen Blick über die Stadt.

Im Hotel **Posada de la Misión** ■1■ lässt sich eine Kutschfahrt zu historischen Ha- ciendas buchen (Carretas San Juan). Zu- nächst geht es mit dem Auto bei Acamixtla (5 km nördl.) nach Juliantla zu den Ruinen der ältesten Synagoge Lateinamerikas, dann ab San Juan mit der Kutsche zu den Ruinen der Haciendas Atlishuaya und Atlistac. Eine wunderbare Fahrt, dazu sehr preiswert. Tel. 622 11 25, 120 Mex$ inkl. Getränk.

Infos

Vorwahl Taxco: 762
Oficina Turística: www.taxco.com.mx, Mo– Fr 10–12, 16–18 Uhr, und Av. de los Plateros 1, Tel. 622 13 41, Fax 6 22 50 73, Kiosk an der Plaza.

Übernachten

Juwel im Kolonialstil ▶ Posada de la Mi- sión ■1■**:** Cerro de la Misión 32, Tel. 622 00 63, Fax 622 21 98, www.posadamision.com; schönstes Hotel der Stadt in historischem Gebäudekomplex in Zentrumsnähe, alle Zim- mer mit Antiquitäten und viel Stil ausgestat- tet, einige mit Kamin. Von Balkonen und Ge- wölbe-Restaurant Ausblick auf die Stadt mit der Kathedrale, der Pool wird von einem gro- ßen Juan O'Gorman-Mosaik eingerahmt, 150 Zimmer, DZ ab 2000 Mex$.

Altstadtlage ▶ Best Western Taxco Hotel ■2■**:** J. Nibbi 2, Plazuela de San Juan, Tel. 622 34 16, Fax 622 08 60, www.bestwestern. com; in bester Lage im historischen Zentrum

Taxco

Sehenswert

1. Kathedrale San Sebastián y Santa Prisca
2. Palacio Borda
3. Casa Figueroa
4. Museo Don Guillermo Spratling
5. Casa Humboldt
6. Convento San Bernardino de Siena
7. Markt

Übernachten

1. Posada de la Misión
2. Best Western Taxco Hotel
3. Agua Escondida
4. Victoria
5. Santa Prisca
6. Casa Grande

Essen & Trinken

1. La Parroquia
2. Pizza Pazza

Einkaufen

1. Galería Tapia

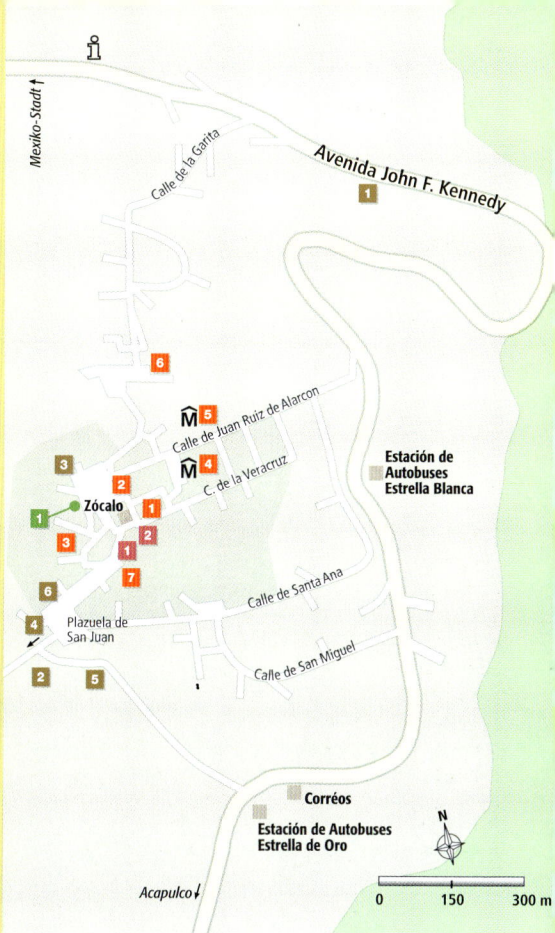

[Stadtplan Taxco mit Straßen: Calle de la Garita, Avenida John F. Kennedy, Calle de Juan Ruíz de Alarcon, C. de la Veracruz, Calle de Santa Ana, Calle de San Miguel, Zócalo, Plazuela de San Juan; Estación de Autobuses Estrella Blanca, Estación de Autobuses Estrella de Oro, Corréos; Richtungen Mexiko-Stadt und Acapulco; Maßstab 0–150–300 m]

---

gelegenes Haus mit modernen, zum Teil recht kleinen Zimmern (vermeiden sollte man eines ohne Fenster). Bester Deal ist die Junior Suite mit eigener Terrasse und schönem Weitblick über die Stadt. 16 DZ, 7 Suiten, DZ ab 850 Mex$, Suite ab 950 Mex$.

Hacienda-Stil am Zócalo ▶ Agua Escondida 3 : Plaza Borda 4, am Zócalo, Tel. 622 07 26, Fax 622 13 06, www.aguaescondida.com; Kolonialhaus mit Pool, Dachterrassen-Restaurant, 45 unterschiedlich große Zimmer mit freundlichem Holzmobiliar, ab 690 Mex$.

Herrliche Aussichten ▶ Victoria 4 : Calle Carlos J. Nibbi 5–7, Tel. 622 00 04, Fax 622 00 10, www.victoriataxco.com; an einem Hügel, nur 5 Min. Fußweg ins Zentrum, Haus im

Kolonialstil, 63 Zimmer mit herrlichem Blick von Terrassen und Balkonen auf die Altstadt; Pool, Bar und Restaurant, ab 600 Mex$.

Bunte Frische ▶ Santa Prisca 5 : Cena Obscuras 1, an der Plazuela San Juan, Tel. 622 00 80, Fax 622 29 38, htl.staprisca@yahoo.com; koloniales Ambiente, schöner Innenhof, Dachterrasse und viele Blumen, 34 DZ, 450–620 Mex$.

Viel Atmosphäre ▶ Casa Grande 6 : Plazuela de San Juan 7, Tel. 622 09 69, Fax 622 83 16, in einem betagten Kolonialhaus mit stilvollem Patio; im 1. Stock: **Bar-Restaurant La Concha Nostra** mit Kleinbühne, Livemusik und Blick auf die Plazuela; 26 Zimmer, DZ mit Bad 390 Mex$, ohne Bad 250 Mex$.

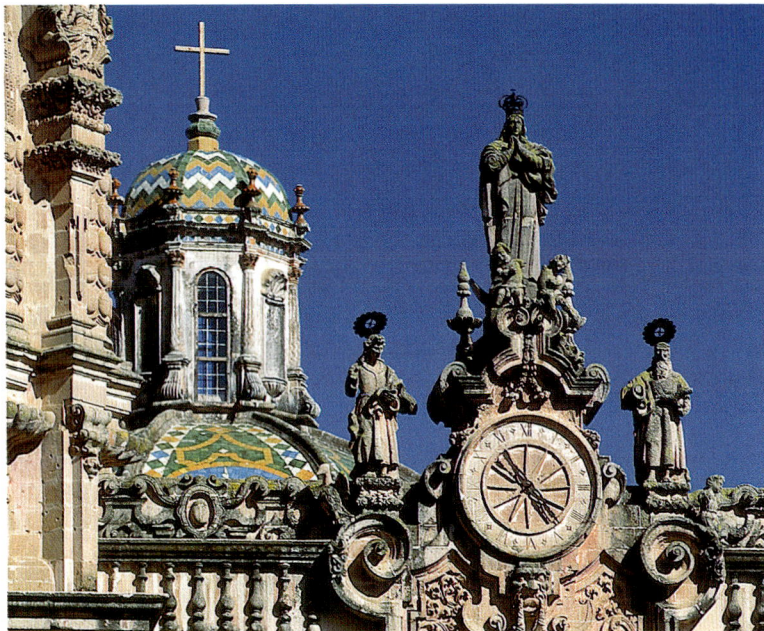

Mexikanischer Barock in churrigueresker Üppigkeit: Die Kathedrale von Taxco

Essen & Trinken

Reservierungen in den Restaurants sind in Taxco nur an den Fest- und Feiertagen notwendig.

Man kann am Abend auch ein Restaurant wählen, von dem man auf das erleuchtete **Taxco** blickt, z. B.:

Romantisch am Abend ▶ Restaurant der **Posada de la Misión** 1 : Cerro de la Misión 32; ob auf der Terrasse mit Blick auf den Pool oder im stimmungsvollen Restaurant: handgeschmiedete versilberte Platzteller, weiße Tischwäsche und flackernde Kerzen stimmen ein auf vorzüglich zubereitete Speisen. Eindrucksvoll ist auch die Weinkarte, Menü ab 140 Mex$.

Romantisch ▶ **La Parroquia** 1 : vis-à-vis Santa Prisca (Eingang in Seitenstraße), tgl. 9–22.30 Uhr; Während die Küche guter Durchschnitt ist (Tortilla-Suppen um 50 Mex$, Red Snapper-Filets ab 90 Mex$), lohnt die eindrucksvolle Altstadtlage mit Blick auf die umgebenden Dächer und Berge von Taxco einen Besuch.

Kolonialer Rahmen ▶ **Agua Escondida** 4 : Restaurant des Hotels, tgl. 12–23 Uhr; meterdicke Mauern, Schmiedeeisen und kräftige Farben prägen das Interieur, die Speisekarte verzeichnet ein großes Angebot mexikanischer Speisen, einen guten Ausblick hat man von der angeschossenen Terraza Bar, Menü ab 70 Mex$.

Viel Auswahl ▶ **Pizza Pazza** 2 : Calle del Arco 1, an der Südseite des Haupteingangs vom Zócalo, tgl. 11–23 Uhr; Pizza klein 42 Mex$, groß 77 Mex$, Kaffee 15 Mex$.

Einkaufen

Silberschmuck ▶ Alle Straßen um den Zócalo sind voller Silberschmuckläden. Die Preise sind ähnlich wie in Mexiko-Stadt, aber die Auswahl ist größer. Man kann handeln. Alle Silberschmiede müssen staatlich registriert sein. Man achte beim Kauf auf den

›925‹-Stempel (das entspricht einem Silbergehalt von 92,5 %), bei größeren Stücken sollte zusätzlich der Federschmuck des Adlers eingestanzt sein; auf Wunsch gibt es zu allen Stücken ein Zertifikat. Ein empfehlenswertes Silbergeschäft, eine *platería artística*, ist die **Galería Tapia** 🟩 (Plaza Borda 1, Zócalo), Tel. 622 02 88, www.galeriacasatapia.com), Silberschmiede und Designer in der zweiten Generation.

Termine

In Ixcateopán de Cuauhtémoc (ca. 40 km südwestlich von Taxco) wurde am 23. Februar 1495 der letzte Kaiser der Azteken geboren; nach seinem Tod (am 28. Februar 1525 in Honduras) brachte man seine Gebeine im Jahr 1529 nach Ixcateopán, wo sie heute in der Kirche unter Glas zu besichtigen sind. Jedes Jahr findet vom 23. bis 28. Februar in Ixcateopán das eindrucksvolle Festival ›La Danza Azteca‹ statt, zu dem die Indianerhäuptlinge aus ganz Nord- und Lateinamerika, teilweise mit dem Pickup-Truck, anreisen.

Karwoche: je eine Prozession von der San-Nicolás-Kapelle über das San-Bernadino-Kloster zur Santa-Prisca-Kirche und zurück: Mo zu Ehren der Jungfrau María (alle unverheirateten Frauen der Stadt nehmen teil), Di für die Seelen im Fegefeuer (die Frauen sind aus diesem Anlass schwarz gekleidet), Mi zu Ehren der Dreifaltigkeit (Umzug mit Jesusstatue der Silberschmiedezunft).

Fiesta de la Vera Cruz: Donnerstag vor Ostern, Beginn 18 Uhr mit der Zeremonie der Fußwaschung Christi, ab 20 Uhr folgt eine Prozession von der Santa-Prisca-Kirche zur San-Nicolás-Kapelle mit vermummten Männern, die auf ihren nackten Schultern mächtige Dornenreisigbündel tragen. Ab 23 Uhr geht eine Prozession von der Kirche Santa Veracruz durch die Stadt, bei der sich die Teilnehmer selbst geißeln.

Karfreitag: am Tage die Prozession Tres Caidas zum San-Bernadino-Kloster, ab 15 Uhr eine Kreuzigungsprozession und nachts eine ›Prozession der Stille‹, an der schwarz vermummte Gestalten teilnehmen.

Tipp: Zu Fuß durch Taxco

Von der im Tal gelegenen Durchgangsstraße MEX 95 (die hier Av. de los Plateros heißt) zum Zócalo hinauf führen nur wenige, sehr schmale, steile Gassen. Wem das zu mühsam ist, der kann auch ein VW-Käfer-Taxi bzw. einen VW-Bus-*colectivo* nehmen.

Ostersonntag: Prozession mit buntgekleideten Teilnehmern, Musik und Tänzen.

»Fest der Silberschmiede«: 2. So im Dez., große Ausstellung der örtlichen und ein Wettbewerb der regionalen Silberschmiede, abends Preisverleihung, Tänze.

Verkehr

Busse: Linie **Estrella de Oro** (nur 1. Klasse): Av. de los Plateros 286 am südwestlichen Ortsausgang, Tel. 622 06 48; nach Acapulco 6 x tgl. und Mexiko-Stadt 8 x tgl. **Linie Estrella Blanca** (2. Klasse): Av. de los Plateros 310, Tel. 622 01 31; nach Acapulco 5 x tgl. und Mexiko-Stadt 7 x tgl.

Auf dem Weg zum Pazifik
▶ 1, G 4–6

Um von Taxco ins 260 km entfernte Acapulco zu fahren, wählt man die Bundesstraße MEX 95 Richtung Süden und erreicht zunächst den Ort **Iguala** (▶ 1, G 4). In der Stadt erinnert hoch oben auf der Hügelkette unübersehbar eine riesige 1500 m^2 große Fahne an den Beitrag Igualas zur Unabhängigkeit. Auf der Grundlage des ›Plans von Ayala‹ erreichte Irtubide 1821 die Loslösung Mexikos von Spanien, und in dieser Stadt wurde die neue Fahne Mexikos angefertigt. Nach 120 km passiert man die Verwaltungsstadt **Chilpancingo** (▶ 1, G 5, Kreuzung der Bundesstraße mit der Autopista del Sol) und nach abermals 120 km Fahrt durch die **Sierra Madre del Sur** (▶ 1, G 6) breitet sich von den Hügeln herab vor den Augen des Besuchers das Blau des Pazifischen Ozeans aus.

Acapulco

Kein anderer der vielen Badeorte Mexikos erreichte bisher das weltweit hohe Ansehen Acapulcos. Der Grund: eine traumhaft schöne Bucht. Die Stadt war deshalb immer wieder Schauplatz von Filmen, und ihr romantisches Flair wird bis heute in Liedern besungen. Zum Mythos Acapulco trägt besonders bei, dass viele seiner VIPs im folgenden Jahr wiederkommen.

Acapulco – das heißt goldgelbe Sandstrände entlang einer natürlichen Bucht vor den grünen Bergen der Sierra Madre Occidental, beständig 22–25 °C warmes, klares Meerwasser, 300 Sonnentage im Jahr mit meist wolkenlosem Himmel, Lufttemperaturen zwischen 25 und 30 °C und eine stete leichte Brise vom Meer. Deshalb hat Acapulco immer Saison, und weil es das Schaufenster des mexikanischen Fremdenverkehrs ist, findet hier seit zwei Jahrzehnten jedes Jahr im März die ›Tianguis Turístico‹, die bedeutendste Messe für den Tourismus Lateinamerikas statt.

Doch rund ums Jahr gibt es in Acapulco auch saisonale Unterschiede. Von Dezember bis Ostern werden die vielen Hotels des Seebades bevorzugt von US-Amerikanern besucht, weil in New York und Chicago der Winter eingezogen und in Acapulco das Klima besonders angenehm ist; im Februar/März verbringen zudem Scharen junger US-Bürger ihre College-Ferien (*spring break*) hier. Von Mai bis Oktober hingegen, in der preisgünstigeren Sommersaison, – es regnet manchmal kurze Zeit gegen Abend –, besuchen viele Mexikaner und Europäer das Strandparadies.

Acapulco bietet dem Besucher von Palmen gesäumte Boulevards, aufregende Luxushotels, prächtige Villen, feine Restaurants, elegante Diskotheken, Wassersport in allen Varianten und herrlichen Müßiggang. Noch immer hat der Name der Stadt einen magischen Klang, und dank des großen Unterhal-tungsangebots kann hier jeder Urlauber rund um die Uhr seine eigenen Träume vom perfekten Urlaub verwirklichen.

Costera Miguel Alemán heißt der 12 km lange Boulevard entlang der Bucht von Acapulco (für Acapulqueños: nur La Costera). Er ist die Lebensader der Stadt. Besonders abends wird er zur Flaniermeile: Die vielen kleinen Straßenrestaurants sind dann voller Leben, man trifft sich zu einem Disco-Besuch oder verabredet sich für ein nächtliches Bad in der spätabends menschenleeren Bucht. Entlang der Costera reihen sich die in den 70er- und 80er-Jahren des vorigen Jahrhunderts errichteten eindrucksvollen Hotelhochbauten aneinander, beginnend im Osten der Bucht mit dem Grand Hotel (vormals Hyatt Regency), das bis heute zu den besseren Hotels in Acapulco zählt.

In den 1950er- und 1960er-Jahren war Acapulco der Inbegriff von Luxus und ein Tummelplatz der High Society sowie der Filmstars. In den 1970er- und 1980er-Jahren entstanden die großen, hohen Hotels entlang der Bucht, und Acapulco avancierte zur ›Perle am Pazifik‹. Das ist Acapulco heute noch, insbesondere für jene Gäste, die Sonne, Palmen, schöne Hotels und internationale Bekanntschaften suchen und deren Urlaubstag nicht mit dem Abendessen, sondern meist in den frühen Morgenstunden endet. Für sie bleibt Acapulco die ›Königin unter den mexikanischen Seebädern‹, der größte, der lauteste und der lebendigste Badeort. Dazu passt, dass bereits die ersten der in den 1980er-Jahren errichteten Hoteltürme in der Bucht von Acapulco – meist nach ihrem zweiten Besitzerwechsel – heute mit *all-inclusive*-Konzepten neues Publikum anziehen und die VIPs sich zu Parties an den Las Brisas-Hängen an der Playa Guitarron einladen.

Stadtentwicklung

Die Entwicklung Acapulcos und die damit einhergehenden Veränderungen sind heute überall in der Stadt präsent und für den Besucher wert, daran teilzuhaben. Bis 1925 war Acapulco ein Fischerdorf, 1940 zählte es 8000 Einwohner, 1950 lebten bereits 30 000 Menschen in Acapulco, 1983 waren es 1 Mio. und 2008 hat die Einwohnerzahl die 2-Mio.-Grenze überschritten.

Acapulco hat sich somit gewaltig ausgedehnt; die Stadt zählt heute ca. 2 Mio. Einwohner. Um Bademöglichkeiten und Hotelstandorte zuordnen zu können und dabei zugleich der Entwicklung der Stadt Rechnung zu tragen, unterscheidet die Tourismusbehörde seit Jahren drei ›Zonas‹: ›Acapulco Tradicional‹, das ist das alte Acapulco, das vom Westen der Bucht bis zum Parque Papagayo reicht; ›Acapulco Dorada‹ (goldenes Acapulco) nennt sich der Abschnitt mit den Hotelhochbauten entlang der Bucht; und ›Acapulco Diamante‹ erstreckt sich jenseits der Las-Brisas-Hänge mit den Stränden von Puerto Marqués und Revolcadero.

Der Ruf der Stadt als Tummelplatz der Schickeria lässt die herausragende historische Bedeutung Acapulcos häufig vergessen: Der Naturhafen Acapulco hatte bereits unter den Spaniern als Ausgangspunkt ihrer Expeditionen große Bedeutung. Cortés erreichte die Bucht am 13. Dezember 1529 und gab ihr den Namen der Heiligen dieses Tages: Santa Lucia. Danach begann unter Rodriguez de Villafuerte ihr Ausbau zum Hafen. In der benachbarten Bucht, dem heutigen Puerto Marqués, wurden die Schiffe gebaut, mit denen Pizarro das Inka-Reich im heutigen

Peru unterwarf. Von Acapulco aus eroberten später die Spanier die Philippinen und wickelten im 16. und 17. Jh. große Teile ihres Asien-Handels ab. Mit mexikanischem Silber beladen, starteten hier spanische Galeonen und brachten im Gegenzug Seide, Gewürze und Porzellan aus Asien in ihren Heimathafen zurück. Diese Waren wurden dann auf Maultieren auf dem Landweg quer durch Mexiko nach Veracruz transportiert und von dort nach Spanien verschifft. 1616 wurde Acapulco zum Schutz vor Freibeutern durch das Fort San Diego befestigt – spektakulärstes Piratenstück war zuvor die Kaperung der spanischen Galeone ›Nuestra Señora de Concepción‹ durch Sir Francis Drake. 200 Jahre lang war der Hafen der wichtigste Warenumschlagplatz am Pazifik. Mit dem Niedergang Spaniens verlor Acapulco an Bedeutung. 1776 zerstörte ein Erdbeben zudem Fort San Diego.

Alexander von Humboldt beschrieb Acapulco 1803 als klein, verschlafen und dreckig. Der Ort wache immer nur auf, wenn eine Galeone aus Manila ankomme und zur gleichen Zeit Händler aus Mexiko-Stadt einträfen. Während des Unabhängigkeitskrieges verbarrikadierten sich die Spanier 1818 zum letzten Mal vor den anstürmenden Mexikanern im Fort San Diego. Mit dem Sieg der Mexikaner endete der Asien-Handel; für Acapulco als Naturhafen gab es keine Verwendung mehr. Übrig blieben die heimischen Fischer, und Acapulco wurde wieder zu einem Fischerdorf.

Zentrum ▶ 1, G 6

Cityplan: links

Fort San Diego 1

Zeitzeuge der Geschichte von Acapulco ist **Fuerte de San Diego,** das 1616 von den Spaniern gebaute Fort mit dem Grundriss eines fünfzackigen Sterns. Es diente der Überwachung der ganzen Bucht. Nach einem starken Erdbeben im Jahre 1776 wurde es erneuert und mit einem Wassergraben

Acapulco

Sehenswert

1 Fuerte de San Diego
2 Villa Lola Olmedo
3 Hotel Casablanca
4 Catedral de Nuestra
   Señora de la Soledad
5 La Quebrada
6 Nuestra Señora de
   Guadalupe
7 Centro Cultural Acapulco

Übernachten

1 Las Brisas
2 The Fairmont
   Pierre Marqués
3 The Fairmont Acapulco
   Princess
4 Grand Hotel

5 Emporio
6 Fiesta Americana Villas
7 Mirador
8 Hotel del Valle
9 Real del Centro

Essen & Trinken

1 CasaNova
2 La Mansion
3 Hard Rock Café
4 100 % Natural
5 Flor de Acapulco

Einkaufen

1 Galerías Diana
2 Plaza Bahia
3 Artesanías Finas Acapulco

Abends & Nachts

1 Baby O.
2 El Alebrije
3 Palladium
4 Salon Q

Aktiv

1 Bonanza
2 Tres Marías
3 Hermanos Arnold's
4 Club de Golf Acapulco
5 Golfclub Tres Vidas
6 CICI
7 Parque Papagayo
8 Magíco Mundo Marino

versehen. Seit 1986 befindet sich hier das **Historische Museum** von Acapulco, das die Eroberung und Christianisierung Mexikos sowie die Lebens- und Alltagssituation im Fort dokumentiert. In erster Linie aber widmet es sich den Entdeckungs- und Handelsbeziehungen, die die Spanier seit Hernán Cortés von Acapulco aus zu den Philippinen und später nach China unterhielten, sowie der damaligen Geschichte der Piraterie im Pazifik. Beeindruckend sind eine Küche mit großer Vorratskammer aus dem 16. Jh. sowie die Nachbildung einer Galeone, mit der die Spanier ihre Erkundungsfahrten im Pazifik unternahmen. Von der Mauer des Forts hat man einen schönen Blick über die Bucht, die damals bis zu den Außenmauern des Forts reichte (Di–So 9–18 Uhr, Eintritt 46 Mex$).

Treffpunkt der Reichen und Berühmten

Zwischen 1927 und 1932 wurde eine Straße als erste Verkehrsverbindung zur Hauptstadt quer durch die Berge gebaut, 1933 das erste Hotel eröffnet. Während des Zweiten Weltkriegs avancierte Acapulco dann zum Treff reicher Nordamerikaner, als Europa als Reiseziel wegen des Kriegs ausschied.

Der Schweizer Musiker Teddy Stauffer, der zusammen mit dem Filmstar Errol Flynn 1942 zum ersten Mal nach Acapulco kam, beschrieb sein Eintreffen so: »Über eine miese Straße fuhr ich von Mexiko in 18 Stunden nach Acapulco Bay, das ist der beste und schönste Naturhafen der Welt und bestimmt der beliebteste an der Pazifik-Küste. War das schön …, diese blaue, klare Bucht, umrahmt von einem weißen Sandstrand, dahinter unzählige Palmen, unterbrochen nur von einer etwa 50 m langen Holzbrücke, die als Steg für die Landungsboote der Ausflugsdampfer diente. Auf dieser Brücke trafen sich auch die jungen Leute von Acapulco. Einige zum Angeln ihrer Mahlzeiten, andere zum Angeln von Liebschaften.«

1945 landete auf dem Grasplatz inmitten der Stadt die erste DC 3. Präsident Miguel Alemán, dessen Namen der Prachtboulevard Acapulcos heute trägt, erkannte das touristische Potenzial der nur 400 km von Mexiko-Stadt entfernten Badebucht am Pazifik und förderte ihre Erschließung seit 1946.

Zu Beginn der 1950er-Jahre, als noch niemand an die Hoteltürme entlang der Costera dachte, lag das Zentrum des gesellschaftlichen Lebens im Westen der Bucht auf der Halbinsel Las Playas. Hier, im **Stadtteil La**

Acapulco

Inalambrica, trafen sich die mexikanische und internationale High Society, z. B. in den Hotels Del Monte und Casablanca. Hier steht auch die sehr schöne Villa der Geliebten Diego Riveras, Dolores (Lola) Olmedo, in der Diego Rivera damals mit Lola, aber auch mit seinen Malerkollegen Siqueiros und O'Gorman viel Zeit verbrachte. Heute verfällt der Stadtteil Inalambrica. Fast alle Villen aus dieser Zeit, auch die beiden Hotels und sogar die meisten der in La Inalambrica in den 1960er-Jahren aus Spekulationsintentionen errichteten Häuser stehen leer und werden zum Verkauf angeboten.

An den Außenmauern der **Villa** von **Lola Olmedo** 2 ('Exekatlkalli') befinden sich zwei mehr als 10 m lange eindrucksvolle Schlangenmosaike mit Motiven der Fruchtbarkeit, der Weisheit und des Ackerbaus, die Diego Rivera entworfen und Juan O'Gorman gestaltet hat. Riveras Signatur, ein Frosch, findet sich in der unteren Ecke; die Entwürfe gehören zu seinen letzten Arbeiten. Die Villa, in der sich viele Kunstschätze befinden, ist auf Anweisung der Erben von Lola Olmedo seit 2002 für Besucher nicht zugänglich.

Das alte **Hotel Casablanca** 3, das in den 1930er-Jahren an der Calle Cerro de la Pinzona (Nr. 195) erbaut wurde, bot einen fantastischen Blick auf die Bucht von Acapulco. Es wurde 1943 von Teddy Stauffer einige Monate lang geführt und avancierte in den 1950er-Jahren – neben dem Hotel Los Flamingos – zum Treffpunkt der Hollywood-Society. Danach zerfiel es zusehends und stand lange zum Verkauf. In den Jahren 2011 und 2012 wurde das Anwesen, zu dem viele von Diego Riviera gestaltete Murales gehören, in luxuriöse Eigentumswohnungen umgewandelt.

Zu diesem traditionellen Acapulco gehört auch der **Zócalo** mit schönen Bäumen, Musikpavillon und vielen Bänken. Hier lässt man sich die Schuhe putzen, trinkt einen Kaffee und sucht ein Gespräch. Am Zócalo steht auch die **Catedral de Nuestra Señora de la Soledad** 4, eine große Kirche mit vielen maurischen Architekturelementen und zwei byzantinischen Türmen.

Und die Entwicklung – *il progreso,* wie ältere Acapulqueños spöttisch sagen – geht weiter, aber außerhalb der Bucht. Bereits 1954 wurde ein neuer Flughafen im Südwesten, 25 km von Acapulco entfernt, eröffnet und gleichzeitig die Carretera Escénica ('Panorama-Straße') von dort als Verbindung nach Acapulco fertiggestellt. 1957 ließ J. Paul Getty, damals der reichste Mann der Welt, hier jenseits der Las Brisas-Hänge am Rande der Laguna de Tres Palos einen Golfplatz anlegen, auf dem er und reiche US-amerikanische Freunde auch im Winter spielen konnten. Für die exklusiven Mitglieder baute er gleichzeitig ein besonders aufwendiges Clubhaus, das **Hotel The Fairmont Pierre Marqués** 2. Dieses Hotel unter den Palmen des Revolcadero-Strandes zählte in diesen Jahren zu den exklusivsten der Welt, wirft man einen Blick in die alten Gästelisten.

Touristische Entwicklung

Mit Flughafen, Carretera Escénica und dem Hotel Pierre Marqués war – geografisch gesehen – auch die Expansionsrichtung neuer touristischer Investitionen vorgegeben und bereits 1972 eröffnete neben dem Pierre Marqués das durch seine auffallende Pyramidenarchitektur und die TV-Serie 'Dynastie' bekannt gewordene Hotel **The Fairmont Acapulco Princess** 3. Lange Zeit waren es die beiden einzigen Hotels weit draußen außerhalb der Bahía de Acapulco am langen, breiten, dunklen Revolcadero-Strand.

Seit Ende der 1990er-Jahre firmiert diese Region unter dem visionären Namen 'Acapulco Diamante' und weitere Hotels, z. B. das Mayan Palace und das Hotel Quinta Real, versuchen einander mit neuen Konzepten zu übertreffen. Während das Quinta Real sich mit nur 74 Suiten als elegantes kleines Boutique-Hotel an den Hängen der Halbinsel Punta Diamante mit Blick auf den Revolcadero-Strand positioniert, sichert sich das Mayan Palace am Strand mit über 2000 Suiten als Time Share Apartment-Hotel seine Gäste.

Inzwischen gibt es auch eine Direktanbindung von 'Acapulco Diamante' an die

Goldgelbe Strände am smaragdfarben schimmernden Pazifik, umgeben von bewaldeten Hügeln: das ist Acapulco

Autopista del Sol nach Mexiko-Stadt. Und von den fünf Golfplätzen Acapulcos liegen vier in ›Acapulco Diamante‹ (s. S. 273).

Acapulcos Strände

Cityplan: S. 264

Mit dem Namen Acapulco verbindet man vor allem die weltbekannte, unübertroffen schöne Bucht Bahía de Acapulco mit ihren hellen Stränden. Die Bucht von Acapulco ist nach wie vor das Zentrum des Badegeschehens. Zwar gibt es inzwischen mehrere neue Strände außerhalb der Bucht, aber wirklich ›in‹ sind jene, die sich entlang der geschützten Bahía de Acapulco aneinanderreihen. Unter ihnen gibt es bevorzugte und weniger bevorzugte Abschnitte, jeder trägt einen Namen, und alle sind der Öffentlichkeit zugänglich, auch die vor den großen Hotels.

An der **Playa Caleta,** am Westende der Costera M. Alemán, abseits der großen Ho-

tels an den Hängen der Halbinsel Las Playas und gegenüber der Insel La Roqueta, begann die Entwicklung Acapulcos als Badeort. Der Strand südlich der Altstadt jenseits des Hügels, an den sich noble Villen schmiegen, wird heute von mexikanischen Touristen bevorzugt. Von hier aus fahren alle 20 Minuten die Boote zur Felseninsel **La Roqueta** mit einem wenig überlaufenen Strand und dem beliebten Restaurant Palao. Ein Fußweg führt von der Anlegestelle zum Leuchtturm der Insel, dem idealen Standort für ein Erinnerungsfoto aus der Bucht von Acapulco, am besten mit Weitwinkelobjektiv.

Playa Hornos heißt der lange Strandabschnitt ohne Hotels im Hintergrund mitten in der Bucht am Parque Papagayo. Hornos ist am besten mit einigen Toiletten, Duschen, Schattenspendern etc. ausgestattet und füllt sich erst am Nachmittag richtig. Daneben liegt, direkt vor dem Parque Papagayo, ein wenig geschützter die **Playa Hornitos,** quasi eine Verlängerung der Playa Hornos.

Tipp: Für Romantiker

Die **Sonnenuntergänge** in Acapulco sind etwas ganz Besonderes, weil die Sonne als roter Feuerball im Meer versinkt. Je nach Jahreszeit sollte man sich das Schauspiel nicht entgehen lasse und sich zwischen 18 und 20 Uhr einen Terrassenplatz in Strandnähe sichern. Die Logenplätze für den Sonnenuntergang befinden sich in **Pie de la Cuesta** (s. unten).

Die **Playa Condesa** mit der kleinen vorgelagerten Insel Farallón del Obispo ist hinsichtlich Publikum und Strandrestaurant der ›eleganteste‹ Strand der Bucht. Immer kosmopolitisch, immer ›in‹, wer sich hier sonnt oder badet, will gesehen werden.

Am östlichen Ende der Bucht liegt die **Playa Icacos,** die von der Sonne am längsten verwöhnt wird.

Die Felsenspringer

Man kennt sie von Fotos und Filmen, die weltberühmten *clavadistas,* die sich von einem 42 m hohen Felsvorsprung in eine nur 4 m breite Meeresbucht stürzen. Der Ort dieses Ereignisses liegt im Westen Acapulcos jenseits der Altstadt, im Stadtteil **La Quebrada** 5. Das Protokoll der Zeremonie ist immer das gleiche: Die ›Akrobaten‹ müssen bei niedrigem Wasserstand von der Klippe abspringen und tauchen wenige Sekunden später ins Meer ein, wenn die Welle gerade in die Bucht schwappt. Sieben athletische Springer gehören zu einer Truppe, sie durchschreiten den Zuschauerpulk, klettern die gegenüberliegende Seite des Felsens hinab, prüfen den Wellengang, erklettern dann den Absprungfelsen, bekreuzigen sich vor einer Madonnenstatue und hechten dann nacheinander – zuvor die Zuschauer wie Gladiatoren grüßend – in die Tiefe. Abends wird das Schauspiel von Flutlicht beleuchtet, um 22.30 Uhr wird mit Fackeln gesprungen.

Am Quebrada-Felsen steht das **Hotel Mirador** 7. Dort eröffnete 1949 Teddy Stauffer

sein berühmtes Restaurant La Perla. Im oberen Teil dieses Restaurants finden sich Bilder und Autogramme von Besuchern wie Brigitte Bardot, Liz Taylor, Dwight D. Eisenhower und dem jugoslawischen Staatspräsidenten Tito. Von den Terrassen des Restaurants hat man die beste Sicht auf die Felsenspringer (in Verbindung mit einem Abendessen).

Vorstellungen der *clavadistas* in **La Quebrada** tgl. 19.30, 20.30, 21.30, 22.30 Uhr (mit Fackeln); um 13 Uhr springt eine Extra-Equipe für Teilnehmer der Omnibus-Stadtrundfahrten (Eintritt 40 Mex$, auf der Hotelterrasse mit 2 Drinks 195 Mex$).

Maria im Meer

Am östlichen Ende der Insel La Roqueta, die im Westen die Acapulco-Bucht begrenzt, hat man ein Standbild der dunkelhäutigen **Nuestra Señora de Guadalupe** 6 (Unserer Lieben Frau von Guadalupe) auf dem Meeresboden platziert. Ausflugsboote mit einem Glasboden, die zur Isla La Roqueta fahren, halten kurz über dem Unterwasserschrein.

Kunst und Kultur

Am südöstlichen Ende der Costera befindet sich das **Centro Cultural Acapulco** 7. Das kleine Kunstinstitut mit schönem Straßencafé stellt Werke präkolumbischer Kunst aus, zeigt zeitgenössisches Kunstgewerbe, z. B. keramische Produkte, die günstig erstanden werden können, und bietet Folklore- und Theateraufführungen (Costera 4834, Di–So 9–14, 17–20 Uhr, Tel. 484 38 14, Eintritt frei).

Ausflüge

Nach Westen ▶ 1, G 6

Im Norden und im Süden bereichern jenseits der Berghänge, die die Bucht einrahmen, zwei große Süßwasser-Lagunen inmitten von dichtem Mangrovendschungel die landschaftliche Vielfalt; sie werden von Flüssen der Sierra Madre gespeist.

Die Lagune im Norden trägt den Namen des Flusses, Laguna de Coyuca. An ihrem Ufer liegt, nur 15 km von Acapulco entfernt,

Pie de la Cuesta, benannt nach der sehr schmalen Halbinsel, die die Lagune vom Meer trennt. Der Ort ist das Kontrastprogramm zur Bucht von Acapulco: ein gerader, langer Sandstrand mit hohen Wellen und schwerer Dünung und gegenüber auf der anderen Seite der Straße die Süßwasser-Lagune de Coyuca mitten im Mangrovendschungel. Der Badevorort ist bisher von ausländischen Touristen weitgehend unentdeckt, von Mexikanern dafür umso mehr bevorzugt. Hier reihen sich einfache Hängematten-Unterkünfte unter Palmen und viele einfache, aber hervorragende Fischrestaurants aneinander.

Die Süßwasser-Lagune ist ein Paradies für Vögel, bietet aber auch Wassersportmöglichkeiten. Mit Booten kann man von Pie de la Cuesta durch tropischen Dschungel in die Seitenarme der Lagune bis ins 10 km entfernte Barra de Coyuca fahren. Vegetation, Atmosphäre und insbesondere die feuerroten Sonnenuntergänge entlang der Lagune dienten Filmen wie ›Rambo II‹ als Kulisse.

Die Fahrt nach Pie de la Cuesta (Abfahrt der Busse vor dem Zócalo an der Costera) führt zunächst durch das nicht-touristische alte Acapulco und dann entlang der Küste, manchmal sogar mit Blick aufs Meer.

Nach Osten ▶ 1, G 6

In entgegengesetzter Richtung der Bucht von Acapulco, jenseits der Berghänge von Las Brisas, liegt das neue ›Acapulco Diamante‹. Aus der Bucht von ›Acapulco Dorada‹ kommend, erreicht man auf der Carretera Escénica, die auch zum Flughafen führt, nach 10 km die schöne Badebucht **Puerto Marqués.** Sie bietet viele Fischrestaurants und eine breite Palette an Strandunterhaltung.

Von den Hängen der Bucht von Puerto Marqués erblickt man die große **Laguna de Tres Palos,** einen riesigen Süßwassersee mit Kanälen und dichtem Mangrovendschungel. Auf der sie vom Meer abgrenzenden Halbinsel liegen der internationale Flughafen und zum Meer hin der längste Strand Acapulcos, die **Playa Revolcadero** mit den Luxushotels The Fairmont Acapulco Princess und The Fairmont Pierre Marqués. An diesen endlos

langen, breiten Sandstrand mit seinen hohen Palmen rollen die hohen Wellen des offenen Pazifik. Im unmittelbar angrenzenden Hinterland liegen unter Palmen inmitten von tropischem Grün vier Golfplätze.

An diesem Sandstrand von ›Acapulco Diamante‹ reihen sich weiter südöstlich in respektvollem Abstand auch die Apartmenthochhäuser des Mayan-Palace-Hotels aneinander. Die Kanäle der Laguna Tres Palos, die an zwei Stellen bis ins offene Meer reichen, dienten öfter als Kulisse von großen Hollywood-Filmen. So drehten z. B. wochenlang Humphrey Bogart und Katherine Hepburn hier ›African Queen‹. Weil 1951 noch keine Straße hierher führte, reiste das Team täglich mit Booten von La Caleta am nordwestlichen Ende der Bucht von Acapulco an.

Infos
Vorwahl Acapulco: 744

Acapulco Visitors Bureau: Costera M. Alemán 38-A, Tel. 484 85 55, Fax 484 81 34, www.visitacapulco.com.mx, Mo–Sa 10–12, 14–18 Uhr.

Secretaría de Turismo Guerrero (Sefotur): Costera M. Alemán 4455 (Centro de Convenciones), Tel. 484 26 02, Fax 481 23 42, www.acapulco.org.mx, Mo–Fr 9–12, 15–18 Uhr.

Tipp: Auf den Spuren des ›Denver-Clan‹

Weil **The Fairmont Acapulco Princess** (s. S. 270) durch seine Pyramidenarchitektur und seine aufwendige Pool- und Gartenanlage über alle Maßen eindrucksvoll ist, diente es als Kulisse der US-TV-Serie ›Dynasty‹; bei uns besser bekannt als ›Denver Clan‹. Auf den Spuren der Carringtons wandeln, wie Blake, Krystle oder Alexis einen Tee auf der Terrasse vor dem Wasserfall am Pool zelebrieren, weckt das nicht Erinnerungen …? Der Zentralbau in Form einer aztekischen Pyramide besitzt einen großen Innenhof und zwei Seitenflügel, jedes der über 1000 Zimmer hat Blick auf den Strand, eigener Golfplatz, neuer ›Willow Stream‹-Spa.

Tipp: Panoramablick über Acapulco

Acapulco – bereits der Name dieses Strandes, der zu den berühmtesten der Welt zählt, klingt verheißungsvoll. Es ist die hinreißende Schönheit der Bucht, die wesentlich zum weltweiten Ruhm von Acapulco beigetragen hat. Daher sollte es nicht bei der Erkundung einzelner Strandabschnitte bleiben. Vielmehr gilt es anschließend auch, die Bucht als das zu würdigen, was sie ist: ein ›Gesamtkunstwerk‹.

Einen Überblick kann man sich von vielen Punkten aus verschaffen, und wenn man die richtige Tageszeit wählt, kommt man genauso ins Schwärmen von der Bucht von Acapulco wie Millionen andere. Dinner auf der Terrasse des Restaurants **Bella Vista** im Hotel Las Brisas **1** (s. unten) heißt, den Tag an der Stelle zu beenden, an der man den absolut schönsten Blick über die Bucht von Acapulco genießen kann. Dann schweift der Blick über ein funkelndes Lichtermeer (nur das Bella Vista ist für Nichthotelgäste geöffnet, Tel. 469 69 00, tgl. 19–23 Uhr, Menü ab 400 Mex$).

Weitere Websites: www.acapulco.com, www.allaboutacapulco.com

Übernachten

Heute gibt es in Acapulco über 300 Hotels. Nur im alten Zentrum und in La Quebrada gibt es Pensionen. Schlafen am Strand ist verboten, zelten kann man in einer Ecke des Wohnmobil-Parkplatzes.

Eine Legende ▶ Las Brisas 1 : Carr. Escénica 5255, Tel. 469 69 00, Fax 446 53 26, www.brisas.com.mx; am südöstlichen Rand der Bucht, zwischen den schönsten Villen am Las-Brisas-Hang erstreckt sich inmitten eines Hibiskusgartens eine Bungalow-Anlage, die zu den ›Leading Hotels of the World‹ zählt. Jede der großen Komfort-Suiten besitzt einen eigenen Pool und eine Terrasse mit Panoramablick über die Bucht, alles sehr privat und vorbildlich gepflegt. Innerhalb der Anlage bewegt man sich in Jeeps, auch Transport hinunter zum La Concha Beach Club jenseits der Ctra. Escénica am Meer, ideal für Paare, 234 Suiten, ab 364 US-$ (plus 200 Mex$ Trinkgeldpauschale).

Überschaubarer Luxus ▶ The Fairmont Pierre Marqués 2 : Playa Revolcadero, neben dem Princess, Tel. 435 26 00, Fax 466 10 46, www.fairmont.com; ursprünglich als eine Art Gästehaus des US-Öl-Tycoons J. Paul Getty neben seinem Golfplatz geplant, ist die großzügige Bungalow-Anlage heute eine Oase der Ruhe, 229 Suiten, ab 2500 Mex$.

Hotel-Pyramide am Strand ▶ The Fairmont Acapulco Princess 3 : Playa Revolcadero, in der Nähe des Flughafens, Tel. 469 10 00, Fax 469 10 15, www.fairmont.com, DZ ab 2240 Mex$, s. S. 269.

Ehemals Hyatt Regency ▶ Grand Hotel Acapulco & Convention Center 4 : Av. Costera Miguel Alemán 1, Tel. 469 12 34, Fax 484 30 87, www.grandhotelacapulco.com; Spitzenlage am Südostende der Bucht, eines der ersten und bis heute guten Hotels von Acapulco, 2 große Pools inmitten eines gepflegten Gartens, 73 sehr große Zimmer mit viel Komfort, die meisten mit Balkon und Meerblick, ab 1900 Mex$.

Freundliches Badehotel ▶ Emporio 5 : Costera M. Alemán 121, neben dem Acapulco Plaza, Tel. 469 05 05, Fax 484 20 81, www.hotelesemporio.com/acapulco; traditionsreiches Haus, Zimmer mit Meerblick und Terrasse, der Pool des Hotels gehört zu den schönsten der Stadt, 430 Zimmer, ab 202 US-$.

Mit Kid's Club ▶ Fiesta Americana Villas 6 : Costera M. Alemán 97, Tel. 435 16 00, www.fiestaamericana.com; beste Lage im Zentrum der Bucht, Swimmingpool am Meer, die Lobby gilt als beliebter Treffpunkt, 324 Zimmer, ab 103 US-$.

Top-Lage ▶ Mirador 7 : Quebrada 74 (Col. Centro), abseits der Bucht am La Quebrada-Felsen, Tel. 483 12 60, Fax 483 88 00, www.miradoracapulco.com; seit 1933 als ›El Mira-

Auf der Terrasse des Bella Vista wird das Essen zur Nebensächlichkeit

dor‹ eines der ältesten Hotels in Acapulco, 150 Zimmer mit Balkon, einige mit Blick auf die Felsenspringer, ab 950 Mex$.

Für Unternehmungslustige ▶ Hotel del Valle 8 : Gonzálo G. Espinosa 8 (Ecke Costera), Fracc. Magellanes, Tel. 485 83 36, 485 83 88; das moderne Gebäude liegt 100 m von Hornos-Strand und Papagayo-Park entfernt, 18 große Zimmer mit Balkon, ab 480 Mex$.

Junge Leute ▶ Real del Centro 9 : Fco. I. Madero 7/Ecke Agustín Ramirez, Col. Centro, Tel. 482 37 02, Fax 482 37 07; in der Altstadt mit viel Betrieb und hauseigener Disco, empfehlenswert für Budget-Reisende, 24 Zimmer, zum Teil mit Klimaanlage, ab 380 Mex$.

Essen & Trinken

Entlang der Costera findet man die Filialen der US-amerikanischen Fast-Food-Ketten (Burger für ca. 50 Mex$). Dazwischen liegen auch kleine einfache mexikanische Restaurants mit preiswerten Angeboten von *desayunos* (ab 25 Mex$) und comidas (ab 45 Mex$), die tgl. 8–24 Uhr geöffnet sind.

Pasta mit Meerblick ▶ CasaNova 1 : Ctra. Escénica 5256, gegenüber Hotel Las Brisas, Tel. 446 62 37, Di–Sa 19–23 Uhr; feinste italienische Küche bei herrlichem Blick von den südöstlichen Berghängen über die Bucht, reiches Dekor, viel Atmosphäre, Menü ab 350 Mex$.

Mexikanische Spezialitäten ▶ La Mansion 2 : Costera Nr. 81, Tel. 481 07 96, tgl. 14–23 Uhr; Kunst an den Wänden und aufmerksamer Service, Fleischgerichte, vor allem Steaks von sehr hoher Qualität, *ribeye* (250 gr) 140 Mex$, Filet (250 gr) 180 Mex$.

Für Fans ▶ Hard Rock Café 3 : Costera 37, Tel. 484 00 47, tgl. 12–2 Uhr; neben Cici, wie alle Hard Rocks: laute Musik und gute internationale Küche, Szenetreff, Merchandise Shop; Gerichte ab 80 Mex$, Kaffee 25 Mex$.

Ohne Geschmacksverstärker ▶ 100% Natural 4 : mehrere Niederlassungen entlang der Costera, die schönste mit Pier ins Meer und großer Terrasse vor dem Kreuzfahrt-Terminal, tgl. 8–23 Uhr; viel Vegetarisches, gute, frische Säfte, Menü ab 60 Mex$, Käsekuchen 30 Mex$, Kaffee 18 Mex$, O-Saft (groß) 35 Mex$.

Acapulco

Am Zócalo:

Blick auf die Plaza ▶ Flor de Acapulco 5 :
Plaza Álvarez 8, Tel. 482 97 65, tgl. 8–24 Uhr, Balkonterrassen im 1. Stock, eines der ältesten Lokale der Stadt (bereits seit 1939!) mit historischen Fotos, mexikanische Küche, Suppen 35 Mex$, *guacamole* 45 Mex$, Bier 25 Mex$, Pulpo 80 Mex$.

In Pie de la Cuesta:

Hier gibt es ca. 20 Strandrestaurants unter Palmen, Ausstattung und Qualität weichen stark voneinander ab, die romantische Atmosphäre unter Palmblatt gedeckten Dächern mit Blick aufs Meer und die seitwärts aufragenden Hügel sind beeindruckend. In jüngster Zeit entstehen auch zunehmend Lokale mit angeschlossenen Beach Clubs, in denen bei Lounge-Musik Snacks und Drinks serviert werden.

Einkaufen

In der **Altstadt** rund um den Zócalo liegen viele Läden, die gut sortiert und preiswerter sind als jene an der Costera M. Alemán.

Shoppingmalls ▶ wie bei den US-amerikanischen Vorbildern finden sich hier alle Sparten unter einem Dach, die Malls sind beliebt bei Touristen z. B. **Galerías Diana 1 :** Costera Miguel Alemán 1926; und **Plaza Bahia 2 :** Costera Miguel Alemán 125, beide tgl. 11–22 Uhr.

Kunsthandwerk ▶ Artesanías Finas Acapulco (AFA) 3 : Horacio Nelson/James Cook (in der Nähe des Centro Acapulco), Mo–Sa 9–20 Uhr, So 9–14 Uhr; mexikanisches Kunsthandwerk aus Ton, Holz, Leder, Stoffen und Silber.

Abends & Nachts

Diskotheken öffnen meist nicht vor 22.30 Uhr und schließen erst mit Sonnenaufgang, interessant wird es ab Mitternacht.

Beliebt ▶ Baby O. 1 : Costera M. Alemán 22, Ecke Horacio Nelson (schräg gegenüber dem Grand Hotel), Tel. 484 74 74, www.babyo.com.mx; Baby O. ist bereits seit Jahrzehnten die beliebteste Disco Acapulcos, Eintritt 200 Mex$.

International ▶ El Alebrije 2 : Costera M. Alemán 3308 (Costa Azul), Tel. 484 59 02/04, www.alebrijeacapulco.com; hier trifft sich internationales Publikum, Eintritt 200 Mex$.

Unübersehbar ▶ Palladium 3 : Carr. Escénica Las Brisas, von weitem sichtbar wegen ihrer roten und violetten Leuchtröhren, Tel. 446 54 90, www.palladium.com.mx; Blick über die Bucht.

Hier gibt es lateinamerikanische Klänge ▶ Salon Q 4 : Costera M. Alemán 3117, Tel. 481 01 14; Tanzhalle, ›La Catedral de la Salsa‹.

Aktiv

Bootsfahrten ▶ Bootsfahrten in der Acapulco-Bucht und entlang der angrenzenden Küste sind bei Touristen sehr beliebt (Panorama-Fotos vom Meer auf die Bucht von Acapulco). Die Schiffe starten alle an der Muelle Central, Costera M. Alemán 100 (Anlegestelle in Höhe des Zócalo) und kreuzen ca. 3 Std. in der Bucht. **Bonanza 1 :** Tlacopanocha Loc. 4, Tel. 482 49 47; das größte Touristenschiff in Acapulco, mit Schwimmbad, Klimaanlage, mexikanischer Musik; Badestopps in der Bucht von Puerto Marqués. Tgl. 11, 16, 22.30 Uhr, 55 US-$. **Bootsfahrten zur Isla La Roqueta** mit ihrem schönen Strand und Zwischenstopp am Unterwasserschrein der *Nuestra Señora de Guadalupe* ab Playa Caleta jeweils zur vollen Stunde von 9.30 bis 17 Uhr (letzte Fahrt von der Insel zum Festland 16.30 Uhr, 70 Mex$).

Wasserski ▶ Vor vielen Hotels in der Bucht von Acapulco. Bessere Möglichkeiten in der Lagune von Pie de la Cuesta, s. S. 260. **Tres Marías 2 :** Club de Ski, Av. Fuerza Aérea Mexicana 375, Tel. 460 00 13, www.tresmariasacapulco.com.

Tauchen ▶ Bevorzugtes Tauchziel ist das 1940 gesunkene Schiff ›Río de la Plata‹, das in 20 m Tiefe vor der Marine-Station am Icacos-Strand liegt. Diverse Tauchschulen, z. B. **Hermanos Arnold's 3 :** (Costera M. Alemán 205, Tel. 482 07 88).

Parachute-Sailing ▶ Am **Strand des Grand Hotel 4** geht es ums Gleitschirmsegeln . Gestartet wird am Strand oder auf einer Plattform im Meer, ein Motorboot zieht den Segler an einer Leine bis zu 50 m in die Luft, dann schwebt dieser über Meer und Strand (es sieht schwieriger aus, als es ist); 8 Min. 300 Mex$.

Golf ▸ Acapulco besitzt fünf 18-Loch-Golfplätze, jeder mit unterschiedlichen Herausforderungen, aber allesamt mit gepflegten Greens unter Palmen vor traumhafter Landschaftskulisse – und das bei angenehm warmem Klima das ganze Jahr über. Keine Clubmitgliedschaft erforderlich. Greenfee ab 850 Mex$. **Club de Golf Acapulco** **4** : Costera M. Alemán, Tel. 484 07 81. **Club de Golf Tres Vidas** **5** : Camino Barra Vieja km 7, Tel. 444 51 37, www.tresvidas.com.mx. **The Fairmont Acapulco Princess** **3** : Revolcadero-Strand, Tel. 469 10 00, www.fairmontgolf. com. **The Fairmont Pierre Marqués** **2** : Revolcadero-Strand, Tel. 435 26 00, www.fairmontgolf.com. Die beiden Golfplätze Princess und Pierre Marqués liegen nebeneinander, sodass man auch 36 Loch spielen kann.

Mit Kindern ▸ **CICI (Centro Internacional de Convivencia Infantil)** **6** : Costera M. Alemán, Fracc. Costa Azul, Tel. 484 19 70, www. cici.com.mx, tgl. 10–18 Uhr; das Internationale Zentrum für Kinder liegt am Strand. Riesiger Wasserspielplatz mit künstlichen Wellen, mehreren Becken, Wasserrutschen, Delfin- und Seelöwenshows, Restaurants, Spielwiesen. Highlights: Schwimmen mit Delfinen, 100 m hoch aufsteigen im Fesselballon, fliegen im Sky Coaster, Tageskarte 120 Mex$, Delfin-Schwimmen 990 Mex$ für 30 Min. **Papagayo-Park** **7** : tgl. 10–22 Uhr; städtischer Park in Höhe des Hornos-Strandes mit öffentlichen Spielgeräten und anderen Kinderattraktionen, z. B. Riesenrad, Vogelhaus, Autoscooter, Eisenbahn, Eintritt frei. **Mágico Mundo Marino** **8** : zwischen den Stränden Caleta und Caletilla am Westende der Bucht von Acapulco, Tel. 483 12 15, tgl. 9–18 Uhr; Unterhaltung am Wasser mit einigen Aquarien für Piranhas (Fütterung 10.30 Uhr), Haie und Seepferdchen, zwei Wasserrutschen, einem Schwimmbad sowie mit Becken für Krokodile und Seelöwen, sehr voll an mexikanischen Feiertagen, Eintritt 50 Mex$.

Tipp: Jai Alai

Das schnelle Ballspiel aus dem Baskenland kann man sich hier ansehen und vor allem in der Bar oder im Restaurant dazu Wetten abschließen, Jai Alai Fronton, Costera M. Alemán 498, Col. Icacos, Tel. 484 31 63.

Verkehr

Flugzeug:

Flughafen: 22 km östlich hinter ›Acapulco Diamante‹, Tel. 435 20 60; stdl. von und nach Mexiko-Stadt. **Flughafentransport:** (Airport Passenger Transportation), Costera M. Alemán 186, Acuario Tours, Tel. 469 61 00. **Aeroméxico:** Costera M. Alemán 252, Tel. 466 92 87, 466 91 09. **Aviacsa:** Costera Alemán 178, Tel. 401 32 40.

Überlandbusse:

Estrella de Oro: Av. Cuauhtémoc 1490, Tel. 485 87 05; 1. Klasse. **Estrella Blanca:** Terminal Papagayo, Av. Cuauhtémoc 1605, Tel. 469 20 80.

Innerstädtische Busse:

Busse: Entlang der 12 km langen Costera Miguel Alemán fahren in kurzen Abständen gelbe Busse, Fahrpreis 6–7 (A/C) Mex$. **Colectivo-Busse** (grün/weiß mit dem Fahrziel an der Windschutzscheibe): 10 Mex$.

Taxis:

Vor den Luxus-Hotels parken blau-weiße Taxis; sie sind teuer und ihre Preise nach Zielorten gestaffelt (Liste in der Lobby). Feste Standplätze für die anderen Taxis gibt es nicht, man winkt in der Regel am Straßenrand. Innerhalb der Acapulco-Bucht gibt es vom Wagentyp abhängige Einheitstarife (z. B. VW-Käfer 40 Mex$), Zuschläge gibt es nur für Fahrten zu Orten außerhalb der Bucht, z. B. nach Puerto Marqués, Pie de la Cuesta oder zum Flughafen. Die anderen (z. B. gelb-weißen) Taxis sind *colectivos,* pro Person 10 Mex$, allerdings bestimmt das Taxi die Route.

Beach Boys am Zicatela-Strand bei Puerto Escondido

Kapitel 5

Badeorte am Pazifik

Mondäner Luxus oder Hängematte pur? An der 2000 km langen pazifischen Küste zwischen Mazatlán und Huatulco finden die Besucher Strandflair der unterschiedlichsten Färbung: traditionsreich oder glamourös, ökologisch ausgerichtet oder nach US-amerikanischem Vorbild.

Acapulco, an einer wunderschönen Bucht gelegen, ist ein international bekannter Mythos und besticht durch das mit ihm verbundene Lebensgefühl. Puerto Vallarta, eine traditionsreiche Kolonialstadt mit Patiohäusern und Kopfsteinpflastergassen, liegt an einer über 40 km langen Bucht mit einer hervorragenden touristischen Infrastruktur.

Ziel einer internationalen und wohlhabenden Klientel ist die Costa Careyes, die Küste der Schildkröten inmitten einer tropischen Dschungelvegetation nördlich von Manzanillo. Ca. 400 km weiter südlich liegen Ixtapa und Zihuatanejo, zwar unmittelbar benachbart, doch in Erscheinungsbild und Atmosphäre sehr unterschiedlich. Während Ixtapa über internationale Vier- und Fünf-Sterne-Hotels, klimatisierte Shoppingmalls und Golfplätze verfügt, laden in Zihuatanejo stilvolle mexikanische Pensionen und geschmackvolle Boutique-Hotels zum Ausspannen ein.

Noch weiter im Süden locken mit Puerto Escondido und Puerto Ángel zwei Badeorte, die seit Jahrzehnten von Rucksackreisenden besucht werden. Dazwischen liegen die beiden Strände von Mazunte und Zipolite. Die Playa Zipolite war jahrzehntelang Geheimtipp und Treffpunkt von Hippies, Rucksackreisenden, Studenten und Aussteigern aus aller Welt hat sich jedoch der kommerziellen Entwicklung und dem Zeitgeist ein wenig angepasst.

Huatulco wurde als mondänes Pazifik-Idyll von FONATUR, der staatlichen Tourismus-Entwicklungsgesellschaft, im Süden der Küste geplant. Gleich neun Buchten erwarten hier den Besucher – dazu Luxus, Natur und viel Ruhe.

Badeorte am Pazifik

Sehenswert

Isla del Río Cuale: Die Insel wird in Puerto Vallarta von einem Fluss eingerahmt. Ein kleines Museum zeigt präkolumbische Fundstücke, ein botanischer Garten präsentiert seltene Pflanzen. Boutiquen und Kunstgewerbeläden laden zum Flanieren ein und mehrere hübsche Cafés und Restaurants bieten Ruhe (s. S. 284).

Mazatlán: Das dortige Aquarium ist das größte des Landes und wird von Reisenden meist unterschätzt. In mehr als 50 Wasserbecken schwimmen Süß- und Salzwasserfische aus aller Welt. Filme zeigen jene Unterwasserwelt, die man sonst nicht sieht (s. S. 287).

Mazunte: Der kleine Strandort hat sich dem Ökotourismus verschrieben, geschützt werden auch Krokodile und Schildkröten (s. S. 293).

Schöne Routen

Von Manzanillo nach Puerto Vallarta: Auf der MEX 200 geht es entlang der Costa Alegre und zur Costa Careyes – Luxus naturnah (s. S. 281).

Von Puerto Escondido nach Huatulco: Die Badehose gehört ins Tagesgepäck. Ein netter Ausflug führt zu kleinen Fischerdörfern, malerischen Stränden und über das Ökoresort Mazunte nach Huatulco (s. S. 291).

276

Mazatlán

Golf von México

Tepic

aktiv Mit Boot und Kajak durch den Mangroven-Dschungel

Isla del Río Cuale
Puerto Vallarta

Guadalajara

Von Manzanillo nach Puerto Vallarta

Costa Alegre
Costa Careyes
Manzanillo
Colima

Mexiko-Stadt

Luxushotels in Zihuatanejo

Ixtapa
Zihuatanejo

Sierra Madre del Sur

Acapulco

Pazifischer Ozean

Von Puerto Escondido nach Huatulco

Puerto Escondido
Surferparadies Zicatela-Bucht
Mazunte
Zipolite
Huatulco
Puerto Ángel

Unsere Tipps

Luxushotels in Zihuatanejo: Hier möchte man für immer bleiben. Zwei Hotels in Zihuatanejo zählen zu den wenigen preisgekrönten ›Small Luxury Hotels of the World‹. Sie sind so traumhaft schön, dass man die Abreise vergessen möchte (s. S. 280).

Surferparadies Zicatela-Bucht: Puerto Escondido an der mexikanischen Westküste gehört weltweit zu den zehn begehrtesten Hot-Spots für Surfer (s. S. 290).

aktiv unterwegs

Mit Boot und Kajak durch den Mangroven-Dschungel: Allein im Kajak oder mit Guide im Boot – im Parque Nacional La Tovara trifft man auf Krokodile, seltene (Wasser-)Vögel, Schildkröten und Leguane. Anschließend lässt sich an der Quelle ein herrliches Bad nehmen (s. S. 289).

Von Acapulco nach Norden

Eine der touristischen Hauptrouten des Landes führt stimmungsvoll entlang der Küste auf der belebten MEX 200. Zwischen dem Pazifik und den Bergen der Sierra Madre leben die Mexikaner gut von den Einnahmen des internationalen Fremdenverkehrs. Wer es eilig hat, fliegt die Badeorte von Mexiko-Stadt aus direkt an.

Ixtapa und Zihuatanejo

▶ 1, E 5

An der Küstenstraße MEX 200 Richtung Manzanillo liegt 230 km nördlich von Acapulco das 1975 entstandene Ferienzentrum **Ixtapa.** Zusammen mit dem 7 km entfernten **Zihuatanejo** zählt die Siedlung heute weit über 100 000 Einwohner. Während Ixtapa von Architekten gänzlich neu geplant wurde, entwickelte sich Zihuatanejo aus einem kleinen Fischerdorf, das bereits im 16. Jh. erwähnt wurde. Am 30. Oktober 1527 segelten von dort auf Anordnung von Cortés erstmals drei Schiffe zu den Philippinen. Als der Verkehr der reich beladenen Handelsschiffe zunahm, kamen auch die Piraten, unter ihnen Sir Francis Drake, in die Gegend.

Schon viel früher siedelten in der Nähe westmexikanische Purépecha, die am gegenüberliegenden Strand **Las Gatas** sogar ein Seebad mit einer Schutzmauer gegen Haie und hohe Wellen errichtet hatten. Die Reste dieser Anlage schützen heute noch ihre Bewohner. Der Ort hieß in der Sprache Náhuatl *Cihuatlán,* ›Ort der Frau‹, wahrscheinlich in Anlehnung an Cihuatéotl, die Göttin der Schöpfung und des Menschen. Die Spanier hängten die Endung *-ejo* an und schufen damit den heutigen Namen.

Der Charakter der beiden Badeorte ist höchst unterschiedlich: Große (häufig all-inclusive-)Hotels, Boutiquen, Restaurants, ein Golfplatz und gepflegte Grünanlagen prägen das weitläufige **Ixtapa,** eines der Top-Ziele für Nordamerikaner, die großen Wert auf Komfort und Unterhaltung legen.

Jüngeren Datums ist die sich an die Hotelgegend anschließende Anlage **Marina Ixtapa,** eine ideale Unterkunft für Gäste, die Golf (auf einem 18-Loch-Platz von Robert Trent Jones Jr.) oder Tennis (auch mit Flutlicht) sowie Segeln (eigene Jachtanlegestellen) schätzen und abends in gepflegter Umgebung speisen wollen. Zahlreiche Geschäfte und Café-Bars ergänzen das Angebot.

Zihuatanejo

Das 80 000 Einwohner zählende, an einer hufeisenförmigen Bucht gelegene **Zihuatanejo** konnte sich seinen Charme als mexikanisches Fischerstädtchen teilweise bewahren. Ein Spaziergang auf dem Paseo del Pescador, dem *Malecón* von Zihuatanejo, ist besonders in der Abenddämmerung reizvoll, wenn Hunderte von Lichtern die Hafenszenerie erhellen: Die Fischerboote kommen vom Meer zurück mit Rotbarsch, Austern, Hummern und Garnelen beladen. Früher belieferte Zihuatanejo die gesamte Umgebung mit Meeresfrüchten, heute reicht der Fang nicht einmal mehr zur lokalen Versorgung aus, sodass die großen Hotels in Ixtapa Fisch und Schalentiere aus den USA importieren müssen.

Das kleine **Museo Arqueológico de la Costa Grande** am Ende des Paseo del Pescador zeigt den Besuchern einige Fundstücke der Taraskenkultur (Di–So 10–18 Uhr, Eintritt 25 Mex$).

Infos

Vorwahl Ixtapa/Zihuatanejo: 755

Oficina de Visitantes: Edificio Plaza Zócalo, Loc. 8, Andador Cerro La Puerta, Ixtapa, Tel. 553 12 70.

Ofinina de Turismo: Pálacio Municipal, Calle Juan N. Álvarez, Zihuatajeno, Tel. 554 20 01.

Übernachten

Am Strand in **Ixtapa** gibt es große Luxushotels. **Zihuatanejo** bietet dagegen kleinere Nobelherbergen am Strand sowie Mittelklassehotels und einfachere Häuser in der Stadt.

Schöner Wohnen ▶ Casa que Canta: Camino Escénico a Playa La Ropa, Tel. 555 70 30, Fax 554 79 00, www.lacasaquecanta. com; mehrere der 28 Suiten mit privatem Pool, ab 399 US-$, s. S. 280.

Lebensart am Pazifik ▶ Amuleto: Calle Escénica 9, Playa de la Ropa, Zihuatanejo, Tel. 544 62 22, www.amuleto.net; neben dem Viceroy und der Casa Que Canta das wohl schönste und anspruchsvollste der Boutique-Hotels von Zihuatanejo: offene, tropisch-rustikale Ethno-Architektur über der Bucht, offene Palapas und eine Gestaltung, die drinnen und draußen verschwimmen lässt, DZ ab 350 US-$.

Stimmungsvoll ▶ Viceroy Zihuatanejo: Playa la Ropa, Tel. 555 55 00, Fax 554 27 58, www.viceroyhotelsandresorts.com; 70 Zimmer, ab 255 US-$, s. S. 280.

Klassiker unter den Resorts ▶ Dorado Pacífico: Blvd. Ixtapa, Ixtapa, Tel. 553 20 25, 01800 713 8705, Fax 553 01 26, www.sun scaperesorts.com; hervorragende Lage am Strand, zu Cafés und Restaurants, eine der beliebtesten Adressen Ixtapas, 285 Zimmer mit Balkon und Meerblick, großer Pool, ab 222 US-$.

Spektakuläre Aussicht ▶ Las Brisas: Playa Vistahermosa, Colonia El Hujal, Jose Azueta, Tel. 553 21 21, www.brisashotelon line.com/ixtapa; Stararchitekt Ricardo Legor-

Nicht nur für Boote attraktiv: die Bucht von Zihuatanejo

Tipp: Luxushotels in Zihuatanejo

Wer sich inmitten einer paradiesisch gestylten Umgebung dem Strandleben hingeben möchte, der steige im **Viceroy Zihuatanejo** (ehemals **The Tides**) ab (s. S. 279). Ein Luxushotel von maurisch-mexikanischer Eleganz – wie aus dem Designer-Bilderbuch: Bungalows zwischen Sandstrand und Palmenpool, Gästesuiten in edlem Ethno-Stil, Plunge-Pool auf der Privatterrasse. Nach Sonnenuntergang werden Dorade und Crème Brûlée im Restaurant am Strand serviert. 2008 rangierte das Haus unter den 25 besten Hotels Mexikos. Kein Wunder, dass der Künstler Fernando Botero, dessen Markenzeichen seine lebensfrohen und ästhetisch-beleibten Figuren sind, zu den Stammgästen gehört.

Die auf einem benachbarten Felsvorsprung erbaute **Casa que Canta** (s. S. 279) war schon Objekt vieler Fotografen. Über das ›singende Haus‹ mit edlem Dekor und Panorama-Aussicht sind weltweit Artikel in zahlreichen Architekturmagazinen erschienen. Diese Unterkunft mit bestem Service ist das Richtige für ästhetikverliebte Paare, die den langen Abstieg zum Strand nicht scheuen. Die Casa que Canta zählt mit gutem Grund zu den ›Leading Hotels of the World‹ .

reta entwarf ein Bauwerk, das sich stufenförmig zum Pazifik ausrichtet, Zimmer, die mit ihrer Mischung aus mexikanischer Farbenfreude, reduziertem modernen Design bestechen, große Wohnterrassen mit Teakmöbeln und Hängematten, 340 DZ ab 205 US-$.

Bohème-Lifestyle ▶ **Casa Caukan:** Playa Larga, Tel. 554 62 26, www.casakaukan.com; Boutique-Hotel im Ethno-Stil an der feinsandigen Playa Larga (7 km südöstl. Zihuanatejo), tropisches, typisch mexikanisches Strandfeeling in großzügigen Suiten, z. T. mit Meerblick (besonders schön im oberen Stockwerk), vorzügliches angeschlossenes Restaurant mit mexikanisch-mediterraner Küche. 11 DZ ab 120 US-$.

Öko am Strand ▶ **Casa del Mar:** Playa de la Ropa, Zihuatanejo, Tel. 554 38 73, www.zihua-casadelmar.com; statt Fernseher und Telefon gibt es große, einfach und geschmackvoll ausgestattete Zimmer mit eigener Terrasse, einige mit Meerblick, angrenzend an einen Mangrovenwald, der bevölkert ist von seltenen Vögeln. Gäste schätzen das vielfältige Sportprogramm, u. a. Windsurfing, Kajak-Touren sowie Tauchen, 18 DZ, ab 80 US-$.

Mexikanisches Leben ▶ **Zihua Inn:** Calle Palapas 21/Av. Los Magos, Tel. 554 38 68, Fax 554 39 21; Stadtlage in Zihuatanejo, begrünter Pool, 30 Zimmer, ab 700 Mex$.

Für Unternehmungslustige ▶ **Ávila:** Juan N. Álvarez 2, Zihuatanejo, Tel. 554 20 10, www.ixtapasportfishing.com; 27 eher einfache Zimmer mit Klimaanlage (11–13 sind am schönsten), am Strand, ab 600 Mex$.

Essen & Trinken

Eine Reihe von Restaurants (Spezialität: Fisch und Schaltiere) mit Freisitz liegen in Zihuatanejo an der **Playa Principal.**

Sonnenuntergang inbegriffen ▶ **Villa de la Selva:** Paseo de la Roca, Ixtapa, 18-23.30 Uhr, Tel. 553 03 62, www.villadelaselva.com.mx; Romantik und dramatische Szenerie umgeben von Palmen und blühenden tropischen Gewächsen, dazu neue mexikanische Küche und Klassiker wie Thunfisch-Carpaccio und Kokosnussshrimps: eine der besten und teuersten Adressen Ixtapas, ab 30 US-$.

Die üppige Meerjungfrau ▶ **La Sirena Gorda:** Zihuatanejo, Paseo del Pescador 20A neben dem Pier, Tel. 554 26 87, Do–Di 9–22 Uhr; nicht ohne Grund seit Jahrzehnten eines der beliebtesten Café-Restaurants der Gegend mit einem üppigen Angebot an Frühstücksgerichten. Die Meerjungfrau (La Sirena) serviert zudem köstliche Hummer- und Shrimpsgerichte und vorzügliche Cocktails, gute Fischgerichte ab 85 Mex$.

Bezaubernder Garten ▶ **Garrobos:** Juan N. Álvarez 52, Zihuatanejo, www.garrobos.net,

Tel. 554 67 06, tgl. 12–23 Uhr; traditionsreiches Fischrestaurant im Hotel Raúl 3 Marias, Spaghetti *marinero* ab 75 Mex$.

Einkaufen

Kunsthandwerk & Ethno Stil ▶ **Casa Marina:** Paseo del Pescador 9, Zihuantanejo; eine Handvoll kleiner Läden, in denen anspruchsvolle, fantasievolle Kunstobjekte, Silberschmuck, indianische Textilien wie farbenfrohe Hängematten aus Yucatán ausgestellt sind. Anschließend ordert man einen *café de olla* im angeschlossenen kleinen Café Marina. **Mercado Artesanía:** Av. 5 de Mayo (Zihuatanejo); Kunstmarkt mit 80 Ständen. **La Fuente:** Los Patios Center, Blvd Ixtapa; eine Fundgrube an allem Schönen, was Mexiko bietet: handbestickte, handgewebte Blusen und Tücher aus Chiapas, handgeblasene Gläser, Talavera-Geschirr und vieles andere Handgemachte mehr.

Aktiv

Bootstouren ▶ Von der Anlegestelle am Hafen in Zihuatanejo bringen kleinere Boote Besucher zur ruhigen **Playa Las Gatas** mit präkolumbischer Schutzmauer und kleinen Restaurants.

Wassersport ▶ Wer nicht im Strandhotel wohnt, kann den **Beach Club** bei der Marina Ixtapa aufsuchen (tgl. 9–18 Uhr, 250 Mex$). Attraktive **Schnorchel- und Tauchreviere,** z. B. vor der Isla Ixtapa und der Playa Las Gatas, werden von großen Hotels angesteuert.

Hochseeangeln ▶ **Vamonos Fishing Charters:** Marina Zihuatanejo, Tel. 554 48 76, www.sportfishingvamonos.com; organisierte Touren ab 100 US-$ pro Person bis 4 Personen, inkl. Getränke. Weitere private Anbieter am Hafen von Zihuatanejo.

Verkehr

Flughafen: 14 km südöstlich von Zihuatanejo, Tel. 554 20 70, Taxi nach Zihuatanejo rund 30 US-$. Aeroméxico fliegt 2 x tgl. nach Ixtapa/Zihuatanejo. **Aeroméxico:** Juan N. Álvarez 34, Centro, Tel. 554 20 18, Zihuatanejo.

Busbahnhof: am Stadtrand von Zihuatanejo an der Straße zur MEX 200 (Paseo Zihuata-

nejo 47), Tel. 554 21 75; Verbindung tgl. nach Norden (Manzanillo), Süden (Acapulco) und Mexiko-Stadt. *Colectivos* und **Minibusse** verkehren zwischen Ixtapa und Zihuatanejo.

Manzanillo ▶ 1, C 4

Ca. 400 km nördlich von Ixtapa ist am Südostende des gleichnamigen Bucht **Manzanillo** (109 000 Einw.) erreicht, das heute als Hafenumschlagplatz für Guadalajara fungiert. Schon vor der Ankunft der Konquistadoren hatte der Ort einen Hafen, der 1522 von den Spaniern übernommen und zehn Jahre später mit einer Werft ausgestattet wurde.

Industrieprodukte aus der Millionenmetropole Guadalajara sowie landwirtschaftliche Erzeugnisse der Umgebung, vor allem tropische Früchte, werden nach Manzanillo gebracht und verschifft. In der Stadt selbst sieht man nur wenige Touristen, die meisten halten sich ausschließlich an den nordwestlich gelegenen Buchten und Stränden auf.

Sehenswert ist in der Stadt, in der Cortés seinen Lebensabend verbrachte, nicht viel. Der historische Stadtkern mit zahlreichen kolonialen Gebäuden macht nicht den besten Eindruck. Auf der zentralen Plaza gegenüber dem Hafen steht eine viktorianische Rundbühne, stilvoll sind auch die schmiedeeisernen Bänke und Jugendstillampen.

Eine landschaftlich sehr schöne Route führt von Manzanillo entlang der Costa Alegre und der Costa Careyes nach Puerto Vallarta.

Infos

Vorwahl Manzanillo: 314

Oficina de Turismo: Blvd. Miguel de la Madrid 1294, Tel. 333 22 77, Fax 333 14 26, www.gomanzanillo.com, Mo–Sa 8–18 Uhr.

Übernachten

Wohnen im Feenschloss ▶ **Las Hadas:** Av. de los Riscos, Rincón de las Hadas, Península de Santiago, Tel. 331 01 01, Fax 331 01 25, www.brisashotelonline.com/manzanillo; Manzanillo machte touristisch von sich reden,

Von Acapulco nach Norden

als ein bolivianischer Zinnmagnat den privaten Luxusferienkomplex erbauen ließ. Auf einer Landzunge liegt diese extravagante Komposition mediterraner und maurischer Stilelemente: ein Traum aus Arkaden, Plazas und Wasserspielen, mit Jachthafen und Golfplatz, 220 Zimmer, ab 227 US-$.

Essen & Trinken

Piano-Balladen ▶ Los Tibores: im Hotel Tesoro, Av. de La Audiencia 1, Bahía La Audiencia, Península de Santiago, Tel. 333 20 00, tgl. 12–24 Uhr; feine Küche, elegante Ausstattung, Di–So Livemusik, Menü ab 190 Mex$.

Aktiv

Schnorcheltouren ▶ Underworld Scuba: Blvd. Miguel de la Madrid km 15, Tel. 333 36 78, www.divemanzanillo.com; Ausrüstung wird gestellt; 95 US-$/Tag inkl. Anfahrt mit dem Boot.

Verkehr

Flughafen: 40 km nordwestlich, Playa de Oro Airport (ZLO), Tel. 333 25 25. **Aeroméxico:** Flughafen, Tel. 334 12 26. **Aero California:** Blvd. Miguel de la Madrid (km 13,5 Playa Manzanillo), Tel. 334 14 14.
Busbahnhof: Océano Pafico 20, Tel. 336 80 35; stdl. auf der Küstenstraße MEX 200 nach Norden (Puerto Vallarta) und Süden (Acapulco), 6 x tgl. nach Guadalajara.

Costa Alegre   ▶ 1, B 3

Costa Alegre heißt die Küste des Bundesstaates Jalisco, die ›fröhliche Küste‹ erstreckt sich zu Füßen der **Sierra Madre,** deren Gebirge vom schneebedeckten Vulkan Colima (4339 m) überragt wird. Einst war dieser Abschnitt zwischen Manzanillo und Puerto Vallarta Jagdrevier von Seeräubern und Freibeutern, allen voran Sir Francis Drake, der die spanischen Schiffe überfiel, die sich, schwer beladen mit Silber, auf dem Weg von Acapulco nach Asien befanden. Heute passiert die Küstenstraße MEX 200 Obstplantagen

und kleine Fischerdörfer, hin und wieder führen Stichstraßen zu Hotels und Ferienclubs.

Am Weg liegen **Barra De Navidad** und **San Patricio Melaque,** zwei Dörfer auf einer Sandbank zwischen dem offenen Meer und einer Lagune, die noch immer als Geheimtipp aussteigewilliger Romantiker mit Surf-Ambitionen gelten.

Öko-Tourismus wird an der weiter nördlich liegenden **Costa Careyes** groß geschrieben: An der ›Küste der Schildkröten‹ nimmt man den Schutz der umgebenden Natur sehr ernst. Die Regierung ernannte den Abschnitt zwischen Chamela und Barra de Navidad zur ›ökologischen Tourismusregion‹ und stellte damit die Weichen für ungetrübtes Glück an der stillen Küste. Die feucht-heiße Luft schmeckt nach Salz, Kokospalmen wiegen sich über schneeweißen Stränden. Einsame, weil vom Land aus unzugängliche Buchten wechseln sich ab mit rauen Klippen, an denen die Brandung tobt. Lagunen geben Lebensraum für Säugetiere und Wasserschildkröten, nach denen die *indígenas* den Küstenstreifen benannten. Aus dem Meer ragen unzählige Inseln und Inselchen, ein Paradies für Hochseeangler, auf die hier Marlin und Dorade, Thunfisch und Barracuda warten. Statt großer Bauvorhaben sind an der Costa Careyes anspruchsvolle Architekturprojekte umgesetzt worden. Private Strandhäuser, die sich zwischen üppiger tropischer Vegetation in den Buchten oberhalb der Küste verstecken, stehen bereit für Besucher aus aller Welt. Zu den Mietern gehören Prominente wie Francis Ford Coppola und Giorgio Armani, die das ungezwungene Leben hier schätzen: keine Paparazzi, keine Bodyguards. Ansonsten gibt es ›zum Glück‹ nicht viel Abwechslung, fehlt all das, was Acapulco auszeichnet.

Puerto Vallarta   ▶ 1, B 2

Cityplan: S. 285
Von Manzanillo aus ist auf der MEX 200 Richtung Norden nach 280 km **Puerto Vallarta** erreicht, der nach Acapulco und Cancún be-

Gut frequentierte Uferpromenade: der Malecón von Puerto Vallarta

kannteste Badeort des Landes. Jährlich reisen hier 2,5 Mio. Besucher an. Nicht ohne Grund, liegt die Stadt doch inmitten immergrüner Dschungelvegetation zwischen den Ausläufern der Sierra Madre an der tiefblauen Bahía de Banderas. Der 430 000 Einwohner zählende Ferienort erstreckt sich an der mit 40 km längsten Bucht Mexikos.

Die Besiedlung des Ortes erfolgte 1851. Seine Bewohner leben seit jeher vom Fischfang und dessen Verarbeitung. Für den Tourismus ›entdeckt‹ wurde Puerto Vallarta vor 40 Jahren: Man schrieb das Jahr 1963, eine Zeit, zu der Mexikos Pazifikküste noch jungfräuliches Terrain war. In den kopfsteingepflasterten Gassen des hügeligen Fischerstädtchens Puerto Vallarta sowie im südlichen Mismaloya drehte John Huston mit Richard Burton und Ava Gardner ›The Night of the Iguana‹ (Die Nacht des Leguan) von Tennessee Williams. Die Weltpresse fiel ein, als in den heißen mexikanischen Nächten Burton für Liz Taylor entflammte und die beiden sich in der ehrwürdigen Kirche Nuestra Señora de Guadalupe das Ja-Wort gaben.

Das Haus, das sie kauften, wurde bald ›Gringo-Schlucht‹ genannt. Ein weiterer *gringo,* der nach Puerto Vallarta kam, war Marlon Brando. Ihm folgten bis heute viele Reiche und internationale Stars, u. a. der Popsänger Seal und seine deutsche Gattin, Fotomodell Heidi Klum. Prominente wie Touristen schätzen das lebhafte mexikanische Ambiente, das die Vorteile eines internatio-

Von Acapulco nach Norden

nalen Badeortes mit der Atmosphäre einer typischen Kolonialstadt vereint.

Im Zentrum

Bunt gestrichene Häuser mit schmiedeeisernen, blumengeschmückten Balkonen und kleine Geschäfte säumen die Ufer des Río Cuale; nördlich des Flusses findet man die größeren Hotels und Geschäfte sowie den Fährhafen, südlich davon die älteren Stadtteile, wo sich auch die Busstation befindet.

Schön ist ein Bummel über die Uferpromenade **Malecón** **1**, gesäumt von zahlreichen Bistros, Cafés und Terrassen-Restaurants. Doch Vorsicht: Für das gleiche Getränk, das gleiche Taco-Gericht zahlt man an einem Stand um die Ecke in der Altstadt nur einen Bruchteil. Über zwei Brücken kann man die lang gezogene **Isla del Río Cuale** **2** erreichen. An der Ostseite der Insel schaut man in den Cañón, durch den sich der Fluss seinen Weg gebahnt hat. Hier liegen viele Läden, Bistros, Cafés. An der Südwestseite befindet sich das **Museo Arqueológico** **3** mit Grabfunden aus den Bundesstaaten Jalisco und Nayarit, traditionellen Musikinstrumenten und Töpferwaren (Di–Sa 9–18 Uhr, Eintritt 35 Mex$) sowie ein kleiner, immer zugänglicher **Botanischer Garten.**

Am Malecón dösen Esel und Pferde vor sich hin, während ihre Führer im Café auf Kundschaft für eine ›Jungle Tour‹ warten. Auf dem Rücken der Vierbeiner geht es in den Urwald gleich hinter dem Stadtrand.

Auf dem **Mercado Municipal** **4** (oder Mercado Abastos) am Fluss kauft man nicht nur Lebensmittel, sondern auch Kunsthandwerk, Sandalen, Stiefel, Sättel, Kleinmöbel, Strohhüte und Sonnenöl. Ein paar Straßen stadteinwärts liegt der kleine baumbeschattete **Zócalo** **5**, der vom **Rathaus** – mit einem Wandgemälde von Manuel Lepe – und der im 20. Jh. erbauten Backstein-Kirche **Nuestra Señora de Guadalupe** beherrscht wird.

Die Umgebung von Puerto Vallarta

Marina Vallarta ist ein Luxus-Ferienzentrum von über 170 ha Ausdehnung, zu dem Apart-

menthäuser, Hotels, ein 18-Loch-Golfplatz, Liegeplätze für 550 Boote und Jachten, Boutiquen und Restaurants gehören. Bereits im Bundesstaat Nayarit liegt der nördlich des Flughafens erbaute Ferienkomplex **Nuevo Vallarta,** eine Enklave mit Marina, eleganten Apartmenthäusern, zwei Golfplätzen und Luxushotels. Wassertaxis transportieren die Gäste in die Innenstadt. Am nordwestlichen Ende der riesigen Banderas Bay liegt **Punta Mita,** mit dem Four Seasons Hotel eine der prestigeträchtigsten Adressen der Stadt.

Ein Ausflug ins tropische **Yelapa** muss immer noch per Boot erfolgen, denn die Dorfbevölkerung wehrt sich bis heute erfolgreich gegen den Bau einer geteerten Straße. Die meisten Besucher kommen für Tagesausflüge in die Bucht, nur wenige übernachten. Ein Spaziergang durch tropische Vegetation führt zu einem 45 m hohen Wasserfall.

San Blas, früher Ziel der Hippies aus Kalifornien und Europa, zieht heute zum großen Teil einheimische Touristen an. Sie verbringen den Tag am Strand unter den mit Palmfächern gedeckten Hütten der einfachen Restaurants und Gästehäuser. Souvenirverkäufer und Mariachi-Musiker ziehen vorbei, stets auf der Jagd nach einem kleinen Geschäft.

Infos

Vorwahl Puerto Vallarta: 322
Fidetur: Local 18, Planta Baja, Centro Comercial Hotel Canto del Sol, Zona Hotelera Plaza las Glorias, Tel. 224 11 75, tgl. 8–18 Uhr, www.visitpuertovallarta.com.mx.
Oficina de Turismo: Presidencia Municipal, Juárez/Independencia, Tel. 222 02 42, Mo–Fr 8–17, Sa 8–12 Uhr.

Übernachten

Die Unterkünfte konzentrieren sich auf drei Bereiche: In der **südlichen Hotelzone,** zwischen Río Cuale und Playa Mismaloya, liegen die luxuriösesten Hotels und die schönsten Strände. Individualreisende und mexikanische Familien schätzen die **Innenstadt** zwischen Río Cuale und Río La Pedrara, hier liegen auch einige Strandhotels mit Fußweg zu den Restaurants und Boutiquen der Alt-

Puerto Vallarta

Sehenswert
1 Malecón
2 Isla de Río Cuale
3 Museo Arqueológico
4 Mercado Municipal
5 Zócalo

Übernachten
1 Four Seasons Resort Punta Mita
2 Hacienda San Ángel
3 Hacienda Alemana
4 El Pescador
5 Azteca

Essen & Trinken
1 Café des Artistes
2 River Café
3 Trio
4 Vitea
5 Pipi's

Abends & Nachts
1 Cruceros Princesa
2 Vallarta Adventure Cruises

Aktiv
1 Eco Rides

Map labels: Flughafen, Busbahnhof, Nuevo Vallarta, Marina Vallarta, Punta Mita · Galeana · Mina · Miramar · Plaza Aquiles Serdán · Guadalupe · Iturbide · Morelos · Juárez · Hidalgo · Matamoros · Zaragoza · Libertad · Agustín Rodríguez · Encino · Guerrero · Bahía de Banderas · Río Cuale · 5 De Febrero · Aquiles Serdán · Madero · Cardenas · Constitución · Insurgentes · Aguacate · Jacarandas · Playa Olas Altas · Olas Altas · Pino Suárez · V. Carranza · Vallarta · Basilio Badillo · Busse nach Mismaloya & Boca de Tomatlán · Manuel Diéguez · Francesca Rodríguez · Gómez · Amapas · Olas Altas · Pulpito · Playa de los Muertos · Mismaloya, Barra de Navidad

0   125   250 m

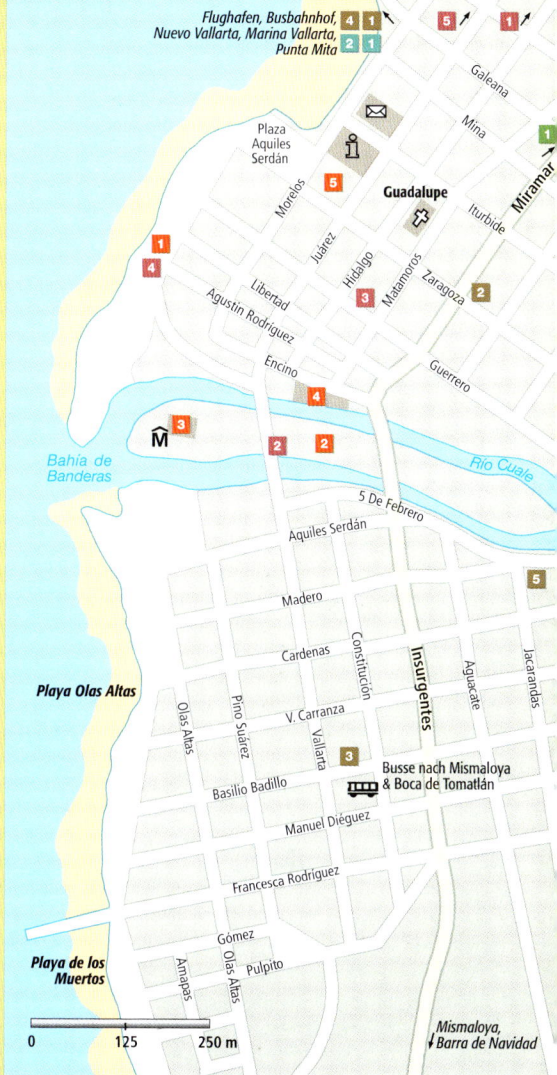

stadt. In der **nördlichen Hotelzone** gelangt man über viele kleine Gassen zu den Stränden. Der Abschnitt zeichnet sich ebenfalls durch die Vielfalt seiner Unterkünfte aus: Man findet moderne, einfache oder luxuriöse Hotels.

Tropisches Paradies ▶ Four Seasons Resort Punta Mita 1: Bahía de Banderas, Punta Mita, Tel. 291 60 00, www.fourseasons. com; eine der schönsten Adressen. In einem 27 ha großen Park gelegene dreistöckige Häuser *(casitas)* beherbergen die Gästezimmer und Suiten, davon viele mit eigenem Plunge Pool, zum Meer ausgerichtet; dazu eine offene Lobby. Champagner am Pool, zwei Golfplätze und das eigene Spa sind weitere Highlights, 173 DZ, ab 400 US-$.

Hollywood lässt grüßen ▶ Hacienda San Ángel 2: Miramar 336, Tel. 222 26 92, www. haciendasanangel.com. Im einstigen Domizil

Tipp: Originell essen

Die Restaurantstraße der Altstadt von Puerto Vallarta ist die Av. Basilio Badillo mit zahlreichen Lokalen und vielfältiger ethnischer Küche. Urtümlich geht es zu bei **Pipi's** **6** (s. rechts). Einheimische treffen sich dort auf ein Bier, genießen köstliche landestypische Gerichte und schätzen die Livemusik.

von Richard Burton und Elizabeth Taylor befindet sich heute (ergänzt um weitere Villen) ein luxuriöses Hotel, das antiken Hacienda-Stil und individuelles Wohnen in fast privater Verwöhnatmosphäre bietet. Mit Blick auf Puertos Vallartas Altstadt und das Meer, Suiten ab 380 US-$.

Mit Biergarten ▶ **Hacienda Alemana** **3** : Basilio Badillo 378, Col. E. Zapata, Tel. 222 20 71, www.haciendaalemana.com; kleines Hotel (unter deutscher Leitung) mit zehn Zimmern und Suiten, alle mit Balkon oder Terrasse, ab 145 US-$.

Balkonzimmer mit Ausblick ▶ **El Pescador** **4** : Paraguay 1117 (Ecke Uruguay), Tel. 176 11 00, Fax 223 43 93, www.hotelelpescador.com; modernes Haus mit 102 Zimmern (z .T. mit Balkon und Meerblick) in der Nähe von Malecón und Zentralplaza, ab 60 US-$.

Preiswert & zentral ▶ **Azteca** **5** : Av. Madero 473, Tel. 222 27 50; kleines Haus in der Altstadt, 47 Zimmer, günstig und empfehlenswert, ab 400 Mex$.

Weitere preiswerte Hotels in der **Av. Francisco Madero.**

Essen & Trinken

Sehr elegant ▶ **Café des Artistes** **1** : Guadalupe Sánchez 740 (Zentrum), Tel. 222 32 28, www.cafedesartistes.com, tgl. 18–23; schon mehrfach preisdotiertes Restaurant mit neuer mexikanischer Küche, Gerichte ab 250 Mex$.

Tropisches Setting ▶ **River Café** **2** : Isla Río Cuale 4, Tel. 223 07 88, www.rivercafe.com.mx, tgl. 8–23.30 Uhr; Eleganz im Grünen, mexikanische Gerichte, Frühstück 150 Mex$.

Mediterrane Küche ▶ **Trio** **3** : Guerrero 264, Col. Centro, Tel. 222 21 96, www.triopv.com, tgl. 18–22.30 Uhr, auf zwei Etagen und im Patio mit Sandsteinbrunnen wird die Küche des Mittelmeeres gepriesen, seit 20 Jahren – und mit Erfolg, *warm seafood salad* 125 Mex$, Hauptgerichte 160–280 Mex$.

Bistro mit Meerblick ▶ **Vitea** **4** : Libertad 2/Malecón, Col. Centro, Tel. 222 87 03, www.viteapv.com, tgl. 8–24 Uhr; Freisitz mit Blick auf den Pazifik, europäische Küche von Spargel bis Steak, Greek Salad 80–150 Mex$.

Hier trifft man Einheimische ▶ **Pipi's** **5** : Guadalupe Sánchez 807 (Ecke Pipila), Tel. 223 27 67, www.pipis.com.mx, tgl. 12–24 Uhr, s. links.

Abends & Nachts

Abendfahrten ▶ auf kleineren Schiffen und Katamaranen (mit Essen), zu buchen in Reisebüros und Hotels, z. B. **Cruceros Princesa** **1** : Paseo de las Garzas 100-B, Tel. 224 47 77, www.crucerosprincesa.com.mx, **Vallarta Adventure Cruises** **2** : Marina Vallarta, Tel. 297 12 12, www.vallarta-adventures.com.

Aktiv

Radtouren ▶ **Eco Rides** **1** : Miramar 382, Col. Centro Cerro, Tel. 222 79 12, www.ecoridesmex.com; geführte Touren in Kleingruppen in die naturnahe Umgebung der Stadt, ab 600 Mex$.

Termine

Fiestas del Mar: zwei Wochen Mitte Nov.; gemischtes Sport- und Kulturprogramm mit Konzerten, Ballett, Filmen und Gastronomiewettbewerben (s. auch www.festivalgourmet.com).

Verkehr

Flughafen: 9 km nördlich der Stadt, Tel. 221 1298; 2 x tgl. Mexiko-Stadt, tgl. Guadalajara, 3 x wöchentl. Los Cabos, 2 x wöchentl. Mazatlán. **Aeroméxico:** Centro Comercial Plaza Genovesa, Tel. 224 27 77.

Busverbindung: auf der MEX 200 in nördl. und südl. Richtung, stdl.; nach Guadalajara 4 x tgl. (7 Std.); neuer Busbahnhof beim Flughafen, Tel. 222 06 13. **Touristenbus:** halbstündlich um die gesamte Bucht von Mismaloya bis zur Marina Vallarta.

Water Taxi: Nach Yelapa, diverse Anbieter ab Embarcadero Los Muertos (Abfahrt um 9.30, 11, 12.30, 13.30, 15.30, 16.30 Uhr, Dauer 45 Min., einfache Fahrt 120 Mex$) und ab Boca de Tomatlán (Abfahrt um 9, 10, 11, 13, 14, 15, 16, 18 Uhr, Dauer 30 Min., einfache Fahrt 70 Mex$).

Mazatlán ▶ 2, F 7

Gut 460 km nördlich von Puerto Vallarta erreicht man über die MEX 200 und die MEX 15 schließlich **Mazatlán.** 1602 wurde die Siedlung erstmalig erwähnt, bereits vier Jahre später wurden dem Ort die Stadtrechte zuerkannt. Nach Acapulco ist Mazatlán Mexikos zweitgrößter Ort am Pazifik (500 000 Einw.). Er ist Heimathafen einer Krabbenflotte, deren Fang in der Stadt verarbeitet wird.

Eine noch relativ neue Einnahmequelle in der auf einer Halbinsel gelegenen Stadt sind die Devisen der Touristen. US-Besucher schätzen Mazatlán wegen seiner langen, breiten Sandstrände, der hervorragender Möglichkeiten zum Hochseeangeln und der stets gleichbleibenden Durchschnittstemperatur von 27 °C. Die touristischen Einrichtungen liegen nördlich von Mazatlán in der **Zona Dorada** und dem sich daran anschließenden kilometerlangen Strand, der ›**Hotelzone**‹ genannt wird, ca. 10 km von der Altstadt entfernt.

In der Altstadt

Südlich des Monumento del Pescador, einer gewaltigen Statue zum Gedenken an die Fischfangtradition, liegen der ältere Teil von Mazatlán sowie der Hafen. Eine Besichtigung lohnt die dortige **Casa del Marino,** das ehemalige spanische Fort. Die Uferpromenade, der Paseo Claussen, führt weiter zum Mirador, einem Felsen, von dem wagemutige Springer ins Meer abtauchen, wie man es aus Acapulco kennt.

Ein paar Querstraßen landeinwärts liegt der Zócalo, in Mazatlán Plaza República genannt.

Er wird von der **Kathedrale** aus dem Jahre 1875 überragt, der Basílica de la Inmaculada Concepción, die mehrere Architekturstile vereinigt. In der Altstadt befindet sich auch das **Museo Arqueológico** und bietet präkolumbische Fundstücke und Exponate zur Geschichte Mazatláns (Av. Sixto Osuna 76, Di–So 9–18 Uhr, 35 Mex$).

Der **Leuchtturm** (Faro) im Süden der Halbinsel ist mit 160 m Höhe über dem Meeresspiegel angeblich der zweithöchst gelegene der Welt. Ein Fußweg (30 Min.) führt hinauf.

Aquarium und Botanischer Garten

Zwischen Stadtzentrum und Zona Dorada zweigt von der Avenida del Mar (Uferstraße) die Avenida de los Deportes zum **Aquarium** ab (www.acuariomazatlan.gob.mx, tgl. 9.30–17.30 Uhr, Eintritt 90 Mex$) und zum **Botanischen Garten** (Ecke Reforma, tgl. 9.30–18.30 Uhr, Eintritt 25 Mex$) ab. Während der Park mit Krokodilen, Schildkröten, Streichelzoo und einem ›Vogeltheater‹ eher jüngere Besucher anzieht, ist das große Aquarium mit seinen vielen Becken und teilweise exotischen Fischen und anderen Meerestieren für alle Altersgruppen eine große Attraktion.

Ein unruhiger Hai schwimmt seit seiner Gefangennahme unaufhörlich im Kreis, Piranhas aus dem Amazonas blecken die Zähne. 150 Arten werden in mehr als 50 Becken gezeigt, darunter nicht nur die Fische des Golfs von Kalifornien (Cortés-Meer), sondern auch Süßwasserfische. Ein Museum des Meeres, Filmvorführungen über das Leben im Ozean und verschiedene Shows (Tauchen, Dressuren, Spiele) ergänzen das Angebot.

Infos
Vorwahl Mazatlán: 669

Oficina de Turismo: Calle Carnaval 1317, Ecke Mariano Escobedo, Col. Centro, Tel. 981 88 83, Mo-Fr 9–18, Sa 9–14 Uhr, www.all aboutmazatlan.com.

Übernachten
Mit Balkon ▶ **Oceano Palace:** Av. Camarón Sábalo 2601, Tel. 913 06 66, Fax 913 96

Tipp: Exkursionen

Ein Muss sind in Mazatlán Bootsausflüge zu den **Lagunen** in der Umgebung, die von Flamingos, Pelikanen und Kranichen bevölkert sind, sowie zu den drei kleinen Inseln, den **Tres Marías,** etwas weiter südlich vor der Küste. Rundreisen zu den verlassenen spanischen **Minenstädten** im Landesinneren wie z. B. Concordia (40 km) sind in den Hotels buchbar.

66, www.oceanopalace.com; Mittelklassehotel am Strand, Zimmer mit Meerblick, ab 1100 Mex$.
Strand & Sport ▶ Playa Mazatlán: Av. Playa Gaviotas 202, Zona Dorada, Tel. 989 05 55, 01800 716 9567, Fax 914 03 66, www.hotelplayamazatlan.com; lang gestreckte Anlage am Strand mit Wassersport, Fiesta Mexicana, Diskothek und Bars, 425 Zimmer, ab 100 US-$.
Mega-Resort ▶ El Cid Mega Resort: Av. Camarón Sábalo, Tel. 913 33 33, Fax 914 07 77, www.elcid.com; Komplex mit 4 Hotels, große Grünanlage mit 8 Pools, Golf- sowie 13 Tennisplätzen, 1100 Zimmer, ab 118 US-$, *all inclusive* mit Golfspiel 1200 Mex$ pro Pers.
Für Unternehmungslustige ▶ Azteca Inn: Av. Playa Gaviotas 307, Tel. 913 46 55, Fax 913 74 76, www.aztecainn.com.mx; 74 Zimmer mit Klimaanlage in der Zona Dorada am Nordstrand, Cafeteria, Restaurant, Jacuzzi, Pool im Patio, ab 60 US-$.
Typisch mexikanisch ▶ La Siesta: Paseo de Olas Altas 11 Sur, Tel./Fax 981 26 40, www.lasiesta.com.mx; zentral an der Promenade gelegen, mit gemütlichem Patio-Restaurant, 57 Zimmer, ab 50 US-$.

Essen & Trinken

Beste Küche seit 40 Jahren ▶ Casa Loma: Av. Playa Gaviotas 104, Zona Dorada, Tel. 913 53 98, www.restaurantcasaloma.com, tgl. 13.30–23 Uhr; die Margaritas sind stadtbekannt, Seafood Platter und Filet Mi-

gnon beliebte Klassiker der Karte; Reservierung ratsam.
Orientalisch ▶ Sheik: Plaza Valentino, Tel. 984 16 66, tgl. ab 7 Uhr; in einem Einkaufszentrum von eindrucksvoller Architektur auf einer Klippe, arabisches Ambiente, Menü ab 95 Mex$.
Vom Barbeque ▶ Guadalajara Grill: Av. Camarón Sábalo 335, Tel. 913 50 65, tgl. 11–24 Uhr; größte Bar in der ganzen Stadt mit einer riesigen Auswahl an Tequila-Mixgetränken, Mariachi-Musik, Grillgerichte ab 110 Mex$.

Einkaufen

Kunsthandwerk ▶ Mazatlán Art Gallery: Av. Playa Gaviotas 404, Zona Dorada, Tel. 913 70 34, www.mazatlanartgallery.com; Antiquitäten, Kunsthandwerk von mexikanischen Künstlern.

Abends & Nachts

Tanzen in jedem Alter ▶ Valentino's Disco Club: Punta El Camarón, Av. Camarón Sábalo, Tel. 984 16 66, tgl, 21–4 Uhr, 120 Mex$; zwei Ebenen, Blick auf den Hafen: eine elegant, die andere für die einheimische Jugend.

Aktiv

Reiten ▶ Ginger's Bilingual Horses: Delfin Beach, Pueblo Bonito Emerald Bay, Tel. 988 12 54, www.mazinfo.com/gingershorses; Reitausflüge in kleinen Gruppen am Strand entlang und durch Kokosplantagen, auch für Kinder geeignet, einstündig 30 US-$, zweistündig 45 US-$.
Wassersport ▶ Schöne und weitgehend menschenleere Strände, dazu Möglichkeiten zum Schnorcheln und Tauchen verspricht die **Isla de la Piedra** südlich des Hafens.

Verkehr

Flughafen: 16 km südlich der Stadt und 27 km südöstlich der Hotelzone, Tel. 982 23 99; 2 x tgl. Mexiko-Stadt, tgl. Monterrey, Guadalajara, 3 x wöchentl. La Paz, Torreón. **Aeroméxico:** Av. Camarón Sábalo 310, Tel. 914 11 11, Mo–Fr 9–18, Sa 9–14 Uhr, **Aero Cali-**

aktiv unterwegs

Mit Boot und Kajak durch den Mangroven-Dschungel

Tour-Infos
Start: San Blas, Muelle (Bootsanleger)
Länge: 12 km
Dauer: ein halber Tag
Wichtige Hinweise: San Blas Eco Tours, Tel. 323 285 14 18 www.sanblasecotours.com, 12 US-$/Pers. bzw. 44 US-$/Boot; Führung (vor allem Kleingruppen), Vermietung von Kajaks für begleitete individuelle Touren. Sonnen- und Moskitoschutz, ausreichend Wasser sowie Fotoapparat und Fernglas einpacken.

San Blas, 150 km nördlich von Puerto Vallarta, ist eine hübsche Kleinstadt, 1768 von den Spanier als Hafen für ihre Schiffe gegründet und mit einem Fuerte, einem Fort, ausgestattet und lohnt zweifelsfrei einen Bummel durch die Straßen.

Vom Bootsanleger von San Blas aus starten zahlreiche Boote zu Touren über die Wasserwege des **Parque Nacional La Tovara,** eines üppigen, von zahlreichen Wasservögeln besiedelten Mangroven-Dschungels, der von der Quelle Tovara gespeist wird. Unterwegs entdeckt man zahlreiche der über 300 im Nationalpark beheimateten Arten. Besonders reizvoll ist es, wenn man am frühen Nachmittag startet und die dann herrschenden Lichtverhältnisse ausnutzt. Zudem kommt man in den Genuss des Sonnenuntergangs vom Boot aus und kann nach Einbruch der Dunkelheit eher nachtaktive Tiere beobachten. Ungewöhnlich sind die diversen **Vogelbeobachtungshütten,** die von Tierliebhabern und Naturschützern auf Stelzen im Wasser errichtet wurden. Wer über die nötige Geduld und Ruhe verfügt, dem ist es freigestellt, über die Leiter zur Hütte hinaufzuklettern und versteckt auf seltene Tierarten zu warten.

Zu den besonders auffälligen Vögeln gehört der Grünfischer (*Chloroceryle americana),* ein amerikanischer Eisvogel mit farbenprächtigem Gefieder. Nach Einbruch der Dunkelheit wird man auch den Mexikotagschläfer *(Nyctibius jamaicensis)* entdecken können, der regungslos auf Baumstämmen sitzt und auf Beute wartet. Neben Vögeln können Sie im Mangrovenwald auch Leguane, Krokodile und Alligatoren sehen, außerdem Schildkröten in den unterschiedlichsten Größen und Panzerfärbungen.

Halt machen sollte man während der Bootstour bei einer am Wegesrand liegenden **Krokodilfarm** (El Cocodrilario Las Palmas), in der große und kleinere der Echsen regungslos im Wasser liegen und während der Fütterung plötzlich sehr lebendig werden. Bei einer Führung erfährt man zahlreiche Details über die Gewohnheiten der Tiere, allerdings sollte man ausreichend Spanisch sprechen.

Schließlich gelangt man – umgeben von dichter tropischer Vegetation – an der **Quelle Tovara** zu einem kleinen **Restaurant,** in dem mexikanische Snacks serviert werden. Das klare und kühle Wasser der Quelle, das sich zu einem kleinen Badeteich sammelt, verlockt zum Schwimmen in einem gesonderten Areal. Von dicken Seilen kann man ins Wasser springen und über der Wasseroberfläche schaukelnd die Szenerie in sich aufnehmen.

---

fornia: Hotel El Cid, Camarón Sábalo, Tel. 416 21 43.
Busbahnhof: zentraler Busbahnhof Av. Ejercito Mexicano/Flamingos; stdl. auf der MEX 15 nach Puerto Vallarta, Guadalajara (südl.) und Cuilacán, Los Mochis (nördl.). 1. Klasse Río Tamazula/Ctra. Internacional Norte, Tel. 981 76 25. **Autobus Costera:** häufig an der Küstenstraße zw. Altstadt und Hotelzone.
Taxis: kleine Cabriolets, genannt *pulmonías.*

Von Acapulco nach Süden

Einsame Strände, Kokospalmenhaine und kleine, von Fischern bewohnte Dörfer. Der Tourismus an der Riviera Oaxaqueña konzentriert sich auf einige wenige Zentren und umfasst doch die gesamte Angebotspalette: vom Treff für Rucksackreisende bis zum anspruchsvollen Pazifikresort, von der Hängematten-Pension bis zum Fünf-Sterne-Designerhotel.

Zwischen Acapulco (s. S. 262) und Puerto Escondido liegen sieben Busstunden – eine Fahrt von der Pazifikperle im Bundesstaat Guerrero zum bei Individualreisenden beliebten Badeort in Oaxaca. Dazwischen trifft man auf kleine Dörfer und menschenleere Strände an kristallklarem Meer. Archäologische Stätten aus der präkolumbischen Epoche sowie spanische Prachtbauten der Kolonialzeit sucht man hier jedoch vergebens. Die Straße verläuft meist mehrere Kilometer vom Meer entfernt, Stichstraßen führen zu den Fischerdörfern und Stränden. Gelegentlich sieht man Schilder mit Hinweisen auf Campingplätze am Meer; diese sind meist Ziel US-amerikanischer Wohnwagen. Die hervorragenden Schnorchel-, Tauch- und Angelmöglichkeiten sind die Attraktion dieses Küstenabschnitts schlechthin.

Puerto Escondido   ► 1, J 6/7

In **Puerto Escondido** führt die MEX 200 wieder zur Küste. 400 km südöstlich von Acapulco liegt der ›versteckte Hafen‹, früher ein Hippietreff und Geheimtipp US-amerikanischer Surfer, heute eine Pazifik-Kleinstadt mit beträchtlicher touristischer Infrastruktur. Das ehemalige Fischerdorf ist nicht nur Hotspot für Surfer: Viele Individualreisende wie mexikanische Familien schätzen die weit geschwungene Bucht und ihre zahlreichen günstigen Hotels und Restaurants.

Auf dem Wasser dösen die Surfer auf ihren Brettern und warten auf Wind. Der Strand ist voller rustikaler Cafés und Restaurants, in denen Meeresfrüchte und erfrischende Cocktails serviert werden und Reggae-Rhythmen erklingen. Seitdem Aeromar regelmäßig Flüge

Tipp: Surferparadies Zicatela-Bucht

Es gibt zweifellos schönere Pazifikbäder als Puerto Escondido; wer jedoch vorwiegend am Surfen interessiert ist, findet hier Kennern zufolge die besten Bedingungen entlang der mexikanischen Westküste. Denn nur 1 km südöstlich der Stadt liegt die **Playa Zicatela,** eine Uferpromenade führt vom Ort zu dem 30–40 m breiten Strand, der sich am offenen Meer erstreckt. Von April bis November ist Saison, denn dann erreichen die Wellen Höhen bis zu 5 m.

Im August und November ist Zicatela Schauplatz von internationalen Wettbewerben. Der Ort ist dann das Ziel von Surfern aus Kalifornien und Hawaii, aus Europa und Asien. Die Sportler treffen sich in den Hotels, die sich am Strand aneinander reihen, und in den vielen günstigen Restaurants. Es wird über die besten Boards gefachsimpelt, über coole Moves und über die schönsten Wellen. Auch Zuschauer genießen die freundliche, lebhafte Atmosphäre.

von Mexiko-Stadt anbietet und die Straße nach Acapulco ausgebaut ist, gehört Puerto Escondido zu den beliebtesten Zielen von Rucksacktouristen, US-Surfern und Wochenend-Besuchern aus der Hauptstadt. Das Preisniveau ist gestiegen, doch (im Vergleich mit Acapulco) noch immer recht niedrig.

Das Zentrum der 1928 gegründeten Stadt (55 000 Einw.) bildet die Avenida Pérez Gasga, die sich den palmengesäumten Strand der Bahía Principal entlangzieht. Hier findet man auch die meisten Unterkünfte, ganz in der Nähe aber auch ›Hängematten-Pensionen‹ und Campingplätze. Westlich davon liegen die kleineren und ruhigeren Buchten **Angelito** und **Carrizalillo**, nur 1 km südöstlich die wegen ihrer hohen Wellen bei Surfern beliebte **Zicatela-Bucht.**

Die Umgebung von Puerto Escondido

Ausflüge führen per Boot zur **Lagune Manialtepec,** 24 km westlich, deren Mangroven und Wasserpflanzen Lebensraum für tropische Vögel und Fische bieten.

Etwa 60 km westlich von Puerto Escondido zweigt von der MEX 200 eine Geröllstraße südlich in Richtung Río Grande ab, von wo aus man den Weg nach Zapotalito nimmt. Dort liegen Wassertaxis für die Fahrt zum **Parque Nacional Lagunas de Chacahua** bereit, in dem man man Pelikane, Störche, Reiher, Flamingos, verschiedene Entenarten, Schildkröten, Krokodile und andere seltene Amphibienarten entdeckt. Am Strand haben sich einfache *palapa*-Restaurants etabliert, die Fisch anbieten. Leider hat sich eine Sandbank vor der Lagune gebildet, die das Ökosystem vom offenen Meer abgeschnitten hat.

Eine Route entlang schönster Strände: Fährt man von Puerto Escondido in östlicher Richtung über Puerto Ángel (70 km) nach Huatulco (110 km), führen Stichstraßen zu Pazifikstränden, Ökoresorts und Traveller-Treffs.

Infos

Vorwahl Puerto Escondido: 954
Kiosko Turismo: Av. Alfonso Pérez Gasga (gegenüber Hotel Rocamar), Tel. 582 01 75,

www.puertoescondidoinfo.com, Mo–Sa 9–20 Uhr.

Übernachten

Ruhig im Grünen ▸ **Bungalows Zicatela:** Calle del Morro, Col. Marinero, Playa Zicatela, Tel./Fax 582 07 98, www.bungalowszicatela.com.mx; zwei- bis dreistöckige Anlage um einen Garten mit Pool, Restaurant mit Meerblick, 11 Bungalows (700 Mex$), 32 Zi. (700 Mex$).

Kolonialstil am Meer ▸ **Santa Fé:** Calle del Morro, Playa Zicatela, Tel. 582 01 70, Fax 582 02 60, www.hotelsantafe.com.mx; unter Palmen am Meer gelegenes Patio-Hotel, gepflegt, 2 Pools, Gärten, Restaurant mit Meerblick, ab 95 US-$.

B&B ▸ **Hotel Tabachin:** Calle del Morro, Tel. 582 11 79, www.tabachin.info.com; kleine Pension in Hanglage oberhalb des Strandes, Studio mit Küche ab 75 US-$.

Direkt am Meer ▸ **Rincón del Pacífico:** Av. Pérez Gasga 900, Tel. 582 01 93, Fax 582 25 26, www.rincondelpacifico.com.mx; am Meer, 26 Zimmer (mit AC/Kühlschrank oder günstiger mit Ventilator), Wassersport, Surfer-Treff, ab 800 Mex$.

Für Surfer ▸ **Arcoiris:** Calle del Morro, Playa Zicatela, Tel. 582 04 32, Fax 582 14 94, www.arcoiris.mx; rustikales Haus in einer kleinen Surf-Bucht südöstlich (ca. 1 km Promenade) der Ortschaft. Zimmer mit Terrasse, Angler-, Taucher-, Surfer-Service, ab 63 US-$.

Privates Hostel ▸ **Mayflower:** Andador Libertad, Tel. 582 03 67, Fax 582 04 22, mayflowerhostel@hotmail.com; 15 Betten in 3 Zimmern und 12 DZ (auch mit Bad), 500 m von der Busstation, ab 150 Mex$.

Einfache *cabañas,* **Hängematten und Camping:** sowohl im Ort (Av. Pérez Gasga) als auch am Strand Carrizalillo.

Essen & Trinken

(Fisch-)Restaurants: im Zentrum (Playa Principal) an der Av. Pérez Gasga.

Romantik unter Palmen ▸ **Pascale:** Andador Gloria, Playa Principal, Tel. 582 10 93, www.pascale.mx, Di–So 18–23 Uhr; im tropischen Garten werden Meeresfrüchte serviert (ab 200 Mex$).

Von Acapulco nach Süden

Aktiv

Sprachkurs ▶ Instituto de Lenguajes Puerto Escondido: Ctra. Costera (gegenüber Cruz Azul oberhalb Playa Zicatela), www.puertoschool.com; neben Sprachkursen werden Surfunterricht (30 US-$/Std.), Surfborde (10 US-$/Tag), Touren in die umgebenden Lagunen (65 US-$) und Bergklettertouren (120 US-$) angeboten.

Verkehr

Flughafen: 8 km nördlich der Stadt, Tel. 582 04 91, Minibusse vorhanden. Flugverbindung von und nach Mexiko-Stadt tgl. mit **Aeromar** (Tel. 582 09 77).

Busverbindung: tgl. nach Guatemala, Acapulco, Oaxaca und San Cristóbal. Bahnhof: Norte 1/Poniente 1, Tel. 582 00 50, weitere Busstationen an der Av. Hidalgo y Costilla.

Wassertaxis: zu entfernten Stränden (z. B. Carrizalillo), Ablegestelle: *embarcadero.*

Puerto Ángel ▶ 1, K 7

Deutlich ruhiger und provinzieller als Puerto Escondido ist das 70 km östlich an einer von Felsen umgebenen Bucht gelegene Dorf **Puerto Ángel,** dessen Bewohner von der Fischerei, dem Anbau von Kokospalmen und Kaffee und heute vom Tourismus leben. ›Entdeckt‹ haben den kleinen Badeort Yippies und Backpacker; inzwischen ist das Preisniveau gestiegen, aber dennoch hat Puerto Ángel viel von seiner Ursprünglichkeit bewahrt. Wahrzeichen der Ortschaft ist seit Langem das Hotel Ángel del Mar, gleich am Ortsrand auf einer Klippe über dem Meer. Das Leben spielt sich am **Boulevard Virgilia Uribe** ab, der sich am Strand entlangzieht. Pensionen und Restaurants liegen am Wasser, viele einfache Unterkünfte haben sich am Hang etabliert, der sich von der Straße in die Höhe zieht.

Die Umgebung von Puerto Ángel

Als ›alternative‹ Geheimtipps haben sich **Zipolite** und **Mazunte** etabliert: zwei in der Nähe liegende Pazifikorte, wo man in rusti-

kalen *cabañas* unter Palmen am Strand überwintert und die *palapas,* mit Palmfächern gedeckte, offene Restaurants, schätzt. Diese werden von einigen Fischern versorgt.

Das Publikum im 4 km von Puerto Ángel entfernten, aber etwas abgelegenen Strand Zipolite besteht überwiegend aus jüngeren Langzeiturlaubern, dazu kommt eine Gruppe von Althippies. Hängematten bestimmen das Bild. Die Wellen des Meeres rollen mächtig heran, einige Surfer versuchen ihr Glück. Schwimmen ist jedoch wegen gefährlicher Unterströmungen kaum möglich.

Infos

Vorwahl Puerto Ángel: 958
Kiosko Turístico: am Beginn des Blvd. Uribe, Mo–Sa 9–13, 15–18 Uhr; www.puerto angel.de

Übernachten

Zum Weitersagen ▶ Hotel Bahia de la Luna: Tel. 589 50 20, www.bahiadelaluna. com; Bungalowanlage direkt am La Boquilla Beach, elf sehr liebevoll eingerichtete Cabañas mit viel Komfort, ab 1100 Mex$.

Beste Adresse am Strand ▶ Cabañas Alta Mira: Mazunte, Tel. 584 31 04, altamira@labue navista.com; komfortable Bungalow-Anlage mit Ausblick über die Bucht, DZ ab 500 Mex$.

Cabañas mit Hängematten ▶ Posada Castillo Oasis: Zipolite, Fax 584 30 70, www. costachica.net/castillooasis; rustikale Hütten am Beginn der Playa del Amor, 50 m zum Strand, man spricht Deutsch und Englisch, 4 Zimmer, ab 280 Mex$.

Geräumig ▶ Cordelia's: Playa Panteón, Puerto Ángel, Tel./Fax 584 30 21, www.hotel cordelias.com; große, einfache Zimmer mit Meerblick, Restaurant mit regionalen Köstlichkeiten, ab 500 Mex$.

Perfekter Meerblick ▶ Posada del Arquitecto: Mazunte, Tel. 583 89 82, www.posada delarquitecto.com; auf dem Gipfel eines Hügels schläft man in Hängematten unter Strohdächern, Schlafplatz ab 400 Mex$.

Essen & Trinken

Pasta & Ceviche ▶ Villa Florencia: Blvd. Uribe, Puerto Ángel, Tel. 584 30 44, tgl. 8–

Tipp: Ökoresort Mazunte

Ein paar unbeschwerte und naturnahe Tage am Pazifikstrand verbringt man im Ökoresort von **Mazunte** (▶ 1, K 7). Man genießt die wohltuende Ruhe unter Palmen in der Hängematte und schaut auf das Meer. 12 km westlich von Puerto Ángel liegt das Fischerdorf, das mit Hilfe der Tourismusbehörde des Staates Oaxaca behutsam zu einem Touristenort ausgebaut wird.

Das Centro Mexicano de la Tortuga in der Calle Principal (www.tomzap.com/turtle.html, Di–Sa 10–16.30, So 10–14.30 Uhr), das ehemalige ›Schildkrötenschlachthaus‹ am Ortseingang, ist heute ein Museum mit La-

boratorium und Aquarium. Früher war der Ort eine Todesfalle für Meeresschildkröten, die hier professionell gefangen wurden. Heute hat sich die Einstellung gewandelt, und in dem von der Bevölkerung zur Naturschutzzone ernannten Gebiet findet man tropische Vegetation, Wald und Sümpfe mit Wasservögeln, Krokodilen und Schildkröten sowie ein Korallenriff, in dem sich tropische Fische tummeln. Gerade die *tortugas* sind es gewesen, die schon in der Vergangenheit Eingeweihte anzogen haben, ließen sie sich doch in Vollmondnächten bei der Eiablage beobachten.

---

23 Uhr; Hotelrestaurant in Zentrumsnähe mit vorzüglicher italienischer Küche, Menü 90 Mex$.

Großartiges Ambiente ▶ **Beto's:** Ctra. a Zipolite, Tel. 584 30 11, tgl. 16–23 Uhr; Familienbetrieb mit regionalen Spezialitäten, die auf einer Dachterrasse mit Meerblick serviert werden, ab 45 Mex$.

Bob-Marley-Musik inclusive ▶ **La Choza:** Roca Blanca, Zipolite, Tel. 584 31 90, tgl. 11–24 Uhr; Strandrestaurant mit Fischspezialitäten, preiswert und gut, gegrillter Roter Schnapper 60 Mex$.

Am Strand ▶ **Cordelia's:** s. o., tgl. 7–22 Uhr; Hotelrestaurant, auch Tische am Strand, einfache, schmackhafte Gerichte, Spezialität: Fischgerichte, ab 40 Mex$.

Aktiv

Tauchen ▶ **Azul Profundo:** Playa Panteón, Tel. 584 31 09, azul_profundomx@hotmail.com; geführte Tauchgänge (auch deutschsprachig, 400 Mex$/Flasche) inkl. Ausrüstung und Bootsanfahrt sowie Angeltouren (6–9.30 Uhr, 400 Mex$/Boot bis 5 Personen).

Verkehr

Busse: Puerto Ángel liegt 9 km abseits der MEX 200, regelmäßig Minibusse nach Pochutla (13 km), von dort stdl. 1.-Klasse-Busse auf der MEX 200 nach Südosten und Nord-

westen; regelmäßiger Busverkehr nach Zipolite (4 km), nach Mazunte (12 km) nur unregelmäßig lokale Minibusse.

Bahías de Huatulco ▶ 1, K 7

Rund 40 km östlich von Pochutla und der Abzweigung nach Puerto Ángel entstand eines der Großprojekte der staatlichen Entwicklungsbehörde für Tourismus: Neun kleine und mittelgroße Buchten an einer 34 km langen Küste sollen bis 2018 mit zahlreichen Luxus-Hotelanlagen ausgestattet werden. **Huatulco** (4000 Einw.) mit seinen 34 Stränden – einer schöner als der andere – soll dann jährlich 2 Mio. Besucher beherbergen und einen Großteil der Einnahmen des Bundesstaates Oaxaca erwirtschaften. Schon jetzt werden die Bahías de Huatulco mit dem Flugzeug direkt aus Mexiko-Stadt angeflogen: exklusive Hotels, ein Jachthafen und ein Golfplatz warten hier bereits auf anspruchsvolle Reisende.

Schneeweißer Strand, kristallklares Wasser, subtropisches Klima und Vegetation – der Stoff, aus dem Urlaubsträume gewebt sind. Glücklicherweise ist der überwiegende Teil des Küstenabschnitts als **Naturschutzgebiet** ausgewiesen. Mehrere der Buchten sind nur per Boot erreichbar. Auch an die architektonische Gestaltung der zu errichtenden Bau-

Von Acapulco nach Süden

werke werden strenge Maßstäbe angelegt. Klotzige Betonhotels sind tabu, bevorzugt wird der ›Oaxaca-Stil‹: zwei- bis dreistöckige Hotels in mexikanischer Bauweise, nicht höher als die umgebenden Palmen, mit roten Ziegeldächern. Selbst die Straßenränder werden bepflanzt.

Die **Bahía de Santa Cruz** mit mehreren Stränden (besonders reizvoll: La Entrega) ist Treffpunkt der Taucher, die hier in mehreren Unterwasser-Gärten schwimmen können. Ein 200 m langes und 40 m breites Korallenriff vor dem Strand mit fast 800 Tier- und Pflanzenarten gilt als weitere Attraktion.

Wo die Spanier nach der Eroberung des Landes einen Hafen betrieben, der schon 1560 von Acapulco abgelöst wurde, befindet sich heute das Dorf **Santa Cruz** (1000 Einw.), eine Neuschöpfung aus dem Jahre 1980 mit großem Jachthafen und mehreren Hotels. An der schattigen Plaza liegen eine Reihe von Geschäften und Restaurants.

In der spektakulären **Bahía de Tangolunda** – der zweitgrößten und touristisch am besten erschlossenen Bucht – wurden ein 18-Loch-Golfplatz und das Einkaufszentrum Punta Tangolunda Mall geschaffen. Direkt am Strand liegen das Sheraton und der Club Med, und weitere Hotels kleben wie Vogelnester an den grünen Hängen; von allen hat man eine herrliche Aussicht auf die mal grün, mal blau schimmernde Bucht.

In der als Naturschutzgebiet ausgewiesenen **Bahía de Chachacual,** die fast die Form eines Herzens besitzt, reicht die tropische Vegetation bis an den Strand. Ausgedehnte Mangroven und viele tropische Pflanzen ziehen besonders Naturinteressierte an, die per Bootsausflug aus ihren Hotelbuchten anreisen. Auch Liebhaber der Einsamkeit lassen sich hier für einen halben Tag absetzen.

Die **Bahía de Conejos** zieht Taucher und Hochseeangler gleichermaßen an. Die kleinen Zwillingsbuchten **Bahía El Órgano** und **Bahía Maguey** haben sich mit ihren sanften Wellen als Wassersport-Paradies entpuppt.

Bahía San Agustín bei Huatulco

Hängematten

Bei jeder Fahrt über Land sieht man, welch bedeutende Rolle Hängematten im Alltag mexikanischer Dorfbewohner spielen. Für die alltägliche Siesta werden sie zwischen zwei Bäume gespannt; des Nachts hängen sie im größten Raum der Hütte, dicht nebeneinander, damit alle Familienmitglieder Platz haben.

Der deutsche Name der ›hängenden Matte‹ ist das Ergebnis sich im Laufe von Jahrhunderten verändernder Wortschöpfungen: Briten: *hammock,* Franzosen: *harmac,* Niederländer: *hangmat.* Die indigenen Einwohner Amerikas nannten ihre Erfindungen *amacka,* dies übernahmen die Spanier als *hamaca.* So nennt man sie auch in Mexiko.

Angeboten werden heute *hamacas* aus unterschiedlichen Materialien, in unterschiedlicher Knüpfweise und in unterschiedlicher Breite. Worauf muss man beim Kauf achten?

Baumwolle (*algodón*) ist schwerer und hält Feuchtigkeit länger, falls man die Hängematte wäscht oder vom Regen überrascht wurde, aber sie ist umweltpolitisch korrekt. Nylon ist leichter, pflegeleichter, langlebiger, kann aber zu Allergien führen. Sisal (*henequén*), jahrhundertelang das bevorzugte Material, gibt es so gut wie nicht mehr.

Je mehr Maschen eine Matte hat, d. h. je enger und fester die Knoten mit dünnem Garn geknüpft wurden, desto besser und teurer ist sie. Wenn das Knüpfmuster zudem noch sehr regelmäßig ist, liegen Sie richtig.

Die Breite hängt von der Anzahl der *brazos* ab, jener Fäden, die parallel über die gesamte Länge der Matte laufen. Eine einfache Matte beginnt bei 50 *brazos* und heißt *sencillo.* Die sehr breiten mit etwa 150 *brazos* heißen *matrimonial.* Oft werden auch Matten angeboten, bei denen die *brazos* an ihren beiden Enden in runde Hölzer gespannt sind oder an

deren Längsseiten angesetzte Verzierungen herabhängen. Das ist touristischer Schnickschnack und keineswegs original mexikanisch.

In der *hamaca* kann der Mensch zu sich selbst finden. Die sanften Schwingungen bringen ihm jenes persönliche Gleichgewicht wieder, das er seit der Zeit im Mutterschoß nicht mehr erfahren konnte. Die verspannte Psyche pendelt sich in gleichmäßigem Schaukeln ein. Die Magie des Wiegeeffekts verleitet zu sanften Träumen, der verspannte Rücken schmiegt sich der Hängemattenkurve an und wird locker. Der Stress baut sich ab, Konflikte verlieren im sanften Schaukeln nach rechts und links ihre zentristische Härte, es tut Körper und Seele einfach gut, total durchzuhängen.

Hätte Freud seine Patienten statt auf die Couch lieber in die Hängematte gebeten, er hätte vermutlich andere theoretische Zusammenhänge über das Ich, das Über-Ich und das Es der Nachwelt hinterlassen. Will man die wohltuenden Effekte der Matte steigern, muss man seine persönliche Schwingfrequenz herausfinden und den der individuell bevorzugten Ruheposition angemessenen Straffungsparameter ermitteln.

Und zum Schluss noch die Frage: Kann man sich in der Hängematte auch lieben? Probieren Sie es aus! Mexikanische Dichter beschreiben die Liebe im Netz als das Glück schlechthin.

Tipp: Ökologie und Luxus

An den **Buchten von Huatulco,** tief im Süden Mexikos, entstand eine neue internationale Touristendestination, die Naturerleben ebenso bietet wie einen Golfplatz, fantastische Strände und jede Menge Ruhe. Im **Hotel Quinta Real** fühlt man sich wie in der eigenen privaten Villa. Die großzügig im mexikanischen Ethno-Stil gestalteten Chalets liegen hoch dem Pazifik. Auf der eigenen Terrasse sitzt man bei einem Sundowner, hört dem Rauschen des Meeres zu und sieht die Sonne untergehen (s. unten).

An der Maguey-Bucht befindet sich am 400 m langen Strand ein Restaurant im Palapa-Stil. Die **Bahía de San Agustín,** am weitesten von La Crucecita entfernt, lockt Taucher und Angler. An ihrem Strand liegen zahlreiche einfache Fischrestaurants.

Infos

Vorwahl Huatulco: 958
Oficina de Turismo: Paseo Benito Juárez, Bahía de Tangolunda, Tel. 581 01 76,www. huatulco.com.mx, tgl. 8–18 Uhr.

Übernachten

Ein großer Teil der Hotels sind sogenannte **Resorts,** bei denen Halb- oder Vollpension eingeschlossen ist.

Villen im Ethno-Stil ▸ Quinta Real: Av. Benito Juárez, Lote 2, Bahía de Tangolunda, Tel. 581 04 30, Fax 581 04 29, www.quintareal. com, s. S. 291; 28 Luxussuiten mit Meerblick auf einem Hügel über der Bucht, viele Stufen zum Strand, ab 2700 Mex$.

Für Familien ▸ Dreams Resort: Bahía de Tangolunda, Blvd. B. Juárez 4, Tel. 583 04 00, Fax 581 02 20, www.dreamsresorts.com.mx; All-inclusive-Resort am Strand mit Balkonzimmern zum Meer, 290 Zimmer, ab 1200 Mex$/Pers.

Strandnähe ▸ Posada Chahué: Mixie/Ecke Mixteco, Bahía de Chahué, Tel. 710 78 89, 01800 710 78 89, www.bwhuatulco.com; kleines Haus mit 20 Balkonzimmern, offenes Restaurant, 5 Min. Fußweg zum Strand, mit 2 Pools (Erw. u. Kinder), ab 70 US-$.

Pool im modernen Patio ▸ Marlin: Paseo Mitla 107, Bahía de Santa Cruz, Tel. 587 00 55, 712 58 24, Fax 587 05 46; 28 Balkonzimmer im Kolonialstil mit jeweils 2 Doppelbetten und Restaurant, viele junge Gäste, Disco Acqua im Hause, ab 1000 Mex$.

México lindo ▸ Posada Flamboyant: Calle Gardenias 508/Tamarindo, La Crucecita, Tel. 587 01 13, Fax 587 01 21; Haus im Kolonialstil an der Plaza, Garten, Transport zum Strand, 96 Zimmer, ab 900 Mex$.

Essen & Trinken

Echter Italiener ▸ Il Giardino del Papa: Flamboyant 204, La Crucecita, Tel. 587 17 63, tgl. 12–24 Uhr; italienische Küche, Spezialität sind Pasta und Meeresfrüchte, ab 95 Mex$.

Im Zentrum ▸ Los Portales: Bugambilia 603, Plaza Principal, La Crucecita, Tel. 587 00 70, www.losportaleshuatulco.com, tgl. 8–23 Uhr; mexikanische Küche, reichhaltige Frühstückskarte, Gerichte ab 60 Mex$.

Einkaufen

Shoppingmall ▸ Centro Comercial Punta Tangolunda: großer Einkaufskomplex im US-Stil.

Aktiv

Wassersport ▸ Copalita River Tours: Gardenia 1301, La Crucecita, Hotel Posada Michelle, Tel./Fax 587 05 35; Touren mit Kayak und Schlauchboot in die neun Buchten, auch River Rafting auf dem Río Copalita (90 US-$/Per.).

Verkehr

Flughafen: 20 km nördlich von Santa Cruz an der MEX 200, tgl. Flüge nach Mexiko-Stadt und Oaxaca; Taxi nach Santa Cruz 20 US-$.
Aeroméxico: Flughafen, Tel. 581 91 26, tgl. 9.30–18.30 Uhr.

Busse: Cristóbal Colón, La Crucecita, Gardenas/Ocotillo, Tel. 587 02 61, 3 x tgl. nach Oaxaca und Salina Cruz, 4 x tgl. nach Acapulco.

Marimba-Musiker vor dem Rathaus in Veracruz

Kapitel 6

Von Mexiko-Stadt zum Atlantik

Wer vom mexikanischen Hochland und Mexiko-Stadt hinunterfährt nach Veracruz, an die feucht-schwüle Küste des Golfs von Mexiko, lernt nicht nur landschaftliche Vielfalt und unterschiedliche Klimazonen kennen, sondern bewegt sich auch auf einer historischen Route. Denn der spanische Eroberer Hernán Cortés landete vor fast 500 Jahren in der Nähe von Veracruz und begann von dort aus seinen Eroberungsfeldzug bis hinauf ins damalige Tenochtitlán, dem heutigen Mexiko-Stadt.

Veracruz, der grüne Bundesstaat an der Atlantikküste, gehört zu den weniger besuchten Touristenzielen des Landes. Andere Regionen haben schönere Strände, höhere Pyramiden und bekanntere Kolonialstädte aufzuweisen. Aber mexikoerfahrene Reisende schätzen die Region zwischen Mexiko-Stadt und Atlantik, weil sie nicht überlaufen ist und zudem landschaftliche und kulturelle Attraktionen bietet, die man in Mexiko kein weiteres Mal findet: Vier erloschene Vulkane, von denen drei sogar Höhen über 5000 m erreichen, passiert man auf dem Weg zur Atlantikküste. Auch liegt die bedeutende Kolonialstadt Puebla an dieser Route, im nahen Cholula erhebt sich die größte Pyramide Mexikos, und das tro-

pisch grüne El Tajín besitzt die interessanteste Pyramide der Ostküste.

In Veracruz, das einst Anlaufhafen für spanische Eroberer wie für Piraten und afrikanische Sklavenschiffe war, brodelt das Leben. Der Besucher fühlt sich an die Karibik erinnert. Die feurige Lebenslust der Menschen in dieser feucht-heißen Region macht auch vor dem Essen nicht Halt. Am frühen Vormittag irgendwo in der Stadt eine scharfe, mit Limonen gewürzte Garnelen- oder Fischsuppe zu sich zu nehmen, ist durchaus üblich. Marimba-Musik und Salsa-Rhythmen gehören in der Hafenstadt zum Leben. Der bunteste und ausgelassenste Karneval zwischen Rio de Janeiro und Trinidad wird hier gefeiert.

Von Mexiko-Stadt zum Atlantik

Sehenswert

Puebla: Eine der schönsten Büchersammlungen Mexikos erwartet den Besucher hier in der Bibliotheca Palafoxiana (s. S. 303).

Cholula: Mit der Pyramide von Tepanapa steht in Cholula ein Monument, dessen umbautes Volumen sogar das der Cheops-Pyramide übertrifft (s. S. 308).

7 **El Tajín:** Der große Tajín, die 25 m hohe ›Piramide de los Nichos‹ mit ihren 364 Nischen ist die bedeutendste Pyramide an der Ostküste von Mexiko (s. S. 317).

Schöne Routen

Spaziergang rund um den Zócalo in Puebla: Das Zentrum der Stadt ist der von Arkaden umsäumte Zócalo. Hier stehen die großen historischen Bauwerke, allen voran die 1575 erbaute Kathedrales (s. S. 302).

Von Orizaba nach Córdoba: Auf halber Strecke zwischen Puebla und der Atlantikküste liegt nördlich der Landstraße zwischen den Städten Orizaba und Córdoba der höchste Berg Mexikos, der 5700 m hohe Pico de Orizaba. Auf der kurvenreichen Strecke verliert man seinen Schnee bedeckten Gipfel nie aus den Augen (s. S. 310).

Golf von México

Poza Rica

El Tajín `7`

aktiv River Rafting – ein wahres Abenteuer

Die fliegenden Menschen von Papantla

Mexiko-Stadt

Vol. La Malinche
4461 m

Xalapa

P. de Orizaba
5700 m

Veracru

Vol. Ixtaccíhuatl
5286 m

Cholula

Córdoba

Talavera-Kacheln

Puebla

Orizaba

**Von Orizaba
nach Córdoba**

Vol. Popocatépetl
5465 m

**Spaziergang rund um
den Zócalo in Puebla**

Unsere Tipps

Talavera-Kacheln in Puebla: Echtes Talavera erkennt man an den erdigen und kräftigen Mineralfarben, den maurisch inspirierten und kunstvoll verspielten Mustern sowie an der soliden Verarbeitung. In Puebla kann man einige Produktionsbetriebe besichtigen und danach Kacheln günstig erwerben (s. S. 307).

Die fliegenden Menschen von Papantla:
Die beeindruckende Vorführung der *Voladores* bekommt man in mehreren Orten und Touristenzentren Mexikos zu sehen. Doch zwischen Veracruz und Tajín liegt die Heimat ›derer, die fliegen‹ (s. S. 318).

aktiv unterwegs

River Rafting – ein wahres Abenteuer: Der neueste Trend ist ein Ritt mit dem Schlauchboot auf wild schäumenden Flüssen. In Veracruz und Xalapa haben sich Zentren für dieses abenteuerliche Outdoor-Vergnügen etabliert (s. S. 306).

Puebla ▶ 1, H 4

Puebla, mit ca. 2,5 Mio. Einwohnern eine der größten Städte Mexikos, präsentiert sich mit dem Volkswagenwerk nicht nur als wichtige Industriestadt, sondern auch als Agrarzentrum inmitten einer fruchtbaren Umgebung. Die Stadt liegt in 2162 m Höhe an der Verbindungsstraße von Mexiko-Stadt (130 km) nach Veracruz in einer Talebene, die von vier erloschenen, meist schneebedeckten Vulkanen flankiert wird.

Die Wahrzeichen des Hochlandes, Popocatépetl (5426 m) und Ixtaccíhuatl (5286 m), erheben sich im Westen. In unmittelbarer Nähe im Norden liegt der Vulkan La Malinche (4461 m) und – in etwas weiterer Entfernung – im Osten erhebt sich der Pico de Orizaba, dessen präkolumbischer Name Citlaltépetl war, was in der Übersetzung so viel wie ›Berg der Sterne‹ bedeutet. Er ist mit 5700 m der höchste Berg Mexikos.

1531 errichteten spanische Franziskaner auf halber Strecke zwischen Veracruz und Mexiko-Stadt einen Versorgungsposten. Der Legende nach sollen Engel dem damaligen Bischof diesen Ort gewiesen haben, wonach er zunächst Ciudad de los Ángeles genannt wurde. Die Siedlung dehnte sich schnell aus und besaß 1537 schon eine Universität; bald avancierte die Ortschaft zur zweitgrößten Stadt Mexikos. Im 17. Jh. besaß sie bereits 60 Kirchen und mehr als 20 Klöster. In Puebla fanden auch militärische Auseinandersetzungen statt: Am 5. Mai 1862 besiegte der mexikanische General Ignacio Zaragoza mit einer kleinen Armee ein zahlenmäßig überlegenes französisches Heer. Heute ist dies ein Nationalfeiertag, außerdem gibt es in jeder mexikanischen Stadt zur Erinnerung an dieses Ereignis eine Straße mit dem Namen Cinco de Mayo (5. Mai). Allerdings kehrten die Franzosen ein Jahr später zurück und eroberten die Stadt. Erst 1867 konnten mexikanische Truppen unter der Führung des Generals Porfirio Díaz die Franzosen vor Puebla endgültig besiegen.

Die Stadt Puebla präsentiert sich prächtig und farbig mit ca. 2600 (!) bedeutenden Bauwerken kolonialer Architektur; die Innenstadt steht unter Denkmalschutz und wurde 1987 UNESCO-Weltkulturerbe. Überall an Häusern, Kirchen sowie öffentlichen Gebäuden trifft man auf bunte Fassaden mit Kacheln, wie sie auch im spanischen Talavera produziert wurden. Diese handbemalten Fliesen machten Puebla in den vergangenen Jahrhunderten reich. Heute gibt es in der Stadt viele Produktionsbetriebe, darunter auch ein großes VW-Werk.

Südlich des Zócalo

Cityplan: S. 304

Zentrum der Stadt ist der von schattigen Arkadengängen gesäumte **Zócalo**. Die Mitte des Platzes ziert der San-Miguel-Brunnen mit vier wasserspeienden Engeln. Mit dem Bau der **Kathedrale** 1 an der Südseite wurde 1575 begonnen. Sie gehört neben den Kathedralen von Mexiko-Stadt und Mérida zu den ausdrucksvollsten Beispielen des mexikanischen Barocks und birgt in ihrem Inneren mit Blattgold verzierte Altäre, Marmorfußböden, Pfeiler aus Onyx, kostbare Marmorstatuen und prächtige Kassettentäfelungen an den Portalen (Mo–Sa 9–18, So 15–18 Uhr).

Die **Casa de la Cultura** 2 liegt direkt hinter der Kathedrale. Das in einem großen Stadthaus eingerichtete Kulturzentrum, einst bischöfliches Palais, bietet Raum für Ausstellungen und kulturelle Aktivitäten aller Art. Im Hause befindet sich die **Biblioteca Palafoxiana,** eine der ältesten und prächtigsten Bibliotheken Iberoamerikas. Sie ist nach Bischof Don Juan de Palafox y Mendoza benannt, der sie 1646 der Stadt stiftete. Teile ihrer heutigen Inneneinrichtung, besonders die Regale und Bücherschränke, wurden 1773 von Bischof Francisco Fuero ergänzt. Mit über 50 000 bibliophilen Ausgaben, alten Karten, antiken Globen und Lesetischen im Rokokoambiente dient sie heute als Bibliotheksmuseum (Di–Fr 10–17, Sa/So 10–16 Uhr, Eintritt 22 Mex$).

In der Nähe des Zócalo liegt die **Casa del Deán** 3, im späten 16. Jh. das Wohnhaus des Dekans Tomás de la Plaza. Sehenswert sind die freigelegten Renaissancefresken, mit denen der Hausherr seinen Salon schmücken ließ. Dargestellt werden Szenen aus den Gedichten Petrarcas, die der Papst seinerzeit als häretisch verurteilte (Calle 16 de Septiembre/Av. 7 Poniente, Di–So 10–18 Uhr, Eintritt 31 Mex$).

Vom Museo Bello zum Park Centro Cívico 5 de Mayo

Das **Museo Bello** 4, benannt nach José Louis Bello y Zentina, ist das original eingerichtete Wohnhaus der Bürgerfamilie Bello mit ihrer privaten Kunstsammlung sowie echtem Mobiliar, Kristall, Silber und Porzellan des mexikanischen Barocks. Zudem haben die Bellos die schönsten **Talavera-Kacheln** aus vier Jahrhunderten zusammengetragen. Das gelbe Haus mit seiner überschwänglichen Einrichtung und seiner Kunstgalerie ist ein Musterstück des mexikanischen Poblano-Stils (Av. 5 de Mayo 409, www.museobello.org, Di–So 10–16 Uhr, Eintritt 22 Mex$).

Ein schönes Beispiel für den Puebla eigenen Zuckerbäckerstil ist die **Casa de Muñecas** 5, das ›Puppenhaus‹ in der Calle 2 Norte/Av. Camacho am Zócalo, ebenso die

Barocke Pracht: Iglesia de Santo Domingo in Puebla

3

20 Poniente   20 Oriente

12

5

18 Poniente   18 Oriente

11

16 Oriente

14 Poniente   3 Norte   14 Oriente

10   2 Norte   4 Norte

5 Norte   12 Oriente

10 Poniente   10 Oriente

Autobuses Unidos

8 Oriente   San Franc

Mercado Victoria

8

5 de Mayo

6 Poniente   6 Oriente   **2**   **7**

9 ✝   **M̂** **6**   6 Norte   8 Norte

Templo de Belém   4 Oriente   **Mercado Parian**

Capilla de la Concepción   **Palacio Municipal**   **3**   **1**

4   2 Poniente   2 Oriente

La Compañía

5   **5**   **Universidad**

4   Av. Reforma   Av. Juan de Palafox y Mendoza

Autobuses Estrella Roja   **M̂** **4**   **Zócalo**   2 Sur   3 Oriente

3 Poniente   3 Oriente

2   ✝ **1**   5 Oriente

5 Poniente   3 Sur

Casa de Las Cigüeñas   **3**   **2**

1   ℹ️   7 Poniente   7 Oriente   **2**

6   **13**   **2**   **1**   **2**   0   100   20

Iglesia de la Guadalupe

304

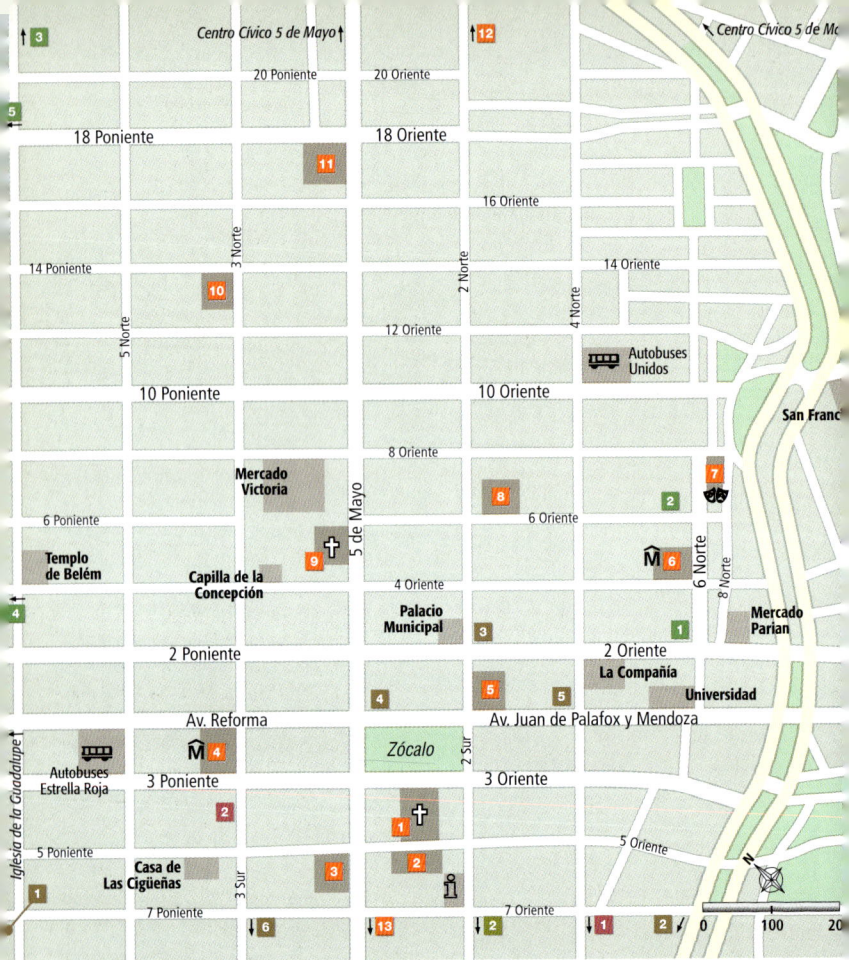

Casa Alfeñique **6**. Hier ist das Museum des Staates Puebla untergebracht. Das ›Mandelkuchenhaus‹ aus dem 18. Jh. hat eine ausdrucksvolle Fassade aus rotbraunen Ziegeln, weißblauen Fliesen und weißen Stuckverzierungen. Im ersten Stock werden präkolumbische Fundstücke – Keramik, Waffen, Gemälde, Möbel und Kostüme – ausgestellt, im zweiten Stock zeigt man die originale Einrichtung des Hauses (Av. 4 Oriente 418/Calle 6 Norte, Di–So 10–17 Uhr, Eintritt 22 Mex$).

Das **Teatro Principal** **7** nordöstlich des Stadtzentrums an der Ecke Calle 6 Norte/ Av. 8 Oriente in der Nähe des Parian-Marktes ist eines der ältesten Schauspielhäuser Ame-

rikas. Es wurde von 1756 bis 1769 erbaut und 1962 vollkommen restauriert. Eingangsfassade, Foyer und Vorplatz sind beeindruckende Beispiele kolonialer Architektur (Di–So 10–16.30 Uhr).

In der **Casa de los Hermanos Serdán** **8** ist das regionale Revolutionsmuseum untergebracht. In diesem Haus wohnte die Serdán-Familie, die wegen ihrer aktiven Teilnahme an der Revolution verehrt wird. Viele Erinnerungsstücke, Bilder und Fotos aus der Zeit von 1910–17 (Av. 6 Oriente/Calle 2 Norte, Di–So 10–17 Uhr, Eintritt 22 Mex$).

Die **Santo-Domingo-Kirche** **9**, 1569 zwei Straßen nördlich des Zócalo (Calle 5 de

Puebla

Sehenswert

1 Kathedrale
2 Casa de la Cultura mit Biblioteca Palafoxiana
3 Casa del Deán
4 Museo Bello
5 Casa de Muñecas
6 Casa Alfeñique
7 Teatro Principal
8 Casa de los Hermanos Serdán
9 Iglesia de Santo Domingo
10 Casa de las Artesanías
11 Convento Santa Mónica
12 Centro Cívico 5 de Mayo
13 Museo Amparo

Übernachten

1 Camino Real
2 Mesón Sacristía de Capuchinas
3 Posada San Pedro
4 Royalty
5 Colonial
6 Popocatépetl Hostel

Essen & Trinken

1 La Conjura
2 Fondo de Santa Clara

Einkaufen

1 Parian Market
2 Barrio del Artista

3 Casa Aguilar
4 Casa Uriarte
5 Casa Rugireo

Aktiv

1 Africam Safari
2 Ecotours Puebla

Mayo/zwischen Av. 4 und 6 Poniente) errichtet und 1611 eingeweiht, beherbergt die bekannte Capilla del Rosario. Die Innenwände der 1690 eingeweihten Kapelle sind mit einem Mosaik aus blauen und gelben Kacheln verziert, mit Blattgold und gedrehten Säulen. Im Zentrum unter der Kuppel steht eine Madonnenfigur mit einem Christuskind, beide mit Perlen und Juwelen besetzt.

Die **Casa de las Artesanías** 10 und die sogenannte **Santa-Rosa-Küche** bildeten ursprünglich das gleichnamige Kloster, das 1857 von Benito Juárez geschlossen wurde. Heute befindet sich hier ein Kunstmarkt. Die restaurierte Küche gehört zu einem Keramikmuseum mit Ausstellungsstücken aus dem 16. und 17. Jh. (Av. 12 Poniente/Calle 3 Norte, Di–So 10–17 Uhr, Eintritt frei).

Der ehemalige **Convento Santa Mónica** 11 wurde trotz der landesweiten Aufhebung aller Klöster im Jahre 1857 noch bis 1934 von den Augustinerinnen heimlich weitergeführt. Heute beherbergt er ein Museum für religiöse Kunst, in das man durch ein Wohnhaus und einen anschließenden ›Geheimeingang‹ gelangt (Av. 18 Poniente/Calle 5 de Mayo, Di–So 10–17 Uhr, Eintritt 41 Mex$, So frei).

Auf dem heutigen Parkgelände **Centro Cívico 5 de Mayo** 12 im Nordosten der Stadt fand am 5. Mai 1862 die Schlacht gegen die Franzosen statt. Hier liegen auch die heiß umkämpften Festungen Fuerte de Loreto und Fuerte de Guadalupe. Heute ist das Loreto-Fort ein Museum, in dem diese Schlacht dokumentiert wird (Di–So 9–17 Uhr, Eintritt frei).

Das **Museo Amparo** 13 (Ecke Calle 2, Sur und Calle 9 Poniente) bietet über 2000 Ausstellungsstücke zur Geschichte Mexikos, deren Bedeutung man mit Hilfe direkt platzierter Displays erfahren kann (Di–So 10–18 Uhr, Eintritt 36 Mex$).

Infos

Vorwahl Puebla: 222
Secretaria de Turismo (Staat): 5 Oriente 3, Historisches Zentrum, Tel. 777 150 00, www.sectur.pue.gov.mx.
Oficina de Turismo (Stadt): Casa de la Cultura, Av. 5 Oriente 3, Tel. 246 20 44, Fax 242 31 61, www.puebla.com.mx, Mo–Sa 8–18 Uhr.

Übernachten

Königliche Bleibe ▶ **Camino Real Puebla** 1 : 7 Poniente 105, Tel. 303 18 00, Fax 303 18 03, www.caminoreal.com/puebla; ehemaliges Kloster mit diversen Patios, koloniale Möbel und Dekoration, 84 Zimmer und Suiten, ab 1800 Mex$.

Boutique-Hotel ▶ **Mesón Sacristía de Capuchinas** 2 : 6 Sur 304, Antigua Calle de Ca-

aktiv unterwegs

River Rafting – ein wahres Abenteuer

Tour-Infos

Start: Tlapacoyan (zw. Puebla und Nautla), von hier 4 km zum Rio Filobobos
Länge: 12 km
Dauer: ein halber Tag od. mehrere Tage
Wichtige Hinweise: Erfahrener Veranstalter von Wildwasser-Rafting ist **Aventurec:** Río Filobobos, 4 km von Tlapacoyan, 45 km von Nautla; Büro: Galería Las Animas, Blvd. Atlixco/39 Poniente, Local P-9, Puebla, Tel. 231 27 25, www.aventurec.com. Weitere Infos unter www.veracruz.gob.mx, www.riofilobobos.com.mx.

In den Bundesstaaten **Veracruz** und **Xalapa** bieten ökologisch ausgerichtete Wassersportzentren das abenteuerliche Vergnügen, im Schlauchboot auf wild schäumenden Flüssen zu reiten (decenso de ríos). Von August bis November sind die Flüsse besonders reißend, das ist die beste Zeit für Wildwasser-Rafting. Die Stromschnellen des **Río Pescados** werden in Schwierigkeitsskalen zwischen III (schwierig) bis IV (sehr schwierig) eingestuft. Gelegentlich trifft man hier sogar das mexikanische Nationalteam beim Training. Der **Octopan** verspricht eine leichtere Fahrt (Schwierigkeitsstufen II–III), dafür geht's durch spektakuläre Landschaften und vorbei an Wasserfällen wie dem **El Canbo** und an der archäologischen Stätte **Zona arqueologica de Filobobos.**

Man bucht meist eine halbtägige Tour, im Komplettpreis sind Ausrüstung und Transport enthalten. Doch auch mehrtägige Fahrten mit Übernachtung im Hostal und Verpflegung sind möglich. Zudem können Wanderungen, Fahrradtouren und temazcal (indianische Sauna) integriert werden. **Jacomulco,** das Zentrum des Geschehens erreicht man 40 km südlich von Xalapa.

Vorsicht Wasserfall: Geraftet werden sollte nur mit erfahrenem Führer

puchinas, Tel. 242 35 54, Fax 232 45 13, www.mesones-sacristia.com; Palast aus dem 17. Jh. mit kolonialer Ausstattung, 7 DZ ab 120 US-$.

Von 1592 ▶ **Posada San Pedro** **3** : Av. 2 Oriente 202, Tel. 246 50 77, Fax 246 53 76, www.hotelposadasanpedro.com.mx; herrliches Kolonialgebäude im Zentrum hinter dem Zócalo, 80 DZ, ab 860 Mex$.

Zentrales Stadthotel ▶ **Royalty** **4** : Portal Hidalgo 8, Tel. 242 47 40, Fax 242 47 43, www.hotelr.com; koloniales Haus am Zócalo, Parkplatz, 45 Zimmer, ab 790 Mex$.

Ihr Zuhause in Puebla ▶ **Colonial** **5** : 4 Sur 105, Tel. 246 46 12, Fax 246 08 18, www.colonial.com.mx; Hotel in einem ehemaligen Jesuitenkolleg im Zentrum, perfekt restauriert, nur Nichtraucher, 70 DZ ab 790 Mex$.

Für junge Traveller ▶ **Popocatépetl Hostel** **6** : 3a Calle Sur 5946, Col. El Cerrito, Tel. 244 56 58, popocatepetlhostel@yahoo.com.mx; eine hervorragend ausgestattete private Jugendherberge mit 30 Betten ab 120 Mex$.

Essen & Trinken

Ein Hauch Geschichte ▶ **La Conjura** **7** : 9 Oriente 201, Tel. 232 96 93, tgl. 18–23 Uhr; in historischem Gewölbe, originalgetreu restauriert, wird gehobene spanische und neue mexikanische Küche serviert, ab 180 Mex$.

Unter Mexikanern ▶ **Fonda de Santa Clara** **8** : 3 Poniente 307, Tel. 246 19 19, tgl. 12–22 Uhr; regionale Küche (*poblano*), beliebt bei Einheimischen; ein weiteres gleichnamiges Restaurant in der Nr. 920 (Tel. 246 19 19), Spezialitäten ab 100 Mex$.

Einkaufen

Kunsthandwerk ▶ **El Parian-Markt** **1** : 2 Oriente/6 Norte, tgl. 10–19 Uhr; ca. 50 kleine Einkaufsläden mit Folklore-Kunsthandwerk aus Korbgeflecht, Onyx, Ton, Leder und Holz, beliebtes Besuchsziel für Touristen; **Barrio del Artista** **2** : 6 Oriente/6 Norte, tgl. 10–17 Uhr; im beliebten Künstlerviertel schräg gegenüber der Casa del Alfeñique findet man Dauerausstellungen einheimischer Künstler.

Talavera-Kacheln ▶ Sie machten Puebla einst so berühmt, heute werden sie u. a. in drei Fabriken hergestellt, die auch an Besucher verkaufen: **Casa Aguilar** **3** : 40 Poniente 106, Tel. 246 36 14; **Casa Uriarte** **4** : 4 Poniente 911, Tel. 242 15 98; **Casa Rugireo** **5** : 18 Poniente 111, Tel. 241 38 43.

Abends & Nachts

Kulturzentrum ▶ **Casa de la Cultura** **2** : 5 Oriente 3, Tel. 242 10 67; breites Kulturprogramm (z. B. Filme, Ausstellungen, Vorträge) – auch tagsüber; Programmbekanntmachung durch Plakate.

Aktiv

Safari ▶ **Africam Safari** **1** : Ctra. a Valsequillo km 16,5, Tel. 279 63 32, tgl. 10–17 Uhr, Eintritt 190 Mex$, www.africamsafari.com.mx; 17 km südlich von Puebla liegt ein großer Tierpark: Besucher fahren mit dem Auto durch ein großes, natürlich gestaltetes Gebiet, in dem Gazellen, Zebras, Strauße und andere afrikanische Wildtiere leben. Dazu gibt es einen Zoo sowie eine Cafeteria.

Vulkantouren ▶ Für Klettertouren zu Vulkanen der Umgebung wendet man sich am besten an eines der lokalen Reisebüros; bewährt hat sich z. B. **Ecotours Puebla** **2** : 17 Oriente 424, Col. El Carmen, Tel. 294 39 76, Fax 243 85 16, www.descubrepuebla.com.

Verkehr

Flughafen: Der Aeropuerto Hermanos Serdán liegt 22 km westlich von Puebla bei Huejotzingo, Auskunft bei den Fluggesellschaften (s. u.); Verbindungen u. a. nach Monterrey und Guadalajara. **Mexicana:** Calle 23 Sur 506, Tel. 48 56 00. **Aeromexico:** Av. Juárez 1514-A, Tel. 242 61 96.

Busstationen: Zentraler Busbahnhof (Capu) im Norden der Stadt, Blvd. Norte 4222, halbstdl. nach Mexiko-Stadt, stdl. nach Veracruz, Tel. 249 72 11, www.capu.com.mx; **Estrella Roja:** Terminal Capu, 4 Poniente 2110, Tel. 249 72 27. **ADO:** Terminal Capu, Tel. 225 90 00. **Cristóbal Colón:** Terminal Capu, Tel. 225 90 07. **Estrelle Blanca:** Terminal Capu, Tel. 249 75 61; Zubringer zum **Africam-Safaripark:** 4 Norte 1004 (Terminal de Autobuses Unidos).

Cholula, Orizaba und Córdoba

Koloniales Flair mit prachtvollen Baudenkmälern aus dieser Epoche prägt jede der drei Städte. Westlich von Puebla liegt das geschichtsträchtige Cholula. Orizaba und Córdoba im Osten von Puebla ziehen bisher weniger Touristen an.

Im Stadtbereich von Cholula thront die gewaltige Pyramide von Tepanapa. Ebenfalls einen Besuch wert ist der riesige Zócalo mit seinen Arkadengängen und prächtigen Gebäuden, die aus der Kolonialzeit stammen. Orizaba, eine reiche landwirtschaftlich geprägte Stadt, restaurierte gar ihr koloniales Zentrum. Córdoba wiederum liegt inmitten üppiger Vegetation und lässt mit seinem täglichen, im Zentrum stattfindenden Markt Besucher in mexikanische Betriebsamkeit eintauchen.

Cholula ▶ 1 H 4

Als Cortés 1519 an der Küste des Golfs von Mexiko landete, lebten in der Stadt der großen Tepanapa-Pyramide mehr als 100 000 Menschen. »Die Stadt Cholula«, schrieb Cortés an Kaiser Karl V., »hat innerhalb ihrer Ringmauer 20 000 Häuser und ebenso viele in den Vorstädten. Die Cholulaner sind selbstständig und niemandem unterworfen. Sie haben keinen Einzelfürsten und Machthaber. … Ihr Land ist überaus fruchtbar, denn es ist weithin eben und wohl bewässert. Von der hohen Plattform der großen Moschee habe ich über 400 andere Tempel und Türme gezählt. Von allen Gegenden des neuen Landes, soweit ich es bisher gesehen habe, ist diese am meisten geeignet, dass man darinnen nach hispanischer Lebensart wohnen könnte, dieweil es hier überall gut Wasser und Viehweiden gibt. Das Volk ist so zahlreich, dass man keinen

Zoll Landes antrifft, der nicht bebaut oder bewohnt wäre.«

Cortés hielt sich drei Wochen in der Stadt auf. Doch die Gastfreundschaft der Cholulaner belohnten die Konquistadoren auf mörderische Weise: In der Nacht ihres Abzugs töteten Cortés und seine Soldaten etwa 5000 Frauen und Kinder, um die 50 000 aztekischen Krieger außerhalb Cholulas zu warnen. Die Krieger sollten von einem Angriff gegen Cortes' kleines Heer abgehalten werden.

Pyramide von Tepanapa

Die **Pyramide von Tepanapa** ist mit 65 m die höchste Mexikos, ihr Volumen übertrifft sogar das der Cheops-Pyramide in Giza/Kairo. Allerdings ist sie nur an der Westseite und auch dort nur teilweise rekonstruiert. Im Übrigen findet sich hier heute ein riesiger grasbedeckter Erdhügel, auf dessen Spitze seit dem 16. Jh. eine katholische Kirche steht. Die freigelegte Pyramidenseite zeigt deutlich, wie viel Erde inzwischen über der Anlage liegt und wie sie von den christlichen Eroberern mit der Kirche überbaut wurde. Über 300 Jahre lang war das Heiligtum der *indígenas* vergessen; bewundert und besucht wurde nur die weithin sichtbare Kirche auf dem mächtigen grünen Hügel. Erst 1931 wurde die Pyramide bei Straßenbauarbeiten wiederentdeckt. Da die Kirche nicht abgerissen werden sollte, begannen die Archäologen mit Untertunnelungen, um die einzelnen Bauepochen freizulegen. Die Ausgrabungen dauern bis heute an.

Der Eingang zur archäologischen Stätte liegt ca. 100 m hinter einem Bahnübergang. Zugang hat der Besucher zu etwa 1000 m (von insgesamt 8 km) Tunnelgraben, nämlich zu den Ausgrabungen im Süden und den bunten Zeremonienfresken sowie zum rekonstruierten westlichen Vorbau der Pyramide (tgl. 10–17 Uhr, Eintritt 46 Mex$).

Gegenüber dem Eingang liegt ein kleines **Museum,** in dem ein Modell der gesamten Anlage vorgestellt wird, das die Übersicht erleichtert (Di–So 10–17 Uhr).

Die Kirche **Nuestra Señora de los Remedios** wurde um 1550 auf dem Gipfel der Pyramide errichtet, stürzte 1666 ein und blieb – nur notdürftig instand gesetzt – 300 Jahre in diesem Zustand, bis sie 1950 erneut restauriert wurde.

Am Zócalo

Der **Zócalo** von Cholula ist äußerst großzügig angelegt und unterscheidet sich von vielen ähnlichen Plätzen durch die längste Arkadenreihe Mexikos. Unter den Wandelgängen befinden sich Geschäfte aller Art, mehrere Cafés und das Hotel Calli Quetzalcóatl. An der Stirnseite steht die weiße San-Pedro-Kirche mit zwei schönen Glockentürmen. Auf dem Platz ist eine Statue von Pater Hidalgo mit der Fahne der Jungfrau von Guadalupe zu sehen.

Die Festungskirche des **Convento San Gabriel,** bereits 1552 erbaut, liegt ebenfalls am Zócalo. Das Kloster, dessen Mauern die Bewohner vor den Angriffen der *indígenas* schützen sollten, war seit seiner Gründung ein Lehrinstitut der Franziskaner. Im Vorhof liegen mehrere Gräber und Krypten. Die Capilla Real, die um 1600 erbaute Kapelle, liegt neben dem Kloster. Im Inneren erinnert sie mit ihren vielen Säulen und Rundbögen an eine Moschee. Das Taufbecken ist aus einem monolithischen Felsbrocken gemeißelt. Das Dach bilden 49 Kuppeln, die große Hauptkuppel ist gelb gekachelt. Der Aufstieg ins Kuppeldach bietet eine reizvolle Aussicht auf Cholula (Kloster: Mo–Sa 8–12, 16–18, So 6–10 Uhr; Kapelle: Mo–Sa 10–12, 15–19, So 9–18 Uhr).

Infos

Vorwahl Cholula: 222

Información Turística: neben dem Eingang zur Pyramide, Av. Morelos, Tel. 247 00 58, tgl. 8–17 Uhr, www.inah.gob.mx

Übernachten

Tipp: In Cholula sind die Übernachtungspreise deutlich niedriger als in Puebla.

Nahe der Pyramide ▶ **Villa Arqueológica:** 2 Poniente 601, südlich hinter der Pyramide, Tel. 987 872 62 36, www.villasarqueologicas. com.mx; 40 komfortable Zimmer ab 760 Mex$.

Schöner Patio ▶ **Calli Quetzalcóatl:** Portal Guerrero 11, am Zócalo, Tel. 247 15 33, Fax 247 15 55; an der Plaza mit schönem Innenhof, ab 500 Mex$.

Essen & Trinken

Sehr angenehm sitzt man unter den **Arkaden am Zócalo** mit Blick hinüber zum Gipfel der Tepanapa-Pyramide und der Los Remedios-Kirche; in allen Lokalen speist man dort recht preiswert.

Termine

Fiesta de la Candelaria: 2. Feb., religiöses Fest Maria Lichtmess mit Vorführungen von Tänzen und aufwendigen Prozessionen.

Tanz der Mauren und Christen: 15. Aug., Darbietung maurischer und christlicher Tänze.

Fiesta de Nuestra Señora de los Remedios: 8. Sept., das wichtigste Fest der Stadt (1.–8. Sept.), ursprünglich religiös begründet, hat heute eher weltlichen Charakter; dargeboten werden u. a. (8. Sept.) indigene Tänze an der Pyramide.

Ausflüge von Cholula

▶ 1, H 4

Ca. 3 km südlich von Cholula liegt die Kirche **Santa María de Tonantzintla.** Von außen erweckt sie einen relativ nüchternen Eindruck, ihr Inneres jedoch ist mit Hunderten von Engeln und Engelchen, Madonnen und Heili-

Cholula, Orizaba und Córdoba

genfiguren, mit aus Stein gehauenen Säulen, Marmorskulpturen und Stuckdecken ein Musterbeispiel des mexikanischen Barocks. Dieser Reichtum ist fantastisch und erdrückend zugleich. Das Bauwerk errichteten ab 1753 ausschließlich indianische Künstler und Bauarbeiter, die hier tätig waren, bis die Kirche 1799 eingeweiht wurde. Viele Figuren tragen indianische Gesichtszüge. Den Hauptaltar schmückt eine Marienstatue, umgeben von den Aposteln, die aus vergoldeten Wandnischen herunterblicken (tgl. 10–13, 15–17 Uhr).

Die Kirche **San Francisco Acatepec** liegt nur 1,5 km östlich der Tonantzintla-Kirche und ist ein weiteres überwältigendes Beispiel mexikanischer Kirchendekoration. Um 1680 gebaut, ist sie außen vollständig mit farbigen *azulejos* verkleidet. Besonders eindrucksvoll sind die beiden ungleichen Türme; die Kuppel des höheren Glockenturms ruht auf vier gewundenen Doppelsäulen. Das Innere der Kirche prägen mit Gold dekorierte Altäre, zahlreiche pausbäckige Engel und braungesichtige Putten. Es gibt nicht ein Fleckchen an Wänden und Decke, das nicht mit einer Figur oder Arabeske verziert wäre (tgl. 9–12, 15–19 Uhr).

Orizaba und Córdoba
► 1, J 4

Auf dem weiteren Weg zur Golfküste passiert man auf halber Strecke zwischen Puebla und Veracruz die in 1300 m Höhe gelegene Stadt **Orizaba** mit etwa 100 000 Einwohnern. Große Teile der Ortschaft, in der Kaiser Maximilian während seiner kurzen Regentschaft gern Erholung suchte, wurden 1973 durch ein Erdbeben zerstört. Orizaba zieht Wanderer und Bergsteiger an, für die es der Ausgangspunkt einer Tour auf den Pico de Orizaba (5700 m) ist.

Etwa 18 km weiter östlich liegt auf 820 m Höhe im Tal des Río Seco die alte Kolonialstadt **Córdoba** (heute ca. 200 000 Einwohner) inmitten üppiger Kaffee-, Obst-, Blumen- und Zuckerrohrplantagen. Hier unter-

zeichnete General Iturbide 1821 den Vertrag von Córdoba zur Unabhängigkeit Mexikos. Das städtische Museum präsentiert Ausstellungsstücke von lokaler Bedeutung, darunter eine Kopie des Vertrages (3a Calle 303, Di–So 9–16 Uhr). Die Architektur der Häuser von Córdoba zeigt andalusische Züge. Sehenswert sind der arkadengesäumte Zócalo und der bunte Mercado Juárez.

Wer den Pico Orizaba bezwingen möchte, muss 5700 m erklettern

Übernachten

Mexikanisches Flair ▶ Villa Florida Hotel & Suites: Av. 1, Nr. 3002, zwischen Calle 30 und 32, Tel. 716 33 33, Fax 716 33 36, www.villaflorida.com.mx; ruhiges Geschäftshotel mit praktischem Komfort, alle 77 Zi. sind mit Balkon ausgestattet, schönes Schwimmbad, mehrere Restaurants, DZ ab 795 Mex$, Suiten ab 1200 Mex$.

Klein & einfach ▶ San Cristobal: Norte 4, Nr. 243 (zwischen Oriente 5 und 7). Tel. 752 11 40; kleines Stadthotel mit einfachem Komfort, 2006 renoviert, DZ ab 250 Mex$.

Aktiv

Bergtouren ▶ Vermittlung von Guides für Bergwanderungen usw.: siehe Vulkantouren von Puebla, S. 307.

Veracruz und die Atlantikküste

Als Tor zur Welt zeigt sich Veracruz exotisch und kosmopolitisch. Afro-karibisches Ambiente und mexikanische Lebenslust, Palmen und koloniale Gebäude prägen die älteste Stadt Mexikos. Die Gegend ist historisch bedeutsam: In La Antigua betrat Cortés erstmals mexikanischen Boden, in Zempoala traf er auf die ersten Einheimischen.

Viva Mexico: Veracruz ist Musik und Rhythmus, eine besondere Einstellung zum Leben. Man lebt mit dem Gestern: Zempoala heißt die alte Totanaken-Stadt; hier trafen die Spanier erstmals auf *indígenas,* mexikanische Ureinwohner. Die Pyramide von El Tajín schließlich gehört zu den großartigsten präkolumbischen Vermächtnissen des Landes. Und im Fischerdorf La Antigua gehen die Uhren langsamer als in anderen Teilen des Landes.

Veracruz   ▶ 1, K 3

Cityplan: S. 315
Veracruz, die größte und bedeutendste Hafenstadt des Landes (rund 800 000 Einw.), 450 km östlich von Mexiko-Stadt am Atlantik gelegen, ist besonders anziehend. Die von Einheimischen als Reiseziel geschätzte, vom internationalen Tourismus aber kaum berührte Stadt entfaltet ihre Reize vor allem am späten Nachmittag und in der Dämmerung des frühen Abends: Auf dem Zócalo trifft man sich dann zum Promenieren: alte und junge *jarochos,* wie die Bewohner der Stadt genannt werden, Matrosen, Kadetten, Angestellte, Studenten und Touristen, Kleinkinder, Schulkinder und Jugendliche. Luftballon-, Eis- und Seifenblasenverkäufer haben Hochkonjunktur, *Mariachis* schmettern ihre Lieder, Marimba-Spieler bearbeiten enthusiastisch die Xylophon. Typisch auch die *Jarocho*-Musik: temperamentvolle Klänge, die auf Harfen und

Gitarren gespielt werden und zu denen zahlreiche traditionelle Tänze bekannt sind. Und von irgendwoher ertönt immer der Welt-Hit ›La-Bamba‹, der in Veracruz geboren wurde.

An langen Tischen unter den Arkaden rund um die Plazas wird *huachinango a la Veracruzana* (Rotbarsch in Tomatensauce) verzehrt, dazu Bier getrunken. Tagsüber lähmt die Hitze die Stadt, alte Männer dösen unter den Bäumen, Schuhputzer gehen ihrer Arbeit nach, und im Gran Café erhält man ohne langes Anstehen einen Platz. Touristen fotografieren an der Plaza de Armas oder Plaza de la Constitución, wie der Zócalo hier auch genannt wird, die ehrwürdigen Gebäude: den Palacio Municipal, das ehemalige Rathaus aus dem frühen 17. Jh., und La Parroquia, die Kathedrale aus dem 18. Jh. Gegenüber der Kirche, unter den Arkaden, lässt es sich anschließend in einem der Cafés ausruhen.

Am Karfreitag des Jahres 1519 war Hernán Cortés im 25 km nördlich gelegenen (heutigen) La Antigua gelandet und gründete die erste spanische Siedlung auf dem amerikanischen Kontinent: La Villa Rica de la Vera Cruz, die ›Reiche Stadt des wahrhaftigen Kreuzes‹. In der ›Wahrhaften Geschichte der Eroberung von Mexiko‹ schildert Cortés-Begleiter Bernal Díaz del Castillo die Ereignisse: »Wir schifften am nächsten Morgen, am Karfreitag, die Pferde und unsere Artillerie aus und fanden eine gute Stellung für das Geschütz in den Dünen. Dann errichteten wir einen Altar, an dem sofort eine Messe gele-

Buntes Getümmel am Strand von Veracruz

sen wurde.« Über zwei Jahrhunderte hinweg blieb Veracruz Anlaufhafen für die aus Europa kommenden Eroberer, Umschlagplatz für Gold und Silber aus den mexikanischen Bergwerken und Durchgangsstation für ostasiatische Waren, die via Acapulco über Mexiko-Stadt in Veracruz nach Europa verschifft wurden. Heute legen hier auch Kreuzfahrtschiffe, u. a. der Holland-Amerika-Linie, an.

Plaza de la República

Unter die Einwohner der Stadt mischen sich auch heute noch Matrosen aus aller Welt. So auf der **Plaza de la República,** einem langen und schmalen Platz, der von öffentlich genutzten Bauwerken aus dem 19. Jh. gesäumt wird: dem **Rathaus** mit dem **Registro Civil** **1**, dem ersten Einwohnermeldeamt des Landes und gleichzeitig größten Gebäude am Platz, der **Aduana Marítima 2**, einem Zollhaus von 1903, und dem **Correo y Telégrafo** **3**, dem prächtig gestalteten Hauptpostamt mit goldenen Löwen vor dem Eingang. Die Eisenbahn endete hier an der **Estación de Ferrocarriles 4**, deren Fassade mit blauen und gelben Kacheln verziert ist.

Museen und ein Aquarium

Das **Museo Histórico Naval 5** in der Calle Arista 418 präsentiert sehenswerte Ausstellungen zur Seefahrtsgeschichte der Stadt (zwischen Landero y Coss und Gómez Farias, Di–So 9–17 Uhr, Eintritt 46 Mex$).

Kulturgeschichtlich Interessierte besuchen das **Museo Cultural de la Ciudad 6**, das sich in einem 1850 errichteten städtischen Waisenhaus befindet. Wechselnde Ausstellungen machen mit der Geschichte der Golfregion – von den Olmeken bis zur Revolution – vertraut (Zaragoza 397/E. Morales, Di–So 9–17 Uhr, Eintritt 46 Mex$).

Die **Baluarte de Santiago 7** (1625), die einzige erhaltene von ehemals neun Festungen, die durch eine 2,5 km lange Stadtmauer miteinander verbunden waren, liegt heute in einem Wohngebiet und beherbergt ein historisches Museum (Av. 16 de Septiembre/ Rayón, Di–So 10–16 Uhr, Eintritt 47 Mex$).

Ein großes Vergnügen ist das 1992 eingeweihte Meerwasser-**Aquarium 8**. Dutzende Schaubecken führen in die Tiefe und machen mit Meeresbewohnern (auch Haien) bekannt, die man bisher nur aus Büchern oder Filmen

Veracruz

kannte (Blvd. Manuel Avila Camacho, Playon de Hornos, www.acuariodeveracruz.com, tgl. 10–19 Uhr, Eintritt 90 Mex$).

Zur Insel La Gallega

Größte Sehenswürdigkeit ist das **Castillo de San Juan de Ulúa** 9 auf der kleinen vor dem Hafen liegenden Koralleninsel La Gallega. Über einen Damm gelangt man per Taxi oder per Bus ab Plaza de la República – schöner ist allerdings die Anreise per Boot – zu der aus Gräben, Brücken, Zinnen und Türmchen bestehenden Festung, einer 1530 von den Spaniern begonnenen Anlage zur Abwehr von Piraten und Invasoren. Übermäßig gesichert war das Bauwerk indes nicht, denn es wurde 1832 und 1861 von den Franzosen sowie 1847 und 1914 von den US-Amerikanern erobert. Immer wieder diente die mit weißem Korallengestein erbaute Inselfestung als Ge-

Tipp: Karneval in Veracruz

Zur Karnevalszeit herrscht in Veracruz Hochbetrieb, frühzeitige Zimmerreservierung ist unabdingbar. Aus dem ganzen Land reisen Besucher an, um das karibisch und überwiegend schwul geprägte Spektakel hautnah mitzuerleben. Bereits im Sommer beginnen die Proben der Bands und Tanzgruppen, werden die fantastischen Kostüme entworfen. Während der Festtage ist vibriert die gesamte Stadt unter den temperamentvollen Musikklängen.

fängnis, in der als prominentester Gefangener Benito Juárez einsaß. Die düsteren Kerkerzellen werden heute bei den regelmäßig stattfindenden Führungen besichtigt (Di–So 8–18 Uhr, Eintritt 46 Mex$, www.sanjuan deulua.com.mx).

Strände

Die Strände von Veracruz sind weit weniger attraktiv als die in Yucatán oder am Pazifik. Wer trotzdem baden will: 8 km südlich der Stadt liegen die **Strände Mocambo und Costa de Oro.** Beliebte Ausflugsziele am Wochenende sind weiter südlich auch der kleine Badeort **Mandinga** an der Lagune gleichen Namens und die **Isla de Sacríficios,** mit dem Boot von der Anlegestelle gegenüber dem Hotel Emporio zu erreichen.

Infos

Vorwahl Veracruz: 229
Palacio Municipal: Zócalo, Tel. 932 19 99, Fax 932 75 93, www.veracruz.gob.mx, www. veracruz.mx, Mo–Sa 8–18 Uhr.

Übernachten

Nummer Eins ▶ Emporio 1 : Insurgentes Veracruzanos 244 (Malecón), Tel. 932 22 22, Fax 931 22 61, www.hotelesemporio.com; achtstöckiger Komplex in U-Form am Hafen, 1952 eröffnet, noch immer das beliebteste Haus am Platz, 223 Ziimmer, ab 1500 Mex$.
Schönes Strandhotel ▶ Fiesta Americana Veracruz 2 : Blvd. Manuel Avila Camacho, Fraccionamente, Costa de Oro, Tel. 989 898 9, Fax 989 89 04, www.fiestaamericana.com;

125 250 m

Golfo de México

San Juan de Ulúa

COLINA M. CONTERAS

Viaducto

9

Puerto

Montesinos

Madero

Av. Independencia

Plaza de la República

4

3

2

1

1

1

Insurgentes

Arista

Gral. Figueroa

Parque Ciriaco Vázquez

Juárez

5

4

Zamora

1

5 de Mayo

M̂

5

M̂

6

Zaragoza

7

Rayón

M. 25 de Junio

16 de Sept.

Xicoténcatl

Av. N. Bravo

Hidalgo

V. Guerrero

Parque Zamora

Av. I. Allende

Nezahualcóyotl

M. Molina

Serdán

Arista

Morales

Fco. Canal

J. Soto

Av. G. Pagés

10 de Mayo

E. Zapata

M. Abasolo

21 de Febrero

A. Nervo

6

8

Barragán

1 3 2 3 2

ideales Familienhotel, großes Schwimmbad mit einem eigenen Kinderpool und Zugang zum Strand, große Zimmer mit Balkon, schöne Gartenanlage, ab 1400 Mex$.

Nahe am Wasser ▶ Mocambo 3 : Boca del Río, Calz. Adolfo Ruiz Cortinez 4000, Tel. 922 02 00, Fax 922 02 12, www.hotelmocambo. com.mx; 120 Strandzimmer, größere Anlage mit 2 Pools und 2 Schwimmbädern, Tennisplatz, außerhalb der Stadt, ab 1200 Mex$.

Stadtkultur ▶ Colonial 4 : Miguel Lerdo 117, Tel. 932 01 93, Fax 932 24 65, www.hco lonial.com.mx; historisches Haus über den Portales des Zentrums, 182 Komfortzimmer, 21 Suiten, Tiefgarage, Pool, ab 750 Mex$.

Verblichener Charme ▶ Imperial 5 : Miguel Lerdo 153, Tel. 932 12 04, Fax 931 45 08, www.hotelimperialveracruz.com; Kolonialhaus von 1750, seit 1836 Hotel (Gäste: u. a. Maximilian von Habsburg und Alvaro Obregón), als ›historisches Monument‹ klassifiziert, 81 Zimmer, ab 700 Mex$.

Blick aufs Meer ▶ Novo Mar 6 : Blvd. Avila Camacho 707, Tel. 932 57 50, Fax 932 46 17, www.hotelnovomar.com; 207 Zimmer, 20 Suiten, 9 Stockwerke: je höher, desto besser die Aussicht, ab 680 Mex$.

Gediegenes Stadthotel ▶ Baluarte 7 : Fco. Canal 265/Ecke 16 de Septiembre (Fracc. Faros), Tel. 932 52 22; Fax 932 60 42,

Veracruz und die Atlantikküste

www.hotelbaluarte.com.mx; das Zentrum ist vom Hotel aus zu Fuß zu erreichen, großes Schwimmbad, 105 komfortable Zimmer, ab 600 Mex$.

Essen & Trinken

Sehr beliebt sind die Restaurants und Cafés unter den **Arkaden des Zócalo.** Hier gibt es den besten Kaffee der Stadt, *Il Lechero,* einen großen Espresso mit geschäumter Milch. **Die Wiege des Lechero ▶ El Gran Café de la Parroquia** **1** : tgl. 8–24 Uhr, Zentrum, das bekannteste Café der Stadt (viel besucht!), *Lechero* 30 Mex$.

Alteingesessen ▶ Pardiños **2** : Zamora 40, Boca del Río, Tel. 986 01 35, tgl. 11–24 Uhr; seit 50 Jahren serviert man auf der Terrasse Meeresfrüchte, z. B. *ostiones al gratin* (gratinierte Austern), 150 Mex$.

In Familienbesitz ▶ El Gaucho **3** : Colón/Bernal Diaz del Castillo, Tel. 935 04 11, tgl. ab 7 Uhr, www.elgaucho.com.mx; Fleisch- und Fischspezialitäten, Pastagerichte. Seit 1982 kocht Che Siles mit seiner Familie jeden Tag, mexikanisches Frühstück ab 50 Mex$.

Abends & Nachts

Tango, Rumba & Co ▶ Auf den Plätzen am **Hafen** **1** spielen abends Musikergruppen zum *danzón,* gut gekleidete einheimische Paare geben sich den Rhythmen hin. Besucher sind gern gesehen.

Aktiv

Wandern ▶ Cascadas de Eyipantla **1** : südl. von Veracruz, 15 km von San Andrés Tuxtla: Wandern in herrlicher naturbelassener Umgebung. Kleine Cafés bieten Erfrischungen, von einer Beobachtungsbrücke gibt es den besten Blick auf den Wasserfall von Eyipantla (50 m hoch und 20 m breit).

Verkehr

Flughafen Veracruz: Aeropuerto General Heriberto Jara, Crta. Federal Veracruz-Xalapa (7 km von Boca del Río), Tel. 938 91 92; tgl. nach Mexiko-Stadt und mehrmals wöchentl. nach Mérida. **Aeroméxico:** Rafael García Auly 231, Tel. 935 01 42.

Zentraler Busbahnhof: Lafragua 1099, Tel. 937 57 44, 937 57 88, 6 x tgl. nach Mexiko-Stadt. **ADO:** Av. Diaz Mirón.

La Antigua ▶ 1, K 3

Im kleinen Fischerdorf La Antigua (25 km nördlich von Veracruz, über die MEX 180), können die Überreste der **Casa de Cortés,** des ehemaligen Wohnhauses des Eroberers, und eine 1529 errichtete **Kapelle** besichtigt werden. Hier – in dieser kleinen Bucht – ließ Cortés alle Schiffe seiner Flotte verbrennen, um sich und sein Gefolge an der Rückkehr nach Spanien zu hindern. Von dem historisch bedeutsamen Wohnhaus ist indes nicht viel zu sehen, es wird von den dicken Wurzeln jahrhundertealter Bäume überwuchert.

Xalapa (Jalapa) ▶ 1, J 3

Rund 100 km nordwestlich von Veracruz auf der MEX 140 liegt Xalapa (300 000 Einw.), die Hauptstadt des Bundesstaates Veracruz. Das zur Universität gehörende **Museo de Antropología** (Av. Xalapa, am nordwestlichen Stadtrand an der Straße nach Mexiko-Stadt, www.uv.mx.max, Di–So 9–17 Uhr, Eintritt 46 Mex$) wurde gegründet, um die wertvollen Fundstücke aus La Venta, Tres Zapotes und San Lorenzo, Kolossalköpfe der Olmeken, im angemessenen Rahmen präsentieren zu können, und entwickelte sich zu einem der schönsten Museen des Landes. Von Tausenden präkolumbischer Kunstwerke stellt das Museum wechselnde Sammlungen aus.

Zempoala ▶ 1, K 3

Fährt man von Veracruz 40 km auf der MEX 180 nach Norden und zweigt 5 km hinter José Cardel ab, stößt man auf Zempoala (auch Cempoala), die Ruinen der ehemaligen Hauptstadt der Totonaken. Der Ort war die erste Stadt, die Cortés nach seiner Landung 1519 betrat. Damals hatte sie etwa 20 000

Pirámide de los Nichos: Jede Nische steht für einen Tag des Jahres

Einwohner. Der regierende Totonakenfürst Chicomacatl – die Spanier nannten ihn wegen seiner Leibesfülle *cazique gordo,* fetter Häuptling – sah die Chance, sich mit Hilfe der Spanier von der Aztekenherrschaft zu befreien, und verbündete sich mit Cortés. Tausende von Totonaken dienten der kleinen spanischen Armee als Lastenträger auf ihrem Zug ins Hochland.

Die Ruinenstadt Zempoala wurde erst 1892 wiederentdeckt. Sehenswert ist der restaurierte zentrale **Tempelbezirk** mit der großen Pyramide, dem größten Bauwerk der Anlage mit drei Plattformen und zwei Seitengebäuden, dem Haupttempel, Templo Mayor, den man über eine 26 m breite Prunktreppe erreicht, und dem Templo de las Chimeneas (Tempel der Schornsteine), der seinen Namen den Säulen am Fuße der Treppe verdankt. Die Säulen besaßen in der Mitte einen Holzstamm, der jedoch heute verfault ist und ihnen das Aussehen von Kaminen verleiht.

Das **Museum** am Eingang zur Zona Arqueológica bietet Informationen zu Geschichte der Siedlung und sehenswerte Keramiken sowie Tonstempel (Di–So 9–17 Uhr, Eintritt 42 Mex$).

7 El Tajín ▸ 1, J 2

Karte: S. 319

280 km nördlich von Veracruz (MEX 180), 15 km nordwestlich von Papantla, der Heimat der *Voladores* (s. S. 318), und ebenso weit entfernt vom Erdölzentrum Poza Rica liegt mit El Tajín eine der ungewöhnlichsten archäologischen Stätten im ganzen Land, zugleich der bedeutendste Tempelkomplex in der Küstenebene nördlich des Gebietes der Maya-Kultur. Die Erbauer der weitläufigen Anlage, die ihre Blütezeit zwischen 300 und 1100 n. Chr. erlebte, sind heute unbekannt.

Um das Jahr 800 spielte El Tajín eine bedeutende Rolle im Reich der Totonaken. 400 Jahre später wurde er von Eindringlingen aus Mexikos Norden geplündert. Zur Zeit der Azteken war El Tajín bereits verlassen. Mit den Ausgrabungen wurde 1939 durch José García Payón begonnen, doch auch heute ist erst ein kleiner Teil (etwa ein Viertel) der Stätte vom Dschungel befreit.

Vollständig restauriert ist heute im unteren Zeremonienbereich der Große Tajín, die 25 m hohe, mit dem Tempel siebenstöckige **Pirá-**

Tipp: Die fliegenden Menschen von Papantla

Die Vorführung der *Voladores* kann man an zahlreichen Orten Mexikos erleben, z. B. vor dem Anthropologischen Museum von Mexiko-Stadt, in Touristenzentren wie Xcaret, Acapulco und Puerto Vallarta, vor archäologischen Stätten wie Cempoala, Tulum, El Tajín oder Teotihuacán.

Doch die Heimat ›derer, die fliegen‹, liegt im Ort **Papantla** zwischen Veracruz und Xalapa. Auf dem Zócalo von Papantla (▶ 1, K 3), dem hübschen Kolonialstädtchen und Zentrum des Vanilleanbaus in den bewaldeten Bergen nördlich von Veracruz, genießt man eine noch sehr authentisch gebliebene Vorstellung. So ist der hohe Stamm aus Holz – und nicht wie so oft aus Beton –, er hat auch keine eisernen Bügel als Stufen, sondern ein um den gesamten Stamm geschlungenes Seil, und die fünf Darsteller gehen nicht bereits vor der Vorstellung mit dem Hut herum. Die Nachkommen der am Golf von Mexiko beheimateten Totonaken und Huasteken sind vielmehr mit großer Aufmerksamkeit bei der Sache. Präsentiert wird das 1400 Jahre alte religiöse Ritual an Sonntagen – nicht wie andernorts als Touristenspektakel, sondern für die Bewohner der Region.

Die Voladores de Papantla wurden 2009 als besonders erhaltenswertes, immaterielles Kulturgut der Menschheit von der UNESCO ausgezeichnet (http://voladoresdepapantla.com).

In 13 Umdrehungen schwebt jeder der vier *voladores* ›vom Himmel herab‹

mide de los Nichos (Nischenpyramide). Sie wurde im 6./7. Jh. errichtet und ist nach den Nischen an den Außenseiten des Bauwerkes benannt. Ihre Grundfläche bildet ein Quadrat von 35 m Seitenlänge. Die Zahl der Nischen beträgt 364, und zählt man die ›wichtigste Nische‹, den Tempel auf der Spitze hinzu, erreicht man die Anzahl der Tage des Sonnenjahres. Aus Farbresten und chemischen Untersuchungen schließt man, dass die gesamte Fassade des Pyramidentempels eine farbigen Verputz besaß und die Nischen blau und rot angemalt waren. Damit wollte man vermutlich eine mystische Atmosphäre erzeugen.

Das Bauwerk birgt in seinem Inneren mindestens zwei weitere Überbauungen; die recht steile Osttreppe mit vier mal drei podestförmigen kleinen Nischen ist dem Bauwerk jedoch erst später hinzugefügt worden.

Auf dem höher gelegenen Tajín Chico (kleiner Tajín), einer beeindruckenden Konstruktion auf einem künstlichen Erdhügel, liegen teilweise restaurierte Gebäude, die vermutlich administrativ-zivilen Zwecken dienten. Sie werden von dem noch von Grün bedeckten Säulenbau **Edificio de las Columnas** überragt.

Am südlichen Ballspielplatz sind großflächige Reliefdarstellungen von rituellen Handlungen im Zusammenhang mit dem Ballspiel erhalten: die Tötung eines Spielers, die Weihe eines anderen oder die Zubereitung von *pulque*. In der archäologischen Stätte liegen weitere, überwachsene Ballspielplätze, und man vermutet daher, dass El Tajín ein Zentrum des präkolumbischen Ballspiels *(pelota)* war.

In einer als **Museum** bezeichneten Halle am Eingang der Zona Arqueológica lagern einige Reliefs, die sich früher an den Gebäuden befanden. Sie sind von hoher szenischer Qualität, allerdings ohne entsprechend starkes Licht leider kaum zu interpretieren (Zona Arqueológica tgl. 9–17 Uhr, Eintritt 57 Mex$).

Termine

Festival Cumbre El Tajín: 18.–21. März, Kulturfestival zur Frühlingssonnenwende, mit dem magischen Lichtspektakel ›Luz y Voces del Tajín‹, das im nahe gelegenen Papantla aufgeführt wird (www.cumbretajin.com).

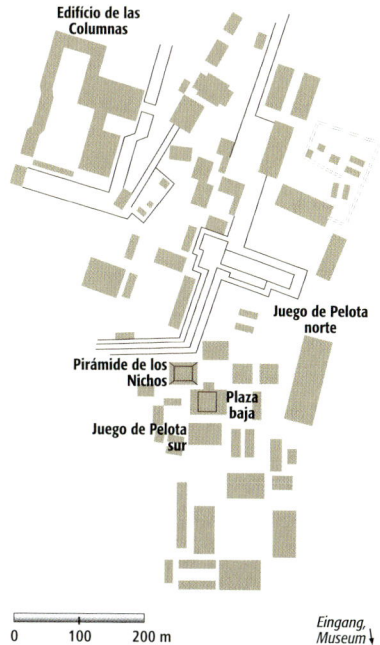

Edificio de las Columnas · Juego de Pelota norte · Pirámide de los Nichos · Plaza baja · Juego de Pelota sur

0 · 100 · 200 m

Eingang, Museum ↓

An der Golfküste entlang

Von Veracruz über Tuxpán (hier startete Fidel Castro 1959 mit dem Boot ›Granma‹ Richtung Kuba) und Tampico erstreckt sich die Golfküste rund 700 km gen Norden bis zum Grenzübergang Matamoros/Brownsville (Texas) – eine von europäischen Touristen aus gutem Grund kaum besuchte Gegend. Das feucht-heiße Klima ist nahezu unerträglich. In dem sumpfigen, von Lagunen durchzogenen Gebiet werden die Moskitos zur Plage. Häfen, Raffinerien, Fabriken, Lagerstätten kennzeichnen den langen Küstenabschnitt, denn hier wird das Schwarze Gold gefördert, verarbeitet und verladen. Das **Erdöl** brachte den Städten gewissen Wohlstand, die Strände sind aber durch Förderunfälle ölverschmutzt. Zudem lohnen kaum Sehenswürdigkeiten den Besuch in dieser Küstenregion Mexikos.

Indigena-Frau in der Tracht der Tzotziles auf dem Markt von San Juan Chamula

Kapitel 7

Oaxaca, Chiapas und Tabasco

Als Paradebeispiel für die Verschmelzung kolonialer und indianischer Kultur gilt der südliche Bundesstaat Oaxaca. Mit dem Museum Rufino Tamayo in der Hauptstadt Oaxaca schuf einer der größten Maler Mexikos in seiner Heimat und für seine eigene, im Laufe des Lebens zusammengetragene und außergewöhnliche Sammlung präkolumbischer Objekte einen faszinierenden Rahmen. Zudem finden sich im Bundesstaat bedeutende präkolumbische Stätten wie Monte Albán, die auf einer Bergkuppe errichtete Zeremonialanlage der Zapoteken.

Von indigener Kultur stark beeinflusst ist auch das östlich angrenzende Chiapas. San Cristóbal ist das koloniale Juwel des an Naturschönheiten so reichen, materiell jedoch armen Chiapas. Etwa ein Drittel der Bevölkerung gehört *Indígena*-Gruppen an, die in Dörfern und Weilern siedeln und von Landwirtschaft leben. In der Kirche von San Juan Chamula – einem indianischen Dorf bei San Cristóbal de las Casas – ist die einzigartige Mischung von katholischen und vorspanischen Glaubensvorstellungen so präsent wie an keinem anderen Ort in Mexiko. Nur wenige Autostunden entfernt liegt Palenque, für viele die schönste Pyramidenstätte Mexikos:

großartige Tempel und Pyramiden, umgeben von Regenwald. Yaxchilán ist eine Maya-Stätte in dichtem Urwald; einzigartig sind dessen Tempel und Paläste im Grenzland zu Guatemala. Bereits die Anreise per Boot auf dem Fluss Usumacinta gleicht einer Entdeckungsreise.

Der durch Ölgewinnung reich gewordene Küstenstaat Tabasco glänzt mit einer Attraktion: In La Venta schuf der berühmte mexikanische Dichter und Anthropologe Carlos Pellicer inmitten tropischer Dschungelvegetation einen unvergleichlichen Ausstellungspark. Hier stehen Funde aus Mexikos ältester und rätselhaftester Hochkultur: 32 tonnenschwere Monumentalskulpturen der Olmeken.

Auf einen Blick
Oaxaca, Chiapas und Tabasco

Sehenswert

8 **Monte Albán:** Wohnort der Götter über den Wolken – Pyramiden, Tempel, Gräber der Zapoteken und Mixteken (s. S. 329).

9 **Cañón del Sumidero:** Mexikos eindrucksvollstes Naturschutzgebiet; fast senkrecht ragen die Felswände über dem Fluss auf (s. S. 341)

10 **San Cristóbal de las Casas:** Die ›Hauptstadt‹ der *indígenas* thront in der Bergwelt von Chiapas (s. S. 344).

11 **Palenque:** Die Tempelanlage im Regenwald von Chiapas erstreckt sich an einem kleinen Fluss (s. S. 355).

Bonampak und Yaxchilán: In Bonampak (s. S. 358) sind die Tempelwände mit Fresken der Maya bemalt. Unvergesslich ist ein Besuch der Maya-Stätte Yaxchilán (s. S. 359) in einer Schleife des Urwaldflusses Usumacinta.

Schöne Routen

Von Chiapa de Corzo über die Panamericana ins Bergland: In Serpentinen schraubt sich die Straße von Chiapa de Corzo immer weiter hinauf ins Bergland bis nach San Cristóbal. Grandiose Ausblicke sind hier garantiert (s. S. 344).

Wanderung durch den Parque Nacional Agua Azul: Über 7 km erstrecken sich die Wasserfälle über zahllose Terrassen. Auf beiden Seiten des Flusses kann man entlang dieser Terrassen dem Lauf des Wasserfalles folgen und durch dichte Vegetation nach oben klettern (s. S. 353).

Golf von México

Mexiko-Stadt

TABASCO

Villahermosa

Wanderung durch den
Parque Nacional Aqua Azu

Palenque

aktiv Ein Ausflug nach San Juan Chamula

11

nte Albán **8**

Ökotourismus rund um Oaxaca
■ Das Tanzfestival Guelaguetza
■ Oaxaca

Museo de Arte Prehispánico

Cañón del Sumidero

Bonampak und
Yaxchilán

9

San Juan Chamula

Tuxtla Gutiérrez

10 San Cristóbal
de las Casas

Chiapa de Corzo

Von Chiapa de Corzo über
die Panamericana ins Bergland

OAXACA

Huatúlco

CHIAPAS

Puerto Angel

Pazifischer Ozean

Unsere Tipps

aktiv unterwegs

Museo de Arte Prehispánico: Eine einzigartige Sammlung vorkolumbischer Kunstwerke und Fundstücke des Malers Rufino Tamayo ist in Oaxaca in wundervoller Präsentation zu sehen (s. S. 325).

Das Tanzfestival Guelaguetza: Schon in vorkolumbischer Zeit wurde auf dem Hügel bei Oaxaca während religiöser Riten getanzt und gefeiert (s. S. 328).

Ökotourismus rund um Oaxaca: Die Tourismusbehörde von Oaxaca lädt Besucher ein, den Bundesstaat abseits der üblichen Touristenpfade kennenzulernen (s. S. 334).

Ein Ausflug nach San Juan Chamula: Ein *Indígena*-Dorf mit ungewöhnlicher Kirche und Gottesdienst in der Nähe von San Cristóbal verlockt zu einem Besuch mit dem *colectivo* (s. S. 350).

Oaxaca

In dem südöstlich von Mexiko-Stadt gelegenen Staat Oaxaca ist fast die Hälfte der mexikanischen Pflanzen sowie Vogel- und Säugetierarten heimisch. Hohe Bergzüge, weite Täler und tiefe Cañóns kennzeichnen die Landschaft, in der sich ausgedehnte Nadelwälder und tropischer Regenwald abwechseln.

Der fünftgrößte mexikanische Staat leidet unter den Folgen hoher Trockenheit, fortgesetzter Abholzung und jahrzehntelanger Überweidung und gehört heute – neben Chiapas – zu den ärmsten Regionen des Landes. Staat und Stadt Oaxaca werden immer noch von einem der ältesten Völker Mittelamerikas – den Zapoteken – bewohnt, die seit 500 v. Chr. in Monte Albán siedelten. In ihrer Blütezeit (200–900 n. Chr.) beherrschten sie von hier aus Mittelamerika und verließen dann aus bisher ungeklärten Gründen Monte Albán, das von den Mixteken übernommen wurde.

Im Jahre 1458 besetzten die Azteken unter Moctezuma I. (1440–69) Oaxaca. 1486 errichtete der Nachfolger Moctezumas hier einen Militärposten. In den Folgejahren geriet die gesamte Region unter die Tributpflicht der Azteken. 1521 eroberte Cortés auch das Tal von Oaxaca. Wenige Jahre später schenkte ihm König Karl V. das Land als Dank für die Eroberung Mexikos und adelte ihn. Cortés nannte sich nun ›Graf von Oaxaca‹.

Heute siedeln 16 unterschiedliche ethnische Gruppen in dem Staat, von denen einige direkte Nachkommen der großen vorkolumbischen Zivilisationen sind – der Zapoteken, Mixteken und Nahua. Der größte Teil der Bevölkerung lebt von der Landwirtschaft, die meist in Kooperativen organisiert ist. Hauptprodukte sind Mais und Gemüse, weiterhin werden Kaffee, Zuckerrohr, Tabak, Ananas, Bananen, Chilis, Erdnüsse und Kartoffeln angebaut. Viele Familien versorgen sich selbst; die handwerkliche Produktion einerseits für

den lokalen Markt, aber auch für den Verkauf an Touristen befindet sich im Aufschwung. Kunsthistorisch gehört der Staat zu den Schatzkammern des Landes, denn er verfügt über bedeutsame archäologische Zeugnisse, prächtige Kolonialbauten und jahrhundertealtes Kunsthandwerk. Zu seinen Hunderten von präkolumbischen Stätten, von denen bisher nur der kleinste Teil für Besucher zugänglich ist, gehören Monte Albán, Mitla und Yagul.

Oaxaca-Stadt ▶ 1, J 5

Cityplan: S. 326

Oaxaca, die Hauptstadt des gleichnamigen Staates, in einem von den Bergen der südlichen Sierra Madre umgebenen Tal gelegen, gehört zu den Glanzpunkten einer Mexiko-Reise. Die Stadt (375 000 Einw.) in 1550 m Höhe mit ihrem ganzjährig frühlingshaften Klima vermittelt eine koloniale Atmosphäre, hat aber gleichzeitig ein durch *Indígena*-Kultur geprägtes Ambiente. Viele Besucher schätzen darüber hinaus die – im Vergleich zu anderen mexikanischen Städten – ruhige und beschauliche Lebensart dieser Provinzstadt und planen einen mehrtägigen Aufenthalt ein.

Im Stadtzentrum

Das Zentrum der schachbrettartig angelegten Stadt bildet der arkadengesäumte **Zócalo,** frei von Straßenverkehr, mit Restaurants und Cafés unter den Arkaden, großen, alten Bäumen, schmiedeeisernen Bänken und einer mächtigen Rundbühne, auf der in den Abendstunden regelmäßig Konzerte stattfinden. Hier herrscht schon am frühen Morgen munteres Treiben, und abends ist in den Cafés und Restaurants kaum mehr ein Platz zu bekommen. Schuhputzer und Straßenverkäufer, Musiker und Studenten der lokalen Universität ergänzen die Szene.

Auf Oaxacas breiten, oft kopfsteingepflasterten Straßen bereitet ein Spaziergang viel Vergnügen, und auch die größeren Entfernungen zwischen einigen Sehenswürdigkeiten lassen sich zu Fuß bewältigen. Schräg gegenüber dem Zócalo liegt der **Alameda-Park,** an den sich nördlich eine Fußgängerzone anschließt. Er wird dominiert von der **Kathedrale** 1, mit deren Bau 1544 begonnen wurde. Die schlechte Beschaffenheit des Materials und Konstruktionsfehler führten bei Erdbeben zu starken Schäden, sodass 1733 der spanische Baumeister Francisco de Santiago y Calderón mit dem Wiederaufbau im neoklassizistischen Stil mit barocker Fassade begann (Mo–Sa 8–19, So ab 14 Uhr).

Zwei Blocks südwestlich vom Zócalo lockt ein Besuch des **Mercado B. Juárez** 2 (20 de Noviembre/Las Casas): Obst und Gemüse ebenso wie Schulterdecken, handgeschnitzte Kämme und Webteppiche werden im alten Marktgebäude von 1893 dargeboten. Garküchen bieten regionale Speisen an, man sitzt auf niedrigen Hockern vor brutzelnden Pfannen und dampfenden Schüsseln.

Unter Oaxacas Kirchen gehört die **Basílica de Nostra Señora de la Soledad** 3 zu den Pilgerzielen der *Indígenas*. Das 1682–95 errichtete Bauwerk mit barocker Fassade und vielen figürlichen Darstellungen birgt im Innern die Statue der Schutzheiligen der Stadt, der Virgen de la Soledad (Jungfrau der Einsamkeit), die viele Kranke geheilt haben soll. Beachtenswert ist auch das kleine Museum für religiöse Kunst an einer Seite der Kirche (Av. Independencia 107, Mo–Sa 10–14, 16–19, So 11–14 Uhr, Eintritt frei).

Zum Besuchsprogramm in Oaxaca gehört das **Museo de Arte Prehispánico** 4: In fünf Hallen des einstigen Inquisitionspalastes befindet sich die Sammlung des aus Oaxaca stammenden Malers Rufino Tamayo (1899–1991). Etwa 1200 Exponate stellen die Kulturen der bedeutendsten präkolumbischen Völker dar (Morelos 503, Mi–Sa und Mo 10–14, 16–19, So 10–15 Uhr, Eintritt 41 Mex$).

Das **Museo Casa de Benito Juárez** 5 lebt von der Erinnerung an den großen Sohn der Stadt, den 1806 in Guelato geborenen Benito Juárez. Das Haus, in dem dieser als Diener arbeitete und lebte, zeigt Bücher und Möbel seiner Zeit sowie persönliche Erinnerungsstücke aus Juárez' Jugend (G. Vigil 609, Di–Sa 10–19, So 9–17 Uhr, Eintritt 42 Mex$).

Ein Spaziergang führt anschließend zur Dominikanergründung (1570–1670) Santo Domingo (Gurrión/Alcalá). Der imposante, erdbebensichere Gebäudekomplex mit 2 m dicken Mauern erhebt sich auf einer Fläche von 150 x 150 m. Die **Iglesia Santo Domingo** 6, eine der bedeutendsten Kirchen des Landes, wurde 1976 zum nationalen Monument erhoben. Das palastartige Innere ist mit Stuckornamenten in leuchtenden Farben ausgestattet. An der Decke hinter dem Eingang zur Kirche findet man den Stammbaum des 1221 verstorbenen hl. Dominik de Guzmán, des Begründers des Dominikanerordens (1216), der in Form eines reich verästelten Weinstocks dargestellt wird. 34 Plastiken zeigen seine Nachfahren. Überwältigend ist die **Capilla de la Virgen del Rosario** (Ro-

Tipp: Fortbewegung

Die **Ausflüge von Oaxaca** nach Osten (Richtung Mitla) und Süden (Zaachila) mit Besichtigung mehrerer Dörfer und archäologischer Stätten lassen sich mit dem Linienbus nur schwer bewerkstelligen. Alternativen: Taxi, Mietwagen oder Teilnahme an einer der von den lokalen Reisebüros organisierten Touren. Achtung: Der 1.-Klasse-Bus nach Puerto Ángel fährt oft über Salina Cruz (ca. 10 Std.); der 2.-Klasse-Bus ist schneller und billiger. Nach Monte Albán nimmt man am besten die Busse ab Hotel Mesón del Ángel, die 5–6 x täglich fahren, mit ca. 2 Std. Aufenthalt an der archäologischen Stätte.

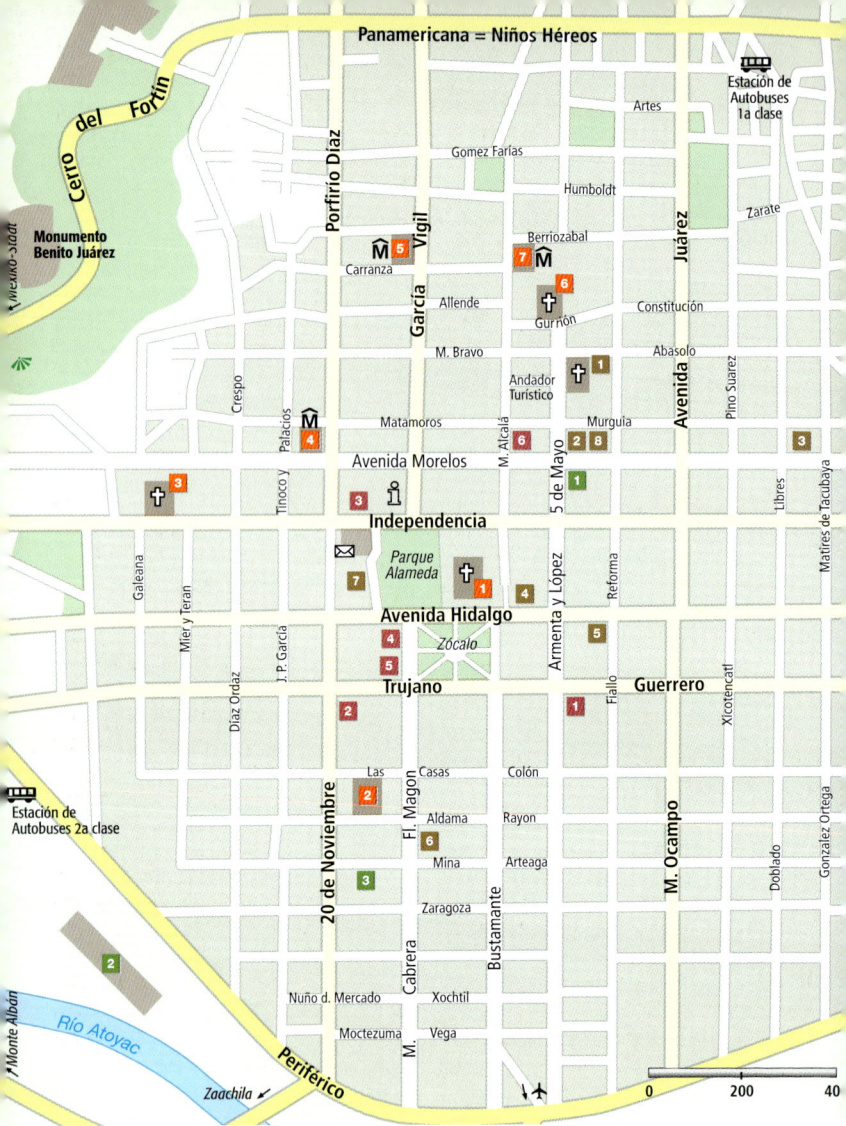

Panamericana = Niños Héreos

Cerro del Fortín

Monumento Benito Juárez

Estación de Autobuses 1a clase

Artes
Gomez Farías
Humboldt
Zarate
Porfirio Díaz
Vigil
Berriozabal
Juárez
Carranza
Allende
Constitución
Gurrión
García
M. Bravo
Abasolo
Andador Turístico
Pino Suarez
Murguía
Crespo
Palacios
Matamoros
M. Alcalá
5 de Mayo
Avenida
Libres
Matías de Tacubaya
Avenida Morelos
Independencia
Tinoco y
Galeana
Parque Alameda
Armenta y López
Reforma
Avenida Hidalgo
Mier y Terán
J. P. García
Zócalo
Trujano
Díaz Ordaz
Fiallo
Guerrero
Xicoténcatl
Estación de Autobuses 2a clase
20 de Noviembre
Las Casas
Colón
El Magón
Aldama
Rayon
Mina
Arteaga
M. Ocampo
Doblado
González Ortega
Zaragoza
Bustamante
Cabrera
Nuño d. Mercado
Xochitl
Moctezuma
Vega
Monte Albán
Río Atoyac
Periférico
Zaachila

0   200   40

senkranzkapelle), die größte der insgesamt elf Kapellen, die mit einem blattvergoldeten Rokokohochaltar ausgestattet wurde (tgl. 8–14, 16–20 Uhr).

Hinter der Kirche liegt das ehemalige Kloster, heute **Museo de las Culturas de Oaxaca 7**, das einen herrlichen Innenhof umgibt. Es werden archäologische Fundstücke, Trachten und Exponate der Volkskunst ausgestellt.

Eigentliche Attraktion sind die 1932 entdeckten Funde aus dem Grab Nr. 7 von Monte Albán (s. S. 333), ein Mixtekenschatz aus Jade, Gold und Silber, Brustplatten, Armbändern, Masken und Ketten, bisher wertvollster Grabfund des amerikanischen Kontinents. Man kann sich hier auf den späteren Besuch von Monte Albán einstimmen (Di–So 10–19 Uhr, Eintritt 57 Mex$).

Oaxaca

Sehenswert
1. Kathedrale
2. Mercado B. Juárez
3. Basílica La Soledad
4. Museo de Arte Prehispánico
5. Museo Casa de Benito Juárez
6. Iglesia Santo Domingo
7. Museo de las Culturas de Oaxaca

Übernachten
1. Quinta Real
2. Casa Antigua
3. Casa de la Tía Tere
4. Real de Antequera
5. Hostal de la Noria
6. Casa Cué
7. Monte Albán
8. Principal

Essen & Trinken
1. Del Vitral
2. El Naranjo

Los Pacos Alameda
3. Los Pacos Alameda
4. La Casa de la Abuela
5. El Asador Vasco
6. Hostería de Alcalá

Einkaufen
1. M.A.R.O.
2. Markt
3. La Soledad

Aktiv
1. Casa de la Cultura Oaxaqueña

Unter Denkmalschutz steht das alte **Kloster Santa Catalina (Hotel Quinta Real)** **1**, ein Bauwerk aus dem 16. Jh., das heute ein Luxushotel beherbergt: Spanische Barockarchitektur, Wandfresken und blumengeschmückte Innenhöfe, mit Antiquitäten ausgestattete Gänge und Zimmer verwöhnen die Gäste. Wer hier nicht wohnt, sollte zumindest auf einen Tee vorbeischauen (s. unten).

Oaxaca ist Ausgangspunkt für den Besuch verschiedener *Indígena*-Dörfer, deren Bewohner Töpferwaren produzieren, Teppiche weben oder Tiere und Statuen schnitzen – Gelegenheit für den Besucher, die in Galerien und Boutiquen im In- und Ausland verkauften Oaxaca-Artikel an Ort und Stelle zu erstehen (s. S. 333).

Infos
Vorwahl Oaxaca: 951
Información Turística Estatal: Av. B. Juárez 703, Tel. 516 01 23, www.oaxaca.travel, tgl. 8–19 Uhr. Weiteres Büro in der Murguia 206.

Übernachten
Historisches Juwel ▶ Quinta Real **1** : 5 de Mayo 300, Tel. 501 61 00, Fax 516 07 32, www.quintareal.com; restauriertes Kloster Santa Catalina mit romantischen Höfen, Arkaden und antiken Wandmalereien, 91 Zimmer, ab 250 US-$.
Altstadt-Stil ▶ Casa Antigua **2** : 5 de Mayo 206 (zw. Matamoros u. Morelos), Tel. 501 12 40, www.hotelcasaantigua.com; kleines Luxushotel in einem kolonialen Stadthaus mit Panorama-Terrasse, 15 Zimmern und Suiten, 1100–1900 Mex$.
B&B ▶ Casa de la Tía Tere **3** : Murguía 612, Tel. 501 18 45, Fax 501 18 88, www.casadelatiatere.com; Engagiert geführt, koloniales Stadthaus. Mit kleinem Pool im grünen Patio, Bibliothek und Küchenbenutzung für Gäste, üppiges mexikanisches Frühstück, 20 Zimmer, ab 960 Mex$.
Überdachter Patio ▶ Real de Antequera **4** : Hidalgo 807 (zw. 5 de Mayo u. Valdivieso, ein Block vom Zócalo), Tel. 516 40 20, Fax 516 40 40, www.oaxaca-mio.com/real.htm; von den französischen Balkonen der 29 Gästezimmer schaut man auf die Kopfsteinpflastergassen der Stadt, ab 800 Mex$.
Koloniale Atmosphäre ▶ Hostal de la Noria **5** : Hidalgo 918/Fiallo, Tel. 514 78 44, Fax 516 39 92, www.lanoria.com; traditionelles Stadthaus im Zentrum, 50 große Zimmer und Suiten, ab 83 US-$.
Ausblick vom Dach ▶ Casa Cué **6** : Aldama 103/Miguel Cabrera, Tel. 516 77 86, Fax 516 13 36, www.hotelcasacue.com; zentrale Lage 2 Blocks vom Zócalo mit kolonialem Patio, Klimaanlage, Parkplatz, fantastische Dachterrasse, 23 DZ, ab 800 Mex$.
Am Zócalo ▶ Monte Albán **7** : Alameda de León 1, Tel. 516 23 30, Fax 516 32 65; koloniales Haus beim Zócalo, Restaurant und Volkstänze im überdachten Innenhof, 19 Zimmer, ab 800 Mex$.

Tipp: Das Tanzfestival Guelaguetza

Das Tanzfestival Guelaguetza hat eine lange Tradition, die auf vorspanische Zeiten zurückgeht. Ende des 15. Jh. begingen die Azteken, die damaligen Herrscher des Oaxaca-Tales, ein religiöses Zeremoniell zu Ehren der Maisgöttin Centeocíhuatl (Centeotl). Sie führten Danktänze auf, feierten ausgiebig und sollen schließlich eine Jungfrau geopfert haben. Bereits zu jener Zeit wurde das Fest auf einem Hügel begangen, der als *cerro del fortín*, Hügel des kleinen Forts, bekannt war. Die Zapoteken hatten den Berg vor der Invasion der Azteken Daninayaolani (Hügel der schönen Aussicht) genannt; an seinem Fuße lag die Siedlung Huaxyacac, das heutige Oaxaca.

Die unterworfenen Zapoteken und Mixteken übernahmen das Fest und huldigten damit ihren Göttern Cocijo, dem Regengott, und Cocobi, dem Gott der Landwirtschaft und der Ernte. In Ritualen suchten die Zapoteken die Gunst ihrer Götter. In erster Linie war es Regen, den sie sich herbeiwünschten.

Nach der Eroberung der Region war den Spaniern das ›heidnische‹ Geschehen auf dem Hügel ein Dorn im Auge. Sogleich schufen die Missionare einen christlichen Festtag zu Ehren der Jungfrau, der zeitlich mit dem *Indígenas*-Fest zusammenfiel. Die Spanier legten den Festtag auf den ersten Sonntag, der auf den 16. Juli fiel – das Datum der Jungfrau. Sollte der 16. Juli kein Sonntag sein, fiel das Fest auf die folgenden zwei Montage. So entstand aus dem vorkolumbischen ein christlich-heidnisches Fest.

In den 1930er-Jahren erfuhr das Fest Ergänzungen: Zunächst fügten Zapoteken und Mixteken dem Ritual ihren *danza de la pluma* (Tanz der Feder) hinzu, der die Eroberung ihres Landes durch die Spanier symbolisiert. Des Weiteren bürgerte es sich ein, dass die Regionen des Staates, vertreten durch verschiedene Ethnien, ihre überlieferten Tänze als ›Geschenke‹ für die Hauptstadt mitbrachten. Und schließlich entschloss man sich, zum Fest eine ›Miss Oaxaca‹ zu wählen, der die einzelnen Dörfer ihre typischen Produkte schenkten, z. B. Webstoff aus Teotitlán, Brot aus Tlacolula und Keramik aus San Bartolo. Dieses Geschenkritual war ebenfalls zapotekische Tradition und wurde *guelaguetza* genannt. Und seit 1968 wird jedes Jahr ein Festgott Centeotl gewählt. Auch heute noch wird in jedem Jahr an den zwei letzten Montagen des Juli auf dem *cerro del fortín* das Fest *Lunes del Cerro*, Montag des Hügels, gefeiert. Eigens für die Feierlichkeiten baute man ein großes Auditorium unter freiem Himmel.

Ehrwürdiges Haus ▶ **Principal 8** : 5 de Mayo 208, Tel./Fax 516 25 35, www.hotel principaloaxaca.com; Kolonialhaus mit 14 ruhigen und großen Räumen, ab 550 Mex$.

Essen & Trinken

Elegant & luxuriös ▶ **Del Vitral 1** : Guerrero 201, Tel. 516 31 24, tgl. 11.30–14.30, 18.30–23 Uhr; das beste Restaurant der Stadt liegt in einem ehrwürdigen spanischen Herrenhaus, Menü ab 250 Mex$.

Romantik im Patio ▶ **El Naranjo 2** : Valerio Trujano 203, Tel. 514 18 78, Mo–Sa 13–22 Uhr; regionale Küche mit vielen *mole*-Spezialitäten, d. h. Gemüse in würzigen Saucen, sowie leckere mexikanische Geflügel- und Fischgerichte, die Karte wechselt täglich, ab 100 Mex$.

Regionale Spezialitäten ▶ **Los Pacos Alameda 3** : Independencia 601, Tel. 514 13 51, 12–23 Uhr, www.lospacos.com.mx; eine gute Restaurantgruppe für regionale Spezialitäten des Oaxaca-Tales wie *mole negro* und *chililo de res*. Die Gruppe ist sehr empfehlenswert. Los Pacos findet man auch in der C. Belisario Dominguez 108-1 (Tel. 515 35 73) und in der C. Constitución 104-A (bei der Santo-Domingo-Kirche (Tel. 516 17 04), Menü ab 70 Mex$.

Typisch mexikanisch ▶ **La Casa de la Abuela 4** : Av. Hidalgo 616, Tel. 516 35 44, tgl. 11.30–23 Uhr; mexikanische Küche mit

Blick auf Zócalo und Alameda-Park, Gerichte ab 75 Mex$.

Blick auf die Plaza ▶ El Asador Vasco 5 : Portal de Flores 10-A, Tel. 514 47 55, www.asadorvasco.com, tgl. 13–24 Uhr; im 1. Stock über dem Zócalo, Fensterplätze früh einnehmen, Spezialitäten ab 95 Mex$.

Spezialitäten im Patio ▶ Hostería de Alcalá 6 : Calle M. Alcalá 307, Tel. 516 20 93, www.hosteriadealcala.com, Mo–Sa 8.30–23, So ab 12 Uhr; wunderschöner Innenhof, Menü ab 80 Mex$.

Einkaufen

Andador Turístico, so nennt man die Straße Macedonio Alcalá zwischen Av. Morelos und Calle Gurrión wegen ihrer zahlreichen Souvenir- und Kunsthandwerksgeschäfte.

Kunsthandwerk ▶ M.A.R.O. (Mujeres Artesanas de las Regiones de Oaxaca) 1 : 5 de Mayo 204 www.mujeresartesanas.mx.tl, tgl. 9–20 Uhr; indianische Frauenkooperative mit hochwertigem Kunsthandwerk. **Zentraler Markt** und **Kunsthandwerksmarkt** 2 : am südwestlichen Stadtrand (Periférico), südlich des zentralen Busbahnhofs; der Besuch lohnt sich besonders samstags. **Markttage der umliegenden Indígena-Dörfer:** s. S. 333.

Schokolade ▶ La Soledad 3 : Calle F. J. Mina 212, www.chocolatedeoaxaca.com.mx; in alten Holzregalen liegen Schokoladen, ›sin colesterol‹ und ›100% natural‹ lauten die Aufschriften. Besonders lecker: runde Schokoplatten, mit Vanille und Kardamom verfeinert, für die häusliche Kakaozubereitung.

Abends & Nachts

Folklore ▶ Guelaguetza mit Volkstänzen und Trachten der unterschiedlichen Ethnien des Staates in verkleinerter Form im **Hotel Monte Albán** 7 : tgl. 20.30 Uhr, preiswert und mit Abendessen

Aktiv

Kunstkurse ▶ Casa de la Cultura Oaxaqueña 1 : im ehemaligen Kloster Los Siete Principes, Ignacio López Rayón/Santos Degollado www.casadelaculturaoaxaquena.

com.mx, So geschl.; Ausstellungen und Kurse in den Bereichen: Skulpturen, Kunsthandwerk, Malerei, Weben; auch Aufführungen (Folklore und Musik) finden hier statt.

Termine

Lunes del Cerro: an den beiden letzten Montagen im Juli im Guelaguetza-Auditorium (Nordwestrand der Stadt); größtes Fest des ganzen Staates. Repräsentanten von 16 ethnischen Gruppen aus den sieben Regionen des Staates präsentieren Musik und Tänze. **Geburtstag von Benito Juárez:** 21. März; auch diesen begeht die Stadt aufwendig. **La Fiesta de los Rábanos:** 23. Dez., auf dem Zócalo; zwei Tage vor Weihnachten feiert die Stadt das herausragende und über die Provinzgrenzen hinaus bekannte Fest der Rettiche, bei dem aus der essbaren Wurzel geschnitzte Figuren in allen Variationen ausgestellt werden.

Verkehr

Flughafen: 8 km südlich, Tel. 511 50 88, tgl. nach Tuxtla, Villahermosa, Mérida, Puerto Esc. und Huatulco, Mexiko-Stadt.
Aeroméxico: Av. Hidalgo 513, Tel. 516 10 66.
Fernbusse: 1. Klasse nach Norden und Süden (Bahnhof Héroes de Chapultepec 1036), 2. Klasse zum Pazifik und für den regionalen Verkehr (Bahnhof Antequera).
Busse nach Monte Albán: mehrmals tgl. ab Hotel Mesón del Ángel (Mina 518, Tel. 516 53 27), von hier auch 2 x tgl. über Pochutla (Puerto Ángel) nach Puerto Escondido.

8 Monte Albán ▶ 1, J 5

Karte: S. 331

Der Weiße Berg, Monte Albán, thront über der Kolonialstadt Oaxaca (12 km südlich). Seine Spitze in 1950 m Höhe trug das präkolumbische Volk der Zapoteken vor mehr als 2500 Jahren ab, dort entstand ihre bedeutendste Kultstätte. Auf dem Plateau über den Wolken errichteten sie ihren Göttern und Priestern Tempel, Paläste und Pyramiden, deren Bau Jahrhunderte in Anspruch nahm. Monte Al-

Abendstimmung im Alameda-Park vor der Kathedrale in Oaxaca-Stadt

bán wurde von den spanischen Invasoren übersehen und entging der Zerstörung.

Geschichte

Die Geschichte von Monte Albán wird in fünf Phasen unterteilt, deren einzelne Dauer jedoch in der Fachliteratur nicht einheitlich angegeben wird. Alfonso Caso, Archäologe und Entdecker von Monte Albán, unterscheidet die folgenden Phasen:

Monte Albán I (ca. 800–300 v. Chr.): Die Besiedlung des Oaxaca-Tales, einer fruchtbaren Hochebene mit vielen Höhlen in der Umgebung, begann zwischen 800 und 500 v. Chr. Die Siedler waren vermutlich Olmeken (oder standen unter olmekischem Einfluss). Von ihnen wurde die Kuppe des Berges abgetragen und ein ebener Platz von etwa 200 x 300 m geschaffen. Mehrere Gebäude aus dieser Phase sind erhalten, z. B. das Gebäude der Tänzer: Steinplatten mit Reliefs, die menschliche Figuren in seltsamen Verrenkungen darstellen. Die Sensation für die

Fachwelt: Auf diesem Gebäude sowie auf der nördlichen Plattform finden sich die bisher ältesten Schriftzeichen Mittelamerikas. Olmeken waren es vermutlich auch, die ihre Gebäude in leuchtenden Farben dekorierten und mit Fresken ihrer Götter ausstaffierten.

Monte Albán II (300 v. Chr.–0): Neue Siedler zogen in das Gebiet, vermischten sich mit den alten und terrassierten den Berg und die Umgebung. Die aus dieser Zeit erhaltenen Fundstücke lassen deutliche Einflüsse der Olmeken-Kultur erkennen.

Monte Albán III (0–900 n. Chr.): Hochphase der Stadt, deren bewohntes Gebiet sich auf 6 km^2 ausdehnte. Ihre 25 000 Einwohner lebten von Mais, Bohnen, Kaninchen und Rehwild. Wasser musste mühselig in Krügen den Berg hinauf geschleppt werden. Durch Neu- und Umbauten eindeutig zapotekischen Ursprungs nahm der Platz seine heute noch bestehende Form an. Stufenpyramiden, Paläste und Tempel, Freitreppen, Stelen mit figürlichen Reliefs und Inschriften sowie Krieger- und Götterdarstellungen entstanden. Unübersehbar ist der Einfluss des zur gleichen Zeit blühenden Teotihuacán.

Monte Albán IV (900–1250): Gräber wurden angelegt, die Zapoteken verließen die Stadt, man weiß nicht, aus welchen Gründen.

Monte Albán V (1250–1521): Mixteken aus Puebla und Cholula wanderten ein, neue Gräber wurden angelegt, Monte Albán wurde zum Bestattungsplatz. 1458 fielen aus Zentralmexiko stammende Azteken ein und eroberten in der Folgezeit das gesamte Tal von Oaxaca. 1521 erfolgte der endgültige Schlussstrich einer langen Entwicklung: Die Spanier eroberten das Tal mit seinen indigenen Siedlungen.

Besichtigung

Für die Besichtigung sollte man mindestens einen halben Tag einplanen. Vom Parkplatz (Bushaltestelle) führt der Weg zunächst am Museum, am Denkmal des Entdeckers Alfonso Caso und an einem alten Zapote-Baum vorbei zum Plateau. Mit Ausnahme des Observatoriums liegen alle Gebäude in Nord-Süd-Richtung, Pyramiden schließen das Gelände nach vier Seiten hin ab. Im Uhrzeigersinn liegen die folgenden Bauten um die **Plaza Grande** herum: Linker Hand (im Nordosten der Anlage) erstreckt sich zunächst ein gut erhaltener *Juego de Pelota* (Ballspielplatz, vermutlich Monte Albán III). Von den ihn einst umgebenden vier Tempeln sind nur noch Mauerreste erhalten. Auf der sich anschließenden östlichen Plattform (hier ist nur noch das Fundament zu sehen) standen möglicherweise Wohnhäuser; eine breite Freitreppe führt hinauf.

Im Inneren des **Gebäudes P,** einer Pyramide (Monte Albán III), befinden sich Reste einer Treppe und ein unterirdischer Gang (für Besucher nicht zugänglich), der zur zentralen Pyramide verläuft. An der Südostseite des Platzes führt eine breite Treppe zum ehemaligen **Palacio,** von dem die Grundmauern mehrerer Räume erhalten geblieben sind, die vermutlich einst als Wohnungen genutzt wurden. Während das im Hof liegende kreuzförmige Grab aus der Periode Monte Albán IV stammt,

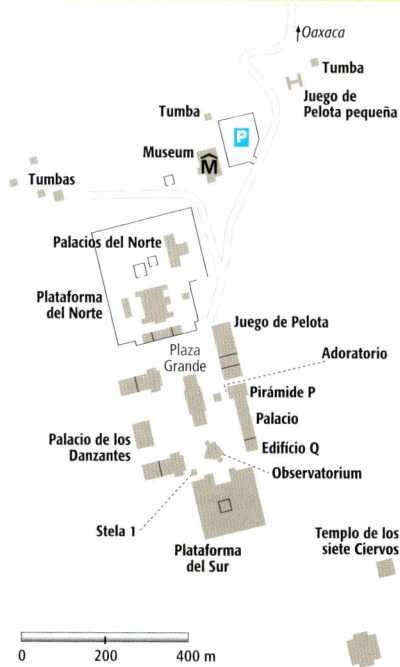

entstand der Palast in Phase III. Adoratorio ist die Bezeichnung für einen pyramidenartigen, in einer Grube gelegenen Schrein (vor dem Palast), Fundort einer Fledermaus-Gottheit (Phase II), die heute im Anthropologischen Museum in Mexiko-Stadt zu sehen ist.

Gebäude Q begrenzt die Ostseite des Platzes im Süden, ein Hügel, von dem bisher nur die Treppe freigelegt wurde. Der **Templo de los siete Ciervos** (Sieben-Hirsche-Komplex) außerhalb des Platzes ist der Rest einer Pyramidenanlage, die um einen Hof herum angelegt wurde. Den Namen erhielt die Anlage von einer Glyphe, die an einem Hauptgebäude an einer Türschwelle gefunden wurde.

Die **Südplattform,** ein gewaltiger, kaum freigelegter Erdhügel (25 m hoch), schließt den Platz von Monte Albán im Süden ab. Die Treppe ist teilweise ausgegraben, von oben hat man eine überwältigende Aussicht auf das gesamte Areal. Auf dem Gipfel des Hügels stehen die Reste zweier Tempel; hier wurden vier Stelen gefunden (sie befinden sich heute im Anthropologischen Museum der Hauptstadt).

Stele Nr. 1 steht an der Nordwestseite der Südplattform, gut erhalten, mit der Darstellung eines Jaguars und zahlreicher Hieroglyphen. Das **Observatorium** (Gebäude J) ist ein dreieckiger Tempel mit einer pfeilförmigen Spitze am hinteren Teil. Dieses etwa 100 n. Chr. entstandene Gebäude, vor der Südplattform gelegen, weicht von allen Bauwerken ab: Wahrscheinlich diente es den Zapoteken für astronomische Berechnungen ihres Kalenders. Durch den Bau führt eine gewölbte Galerie (Tunnel). Eine Treppe liegt am hinteren Teil des Tempels. An den Seiten entdeckt man Hieroglyphen, vermutlich frühe Dokumentationen zapotekischer Eroberungen. Die Schriftzeichen setzen sich aus drei Elementen zusammen: Oberer und mittlerer Teil enthalten Ortsangaben einer Siedlung oder eines Berges, der untere Teil einen umgedrehten Kopf, der vermutlich die besiegte Person (Anführer der Siedlung?) darstellt. An der Südwestecke des Plateaus liegen zwei Plattformen in unterschiedlicher Höhe (Komplex M). Auf der vorderen (niedrigen) stehen Tempelruinen um einen Hof. Eine breite Zapoteken-Treppe führt seitlich hinauf. Im Hof steht ein Opferaltar.

Man nähert sich schließlich dem **Palacio de los Danzantes** (der Tänzer) im Süden der Westseite, einem der interessantesten Bauwerke des Komplexes. Zunächst werden jedoch mehrere Stelen passiert, deren menschliche und Tierfiguren auf das 5. Jh. datiert wurden. Dann die Danzantes: Zwischen dem Gebäude M und dem Palacio befindet sich eine Mauer, die **Galería de los Danzantes,** gewaltige Reliefplatten aus Stein, auf der menschliche Figuren dargestellt sind. Sie sind als Tanzende interpretiert worden, können aber ebenso Opfer oder gar Tote verkörpern. Weitere Interpretationen besagen, dass die Figuren auch aus einem Lehrbuch für Anatomie stammen könnten, oder entdecken ägyptische, hebräische oder chinesische Züge in ihren Gesichtern. Sechs der Originalplatten befinden sich innerhalb des Gebäudes, das durch einen Tunnel zugänglich ist; außen stehen Kopien aus Fiberglas. Weitere Originalplatten sind im Museum von Monte Albán un-

Monte Albán: Hier errichteten die Zapoteken ihre bedeutendste Kultstätte

tergebracht und wurden teilweise an anderen Stellen der Kultstätte eingebaut.

Unter dem Gebäude des **Komplex IV** (Phase III) befindet sich ein bei Ausgrabungsarbeiten angelegter Tunnel, mit dessen Hilfe Archäologen Überreste eines darunter liegenden Bauwerks der Periode Monte Albán II identifizierten. Dieser ist gegenwärtig nicht zugänglich.

Schließlich die **Nordplattform:** eine gewaltige Anlage, im Osten und Westen von je einem Grabhügel abgeschlossen. Eine 40 m breite Treppe führt zu den Überresten riesiger Säulen (2 m Durchmesser) hinauf. In der Mitte der Anlage befinden sich der versenkte Platz sowie ein Altar. Weitere Paläste nördlich der Nordplattform bestehen aus Mauerresten aus den Phasen II bis IV; Pyramiden, Tempel, Wohngebäude, Paläste und Altäre liegen unter den Ruinen, so vermuten die Forscher. Im Zentrum des Monte-Albán-Plateaus steht eine Pyramide, auf die von allen vier Seiten Treppen führen. Nordöstlich der nördlichen Plattform liegt ein weiterer Erdhügel (Gebäude X), auf die einige Stufen hinaufführen. Erhalten sind die aus der Periode Monte Albán II stammenden Fundamente.

Nicht weit entfernt findet man **Grab Nr. 7,** eine Sensation zur Zeit seiner Entdeckung im Jahre 1932. Der von Alfonso Caso gerufene Lázaro Cárdenas, Mexikos damaliger Gouverneur von Oaxaca und späterer Präsident, war der Erste, der die ursprünglich zapotekische Grabstätte aus Monte Albán III zu Gesicht bekam, in der Mixteken nach 1200 eine hochgestellte Persönlichkeit beigesetzt hatten. Hunderte unermesslich wertvolle Grabbeigaben (heute im Regionalmuseum in Oaxaca) erblickten das Tageslicht: Schmuckstücke aus Gold, Silber, Alabaster und Jade.

Das **Grab Nr. 104** (nordwestlich der Nordplattform) zeigt eine Tonurne des Maisgottes über dem Eingang. Farbige Wandmalereien und Hieroglyphen schmücken das Innere. Insgesamt sind auf dem Plateau von Monte Albán und Umgebung über 170 Gräber entdeckt worden. Nur wenige waren nicht geplündert und enthielten noch Fundstücke aus Stein und Ton (tgl. 8–17 Uhr, Eintritt 57 Mex$).

Tipp: Märkte um Oaxaca

Oaxaca besitzt zwar viele Kunsthandwerksläden, aber besonders schön ist es, direkt bei den ›Produzenten‹ in jenen *Indígena*-Dörfern einzukaufen, die einmal pro Woche ihren Markttag abhalten und spezielle Produkte feilbieten. Einen überragenden Ruf genießen beispielsweise die Webarbeiten aus Teotitlán del Valle ebenso wie die grün glasierte Keramik aus Santa María Atzompa sowie die Teller, Krüge und Figuren aus schwarz poliertem Ton von San Bartolo Coyotepec. Bei der Auswahl und zeitlichen Planung von Ausflügen in die Orte sollte man die jeweiligen **Markttage** berücksichtigen: Mo: Teotitlán del Valle (Teppiche, Webarbeiten), Di: Santa Ana de Valle (Produkte aus Wolle), Santa Maria Atzompa (grüne, lasierte Töpferware), Mi: Etla (Käse und Lebensmittel), Do: Zaachila (13 km südlich, Viehmarkt), Fr: Ocotlán (33 km südlich, Keramik, Leder), So: Tlacolula (30 km östlich, bunter indigener Markttag).

Verkehr

Busse: mehrmals tgl. ab Oaxaca, Autobuses Turisticos, Hotel Mesón del Ángel (Mina 518, Tel. 516 53 27).

Ausflüge von Oaxaca

Ixtlán de Juárez ▶ 1, K 5

In nördlicher Richtung (55 km auf der MEX 175) gelangt man in das Dorf Ixtlán de Juárez, das von sich reden machte, weil in der dortigen **Kirche Santo Tomás** aus dem 17. Jh. Benito Juárez getauft wurde. Das Taufbecken ist aus einem rosa schimmernden Steinblock gefertigt, die Altäre bestehen aus poliertem Edelholz.

Santa María Atzompa ▶ 1, J 5

6 km nordwestlich von Oaxaca auf der MEX 190, dann weitere 3 km ab einem Abzweig nach Westen erreicht man Santa María Atzompa. Der Ort ist bekannt für seinen **Dienstagsmarkt** und ein Muss für den Kauf

Tipp: Ökotourismus rund um Oaxaca

Die Tourismusbehörde des Staates Oaxaca versucht mit unterschiedlichen Maßnahmen, die touristische Entwicklung zu fördern. Der größte Teil des beträchtlichen Besucherstroms kommt für wenige Tage in die Stadt Oaxaca, übernachtet dort und unternimmt Ausflüge nach Monte Albán und Mitla.

Einige wenige besuchen die kleineren archäologischen Stätten, wie z. B. Yagul, und eventuell ein oder zwei der von Kunsthandwerksproduktion lebenden *Indígena*-Dörfer, wie z. B. Zimatlán de Alvarez. Die Touristendevisen verteilen sich nur auf einen Radius von 20 km um Oaxaca-Stadt.

Um diesen Nachteilen entgegenzuwirken, hat man in einigen, landschaftlich besonders schön gelegenen Dörfern kleine Informations- und Übernachtungshäuser gebaut, sogenannte *unidades ecoturísticas,* Ausgangspunkte für **Wanderungen** in die umliegenden Berge, Wälder und Täler, für **Klettertouren** und **Vogelbeobachtung:** San Sebastián Abasolo, Santa Cruz Papalutla, Teotitlán del Valle, Benito Juárez, Santa Ana del Valle, Tlacolula de Matamoros, San Marcos Tlapazola, San Bartolomé de Quialana, San Lorenzo Albarradas. Die in einstöckigen weißen Häusern mit rotem Ziegeldach im landestypischen Stil errichteten Unterkünfte erkennt man an ihrer Aufschrift ›Tourist Yu'u‹.

Die Bemühungen beschränken sich nicht nur auf die Täler um die Stadt Oaxaca, sondern beziehen auch die Region zwischen der Stadt und der Pazifikküste ein, die von dem alten **Camino Real** durchzogen wird. Auf dieser Maultier-Route, die die Spanier im 16. Jh. anlegten, transportierten sie ihre Beute – Edelmetalle und Agrarprodukte – zu den Schiffen und versorgten sich selbst mit Gütern aus Spanien. Auf diesem Weg können heute Touristen auf dem Rücken von Pferden (und Maultieren) die einzigartige Natur der **Sierra Madre del Sur** genießen.

Nördlich von Pochutla hat man das **Naturschutzgebiet Paraíso Primavera** eingerichtet: 1000 ha Dschungel und alter Nadelwald, Paradies für Ornithologen und Tierliebhaber. Besucher übernachten auf dem Campingplatz oder in 14 einfachen Holzcabins, die in zwei unterschiedlichen Bereichen gebaut wurden. Sogar für Sporteinrichtungen hat man gesorgt.

Information und Reservierung bei der Secretaria de Desarrollo Turístico, Av. B. Juárez 703, www.oaxaca.travel, Oaxaca, Tel. 951 516 01 23, Fax 516 09 84.

---

der herrlichen grün glasierten Töpferwaren, die hier feilgeboten werden. Von einem Hügel beim Dorf hat man einen schönen Ausblick auf eine Reihe von archäologischen Fundstätten (Erdhügel).

Cuilapán de Guerrero ▶ 1, J 6

Am Südhang des Monte Albán, 13 km südwestlich von Oaxaca, liegt Cuilapán de Guerrero, ein alter, mixtekisch geprägter Ort, der während der spanischen Eroberung die bedeutendste Siedlung der Mixteken im Tal von Oaxaca war. Heute erinnern daran nur noch ein paar Ruinen (sie liegen südlich des Dorfes am Flussufer). Ein unvollendet gebliebenes **Dominikaner-Kloster** aus dem Jahre 1555 liegt auf einem Hügel nahe der Ortschaft. Der dazugehörigen Basílica Santiago Apostol fehlt das Dach. Sehenswert sind die verblassten Fresken und das Taufbecken sowie das Grab einer zum Christentum bekehrten Zapoteken-Fürstin. Der mexikanische Freiheitskämpfer Vicente Guerrero wurde in dieser Kirche vor seiner Hinrichtung 48 Stunden gefangen gehalten – ein Marmordenkmal erinnert an diese Begebenheit (tgl. 9–17 Uhr, Eintritt 35 Mex$).

Zaachila ▶ 1, J 6

Zaachila, die letzte Hauptstadt der Zapoteken (1100–1521) vor der Eroberung und Unterwerfung durch die Spanier, liegt an der Eisenbahnstrecke von Oaxaca nach Ocotlán, 18 km südlich von Oaxaca (MEX 175) und

5 km südlich von Cuilapán. Archäologen entdeckten in den 1960er-Jahren zwei **zapotekische Kammergräber** mit mixtekischen Grabbeigaben (Gold-, Silber- und Jadeschmuck, heute im Museo Antropológico in Mexiko-Stadt zu sehen). Eindrucksvoll sind die zwei steinernen Jaguar-Darstellungen am Eingang eines der Gräber, in der Vorkammer die Eulen aus Stuck sowie die Fresken der Hauptkammer (tgl. 8–17 Uhr, Eintritt 35 Mex$).

Das Zentrum des antiken Zaachila bildete vermutlich der heutige Zócalo des Dorfes, an dem noch (verfallene) Überreste von sechs Monolithen zu sehen sind. Von den Spaniern wurden Teile davon sowie Baumaterial der alten Zapoteken-Siedlung für die Errichtung ihrer Gebäude verwendet. Die Pfarrkirche des Dorfes (18. Jh.) zeigt mehrere von den Zapoteken bearbeitete Steine.

Zimatlán de Álvarez / San Bartolo Coyotepec ▶ 1, J 6

Zimatlán de Álvarez, 24 km südlich von Oaxaca (MEX 131) in fruchtbarer Umgebung gelegen, ist ein Dorf, das Touristen wegen seines farbenprächtigen **Mittwochsmarktes** besuchen. Zentrum für Oaxacas begehrte schwarz-glänzende Töpferwaren ist San Bartolo Coyotepec. In unterirdisch betriebenen Öfen färbt Rauch die Krüge und Vasen metallisch schwarz. Die Töpferwaren werden überall im Dorf gehandelt und finden mittlerweile sogar ihren Weg in europäische und US-amerikanische Galerien.

Termine

Fiesta San Lorenzo: Höhepunkt des dörflichen Festkalenders ist der 10. August, der mit Tänzen und Trachtendarbietungen gefeiert wird.

Indígena-Dörfer auf dem Weg nach Mitla

Der Weg ins östlich gelegene Mitla führt vorbei an indianisch geprägten Dörfern, in denen man Kunsthandwerk und Souvenirs erstehen, aber auch die Schönheit der Natur bewundern und kleinere archäologische Stätten besichtigen kann.

Santa María El Tule und Dainzu ▶ 1, K 5

Der erste Stopp empfiehlt sich in **Santa María El Tule** (12 km östlich von Oaxaca an der MEX 190). Wahrzeichen des kleinen Ortes ist ein *ahuehuete*, eine (angeblich) 2000 Jahre alte Sabino-Zypresse mit einem Umfang von 50 m und einer Höhe von 42 m, deren Äste zu bizarren Figuren verwachsen sind (tgl. 8–17 Uhr, Eintritt 35 Mex$).

Nächster Halt auf dem Weg nach Mitla ist **Dainzu**, 21 km östlich von Oaxaca an der MEX 190, dann Abzweig rechts (1 km): eine archäologische Stätte, 1965 erforscht und seit 1970 ausgegraben, malerisch in den Hügeln gelegen. Die Siedlung wurde ab 750 v. Chr. (Archäologen zufolge auch ab 400 v. Chr.) für annähernd ein halbes Jahrtausend bewohnt. Vermutlich waren Olmeken die ersten Siedler, die Dainzus strategisch günstige Lage zwischen dem Oaxaca-Tal und dem Isthmus von Tehuantepec schätzten.

Gebäude A an der Ostseite der Anlage, eine treppenähnliche Konstruktion, die vermutlich religiösen Zwecken diente, besteht aus insgesamt vier Plattformen mit großen steinernen Platten. Die unterste Plattform zeigt Reliefs, vermutlich Ballspieler. Gebäude B im Zentrum der Stätte besitzt große, durch eine Treppe verbundene Räume. An der Nordostseite bewacht ein eingravierter Jaguar den Zugang zu einem Grab. Südlich des Gebäudes findet man Mauerreste, die den eingravierten Schriftzeichen zufolge zu den Gräbern gehören. Ein Ballspielplatz begrenzt die Anlage im Südwesten; er wurde bisher nur an der Südseite restauriert und ist jünger als die übrigen Bauwerke (tgl. 9–17 Uhr, Eintritt 35 Mex$).

Einkaufen

Kunsthandwerk ▶ **Artesanías indígenas:** Santa María El Tule, Kunsthandwerksartikel der Einheimischen sind zu festen und fairen Preisen zu erstehen, tgl. 9–18 Uhr.

335

La Fortaleza

0   20   40 m

N

Palacio de los
seis Patios

Patio

Sala de
Consejo

Juego de Pelota

P

Patio

Patio d. l.

Adoratorio

Patio

Termine

Fiesta Virgen de la Asunción: Vom 5. bis 11. Aug. bildet die Sabino-Zypresse den Mittelpunkt des Festes. Der Baum und die daneben liegende Kirche werden mit bunten Bändern und Lichtern geschmückt, aus den umliegenden Dörfern reisen viele indigene Familien an.

Teotitlán del Valle ▶ 1, K 5

Das ›Dorf der Weber‹ wird Teotitlán del Valle genannt (24 km östlich von Oaxaca an der MEX 190, eine Abzweigung links führt auf einer Schotterstraße zum 4 km entfernten 4000-Einwohner-Dorf). Die alte Zapoteken-Siedlung ist im ganzen Land berühmt für ihre kunstvollen Textilien. In Heimarbeit fertigen die Frauen Schulterumhänge, sogenannte *sarapés,* sowie Webteppiche in kräftigen Farben nach traditionellen, aber auch modernen Mustern an. Nur noch wenige Webwaren sind mit Naturfarben gefärbt, welche die Frauen in früheren Jahren aus organischen Stoffen wie Pilzen, Blättern, Muscheln und zu Pulver zerstoßenen Läusen gewannen.

Einkaufen

Kunsthandwerk ▶ **Mercado de Artesanías:** An unzähligen Ständen und zu festen Preisen werden die berühmten Textilien angeboten, tgl. 9–19 Uhr.

Lambityeco und Tlacolula
▶ 1, K 6

Nach weiteren 5 km folgt eine Abzweigung nach rechts zu einer archäologischen Anlage: **Lambityeco,** eine Siedlung und Kultstätte der Zapoteken. Ein Besuch des um 600 n. Chr. gegründeten Ortes empfiehlt sich auch deshalb, weil ihn kaum Touristen besuchen. Die zu ihrer Blütezeit (700–900 n. Chr.) 3000 Einwohner zählende Siedlung, deren Bewohner von der Salzproduktion lebten, wurde 1961 bis 1976 ausgegraben. Beachtung verdienen sowohl die hervorragend erhaltenen Stucksculpturen des zapotekischen Regengottes Cocijo als auch die Wandmalereien im Inneren verschiedener Gräber. Bis jetzt wurden Reste zweier Gebäudekomplexe ausgegraben: die Wohnlagen der Herrscher, die sich um Innenhöfe gruppieren (ein Altar des Regengottes liegt an der Rückseite des Palastes), sowie die Grundmauern der Wohnräume und Kultanlagen der im südlichen Palast lebenden Priester (tgl. 9–17 Uhr, Eintritt 35 Mex$).

Das typische *Indígena*-Dorf **Tlacolula** mit einem gut besuchten Sonntagsmarkt erreicht man nach weiteren 3 km auf der MEX 190. In verschiedenen Varianten angeboten wird der in der Gegend hergestellte Agavenschnaps Mezcal. Sehenswert ist die Dorfkirche mit Seitenkapelle, der Capilla del Santo Cristo mit einem Silberaltar aus dem 17. Jh.

Yagul ▶ 1, K 6

Karte: oben
Etwa 15 km von Mitla entfernt (37 km östlich von Oaxaca an der MEX 190, 1,5 km lange Abzweigung nach links) liegt inmitten einer Agaven- und Kakteenlandschaft die hoch gelegene Kultstätte der Zapoteken und Mixteken Yagul, die bereits um 600 v. Chr. besie-

delt war. Die erhalten gebliebenen Gebäude stammen jedoch überwiegend aus der Zeit 900–1200 n. Chr., einer Übergangsepoche, während der die Bedeutung der Mixteken zunahm und die Macht der Zapoteken zurückging. Nicht mehr (wie noch in Monte Albán) die Errichtung von Pyramiden und Heiligtümern stand im Vordergrund der baulichen Aktivität, sondern der Bau von Palästen und Wohnvierteln, die für höhere Würdenträger bestimmt waren. Die sich auf zwei Ebenen und über zahlreiche Treppen erstreckende Anlage wird von den Ruinen einer auf dem Hügel gelegenen Festung (La Fortaleza) überragt. Typisch für Yagul sind die um quadratische Patios angeordneten, lang gestreckten Gebäude. Schönstes Beispiel: der **Palacio de los seis Patios** (Palast der sechs Höfe) im Norden der unteren Anlage. Die rechteckige Palastanlage (60 x 80 m) wurde aus großen Steinblöcken zusammengefügt. Die teilweise durch Säulen miteinander verbundenen Wohntrakte gruppieren sich um sechs Lichthöfe. Bei dem südöstlich der Sala del Consejo (Versammlungshalle) liegenden Ballspielplatz handelt es sich um den größten im Oaxaca-Tal (tgl. 9–17 Uhr, Eintritt 42 Mex$).

Mitla ▶ 1, K 6

Karte: S. 338

In einem weiten Tal erwartet den Besucher diese alte Kultstätte der Zapoteken, von den Mixteken zu einer Stätte der Priester und der Toten ausgebaut. In vollkommener Schönheit erstrahlen die mit geometrischen Mosaiken versehenen Bauwerke, die durch Licht- und Schatten jeden Tag neu zum Leben erwachen. Der Name Mitla bedeutet in Náhuatl Ort der Toten, eine an Micatlán angelehnte Bezeichnung, einst die mythische Heimat der Mixteken. ›Liobaa‹ (Ort des Begräbnisses) hieß die Stätte bereits bei den hier zuvor siedelnden Zapoteken. Archäologische Funde in den (geplünderten) kreuzförmigen Gräbern bestätigen die Funktion des Ortes.

Einzigartig ist in Mitla die ornamentale Gestaltung der Architektur, die eine besondere Variante mixtekischer Mosaiklegerei demonstriert: Aus Steinplatten meißelten die Künstler kleinere sowie größere Flächen heraus, sodass beim Betrachter der Eindruck eines mosaikartigen Musters entsteht. Die hier verwendeten Motive sind – und das ist die zweite Besonderheit – alle geometrischer

Ein Ausflug nach Mitla steht für die meisten Touristen auf dem Programm

Mitla

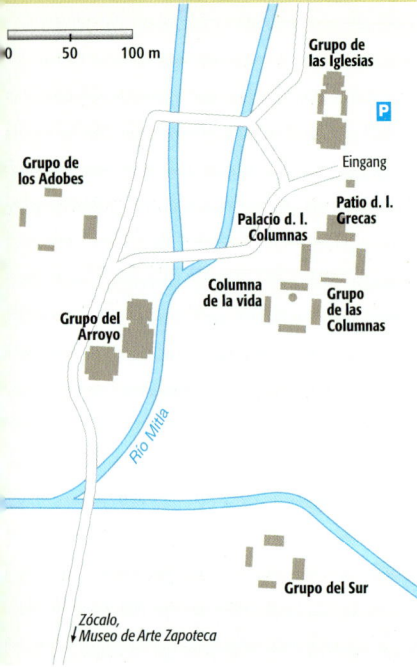

Zócalo,
↓ Museo de Arte Zapoteca

Art. 16 stilistische Varianten sind nachzuweisen, vorherrschend ist dabei der Stufenmäander.

Bereits 100–650 n. Chr. wurde Mitla von Zapoteken besiedelt. Die Stätte gewann jedoch erst an Bedeutung, nachdem Monte Albán im 10. Jh. verlassen wurde und sie zum Kontrollpunkt des Oaxaca-Tals avancierte. Hieroglyphen und Grabbeigaben verweisen auf einen mixtekischen Einfluss um die Zeit vor der spanischen Eroberung. Wahrscheinlich übernahmen Mixteken aus Puebla und Cholula im 14. Jh. die alte Zapoteken-Stätte, um hier ihre Toten zu bestatten. Als die Spanier 1521 einfielen, lebten immer noch Menschen in den Palästen von Mitla.

Besichtigt werden können fünf Baukomplexe am Río Mitla, am Rande des heutigen kleinen Dorfes. Die besterhaltene Anlage ist der **Palacio de las Columnas** (Palast der Säulen) im Osten der Stätte, mit Ornamenten, die aus annähernd 100 000 sorgfältig behauenen Steinen zusammengesetzt wurden.

Der ursprünglich nur dem Hohen Priester zugängliche Palast gilt als bedeutendstes Gebäude der Stätte. Von zwei großen Patios gehen Kammern ab, an deren Wänden die für Mitla typische Ornamentik in ihrer ganzen Pracht erhalten blieb. Zwei Grabkammern (Kreuzform) liegen im südlichen Innenhof. Eine breite Treppe führt zum nördlichen Patio auf eine Plattform mit sechs mächtigen Steinsäulen, die dem Palast seinen Namen gaben und früher vermutlich auch das Dach trugen. In einer unteren Kammer des Palastes steht die **Columna de la Muerte** (Säule des Todes). Der mexikanische Fremdenführer weiß von ihrer Funktion als Orakel zu berichten: Der Teil der Säule, den man beim Umarmen nicht erreicht, gibt die noch verbleibende Lebensspanne an. Neben dem Parkplatz außerhalb des umzäunten Geländes befinden sich die Überreste des Tempels – **Grupo de las Iglesias** –, der einst den nördlichen Abschluss der Kultstätte bildete. Aus seinen Steinen errichteten die Spanier auf dem südlichen Patio eine Kirche als Demonstration der neuen Macht in Mitla. Erhalten geblieben sind ein Hof mit umliegenden Räumen, deren Wände mit mixtekischen Mosaiken und verblassten Fresken dekoriert sind.

Von den übrigen Gebäuden der Zapoteken stehen nur noch wenige Mauerreste, als Tempel oder Wohnanlagen nicht mehr zu erkennen, beispielsweise die **Grupo del Sur** im Süden, jenseits des trockenen Flussbettes, die einen Patio besaß, um den sich diverse Kammern gruppierten. Die **Grupo de Arroyo** (Bachgruppe), an der Westseite in der Nähe der Straße, umfasste zwei Innenhöfe mit Plattformen und rechteckigen Kammern. Ebenfalls an der Westseite (nordwestlich der Bachgruppe) liegt die einst einen Hof mit anliegenden Kammern umfassende **Grupo de los Adobes** (archäologische Stätte tgl. 8–17 Uhr, Eintritt 42 Mex$).

Einen Besuch lohnt das private **Museo de Arte Zapoteca** (im Dorf an der Bushaltestelle des Kirchenplatzes), das über Geschichte und Kultur der Zapoteken informiert. Die Räume gruppieren sich um einen Patio mit Restaurant (tgl. 9–21 Uhr, Eintritt 37 Mex$).

Chiapas

Chiapas, Mexikos südlichster Bundesstaat, geografisch bereits zu Mittelamerika gehörend, verspricht Wege abseits der üblichen Reiserouten. Reißende Flüsse und tiefe Schluchten prägen das gebirgige Hochland, die tropische Vegetation begünstigt den Anbau von Kaffee und Kakao, deren Plantagen sich in die Landschaft erstrecken.

Einige der schönsten Naturparks Mexikos liegen in Chiapas, darunter der Cañón del Sumidero und die Wasserfälle von Agua Azul. Die weniger gut ausgebauten Straßen, während der Regenzeit oft unpassierbar, sowie die bislang schwach entwickelte touristische Infrastruktur ziehen besonders jene Besucher an, die sich in erster Linie für diese Naturschönheiten interessieren.

Chiapas ist *Indígena*-Land, Heimat von fast 1 Mio. Maya (etwa ein Viertel der 3,9 Mio. Einwohner des Bundesstaates), die in kleinen Siedlungen ihr von der Außenwelt abgeschnittenes Leben führen. Und nach wie vor gilt, dass Chiapas einer der ärmsten Staaten der mexikanischen Republik ist. Zudem bedroht die seit Jahrzehnten anhaltende Abholzung ernsthaft den tropischen Regenwald. Seit jeher leidet der Staat auch unter Auseinandersetzungen zwischen Großgrundbesitzern und Landarbeitern, vornehmlich *indígenas,* die am Rande des Existenzminimums leben, eine Situation, die 1994 eskalierte und Ende der 1990er-Jahre erneut in die Medien geriet (s. S. 342).

Als die spanischen Eroberer 1528 Chiapas unterwarfen und die heutigen Städte San Cristóbal de las Casas und Chiapa de Corzo gründeten, waren die alten Maya-Zentren bereits verlassen. Die im 19. Jh. wiederentdeckten und dem Dschungel entrissenen Ruinenstädte gehören zu den eindrucksvollen Zeugnissen präkolumbischen Lebens. Vieles bleibt jedoch auch heute noch ein Geheimnis.

Tuxtla Gutiérrez und Umgebung ▶ 1, N 6

Tuxtla Gutiérrez, die Hauptstadt von Chiapas (450 000 Einw). in 530 m Höhe, durch Erdöl und Landwirtschaft reich und ansehnlich geworden, versucht heute, Anschluss an den Tourismus zu gewinnen. Man strengt sich an, denn die meisten Touristen landen zwar auf einem der beiden Flughäfen der Stadt, fahren jedoch meist sogleich weiter nach Chiapa de Corzo (17 km), zum Cañón del Sumidero (22 km) oder nach San Cristóbal de las Casas (85 km), die den natur- und kulturinteressierten Besuchern mehr zu bieten haben als die weitgehend moderne Hauptstadt mit ihrem heißen Klima.

Die Hauptstadt

Gegen die Konkurrenz will man sich in Tuxtla mit einigen Skulpturen und Gemälden aus der Kolonialzeit behaupten, rühmt sich des großen **Zoos** (Tuxtla Zoomat), in dem zahlreiche der in Chiapas heimischen Tierarten leben, und der Nähe zum Río Grijalva mit dem Cañón del Sumidero.

Das **Museo Regional de Antropología e Historia** in der Calzada de los Hombres Ilustres 885 zeigt Fundstücke aus dem Staat Chiapas mit dem Schwerpunkt Maya-Kultur (Di–So 9–18 Uhr, 46 Mex$). Der hübsche **Jardín Botánico Dr. Faustino Miranda,** der wie das Museum ebenfalls in der Calzada des los Hombres Ilustres liegt, ist ein botanischer Park, in dem verschiedene subtro-

pische sowie tropische Pflanzenarten gedeihen (Di–So 9–17 Uhr).

Infos

Vorwahl Tuxtla Gutiérrez: 961
Oficina de Turismo: Blvd. Andrés Serra Rojas 1090, Paso Limón, Tel. 617 05 50, 01 800
280 35 00, Fax 602 50 74, www.turismochia-
pas.gob.mx, Mo–Fr 8–18, Sa/So 8–16 Uhr.

Übernachten

Beschaulicher Luxus ▶ Holiday Inn: Blvd.
Dr. Belisario Domínguez km 1081, Tel. 617 10
00, Fax 617 10 08, www.ichotelsgroup.com;
in ruhiger Lage außerhalb des Zentrums, im
arabischen Stil mit geschmackvollem Patio,
120 Zimmer, ab 75 US-$.

Zufriedene Gäste ▶ Bonampak: Blvd. Dr.
Belisario Domínguez 180, Tel. 602 59 25, Fax
602 59 14, hotbonam@prodigy.net.mx; traditionsreiches Haus, dekoriert mit Kopien der
Malereien von Bonampak, ab 68 US-$.

Essen & Trinken

**Mexikanische Küche & Musik ▶ Las Pi-
chanchas:** Av. Central Oriente 837, Tel. 611
11 39, www.laspichan chas.com.mx; tgl. 12–

Tipp: Tanz im Garten

Der **Jardín de Marimba von Tuxtla Gutiérrez** (Av. Central Oriente, 8 Blocks westl. des
Zócalo) mit weißem schmiedeeisernem Pavillon wird von Palmen und Jacarandas gesäumt, zwischen Blumenrabatten stehen Sitz-
bänke. Abends beginnt das Leben. Mehrere
Männer spielen gleichzeitig an einer großen
Marimba, eine Musikkapelle aus Trompete,
Gitarre und Saxophon spielt Tango, Rumba
und Cha-Cha-Cha. Die Bevölkerung gruppiert
sich um eine Tanzfläche. Kinder laufen mit
Luftballons herum, Schuhputzer wienern die
Stiefel ihrer Kundschaft. Am schönsten sind
die Tanzpaare: Gerader Rücken, sicherer
Schritt, Hand in Schulterhöhe – man sieht,
dass sie schon lange dabei sind. Einige Paare
sprechen kein Wort miteinander, andere sind
verliebt und zärtlich.

---

24 Uhr; prächtiges Haus mit vielen regionalen Spezialitäten, Marimba-Musik, Volkstänze, Menü ab 105 Mex$.

Termine

Festival Internacional de Marimbistas:
Juni; Fest unter Beteiligung von Marimba-
Spielern aus ganz Lateinamerika.

Verkehr

Flughafen: der kleine städtische liegt am
Westrand der Stadt, der neue 30 km weiter
westlich. Flüge enden auf beiden. Tgl. nach
Oaxaca, Villahermosa, San Cristóbal, nach
Mexiko-Stadt. **Aeroméxico:** Blvd. Belisario
Dominguez 302, Local 11, Plaza Bonampak,
Tel. 121 43 79.

Busbahnhof: 5a Av. Norte Poniente 859,
Plaza las Américas. Stdl. nach San Cristóbal,
Villahermosa, 4 x tgl. nach Tapachula, Oa-
xaca. **Cristóbal Colón:** Tel. 612 51 22. **ADO:**
Tel. 612 26 24.

9 Cañón del Sumidero
▶ 1, N 5/6

Karte: rechts

Für Reisende erstes Ziel ist zumeist **Chiapa
de Corzo,** 1528 als erste Siedlung der Konquistadoren in Chiapas gegründet. Die Kirche
Santo Domingo stammt aus dem 16. Jh. und
gilt in Chiapas als besonders gut erhalten.
Von der frühspanischen San-Sebastián-
Kirche sind nur Ruinen übrig geblieben. An-
ziehungspunkt des Städtchens ist zweifellos
der Brunnen auf der **Plaza Principal,** im Mudéjar-Stil errichtet. An der Plaza liegt auch
das kleine **Museo de la Laca,** das Lackmu-
seum, in dem lokales Kunsthandwerk sowie
aufwendige Lackarbeiten ausgestellt sind. In
einer angeschlossenen Werkstatt wird die
Kunstfertigkeit demonstriert. Ebenfalls zu
sehen ist eine Sammlung antiker Masken
(Di–So 10–17 Uhr, Eintritt frei).

Ausruhen lässt es sich in angenehmer Atmosphäre in einem der überdachten Restaurants und Cafés am Ufer des Río Grijalva.
Für Besucher ist die hübsche Kolonialstadt

Cañón del Sumidero

Chicoasén

Staudamm Chicoasén

Osumacinta

Staudamm-See Chicoasén
(Presa Chicoasén)

Cañón de Muñiz

El Jardín

Cascada Àrbol de Navidad

San Fernando

Cañón Río Grijalva

Parque Nacional
El Sumidero

Cascada Grande

El Cordón de Plata
El Castillo

Mirador El Tepehuaje

La Gran Curva

Mirador Los Chiapas

Cueva del Silencio

del

El Escudo

Mirador La Coyota

La Cueva del Hombre

Mirador la Ceiba

Berlin

Sumidero

El Sabinal

MEX 190

Tuxtla Gutiérrez

San Cristóbal de las Casas

Puente Belisario

Embarcadero Cahuare

Chiapa de Corzo

MEX 190

2   4 km

Embarcadero Chiapa de Corzo

Ausgangspunkt einer Bootsfahrt in den **Ca-ñón del Sumidero,** eine faszinierende Welt steil aufragender Felswände. Die rund drei-stündige Tour beginnt recht unspektakulär, doch nach und nach ändert sich die Szene-rie, wird sie dramatisch. Felswände scheinen auf den Fluss zu stürzen, ragen schließlich bis zu 1000 m hoch in den Himmel. Raub-vögel ziehen ihre Kreise, ein Wasserfall ver-breitet Sprühnebel über die mit dichtem Grün bewachsenen Felswände. Mehrere ge-heimnisvolle Höhlen lassen sich besuchen, und nach jeder Biegung des Flusses wartet ein neues Naturschauspiel. Der einheimi-

Zur Situation der Menschenrechte in Chiapas

Besetzung von Dörfern durch die zapatistische Befreiungsarmee, Gegenangriffe der mexikanischen Armee, Übergriffe von Soldaten auf die sympathisierende Bevölkerung – solche Schlagzeilen gingen um die Welt. Obwohl sich die Situation beruhigt hat, schwelt der Konflikt weiter und eine Lösung ist nicht in Sicht.

Um die Auseinandersetzung zwischen der mexikanischen Regierung und der Nationalen Zapatistischen Befreiungsarmee (EZLN) besser zu verstehen, muss man sich zuerst noch einmal einige grundlegende Daten über den Bundesstaat Chiapas in Erinnerung rufen.

Chiapas ist seit 1824 der südlichste Staat Mexikos, er grenzt an Guatemala und Belize. Mit 74 000 km² ist seine Fläche so groß wie Bayern und Baden-Württemberg zusammen (4 % des Gesamtstaatsgebietes). Von seinen ca. 3,5 Mio. Einwohnern (4 % der mexikanischen Gesamtbevölkerung) sind 2,7 Mio. *indígenas;* damit besitzt Chiapas den größten Anteil indigener Bevölkerung Mexikos. Zwei Drittel dieser Bevölkerung sind in der Landwirtschaft tätig, die Hälfte des mexikanischen Kaffees kommt aus Chiapas. Chiapas verfügt über große Wasserkraftressourcen, besitzt Erdöl, Uran und Holz. Aber zwei Drittel der Bevölkerung sind unter- und fehlernährt und leben unterhalb der Armutsgrenze. In Chiapas gibt es die höchste Kindersterblichkeit und die schlechteste Gesundheitsversorgung. Im innermexikanischen Vergleich gilt Chiapas als der ärmste, unterentwickeltste und marginalisierteste Bundesstaat. Die EZLN kämpft seit 1994 mit zivilen Aktionen für bessere Lebensbedingungen der Bauern und für ihre politische Selbstverwaltung.

Ihr Ziel ist nicht die politische Machtübernahme im Staat, sondern der demokratische Aufbau einer Zivilgesellschaft. Internationales Ansehen erreichen die Zapatisten deshalb, weil sie dabei auf Waffen verzichten. Die mexikanische Revolution mit ihren zentralen Bestimmungen zur Landverteilung und den Rechten der Arbeiter ist in Chiapas nie richtig umgesetzt worden. Eine echte Landreform scheiterte an den alten Besitz- und Sozialstrukturen und weil die zuständigen Institutionen weitgehend von den lokalen Eliten korrumpiert und vereinnahmt werden, die zudem auch auf allen politischen Ebenen mit dem PRI-Apparat verquickt waren.

Einher mit der ungleichen Besitzverteilung ging schon immer Gewalt. Die meisten Großgrundbesitzer unterhielten eine Art bewaffnete Privatpolizei, die unbequeme Landarbeiter ermordete oder sie an der Flucht von den Ländereien hinderte. Denn die indigenen Arbeiter und Arbeiterinnen, die meist nicht einmal Spanisch sprechen, geschweige denn lesen und schreiben konnten, wurden von den Besitzern in einer Art Leibeigenschaft gehalten. Der größte Teil des kümmerlichen Lohns wurde als Miete für bereitgestellte Wohnbaracken einbehalten, der Rest meist als Gutscheine ausbezahlt, die nur in einem völlig überteuerten Laden auf dem Landgut eingelöst werden konnten.

Tragischer Höhepunkt dieser Militärpräsenz in Chiapas war das Massaker von Acteal am 22. Dezember 1997, bei dem 45 Anhänger der pazifistischen Organisation Las Abejas (Die Bienen) ermordet wurden. Seit 1995 widmet sich das Menschenrechtszentrum Fray Bartolomé de las Casas der Diözese von San Cristóbal der Dokumentation von Menschenrechtsverletzungen in Chiapas. Es ist bestrebt, in möglichst vielen Dörfern ›zivile Friedenscamps‹ einzurichten, in denen sich mehrere nationale und internationale Menschenrechtsbeobachter jeweils für zwei bis vier Wochen aufhalten. Neben der Dokumentation der Menschenrechtssituation vor Ort dient der Aufenthalt von Beobachterinnen und Beobachtern auch der tätigen Unterstützung der neuen indigenen Zivilgesellschaft. Akzeptiert werden aber nur Beobachterinnen und Beobachter, die zuvor von einer Partnerorganisation ausgewählt und auf ihren Einsatz vorbereitet worden sind.

Seit der Amtsübernahme des mexikanischen Präsidenten Vicente Fox im Dezember 2000 hatten sich die Arbeitsbedingungen für die internationalen Menschenrechtsbeobachter deutlich verbessert. Unter Präsident Calderon (seit 2006) hat sich daran nichts geändert. Doch die starke Militärpräsenz ist weiterhin deutlich zu spüren. Weil sich zudem an den sozialen Bedingungen strukturell wenig geändert hat, ist die Arbeit der internationalen Menschenrechtsbeobachter in Chiapas weiterhin mehr als sinnvoll.

Wer Interesse hat, an einem der Campamentos Civiles por la Paz teilzunehmen, um als ›Beobachter‹ des mexikanischen Menschenrechtszentrums Fray Bartolomé de las Casas in Chiapas zu arbeiten, wende sich an: Carea e. V., Haus der Demokratie und Menschenrechte, Greifswalder Str. 4, 10405 Berlin, Tel./Fax 030-42 805 666, www.buko.info/carea.

Der Befreiungskampf der EZLN findet auch in der Volkskunst Niederschlag

343

Chiapas

sche Bootsführer erinnert seine Passagiere an Zeiten, als nach der Zerstörung des Aztekenreiches spanische Eroberer in Chiapas eindrangen, Region und Menschen unterwarfen und einige der besiegten Maya den Sprung in den Cañón als letzten Ausweg sahen, der Versklavung zu entgehen. Wenn die Dämmerung einsetzt, folgen Tausende von Fledermäusen den Booten. Schließlich endet die Bootsfahrt da, wo sie begonnen hat.

Infos
Vorwahl Chiapa de Corzo: 961
Auskunft: im Museo de la Laca (s. S. 340).

Übernachten
Grüne Oase ▶ **La Ceiba**: Av. D. Ruiz 300, Tel. 616 03 89, www.laceibahotel.com; in der Nähe des Zócalo gelegenes, schönes, freundliches Haus mit Restaurant und Pool, ab 600 Mex$.

Essen & Trinken
Einfache Lokale: an der Plaza Central und der Ablegestelle der Cañón-Boote finden sich gute, einfache Restaurants.

Aktiv
Bootstouren ▶ Nach Bedarf werden Touren durch die **Sumidero-Schlucht** angeboten. Die Fahrt (hin und zurück) mit dem Schnellboot (40 Min., 20 Pers.) zum Parkeingang kostet 120 Mex$; der Preis für eine rund 3-stündige Tour mit kleinerer Gruppe beträgt je nach Anzahl der Passagiere im Boot 400–500 Mex$.

Verkehr
Busse: 2.-Klasse-Busse halten an der Plaza Principal, stdl. nach Tuxtla Gutiérrez und San Cristóbal de las Casas.

Über die Panamericana ins Bergland

Von Chiapa de Corzo aus führt die Panamericana (MEX 190) ins Bergland, von den tropischen Temperaturen der Küstenebene in die *tierra fría*. Nächster Stopp ist die Abzweigung zum Chorreadero-Wasserfall, etwa 10 km hinter Chiapa de Corzo, die nach 1 km zu dem Wasserfall führt, der hier aus 60 m Höhe aus einer Höhle in die Tiefe stürzt. Schluchten, aber auch grandiose Ausblicke bietet die Serpentinenstrecke, die in zwei Stunden hinauf nach San Cristóbal de las Casas führt.

10 San Cristóbal de las Casas ▶ 1, N 6

Cityplan: S. 346
Als Handelszentrum der in den umliegenden Dörfern wohnenden Maya-Angehörigen gilt die 110 000-Einwohner-Siedlung San Cristóbal de las Casas als ›*Indígena*-Hauptstadt‹ des Südens. Tatsächlich dominieren in den Straßen tagsüber die Chamula, Zinacantecos und die Tenejapanecos, jede Gruppe in ihrer eigenen traditionellen Tracht. Sie verkaufen Kochtöpfe, Früchte, Gemüse, manchmal auch Brennholz und Macheten. Bereits in aller Frühe treffen die *indígenas* aus ihren Bergdörfern ein, sie schleppen an langen Stirnriemen voluminöse Bündel oder fahren in der Großgruppe auf dem Pick-up vor. 2137 m hoch liegt San Cristóbal, die Durchschnittstemperatur beträgt 19 °C, nachts kann es empfindlich kalt werden.

In San Cristóbal begeistern sich die Besucher an der Mischung aus kolonialem Stil und *Indígena*-Kultur, und zum Besichtigen laden Kirchen, koloniale Bauten sowie Museen ein. Ganze Häuserfronten sind mit Schatten

Tipp: Übernachten in kolonialem Ambiente

In San Cristóbal finden sich zahlreiche stilvolle Kolonialhotels, oft Posadas genannt, die zu moderaten Preisen Zimmer anbieten. Sogar im **Na Bolom** 5, dem ehemaligen Wohnsitz des berühmten dänischen Forscherehepaares Blom, der heute auch ein Museum beherbergt, kann man wohnen (s. S. 349).

spendenden Arkadengängen versehen, die niedrigen, weiß getünchten Häuser tragen rote Ziegeldächer, gewaltige, mit Nägeln beschlagene Holztüren öffnen sich in stille Innenhöfe. Es lohnt sich, mehrere Tage in der Stadt zu verweilen; unternimmt man Ausflüge zu den umliegenden *Indígena*-Dörfern, kann daraus auch leicht eine komplette Woche werden.

Das Erbe der Geschichte

San Cristóbal wurde 1528 von Diego de Mazariegos als Villa Real de Chiapa gegründet und ist damit eine der ältesten spanischen Siedlungen in der Maya-Region. Der vielerorts als Denkmal nachgebildete Namensgeber, der Dominikaner Fray Bartolomé de las Casas, war zur Mitte des 16. Jh. für zwei Jahre als Bischof in San Cristóbal tätig und setzte sich für die Rechte der zu missionierenden *indígenas* ein. In ausführlichen Berichten schilderte er Kaiser Karl V. die Grausamkeiten der Konquistadoren. 1868 hielt der Ort einem Angriff der Chamula-*Indígenas* stand, bis 1892 war er Hauptstadt des Staates Chiapas. 1926 hielt sich der Schriftsteller B. Traven in der Stadt auf; in einigen seiner Schriften werden San Cristóbal de las Casas und seine Umgebung geschildert.

Probleme gibt es viele; immer wieder klagen die *indígenas,* dass die übermächtige Mestizen-Gesellschaft sie übervorteilt. Die Händler erhalten die schlechtesten Standplätze, als Saisonarbeiter auf den Kaffeeplantagen werden sie mit einem Hungerlohn abgespeist. In Chiapas sind die Landbesitz-Probleme besonders groß, denn hier verfügen eine Hand voll Hacienda-Besitzer über große Flächen des Bodens. Die Parzellen wiederum, die den Tzotziles, Tzeltales und den zehn anderen in Chiapas siedelnden *Indígena*-Stämmen gehören, ernähren kaum die Familien, und steigender Bevölkerungsdruck verschärft die Spannungen.

Besucher bemerken von den Problemen nur wenig, begeistern sich für das ›indianische Flair‹, die lebhafte Atmosphäre. Die einstige Bevorzugung der Stadt durch Rucksacktouristen auf dem ›Gringo-Trail‹ führte zur Etablierung zahlreicher Cafés, in denen Vollkornpasta serviert und amerikanische Zeitschriften gelesen werden. Neben einfachen Unterkünften gibt es in San Cristóbal eine ganze Reihe stilvoller Herbergen in kolonialen Bauwerken.

Zur Orientierung: Bei Eintritt in das Stadtgebiet heißt die Panamericana zunächst Calzada México, später Carretera Panamericana. Die Ost-West-Achse der Stadt bildet die Guadalupe, die Nord-Süd-Achse die Insurgentes (weiter nördlich heißt sie General Utrilla); beide kreuzen sich am Zócalo, der Plaza 31 de Marzo. Im Norden und Westen begrenzt der Río Amarillo die Stadt.

Stadtbesichtigung

Der **Zócalo,** gerahmt von Bäumen und kolonialen Gebäuden, ist Anlaufstelle für Besucher. Während Reiseleiter ihre Gruppen darauf hinweisen, auf Handtaschen aufzupassen und vor dem Fotografieren um Erlaubnis zu bitten, bieten Kinder ihre Freundschaftsbändchen feil, winken Frauen mit Webgürteln. Da die symbolbeladenen und arbeitsaufwendigen Stickereien der traditionellen Handarbeiten von Touristen kaum geschätzt werden, sind vermehrt billigere und einfachere Stücke im Angebot.

Ein Café liegt auf der Rundbühne, an deren Stelle im Jahre 1828 die erste Schule Amerikas gegründet wurde. Eine Touristeninformation unterhält der ebenfalls am Zócalo befindliche, von Arkaden gesäumte **Palacio Municipal** 1 im klassizistischen Stil.

Im ersten Jahr der Stadtgründung wurde die hiesige **Kathedrale** 2 erbaut, die im Inneren mit barocken Altären und mit verziertem Deckengebälk ausgeschmückt ist. Schönstes Bauwerk am Zócalo ist allerdings die auf seiner südlichen Seite liegende **Casa de Diego Mazariegos** 3, ein Palais im plateresken Stil, in dem einst der Stadtgründer residierte. Heute bewohnen die Gäste des Hotels Santa Clara die alten Mauern. Sechs Häuserblocks nördlich der Kathedrale gelegen, leuchtet auf einem Plateau über einem weiten Tal das Honiggelb der **Iglesia de Santo Domingo** 4, umgeben von alten Bäu-

345

men. Die Fassade und der Innenraum sind im aufwendigen mexikanischen Barock- bzw. Rokokostil gestaltet. In der Fassade entdeckt man bei genauerem Hinsehen den Habsburger Doppeladler. Ein kleines **Museo de los Altos de Chiapas** liegt im ehemaligen Klostergebäude der Santo-Domingo-Kirche (Di–So 9–18 Uhr, Eintritt 46 Mex$). Ein weiterer Raum fungiert als Museum für Kunsthandwerk, in dem die *Indígena*-Genossenschaft ›Sna Jolobil‹ Ausstellungen ausrichtet und ihre Produkte verkauft.

Eine der Hauptattraktionen ist der tägliche *Indígena*-Markt **1** nördlich der Santo-Domingo-Kirche an der Av. Gral. Utrilla (s. S.

348). Durch ein Gesetz zwangen einst die Spanier die Eingeborenen, ihre Waren in der neu gegründeten Stadt zu verkaufen, statt sie in ihren Dörfern feilzubieten. Heute schafft der Tourismus den Tzeltales und Tzotziles einen willkommenen Absatzmarkt für ihre Erzeugnisse. Zwar gibt es eine überdachte Halle, jedoch liegen die meisten Marktstände außerhalb.

Traditionelle Heilmethoden und Heilkräuter demonstriert das **Museo de la Medicina Maya** **6**, das auch ein Zentrum für die Entwicklung der Maya-Medizin unterhält, mit Behandlungsangebot (Museum: Av. Salomón González Blanco 10, Mo–Fr 10–18, Sa/So

San Cristóbal de las Casas

Sehenswert
1 Palacio Municipal
2 Kathedrale
3 Casa de Diego Mazariegos
4 Kloster und Kirche
   Santo Domingo
5 Museo Na Bloom
6 Museo de la Medicina
   Maya

Übernachten
1 Casa Vieja
2 Diego de Mazariegos
3 Casa Mexicana
4 Mansión del Valle
5 Rincón del Arco
6 Parador Mexicanos
7 Casa Margarita

Essen & Trinken
1 El Fogón del Jovel
2 La Casa del Pan

Einkaufen
1 Indígena-Markt
2 Sna Jolobil
3 J'Pas Joloviletic
4 Taller Leñateros

Aktiv
1 Centro Cultural El Puente
2 Instituto Jovel

10–16 Uhr; medizinisches Zentrum: Col. Morelos, am Nordende der Utrilla).

Infos

Vorwahl San Cristóbal de las Casas: 967
Palacio Municipal: Plaza 31 de Marzo (Zócalo), Tel. 678 06 60, Mo–Fr 9–17 Uhr.
Información Turística Regional: Insurgentes, Tel. 678 65 70, Mo–Sa 8–18 Uhr, www.mundomaya.com.mx, www.chiapas.gob.mx,
Museum Na Bolom: s. S. 349

Übernachten

Mexikanische Klassik ▶ Casa Vieja 1 :
Ma. Adelina Flores 27, Tel. 678 63 86, Fax 678 68 68, www.casavieja.com.mx; Komforthotel im Kolonialstil, luxuriös, sehr stilvoll, Suiten ab 105 US-$.

Restaurant im großen Innenhof ▶ Diego de Mazariegos 2 : 5 de Febrero 1 und Maria Adelina Flores 2, Tel. 678 08 33, Fax 6 78 08 27, www.diegodemazariegos.com; zwei koloniale Gebäude mit Patio, 80 Zimmer, z. T. mit Kamin, ab 1300 Mex$.

Mit Kunstgalerie ▶ Casa Mexicana 3 : 28 de Agosto 1/Gral. Utrilla, Tel. 678 06 98, Fax 678 26 27, www.hotelcasamexicana.com; von einer europäischen Kunstliebhaberin geführtes Haus mit romantischen Innenhöfen, 55 Zimmer, ab 1500 Mex$.

Koloniale Zimmer ▶ Mansión del Valle 4 :
Calle Diego de Mazariegos 39, Tel. 678 25 82, Fax 678 25 81, www.mansiondelvalle.com; traditionelles Stadthaus mit Patio-Restau-

rant in der Nähe des Zócalo, 65 Zimmer, ab 900 Mex$.

Mit großem ruhigen Garten ▶ Rincón del Arco 5 : Ejército Nacional 66, Tel. 678 13 13, Fax 678 15 68, www.rincondelarco.com; Kolonialhaus aus dem 17. Jh., komplett modernisiert, 32 große Zimmer, teils mit offenem Kamin, sehr empfehlenswert, ab 70 US-$.

Komfortable Mittelklasse ▶ Parador Mexicanos 6 : 5 de Mayo 38, Tel. 678 15 15, Fax 678 00 55, www.hparador.com.mx; modernes Haus am westlichen Stadtrand, wenige Blocks vom Zentrum entfernt, mit Garten sowie Tennisplatz, 24 Zimmer, ab 50 US-$.

Mit Reisebüro ▶ Casa Margarita 7 : Calle Real de Guadalupe 34, Tel. 114 07 00, Fax 678 28 40, www.mundomaya.com.mx/casa margarita; zentrumsnahes Hotel, 22 einfache Zimmer gruppieren sich um einen Patio mit Ziehbrunnen, ab 600 Mex$.

Essen & Trinken

Die genannten Hotels verfügen alle über ein gutes Restaurant.

Regionale Spezialitäten ▶ El Fogón de Jovel 1 : Av. 16 de Septiembre 11, Tel. 678 25 57, www.fogondejovel.com, tgl. 12–14.30 und ab 18 Uhr; bei Reisegruppen wie Individualreisenden beliebtes Restaurant mit Marimba-Musik, große Auswahl mexikanischer Gerichte ab 79 Mex$.

Köstliche Gerichte ▶ La Casa del Pan 2 : im Centro Cultural El Puente, Real de Gua-

Chiapas

Tipp: Sprachschulen in San Cristóbal

Die indigen geprägte Kolonialstadt ist auch bevorzugter (Zweit-)Wohnsitz ausländischer Langzeiturlauber und europäischer Aussteiger. Da ist es nicht verwunderlich, dass sich mittlerweile zahlreiche Sprachschulen etabliert haben. Die Gebühren sind niedrig, die Atmosphäre authentisch. Auch eine Unterkunft bei einheimischen Familien kann vermittelt werden (s. unten).

dalupe 55, Tel. 678 72 15, www.casadel pan.com, Mo–Sa 8–22, So 9–17 Uhr; hier gibt es vegetarische Küche aus ökologisch hergestellten Zutaten, eine Vollwertbäckerei ist angeschlossen; große Auswahl an Kräutertees, Ausschank sowie Verkauf von organisch angebautem Chiapas-Kaffee. Abends Livemusik und Konzerte, im angeschlossenen Laden wird Kunsthandwerk verkauft, Lunch um 50 Mex$.

Einkaufen

Markt ▶ *Indígena*-**Markt 1** : am nördlichen Ende der Av. Gral. Utrilla, Mo–Sa 6–20, So ab 12 Uhr; *indigenas* verkaufen ihre landwirtschaftlichen Produkte an die Bevölkerung der Stadt. Daneben findet man auf dem Markt auch ein großes Angebot an Webarbeiten und Kunsthandwerk.

Textilien ▶ **Drei** *Indígena*-**Kooperativen** bieten in San Cristóbal hochwertige Textilien aus eigener Produktion zum Verkauf an: **Sna Jolobil 2** : im ehemaligen Kloster der Santo-Domingo-Kirche (www.snajolobil.com); **J'Pas Joloviletik 3** (jene, die weben): Gral. Utrilla 43; **Taller Leñateros 4** : Fl. A. Paniagua 54 (www.tallerlenateros.com).

Aktiv

Sprachschulen ▶ **Cultural El Puente 1** : C. Real de Guadalupe 55, Tel. 678 72 15, Mo–Sa 8–22, So 9–17 Uhr. Die Sprachschule betreibt ein Kulturzentrum mit Café-Bar (auch Livemusik), dem vegetarischen Restaurant ›Casa

del Pan‹, einem Kino, Internetcafé (auch WiFi = WLAN-Zone) und einer Kunstgalerie (www.elpuenteweb.com). **Instituto Jovel 2** : Ma. Adelina Flores 21, Tel. Fax 678 40 69, www.institutojovel.com. Beide Schulen bieten Einzelunterricht, Kleingruppen, Kunsthandwerkskurse, Touren.

Termine

Frühlings- und Friedensfest: einwöchige Feiern nach dem Auferstehungstag; mit Umzügen, Paraden, Prozessionen sowie sozialen, kulturellen und sportlichen Ereignissen, auch Stierkämpfen.

Fiesta patronal: 25. Juli; Fest des Stadtpatrons San Cristóbal mit Feuerwerk auf dem San-Cristóbal-Hügel.

Verkehr

Flughafen: Tuxtla Gutiérrez besitzt zwei Flughäfen, von denen gelbe Minibusse nach San Cristóbal (85 km) verkehren. Sie fahren zu den besseren Hotels der Stadt und dann zum Flughafen zurück.

Flugplatz von San Cristóbal: bei km 18 der Ctra. nach Ocosingo; Charterflüge nach Palenque (mit Flug über Agua Azul sowie die archäologische Stätte); 4 Pers. ab 300 US-$.

Mehrere Busbahnhöfe: stdl. nach Tuxtla Gutiérrez sowie 6 x tgl. nach Comitán und Palenque; Cristóbal Colón, Insurgentes/Ecke Panamericana.

Colectivos: Die VW-Busse fahren ab dem Markt von San Cristóbal zu den umliegenden *Indígena*-Dörfern.

Ausflüge in die Umgebung von San Cristóbal

Die Ausflüge führen in einige Bergdörfer der *indígenas,* die alle im Umkreis von weniger als 25 km liegen und besonders zu ihren Markttagen Besucher anlocken. Um keine Feindseligkeiten zu provozieren, sollte unbedingt das Fotografierverbot in einigen Dörfern beachtet werden! Wer ungern auf Fotos verzichten mag, wird in San Cristóbal in mehreren Geschäften fündig.

348

›Königin des Urwalds‹ – Gertrude Duby Blom

Thema

Das Haus des Jaguars, Na Bolom, am Stadtrand von Cristóbal de las Casas ist Museum, Forschungsstätte, Bibliothek und Gästehaus und eng mit dem Namen seiner Gründerin verbunden: Gertrude Duby, die politisch engagierte Schweizerin, die den Nationalsozialisten nur knapp durch die Flucht nach Amerika entkam.

Die Pastorentochter und Frauenrechtlerin war in ihrem Heimatland der kommunistischen Partei beigetreten, in Deutschland engagierte sie sich für die Frauensektion der SPD. Doch als die Nationalsozialisten 1933 die Macht ergriffen, musste Gertrude Duby nach Frankreich emigrieren. Dort war sie weiter politisch aktiv, wurde verhaftet und konnte schließlich nach Amerika auswandern.

Sie machte nach dem Zweiten Weltkrieg durch politische Arbeit in Mexiko-Stadt und dann als Forscherin und Fotografin im mexikanischen Regenwald auf sich aufmerksam. Dort heiratete sie den dänischen Archäologen Frans Blom. In den 1960er-Jahren erwarb sie mit ihm das Anwesen, das alsbald zum angesehenen Studien- und Forschungszentrum für die Maya-Kultur wurde. Blom schuf eine umfangreiche Bibliothek und lagerte einen Teil seiner Ausgrabungsfunde aus dem Maya-Zeremonialzentrum im 3 km entfernten Moxviquil in den Gebäuden. Seine Frau schuf eine Sammlung von rund 50 000 Schwarzweißaufnahmen aus der Selva Lacandona, deren Ureinwohner ihr sehr am Herzen lagen. Teilweise trat sie für eine Agrarreform und die Aufteilung und Nutzung des subtropischen Regenwaldes ein.

1993 starb die ›Königin des Urwalds‹, die sowohl in Mexiko als auch in Europa hohes Ansehen genoss, im Alter von 92 Jahren. Das Zentrum wird heute als gemeinnützige Non-Profit-Organisation geführt, Spenden sind willkommen. Seit 1978 wird auch eine Baum-schule *(Tree Farm)* betrieben, die Pflanzen werden dann zur Wiederaufforstung in die indianischen Gemeinden des Hochlands eingesetzt.

Das schön restaurierte und engagiert geführte Haus ist einen Besuch wert. Fünf Ausstellungsbereiche stehen ganzjährig zur Verfügung, neben archäologischen Exponaten aus Chiapas und religiöser Kunst des 16. bis 19. Jh. können ethnologische Objekte der Lakadonen besichtigt werden. In der Bibliothek können Interessierte Anregungen zur Beschäftigung mit deren Kultur erhalten. Wer eine Übernachtung in San Cristóbal in privater, kulturell anregender Umgebung sucht, bucht eines der 15 zur Verfügung stehenden Gästezimmer. Diese sind in kräftigen Farben gehalten, mit Antiquitäten und kleinen Bibliotheken ausgestattet, jeden Abend entzündet man ein offenes Feuer in den aus Ziegelsteinen gemauerten Kaminen. Nachmittags findet eine Führung in englischer und spanischer Sprache statt. Hier erhält man auch Informationen über die Ausgrabungsstätte Moxviquil, den Regenwald Selva Lacandona, die Lakandon-*indígenas* sowie andere Aspekte der Maya-Kultur. Für junge Leute mit Spanischkenntnissen besteht die Möglichkeit, als *volunteer* mitzuarbeiten (mindestens drei Jahre lang).

Museo Na Bolom `5`, Av. Vicente Guerrero 33, Tel. 678 14 18, Fax 678 55 86, www.na bolom.org, Führungen Di–So 16.45 Uhr, Bibliothek Di–Sa 9–13 Uhr, DZ 970 Mex$.

aktiv unterwegs

Ein Ausflug nach San Juan Chamula

Tour-Infos
Start: Bahnhof für Kleinbusse am Markt von San Cristóbal de las Casas
Länge: 25 km
Dauer: ein halber Tag

Nach dem Frühstück schlendert man die Straße General Utrilla nach Norden zum städtischen Markt in San Cristóbal. Dort nimmt man einen VW-Bus nach Chamula (halbstündlich, 20 Mex$). Nach einer halben Stunde ist das Indígena-Dorf erreicht.

Eine religiös bestimmte Indígena-Welt erleben Besucher auch in **San Juan Chamula** (▶ 1, N 6, 13 km von San Cristóbal), Tzotzil-Gemeinde und religiöses Zentrum der weit

verstreut in den bewaldeten Hügeln von Chiapas siedelnden Chamula. Auffällig sind die im Ort getragenen Trachten: Männer bevorzugen schwarze und weiße wollene Umhänge, ein weißes Hemd und eine helle Hose, dazu einen Strohhut; Frauen kleiden sich in hellblaue Blusen und leuchtend blaue Schals. Nach Ankunft auf der **Plaza** geht man zunächst zur Stadtverwaltung und entrichtet eine Gebühr, um die Ortschaft besichtigen und die Kirche betreten zu dürfen.

Es ist weniger der vor der Kirche stattfindende Markt für Webarbeiten, der die Besucher nach Chamula lockt, das Interesse gilt den Trachten und *costumbres* (Sitten und Gebräuche) der Bewohner. In der **Kirche,** ohne Stühle und Bänke, der Fußboden von

Einer der schönsten *Indígenas*-Märkte wird in San Juan Chamula abgehalten

Kiefernnadeln und Zweigen übersät, halten *Indígena*-Familien Andacht, sie beten und trinken Cola, zünden Kerzen an. Die kirchlichen Funktionäre werkeln mit einem Getränk herum, *posh* genannt, gießen es von der Flasche in den Krug, wieder zurück, dann weiter in die Becher und nehmen zwischendurch immer einen kräftigen Schluck. Ablauf und Sinn der Zeremonie bleiben dem Betrachter verborgen.

In der Kirche fehlt bei einigen Heiligenfiguren der Kopf, oder sie haben andere Beschädigungen davongetragen: Man ist nicht zimperlich, wenn vorgetragene Bitten nicht erfüllt werden, und lässt es die Verehrten deutlich spüren!

In den vergangenen Jahren missionierten evangelische Sekten unter den Chamulas, bekehrten sie und sorgten damit zugleich für viel Ärger und Aufruhr innerhalb der *Indígena*-Gemeinde. Die etwa 10 000 Konvertierten mussten ihre Dörfer verlassen und leben heute zum Teil am Stadtrand von San Cristóbal.

Wenn man von der Plaza den Wegen in die Berge folgt, sieht man verstreut liegende Wohnhäuser, teilweise im 1000 Jahre alten Maya-Stil, umgeben von den typischen Maisspeichern. Allerdings empfiehlt sich bei solchen Spaziergängen äußerste Zurückhaltung, besonders beim Fotografieren.

Auch der **Karneval** in Juan Chamula im Februar/März ist sehenswert. Es werden Reiterspiele und Maskentänze veranstaltet und man läuft barfuß über glühende Holzkohlen.

Will man zu Fuß nach San Cristóbal zurückkehren, heuert man am besten auf der Plaza oder in der Stadtverwaltung einen Führer/Begleiter an (ca. 85 Mex$). Die zwei- bis dreistündige Wanderung führt meist bergab entlang bewaldeter Hügel und an vielen Behausungen von *indígenas* vorbei, die Wanderern nicht immer freundlich gesonnen sind. Mit dem Begleiter geht es besser.

Grutas de San Cristóbal
▶ 1, N 6

Obwohl nur ein kleiner Bereich des gewaltigen Höhlensystems von San Cristóbal beleuchtet und zugänglich ist, lohnt sich die Besichtigung der Höhlen auf jeden Fall. Noch vor der Abzweigung nach Palenque geht ein Weg in den Pinienwald ab, der die Höhlen umgibt (Rancho Nuevo). Durch einen Teil der **Tropfsteinhöhlen** (*grutas*) führen Holzstege (tgl. 9–17 Uhr, Eintritt 35 Mex$).

Verkehr

Anfahrt: 11 km entlang der Panamericana Richtung Comitán.

Zinacantán   ▶ 1, N 6

Da in dem Tzotzil-Dorf Zinacantán (10 km nordwestlich von San Cristóbal), dem ›Ort der Fledermäuse‹, Fotografierverbot herrscht, ist es ratsam, die Kamera überhaupt nicht auszupacken. Verstreut liegen die mit Wellblechdächern versehenen Steinhäuser der Bewohner in der Landschaft, dazwischen Hausgärten mit Mais und Bohnenpflanzen. Ein paar Hühner, manchmal auch eine Ziege gehören den Familien. An kühlen Tagen liegt der Rauch der Holzfeuer über der Siedlung. Eine asphaltierte Hauptstraße führt durch das lang gezogene Dorf; an ihrem Ende befindet sich an einem Rasenplatz die Kirche San Lorenzo. Sie gibt dem Besucher einen ersten Eindruck von der Vermischung vorkolumbischer Rituale mit katholischen Glaubenselementen. In Zinacantán ist der weiße Besucher ein Außenseiter, dessen Sprache man nicht spricht, der nicht beachtet, manchmal auch feindselig angestarrt wird.

Verkehr

VW-Busse: vom Markt in San Cristóbal de las Casas, Abfahrt bis 17 Uhr stdl.

Tenejapa   ▶ 1, N 6

Das von Tzeltales bewohnte Dorf liegt malerisch in einem von üppig bewaldeten Bergen umgebenen Talkessel. Trotz der geringen Entfernung (28 km nordöstlich von San Cristóbal) braucht der Bus anderthalb Stunden, um die engen und holprigen Zufahrtswege zu bewältigen, während der Regenzeit können daraus auch drei Stunden werden. Bei geringeren Ansprüchen besteht die Möglichkeit, im Dorf in einer kleinen *pensión* zu nächtigen. Die Tenejapanecos tragen schwarze, knielange Umhänge, ihre Frauen schwarze Röcke und leuchtend lilafarbene Blusen. Ein kleines Museum ist vorhanden, aber selten geöffnet. Die Kirche am Eingang des Dorfes ist Versammlungsort der Bewohner, man trifft sich davor oder im Inneren, es wird Branntwein getrunken, und dies nicht nur zum bedeutendsten Fest der Ortschaft am 23. Juli.

Einkaufen
Markt ▶ Sonntags ist Markttag, jedoch werden an allen Tagen die Arbeiten der **Webkooperative** angeboten.

Aktiv
Ausflüge ▶ **Organisierte Ausflüge** zu den indigenen Dörfern mit sprachkundiger Begleitung bietet ATC Tour Operadores, San Cristóbal, Av. 16 de Septiembre 16, Tel. 967 678 25 50, Fax 678 31 45, www.atctours.com.

Von San Cristóbal zur Grenze nach Guatemala

Amatenango del Valle und Comitán de Domínguez
40 km südöstlich von San Cristóbal de las Casas ist **Amatenango del Valle** (▶ 1, N 6) erreicht. Das kleine Dorf, eine Siedlung der Tzeltal, besteht aus Adobehäusern mit roten Ziegeldächern. Die zumeist barfüßigen Frauen tragen blaue Wollröcke und farbenprächtig bestickte Blusen. Ihr langes schwarzes Haar ist zu einem Zopf zusammengenommen und mit Webbändern umflochten. Gerühmt werden die Tzeltal für die Qualität ihrer Töpferwaren, einfache Gebrauchsgegenstände, die nach alter Sitte im offenen Feuer gebrannt werden.

Die Fahrt geht nun weiter in das in 1675 m Höhe gelegene **Comitán de Domínguez**

(▶ 1, O 6; 80 000 Einw.). Der Ort ist 85 km von San Cristóbal entfernt. Eine Besichtigung wert sind in dem 1527 gegründeten Städtchen die im Mudéjar-Stil errichtete Iglesia Santo Domingo sowie die barocke Iglesia San Caralampio mit sichtbaren guatemaltekischen Stil-Einflüssen.

Übernachten
Preiswert & gut ▶ **Real Balún Canán:** Comitán, 1a Av. Poniente Sur 7, Tel. 963 632 10 95, Fax 632 10 99; das Mittelklassehaus mit dem Maya-Namen der Stadt ›Neun Sterne‹ besitzt 37 einfache Zimmer mit Bad, auch mit Klimaanlage ab 350 Mex$.

Abends & Nachts
Kultur ▶ **Casa de Cultura:** Am Zócalo in Comitán de Domínguez ist der Ort für Theater, Tänze und Konzerte.

Verkehr
Flugplatz Comitán de Domínguez: Tel. 963 632 06 24; vom kleinen Flugplatz können Flüge nach Palenque, Bonampak und Yaxchilán unternommen werden.

Lagunas de Montebello
▶ 1, O 6

60 km hinter Comitán liegen die Lagunas de Montebello, ein 960 ha großer **Parque Nacional y Parque Natural Turístico** (National- und Naturpark) mit 59 Seen, die wegen ihrer abwechslungsreichen Farbschattierungen und der herrlichen landschaftlichen Umgebung gern besucht werden. Fünf Seen können auf asphaltierten Straßen, drei auf Schotterstraßen erreicht werden.

Kurz vor der Ortschaft **La Trinitaria,** 16 km südlich von Comitán, zweigt die Straße nach Osten zu den Seen ab. Nach 30 km stößt man links zunächst auf die Abzweigung zu den **Maya-Ruinen von Chincultic,** ein Pyramidenkomplex aus dem 6.–8. Jh., der von seinen frühen Baumeistern in Panorama-Lage auf einem Hügel zwischen zwei Seen angelegt wurde. Zu besichtigen sind bisher die Plattform mit dem Tempel (insgesamt drei Altäre) aus Kalksandstein, die zum Tempel hinaufführende Marmortreppe und Agua Azul, ein Cenote am Fuß der Pyramide, sowie einige Gräber.

Die geteerte Straße führt weiter in einem Bogen zu den nördlichen Seen Ylanutz, Tepencuapan und Bosque Azul. Von hier zweigt eine Schotterstraße rechts ab zu den übrigen, weiter östlich gelegenen Gewässern, wo man am **Lago Montebello** einen Campingplatz sowie ein Restaurant (1 km Abzweigung links) und am **Lago Tziscao** eine Herberge mit Bootsvermietung, Restaurant und Campingmöglichkeit vorfindet.

Ciudad Cuauhtémoc, der Grenzübergang zum guatemaltekischen La Mesilla, besteht lediglich aus einer kleinen Ansammlung von Häusern. Der Ort verfügt über einige Privatunterkünfte, auch ein Restaurant ist hier ansässig, in dem mehrere Zimmer vermietet werden.

Von San Cristóbal nach Palenque ▶ 1, O 5

Schon die Anreise nach Palenque, der bedeutendsten archäologischen Stätte von Chiapas, wenn nicht von Südmexiko, birgt ein Kaleidoskop präkolumbischer und landschaftlicher Sehenswürdigkeiten. Man passiert Toniná, eine festungsartige Tempelstätte der Maya, die sich kilometerweit durch den Wald ziehenden Wasserfallkaskaden von Agua Azul sowie Misol-Há, einen Badesee, der von tropischem Grün umgeben ist und von einem 30 m hohen Wasserfall gespeist wird.

Ocosingo

Schon bald nach Verlassen von San Cristóbal passiert man die *Indígena*-Gemeinden Huixtán (28 km), Oxchuc (43 km) sowie Abasolo und gelangt nach 98 km nach **Ocosingo**. Diese Kleinstadt liegt in einem reizvollen Tal, umgeben von landwirtschaftlich genutzten Feldern und Obstbäumen. Kleine schattige Plazas lockern die Straßenzüge auf, Terrassenrestaurants laden zum Ausruhen und Kräftigen ein.

Übernachten

Hübsche, einfache Zimmer ▶ **Hotel San José:** Ocosingo, 1a Oriente Norte 9, Centro, Tel. 919 673 00 39, Fax 673 05 18; koloniales Mittelklassehotel mit mexikanischem Restaurant, eine ideale Übernachtungsmöglichkeit für die Besichtigung von Toniná, um 400 Mex$.

Toniná

Ein Abstecher führt von Ocosingo nach **Toniná** (14 km), einem bedeutenden Maya-Zeremonialzentrum, in dem seit mehreren Jahren Archäologen tätig sind. Schon von Weitem ist die imposante Tempelpyramide auf dem Berg zu sehen. Tatsächlich erinnert die Anlage an eine Art Festung, die sich den von den Maya terrassierten Hügel hinaufzieht. Malerisch überwachsen ist nahezu das gesamte Heiligtum, auch die vor der Tempelpyramide ruhenden Fundament- und Mauerreste. Beschrieben wurde Toniná (Steinernes Haus) bereits Anfang des 19. Jh. von dem Österreicher Graf von Waldeck (1839). Frederick Catherwood, Reisebegleiter des amerikanischen Hobby-Archäologen John Stephens, fertigte bei seinem Aufenthalt in Toniná im Jahre 1839 viele Detailzeichnungen des Haupttempels an. Seitdem wurden zahlreiche Entdeckungen gemacht: man fand Opfergaben aus Jade (Ende des 19. Jh. von E. G. Squier), Rundsteine mit Zahlenglyphen, unterirdisch in die Hügel gebaute Räume. Eine weitere Besonderheit sind die zahlreichen unter Schutt und Erde verborgenen Rundskulpturen – die als Darstellungen von Maya-Herrschern und Priestern anzusehen sind. Einige dieser Skulpturen sind in dem kleinen **Museum** von Toniná ausgestellt (tgl. 8–17 Uhr, Eintritt 46 Mex$).

Parque Nacional Agua Azul

Rund 60 km vor Palenque lassen sich die **Wasserfälle im Parque Nacional Agua Azul** besichtigen, 4 km abseits der Straße gelegen. Die Kaskaden, die als die schönsten Mexikos gelten, verlaufen über 7 km lange Terrassen. Ein Spazierweg führt an der linken Seite der Wasserfälle nach oben, gesäumt von Sou-

Palenque

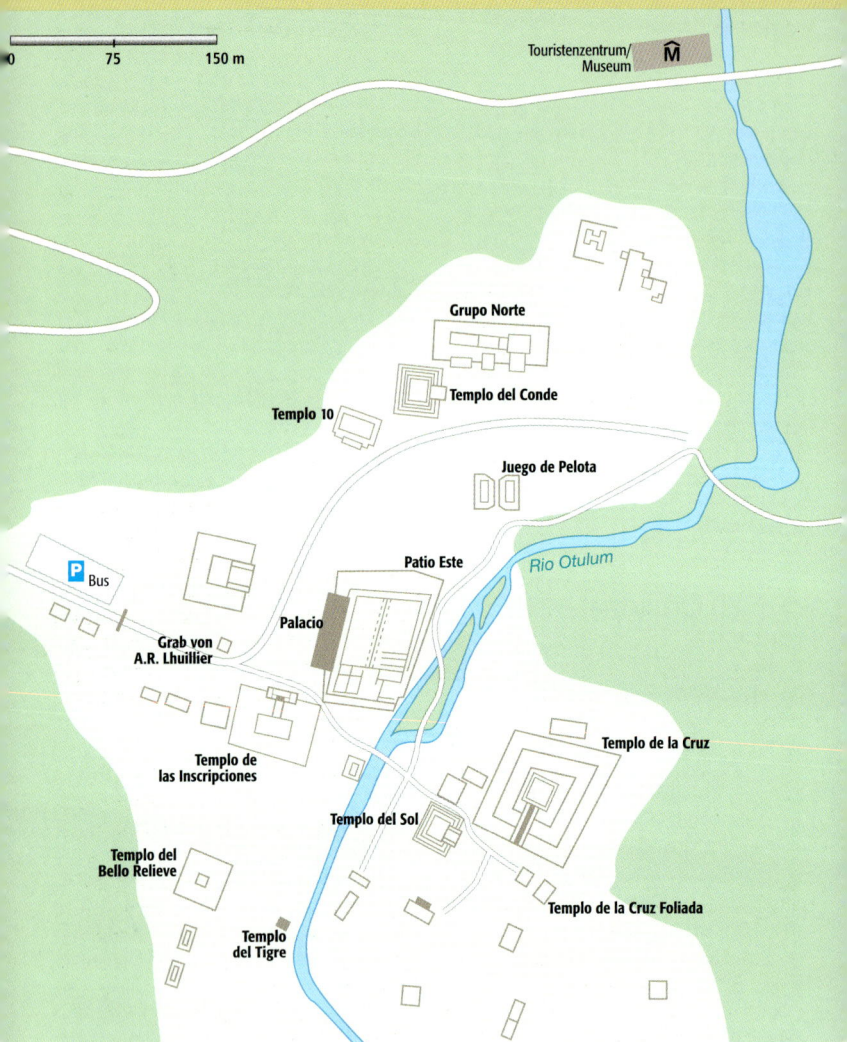

venirständen und Kleinrestaurants, mit teilweise aufdringlichem Personal, das zum Eintritt bewegen will. In der Regenzeit ist das blaue Wasser allerdings durch aufgewirbelten Schlamm braun verfärbt – und heißt dann besser *agua moreno* – , aber nicht weniger eindrucksvoll. Campingplätze und Hängematten-Pensionen bieten günstige Übernachtungsmöglichkeiten.

Misol-Há

Letzter Stopp vor Palenque (20 km) ist **Misol-Há,** ein Wasserfall, nur 1 km abseits der Straße gelegen, umgeben von tropischer Vegetation, der sich aus 30 m Höhe in einen kleinen See ergießt – von Mexikanern gern für eine kurze Erfrischung genutzt. In dem Wald um das Naturschauspiel herum liegen einfache Bungalows, die man mieten kann.

11 Palenque ▶ 1, O 5

Karte: links

Das Klima ist heiß und feucht, im Sommer regnet es oft, aber die unter den Urwaldriesen thronenden Gebäude, die zum Welterbe der UNESCO gehören, strahlen eine Faszination aus, der sich kaum jemand entziehen kann.

Die Stadt **Palenque** (9 km von der archäologischen Stätte entfernt) ist dagegen recht unansehnlich. Schnell wurden Einfachbauten hochgezogen, um am Tourismus mitzuverdienen. Aufgrund der zahlreichen Besucher und geringen Auswahl sind die Preise für Dienstleistungen beträchtlich. Die Straße zu den Maya-Ruinen zweigt bei einem gewaltigen Maya-Denkmal am Stadteingang ab.

Geschichte

Die heute erhaltene Anlage wurde 642 n. Chr. gegründet; allerdings deuten Tonscherbenfunde auf eine erste Besiedlung vor der Zeitenwende hin. Seine Blüte erlebte Palenque als Zeremonialzentrum vom 7. bis 10. Jh. Um 950 wurde die Stätte aus bisher nicht geklärten Gründen von den Maya verlassen. Urwald ergriff Besitz von den Tempeln und Palästen. Erst zu Beginn des 16. Jh. entdeckten spanische Siedler die Ruinen, erfassten jedoch nicht die Bedeutung der von Gras und Gebüsch überwucherten Hügel, unter denen versteckt Pyramiden lagen. 1564 gründeten Dominikaner die etwa an der Stelle der heutigen Stadt Palenque gelegene Siedlung Santo Domingo de Palenque. Weitere 200 Jahre vergingen, bis ein Priester über die rätselhaften Entdeckungen nach Spanien Bericht erstattete. Kaiser Karl III. entsandte 1785 eine Kommission, um die Ruinen zu untersuchen. Doch Unachtsamkeit und Unwissenheit im Umgang mit den kostbaren Schätzen und Brandrodung in unmittelbarer Nähe der alten Gebäude führten zur Zerstörung empfindlicher Dekorationen.

Untrennbar mit Palenque verbunden sind die Namen von John L. Stephens und Frederick Catherwood, US-Reiseschriftsteller und britischer Zeichner. Viel zitierte Literaturgeschichte sind die Worte, in die Stephens seine Eindrücke kleidete: »Hier war die Hinterlassenschaft eines kultivierten, verfeinerten Volkes, das alle Stufen, die mit Aufstieg und Niedergang eines Volkes verknüpft sind, durchlaufen hatte. Ohne daß die übrige Welt von ihnen wußte, erklommen sie die Höhe des goldenen Zeitalters und fanden ihren Untergang … Mitten zwischen Zerstörung und Verfall schauten wir zurück in die Vergangenheit, sahen den düsteren Wald sich lichten und stellten uns jedes Gebäude in seiner Vollkommenheit vor, mit Terrassen und Pyramiden, seinen in Stein gemeißelten und gemalten Ornamenten, großartig erhaben und eindrucksvoll, eine unendlich weite Ebene überblickend … Nichts hat mich im Roman der Weltgeschichte stärker beeindruckt.«

Von dem ursprünglichen Palenque, das sich über eine Länge von 8 km erstreckte und noch weitgehend unerforscht ist, wurde bisher überwiegend das Zentrum freigelegt und restauriert. Busse halten auf dem großen Parkplatz, dem gegenüber liegen Restaurants sowie Kunsthandwerksgeschäfte. Lakandonen bieten Lanzen, Pfeil und Bogen zum Verkauf.

Besichtigung

Man betritt die Anlage von Westen; die Bauwerke werden durch den Río Otulúm getrennt, der schon von den Maya teilweise unterirdisch kanalisiert worden war. Die Tempel tragen den Namen des Hauptmotivs ihrer Wandornamente, von denen sich viele im Anthropologischen Museum von Mexiko-Stadt befinden. Ein steiler Treppenaufgang führt zum **Templo de las Inscripciones** (Tempel der Inschriften) hinauf, Palenques höchster Pyramide, vermutlich 692 n. Chr. errichtet, die sich auf insgesamt acht Plattformen bis zu 21 m in die Höhe streckt. Ist die Treppe gesperrt, kann man die Pyramide von hinten über einen Waldweg erklettern. Der Tempel, ein lang gezogenes Bauwerk mit erhaltenen Dachdekorationen, besitzt keine Dachkrone *(crestería)*. Fünf nach Norden gerichtete Eingänge führen in das Halbdunkel. In der mittleren Kammer befinden sich an der hinteren

Chiapas

Wand 620 Hieroglyphen, die dem Tempel seinen Namen gaben.

1949 ließ der mexikanische Archäologe Alberto Ruiz Lhuillier eine steinerne Platte im Tempel entfernen und entdeckte einen Schacht. Zwei Jahre später folgte dann der in der Fachwelt kontrovers diskutierte Fortgang der Grabung. 68 Stufen führten steil hinunter in den Bauch der Pyramide; im ›Keller‹, 2 m unter der Erdoberfläche, fand sich eine verschlossene Tür, davor sechs menschliche Skelette, dahinter eine Grabkammer. In einem Raum von 9 x 4 m stand ein steinerner Sarkophag, abgedeckt von einer tonnenschweren und mit Reliefs verzierten Steinplatte: Ruhestätte des Priesterkönigs Pacal, dessen Gebeine der Sarkophag beherbergte und den die Maya einst mit Jademaske und Jadeschmuck bestatteten. Eine Nachbildung des Grabes und des Sarkophags befindet sich im Anthropologischen Museum in Mexiko-Stadt. 1994 entdeckte man unter Tempel XIII (neben dem Tempel der Inschriften) das Grab der ›Reina Roja‹, einer Königin aus der Pacal-Dynastie.

Der **Templo del Tigre** (Tempel des Jaguar) liegt hinter der Pyramide der Inschriften, ist stark zerfallen und wenig restauriert; es ist jedoch ein Wandrelief erhalten, das die Darstellung eines Jaguars einschließt.

Der **Palacio**, der größte Gebäudekomplex Palenques, erstreckt sich auf einer mächtigen Plattform (103 m lang, 73 m breit sowie 10 m hoch) am Westufer des Otulúm. Die einzelnen Gebäude, bis zu 8 m hoch, gruppieren sich um vier Innenhöfe und sind durch Säulengänge miteinander verbunden. Bemerkenswert sind die überall an den Seitenwänden zu erkennenden Ornamente und Reliefbilder, von den Maya aus geschlämmtem Kalk auf-

Eine der prächtigsten Kultstätten der Maya: Palenque

gebracht und bemalt. Gut erhaltene Maya-Profile und in Kulthandlungen agierende Personen schmücken West- und Ostseite des Palastes sowie die Eingangspfeiler. In einem der Höfe finden sich zahlreiche mit Glyphen verzierte Steine. Aus einem Hof ragt ein vierstöckiger Turm mit quadratischem Grundriss 15 m in die Höhe. Das als **Observatorium** bezeichnete Bauwerk diente vermutlich der Beobachtung der Gestirne und avancierte zum Wahrzeichen von Palenque. Im obersten Stockwerk des Turms befindet sich ein Altar, der vermutlich zeremoniellen Opferhandlungen diente. Drei (zerfallene) unterirdische Gänge verbanden einst den Palastbezirk mit einem bisher unerforschten Tempel.

Vom Großen Palast aus durchquert man das Tal des Otulúm. Zwischen Palast und Bach liegt der **unterirdische Aquädukt** der Maya, inzwischen jedoch stark verfallen. Auf der Ostseite des Flusses erscheint zunächst der **Templo del Sol** (Tempel der Sonne). Das Heiligtum liegt auf insgesamt fünf Terrassen, verfügt über drei Portale, von denen das mittlere doppelt so groß ist wie die beiden anderen. Gut erhalten ist der Dachkamm des Gebäudes. In der Cella findet sich ein Kultrelief der Sonne; ebenfalls zu entdecken sind Figuren des in der Nähe gelegenen Templo de la Cruz Foliada (Tempel des Blattkreuzes).

Am **Templo de la Cruz** (Tempel des Kreuzes) ist die durchbrochene Dachdekoration gut erhalten. An den Eingängen dieses am höchsten gelegenen Gebäudes von Palenque erblickt man zwei Paneele, im Inneren zwei Darstellungen menschlicher Figuren, von denen die eine einen Quetzal-Kopfschmuck trägt. Hier findet sich auch das oft gezeigte Bildnis des ›Rauchenden Maya‹.

Im **Templo de la Cruz Foliada** sind sowohl Gewölbe als auch Dach zerfallen. Angesichts der Beschädigungen an diesem und anderen Gebäuden, die vermutlich von Erdbeben herrühren, ist es verwunderlich, dass z. B. der Templo de las Inscripciones so gut erhalten ist. Im Inneren des Tempels sind zwei lebensgroße Figuren dargestellt, von denen eine den Vogel Quetzal in der Hand hält. Ein Relief auf der Cella-Rückwand zeigt

eine Maispflanze mit stilisierten Blättern und Kolben in Form menschlicher Gesichter, vermutlich Priester-Porträts.

Der **Templo del Conde** (Tempel des Grafen), nördlich des Palastes, wurde nach Friedrich von Waldeck benannt, der sich als Archäologe und Maya-Forscher längere Zeit in Palenque aufhielt und zeitweise in diesem Gebäude wohnte. Die Treppe ist die besterhaltene der gesamten Anlage.

Aus fünf zerfallenen Tempelkomplexen besteht der auch als Ruine noch sehr eindrucksvolle **Templo del Norte:** Drei Gebäudekomplexe liegen in einer Reihe, eines nach vorn verschoben, ein weiteres im Hintergrund versteckt.

Nördlich des restaurierten Zentrums von Palenque werden bei der Gruppe C weitere archäologische Grabungen durchgeführt.

Alle Exponate des **Museums** (2 km westlich der Anlage an der Straße zur Stadt) stammen von Palenque-Ausgrabungen. Ausgestellt sind hier Schmuck aus Jade und Obsidian, Töpferware sowie Steinplatten mit Hieroglyphen. Die wertvollsten der in Palenque gemachten Funde wurden allerdings ins Anthropologische Museum der Hauptstadt gebracht und dort zu sehen (Di–So 8–16.30 Uhr, Eintritt 57 Mex$).

Infos

Vorwahl Palenque: 916

Oficina de Turismo: Av. Central (Juárez)/1a Calle Poniente Norte (Abasolo), Tel. 345 03 56, Fax 345 06 63, www.mesoweb.com, tgl. 8–17 Uhr.

Übernachten

Geräusche des Urwalds ▶ Chan Kah: Ctra. Ruinas km 3,5, Tel. 345 11 34, 01800 714 3247, Fax 345 08 20, www.chan-kah.com.mx; weitläufige Bungalow-Anlage an einem Fluss an der Straße zur archäologischen Stätte, 98 große Zimmer, sehr ruhig, ab 1770 Mex$.

Fast im Palenque-Zentrum ▶ Maya Tulipanes: La Cañada 6, Tel. 345 02 01, Fax 345 10 04, www.MayaTulipanes.com.mx; 72 Zimmer im grünen Gürtel der Stadt gelegen, mit

Chiapas

Pool, Parkplatz, schönem Restaurant und Internetcafé, ab 1250 Mex$.

Ideal für Gruppen ▶ Plaza Palenque: Ctra. a Catazajá km 2,7, Tel. 345 05 55, Fax 345 03 95, www.hotelesplaza.com.mx; eines der großen und komfortablen Hotels in ruhiger Lage außerhalb der Stadt, guter Service, 100 Zimmer, ab 100 US-$.

Entspannung am Pool ▶ Ciudad Real: Carretera Pakal-Na (a Catazajá) km 1,5, Tel./Fax 345 1315, www.ciudadreal.com.mx; am westlich Stadtrand gelegen, 66 große Zimmer, 6 Suiten im kolonialen Dekor, mit Palapa-Restaurant, DZ ab 96 US-$.

Umgeben von Affen & Fröschen ▶ Villas Kin-Ha: Ctra. Ruinas km 2,7, Tel. 345 05 33, Fax 345 05 44, www.villaskinha.com; Bungalow-Anlage an der Straße zur archäologischen Stätte, tropischer Garten mit Pool, sehr gutes Restaurant María del Mar, 40 Zimmer, ab 75 US-$.

In der grünen Zone ▶ Hostal Yaxkin: Prol. Av. Hidalgo 1, Ecke 5a Poniente Norte, Tel. 345 01 02, www.hostalyaxkin.com; preiswerte Herberge in der Eco-Zone La Cañada, 5 Schlafräume in unterschiedlicher Belegung und 7 DZ; Bett 8 US-$, DZ 36 US-$.

Essen & Trinken

Traveller-Treff ▶ Maya: : Av. Independencia, Tel. 345 00 42, www.mayarestaurante.com, tgl. 7.30-23 Uhr; an einer Ecke der Plaza Principal und mit Freisitz. Das mexikanische Frühstück kostet 30–40 Mex$, Hauptgericht um 100 Mex$, sehr gut ist die *sopa azteca*.

Kerzenlicht im Dschungel ▶ Don Mucho's: El Panchán, südwestlich des Zentrums, Tel. 341 82 09; stimmungsvollstes aller Palenque Restaurants, dazu mit bester Küche, u. a. Pizza aus dem Steinbackofen, Pasta sowie mexikanische Gerichte, jeden Abend südamerikanische Livemusik, während der Saison auch Feuer-Shows, Hauptgericht um 100 Mex$.

Salsa- & Merengue-Bands ▶ Maya Cañada: Calle Merle Green (Col. La Cañada), Tel. 345 02 16; mexikanische und regionale Gerichte ab 8 Uhr, Freiterrasse im Grünen, am Wochenende Livemusik, Menü ab 58 Mex$.

Einkaufen

Am Eingang zur archäologischen Stätte verkaufen die Lakandonen **Kunsthandwerk** (gibt es auch im Museumsshop).

Verkehr

Flugplatz: Ctra. Catazajá-Rancho Nuevo km 24,5 (Straße nach Villahermosa), Tel. 345 16 96; Flüge nach San Cristóbal, Yaxchilán, Bonampak.

Busse ab San Cristóbal de las Casas, s. S. 338. **ADO-Busstation:** Jorge de la Vega/Juárez, Tel. 345 13 44; Busse (1. und 2. Klasse) nach San Cristóbal de las Casas und Villahermosa.

VW-Busse: ab Parque Central und Ortsausgang zur archäologischen Stätte, alle 20 Min. **Taxis:** am Parque Central.

Maya-Spuren im Grenzland zu Guatemala

Von Palenque nach Cruzero Corozal (137 km) verläuft eine gut befahrbare Straße, von der in San Javier (km 122) eine Piste in das 7 km entfernte Nacal-Há abzweigt. Von diesem Dorf lässt sich Bonampak (8 km) über eine Piste erreichen, die durch den Urwald verläuft. Von der Hauptstraße führt ein weiterer Abzweig nach Frontera Corozal am Río Usumacinta, wo Boote zum Besuch von Yaxchilán und zur Ortschaft Bethel in Guatemala bereitliegen.

Bonampak ▶ 1, P 6

Die wahrscheinlich um 540 gegründete Anlage Bonampak (Bemalte Wände) liegt auf einem Hügel in der Nähe des Río Lacanja und wurde erst Ende der 1940er-Jahre entdeckt. Das Zentrum bildet ein Zeremonialplatz (80 x 110 m), um den sich elf Gebäude gruppieren. Erhalten sind hervorragende Steinmetzarbeiten, Treppenaufgänge, Altäre und Stelen. Die eigentliche Attraktion von Bonampak sind die im **Templo de las Pinturas** (Tempel der Malereien) entdeckten Zeichnungen – Fresken, die einzigartige Dokumente über das Leben der Maya darstellen. Das Bauwerk (auf einem südlich gelegenen Hügel) mit einer dreitorigen, von Skulpturen geschmückten Fassade ist um 800 n. Chr. entstanden und besteht aus drei gewölbten Sälen, in denen alle Wände und Decken bemalt sind. Abgebildet sind Alltagsszenen und Kriegshandlungen, religiöse Zeremonien sowie aristokratische Empfänge, erkennbar sind Gewänder, Musikinstrumente und Opferrituale. Über einen Zeitraum von mehr als 1000 Jahren hatte eine Kalkschicht für die Konservierung der Fresken gesorgt, doch nach ihrer Freilegung und aufgrund unsachgemäßer Behandlung verblassten die Farben weitgehend. Nur noch Fotografien zeigen die Freskenbilder in ihrer ganzen Pracht. Bevorzugt wurden demnach Farbkompositionen aus tiefem Blau (Untergrund), Ockerrot (Figuren) sowie Grün, Schwarz, Gelb und Rosa. Kopien befinden sich im Anthropologischen Museum von Mexiko-Stadt und im Museo Regional de Antropología von Villahermosa (tgl. 8–17 Uhr, Eintritt 46 Mex\$).

Verkehr

VW-Busse: Reisebüros in Palenque bieten Ausflüge mit dem VW-Bus nach Bonampak und Yaxchilán; will man beide zusammen besuchen, wird oft eine Übernachtung in San Javier (im Zelt) eingelegt.

Kleinflugzeug: Eintägige Ausflüge nach Bonampak und Yaxchilán mit dem Kleinflugzeug sind ebenfalls möglich (Buchung in den Reisebüros in San Cristóbal, Palenque, Comitán, Tuxtla Gutiérrez und Villahermosa).

Yaxchilán ▶ 1, P 5

In einer Schleife des Usumacinta, der hier die Grenze zu Guatemala bildet, 40 km nordöstlich von Bonampak, liegt die neben Palenque bedeutendste präkolumbische Stätte im Süden Mexikos.

Die Blütezeit dieser Ende des 19. Jh. von dem Forschungsreisenden Teobert Maler benannten Kultstätte (Grüne Steine) lag zwischen 500 und 900 n. Chr. Nach dem Zerfall von Palenque wurde Yaxchilán das Zentrum der Maya. Nach der Freilegung einzelner Gebäude kamen gut erhaltene Stelen mit Reliefs

geschmückter Herrscher und reich dekorierte Fassaden zum Vorschein. Einzigartig sind die in den Eingängen der Gebäude überdauernden Türstürze aus Holz, auf deren Unterseite Reliefs der ehemaligen Fürsten von Yaxchilán abgebildet sind. Aufgrund dieser seltenen Dokumente und der ebenfalls abgebildeten Kalenderglyphen gelang Forschern die Rekonstruktion der Herrscher-Folge von Yaxchilán und ihre zeitliche Datierung. In Yaxchilán verdichtet sich der Maya-Stil der klassischen Epoche, man findet durchbrochene Dachkronen, Mansardendächer, flache Maya-Gewölbe, dekorative Friese.

Etwa 100 Gebäude gruppierten sich einst entlang der Ufer des Río Usumacinta sowie auf von den Maya terrassierten Flächen. Das Zentrum der Anlage ist ein 300 m langer am Fluss gelegener Platz, auf dem sich lang gezogene Bauwerke und ein Ballspielplatz befinden. Der **Tempel des Labyrinths** macht seinem Namen alle Ehre, ohne Taschenlampe lassen sich die verzweigten Gänge und engen Kammern kaum erkunden. Die auf den Stelen abgebildeten Führer sind mit den Insignien ihrer Macht versehen, die erhaltenen Schriftzeichen geben ihre einst großen und klangvollen Namen wieder (archäologische Stätte tgl. 10–17 Uhr, Eintritt 55 Mex\$).

Erreicht man Yaxchilán mit dem Boot, klettert man zunächst über Baumwurzeln und in das Erdreich gegrabene Stufen das Ufer hinauf und gelangt auf einen freien Platz, auf dem die Reisegruppen empfangen werden. Daneben liegt die kleine Flugpiste. Motorenlärm ist hier allerdings höchst selten zu vernehmen, die Geräusche des Urwaldes verstummen kaum.

Essen & Trinken

Einfache Mahlzeiten serviert die Frau des Ruinenwärters den Besuchern in ihrer kleinen Wohnhütte.

Verkehr

Bootsverbindung von Frontera Corozal (45–60 Min.)

Kleinflugzeug von Frontera Corozal (45 Min.). Siehe auch Bonampak (links).

Tabasco

Die Reise an die Südküste des Golfs von Mexiko führt in die Heimat der ältesten mexikanischen Hochkultur. Die Olmeken siedelten sich vor mehr als 2000 Jahren in diesem Gebiet an, das von einem dichten Netz aus Lagunen, Sümpfen und Flüssen durchzogen wird. Die Vegetation ist tropisch, das Klima dementsprechend schwül, die Moskitos sind besonders aufdringlich.

Über die Hälfte der Fläche ist landwirtschaftlich nicht nutzbar. Noch bis zur Mitte der 1970er-Jahre zählte der Bundesstaat zu den ärmsten des Landes, dann sorgten Erdölfunde für internationales Aufsehen. Bereits 1977 lieferte Tabasco 60 % der nationalen Ölproduktion und verfügte Anfang der 1980er-Jahre über das zweithöchste Pro-Kopf-Einkommen aller Staaten der Republik. Auch Villahermosa, die Schöne Stadt, moderne Hauptstadt Tabascos, ist durch Öl reich geworden. Nachdem der Ölboom seinen Höhepunkt überschritten hat, konzentriert sich die 500 000 Einwohner zählende Stadt zunehmend auf Viehzucht (heute mehr als 2 Mio. Zebu-Rinder), den Anbau der lukrativen Kakaobohnen, auf Bananen und Zuckerrohr. Allein im Gebiet um Paraíso findet man Hunderte von Kokosnussfarmen, die Palmenhaine erstrecken sich kilometerweit ins Land.

Ein Großteil des Staats Tabasco liegt unter dem Meeresspiegel. 1999 und erneut 2008 stand Tabasco nach tagelangen Regenfällen zu 70 % unter Wasser. Mehr als 500 000 Menschen wurden obdachlos.

Villahermosa ► 1, N 4/5

1593 gründeten die Spanier Villahermosa am Westufer des Río Grijalva, nachdem sie den Fluss einige Kilometer hinaufgesegelt waren. Das spanische Stadtzentrum wurde aufwendig restauriert, ist weitgehend Fußgängerzone und wird ›Zona Luz‹ genannt. Dort liegt die **Plaza de Armas** in einem fein hergerichteten Bezirk mit Boutiquen, vornehmen Restaurants und teuren Unterhaltungseinrichtungen. In der Casa de los Azulejos, einem fein verzierten, kolonial inspirierten Haus, befindet sich das **Museo de Historia de Tabasco,** das Geschichtsmuseum des Staates mit Schwerpunkt Ölförderung (Av. 27 de Febrero/Juárez, Di–So 10–17 Uhr, Eintritt 30 Mex$). Das **Museo de Cultura Popular** zeigt naive Kunst, Kunsthandwerk und Trachten (Calle Zaragoza 810, im Zentrum, Di–So 10–18 Uhr, Eintritt frei).

Ultramoderne Glas- und Betonbauten bestimmen das übrige Stadtbild, allen voran Tabasco 2000, ein neues Büro- und Geschäftsviertel mit Zoo und Planetarium. Aufwendig gestaltet wurde auch der **Parque Tomás Garrido Canabal,** von dessen 50 m hohem Mirador aus sich die ganze moderne Pracht gut überschauen lässt.

Monumentalskulpturen der Olmeken, die im 130 km entfernten La Venta 1938 bei Ölbohrungen gefunden wurden, werden heute im **Parque Museo La Venta** präsentiert. Inmitten tropischer Umgebung, zwischen dem Boulevard Grijalva und dem Ufer der Laguna de las Ilusiones, wurden unter der Leitung von Carlos Pellicer Cámara 33 Monumentalkunstwerke der Olmeken aufgestellt. Schöne Spazierwege führen zu den Altären, Stelen und Köpfen aus Basalt und Granit, bis zu 20 t schwer, die vor 2000 Jahren von einem über 100 km entfernten Steinbruch zu ihrem Aufstellungsort gebracht wurden. Die Abbildungen sind fremdartig: negroide Gesichter, breite Nasen, wulstige Lippen, mit Helmen bedeckte Köpfe oder mit aufgerissenem Rachen; Priester sitzen vor wuchtigen Altären, die offenbar ebenfalls geöffnete Rachen darstellen. Käfigartige Gebilde aus Basaltsäulen werden als Gräber oder Opferstätten angesehen. Die Kunstwerke der Olmeken zeigen eine enge Verwandtschaft mit den Darstellungen in Monte Albán, Westmexiko und der pazifischen Tiefebene Guatemalas. Die Jaguar- und Schlangengott-Verehrung ist Ursprung aller nachfolgenden Kulturen. Auch kleinfigürliche Darstellungen aus Keramik und Jade wurden aus der olmekischen Epoche gefunden (tgl. 8–16 Uhr, Eintritt 51 Mex$).

Eine Besichtigung verdient auf jeden Fall auch das **Museo Regional de Antropología Carlos Pellicer Cámara,** ein anthropologisches Museum mit zahlreichen Fundstücken der Olmeken und Maya, am Südrand der Stadt am Fluss Grijalva (Verlängerung der Ocampo) gelegen. Zum Museum gehört das Centro de Investigación de las Culturas Olmeca y Maya, **CICOM,** ein Forschungszentrum, das sich den Olmeken- und Maya-Kulturen widmet. Aus einer Sammlung von Carlos Pellicer Cámara, des großen mexikanischen Poeten und Anthropologen (der auch den La-Venta-Park schuf), entstand auf vier Etagen eine der bedeutendsten Sammlungen präkolumbischer Fundstücke des Landes. Schwerpunkte bilden Exponate der Maya und Olmeken, hervorragend gestaltete Schautafeln und Modelle informieren über beide in Tabasco heimischen Kulturen. Neben Monumentalplastiken ergänzen Tonfigurinen, Zeremonialobjekte und steinerne Masken die Ausstellung (Av. C. Pellicer 511, tgl. 9–17 Uhr, Eintritt 48 Mex$).

Infos

Vorwahl Villahermosa: 993
Oficina de Visitantes: Paseo Tabasco 1504, Tabasco 2000, Tel. 316 53 54, www.turismo. villahermosa.mx, www.visitetabasco.com, Mo–Fr 8–18, Sa 8–16 Uhr.

Übernachten

Preisgünstige Häuser findet man in der ›Zona Luz‹.

Zentrale Lage ▶ **Plaza Independencia:** Independencia 123, Tel. 312 12 99, 314 47 24, www.hotelesplaza.com.mx; komfortables und preiswertes Stadthotel; kleiner Pool im Innenhof, sehr gutes Restaurant, ab 800 Mex$.

Im historischen Zentrum ▶ **Olmeca Plaza:** Av. F.I. Madero 418, Tel. 358 01 02, www.hotel olmecaplaza.com. Modernes Haus mit 150 Zimmern auf sechs Etagen, teilweise mit Blick auf den Fluss, ab 700 Mex$.

Essen & Trinken

Spezialität der Restaurants von Villahermosa ist *pejelagarto,* ein schmackhafter Süßwasserfisch, der in den Flüssen und Lagunen des Staates heimisch ist.

Dinner auf dem Schiff ▶ **Capitán Beuló:** Restaurant-Boot, Abfahrten mittags und abends ab Madrazo Dock. Malecón del Río Grijalva, Tel. 314 46 44, Fahrt inkl. 3-Gänge-Menü 150 Mex$.

Gourmetfreuden ▶ **El Mesón del Ángel:** Av. Gregorio Méndez 1604, Tel. 315 83 16, www.mesondelangel.com, tgl. außer So ab 13 Uhr; hier gibt es erstklassige spanische Küche, vornehmes Ambiente, Menü ab 130 Mex$.

Exotische Aromen ▶ **El Mesón del Duende:** Gregorio Méndez 1703, Tel. 315 13 24, tgl. außer Mi ab 13 Uhr; neue mexikanische Küche, Fr/Sa auch Jazzmusik, Menü ab 105 Mex$.

Verkehr

Flughafen: 15 km Richtung Palenque; 2 x tgl. Mexiko-Stadt, 1 x tgl. Oaxaca und Mérida.
Aeroméxico: Av. Ruiz Cortinez, Esq. Sagitario 102, Tel. 315 88 76, Mo–Fr 8–19, Sa 9–16 Uhr.
Busbahnhof ADO: Paseo Fco. Javier Mina 297. 6 x tgl. Campeche/Mérida, 5 x tgl. Veracruz, Tuxtla Gutiérrez, 4 x tgl. Palenque.

Zu groß, um über sie zu stolpern: Die Kolossalköpfe der Olmeken

Von Villahermosa in den Westen von Tabasco

La Venta   ► 1, M 4

Die etwa 4 km lange Insel **La Venta** im Delta des Río Tonalá war einstiges Kulturzentrum der Olmeken. Sie liegt 130 km westlich von Villahermosa, zu erreichen über die MEX 180, von der man nach Überqueren des Flusses nach links abbiegt. Mindestens 600 Jahre lang, bis etwa 400 v. Chr., wurde die Insel von

den Olmeken bewohnt und dann offenbar gewaltsam zerstört – von wem und aus welchen Gründen, ist unbekannt. Ihre Bewohner zogen vermutlich zum Fluss Usumacinta und weiter nach Puebla und Oaxaca. La Venta ist zu klein, als dass es alle ehemaligen Bewohner (20 000–25 000) hätte ernähren können. Man vermutet daher, dass das Verbreitungsgebiet der Olmeken sich westlich des Flussdeltas erstreckte, denn dort stieß man auf eine Reihe weiterer Relikte ihrer Kultur. Insgesamt fand man auf der nur 5,3 km^2 großen Insel Gräber im nördlichen Teil, ein Kultzentrum von 300 x 80 m Grundfläche mit einer an der Basis 130 x 65 m großen und 35 m hohen Pyramide – vermutlich die älteste Mexikos –, zwei Gebäudekomplexe, einen Tempel und eine weitere Pyramide südlich des Zentrums. Die Gebäude standen auf gestampfter Erde, da in der Umgebung keine Steine zu finden waren (tgl. 10–16 Uhr, 42 Mex$).

Weniger sehenswert, weil ohne verbliebene Monumente, und zudem schwer erreichbar sind **San Lorenzo** sowie **Tres Zapotes,** neben La Venta zwei weitere Kultplätze und Fundorte monolithischer Riesenhäupter.

Comalcalco ▶ 1, M/N 4

64 km von Villahermosa und 30 km südlich von Paraíso liegt die archäologische Zone von Comalcalco in der von ausgedehnten Kakaopflanzungen durchzogenen Chontalpa-Ebene.

Die 1820 entdeckte Maya-Stätte dehnte sich während ihrer Blütezeit um 900 n. Chr. auf 7 km^2 aus. Die Casa de los Comales (Haus der Ziegel) ist eine Sammlung von Plattformen, Pyramiden und Tempeln, die aus gebrannten Ziegeln (einer Mischung aus Ton, Sand und Muschelschalen) errichtet wurden. Auch hier liegt der nächste Steinbruch weit entfernt, und man verzichtete auf den mühsamen Transport. Die ungewöhnliche und bisher einzige Anlage ihrer Art wirkt deswegen so kontrastreich zu den übrigen Maya-Bauwerken, weil die Mörtelfugen in Weiß gespachtelt wurden.

Ein großer Zentralplatz wird von mehreren Tempelpyramiden umgeben, an die der Urwald unmittelbar heranreicht. Das höchste Bauwerk wird wie in Guatemala ›Akropolis‹ genannt: Zwei kleine Tempel überragen mit 35 m Höhe die Zeremonialanlage. Wie in Palenque fand man unter einer kunstvollen Tempelpyramide, dem Palacio, eine Grabkammer, deren Stuckreliefs einerseits auf die Vorstellungen von der Unterwelt in der Maya-Philosophie hindeuten, andererseits Vermutungen nahe legen, dass der

Tipp: Erlebnis Olmeken-Kultur

Vor dem Besuch von La Venta lohnt ein Besuch im **CICOM** in Villahermosa, einem Forschungszentrum zur Kultur der Olmeken und Maya mit hervorragendem Museum – und anschließendem Lunch im CICOM-Restaurant am Fluss (s. S. 361).

Tempel schon zu Lebzeiten des hier begrabenen hohen weltlichen Würdenträgers errichtet worden war. Insgesamt hat man in Comalcalco rund 300 Strukturen identifiziert, jedoch bisher nur den kleinsten Teil freigelegt. Das moderne, ganz hervorragende Museum der archäologischen Stätte (Museo de Sitio) zeigt deren Ausgrabungsfunde (tgl. 10–17 Uhr, 46 Mex$).

Übernachten

Mittendrin ▶ **Copacabana:** Comalcalco, Aquiles Serdán 101, Col. Centro, Tel. 933 334 19 33, Fax 334 19 32, www.hotelcopaca bana.com.mx; modernes Mittelklassehaus 3 Blocks vom Zócalo, 23 Balkonzimmer und gutes Restaurant, DZ 890 Mex$.

Preiswert & zentral ▶ **Kaoma:** Calle Morelos (Ecke Abasolo), Tel. 933 334 19 64, www. hotelkaoma.com; in einer Stadt, in der die Hotelsituation nicht zum Besten bestellt ist, verwöhnt dieses von einer Familie geführte Haus seit nunmehr 30 Jahren die Gäste mit 20 geräumigen Zimmern (mit Kaffeezubereiter und Internetanschluss), erst kürzlich renoviert und frisch und freundlich ausgestattet. Das Kaoma liegt nur einen Block vom Parque Central Benito Juárez entfernt und bietet auch einen Gäste-Parkplatz, der zwei Blocks entfernt liegt, DZ ab 590 Mex$

Essen & Trinken

Wienerwald auf Mexikanisch ▶ **El Pollo Feliz:** Comalcalco, Manuel Lerdo/Nicolas Bravo, Tel. (933) 334 01 47, tgl. 11–22 Uhr; Familienrestaurant, beliebt und lebhaft, Menü ab 30 Mex$.

Einen herrlichen Blick auf das karibische Meer genießt man vom Castillo in Tulum

Kapitel 8

Die Halbinsel Yucatán

Die Halbinsel Yucatan besitzt viele touristische Vorzüge: herrliche Badestrände, viel Sonne, einzigartige Maya-Baudenkmäler, bunte ibero-amerikanische Folklore und eine funktionierende touristische Infrastruktur.

Die Halbinsel schiebt sich im Südwesten Mexikos als riesige flache Landzunge nur wenige Meter über dem Meeresspiegel zwischen den Golf von Mexiko und die Karibische See. Dichtes Buschwerk, strauchwaldartiger Dschungel und große Agavenplantagen bedecken die flache Kalksteinoberfläche. Im Südwesten erstrecken sich zudem ausgedehnte tropische Regenwälder. Wassermangel besteht nicht: Grund- und Regenwasser bilden im Karstsockel unterirdische Ströme und sammeln sich in Höhlen und Grotten. Dort, wo im Laufe der Jahrtausende die Decke einer solchen Höhle einbrach und das Wasser in Form tiefer Wasserbecken *(Cenotes)* leicht zugänglich wurde, entstanden auch die großen Maya-Stätten.

Das Reich der Maya dehnte sich in seiner Blütezeit (ca. 200–900 n. Chr.) vom Südosten Mexikos bis weit nach Guatemala aus. Bauwerke in dieser Kulturzone – heute als ›Mundo Maya‹ bezeichnet – gehören zu den bedeutendsten der Menschheitsgeschichte.

Die Spanier eroberten ab 1528 die Halbinsel und gründeten prachtvolle Städte wie Mérida oder Valladolid. Verwaltungspolitisch teilen sich heute drei Bundesstaaten die Halbinsel: Der Westteil gehört zum Bundesstaat Campeche (Hauptstadt: Campeche), der mittlere Teil zum Bundesstaat Yucatán (Hauptstadt: Mérida) und der Ostteil entlang der Karibikküste zum Bundesstaat Quintana Roo (Hauptstadt: Chetumal).

Alle drei Bundesstaaten sind wegen ihrer vielen archäologischen Stätten von touristischem Interesse. Quintana Roo besitzt zudem mit einer 150 km langen Karibikküste und den vorgelagerten Inseln Isla Mujeres und Cozumel höchste Attraktivität für Badegäste.

Die Halbinsel Yucatán

Sehenswert

12 **Uxmal:** Das ›Dreimal Gebaute‹ in der Sprache der Maya beherbergt viele bedeutende Bauwerke der klassischen Periode, darunter die ›Piramide del Advino‹ (Pyramide des Zauberers) und das Nonnenkloster, die ›Casa de las Monjas‹ (s. S. 379).

13 **Chichén Itzá:** Die größte Kultstätte Yucatáns mit Pyramiden, Ballspielplätzen und Cenotes steht auf der UNESCO-Liste des Weltkulturerbes (s. S. 385).

14 **Calakmul:** Die spät entdeckte Mayastätte liegt mitten im südlichen Dschungel Yucatáns. Von der Spitze ihrer höchsten Pyramide sieht man bis nach Guatemala (s. S. 419).

15 **Tulum:** Wegen ihrer Traumlage am karibischen Palmenstrand ist die befestigte Stadtanalge der Maya die meist fotografierte archäologische Stätte Mexikos (s. S. 436).

Schöne Routen

Entlang der Ruta Puuc: Die niedrige Hügellandschaft im Südwesten der Halbinsel Yucatán trägt den Namen Puuc. Für den Architekturstil der bedeutenden Maya-Stätten in Uxmal, Kabah, Sayil und Labna, die man bequem an einem Tag hintereinander besichtigen kann, wurde er übernommen (s. S. 379).

Dschungel Feeling: Ca. 1 Stunde dauert der Hin- und Rückweg zu einem restaurierten Tempel der Grupo del Sur in der archäologischen Stätte von Sayil. Der Weg durch den Dschungel mit aufregender Geräuschkulisse lohnt sich – besonders für Vogelkundler (s. S. 383).

Map labels:

Isla Holbox
Walhaie beobachten
Isla Mujeres
aktiv El Corazon de Mérida feiern
YUCATÁN
Cancún
Joggen in Cancún
Mérida
Valladolid
Playa del Carmen
aktiv Bei den Jaguaren – die Tropfsteinhöhle von Balankanché
13 Chichén Itzá
Golf von México
P u u c
Isla Cozumel
12 Uxmal
Entlang der Ruta Puuc
15 Tulum
Balankanché
Kabah
Sayil Labna
Yucatán
aktiv Auf den Spuren von Jacques Cousteau – Tauchen und Schnorcheln auf Cozumel
Campeche
Puerta Campeche
Dschungel Feeling
QUINTANA ROO
aktiv Im Biosphärenreservat Sian Ka'an
CAMPECHE
Chetumal
Karibisches Meer
Calakmul
14
BELIZE

Unsere Tipps

Walhaie beobachten: In den Monaten Juni bis September besteht vor der Insel Holbox die Möglichkeit, die größten Fische der Welt schnorchelnd zu beobachten (s. S. 397).

Joggen in Cancún: Wer den Laufsport auch im Urlaub nicht vermissen möchte, dem bietet sich der 20 km lange Strand Cancúns an. S. 406).

Puerta Campeche: Fünf-Sterne-Luxus im außergewöhnlich behutsam restaurierten Stadtpalast in Campeche. Auch das Hotelrestaurant ist ausgezeichnet (s. S. 415).

aktiv unterwegs

El Corazon de Mérida feiern: Am Wochenende verwandelt sich das historische Areal um den Zócalo in Mérida in einen großen Festplatz, auf dem Besucher und Einheimische ein buntes Straßenfest mit viel Musik feiern (s. S. 372).

Bei den Jaguaren – die Tropfsteinhöhle von Balankanché: Die erst vor wenigen Jahrzehnten entdeckte Höhle beherbergt eine unterirdische Maya-Stätte (s. S. 393).

Auf den Spuren Jacques Cousteaus – Tauchen und Schnorcheln auf Cozumel: Einfach mal abtauchen! Cozumel bietet interessante und vielfältige Tauchreviere (s. S. 428).

Im Biospährenreservat Sian Ka'an: Auf einem alten Maya-Wasserweg geht es bei ganztägigen Führungen durch das Biosphärenreservat (s. S. 446).

Mérida und Umgebung

In Mérida pulsiert das Leben. Die Stadt besitzt liebenswerten kolonialen Charme und ist der ideale Ausgangspunkt für Ausflüge: Nach Norden zur Maya-Stätte Dzibilchaltún und zum Hafenstädtchen Progreso oder nach Süden zu den Maya-Ruinenstätten Uxmal, Kabáh, Sayil und Labná.

Meridas Umgebung ist absolut flach. Die Landstraßen gleichen Schneisen, die in das dichte Grün des Dschungels geschlagen wurden. Nur dort, wo Campesinos die Vegetation gerodet haben, stößt man vereinzelt auf Siedlungen.

Mérida ▶ 3, M 3

Cityplan: S. 370
Die Hauptstadt des Bundesstaates Yucatán (ca. 1 Mio. Einw.) ist eine Kolonialstadt, die dieses Ambiente bewahren konnte. Die schachbrettartige Anordnung der Straßen im Zentrum, die Atmosphäre rund um den Zócalo, das feucht-heiße Klima im Sommer und die traditionelle Kleidung seiner Bewohner (bei den Frauen die bunt bestickten, tunikaähnlichen *huipiles,* Blusen, und bei den Männern plisseeverzierte Baumwollhemden, *guayaberas),* tragen dazu bei, dass Mérida mit seiner Mischung aus Zerfall und neureicher Prächtigkeit bei Besuchern in Erinnerung bleibt. Zudem verfügt Mérida über die beste Infrastruktur auf Yucatán. Der Ort wurde 1542 in unmittelbarer Nähe des Maya-Dorfes Ti Ho von Francisco de Montejo, dem spanischen Eroberer Yucatáns, gegründet. Mehr als 20 Jahre brauchten die Konquistadoren, um den Widerstand der Maya endgültig zu brechen. Die von ihnen auf dem Reißbrett entworfene Stadt war damals mit einer Mauer umgeben; von den einst sieben Stadttoren existieren heute noch drei.

1618 wurde das Colegio de San Javier, eine große Schule für Knaben, von Jesuiten gegründet. Als der Orden 1767 Mérida verlassen musste, eröffnete genau gegenüber das Colegio de San Pedro; aus ihm ist 1922 die Universität von Yucatán hervorgegangen.

Mérida war wirtschaftliches, militärisches und politisches Zentrum des kolonialen Yucatán. Diese zentrale Funktion behielt es auch nach der Unabhängigkeit Mexikos. Ende des 19. Jh. erlebte Mérida dank des Sisal-Booms eine wirtschaftliche Blüte. Der aus den Blättern der gleichnamigen Agave gesponnene, äußerst feste Faden machte die Plantagenbesitzer zu Millionären. Mérida wurde die zentrale Umschlagbörse für die Produkte des ›grünen Goldes‹, in erster Linie Seile, aber auch Säcke, Teppiche, Körbe, Hängematten. Prachtvolle Herrschaftshäuser entstanden überall in der Stadt, die schönsten mit parkähnlichen Vorgärten am Paseo de Montejo. Die Erfindung synthetischer Garne veränderte und verschlechterte schlagartig die Einkommensverhältnisse in der Stadt. Aber bis heute hat sich die Bedeutung Méridas als zentraler Umschlagplatz für die Produkte der Halbinsel erhalten: Sisal spielt dabei nur noch eine untergeordnete Rolle.

Nach dem Zweiten Weltkrieg wurden Yucatán und Mérida besser mit den übrigen Landesteilen verbunden, z. B. durch direkte Flug- und Eisenbahnverbindungen nach Mexiko-Stadt (20 Std.); Ende des 19. Jh. mussten die Yucateken noch mit dem Schiff bis Veracruz und von dort über Land in die Hauptstadt fahren. Die Bahn fährt heute nicht mehr.

Rund um den Zócalo

Seit der Stadtgründung ist der Zócalo (Plaza de la Independencia) mit seinen Schatten spendenden großen Lorbeerbäumen der lebendige Mittelpunkt Méridas. Man kann dem Treiben zusehen, mitschlendern, Atmosphäre schnuppern, einen *taco* an einer Straßenküche versuchen, Straßenmusikanten zuhören. In der Anlage laden viele Bänke zum Ausruhen ein, darunter auch die typischen *confidenciales,* steinerne Bänke in Form eines ›S‹, auf denen man sich gegenübersitzen kann, um Ohr an Ohr Vertrauliches auszutauschen.

Um den Zócalo herum gruppieren sich die wesentlichen Sehenswürdigkeiten der Stadt: Der **Palacio Municipal** 1 (Rathaus) mit seinem alten, weithin sichtbaren Uhrturm liegt an der Westseite des Zócalo; 1735 in seiner heutigen Form errichtet, wurde hier am 15. September 1821 die Unabhängigkeit Yucatáns ausgerufen. Hinter dem Rathaus, im Jardín del Componista (Garten des Komponisten), werden zweimal pro Woche abends Folkloretänze aufgeführt (s. Plakathinweise).

An der Südseite des Platzes liegt die **Casa de Montejo** 2, das 1549 errichtete, prachtvolle Wohnhaus der Stadtgründerfamilie mit teilweise noch original erhaltenem Mobiliar. 1850 wurde das Palais zum letzten Mal umgebaut. Bis 1978 wohnten hier direkte Nachfahren der Montejos; seitdem ist es in städtischem Besitz (im Parterre ist eine Filiale der Banamex-Bank untergebracht). An der Vorderfront des Gebäudes beeindrucken das Wappen der Familie und Szenen des Eroberungskampfes: Zwei spanische Krieger setzen ihre Füße auf enthauptete Köpfe unterworfener Maya.

Mit dem Bau der **Kathedrale** 3 an der Ostseite des Zócalo wurde 1561 begonnen; 35 Jahre später konnte sie in Anwesenheit des Bischofs der Hauptstadt des Vizekönigreiches feierlich geweiht werden. Sie zählt zu den größten und ältesten des Landes. Errichtet wurde sie überwiegend aus den Steinen der Maya-Pyramide Xbac-Luum-Chaan, die zuvor an dieser Stelle stand. Die beiden Glockentürme wurden erst im Jahre 1774 fertiggestellt. Trotz ihrer schmucklosen Fassade

Tipp: Kutschfahrt in Mérida

In der Innenstadt **Méridas** bewegt man sich zu Fuß oder man benutzt eine *Calesa*, eine offene Pferdekutsche. Sie war einst das Gefährt der Kolonialherren, heute unterhalten in Mérida ca. 50 Calesaderos damit ihre Familien. Die Kutschen warten – Taxis vergleichbar – an der Straße gegenüber der Casa de Montejo. 30 Min. kosten für 2 Pers. 200 Mex$.

wirkt die Kirche erhaben. Im Inneren sind die hohen Wände ebenfalls kahl, aber die gewaltigen Säulen und die mächtigen Stützbogen unterstreichen die Ruhe und Kraft, die diese Kirche ausstrahlt. In einer Kapelle wird Cristo de las Ampollas verehrt. Die Holzskulptur stellt einen Jesuskopf dar und wurde 1645 aus dem Dorf Ichmul in die Kathedrale gebracht, nachdem dort die Kirche abgebrannt war. Trotzdem war das hölzerne Christusbild wie durch ein Wunder unversehrt geblieben. Beachtenswert sind in der Kathedrale die Seitenschiffe mit den 14 Stationen der Leidensgeschichte Christi.

Rechts neben der Kathedrale steht der Ateneo Peninsular, der einstige Bischofspalast, von General Alvarado wieder aufgebaut und heute z. T. als Regierungsgebäude genutzt. Kunstinteressierte sollten durch seinen eindrucksvollen Innenhof das **Macay** 4 (Museo de Arte Contemporaneo Arteneo de Yucatán) aufsuchen. Hier werden ausschließlich mexikanische, bevorzugt yucatekische Künstler ausgestellt (Calle 60, Di–So 10–18, Fr/Sa 10–20, Uhr, Eintritt frei).

Um den neoklassizistischen **Palacio del Gobierno** 5 (Regierungspalast) an der Nordseite des Zócalo zu errichten, musste 1892 eines der sogenannten ›königlichen Häuser‹ aus der Kolonialzeit weichen. Der Palast besitzt einen großen Patio und eine prächtige Treppe. Im ersten Stock hängen im Salón de la Historia de Yucatán die 1978 vollendeten gewaltigen Gemälde von Fernando Castro Pacheco. Vom Balkon des Salons hat man einen schö-

Calle 47 Iglesia Santa Ana Remate de Paseo de Montejo Calle 47

Calle 48 Calle 46

Calle 49 Calle 49

Calle 72 Calle 70 Calle 68 Calle 66 Calle 64 Calle 62 Calle 60 Calle 58 Calle 56 Calle 54 Calle 52 Calle 50 Calle 51

Calle 51

Calle 53 Calle 53

Calle 55 Iglesia Santa Lucía Calle 55 Esta

Iglesia Santiago Calle 57 Calle 57

Calle 59 Calle 59

Iglesia Exconvento de Monjas Zócalo Calle 61 Arco de Dragones

Calle 61

Calle 63 Calle 63 Arco del Puente

Calle 65 Calle 65

Calle 67 Iglesia San Juan Calle 67 Iglesia San Cristóbal

Parque Calle 69 Calle 69

Estación de Autobuses 2a clase Arco de San Juan Calle 50

Estación de Autobuses 1a clase (ADO) Calle 71 Calle 71 Calle 48 Calle 46

Calle 73 Calle 73

Calle 72 Calle 70 Calle 68 Calle 66 Calle 64 Calle 62 Calle 60 Calle 58 Calle 56 Calle 54 Calle 52

Calle 75 Calle 75

Iglesia San Sebastián Parque Calle 77 Calle 77

Iglesia Santa Isabel

0   100   2

nen Blick auf den Zócalo und die Kathedrale. Zwei kleine Museen in unmittelbarer Umgebung lohnen den Besuch. Das **Museo de la Ciudad** 6 in der Calle 56, mit einer Ausstellung zur Geschichte Méridas (zwischen Calle 65 und Calle 65 A, Di–Fr 9–20, Sa u. So 9–14 Uhr, Eintritt frei) und das **Museo de Arte Popular** 7, ein Volkskundemuseum mit Kunsthandwerk, Trachten und naiver Malerei in der Calle 57 (gegenüber dem Parque de Megorada) und 48 (Di–Sa 9–18.30 Uhr, Eintritt

20 Mex\$, So 9–14 Uhr, Eintritt frei). Das koloniale Zentrum rund um den Zócalo wird tagsüber von geschäftigem Treiben bestimmt, in den südlich angrenzenden Straßen dehnen sich die großen Märkte aus. Von einer anderen Seite präsentiert sich Mérida am Paseo de Montejo, nördlich des Zócalo.

Paseo de Montejo

Der breite, mit Schatten spendenden Bäumen bepflanzte Boulevard erinnert mit sei-

Mérida

nen Herrschaftshäusern aus dem 19. Jh. an den einstigen Reichtum der Sisal-Metropole. Viele der Gebäude sind vorbildlich restauriert und werden wieder genutzt, darunter auch der von dem Italiener Enrico Doserti entworfene Marmorpalast Palacio Cantón. In den Räumen dieses Gebäudes war bis 2012 das Museo Regional de Antropología untergebracht. Viele wertvolle Maya-Fundstücke (u. a. die Opfergaben aus dem *cenote* von Chichén Itzá) befinden sich jetzt im neuen **Gran Museo del Mundo Maya** 8 . Es wurde 2012 als bedeutendes Museum des Staates Yucatan im Norden Meridas eröffnet und fällt von weitem schon durch seine Architektur (insbesondere durch seine ellipsenförmige Dachkonstruktion) auf, die dem Kronendach des den Maya heiligen Ceiba-Baumes nachempfunden wurde. In vier Abteilungen wird die Geschichte der Maya bis in die Gegenwart in beeindruckender Weise dokumentiert (Calle 60 Norte, Beginn der N 261 nach Progreso, tägl. 8–17 Uhr, www.granmuseodelmundomaya.com)

In der **Casa Catherwood** 9 , einem renovierten Stadthaus des 19. Jh. im historischen Stadtkern von Mérida, werden Zeichnungen der Maya-Ruinen von Frederick Catherwood ausgestellt, die dieser zwischen 1839 und 1843 auf seinen Entdeckungsreisen zusammen mit John Lloyd Stephens anfertigte (Calle 59 Nr. 572, www.casa-catherwood.com, Mo–Sa 9–14, 17–21 Uhr, Eintritt 50 Mex$).

Früher war die Eisenbahn das wichtigste Transport- und Verkehrsmittel auf der Halbinsel. 2001 wurde jeglicher Eisenbahnverkehr in Yucatán eingestellt. Heute gehört die Eisenbahn im wahrsten Sinne des Wortes zum ›alten Eisen‹, und die wenigen erhaltenen Exemplare der alten Wagen und Lokomotiven stehen in dem Freiluftmuseum **Museo de los Ferrocarriles de Yucatán** 10 in der Calle 43 (zwischen Calle 48 und 50, Di–Fr 9–16, Sa 9–14 Uhr, Eintritt frei). Der schöne alte Bahnhof **Estación del Ferrocarriles** mit seiner seit Jahren nicht mehr funktionierenden Turmuhr in der Calle 57 (zwischen Calle 46 und 48) wird von der Universität Mérida genutzt.

Infos

Vorwahl Mérida: 999

Touristeninfo im Teatro Peón Contreras: Calle 60/Calle 57, Tel. 924 92 90, www.yucatan.travel, Mo–Fr 9–21, Sa 9–18, So 9–16 Uhr.

aktiv unterwegs

El Corazon de Mérida feiern

Tour-Infos

Start: auf dem Zócalo vor der Kathedrale
Länge: ca. 1 km Rundgang
Dauer: je nach Verweildauer an den Ständen und vor den Sehenswürdigkeiten

Wichtige Hinweise: am besten am Wochenende. **La Via Olimpio,** Rathausarkaden, Tel. 923 58 43, Mo–So 7–23 Uhr, Hauptgerichte ab 60 Mex$, z.B. Sopa de Lima, Sandwichs, Fisch; **Planetarium im Olimpo-Kulturzentrum** unter den Arkaden des Palacio Municipal, Di–Fr 9–13, 16–19.30 Uhr, Eintritt 30 Mex$; **El Colon: Dolces y Sorbetos,** Zócalo/Calle 61, tgl. 8–22 Uhr, Sorbetbecher ab 40 Mex$

Mérida ist stolz auf seine koloniale Vergangenheit und sein spanisches Erbe, das sich im Zentrum der Stadt rund um den **Zócalo** konzentriert. In seiner Mitte dehnt sich heute eine große rechteckige Parkanlage aus, um den sich die historisch bedeutsamen Gebäude der Stadt gruppieren.

Am besten reserviert man sich für den Besuch Meridas ein Wochenende. Dann zeigt sich das koloniale Zentrum von seiner charmanten Seite, denn es wird ›El Corazón de Mérida‹ (›Das Herz von Mérida‹) gefeiert: Die Stadtverwaltung sperrt die engen und schmalen Straßen rund um den Zócalo ab. Die Anliegerstraßen werden zur Fußgängerzone, die Restaurants stellen Tische und Stühle auf die Straße, Konzertpodien und Imbissstände werden aufgebaut, und im Park flanieren Einheimische und lassen sich die Schuhe auf Hochglanz polieren. Am Rande in

Am Zócalo von Mérida ist am Wochenende der Bär los …

der Calle 61 warten hochrädrige, offene Pferdekaleschen auf Kunden. Respektvoll schaut man auf Frauen in der Tracht der Maya, die ihr Artesanía-Angebot auf dem Straßenpflaster auslegen, während einen Steinwurf weiter ein Brautpaar ehrfürchtig durch das Portal der Kathedrale schreitet. In dieses bunte Treiben mischen sich die Besucher und verbinden Feiern und Besichtigen auf sehr unterhaltsame Weise.

Der Zócalo ist gesäumt von prächtigen Bauten, wie die **Kathedrale San Ildefonso** **3** von 1598, der Palast des Erzbischofs von Yucatán (heute das **Macay** **4**) oder die **Casa de Montejo** **2** von 1549 (heute eine Bank), die wie die Kathedrale aus Steinen von Maya-Ruinen erbaut wurde. Auf der Straße vor der Kathedrale werdenden Feiernden zu El Corazón besonders schmackhafte Speisen angeboten. Die ganze Westseite des zentralen Platzes der Stadt nimmt das Rathaus, der **Palacio Municipal** **1** ein. Mit seinem schlanken Uhrturm und den schattigen Arkaden bildet es einen hübschen Gegenpol zur massiven Kathedrale auf der gegenüberliegenden Seite des Platzes.

Unter den Arkaden des Rathauses kann man im **Cafe La Via Olimpo** einen Kaffee trinken und dem bunten Treiben auf dem Zócalo zu schauen. Es ist am Wochenende der Logenplatz für die vor dem Rathaus stattfindenden öffentlichen Konzerte. Hier ist man den Kapellen am nächsten, die nach jedem Auftritt von ihren Fans bejubelt werden. Bei vertrauten Melodien singt der ganze Platz mit. Neben dem Café, noch unter den Arkaden des Palacio Municipal, liegt der Eingang zum **Centro Cultural Olimpo.** Für Gäste der Stadt ist besonders ein Besuch des dortigen **Planetariums** lohnenswert. In zwei Shows können Sie eine virtuelle Reise durch das Sonnensystem, zu seinen Planeten und Satelliten erleben.

Auf Schatten spendende Arkaden trifft man auch in der angrenzenden Nordseite des Zócalo. Direkt an der Ecke der Calle 61 werden seit 1907 im **El Colón: Dulces y Sorbetos** feinstes Speiseeis und leckere Sorbets in allen Variationen hergestellt und auf der Terrasse unter den Arkaden serviert. Das El Colón ist eines der beliebtesten Cafés am Zócalo. An den kleinen runden Tischen sitzen auf alten Metallstühlen vor allem Einheimische und warten auf ihre Eisbecher und *champolas* (Milchshakes). Die Kellner tragen noch immer Frack und sind ausgesprochen zuvorkommend. Vom Platz schallt die Musik herüber und wer etwas Spanisch spricht, wird hier schnell von der allgemeinen Begeisterung und von der fröhlichen Stimmung angesteckt.

Direkt neben dem Café El Colón erstreckt sich der **Palacio del Gobierno** **5**, der Regierungssitz des Governeurs von Yucatán, der in seiner heutigen üppigen Palastarchitektur im Jahre 1892 erbaut wurde. Durch ein Tor gelangt man vom Zócalo in den Innenhof und von dort über eine breite Treppe in den Empfangssaal im ersten Stock. Auf dem Weg und dann konzentriert im Empfangssaal veranschaulichen Wandbilder und Ölgemälde von Fernando Castro Pacheco die wechselvolle Geschichte Méridas. Der Künstler hat dabei Kubismus und sozialistischen Realismus mit erdrückenden Erd- und Naturfarben verknüpft, um seine Bilder der Maya-Kultur, des Krieges der Kasten und der neueren Geschichte mit der aufklärerischen Tradition der mexikanischen Murales zu verbinden.

Von der Fensterfront des Empfangssaals bietet sich vor allem im Abendlicht ein eindrucksvoller Blick auf die Kathedrale und auf den Zócalo. An Wochenenden ist dieser Balkon die VIP – Lounge für ›El Corazon de Mérida‹ denn von hier oben hat man den bsten Überblick über das bunte Treiben.

Mérida und Umgebung

Turismo Municipal: Palacio del Gobierno am Zócalo, Tel. 930 31 01, Mo–Fr 10–12, 16–20 Uhr.

Yucatán today: monatlich in Englisch erscheinende Touristeninformationsbroschüre, die Auskunft über alle Veranstaltungen und Informationen über andere Orte in Yucatán gibt (www.yucatantoday.com).

Cartelera mensual e actividades: monatlich von der Stadtverwaltung von Mérida veröffentlichter Veranstaltungskalender, in dem man sich über die öffentlichen Theater-, Konzert- und Unterhaltungsprogramme informieren kann (Ausgabe bei der städtischen Touristeninformation).

Übernachten

Méridas erste Adresse ▶ Hyatt Regency
1 : Calle 60 Nr. 344/Av. Colón, Tel. 942 12 34, Fax 925 70 02, www.merida.regency.hyatt. com; futuristischer Hochbau, große Zimmer, luxuriöse Ausstattung, großes Sportangebot, Pool und Garten, ab 1500 Mex$.

Feudal ▶ Presidente Intercontinental Villa Mercedes 2 : Av. Colon 500, Tel. 942 90 00, Fax 942 90 01, www.intercontinental.com; eindrucksvolle yucatekische Hotelanlage mit Schwimmbad und mehreren Restaurants, sehr erholsame Atmosphäre, 127 Zimmer, ab 1450 Mex$.

Ruhige Lage ▶ La Mision de Fray Diego
3 : Calle 61, No. 524 (zw. 64 und 66), Tel. 924 11 11, Fax 923 73 97, www.lamisiondefray diego.com; schön restauriertes Herrrschaftshaus aus dem 17. Jh. mit nur 26 Zimmern um einen Innenhof, Schwimmbad, DZ ab 1100 Mex$.

Sehr familiär ▶ Marionetas 4 : Calle 49, Nr. 516 (zw. 62 und 64), Tel. 928 33 77, Fax 923 27 90, www.hotelmarionetas.com; 100 Jahre altes, früheres Puppentheater mit großem Hof und Pool, 8 geschmackvoll eingerichtete Zimmer, kleines Internetcafé, nur Frühstück, ab 1025 Mex$.

Im Schatten der Kirche ▶ Luz en Yucatán
5 : Calle 55 Nr. 499 (zw. 58 und 60), Tel. 924 00 35, www.luzenyucatan.com; Apartments mit Küchenzeile im ehemaligen Konvent der benachbarten Kirche Santa Lucia, mit Pool,

Garten und Aufenthaltsräumen, stilvoll, 10 Apartments ab 900 Mex$.

Kolonialstil ▶ Gran Hotel 6 : Calle 60 Nr. 496/Calle 59, Plaza Hidalgo, Tel. 923 69 63, Fax 924 76 22, www.granhotelmerida.com. mx; stilvoller Kolonialbau mit Jugendstil-Ausstattung, Antiquitäten, hübscher Innenhof und Garten, 33 Zimmer, ab 900 Mex$.

Zentral mit Pool ▶ Hotel Caribe 7 : Calle 59 Nr. 500/Calle 60, am Parque Hidalgo (Nähe Zócalo), Tel. 924 90 22, www.hotelcaribe.com. mx; familiäres Quartier, koloniale Atmosphäre, Schwimmbad, 56 Zimmer, ab 900 Mex$.

Viel Atmosphäre ▶ Hotel Colón 8 : Calle 62 Nr. 483 (unmittelbar am Zócalo), Tel. 923 43 55, Fax 924 49 19; Haus mit kolonialer Tradition, Schwimmbad, kleine Zimmer, altes Mobiliar, aber viel Flair, 53 Zimmer, 520 Mex$.

Innen schöner als außen ▶ Dolores Alba
9 : Calle 63 Nr. 464, Tel. 928 56 50, www. doloresalba.com; altes Stadthotel unweit des Zócalo, durch mehrere Anbauten erweitert mit schönem Innenhof und Schwimmbad, persönliches Ambiente, 90 geräumige Zimmer, ab 500 Mex$.

Wie zu Hause ▶ Maria José 10 : Calle 64 Nr. 456 (zw. 53 und 55), Tel. 928 70 38, Fax 928 70 37, www.hotelmariajose.com.mx; neue Zimmer mit Klimaanlage, Ventilator, schönem Bad und TV in ruhiger Lage, 20 Zimmer, 430 Mex$.

Im Zentrum ▶ Hotel Reforma 11 : Calle 59 Nr. 508, Tel. 924 79 22, www.hotelreforma. com.mx; kolonialer Bau, schöner Innenhof und Schwimmbad, 50 Standardzimmer, ab 400 Mex$.

Koloniale Pracht ▶ Posada Toledo 12 : Calle 58 Nr. 487/Calle 57, Tel. 923 16 90, Fax 923 22 56, hptoledo@prodigy.net; koloniales Haus aus dem 19. Jh. im Zentrum mit hübschem Patio und stilvollem Restaurant, 23 Zimmer, 350 Mex$.

Beste Lage ▶ Hostal Zócalo 13 : Calle 63, Nr. 508, am Zócalo, neben der Casa Montejo, Tel. 930 95 62, hostelzocalo@yahoo.com.mx; *dormitories*, Mosquitonetze, Küchenbenutzung, 4 Mehrbett-Zimmer (bis zu 6 Betten), pro Bett 120 Mex$, Dreibettzimmer 300 Mex$.

Essen & Trinken

Erste Klasse ▶ **Spasso** **1** : im Hotel Hyatt, tgl. 18–24 Uhr; internationale Küche auf hohem Niveau, mehrfach ausgezeichnet, interessante Gäste, Menüs ab 250 Mex$.

Stilvoll ▶ **La Bella Época** **1** : Calle 60 Nr. 497 (zw. 57 und 59), Tel. 928 19 28, tgl. ab 16 Uhr; regionale yucatekische Küche in stilvoller Belle-Epoque-Atmosphäre, kleine Balkone zum Parque Hidalgo; im 1. Stock gibt es Musik, im hinteren Teil eine Terrasse mit Springbrunnen, Vorspeisen ab 35, Menüs ab 120 Mex$.

Gute Küche & Museum ▶ **Alberto's Continental** **2** : Calle 64 Nr. 482/Calle 57, Tel. 928 53 67, tgl. ab 18 Uhr; kolonialer Innenhof mit viel Atmosphäre und Mauerwerk aus dem 18. Jh., internationale Küche, Menüs ab 100 Mex$.

Gepflegtes Ambiente ▶ **Pórtico del Peregrino** **3** : Calle 57, No. 501 (zw. 60 und 62), Tel. 928 61 63, tgl. 17–24 Uhr; gepflegte yucatekische und internationale Küche im reizenden Innenhof dieses Kolonialstilgebäudes oder in den angrenzenden, intimen Räumen, die mit Antiquitäten ausgestattet sind, Hauptgerichte ab 100 Mex$.

Viva la revolucíon ▶ **Pancho's** **4** : Calle 59 Nr. 509 (zw. 60 und 62 nahe Zócalo), Tel. 923 09 42, tgl. 18–2 Uhr; viel ›revolutionäres‹ Ambiente, Fisch, Fleisch, einfach alles, Menüs 50–100 Mex$.

Im Grünen ▶ **Las Palomas** **5** : Calle 60 Nr. 477/Calle 57, Tel. 924 21 50, tgl. 12–24 Uhr; eine Oase der Ruhe in einem verwilderten Garten, mexikanische Küche, Menüs ab 70 Mex$.

Auch für Vegetarier ▶ **Amaro** **6** : Calle 59 Nr. 507 (zw. 60 und 62 nahe Zócalo), Tel. 928 24 51, tgl. 11–2 Uhr; Vegetarisches und Mexikanisches, sehr schöner Innenhof, Livemusik, ab 40 Mex$.

Gesundheitsoase ▶ **100 % Natural** **7** : Calle 8 Nr. 360, Tel. 948 45 90, tgl. 8–23 Uhr; viel Gemüse, Salate, Obst, Joghurts, aber auch schmackhafte Sandwiches, ab 50 Mex$.

Kaffee & Sandwiches ▶ **Café la Habana** **8** : Calle 59, No. 511A, Tel. 928 65 02, rund um die Uhr geöffnet; guter Kaffee, Riesensandwiches, mexikan. Küche, ab 60 Mex$.

All day long ▶ **El Louvre** **9** : Calle 61/Calle 62, 24 Std. tgl. geöffnet; am Zócalo, einfacher mexikan. Treff mit viel Stimmung, ab 30 Mex$.

Einkaufen

Méridas Geschäfte und Märkte bieten die größte Auswahl all jener yucatekischen Produkte, für die sich Touristen interessieren: bunt bestickte Kleider *(huipiles),* Männerhemden *(guayaberas),* Sandalen und Schuhe, Körbe, Hängematten *(hamacas)* und Panama-Hüte. Zum Verkauf angeboten werden daneben auch Gemüse und Früchte.

Markthalle ▶ **Mercado Municipal** **1** : Calle 60/Calle 65, Mo–Sa 8–19 Uhr; in diesen größten Markthallen gibt es nahezu alles: von Plastikpuppen (made in Hongkong) über frisches Obst und Gemüse bis zu kunsthandwerklichen Artikeln.

Kunsthandwerk ▶ **Casa de las Artesanías** **2** : Calle 63 Nr. 503-A (zw. 64 und 66), Mo–Sa 9–20 Uhr; staatliche Institution mit großer Auswahl yucatekischen Kunsthandwerks.

Basar ▶ **Park Santa Lucía** **3** : Calle 60/Calle 55, So 10–15 Uhr; Freiluft-Basar für Bücher, alte Möbel und viel Nippes.

Souvenirs ▶ **Miniaturas Arte Popular Mexicano** **4** : Calle 59 (zw. 60 und 62); ein origineller Souvenir- und Sammlerladen mit kleinen und kleinsten Figuren, Volkskunst, Souvenirs, Kunstdrucken. **Galerías El Triunfo** **5** : Calle 56A/Paseo Montejo 474, www.galeriaeltriunfo.com; drei Etagen mit Antiquitäten, Figuren, Kunstblumen, Geschenken, Souvenirs aller Art.

Abends & Nachts

Salsa XXL ▶ **El Establo** **1** : Calle 60 Nr. 484 (zw. 55 und 57), Tel. 924 22 89; Salsa-Bar mit Live- und Tanzmusik.

Musik beim Essen ▶ **La Parilla** **2** : Prolongación Montejo, No. 87, tgl. 19–23 Uhr; *Trova yucatéka* als Begleitung zu einem mexikanischen Dinner.

Bar und Disco ▶ **Tequila** **3** : Calle 1 Nr. 250, Tel. 944 18 28, Mi–Sa 21–3 Uhr, Diskothek mit ortsansässigen DJs.

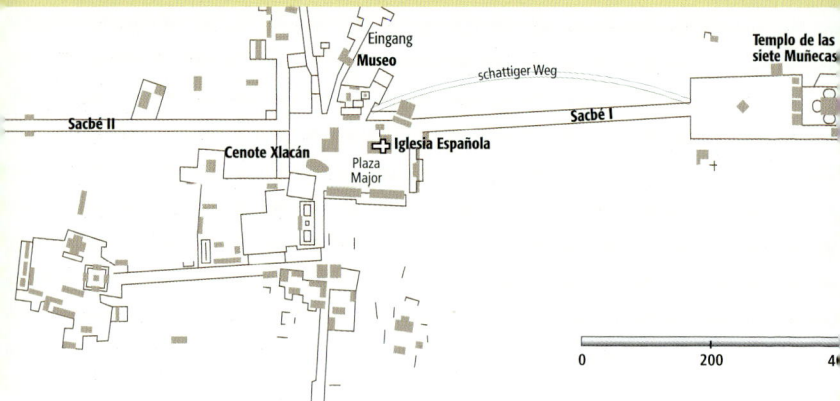

Map labels: Eingang, Museo, schattiger Weg, Templo de las siete Muñecas, Sacbé II, Sacbé I, Cenote Xlacán, Iglesia Española, Plaza Major

Scale: 0 — 200 — 4[00]

Café & Bar ▶ Ki'bok 4 **:** Calle 60 (zw. 53 und 55), Fr–So 21–1 Uhr; beliebtes Café am Santa-Lucia-Park, wandelt sich abends zur Bar.

Große Bühne ▶ Ballet Folklórico 5 **:** Centro Cultural Universitario, Patio Central, Calle 60/Calle 57, Tel. 924 64 29, Zeiten s. Tageszeitungen.

Aktiv

Vergnügungspark ▶ Parque El Centenario 1 **:** Av. de los Itzáes, tgl. 8–19 Uhr; große Anlage mit einem kleinen Zoo, einer Miniatur-Eisenbahn, einem künstlichen See und vielen Spiel- und Picknickmöglichkeiten (an Feiertagen beliebt bei mexikanischen Familien).

Termine

Karneval: Faschingsdienstag steht Mérida Kopf! Hier findet das größte Karnevalsfest der Halbinsel (Carnaval de Mérida) statt, mit Umzügen und Tanz auf den Straßen bis weit nach Mitternacht.

Cristo de las Ampollas: 14.–17. Okt.; großes Fest mit einer aufwendigen Prozession (*ampollas* = Brandblasen).

Folklore-Abende: Okt.–April, Teatro Peón Contreras, Calle 60 (gegenüber der Universität), Auskunft: Touristeninformationsbüro im gleichen Haus, s. S. 371.

Fiesta Mexicana: die großen Hotels organisieren reihum jede Woche eine Mexikanische Nacht (auch Nicht-Hotelgäste willkommen).

Parque Santa Lucía: Calle 60/Calle 55 (2 Blocks hinter dem Zócalo); mit netten Sitzgelegenheiten, jeden Do finden ab 21 Uhr Freiluftkonzerte statt (meist mit Serenaden-Musik).

Parque de las Américas: Av. Colón/Calle 22; hier werden sonntags große Konzerte gegeben (Ankündigungen in der Stadt).

Verkehr

Der **Flughafen** liegt südwestlich der Stadt an der MEX 180. Mehrere Flüge tgl. zu Orten auf der yukatekischen Halbinsel, z. B. nach Chetumal. Internationale Flüge nach Havanna (2 x pro Woche) und in Länder Zentralamerikas. **Aeroméxico:** Paseo de Montejo, Hotel Fiesta Americana, Tel. 964 17 80. **Mexicana:** Paseo de Montejo 493, Tel. 924 66 33.

Busse:

Terminal CAME für 1.-Klasse-Busse: Calle 70 Nr. 555/Calle 71, Tel. 924 83 91; ADO stdl. ab 8 Uhr nach Cancún, 3 x tgl. nach Chetumal, 5 x tgl. nach Campeche, 3 x tgl. nach Villahermosa, Veracruz und Puebla, 2 x tgl. nach Mexiko-Stadt. Nachtbus nach Palenque: Abfahrt 23 Uhr, Ankunft 7 Uhr.

Hotel Fiesta Americana: Calle 60, Tel. 920 44 44; 1.-Klasse-Busse nach Cancún (ADOGL).

Terminal de Autobuses (Busbahnhof 2. Klasse): Calle 50 Nr. 531 (zw. 65 und 67), die Autobusgesellschaften steuern unterschiedliche Orte an, z. B. Autobus de Noreste: Tel.

924 80 55, Celestún, Rio Lagartos; Autobus de Oriente, Tel. 928 62 30: Cancún, Chichen Itza, Playa del Carmen; Autobus de Occidente, Tel. 928 62 30: Izamal, Mayapan stdl. ab 6 Uhr.

Terminal CAME (Busbahnhof 2. Klasse): Calle 69 Nr. 544 (zw. 68 und 70), Tel. 923 22 87; Campeche, Villahermosa.

Busbahnhof nach Progreso: Calle 62 Nr. 524 (zw. 65 u. 67), Tel. 928 39 65.

Autobahn: zwischen Mérida und Cancún ist die Autobahn (Hinweis: *cuota*) kostenpflichtig (250 Mex$ für die ca. 330 km). Dafür vermeidet man 43 Dörfer mit mindestens jeweils zwei – also 86 – *topes*, versäumt aber die Folklore gelebten bäuerlichen Alltags und viele Sehenswürdigkeiten.

Reisebüro: Ecoturismo Yucatán, Calle 3 Nr. 235 (zw. 32 und 34), Col. Pensiones, Tel. 920 27 72, Fax 925 90 47, www.ecoyuc.com.

Ausflüge

Dzibilchaltún ▶ 3, M 2

Karte: oben

Ca. 20 km nördlich von Mérida liegt Dzibilchaltún (auch Dzibi Chaltun), eine der ältesten Maya-Stätten Yucatáns (Abzweigung von der MEX 261 in Richtung Progreso nach 15 km auf eine geteerte Seitenstraße, dann weitere 6 km bis zur Ruinenstätte). Vor dem Besuch der Ruinen sollte man das kleine, sehr eindrucksvolle Museum am Eingang aufsuchen.

Dzibilchaltún (›Ort der beschrifteten Steine‹) war eine der größten Ansiedlungen der Maya. Bis zu einem Umkreis von 40 km² richteten sich die Siedlungen auf diese Kultstätte aus. Von ihrem Zentrum, der Plaza Mayor, führt eine 430 m lange, vom Buschwerk freigelegte, schnurgerade Zeremonienstraße gen Osten zum **Templo de las siete Muñecas** (Tempel der sieben Puppen). Dieser Tempel ist einer der wenigen, die in Dzibilchaltún erhalten geblieben sind. Die Steine der vielen anderen Pyramiden, Paläste und Gebäude um die Plaza Mayor wurden 1593 von spanischen Mönchen für den Bau der Kirche bzw. später von den Bewohnern Méridas für ihren Häuserbau verwendet. 1932 diente der Rest als Straßenbaumaterial für die Verbindung von Mérida nach Progreso. Deshalb sind von den meisten Bauwerken in Dzibilchaltún nur die Grundmauern übrig geblieben. Erst seit 1956 wurde der Zerstörung Einhalt geboten.

Von Interesse ist am zentralen Platz der ca. 45 m tiefe **Cenote Xlacáh;** im Museum finden sich Darstellungen über seine Funktion und Bedeutung sowie eine Ausstellung der von Tauchern geborgenen Opfergaben. Baden im Cenote ist bis 16 Uhr gestattet.

Der Name Pirámide de las siete Muñecas geht auf sieben kleine (nicht sonderlich eindrucksvolle, im Museum von Mérida ausgestellte) Tonfiguren zurück, die auf einem Opferaltar der Pyramide gefunden wurden. Der Tempel steht auf einer Plattform von 250 x 100 m und ist an allen vier Seiten über mehrstufige Freitreppen zu erreichen.

Die Pyramide wurde um 500 n. Chr. errichtet und mehrmals überbaut. Sie ist wegen des auf ihr errichteten Tempelhauses mit vier Eingängen, jeweils zwei Fenstern an der Ost- und Westseite und einer senkrechten Öffnung in dem Dachaufsatz in Yucatán ohnegleichen. Der Fassadenfries am Dach ist nur teilweise erhalten. Am 21. März und 23. September (Tagundnachtgleiche) durchqueren die ersten Sonnenstrahlen um ca. 5.30 Uhr den Tempel.

Die **spanische Kirche** auf der Plaza Mayor wurde als ›offene Kapelle‹ errichtet, d. h. nur der Altar und die Sakristei waren von einem Kuppelbau geschützt, die Gottesdienstbesucher selbst blieben im Freien. Zur Anlage gehört das **Museo del Pueblo Maya** mit einer eindrucksvollen Sammlung von Maya-Artefakten (tgl. 8–17 Uhr, Eintritt 55 Mex$).

Progreso ▶ 3, M 2

Folgt man nach dem Besuch Dzibilchaltúns der MEX 261 weiter gen Norden, erreicht man nach 16 km die Hafenstadt Progreso an der Küste des Golfs von Mexiko. Progreso, heute größter Importhafen Yucatáns, besitzt eine

Uxmal

Mérida

Hotel Misión Uxmal

Hotel
Lodge de Uxmal

MEX 261

Kabáh, Campeche↑

Grupo Norte

Grupo Norte-Oeste

Plataforma de las Stelas

Grupo de
las Colonnas

Casa
de las Monjas

Touristen-
zentrum

Hotel
Villa Arqueológica

El Cementerio

M

P

Pirámide del
Enaño o Adivino

Juego de Pelota

Casa de las Tortugas

Casa de las Palomas

Grupo Oeste

Palacio del Gobernador

Picota Trono Jaguar

Gran Pirámide

Kabáh↑

Templo del Sur

Arco

Casa de la Vieja

Templo
Chimez

Templo fálico

0   150   300 m

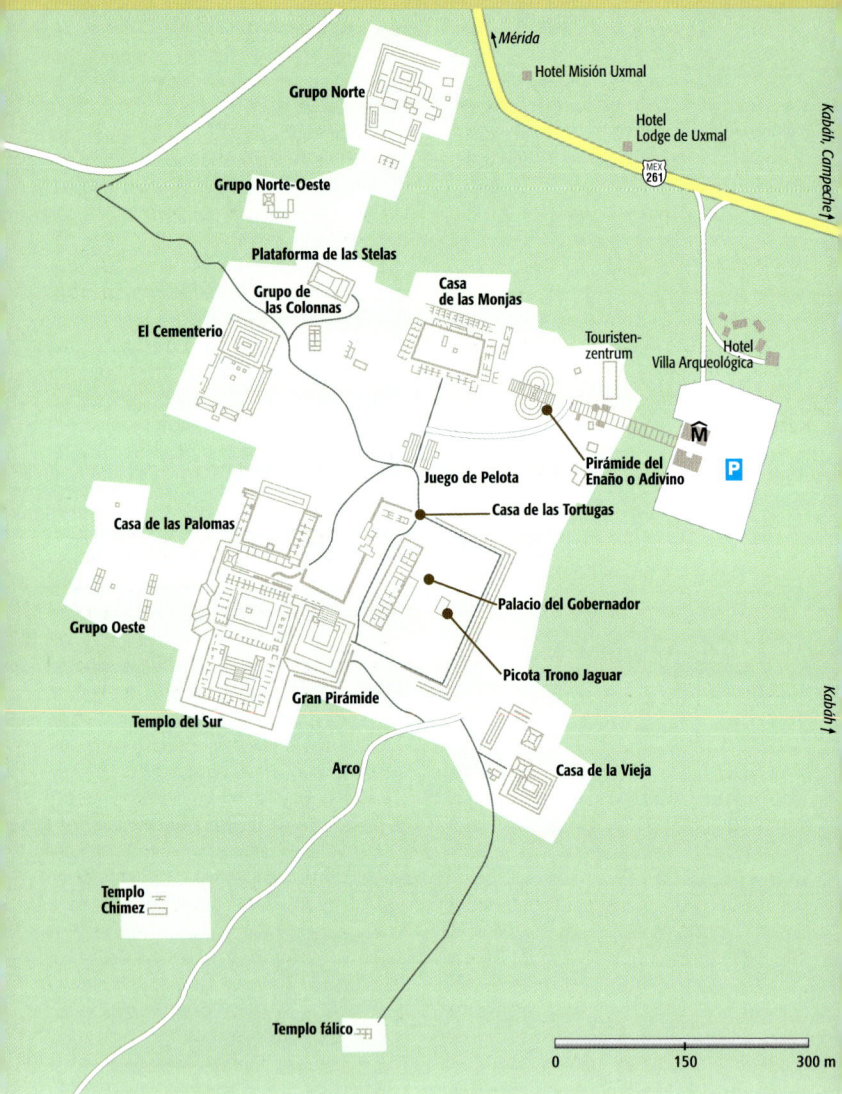

1947 fertiggestellte, ca. 5 km lange Mole und einen langen Sandstrand mit vereinzelten, Schatten spendenden Palmen. In dem ehemals beliebten Erholungsort mit langer Strandpromenade und vielen Straßencafés dominiert heute trotz vereinzelter Renovierungsbemühungen das morbide Flair halb verfallener Prachthäuser. Noch immer verbringen vermögende Einwohner Méridas die heißen Sommermonate gerne hier in Progreso.

Wem der lange Strand vor der Promenade (Malecón bzw. Calle 19) nicht einsam genug ist, der findet weitere Bademöglichkeiten in

den westlichen (Vor-)Orten Puerto Yucalpe-
tén und Chelém (sie sind nur über die um die
Yucalpetén-Lagune herumführende Umgehungsstraße zu erreichen) oder entlang der
Golfküste Richtung Westen. Von dieser
parallel zum Strand verlaufenden Straße führen zahlreiche Abzweigungen zu schönen
Stränden.

Übernachten

Klotzig, aber beliebt ▶ **Condhotel:** Calle
21 Nr. 150, am Malecón, Tel. 969 935 50 79,
Fax 935 56 85, www.condhotelprogreso.
com; Apartmenthotel-Block, mit Schwimmbad, alle 36 Zimmer mit zwei Doppelbetten,
Küche, AC und TV, 580–900 Mex$.

Direkt am Strand ▶ **Tropical Suites:** Av.
Malecon/Calle 70 No. 143, Tel. 992 17 38 59;
bereits etwas älteres, zweigeschossiges
Strandhotel mit 20 Zimmern, 350 Mex$.

B&B ▶ **Yakunah:** Calle 21, No. 64 (zw. 48
und 50), Tel./Fax 969 935 56 00, www.hotel
yakunah.com.mx; von einem holländischen
Ehepaar geführte, komplett gelb gestrichene
Anlage mit unterschiedlich großen Zimmern,
Suiten und einem kleinen Häuschen, DZ ab
250 Mex$.

Stadthotel ▶ **Colonial:** Calle 33 Nr. 151 (zw.
82 und 84), Tel. 969 935 20 21, Fax 969 935
20 14; einfaches Hotel mit 12 Zimmern mit
AC, ab 250 Mex$.

Essen & Trinken

Treffpunkt ▶ **Le Saint Bonnet:** Av. Malecón
No 150/Calle 69,Tel. 969 935 22 99, tgl. 8–24
Uhr (So nur bis 22 Uhr); bestes Lokal der
Stadt mit schönem Blick aufs Meer und die
Mole, große Frühstückskarte (51–109 Mex$),
Hauptgerichte ab 90 Mex$.

Fangfrisch ▶ **Flamingos:** Malecón/Calle
69, Tel. 969 934 40 50, tgl. 8–24 Uhr; Fischrestaurant mit großer Fischauswahl, Menü ab
60 Mex$.

Strandcafé ▶ **Café La Habana:** am Malecón, Ecke Calle 19, Tel. 935 71 62; Straßencafé mit breitem Angebot unterschiedlicher
Kaffee-Varianten, 24 Std. geöffnet, 1952 gegründet und noch immer beliebt, Tagesgerichte 50 Mex$.

12 Uxmal ▶ 3, M 4

Karte: links

In der klassischen Periode der Maya-Kultur
entstanden auch die großen religiösen Zentren im Südwesten der Halbinsel Yucatán.
Die niedrige Hügellandschaft des Südwes-
tens trägt den Namen Puuc; für den Architekturstil der bedeutenden Maya-Städte in
der Region wurde der Name übernommen.

Neben Kabáh, Sayil und Labná ist Uxmal
das bedeutendste Beispiel dieser Epoche,
die wegen der vielfältigen und zahlreichen
Skulptur- und Schmuckelemente an den Gebäuden auch gerne als ›Maya-Barock‹ bezeichnet wird. Eine knappe Autostunde südlich von Mérida – genau: 85 km entlang der
MEX 261 über Umán, vorbei an dem Ha-
cienda-Museum in Yaxcopoil und der Stadt
Muna – trifft man in Uxmal auf die größte und
eindrucksvollste Maya-Stätte dieser klassischen Epoche; wegen ihrer baulichen Geschlossenheit und der architektonischen Har-
monie ihrer Gebäude zählt sie zu den schönsten präkolumbischen Anlagen Mexikos.

Uxmal ist ausschließlich eine Zona Arqueológica, keine Ortschaft oder gar eine Stadt.
Dank der abbildgetreuen Zeichnungen von
Catherwood wissen wir seit der ersten Hälfte
des 19. Jh. um die herausragende Bedeutung
von Uxmal. 1929 passierte erste Vermes-
sungen, 1932 fertigte Robert H. Merrill den
ersten Lageplan an, 1943 und verstärkt dann
seit 1952 begannen die systematische Be-
standsaufnahme der wichtigsten Bauwerke
und die ersten Restaurationsarbeiten. Nicht in
allen Fällen ist die kultische Bedeutung der
Bauwerke heute schon entschlüsselt.

›Das Dreimal Gebaute‹ bedeutet der Name
Uxmal in der Sprache der Maya. Viele Gebäude dieser relativ dichten Stadtanlage
(Nord-Süd-Ausdehnung ca. 800 m; Ost-
West-Ausdehnung ca. 700 m), an deren Rekonstruktion immer noch gearbeitet wird, be-
zeugen die hohe Baukunst der Maya vor dem
Auftreten der Tolteken. Uxmal muss von seinen Einwohnern urplötzlich verlassen worden
sein. Es gibt keine Anzeichen für einen Zu-

Mérida und Umgebung

sammenbruch, für einen Kulturverfall, für Spuren kriegerischer Zerstörungen oder für kulturelle Dominanz durch die einwandernden Tolteken (die z. B. in Chichén Itzá ihre Formen durchsetzten).

In Uxmal gibt es keine Cenotes. Um Regenwasser zu sammeln, wurden hier *aguadas* (Zisternen) angelegt.

Bevor man die Treppen zum Eingang der Anlage emporsteigt, befindet sich unten am Parkplatz das **Instituto Nacional de Historia y Antropología** (Nationales Institut für Geschichte und Anthropologie), in dem man an einem Modell der Ruinenanlage die notwendige Orientierung gewinnen kann.

Rundgang

Als erstes Bauwerk am Eingang der Anlage erhebt sich unübersehbar die **Pirámide del Enaño** oder **del Adivino** (Pyramide des Wahrsagers oder Zauberers). Sie besitzt statt des bei den Maya sonst üblichen rechteckigen Grundrisses einen ovalen. 118 Stufen führen zur Spitze der 38 m hohen Pyramide mit einem Tempel auf der obersten Plattform. Insgesamt besitzt die Pyramide, die in einem Zeitraum von ca. 300 Jahren mehrmals erweitert wurde, fünf Tempel. Der älteste heute zugängliche Tempel liegt im Inneren am Fuße der Pyramide.

Hier fand man die als Reina de Uxmal (Königin von Uxmal) bekannte Steinskulptur (heute im Anthropologischen Museum in Mexiko-Stadt). Drei Tempel liegen etwas unterhalb der Spitze. Der tiefer liegende ist der besterhaltene und üppig dekoriert. Der obere besteht aus einer Reihe von Räumen, deren Fassaden mit Reliefs im Gittermuster verziert sind.

Die Pyramide ließ sich bis 2003 an der Ostseite erklettern, da man sich hier einer Kette als Geländer bedienen konnte; heute ist der Aufstieg nicht mehr erlaubt.

Hinter der Pyramide des Zauberers liegt im Westen die **Casa de las Monjas.** Dieses Haus der Nonnen oder Nonnenkloster wird auch als *cuadrángulo* (Viereck) bezeichnet, da es einen rechteckigen, 65 x 45 m großen Innenhof einfasst. Zum Patio hin öffnen sich viele unterschiedlich große, kammerähnliche Räume, deren Verwendung durch die Maya unbekannt ist, die aber in der Fantasie der Spanier als Zellen für (zum Opfer bestimmte) Jungfrauen angesehen wurden. Jedes der vier Gebäude, die an den Ecken zusammenstoßen, ist für sich völlig abgeschlossen. Der Bogeneingang zum Innenhof befindet sich in der Mitte des Südbaus. Süd- und Nordbau sind jeweils 70 m lang. Im Südbau befinden sich acht äußere und acht innere Räume, im

Den Fries des Gouverneurspalastes von Uxmal schmücken 150 Masken

Nordbau, den man über eine 30 m breite Treppe erreicht, sind es elf innere und elf äußere Räume. Als einziges Gebäude der Anlage schmückt den Nordbau ein Dachkamm mit sehr vielen dekorativen Motiven von Schlangen, geometrischen Figuren und Abbildungen des Regengottes Chac. Das westliche Gebäude ist 55 m lang und damit um 5 m länger als der gegenüberliegende Ostbau mit nur fünf Eingängen für fünf Innenräume. Die Eckdekorationen des Westgebäudes (Chac-Masken mit Rüsselnasen) sind besonders eindrucksvoll.

Der **Juego de Pelota** (Ballspielplatz) liegt zwischen dem Cuadrángulo de las Monjas und dem Palacio del Gobernador. Der Platz ist nicht restauriert. Rekonstruktionen zufolge muss er ca. 40 m lang gewesen sein.

Casa de las Tortugas (Haus der Schildkröten) heißt ein kleineres, flaches, rechteckiges Gebäude (30 m lang, 10 m breit) auf einer Plattform, dessen Frontseite auf den Ballspielplatz gerichtet ist. Während der untere Teil der Seitenfassaden keinerlei Ornamente aufweist, umläuft ein vorstehender Fries das ganze Gebäude. Dieser Fries besteht aus aneinander gereihten, aus Stein gehauenen Säulen, die einen schmalen Bandsims mit Schildkröten tragen.

Der **Palacio del Gobernador** (Palast des Gouverneurs) wurde von dem amerikanischen Maya-Archäologen S. G. Morley als »the most spectacular single building in all pre-Columbian America« bezeichnet. Der Palacio ist ein lang gestrecktes, niedriges Gebäude (100 m lang, 12 m breit, 8 m hoch) mit elf Eingängen und 14 Räumen. Er steht auf einem Plateau. Seine untere Fassade ist schmucklos, während sich darüber ein 3 m hoher vorspringender Fries aus Mosaiksteinen anschließt. Den Fries aus ca. 20 000 Steinen (jeder zwischen 20 und 60 kg schwer) schmücken 150 Masken und unzählige Kreuzornamente. Eindrucksvoll sind die Proportionen des Ganzen und die Perfektion im Detail.

Die **Gran Pirámide** (große Pyramide) liegt hinter dem Palast des Gouverneurs. Von ihr wurde bisher nur eine Seite freigelegt und rekonstruiert. Sie war einst höher als die Pirámide del Enaño. **Casa de las Palomas** (Haus der Tauben) wird ein ebenfalls noch nicht vollständig rekonstruiertes, sehr großes Gebäude (70 m lang, 20 m breit) genannt, weil es über der Frontseite pyramidenförmige Dreiecksaufbauten trägt, die an Taubenschläge erinnern. Das Haus der Tauben gleicht dem Komplex des Hauses der Nonnen und liegt direkt hinter der Großen Pyramide. Am besten erhalten ist in dieser Gruppe der sogenannte **Templo del Norte.** Sein Pendant, der **Templo del Sur,** liegt etwas höher.

El Cementerio (Friedhofsgruppe), nördlich vom Haus der Tauben gelegen, erhielt seinen Namen von Todesmotiven – z. B. Schädel –, die an den vier Gebäuden mit einem Innenhof zu finden sind. Die Ruine befindet sich noch in schlechtem Zustand.

Als ›Ostgruppe‹ bezeichnet man drei Bauwerke, die verstreut im östlichen Teil der Anlage liegen: Die **Casa de la Vieja** (Haus der Alten), die auf einer Plattform steht und sehr verfallen ist, den **Templo fálico** (Phallischen Tempel), der ebenfalls noch nicht restauriert ist und seinen Namen nach den Dekorationen am Dachfries trägt (Ablaufrinnen in Phallusform), und den freistehenden **Arco** (Bogen). Hier begann die **Sacbé** (Zeremonienstraße) nach Kabáh, die mit einem ähnlichen Bogen dort endet (tgl. 8–17 Uhr, Eintritt 125 Mex$; mehrsprachige persönliche Führer: halber Tag, 600 Mex$, auf Vermittlung an der Kasse; Gepäckaufbewahrung, Buchladen im Besucherzentrum; Lichtspektakel ›Luz y Sonido‹: auf der Nordempore des Nonnenklosters, tgl. 20 Uhr, Nov.–März 19 Uhr, im Eintrittspreis inbegriffen, Dauer 45 Min., Simultanübersetzung per Kopfhörer: 39 Mex$).

Übernachten

Im tropischen Regenwald ▶ **The Lodge at Uxmal**: Ctra. Uxmal, neben dem Eingang zur archäologischen Stätte, Tel. 999 976 21 02, Fax 999 976 21 02, www.mayaland.com; in yucatekischer Palapa-Architektur errichtet, steht die Anlage aus 5 Gebäuden in einem Park mit altem Baumbestand, schönes Schwimmbad vorhanden, 40 einfach eingerichtete Zimmer, ab 2000 Mex$.

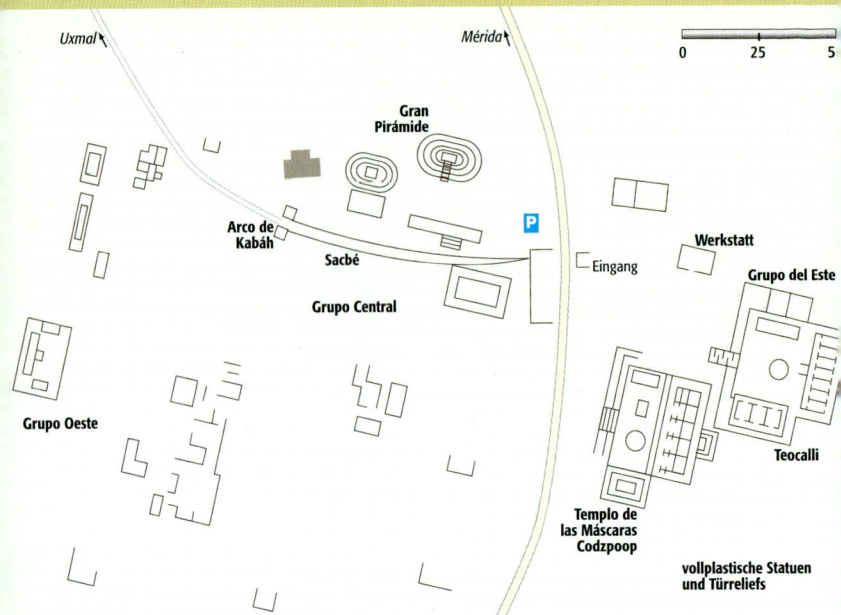

Map labels:
Uxmal↖ · Mérida↖ · 0 25 5 · Gran Pirámide · Arco de Kabáh · Sacbé · Grupo Central · P · Eingang · Werkstatt · Grupo del Este · Grupo Oeste · Teocalli · Templo de las Máscaras Codzpoop · vollplastische Statuen und Türreliefs

Historische Hacienda ▶ Hacienda Uxmal: Ctra. Merida Campeche, Tel. 998 887 24 95, www.mayaland.com, ab 1200 Mex$; eine Hacienda aus dem 17. Jh., zu Füßen der Pyramiden von Uxmal, vor 50 Jahren zum Hotel umgebaut; geschichtsträchtig möblierte Zimmer, ruhige Anlage mit Schwimmbad; ins Gästebuch haben sich u. a. die Royals aus Monaco und Großbritannien eingetragen.

Essen & Trinken

Fastfood ▶ Yak Beh: im Besucherzentrum, tgl. 8–21 Uhr; eine Kombination aus Kantine und Fast-Food-Kette, Hauptgerichte ab 60 Mex$.

Zentral gelegen ▶ The Uxmal Restaurant im Hotel The Lodge at Uxmal (s. S. 381): tgl. 6–22 Uhr; man speist auf der Terrasse direkt am Pool oder im Hotelsalon, freundliches Personal, Menü ab 100 Mex$.

Verkehr

Am Eingang der Anlage befinden sich die Bushaltestelle (6 x tgl. aus Mérida) und ein gebührenpflichtiger Parkplatz.

Von Uymal nach Kabáh, Sayil und Labná

Kabáh ▶ 3, M 5
Karte: oben

Folgt man von Uxmal der MEX 261 in südwestlicher Richtung, passiert man Santa Élena und erreicht nach 25 km Kabáh, ebenfalls ein Zeremonialzentrum im Puuc-Stil; leider führt die MEX 261 durch die Ruinenstätte.

Nur wenige Bauwerke dieser ›Tochterstadt‹ von Uxmal sind bislang restauriert. Zugeordnet und unterteilt werden die Gebäude entsprechend ihrer Lage in eine Grupo del Este, die östlich der Straße liegt, eine Grupo Central und eine Grupo del Oeste, die sich beide westlich der Straße befinden.

Der Straße am nächsten steht der **Templo de las Máscaras** (›Tempel der Masken‹, Ostgruppe), den die Maya *codzpoop* (›Aufgerollte Matte‹) nannten. Der rechteckige Bau von 46 m Länge und 6 m Höhe ist ein eindrucksvolles Beispiel der Puuc-Architektur. Einmalig an diesem Heiligtum ist die Außendekoration: Fast 250 aneinandergereihte Steinmasken des Regengottes Chac zieren die Vorderfront. Die meisten Masken mit Rüsselnasen sind relativ gut erhalten, wenn auch bei vielen von ihnen der Rüssel abgebrochen ist. In seinem ursprünglichen Zustand muss der Anblick noch überwältigender gewesen sein, denn kein anderes Bauwerk der Maya besaß eine so vollständig dekorierte Frontfassade. Auch das Dach trug einen hohen Frontaufsatz, der prächtig geschmückt war. Der *codzpoop* steht auf einer Plattform, unter der eine zweite Plattform mit einer Zisterne angelegt ist.

Östlich hinter dem *codzpoop* befindet sich der von den Maya **Teocalli** (Gotteshaus), von den mexikanischen Reiseleitern **Segunda Casa de Kabáh** genannte Palast. Das Bauwerk mit seinen gebündelten Säulenwänden ist noch so verfallen, wie es der Maler Frederick Catherwood 1841 zeichnete.

Nahezu alle Bauwerke der Grupo Central und der Grupo Oeste sind schlecht erhalten. Vollständig rekonstruiert ist nur der freistehende Torbogen **Arco de Kabáh** am ehemaligen Stadtrand, dort, wo die 15 km lange **Sacbé** beginnt, die für die feierlichen Prozessionen von und nach Uxmal genutzt wurde. Dieser Bogen ohne jede Dekoration ist ein Musterbeispiel der typischen Krag-Gewölbekonstruktion (tgl. 8–17 Uhr, Eintritt 42 Mex$).

Sayil und Xlapak ▶ 3, M 5

Karte: rechts

Nur 5 km hinter Kabáh zweigt von der MEX 261 eine Landstraße in östlicher Richtung nach Sayil ab, die sich die ganze Zeit über durch dichten Dschungel schlängelt. In der archäologischen Stätte selbst wurde nur gerade so viel gerodet, dass man die Ruinen auf schmalen Pfaden zu Fuß erreichen kann. Sayil (Platz der Ameisen) wurde zwischen 500 und 800 n. Chr. erbaut. Von diesem Maya-Zentrum sind bisher nur einzelne Monumente bekannt. Die Anlage wird von dem **Palacio** dominiert, einem der gewaltigsten Bauwerke der Maya-Architektur. Die pyramidenartige Konstruktion, deren drei Ebenen eher Terrassen als Stockwerken gleichen, nimmt eine Grundfläche von 85 x 40 m ein und besitzt im Inneren 82 Räume. In der

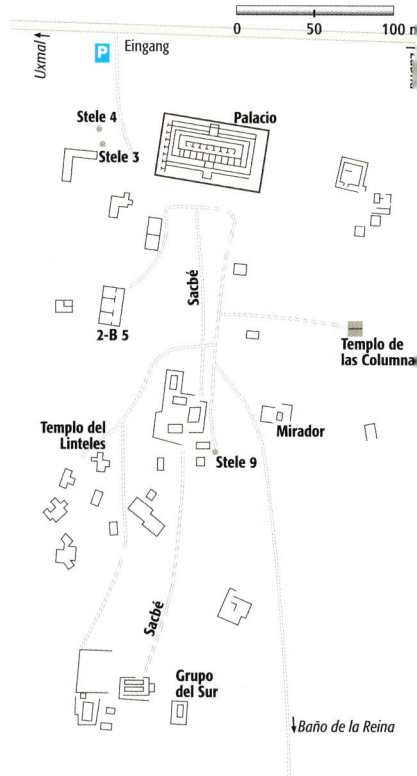

Mitte führt eine Treppe über die beiden unteren Stockwerke hinauf zum Obergeschoss.

An der Ostseite erkennt man gut die Stockwerkbauweise. Wegen der Ockerfarbe des Baumaterials wird der Palast im Nachmittagslicht zum höchst beeindruckenden Monument. Wer ausreichend Zeit hat, kann noch den **Mirador** (Aussichtsturm) und eine östlich gelegene (ca. 2 km) Phallus-Figurensäule besuchen.

Wer zu einem Tempel der Grupo del Sur mit eingelassenen Ecksteinen, die aussehen, als seien sie als Seilspulen benutzt worden, wandern möchte, sollte ca. 30 Min. pro Strecke inrechnen (tgl. 8–17 Uhr, Eintritt 42 Mex$).

Bis zur Maya-Anlage **Xlapak** sind es von Sayil 5 km. Zentrum der Zona Arqueológica ist ein einzelnes rechteckiges Gebäude von

gut erhaltenen Dekorationen am Palastfries bestechen auch so durch ihre außergewöhnliche Schönheit. An einer Ecke des Frieses verdient ein aus Stein gehauener Menschenkopf, der im geöffneten Maul einer Schlange steckt, besondere Beachtung.

Das sehenswerteste Bauwerk in Labná ist jedoch der Torbogen, mit dessen Rekonstruktion bereits 1927 begonnen wurde. Über einem Sims in der Mitte beginnen üppige Ornamente und dekoratives Mauerwerk. Die beiden Fassaden des Torbogens sind mit unterschiedlichen Mustern verziert. Die angrenzenden Bauwerke an der Westseite kopieren in Stein die Bambuswände der Maya-Hütten, wie sie bereits an anderen Bauwerken (z. B. El Palacio in Sayil) zu sehen waren. Vom Torbogen in Labná führte eine gerade Sacbé nach Kabáh (tgl. 8–17 Uhr, Eintritt 42 Mex$).

21 m Länge. Der Palast wurde im reinen Puuc-Stil erbaut: Entlang der Frontmauern verläuft rund um das Gebäude ein mit Masken und geometrischen Mustern dekorierter vorspringender Fries. Besonders eindrucksvoll sind die Masken an den vier Ecken des Gebäudes (tgl. 8–17 Uhr, Eintritt 31 Mex$).

Labná ▶ 3, M 5

Karte: oben

Genau wie die Anlagen von Sayil und Xlapak liegt auch Labná inmitten dichter Tropenvegetation. Labná, nur 13 km von Sayil entfernt, besitzt ein architektonisch einmaliges Bauwerk der Maya: einen **Arco** von seltener Schönheit. Er gilt als der vollkommenste ›falsche Gewölbebogen‹ der Maya.

Labná ist in Nord-Süd-Richtung nur ca. 350 m, in Ost-West-Richtung etwa 250 m groß. Im Nordteil der Anlage, den man vom Eingang aus zuerst erreicht, befindet sich der **Palacio.** Von hier aus führt quer durch das Gelände eine 170 m lange, aufgeschüttete (ehemals sorgfältig gepflasterte) **Sacbé,** an deren Ende im Süden der **Mirador** und der Torbogen stehen.

Palast und Aussichtsturm sind bisher noch nicht restauriert worden, aber viele der

Grutas del Loltún ▶ 3, L 4

Die Höhlen von Loltún, 24 km nordöstlich von Labná, waren schon in vorgeschichtlicher Zeit ein Unterschlupf für Menschen. Später dienten sie den Maya als Kultstätten. Zunächst betritt man einen Saal, **Halle der Besucher** genannt, in dem eine Quelle sprudelt. Anschließend gelangt man in die **Kathedrale,** eine natürliche Halle von 25 m Höhe, in deren Mitte zwei Säulen mit Namen Lol und Tun stehen. Weil sie beim Anschlagen klingen, benannte man die Höhe nach ihnen. Am Ende der Grotte liegt die **Sala de los Chicos** (Saal der Kinder). Hier wurden Skelette von Kinderopfern gefunden. Die Tour führt auch in die **Sala de las tres Chimeneas** (Saal der drei Kamine) und endet in der **Sala de las Inscripciones** (Halle der Inschriften); beide Räume tragen alte Maya-Schriftzeichen an den Wänden. Die Sala de las Inscripciones ist 35 m hoch und 100 m lang; durch zwei Löcher in der Decke dringt Tageslicht ein (Besuch nur im Rahmen einer Führung möglich: tgl. 9.30, 11, 12.30, 14, 15, 16 Uhr, Eintritt 46 Mex$; die bereichernde Führung in spanischer Sprache mit einigen unzureichenden englischen Erläuterungen dauert ca. eine Stunde; Achtung: glitschige Wege!).

Von Mérida nach Cancún

Quer durch den nördlichen Teil der Halbinsel Yucatán führt die MEX 180 von Campeche über Mérida nach Cancún. Östlich von Mérida verbindet sie Orte höchster Maya-Kultur wie Chichén Itzá mit spanischen Stadtgründungen voller kolonialer Atmosphäre, etwa Valladolid, und endet an traumhaft schönen Karibik-Badestränden. Wer Zeit hat, kann einen Abstecher nach Ría Lagartos und/oder zur Insel Holbox einplanen.

Die Nationalstraße 180 (MEX 180) gehört auf dem Streckenabschnitt zwischen Mérida und dem 330 km weiter östlich liegenden Badeort Cancún zu den meistbefahrenen Yucatáns. Deshalb wurde mehr oder weniger parallel zu ihr eine Autobahn *(cuota)* gebaut. Wer es nicht sehr eilig hat, sollte aber die MEX 180 benutzen, weil sie durch viele yucatekische Ortschaften führt, deren ländlicher Lebensrhythmus von der MEX 180 nicht wesentlich beeinflusst wird. Zudem bietet sie neben der Möglichkeit, Zwischenstopps in diesen Ortschaften einzulegen, auch die Chance, Abstecher ins Landesinnere einzuplanen.

Izamal ▶ 3, O 3

Ein erster Abstecher von der MEX 180 bietet sich 68 km östlich von Mérida in Kantunil an. Nur 18 km nördlich von Kantunil liegt **Izamal** (Stadt der Hügel). Der Ort mit ausschließlich gelb und weiß gestrichenen Häusern liegt abseits des großen Touristenstroms nach Chichén Itzá. Er symbolisiert in klassischer Weise das zerstörerische Zusammentreffen der präkolumbischen Maya-Kultur mit den Kulturleistungen der eindringenden und besitzergreifenden Spanier. Im Zentrum der Ortschaft befindet sich der größte geschlossene Kirchplatz Mexikos, eine Atriumanlage von ca. 8000 m², die von einem Arkadengang mit 76 Rundbögen umschlossen wird. Mit dem

Bau dieser Anlage einschließlich der Franziskanerkirche und des Klosters San Antonio de Padua wurde unter der Leitung von Bischof Diego de Landa 1553 begonnen; fertiggestellt war sie bereits 1561. Als Baumaterial diente die hier einst stehende Popol-Chac-Pyramide der Maya; die kurze Bauzeit erklärt sich aus der Nähe dieses ›Steinbruchs‹. Auch die anderen der insgesamt zwölf Maya-Pyramiden wurden zerstört und abgetragen. Nur von der großen Pyramide des Sonnengottes Kinich Kakmo und der kleineren Kinich-Kabul-Pyramide sind noch Teile erhalten.

Essen & Trinken
Für eine Pause bieten sich die gemütlichen Restaurants um den **Zócalo** an.

Termine
Am 15. Aug. jeden Jahres feiert man in Izamal ein großes Fest zu Ehren der **Virgen de Izamal.**

13 Chichén Itzá ▶ 3, P 3

Karte: S. 386

An der MEX 180, ca. 120 km östlich von Mérida, bei dem Straßendorf Pisté, liegt Chichén Itzá, die größte und besterhaltene präkolumbische Ruinenanlage in Yucatán. Sie wurde von der UNESCO zum Welterbe erklärt. Keine andere archäologische Stätte im Kulturkreis

Cenote

0   150   300 m

Piste

Templo del
Hombre Barbado

Juego de Pelota

Tzompantli

Templo de los Tígres

Templo
de Venus

Templo de las Mesas

Plataforma de
las Aguilas

Templo de los
Guerreros

P
Pirámide
de Kukulcán

Juego de Pelota

Touristenzentrum

Grupo de las
mil Columnas

Juego de
Pelota

Tumba del
Gran Sacerdote

Juego de Pelota

Casa de los
Metates

Baño de
Vapor

Casa del Venado

Mercado

Cenote
de Xtoloc

Nebeneingang

Hotel
Dolores All

Juego de Pelota

Casa Colorada

Caracol
Observatorium

MEX
180

Hotel
Mayaland

Baño de Vapor

Templo de
los Relieves

Akab Dzib

Iglesia Za Aglena

Hotel Hacienda Chichén

Hotel Villa Arqueológica

Chichén Itzá Viejo

Edifício de
las Monjas

Valladolid, Cancún

Valladolid, Cancún

der ›Mundo Maya‹ wird von mehr Touristen besucht.

Geschichte

Knapp 1000 Jahre lang, von ca. 400 bis 1250 n. Chr., war Chichén Itzá ein wirtschaftliches, politisches und religiöses Zentrum von herausragender Bedeutung. Gegründet um 400 als Uucylabanal von Maya-Stämmen aus dem guatemaltekischen Hochland, wanderte ab ca. 1000 das toltekische Volk der Itzá in diese Region ein. Die Tolteken – so eine Hypothese – verließen nämlich um 900 das zentralmexikanische Hochland und ihre Hauptstadt Tula, wanderten über 1200 km bis nach Yucatán und ließen sich unter der Leitung eines religiösen und militärischen Führers, der in der Sprache der Maya als *kukulcán* (Gefiederte Schlange) bezeichnet wurde, in der Nähe eines Cenote nieder. Zweifelsohne setzten sie sich mit Gewalt gegenüber den Maya durch, zerstörten aber nicht deren Kultur. Ihre neue Ansiedlung nannten die Tolteken Chichén Itzá – Stadt der Itzá am Rande des Brunnens.

Da *kukulcán* in der Maya-Sprache die genaue Übersetzung von Quetzalcóatl ist und ein toltekischer Priesterkönig dieses Namens Tula um 1000 verlassen hatte, besteht für manche Forscher die Versuchung, diesen Tolteken-Führer mit dem Gründer von Chichén Itzá gleichzusetzen. Dass viele Kunstdenkmäler Chichén Itzás Motive der Gefiederten Schlange tragen, wäre ein weiterer Beweis. Dagegen bleibt schwer verständlich, dass Quetzalcóatl, ein friedliebender Herrscher in Tula, in Yucatán als kriegerischer Eroberer wiedergekehrt sein und das Ritual der Menschenopfer eingeführt haben soll.

Eine der Besonderheiten von Chichén Itzá liegt in dem verbindenden Nebeneinander von Maya-Architektur und toltekischer Baukunst. Da die toltekischen Itzá mit Sicherheit Maya in ihre Dienste nahmen, denen sie weitreichende künstlerische Freiheiten ließen, kam es in Chichén Itzá während der nächsten 200 Jahre zu einer regelrechten maya-toltekischen Renaissance.

Als die Spanier 1546 den Ort erreichten, war Chichén Itzá bereits teilweise von seinen Bewohnern verlassen worden. Jahrhundertelang blieb die Stätte dann im dichten Dschungel verborgen, bis sie 1841 von Stephens und Catherwood wiederentdeckt und 1885 vom US-amerikanischen Konsul in Mérida, Edward Thompson, aufgekauft wurde (das heutige Hotel Hacienda Chichén war ursprünglich sein Wohnsitz). Dem Hobby-Archäologen Thompson stand das Glück zur Seite: Chichén Itzá war von den Spaniern nicht als ›Steinbruch‹ verwendet worden (wie z. B. das benachbarte Izamal). Alles befand sich noch an Ort und Stelle, nur waren die Gebäude zusammengesunken und vom Dschungel überwuchert. Mit finanzieller Hilfe des US-ameri-

kanischen Carnegie-Instituts wurde unter Leitung des Nestors der Maya-Forschung, Sylvanus G. Morley, eine kaum zu übertreffende Restauration begonnen. Erst nach dem Zweiten Weltkrieg übernahm der mexikanische Staat die Anlage. Bis heute ist nur die Hälfte der Gebäude freigelegt und restauriert.

Zur Orientierung

Das archäologische Gebiet Chichén Itzás erstreckt sich über 8 km². Irreführend ist die Unterscheidung zwischen einem sogenannten ›Viejo‹ (altes) Chichén Itzá, das weiter südlich liegt, aber weniger freigelegt und restauriert ist, und dem weiter im Norden liegenden, weitgehend erschlossenen ›Nuevo‹ (neue) Chichén Itzá. In beiden Teilen befinden sich ältere und jüngere Ruinen. Da diese Differenzierung aber auch in der archäologischen Literatur und von den ortsansässigen Tour Guides benutzt wird, soll sie hier beibehalten werden. Chichén Itzá wird in anderen Forschungsberichten in eine Nord- und Südgruppe unterteilt. Grenzlinie ist eine gedachte Linie zwischen dem Cenote de Xtoloc und der Thomson-Hacienda. Später verlief hier eine Straße, die vor dem Bau der Umgehungsstraße die Anlage teilte. Die meisten Bauten der Grupo del Norte weisen toltekische Architekturmerkmale auf, z. B. quadratische Säulen in Form freistehender Krieger, die als Abstützung der Dächer dienten und die alten Krag-Gewölbe der Maya ablösten.

›Viejo‹ Chichén Itzá entspricht dann der Südgruppe, d. h. dem gesamten Gebiet südlich des Cenote de Xtoloc.

Von der alten Straße, die einst mitten durch die archäologische Stätte führte, sind heute nach dem Bau der Umgehungsstraße nur zwei Sackgassen übrig geblieben, die am West- bzw. Osteingang der Anlage enden. Die Hotels in unmittelbarer Nähe der Ruinen stehen an der östlichen Sackgasse.

Pirámide de Kukulcán

Im Zentrum Chichén Itzás – unübersehbar von allen Seiten – steht die 30 m hohe Pirámide de Kukulcán, auch El Castillo genannt. Äußerlich ist nicht erkennbar, dass die Pyramide

Von Mérida nach Cancún

aus zwei verschiedenen Bauwerken besteht. Das ältere befindet sich innerhalb der großen sichtbaren Pyramide. Der äußere Teil ist ein Meisterwerk der Kalenderkenntnis: Die an den vier Seiten der Pyramide zum Tempelhaus hinaufführenden, 45° steilen Treppen haben je 91 Stufen (= 364), das Tempelhaus selbst steht wiederum auf einer Stufe (zusammen 365). 52 Platten an den Seiten symbolisieren die 52 Wochen. Die unteren Einfassungen der Treppen an der Nordseite enden in großen Schlangenköpfen. Eine besondere Bedeutung erhält die Treppe an den Tagen der Frühlings- und Herbstsonnenwende. Jeweils am Nachmittag des 21. März und des 23. September (Tagundnachtgleiche, lat. *aequinoctium,* span. *equinoccio*) entfalten diese Schlangenköpfe ihre eigentliche Symbolik. An diesen beiden Tagen fällt durch die Ecken der Pyramidenterrassen ein Schatten auf die Umfassungsmauer der Treppe (in Form von sieben Dreiecken) und erzeugt für ca. drei Stunden ein einmaliges Bild: Es sieht so aus, als ob die Schlange das Tempelhaus verlasse und sich die Pyramide hinunterwinde, Symbol für die auf die Erde herabsteigende Kukulcán-Gottheit. Allerdings darf die Pyramide seit 2006 nicht mehr bestiegen werden.

Die Priester hatten vom Tempelhaus der Kukulcán-Pyramide die beste Aussicht über die gesamte Anlage. Die Pyramide, mit einer quadratischen Grundfläche von 55 x 50 m Seitenlänge, wurde über einer älteren, 17 m hohen Pyramide errichtet, deren Tempelplattform man über einen schmalen, dunklen und stickigen Gang (57 Stufen) erreicht. Der Eingang befindet sich neben dem rechten Schlangenkopf an der Nordseite der Pyramide; seit 2009 dürfen ihn nur Wissenschaftler, in wenigen Ausnahmefällen auch Gäste, betreten. In den zwei Räumen des überbauten Heiligtums stehen ein Chac Mool und ein rot bemalter Thron in Form eines Jaguars. Im Glauben, den alten Tempel und seine Figuren durch die Überbauung für immer der Finsternis überantwortet zu haben, hinterließen die Itzá der Nachwelt diese beiden maya-toltekischen Skulpturen. Der rote Jaguarthron verdient besondere Aufmerksamkeit: Den Fle-

cken im Fell entsprechen 80 inkrustierte Jadescheiben, seine Augen sind aus Malachit, seine Zähne stammen von Tieren.

Ballspielplatz

Der **Juego de Pelota** (Ballspielplatz) nordwestlich der Kukulcán-Pyramide ist mit 91 m Länge und 36 m Breite der größte und besterhaltene Mexikos. Seitlich ist das Spielfeld über eine Länge von 75 m mit 8,50 m hohen Mauern begrenzt, in deren Mitte sich in 7,25 m Höhe jeweils ein Steinring befindet.

Die großen Reliefs an der Steinbank unterhalb der Ringe beschreiben eine Zeremonialszene: Im Mittelpunkt des Frieses treffen sich zwei Reihen von je sieben Personen in fantastischen Gewändern, mit prächtigen Federbüschen und riesigem Ohrschmuck. Sie tragen zudem ihre Spielkleidung. Der Führer der linken Reihe hält in der rechten Hand ein Opfermesser, in der linken einen abgeschlagenen Menschenkopf. Ihm gegenüber kniet der Ent-

hauptete aus der rechten Gruppe. Aus seiner durchgeschnittenen Kehle strömt das Blut in Form von Schlangen hervor. Am Nordrand wird das Spielfeld durch den rechteckigen **Templo del Hombre Barbado** (Tempel des bärtigen Mannes) begrenzt, dessen Eingang zwei Säulen stützen. Der Treppenaufgang und das Innere sind mit vielen Reliefs verziert.

Das Gebäude am Südende des Ballplatzes war wahrscheinlich die Tribüne für Ehrengäste und Schiedsrichter. Den **Templo de los Tigres** (Tempel der Jaguare), der an die Ostwand des Spielfeldes nachträglich angebaut wurde, erreicht man über eine steile Seitentreppe. Von der Plattform seines Eingangs, den zwei Schlangensäulen stützen, überblickt man den Ballspielplatz. Die Jaguare an der oberen Fassade gaben dem Tempel den Namen. Im Inneren des Tempels sind Reste eines Gemäldes zu erkennen, das als Kampfszene interpretiert wird. Unter dem Tempel der Jaguare, rechts von der Seitentreppe, befindet sich ein rechteckiger Raum, dessen Eingangspfeiler Flachreliefs tragen. Zwischen den Säulen steht ein Jaguar-Thron, im Inneren befinden sich viele Flachreliefs an Mauern und Gewölben mit 128 Personenszenen; nach Auszählung von Experten soll es sich dabei um 89 Tolteken und 39 Maya handeln.

Drei Plattformen

Der **Tzompantli** (Mauer der Totenköpfe) begrenzt einen Flachbau, an dessen Seite dem Betrachter Reliefs aufgespießter Totenschädel entgegenstarren. Auf diesem Unterbau waren vermutlich die Schädel der geopferten Menschen ausgestellt. Bei den Ausgrabungsarbeiten fand man am Tzompantli auch menschliche Schädel und Opfergaben.

Plataforma de las Aguilas (Plattform der Adler) heißt ein mit vielen Reliefs von Adlern, aber auch Jaguaren geschmücktes Bauwerk, das von allen vier Seiten über Treppenaufgänge betreten werden kann. Die Tiere hal-

**Mehr als hundert sogenannte Cenotes,
unterirdische Süßwassergrotten, gibt es auf der Halbinsel Yucatán**

Cenotes

Es gibt mehr als 100 von ihnen auf der Halbinsel Yucatán, und sie gehören zu den beeindruckendsten Naturphänomenen, die Mexiko seinen Besuchern zu bieten vermag: die unterirdischen Süßwasser-Grotten, genannt Cenotes. Cenote stammt von dem Maya-Wort *tslomot* und bedeutet heilige Quelle.

An (fast) allen historischen Maya-Stätten, aber auch in Strandnähe jenseits der Carreterra 307 oder auch weitab mitten im Dschungel treffen wir auf geheimnisvolle Grotten und unterirdische Flussläufe voll glasklaren Süßwassers. Erst vor wenigen Jahren haben Taucher diese Höhlensysteme entdeckt, von denen die Maya annahmen, sie seien der Eingang zu *Xibalba,* jenem Teil der Unterwelt, in der ihr Regengott Chac wohnte. Für die Maya waren diese Einstiegsmöglichkeiten zur Unterwelt lebensnotwendig, denn sie versorgten einst das ganze Volk in Dürrezeiten mit Trinkwasser, denn überirdische Flüsse gibt es auf Yucatán nicht.

Inzwischen sind zwar die meisten Cenotes kartiert, aber erst knapp 100 km ihres unterirdischen Labyrinths sind erkundet.

Geologisch sind die Cenotes auf Einbrüche (sogenannte Einsturzdolinen) und Regenauswaschungen in der relativ starken, abgelagerten Kalksteindeckschicht in Yucatán zurückzuführen. Durch sie werden die unterirdisch fließenden Wasserströme zugänglich. Für die Maya waren die Cenotes ein Lebensnerv ihrer Zivilisation. Weil sie den Regengott Chac in Dürreperioden mit Opfergaben besänftigen wollten, ziehen die unterirdischen Süßwasser-Grotten bis heute Archäologen auf der Suche nach interessanten Funden an. Mitten im Dschungel gelegen, sind sie daneben auch für Schnorchler, Taucher und Schwimmer gleichermaßen von hoher Attraktivität. Wer einen Tauchgang wagt, wird dieses Erlebnis nie mehr vergessen: Man schwebt im Halbdunkel zwischen bizarren Tropfsteinformationen durch eine geheimnisumwitterte Welt, in der nur die Strahlen des eindringenden Tageslichts die Möglichkeiten eines Ausstiegs markieren. Besonders berühmt ist der Cenote Dos Ojos (Zwei Augen) an der Riviera Maya (48 km südlich von Playa del Carmen), in dessen Höhlensystem im Jahre 2000 der Imax-Film ›Amazing Caves‹ gedreht wurde. Die Faszination dieses Cenote besteht in seiner bizarren Ausleuchtung durch den Lichteinfall aus zwei Öffnungen (daher ›Zwei Augen‹).

Unter Schnorchlern (aber auch für Taucher) sind z. B. die Höhlengrotten Gran Cenote (4 km westl. von Tulum) oder Cenote Tankah hinter der Gaststätte Casa Cenote (www.casacenote.com) relativ nahe der Küste an der Riviera Maya wenige Kilometer vor Tulum gleichermaßen beliebt. Hier werden auch Schnorchel und Brille zur Verfügung gestellt. Wegen seiner Nähe zum Meer ist das Wasser des Cenote Tankah eine Mischungg aus Süß- und Salzwasser. Der Gran Cenote ist eine helle Höhle von großen Ausmaßen (30 m zwischen Decke und Wasser). Wer nur im Süßwasser nahe dem Meer schwimmen möchte, kann die schönen Cenotes, die in den Freizeitparks Xel-Há und Xcaret integriert sind, aufsuchen. Hier zahlt man allerdings eine hohe Eintrittsgebühr (weitere Informationen: www.tankah.com/cenotes/htm).

ten die Herzen der Menschenopfer in ihren Klauen, Schlangen schmücken die Balustrade. Archäologen sehen in dieser Plattform eine Art Bühne, auf der die bei den Tolteken bekannten Militärelitetruppen (z. B. die Corps der ›Jaguare‹ und der ›Adler‹) ihre kultischen Feierlichkeiten aufführten.

In der direkten Verbindung, die von der Kukulcán-Pyramide zum *cenote* führt, steht der **Templo de Venus.** Es handelt sich um eine Plattform, die über vier Treppen zu erreichen ist. An den Friesen der Plattform finden sich wieder gefiederte Schlangen, darunter auch die Maya-Glyphe für das Jahr der Venus. Bei Ausgrabungsarbeiten wurde die Statue eines Chac Mool gefunden, die möglicherweise in der Mitte der Plattform für Opergaben bereitstand (deshalb trägt diese Ruine auch in manchen Veröffentlichungen den Namen Tumba, Grab des Chac Mool).

Cenote

Zum Cenote von Chichén Itzá, dem heiligen Brunnen, gelangt man auf einer ca. 300 m langen und 6 m breiten Sacbé. Die natürliche Wasserstelle hat einen Durchmesser von 56 m und ist 30 m tief; der Wasserspiegel liegt ca. 20 m unterhalb des Bodenniveaus. Dieser Cenote war das zentrale Heiligtum der Maya in Chichén Itzá. Alle Formen von Gaben – auch Kinderopfer – wurden hier gebracht.

Als Erster widmete sich der Hobby-Archäologe Edward Thompson der Erforschung des Cenote. 1904 förderte er mit Hilfe eines Baggers Opfergaben (Jade- und Goldschmuck sowie Gefäße) und ca. 50 Skelette (nur Männer und Kinder, keine Frauen) aus der Tiefe hervor. Die größten Funde gelangen dem mexikanischen Tauchforscherclub CEDAM 1961. Zuletzt versuchte man 1968 vergebens, den Brunnen trockenzulegen, um dann weiterzugraben. Ein zweiter großer Brunnen, der Cenote de Xtoloc im Süden der Anlage, diente den Maya nur zur Wasserversorgung.

Tempel der Krieger

Der Templo de los Guerreros (Tempel der Krieger) ist ein vollkommenes Produkt der maya-toltekischen Architektursynthese. Die Gesamtkonzeption richtete sich nach dem Muster, das der Tempel des Morgensterns in Tula lieferte. Die Pyramide, auf der der Kriegertempel steht, ist an der Basis 40 m breit und ca. 12 m hoch. Nach dem Durchqueren einer Säulenhalle, von der nur noch die quadratischen Säulen erhalten sind, führen 35 Stufen hinauf zur Plattform. Der Tempel ist nach Osten verschoben und lässt einen ca. 8 m breiten Vorplatz frei. Das Dach, ein in der Maya-Architektur übliches Krag-Gewölbe, existiert nicht mehr, doch ist das Eingangsportal mit den zwei mächtigen Schlangensäulen noch erhalten. Der Tempel ist durch Säulenreihen in drei unterschiedlich große Räume unterteilt. Die beiden Seiten der Frontfassade ziert ein Relief des Vogel-Schlangen-Gottes, eingerahmt von langnasigen Masken, die den Regengott Chac symbolisieren. Der Name des Tempels geht auf die vielen Reliefdarstellungen von Kriegern an den Pfeilern der Säulenhalle zurück.

Auf dem Vorplatz, vor dem Eingang zum Tempel, hütet ein Chac Mool das Heiligtum. 1926 wurde unter dem Kriegertempel ein weiteres Heiligtum mit Säulen und Wandmalereien entdeckt. 1993 erst begannen die Restaurationsarbeiten an diesem Innentempel (Zugang von der Rückseite); er ist nur teilweise der Öffentlichkeit zugänglich. Unmittelbar an seiner Nordseite wird seit 1995 der **Templo de las Mesas** (Tempel der Tische) rekonstruiert; Pyramide und Tempel waren vollkommen zerstört.

Von der südlich des Tempels sich anschließenden **Grupo de las mil Columnas** (Halle der tausend Säulen) sind nur noch die rechteckigen Säulen zu sehen. Von der Bautengruppe sind nur noch wenige Grundmauern und die Säulenreihen (228 Säulen der Westkolonnade und 210 der Nordkolonnade) erhalten. Über die Verwendung der Anlage ist kaum etwas bekannt.

Zum Umfeld des Tempels der Krieger gehört auch der sogenannte **Mercado.** Das Gebäude, das keinen inhaltlichen Bezug zum Namen hat, steht auf einer Plattform. An ihrer Vorderseite befindet sich eine lange Galerie, an der Rückseite ein tiefer liegender Hof-

Von Mérida nach Cancún

platz. Die Nordseite der Galerie bilden runde und viereckige Säulen.

Zum **Baño de Vapor** (Dampfbad), östlich dieses ›Marktes‹ gelegen, gelangt man durch einen Säuleneingang und einen Vorraum mit Bänken, auf denen die Wartenden ruhen konnten. Hinter dem Vorraum befindet sich das eigentliche Bad mit Entlüftungsschächten; dahinter liegt der Heizraum. Hier wurden die Steine erhitzt und dann mit Wasser besprengt. Ob das Bad Reinigungs- oder Zeremonialzwecken diente, ist ungewiss.

Das Gelände der Grupo del Sur ist heute noch stark von Buschwerk bedeckt, viele der historischen Bauten sind nur teilweise oder gar nicht restauriert.

Grab des Hohepriesters

Auf dem breiten Weg von der Nordgruppe gen Süden trifft man zuerst auf die **Tumba del Gran Sacerdote** (Grab des Hohepriesters), einen etwa 10 m hohen Tempel auf einer Plattform. An allen vier Seiten führen Treppen hinauf, an deren Einfassungen sich Schlangen winden. Ein 24 m tiefer Schacht führt von der Plattform in eine Höhle, in der sieben Gräber freigelegt wurden. Am Grab des Hohepriesters werden seit zehn Jahren Restaurierungsarbeiten unternommen.

Haus des Hirsches

In unmittelbarer Nähe steht die **Casa del Venado** (Haus des Hirsches), so benannt wegen eines Hirschgemäldes an der Rückwand eines Raumes; sie gehört zu den älteren Tempeln in Chichén Itzá. Das relativ kleine Bauwerk mit einer vorstehenden Fassade ist außen nicht verziert.

Buntes Haus

La Casa Colorada (Buntes Haus) südöstlich der Casa del Venado ist eines der ausschließlich im Maya-Stil errichteten Bauwerke und datiert ins 9. Jh. Der Name ist auf die roten Streifen an den Wänden des Vorraumes zurückzuführen. Der Bau mit seinen drei Eingängen steht auf einer breiten Plattform, der Dachfries ist mit drei großen Masken geschmückt. Den besonders schönen Dach-

kamm und die symmetrische Form des Hauses erkennt man am besten von der Plattform des Nonnenklosters aus. Hinter dem Haus ist ein kleiner Ballspielplatz angelegt.

Observatorium

Dieses Bauwerk liefert den Beweis für die großen astronomischen Kenntnisse der Maya und ist neben der Kukulcán-Pyramide das bekannteste Gebäude in Chichén Itzá. Das Observatorium wurde 1842 von Frederick Catherwood entdeckt und zum ersten Mal bildlich festgehalten. Über Treppen erreicht man zuerst eine große, dann eine zweite, etwas kleinere Plattform. Auf ihr steht das Observatorium, ein Turm aus einer Innen- und einer Außenmauer mit vier Eingängen. Der Turm, in dessen oberen Teil man über eine Wendeltreppe (escalera de caracol) gelangt – deshalb trägt das Gebäude den Namen **Caracol** (Schnecke) –, besitzt mehrere schmale Schlitze für astronomische Beobachtungen; z. B. dringen nur an ganz bestimmten Tagen die Sonnenstrahlen durch mehrere dieser Schlitze und treffen in einem Punkt zusammen. In dieser Sternwarte ermittelten die Maya vor mehr als 1000 Jahren auf diese Weise ihre genauen Kalenderdaten. An der Westseite wurde für die Priester der Sternwarte ein Anbau angefügt (Die Sternwarte darf heute nicht mehr bestiegen werden!).

Der **Templo de los Relieves** (Tempel der verzierten Tafeln) liegt an der Nordseite der Sternwartenplattform, benannt nach zwei Reliefs an seiner äußeren Nord- und Südseite, die Jaguare und Krieger abbilden. Der Komplex bestand aus einem massiven Bauwerk mit einer Säulenhalle, deren Gewölbe nicht erhalten sind, und einem dahinter erhöht liegenden kleinen Tempel, den man über eine Treppe erreicht.

Haus der Schwarzen Schrift

Ca. 100 m weiter östlich befindet sich das **Akab Dzib**, das derzeit älteste Bauwerk in Chichén Itzá (noch nicht rekonstruiert). Der Name bedeutet in Maya ›Schwarze Schrift‹, wahrscheinlich bezugnehmend auf Zeichen über der Tür des zweiten Raumes im Südteil.

aktiv unterwegs

Bei den Jaguaren – die Tropfsteinhöhle von Balankché

Tour-Infos

Start: Von der MEX 180 erreicht man 8 km hinter Chichén Itzá eine kleine Seitenstraße nach Norden. Nach 400 m auf einem kurvenreichen Weg durch dichten Urwald erreicht man den großen Parkplatz. Die Höhle darf man nur mit einem Führer betreten.

Dauer: 1,5 Std.

Wichtige Hinweise: tgl. 9–17 Uhr, Führungen immer zur vollen Stunde, in Spanisch (9, 12, 14, 16 Uhr), in Englisch (11, 13, 15 Uhr), in Französisch (10 Uhr), Eintritt 76 Mex$.

Nur 5 km Luftlinie von der großen Maya-Stätte Chichén Itzá entfernt, stieß der mexikanische Reiseleiter Humberto Gomez 1959 zufällig auf den Eingang zu diesem mehr als 5 km langen Höhlensystem. Noch heute liegt der Eingang nahezu verborgen im dichten Urwald. Im Besucherzentrum, in dem alte Fotos die Geschichte der Entdeckung dokumentieren, wird man auf den Rundgang durch die Höhlen vorbereitet.

Balankché (▶ 1, P 3) ist eine der wenigen unterirdischen Zeremonialstätten der Maya, in der die Gottheit sonst über der Erde in eindrucksvollen Tempelanlagen verehrten. Wer die Höhlen betritt, kann ermessen, wie erstaunt Humberto Gomez gewesen sein muss, als er zum ersten Mal nach 500 Jahren die Tropfsteinhöhle mit eindrucksvollen Stalagmiten und Stalaktiten betrat, in der Orte für religiöse Zeremonien eingerichtet waren.

Auf dem schummrig erleuchteten Pfad über Treppen und Felsen erreicht man nach 200 m einen rechteckigen steinernen **Altar**, der den Namen ›Thron des Jaguar‹ trägt. Dezente Flötenmusik begleitet die Erläuterungen des Führers. Hier verehrten die Maya Balam, die Gottheit, die sich im Jaguar zeigte.

Vereinzelt schwirren Fledermäuse durch die Höhle. In der nächsten großen Halle steht eine sieben Meter hohe **Stalaktiten-Säule,** die dem Stamm eines Ceiba-Baumes gleicht. Sie verehrten die Maya als heiligen Baum in der Erde. Dort, wo die Stalaktiten-Säule den Boden erreicht, stehen heute wieder die vielen **Tongefäße mit Opfergaben,** wie Gomez sie vorfand.

In der Höhle von Balankché befinden sich mehrere **Cenotes** (s. S. 390), von denen zwei heute noch Wasser führen. An ihren Ufern stehen ebenfalls Zeremonialgefäße. Am Ende des Weges strahlt das Sonnenlicht von der Decke in eine große, runde **Sakralhalle** voller Tropfsteinsäulen. Tief beeindruckt über diese Naturwunder tritt man den Rückweg auf dem gleichen Pfad an, der einen hierher geführt hat.

Der Urwald, in dem der Eingang zur Höhle versteckt liegt, ist heute in Teilen zu einem botanischen Lehrpfad umgestaltet worden. Bäume und Pflanzen tragen kleine Tafeln mit botanischen Erläuterungen und mythologischen Hinweisen, welche Bedeutung der jeweilige Baum für die Maya hatte.

Das Gebäude verfügt über zahlreiche, teilweise miteinander verbundene Räume, sodass man durchaus von einem Palast sprechen kann; es wurde mehrmals baulich verändert bzw. erweitert. Vermutlich wohnten hier Priester.

Nonnenkloster

Im **Edifício de las Monjas** (Nonnenkloster), einem großen, noch nicht rekonstruierten Bau der Maya, hätten – so die Meinung der ersten Spanier – die als Opfer bestimmten Jungfrauen gewohnt. Vermutlich war es ein Ver-

Von Mérida nach Cancún

waltungs- und Zeremoniengebaude auf einer hohen Plattform, zugänglich über eine breite Treppe an der Nordseite. Das ca. 25 m lange und 12 m breite Bauwerk wurde nicht in einem Zuge errichtet. Interessant und sehr gut erhalten ist die Fassade des Ostgebäudes: Vom Boden bis zum Dach bedecken Steindekorationen die Wand.

Kirche

Direkt neben dem Nonnenkloster liegt in Richtung Osten die sogenannte **Iglesia Za Aglena,** ein kleiner, sehr gut erhaltener rechteckiger Bau mit nur einem Eingang, der in einen einzigen Raum einmündet. Die Fassade der ›Kirche‹ ist mit Masken und langnasigen Gesichtern reichlich geschmückt; sie gilt als Beispiel des klassischen Puuc-Stils. Der Name lässt sich aus der Vorstellung der Spanier erklären, dass neben einem Kloster auch eine Kirche stehen müsste.

Jenseits des Nonnenklosters in Richtung Süden wird der Dschungel dichter. Hier, in einem Buschwald-Areal von ca. 5 km^2, liegen mehrere Bauwerke, die nur zum Teil freigelegt wurden. Besonders sehenswert sind die Tempel der **Grupo de la Fecha,** der Hauptgruppe Südwest und ganz im Süden die beiden **Tempel der Türstürze.**

Viele Bauwerke sind in Chichén Itzá umzäunt und gesperrt, ihre Restaurierung wird fortgesetzt oder vorbereitet (tgl. 8–17 Uhr; Eintritt 116 Mex$; Mitten im Ruinengelände findet jeden Abend um 20 Uhr, im Winter um 19 Uhr, die Sound- und Lightshow ›La Noche de las Mayas‹ mit Simultanübertragung ins Deutsche statt, Kopfhörerverleih: 39 Mex$).

Übernachten

Direkt bei den Ruinen in der Nähe des Südeingangs (Ctra. 180 km 120) liegen:
Auf den Spuren der Maya ▶ **Hacienda Chichen:** Tel. 999 920 84 07, www.haciendachichen.com; ehemaliges Herrschaftshaus, mexikanische Architektur (s. S. 387), alter Baumbestand, 28 großzügige Zimmer, schönstes Hotel am Platz, ab 1800 Mex$.
Wohnen mit Patina ▶ **The Lodge Chichen Ika:** Tel. 985 851 01 27, www.mayaland.com;

großzügige Parkanlage, fünfstöckiger Hotelbau (urspr. Hotel Mayaland) und viele Bungalows im Park, mit Pool; Mayaland wurde 1921 von Fernando Peon als erstes Hotel direkt am Eingang zur archäologischen Stätte erbaut, hier wohnten damals Kreuzfahrtpassagiere, die Peon aus Progreso abholte, 115 Zimmer, 120 US-$.
Im Dienste der Wissenschaft ▶ **Villas Arqueológicas:** Tel. 987 872 62 63, www.villas arqueologicas.com.mx; zweigeschossige Atriumanlage mit Schwimmbad, schönem Garten und hervorragender Bibliothek, 40 Zimmer, ab 640 Mex$.
Am Wege ▶ **Dolores Alba:** außerhalb, 2 km hinter den Ruinen, bei km 122 der Ctra. MEX 180 zwischen der archäologischen Stätte und der Höhle Balankanché, Tel. 985 858 15, www.doloresalba.com; 2 Pools, kostenloser Transport zur Ruinenstätte, der Bus von Mérida hält vor der Tür, 45 große Zimmer inmitten von Grün, ab 420 Mex$.

Essen & Trinken

Wer nicht zurück in den Ort laufen möchte (hier gibt es mehrere Restaurants entlang der Straße, z. B. Poxil, Chac Mol), der findet in den Hotels, aber auch in der Anlage Verpflegungsmöglichkeiten (Schnellimbiss in der Eingangshalle, ein Café am Cenote und eines am Weg von der Nord- zur Südgruppe).

Verkehr

Bushaltestelle an der MEX 180, jeweils an der östlichen und westlichen Zugangsstraße. Die Buslinien fahren nicht bis zur Ruinenstätte. Preise: Chichén Itzá–Mérida 80 Mex$.

Valladolid ▶ 3, Q 3

Eine halbe Autostunde (38 km) östlich von Chichén Itzá erreicht man an der MEX 180 die alte Kolonialstadt Valladolid. Die 1543 von Don Francisco de Montejo el Sobrino, dem Neffen des Yucatán-Eroberers, gegründete Stadt hat ca. 50 000 Einwohner und bis heute viel von ihrem historischen Charakter bewahrt. Wegen ihrer kolonialen Atmosphäre und ihrer zentralen Lage auf der Halbinsel Yucatán ist Valladolid auch ein beliebter Übernachtungsort.

Folgt man der Durchgangsstraße ins Zentrum, trifft man auf den alten **Zócalo,** der zu dem sehr schönen Stadtpark Francisco Cantón Rosada umgestaltet wurde. Am Zócalo erhebt sich die sehenswerteste der insgesamt sechs kolonialen Kirchen der Stadt, die eindrucksvolle, 1706 erbaute **Kathedrale San Servacio;** sie ist noch vollständig in ihrer ursprünglichen Bauweise erhalten.

Empfehlenswert ist auch ein Besuch des **Convento de San Bernadino Siena** (Calle 37/36). Zu dem 1552–60 von Franziskanern erbauten Kloster gehören ein schöner Klostergarten und eine festungsartige Kirche. Der Konvent wurde über einem unterirdischen **Cenote** erbaut. Der 1613 fertiggestellte Ziehbrunnen (Pferde dienten als Zugtiere) versorgte über 400 Jahre die gesamte Anlage einschließlich der Gemüse- und Obstgärten der Mönche mit Wasser. Vom Maya-Namen dieses Brunnens ›Sis-Ha‹ soll später die Bezeichnung Sisal (für die von seinem Wasser ›lebenden‹ Agaven) abgeleitet worden sein (www.valladolid.com.mx).

Übernachten

Koloniale Grandeza ▶ El Mesón del Marqués: Calle 39 Nr. 202, am Zócalo, Tel. 958 856 20 73, Fax 958 856 22 80, www.meson delmarques.com; traditionsreichstes Haus der Stadt mit kolonialem Ambiente, schönem Garten und gutem Restaurant, 90 Zimmer, 700 Mex$.

Zentral mit Komfort ▶ San Clemente: Calle 42 Nr. 206 (zw. 41 und 43), Tel./Fax 958 856 22 08, www.hotelsanclemente.com.mx; neueres Haus im Kolonialstil mit Pool, Patiogarten und schönem Restaurant, 63 Zimmer, ab 450 Mex$.

Maya-Frau im Stadtpark von Valladolid

Tipp: Orientierung in Valladolid

Die Stadt ist schachbrettartig angelegt, und ihre Straßen sind nummeriert; von Nord nach Süd verlaufende Straßen tragen gerade Ziffern, die von Osten nach Westen führenden ungerade Ziffern; das Zentrum liegt zwischen den Straßen 39–41 und 40–42.

Sehr zentral ▶ María de la Luz: Calle 42 Nr. 193 (zw. 39 und 41), am Zócalo, Tel. 958 856 11 81, Fax 958 856 20 71, www.mariadela luzhotel.com; alle 69 Zimmer mit AC, Balkone zum Garten, Pool, ab 420 Mex$.

Einfach & sauber ▶ Don Luis: Calle 39 Nr. 191, Tel. 958 856 20 24; freundliches, einfaches Hotel, 42 Zimmer, ab 300 Mex$.

Privathostel ▶ Albergue La Candelaria: Calle 35 Nr. 201-F (zw. 42 und 44), am Parque La Candelaria, Tel. 958 856 22 67; sehr schönes Hostel, ab 210 Mex$.

Essen & Trinken

Bestes Restaurant der Stadt ▶ El Mesón: Restaurant im gleichnamigen Hotel, tgl. 8–23 Uhr; sehr gute Fleischgerichte, Spezialität: *guacamole,* zubereitet am Tisch mit frischen Zutaten, ab 150 Mex$.

Sehr gutes Büffet ▶ La Casona de Valladolid: Calle 41, No. 214, tgl. 7–13 Uhr, schöner Innenhof in einem restaurierten historischen Haus; von morgens bis abends immer sehr gute, üppige Büffets, aber auch mexikanische Küche à la carte, Mittagsbüffet 200 Mex$.

Original yucatekisch ▶ Las Campanas: Calle 42, No. 199, Tel. 985 856 23 65, Mo–Do 11–19 Uhr, Fr–So auch abends; mexikanisch, yucatekisch, international – mit einem Schuss Bohème; am Wochenende abends Livemusik, Hauptgerichte ab 100 Mex$.

Aktiv

Ausflüge ▶ ab Valladolid zum 7 km entfernten, unterirdischen **Cenote Dzitnup (Cenote X'Keken).** Eingang über große Flusssteine,

Kalksteinwände mit türkisfarbenem Wasser und flechtenbedeckter Höhlendecke, Eintritt 21 Mex$.

Termine

Fiesta de la Virgen de la Candelaria: jedes Jahr im Feb.; großes Stadtfest.

Verkehr

Busse: nach Tulum über Cobá tgl. 9, 10, 13, 14.45, 17 Uhr, vom **Busbahnhof** (Linie Oriente), Calle 39, Ecke Calle 46.

Río Lagartos ▶ 3, Q/R 1

In Valladolid zweigt die MEX 295 nach Norden ab. Auf der Hälfte der Strecke führt sie durch das dörflich spanisch anmutende **Tizimín** mit engen Straßen und einem großen Zócalo, bevor sie in Río Lagartos das offene Meer erreicht. An der gleichnamigen Lagune liegt die alte Salz-Stadt der Maya, heute Zentrum eines großen **Naturreservates,** das zu den größten Feuchtgebieten am Golf von Mexiko zählt und in dessen angrenzenden wasserreichen Wäldern viele bedrohte Tierarten Schutz finden. Vor allem hat Río Lagartos wegen seiner rosa Flamingos unter Naturfreunden und Ornithologen weltweite Bedeutung erlangt. An der Mole bieten die einheimischen Fischer Bootsfahrten durch die Mangrovensümpfe zu den Aufenthaltsplätzen der Flamingos an. Wer mit dem eigenen Pkw zu einsameren Flamingoplätzen gelangen will, biegt in Tizimín Richtung Osten ab und erreicht nach 85 km **El Cuyo,** inmitten der Lagunen.

Infos

Vorwahl Río Lagartos: 984

Auskünfte über Bootsfahrten, Birdwatching oder Führungen: Rio Lagartos Adventures, Calle 9, Tel. 986 862 04 52, www.riolagartosnaturetours.com.

Essen & Trinken

In Río Lagartos gibt es einfache **Fischrestaurants,** z. B. La Torrega, Calle 9 Nr. 105, Los Negritos, Calle 10 Nr. 137.

Aktiv

Baden ▶ Bademöglichkeiten bestehen auf der Landzunge in der **Lagune.** Man kann sich von den Fischern dort hinfahren und wieder abholen lassen.

Fahrradverleih ▶ **Moguel:** Tel. 875 21 28; **Monkeys:** Tel. 875 21 29; **Glandy:** Tel. 875 20 93, alle Calle Benito Juárez.

Holbox ▶ 3, S 1

Wer hinter Valladolid weiter auf der MEX 180 geblieben ist, erreicht nach einer Autostunde hinter der Stadt Nuevo X-Can im Ort El Ideal die Abzweigung der Landstraße nach Kantunilkín und Chiquilá. Sie führt durch das Naturreservat Yum Balam und endet nach 90 km in dem Fischerort Chiquilá direkt an der Ablegestelle der Fähre zur **Insel Holbox**.

Die flache Insel liegt an der Nordseite der Halbinsel Yucatán, ca. 150 km nordwestlich von Cancún. Sie ist ca. 40 km lang und grenzt im Osten an die yukatekische Landspitze Cabo Catoche. Vom Festland mit dem Fischerdorf Chiquilá wird sie durch die Lagune Yalakao getrennt.

Wer mit einer kleinen Propellermaschine anreist, überfliegt eine wunderschöne Karibikküste, türkisfarbenes Wasser, weiße Sandstrände und benötigt nur 20 Minuten. Wer in Chiquilá die Fähre benutzt, erreicht die Insel nach 30 Minuten, sieht Schwärme rosaroter Flamingos und sein Boot wird von Pelikanen begleitet.

Heute leben auf der ca. 40 km langen und maximal 3 km breiten Insel 1500 Menschen. Früher lebten sie ausschließlich vom Fischfang, dann von wenigen Touristen, die hier, abseits von allem Trubel, bewusst die karibische Ruhe suchten. Inzwischen ist die Zahl der kleinen Hotels auf 12 angestiegen, was jedoch der Ruhe der Insel nicht schadete. Denn eine neue Attraktion wird mit dem Namen Holbox verbunden: gemeinsames Schwimmen mit **Walhaien** (lat. *Rhinocodon typus)*, den größten Fischen der Welt.

Holbox – ›Schwarzes Wasser‹ in der Übersetzung aus dem Maya – gehört zu den wenigen Orten der Welt, den Walhaie anschwimmen. Statistisch kommen hierher sogar weltweit die meisten dieser Tiere zwischen Juni und September zur Nahrungsaufnahme und Paarung. Der Walhai wird zwischen 5 und 15 m lang und erzielt ein Gewicht bis zu 10 t. Sein Körper ähnelt dem eines Wals, grauschwarz-kaffeefarben mit weißen oder gelben Kreisen auf dem Rücken. Er lebt allein und greift niemals an, sofern er nicht herausgefordert wird. Für Menschen ist er vollkommen ungefährlich. Holbox war der erste Hafen, von dem aus Boote zur Walhai-Beobachtung starteten. Die lokalen Führer sind bestens mit dem Verhalten der faszinierenden Tiere vertraut. Um die Walhaie zu schützen und ihren Aufenthalt in den mexikanischen Gewässern nicht zu stören, sind die Zahl der Beobachtungsfahrten zu den Walhaien streng reglementiert und Tauchausrüstungen verboten. Lediglich Schwimmen mit Schnorcheln in der Nähe der Walhaie ist gestattet.

Die ganze Insel Holbox besteht ausschließlich aus Sand; es gibt keine Felsen. Deshalb geht man überwiegend barfuß. Auf den Wegen aus Sand kann man sich aber mit Golfcarts transportieren lassen. Pkws gibt es nicht auf der Insel. Alle Wege führen zur Plaza, auf der sich jeden Abend die Leute versammeln.

Die langen Strände sind aus feinem weißen Sand, Sonnenbaden und Muschelnsammeln sind die Hauptbeschäftigungen. In Strandnähe leuchtet das flache Wasser smaragdgrün, aber bereits wenige Kilometer nördlich der Insel ist das Meer 20 km tief.

Infos

Vorwahl Río Lagartos: 984

Es gibt keine Touristeninfo, über die Website erfährt man das Wichtigste: www.holboxis land.com.

Übernachten

Alle Hotels liegen in ruhiger Lage am Strand. Weil nach Holbox besonders viele US-amerikanische Besucher kommen, geben die Hoteliers ihre Preise in US-$ an.

Von Mérida nach Cancún

Erste Wahl ▶ Paraiso del Mar Hotel: 8 Blocks vom Zentrum, direkt am Meer, sehr ruhige Lage, Tel. 875 21 71, holboxparaiso@hotmail.com; das teuerste und beste Haus der Insel, strohgedeckte Bungalows, Pool mit Wasserfall, 20 helle, freundliche Zimmer mit dunklen Holzböden, TV, ab 135 US-$.

Ökobilanz stimmt ▶ Xaloc Resort: Tel. 875 21 60, 875 21 54, www.holbox-xalocresort.com; Rundhütten im *palapa*-Stil mit Palmblätterdächern, Garten- oder Meerblick, Eco-Tourismus-Hotel unter mallorquinischer Leitung, alle 18 Zimmer gruppieren sich um zwei Pools, ab 113 US-$.

Traumhaft ▶ Faro Viejo: Av. Benito Juárez, 2 Blocks vom Zentrum, Tel. 875 22 17, Fax 875 21 86, www.faroviejoholbox.com.mx, zweigeschossiges Gebäude mit strohgedecktem Dach im lokalen *palapa*-Stil, alle 4 Suiten und 10 Zimmer mit Meerblick, teilweise AC, Balkon und TV, 4. April–15. Dez. ab 110 US-$, 16. Dez.–3. April ab ab 125 US-$.

Klein & ruhig ▶ Villas Mapaches: Av. Pedro Joaquin Coldwell, Tel./Fax 875 20 90, holboxmapaches@hotmail.com; kleines Steinhaus mit viel Naturholz und 3 Bungalows am Strand, strohgedeckt, schöner Garten, ab 800 Mex$.

Strandhaus ▶ Casa las Tortugas: 4 Blocks vom Zentrum an der Playa Blanca, Tel. 875 21 29, www.holboxcasalastortugas.com; unter italienischer Leitung, 12 sehr individuell gestaltete Zimmer im Maya-Stil, inmitten eines tropischen Gartens, umweltfreundlich, im hoteleigenen Café del Mar Frühstück und Mittagessen, ab 84 US-$, Weihnachts- und Osterwoche, Juli/Aug. ab 100 US-$.

Maya-Architektur ▶ La Palapa: 2 Blocks vom Zentrum, am Strand, Av. Morelos, Tel. 875 21 21; *cabañas* mit AC und Küche inmitten von Palmen, rustikaler Standard in freundlichen Farben, Bootsverleih und -ausflüge; DZ ab 58 US-$, *cabañas* (Belegung bis zu 4 Personen) mit Küche ab 80 US-$.

Essen & Trinken

Fisch, Fisch und nochmals Fisch sind die Spezialitäten der Insel. Die meisten Hotels besitzen ein kleines Restaurant.

Italien in Mexiko ▶ Edlin Pizza: zentral an der Plaza, Tel. 875 20 24, tgl. 12–24 Uhr; 2-stöckige, strohgedeckte mexikanische Pizzeria, Pizza 80 Mex$.

Viel Stimmung ▶ Viva Zapata: eine Straße hinter der Plaza, Tel. 875 23 30, tgl. 12–22 Uhr; beliebtes Restaurant mit mexikanischer Küche und tgl. Livemusik, ab 60 Mex$.

Einfach köstlich ▶ Maja'che: im Hotel Xaloc, Tel. 875 21 60, tgl. 12–22 Uhr; bestes Restaurant der Insel, spezialisiert auf Fischgerichte, ab 50 Mex$.

Beliebter Treff ▶ Zarabanda: Calle Escobedo, hinter der Plaza, Tel. 875 20 94, tgl. 24 Std.; ältestes Lokal der Insel, großes Angebot an Fisch-Menüs, ab 50 Mex$.

Aktiv

Ausflugsfahrten ▶ Whale Shark Tours: Die meisten Hotels, aber auch die lokalen Fischereigemeinschaften Isla Morena und Yalakan bieten Bootsfahrten zu den Walhaien an (ca. 5 Std., ab 750 Mex$. In diesem Zusammenhang interessant: www.holboxisland.com (mit Walhai-Video auf www.youtube.com).

Verkehr

Anreise im Kleinflugzeug (Cesna): max. 4 Pers. mit Aerosaab, Tel. 01152 984 873 08 04, www.aerosaab.com; von Cancún 682 US-$ (1–4 Pers.) plus 18 US-$ *airport tax* p. P.; von Playa del Carmen 566 US-$ (1–4 Pers.) plus 2 US-$ *airport tax* p. P.

Mit dem Auto und der Fähre: Von Cancún (oder Valladolid) mit dem Pkw die MEX/180 (libre) bis El Ideal nehmen; von der Autobahn (cuota) gibt es keine Ausfahrt zwischen Cancún und Valladolid. Von El Ideal auf der QROO 5 bis Chiquilá, hier Parkplatz suchen (viele private Anbieter, schattig und bewacht: 35 Mex$/Tag). Fähre von Chiquilá nach Holbox: Fahrzeit 20 Min., 80 Mex$, Abfahrt Chiquilá: 8, 12, 17 und 20 Uhr, Abfahrt Holbox: 7, 11 13, 16, 19 Uhr; Fährunternehmen: Monkeysgroup, Tel. 875 20 29, monkeygroup@hotmail.com.

Mit dem Bus von Mérida 2 x tgl. (6.30, 14.30 Uhr) bzw. von Cancún nach Chiquilá: ab Cancún: Mayab-Bus: 4.30, 6, 8, 12.30, 13.30,

14.15 Uhr; ab Chiquilá: 5.30, 7.30, 13.30 Uhr (ca. 3 Std., 80 Mex$).

Golf Carts/Scooter: Weil auf der Insel keine Pkw zugelassen sind, bewegt man sich mit Golf Carts (11 US-$/Std., 50 US-$/Tag) oder Scootern (8–10 US-$/Std., 28 US-$/Tag) fort.

Cancún ► 3, T 2

Citypläne: S. 400, 405

An der äußersten Nordwestspitze Yucatáns reichte vor 35 Jahren noch dichter Dschungel bis zu den später berühmten weißen Sandstränden; im kristallklaren, türkisgrünen Wasser lebten Scharen tropischer Fische und Meeresschildkröten; eine 20 km lange Sandbank mit Palmen säumt zwei große, wunderschöne Lagunen. Dieses nahezu menschenleere sonnige Paradies lag nur vier Flugstunden von New York und zwei Flugstunden von Houston entfernt. Ein auf potenzielle Tourismusprojekte programmierter Computer der Staatsbank von Mexiko ›entdeckte‹ 1970 diese ›Vorteile‹ besonders für die kalten US-amerikanischen Wintermonate. Eine eigens gegründete staatliche Tourismusförderungsbehörde, FONATUR, kümmerte sich um die zu schaffende Infrastruktur. Bereits 1972 wurde die erste Straßenanbindung von Süden her aus Chetumal fertiggestellt. Aus 18 Hütten entlang der Lagune Nichupté entstand in wenigen Jahren nach exakten Planungen der Retortenbadeort Cancún. Damit der Ort auch bekannt wurde, organisierte der mexikanische Präsident López Portillo hier 1981 die erste Nord-Süd-Konferenz der Vereinten Nationen. An ihr nahmen 23 Regierungschefs teil, die Medien übertrugen das Treffen weltweit und der Name Cancún existierte plötzlich auf der Weltkarte.

Heute zählt Cancún mehr als eine halbe Mio. Einwohner und beherbergt in der ›Zona Hotelera‹ jedes Jahr mehr als 2 Mio. Gäste. Diese 22 km lange, 500 m breite, relativ flache Sandbank in Form eines umgekehrten ›L‹ wird durch die Lagune Nichupté vom Festland getrennt und ist heute durch zwei Brücken mit ihm verbunden. In ihrer Mitte verläuft der Kukulkán-Boulevard, an dessen meerzugewandter Seite die großen internationalen

Cancún: Der ›Goldtopf‹ bietet 22 Kilometer Strand und eine große Hotelauswahl

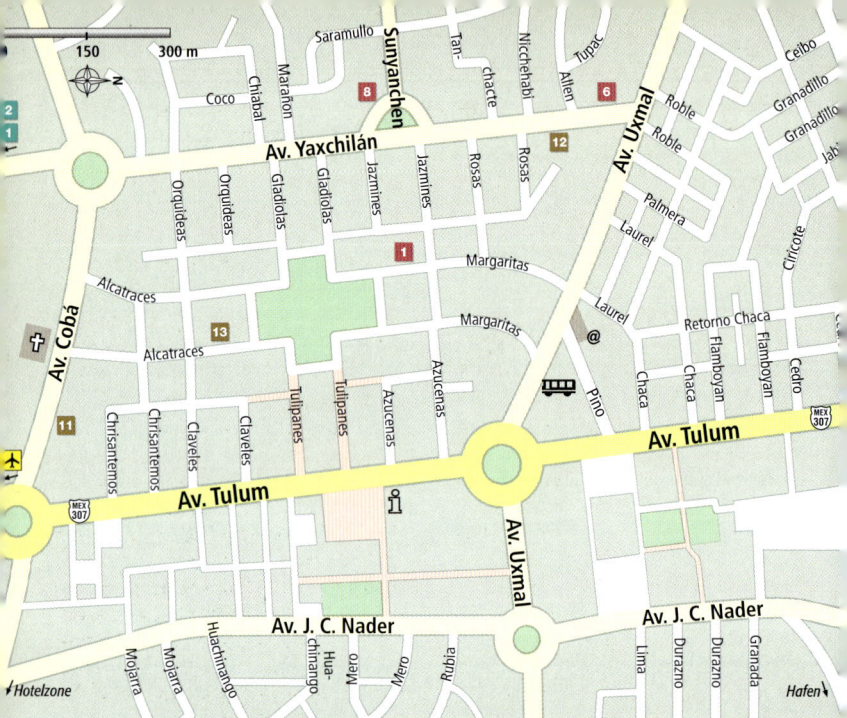

Luxushotels und die Bilderbuchstrände liegen. An der nördlichen Verbindung wurde auf dem Festland die eigentliche Stadt Cancún (Cancún Downtown), an der südlichen der Flughafen errichtet.

Die Anziehungskraft des Badeortes Cancún liegt in seiner Mischung aus tropischem Karibikflair und modernster touristischer Infrastruktur. Es gibt hier ca. 30 000 Hotelzimmer und ca. 300 Restaurants, Dutzende von Ladengalerien mit Markenartikeln sowie ein nahezu unbegrenztes Wassersportangebot.

›Goldtopf am Ende des Regenbogens‹ bedeutet die Übersetzung des Wortes Cancún aus dem Maya. Es scheint der richtige Name für diesen Ort zu sein. Wer sucht, findet auch ein anderes Cancún: Downtown Cancún. Hier gibt es preiswerte mexikanische *cantinas* und Garküchen am Fahrbahnrand, Kunsthandwerksmärkte und fliegende Händler. Downtown Cancún bietet hübsche Ecken und hat – anders als die Zona Hotelera – noch etwas mit Mexiko zu tun. Der Besuch des Mercado 28, ursprünglich ein Markt mit Im-

bissständen für die Arbeiter, die die Zona Hotelera errichtet haben, ist für viele, die das All-inclusive-Leben langweilt, eine Abwechslung.

In Downtown, wo das Leben bis weit nach Mitternacht pulsiert, gibt es nette Restaurants, Bars und vor allem Hotels, die viel preiswerter sind als in der Zona Hotelera.

Stadt und Lagune

Wer nach mehreren Tagen Strandleben der Langeweile zu verfallen droht oder sich wegen des Sonnenbrandes schonen muss, kann ein kleines Besichtigungsprogramm in der Stadt oder auf der Lagune einlegen. In jedem Fall sollte man das 2012 eröffnete **Museo Maya de Cancún** 1 (Zona Hotelera Blvd. Cuculcan, Km 16 neben den San Miguelito Ruinen, Di–So 10–19, Do bis 22 Uhr) besuchen, das die Geschichte der Maya in ca. 500 Exponaten anschaulich dokumentiert.

Am Beginn des Kukulcán-Boulevards sind im **Museo del Aire libre** 2 Kunststoff-Repliken bedeutender präkolumbischer Steinplastiken arrangiert, z. B. des Kalendersteins, des

Cancún

Chac Mool, der Olmekenköpfe u. a. Wer Cancún und seine Lagunen einmal aus der Vogelperspektive betrachten möchte, steigt in die gläserne Rotonde des hohen **Embarcadero-Turms** **3** und lässt sich in 70 m Höhe fahren (Blvd. Kukulkán, km 4, Tel. 849 77 77, tgl. ab 17 Uhr, alle 30 Min., Eintritt 100 Mex$).

Auf der Sandbank der Zona Hotelera liegen vier originale Maya-Ruinen aus der postklassischen Epoche: Ein kleiner Tempelrest steht mitten im Golfplatz Pok-Ta-Pok; vor dem Sheraton-Hotel liegen östlich der Hauptstraße auf dem höchsten natürlichen Punkt der Sandbank die Yamil-Lu'um-Ruinen; weiter südlich ebenfalls an der Karibikseite findet man nördlich des Hilton Beach and Golf Resort die Ruinenreste der San Miguelito-Anlage. Die größten Maya-Ruinen Cancúns stehen schräg gegenüber der San-Miguelito-Anlage an der Lagunenseite fast am Ende bei km 18,5 und tragen den stolzen Namen **El Rey** **4**. El Rey wurde um 1200 errichtet, aber erst 1976 entdeckt: Drei kleinere Tempel, mehrere Plattformen mit Säulen und eine kleine Pyramide sind zu besichtigen. Leguane bevölkern die Ruinen und abends gibt es eine Sound and Light Show. Der Name der Anlage geht auf einen bei den Ausgrabungen entdeckten Marmorkopf zurück, den man einem Herrscher, El Rey, zuschreibt (tgl. 8–16.30 Uhr, Eintritt 42 Mex$).

Der mexikanischen Volkskunst der Gegenwart widmet sich das **Museo de Arte Popular Mexicano** **5** am Paseo Kukulcán km 4, El Embarcadero. Die ausgestellten Gegenstände umfassen bäuerliche Mode, Spielzeug, Musikinstrumente und eine Küche aus der Kolonialzeit (Di–So 9–19 Uhr, Eintritt 15 Mex$).

Cancun besitzt auch unter Wasser eindrucksvolle ›Sehenswürdigkeiten‹. Im **Museo Subacquatico de arte (MUSA)** **6** hat der Künstler Jason de Tairef Taylor vor der Küste Cancuns am Punto Mizuc wenige Meter unter Wasser ca. 400 lebensgroße Figuren aus Beton auf dem Meeresgrund als Skulpturenpark aufgestellt (Tel. 848 83 12, www.musacancun. com). Das Kunstwerk kann man kostenlos, aber nur schnorchelnd, besuchen.

Zu den Frühjahrsferien *(spring break)* der US-Universitäten wird Cancún von Tausenden junger US-Amerikaner ›heimgesucht‹, die sich vor allem für Wet-T-Shirt-Contests und Trinkspiele interessieren.

Infos

Vorwahl Cancún: 998

Touristenauskunft: Blvd. Kukulkán, km 9, ›Cancún Center‹, 1. Etage, Tel. 881 90 00, 881 90 13, Fax 881 9020, http://cancun.travel.

State Tourism Office: Av. Yaxchilan, SM 17, Tel. 881 90 20, Mo–Fr 9–18 Uhr

Internet: Es gibt mehrere Websites mit Tipps für einen Cancún-Aufenthalt: Cancún vacation guide (www.cancuncare.com); Your window to Cancún (www.cancun.com); All about Cancún (www.allaboutcancun.com); Cancún Mexiko Travel Guide (www.cancun.bz).

Hotel-Information: Asociación de Hoteles Cancún, Av. Garcia de la Torre 6, Tel. 881 87 30, Mo–Fr 9–14, 16–19 Uhr, www.ahqr.com. mx.

Verbraucherschutz (Profeco): Av. Cobá 9, Tel. 884 27 01, Mo–Fr 8.30–15 Uhr.

Von Mérida nach Cancún

Übernachten

In Cancún muss man sich unter mehr als 150 Hotels entscheiden. Will man in Downtown Cancún (El Centro) wohnen und jeden Tag mit dem Bus bzw. Taxi zum Strand fahren oder auf der Lagune in der Zona Hotelera? Auf ihr liegen ca. 70 große Luxushotels (viele davon *all inclusive*); alle führenden internationalen Ketten sind vertreten. Bei einigen Anlagen ergänzt eine beeindruckende Architektur den hohen Komfort. Auch hier hat man die Qual der Wahl – zwischen direkt am Strand *(en la playa)* oder durch den Paseo Kukulcán vom Strand getrennt auf der strandabgewandten Lagunenseite *(en la laguna)*?

Elegant & sportlich ▶ Iberostar Cancún
1 : *(playa)*, Paseo Kukulcán km 17, Tel. 881 80 00, Fax 881 80 82, www.iberostar.com; dreiarmige Pyramidenanlage, innen und außen perfekter Luxus, 7 Schwimmbäder, 18-Loch-Golfplatz, alle 426 Zimmer mit Meerblick, *all inclusive* ab 2800 Mex$.

Für den Honeymoon ▶ Sandos Cancún Luxury Resort & Spa 2 : *(playa)* Retorno del Rey Lote, 37-1-MZ 23, km 14, Zona Hotelera, Tel. 881 22 00, Fax 881 22 01, www.sandos. com; einladendes Ambiente, großes Spa, schöne Pool-Landschaft, Kinderclub, Hochzeits-Arrangements, Golfplatz 5 Min. entfernt, 187 Zimmer und 26 Suiten, ab 2600 Mex$.

Luxus-Spa ▶ Fiesta Americana Grand Coral Beach 3 : *(playa)* Paseo Kukulcán km 9,5, Tel. 881 32 00, Fax 881 32 88, www.fiesta-americana.com; ein Traum inmitten einer Pool- und Gartenlandschaft, mehrfach ausgezeichnet, Spa, Tennisplätze, Wassersportangebot, Golfplatz nebenan, alle 520 Zimmer und 82 Suiten mit Meerblick und Balkon, ab 2600 Mex$.

Großes Grand Hotel ▶ Ritz Carlton Cancún 4 : *(playa)* Retorno del Rey 36, Zona Hotelera, Tel. 881 08 08, Fax 885 10 15, www.ritzcarlton.com; siebenstöckiges Gebäude von beeindruckender Architektur, dezenter Luxus, elegant und viel Atmosphäre, alle 330 Zimmer und 39 Suiten mit Balkon, großem Bad und Meerblick, zwei Pools, Fitnesscenter, Tennisplätze, Wassersportangebot, 2600 Mex$.

Wahrhaft präsidial ▶ Presidente Inter-Continental Cancun Resort 5 : *(playa)*, Paseo Kukulcán km 7,5, Tel. 84 88 70, Fax 883 11 25, www.ihg.com; nüchterne, quadratische Zweckarchitektur, 6 Stockwerke mit Turmanbau (18 Stockwerke) an einem besonders breiten Strandabschnitt in unmittelbarer Nähe des Golfplatzes, eigener Kids Club, alle 229 Zimmer mit schönem Bad, ab 2600 Mex$.

Exponierte Lage ▶ Hyatt Regency Cancún 6 : *(playa)* am nördlichsten Punkt der Lagune, Paseo Kukulcán km 8,5, Tel. 891 55 55, Fax 883 13 49, www.hyatt.com; 14-stöckiger Hotelturm mit Empfangshalle, beeindruckender Rundbau mit herrlicher Aussicht. Das Hotel gehört zu den ältesten Cancúns, wurde aber 2007 nach Hurrikan Wilma vollständig umgebaut und 2008 prachtvoll wieder eröffnet. Lage und Strand sind traumhaft, der Service ist perfekt; 300 DZ ab 2500 Mex$.

Spitzenklasse ▶ Paradisus Cancún Resort 7 : Paseo Kukulcan 16.5 km, Tel. 88 11 100, Fax 881 11 730, www.melia.com; mehrere Pyramiden, verbunden durch Swimmingpools und Gartenanlagen. Luxus und Komfort in großem Ausmaß, gehört zu den ›Leading Hotels of the World‹, vor der Tür ein hoteleigener Golfplatz, mehrere Restaurants, Cafés und Bars; 676 DZ, ab 2100 Mex$.

Wie zu Hause ▶ Celuisma Laguna Cancún 8 : *(laguna)* Calle Quetzal 11–13, Tel. 883 00 70, Fax 883 13 38, www.celiusmamexiko.com; in einer ruhigen Seitenstraße, Fußweg zum Strand, 25 Zimmer mit Kochnische, Kühlschrank und Balkon, ab 1100 Mex$.

Apartmenthotel ▶ Cancún Clipper Club 9 : *(laguna)* Paseo Kukulcán km 9, gegenüber Convention Center, Tel. 891 59 99, Fax 891 59 89, www.clipper.com.mx; kleines, ruhiges Best Western-Hotel in schönem Garten, mediterrane Architektur, helle Zimmer mit Standardeinrichtung, 72 Suiten, ab 900 Mex$.

Olé, olé ▶ Radisson Hacienda Cancún 10 : *(centro)* Av. Nader 1, SM 2, Tel. 881 65 00, www.radisson.com; koloniale Anlage mit 248 großen Zimmern, in der Innenstadt, schönes Schwimmbad, ab 900 Mex$.

Zentral in der Stadt ▶ **Soberanis** 11 : (centro) Av. Cobá 5–7, Tel. 884 45 64, Fax 887 51 38, www.soberanis.com.mx; alle 78 Zimmer mit AC, preiswerte Mehrbettzimmer, Internetcafé, DZ 895 Mex$.

Bewährte Qualität ▶ **Ramada Cancún City** 12 : (centro) Av. Yaxchilan 41, SM 22, Tel. 881 78 70, Fax 88 41 384, www.ramada. com; vierstöckige weiße Hotelanlage, mitten in der Innenstadt gelegen, mit Shuttle-Service zum Strand, großes Schwimmbad, DZ ab 850 Mex$.

Mexikanisches Flair ▶ **Suites Cancún Center** 13 : (centro) Calle Alcatraces 32, S. M. 22, Tel./Fax 887 58 33, Fax 887 56 55, www. suitescancuncenter.com.mx; dreistöckiges Haus, mexikanisches Flair in Architektur und Einrichtung, 70 große Zimmer (AC und TV) sowie Suiten mit Küche, Pool, Transport zum Beach Club, DZ ab 840 Mex$.

Essen & Trinken

Cancún bietet eine große kulinarische Vielfalt, die von europäischen Gourmet-Tempeln über Fast-Food-Lokale bis zur einfachen Maya-Küche reicht. Die Restaurants in der Stadt sind in der Regel preiswerter als die in der Zona Hotelera; am billigsten (und trotzdem sehr gut) isst man in den *cantinas* des mexikanischen Viertels, ca. 2 km nördlich des Tulum-Boulevards.

Auskunft und Beschwerden: Restaurant Association, CANIRAC, Av. Tulum 31, Tel. 887 11 42, Mo–Fr 9–14.30, 17–19 Uhr.

Meerblick ▶ **The Grill** 5 : im Hotel Hyatt Regency Cancún, Tel. 891 55 55, tgl. 6.30–24 Uhr; traditionelle mexikanische und karibische Küche mit Blick aufs Meer, abends tgl. wechselndes Buffet, *A-la-carte*-Auswahl zwischen 50 Gerichten, Bufett 200 Mex$.

Guter Maya-Mex-Mix ▶ **La Habichuela** 1 : Downtown Cancún, Margaritas 25, nahe Parque Las Palapas, Tel. 884 31 58, www.la habichuela.com, tgl. 12–24 Uhr; Restaurant-Legende in Familienbesitz mit 28-jähriger Geschichte, sehr romantischer Skulpturgarten mit tropischen Bäumen und Pflanzen, karibisch-mexikanische Küche, Spezialität; *cobichuela* (Hummer und Krabben in Curry-

sauce, serviert in einer Kokosnuss), Hauptgerichte ab 150 Mex$.

Mexiko pur ▶ **La Casa de las Margaritas** 2 : Centro Comercial La Isla, Local E-17, Paseo Kukulcán km 12, Zona Hotelera, Tel. 883 32 22, tgl. 11–23 Uhr; farbenfrohes, rustikales, typisch mexikanisches Restaurant mit Live-Mariachi-Musik und Folkloretanz, Spezialitäten: *guchilades de la casa, parillada de mariscos* für 2 Pers., Tagesgerichte ab 150 Mex$.

Viva Italia ▶ **La Dolce Vita** 3 : Paseo Kukulcán km 14,6, gegenüber dem JW Marriott Cancun Resort, Tel. 885 01 61, www.ladolce vitacancun.com, tgl. 12–23.30 Uhr, Mo–Fr 13–23, Sa und So 17–24 Uhr, live Soft Jazz; vielfach preisgekrönter ›Italiener‹, von der schönen Außenterrasse genießt man einen tollen Blick auf die Lagune, Spezialität: *red lobster ravioli with white wine and sea scallops sauce,* Pizza ab 130 Mex$, Hauptgerichte ab 165 Mex$.

Frischer Fisch ▶ **Faros** 4 : Paseo Kukulcán km 14,2, Zona Hotelera, Tel. 883 11 07, tgl. 14–23 Uhr); traditionsreiches Fischrestaurant mit Klassikern und eigenen Hausrezepten, freundlicher Service, nautische Einrichtung und schöne Aussicht auf die Nichupté-Lagune, mehrmals preisgekrönt, Fischplatte ab 125 Mex$.

T-Bone XXL ▶ **Ruth's Chris Steakhouse** 5 : Blvd. Kukulcan km 13, Tel. 885 05 00, www.ruthschris.com, tgl. 13–23 Uhr; die für ihre hervorragenden Steaks bekannte US-amerikanische Kette hat außerhalb der USA in Cancún eine Niederlassung. Elegante Atmosphäre, hervorragende Steaks, sehr gute (kalifornische) Weine, 250 gr T-Bone 120 Mex$.

Zwischen Büchern & Bildern ▶ **El Pabilo Cafébrería** 6 : Av. Yaxchilan 31, Col. Centro Cancún, Tel. 892 45 53, tgl. 7–24 Uhr; Künstlercafé für Cancúns Bohème, inmitten von Büchern, Gemälden und Skulpturen kann man frühstücken oder aus einer Menükarte mit internationalen Gerichten sein Mittag- oder Abendessen auswählen (abends mit Livemusik), Frühstück 80 Mex$, Lunch ab 120 Mex$, Menü ab 150 Mex$$.

Hochprozentiges ▶ **Casa Tequila** 7 : Paseo Kukulcán km 8,5, Mod. 5 Local 2 C.C., El

Cancún – Hotelzone

Sehenswert
1 Museo Maya de Cancún
2 Museo del Aire libre
3 El Embarcadero
4 El Rey
5 Museo de Arte Popular Mexicanot
6 Museo Subacquatico de arte (MUSA)

Übernachten
1 Iberostar Cancún
2 Sandos Cancún Luxury Resort & Spa
3 Fiesta Americana Grand Coral Beach
4 Ritz Carlton Cancún
5 Presidente InterContinental Cancun Resort
6 Hyatt Regency Cancún
7 Paradisus Resort

8 Celuisma Imperial Laguna Cancún
9 Cancún Clipper Club
10–13 s. Cityplan S. 400

Essen & Trinken
1 s. Cityplan S. 400
2 La Casa de las Margaritas
3 La Dolce Vita
4 Faros
5 Ruth's Chris Steakhouse
6 s. Cityplan S. 400
7 Casa Tequila
8 s. Cityplan S. 400
9 Hard Rock Café

Einkaufen
1 Flamingo Plaza
2 Kukulcán Plaza
3 Forum by the Sea

4 Plaza Caracol
5 Coral Negro

Abends & Nachts
1–2 s. Cityplan S. 400
3 Dady'O
4 Coco Bongo
5 La Boom
6 Christine Club
7 Azucar Bar Caribeño
8 Convention Center

Aktiv
1 Acuario Interactivo
2 Pok-Ta-Pok
3 Club Méditerranée
4 Aquaworld
5 Fiesta Maya
6 El Corsario

Parian, Zona Hotelera, Tel. 883 08 37, tgl. 9–1 Uhr; größte Tequila-Auswahl von Cancún in allen nur denkbaren Getränke- und Speisevariationen: Margaritas, tropische Früchte mit Tequila oder Shrimps, Fisch und Huhn mit Tequila flambiert, Gerichte ab 100 Mex$.

Unter Rohkostlern ▶ 100 % Natural 8 : 3 Restaurants in der Av. Sunyaxchén sowie in den Einkaufszentren Plaza Terramar und Plaza Kukulcán, Tel. 884 36 17, 885 29 04, tgl. 8–24 Uhr; vorwiegend Naturkost und vegetarische Gerichte, besonders großes Angebot an köstlichen Salaten, diverse Suppen, auch Geflügel und Fisch, Spezialität: Säfte aus tropischen Früchten, in allen Variationen gemischt, ab 80 Mex$.

Good rock, good food ▶ Hard Rock Café 9 : Paseo Kukulcán, km 9,5, Tel. 881 81 20, www.hardrock.com, tgl. 11–2 Uhr; wie man es kennt: laut, voll, aber gut! Burger mit Pommes 80 Mex$.

Einkaufen

Plazas ▶ Shopping ist Teil des Urlaubsprogramms in Cancún. Damit die Besucher lange Wege sparen, gibt es in der Zona Hotelera ein gutes Dutzend sogenannter ›Plazas‹, gigantische Einkaufszentren nach dem Muster von Shopping Malls mit Restaurants und Cafés. Zu den ganz großen gehören: **Flamingo Plaza** 1 : Paseo Kukulcán km 11,5 (ca. 100 Geschäfte); **Kukulcán Plaza** 2 : Paseo Kukulcán km 13 (ca. 70 Geschäfte); **Forum by the Sea** 3 : Paseo Kukulcán km 9, Nähe Centro de Convenciones (ca. 80 Geschäfte); **Plaza Caracol** 4 : Paseo Kukulcán km 8,5 (die älteste Mall mit 200 Geschäften); **Coral Negro** 5 : Blvd. Kukulcán km 9,5; hier bieten unter einem Dach versammelt 66 Shops schönes und preiswertes Kunsthandwerk an.

Abends & Nachts

Tanzen ▶ Die Discos in Cancún sind von 22 bis 3, Fr und Sa bis 5 Uhr geöffnet, der Eintritt beträgt 12 bis 25 US-$. In der Innenstadt: **Cat's** 1 : Yaxchilán 12, Tel. 88 31 9 10; bevorzugt Reggae und Blues; **Roots** 2 : Tulipanes 26, Tel. 884 24 37; bevorzugt Jazz. Zona Hotelera: **Dady'O** 3 : gegenüber Centro de Canvenciones, Tel. 883 33 33, www.dadyo.com.mx; **Coco Bongo** 4 : Paseo Kukulcán km 9,5, Forum Mall, Tel. 88 35 061,

Plaza de Toros

Playa Juventud

Bahía de Mujeres

Arrecife Chitales

Arrecife Cuevones

Playa Linda

Playa Langosta

CIUDAD CANCÚN

Details s. S. 400 Cityplan Cancún

Plaza Turquesa

Club de Marino Cancún

Mondo Marino

Playa Tortuga

Playa Caracol

Punta Cancún

Playa Chac Mool

Lamil Lu'um

Laguna del Armor

Laguna de Nichupté

Playa Marlin

Playa Ballenas

Royal Yacht Club

Avenida Kukulcán

Playa San Miguelito

Laguna Cabra

San Miguelito

Playa Delfines

Laguna ...o Ingles

Mar Caribe

Isla Paraíso

Avenida Kukulcán

Punta Nizuc

Parque Nacional Submarino Punta Nizuc

0 1 2 km

www.cocobongo.com.mx; größte Disco Cancúns, mit Show-Einlagen; **La Boom** [5] : Paseo Kukulcán km 3,5, Tel. 883 75 87, www.laboom.com.mx; hippste Disco Cancúns; **Christine's** [6] : neben dem Hotel Krystal, Tel. 883 11 33, elegant, gehobenes Publikum; **Azucar Bar Caribeño** [7] : Paseo Kukulcán km 9, Tel. 848 70 00; caribbean salsa.
Ballett Folklórico ▶ im **Cancún Centro de Convenciones (Convention Center)** [8] :

Paseo Kukulcán km 9, Tel. 884 65 31, Fax 887 66 48, Zona Hotelera, an der Punta Cancún; mexikanische Tänze, Musik und Lieder, Sept.–Mai Mo–Sa 18.30 Uhr, mit mexikanischem Abendbuffet.

Aktiv

Da in Mexiko alle **Strände** öffentlich sind, kann theoretisch jeder durch die Foyers der Hotels schreiten, um den dahinter liegenden

Tipp: Joggen in Cancún

Cancúns beliebteste Jogging-Strecke ist der etwa 20 km lange **Strand**. Wer festen Untergrund bevorzugt, für den gibt es einen 4 km langen, schattigen **Fußweg** unter Bäumen parallel zum Kukulcán-Boulevard zwischen der Jugendherberge und dem Beginn des Zentrums (Av. Tulum).

Strand (nicht hingegen das hoteleigene Schwimmbad!) aufzusuchen. Weniger Stress bereitet das Betreten der Hotelstrände von der Meerseite aus. Es gibt zudem auch zwei attraktive *balnearios,* öffentliche Strände mit Umkleidekabinen, Duschen, Restaurants, Schattenspendern: Balneario Tortuga (Schildkrötenstrand) neben dem Hotel Maya Caribe und Balneario El Caracol (Schneckenstrand) neben dem Hotel Camino Real, ein Sandstrand mit vorgelagerten Felsen (Vorsicht: starke Strömung). An diesen Stränden ist es tagsüber oft leerer als an den Hotelstränden; abends dagegen pulsiert hier das Leben (um 23 Uhr schließen die Strandrestaurants).

Delfin-Show ► **Acuario Interactivo** `1` : Plaza la Isla, Paseo Kukulcán km 12,5, Tel. 883 04 11, www.aquariumcancun.com.mx, tgl. 10–20 Uhr, Eintritt 150 Mex$; interaktives Aquarium mit Delfin-Show.

Tennis ► Alle großen Hotels in der Zona Hotelera haben eigene *courts,* auf denen auch Gäste spielen können; das Hotel **Fiesta Americana Grand Coral Beach** `2` (s. S. 402) verfügt über drei Plätze in einer hoteleigenen, AC-gekühlten Halle.

Golf ► **Pok-Ta-Pok** `2` : Paseo Kukulcán km 7,5, Tel. 883 12 30, Fax 883 33 58, www.cancungolfclub.com; bekannter, bereits 1976 eröffneter 18-Loch-Golfplatz, nimmt nahezu die Hälfte einer ehemals kleinen Insel ein, die heute als Landzunge in die Lagune Nichupté reicht. Einlochen am 13. Loch wird durch eine Maya-Ruine erschwert. Nettes Clubhaus mit Restaurant. Das Hotel **Iberostar** `6` (s. S. 402), verfügt ebenfalls über einen 18 Loch-Golfplatz.

Wassersport ► **Club Méditerranée** `3` : Punta Nizuc, Blvd. Kukulcán, Tel. 881 30 00; Mo–Fr vergibt der Club ›Tageskarten‹ an Nicht-Club-Gäste, die zur Teilnahme am gesamten Sportangebot des Clubs berechtigen. **Aquaworld** `4` : Laguna de Nichupté, Blvd. Kukulkán, km 15,2, Tel. 848 83 00, www.aquaworld.com.mx; Tauchlehrgänge für Anfänger, Tauchexkursionen entlang den Riffen zwischen Cancún und der Isla Mujeres. Mangrovenfahrten (Dschungeltouren), Schnorcheltouren zur Punta Nizuc.

Schiffsausflüge ► **Fiesta Maya** `5` : 400 Passagiere, Abfahrt 10 Uhr am Muelle Fiesta-Pier in der Lagune Nichupté; durch Mangrovenwälder, entlang der Zona Hotelera, hinüber zur Isla Mujeres (2 Std. Aufenthalt in El Garrafón), Rückkehr ca. 16 Uhr; **El Corsarío** `6` : nachgebaute Bermuda-Schaluppe des 18. Jh. für bis zu 100 Passagiere, mit Piratenflair, Abfahrt um 10 Uhr zur Isla Mujeres; Buchung direkt an Bord am El Embarcadero oder im Innenstadtbüro: Punta Conoco 36, S. M. 24, Tel. 884 53 33, Fax 887 12 83, www.kolumbustours.com.

Verkehr
Flugzeug:
Cancún International Airport (CUN): 15 km südl. der Stadt, Tel. 848 72 00; Transfer zu den Hotels und zum Busbahnhof (s. Taxis). Der Riviera Bus fährt zwischen 7 und 19 Uhr stdl. nach Playa del Carmen (10 US-$).
Aerocaribe: Cobá 5, Plaza América, Tel. 884 20 00; Flughafen, Tel. 886 01 62.
Aeroméxico: Av. Cobá 80, Tel. 884 11 86; Flughafen, Tel. 886 00 03.
Condor: Terminal 2, Tel. 884 18 98.

Überlandbusse:
Zentraler Busbahnhof: Av. Uxmal/Av. Tulum; der Busbahnhof in Cancún ist der größte der Halbinsel. Von hier fahren in kurzen Abständen Busse unterschiedlicher Gesellschaften in alle Himmelsrichtungen. Auf großen Tafeln stehen ihre Abfahrtszeiten, die allerdings mit den Entfernungen zunehmend weniger verlässlich werden. Am Busbahnhof unterhalten alle Busgesellschaften ihre Büros, so z. B.:

ADO: Tel. 884 43 52, www.grupoado.com. mx; Busse nach Mérida, Chetumal, Campeche, Villahermosa, Veracruz, Puebla und Mexiko-Stadt.

Cancun Collectivo: Station der Kleinbusse nach Playa del Carmen (entlang der Riviera Maya, mit Halt nach Bedarf), Av. Tulum, vor La Commercial Mexicana, Abfahrt: wenn genügend Passagiere (ca. 10) eingestiegen sind, Preis: 50 Mex$.

Innerstädtische Busse:

Busse: Da das Ferienzentrum der Zona Hotelera sich über 20 km erstreckt und das Stadtzentrum davon relativ weit entfernt liegt, ist man auf motorisierte Fortbewegungsmittel angewiesen. Am schnellsten, bequemsten und preiswertesten sind die städtischen Busse. Sie verkehren zwischen 6.30 und 24 Uhr alle 15 Min. Die Linie **Ruta Hotelera** führt von der Innenstadt an allen Hotels der Zona Hotelera vorbei und wieder zurück (im 15-Minuten-Takt, Fahrpreis 8,50 Mex$).

Taxis:

Vom Flughafen in die Innenstadt gibt es einen eigenen Taxi-Service (Green Line, Tel. 886 03 27) oder Taxi by Hertz (Tel. 01800 021 80 97); in die Zona Hotelera ab 600 Mex$.

Innerstädtische Taxis: Alle Taxis fahren ohne Taxameter, sie besitzen aber eine Liste der *official fares*, die sich an *zonas* (zu durchfahrende Bezirke) orientiert. Taxis an der Straße anwinken ist günstiger als Taxis an Hotelstandorten; Kurzstrecken ab 20 Mex$, Innenstadt zum Flughafen ab 400 Mex$. Innenstadt–Zona Hotelera gestaffelt je nach Lage des Hotels 100–300 Mex$. Wenn man im Taxi etwas vergessen hat: Tel. 888 69 90.

Leihwagen:

Ein Dutzend Leihwagenfirmen haben Niederlassungen am Flughafen und teilweise mehrere Zweigniederlassungen in der Stadt und in den großen Hotels, darunter:

Budget: Av. Tulum, Nr 231, Tel. 884 69 55, www.budgetcancun.com (in Yucatán *blueway*).

Econo Rent: Tulipanes 16, Tel. 887 64 87, www.econocarrental.com.

Thrifty: am Flughafen, Tel. 886 03 33, www. thrifty.com.

Fahrradverleih: Casa Pily, Av. Uxmal/Av. Yaxchilán, Tel. 883 04 85.

Fähren zur Isla Mujeres:

Es gibt verschiedene Möglichkeiten, von Cancún zur Isla Mujeres mit einer Fähre zu gelangen:

Von der Zona Hotelera: Abfahrt Playa Tortugas, Blvd. Kukulcan, km 7, oder Abfahrt El Embarcadero, Blv Kukulcan, km 4. Beide täglich 9–17 Uhr, jeweils zur vollen Stunde. Fahrpreis 220 Mex$ hin und zurück (Reederei: UltraMar, Tel. 881 58 90, www.granpuerto.com.mx).

Von Puerto Juarez Gran Puerto: zwischen 6 und 20 Uhr alle 30 Min, 70 Mex$.

Von Punta Sam (auch Fahrzeuge): 8, 11, 14.30, 17.30, 19.15 Uhr, Passagiere 18 Mex$, Pkw 220 Mex$, Motorroller 82 Mex$ (Fähren von der Isla Mujeres nach Cancún: vgl. S. 398).

Isla Mujeres ▶ 3, T 2

Citypläne: S. 408, 410

Nur 10 km nordöstlich von Cancún erstreckt sich als längliches Eiland vor der Küste die Isla Mujeres, die ›Insel der Frauen‹. Sie (7,5 km lang und im Schnitt nur 500 m breit) besitzt zwar auch einen kleinen Flughafen, aber fast alle Touristen erreichen es mit Hilfe der guten Fährverbindungen von Cancún bzw. über Punta Sam (Auto- und Personenfähre) und Puerto Juárez (Personenfähre). Bei schlechtem Wetter, d. h. ab Windstärke vier, stellen beide Fähren manchmal den Betrieb wegen der erschwerten Anlegemanöver ein, dann erreicht man die Insel nur mit Privatbooten.

Über die präkolumbische Bedeutung der Insel ist wenig bekannt. Bis auf einen kleinen Tempel wurden alle Spuren der Maya von den Spaniern ausgelöscht, die unter der Führung von Francisco Hernández de Córdoba 1517 auf der Insel landeten. In dem heute noch am Südende stehenden Maya-Tempel fanden sie mehrere weibliche Lehmfiguren und gaben der Insel deshalb ihren Namen. Der die Expedition begleitende Geschichtsschreiber

Islote
El Yunque

Mar Caribe

COLONIA
SALINAS

Salina
Chica

Marina
Paraíso

Avenida Rueda Medina

Bahía de Isla Mujeres

Puerto
Isla Mujeres

Puerto
de Abrigo

Details s. S. 410 Cityplan
Isla Mujeres Stadt

Estatua de la Virgen

Islote la
Carbonera

Islote Chico

Dolphin
Discovery

Isla Mujeres

Sehenswert
1 El-Garrafón-Nationalpark
2 Hacienda Mundaca

3 Maya-Tempel Ix Chel
4 Vogelschutzreservat Contoy
5 El Dormitorio

Übernachten
1 La Casa de los Sueños
2 Villa Rolandi

Bernardino J. de la Calzada notierte damals verwundert: »Die Bewohner sind prächtig gekleidet. Die Frauen verhüllen ihren Kopf und ihre Brüste. Wir erwarteten, nur nackte Indianer anzutreffen.«

Später wurde das Eiland wegen seiner strategisch günstigen Lage abseits der großen Routen zum beliebten Versteck von Piraten. Während des Zweiten Weltkrieges entstand ein Militärstützpunkt, den die Mexikaner der US-Marine zur Verfügung stellten. Ab 1960 kamen die ersten Touristen. Die touristische Bedeutung der Isla Mujeres liegt in ihren Qualitäten für einen entspannenden zwanglosen Strand- und Badeurlaub im Gegensatz zum durchorganisierten, teilweise standardisierten, am US-amerikanischen Geschmack orientierten Tourismus Cancúns.

Die einzige Ortschaft der Insel, die Anlegestelle der Fähren und fast alle Hotels befinden sich an der Nordspitze. Als öffentliche Verkehrsmittel gibt es einen alten Bus, aber man kann vielerorts Fahrräder, Golfcarts und Mopeds ausleihen oder mit dem Taxi fahren. Wasser und Sand, Badeurlaub an Sandstränden, sind die eigentlichen Attraktionen der Isla Mujeres, dazu ein noch recht ruhiger

Pulsschlag und vor allem in dem nur aus einem Dutzend Straßen bestehenden Hauptort ein optisches Flair, das eher karibisch anmutet als mexikanisch. Waschblaue, ockerrote und pastellgelbe Fassaden begrüßen am lebhaften Pier die Gäste. Motorisiert gelangt man in knapp 15 Minuten zum anderen Ende der Insel. Dort liegen auf der Punta Sur, der Südspitze, die spärlichen Ruinen-Überreste eines Ixchel-Tempels. In unmittelbarer Umgebung wurde ein moderner Skulpturengarten mit abstrakten, farbig lackierten Metallkreationen installiert. Die Attraktion der Insel ist der Nationalpark Garrafón.

El Garrafón **1**, eine Freizeit- und Badeanlage am Südwestende der Insel, bietet mit ihrem Korallenriff Schnorchelanfängern faszinierende Einblicke in die Unterwasserwelt. Seilbahn, Pool, Shops, Restaurants, Bars und eine Eisdiele ergänzen das familienfreundliche Angebot. Zu dem kleinen Korallenriff, das zum Nationalpark erklärt wurde, kommen auch Touristenboote von Cancún herüber (Tel. 849 47 48, www.garrafon.com, tgl. 8–17 Uhr, Tageskarte 850 Mex$).

Abseits der Straße nach El Garrafón liegt die ehemalige **Hacienda des Piraten Mun-**

daca **2**. Das Anwesen wurde restauriert und in einen kleinen Park umgewandelt. Das Eingangstor ist recht gut erhalten. Der unvergessene Freibeuter verliebte sich in eine junge Inselbewohnerin und wurde hier 1860 sesshaft. Über seine Taten wird auf der Insel viel erzählt, begraben liegt Mundaca auf dem Friedhof am Nordende der Stadt (3. Reihe rechts, 4. Grab).

Im Süden endet die Straße ca. 200 m hinter El Garrafón am Leuchtturm. Von hier führt ein Fußweg zu den Südklippen. Dort stehen die Ruinen des **Tempels der Ix Chel** **3**, der Göttin der Fruchtbarkeit und des Mondes. Der im 10. Jh. errichtete Tempel diente auch als Observatorium bzw. als Leuchtturm.

Als Ausflüge werden auf der Isla Mujeres täglich Ganztagestouren zum 28 km nördlich der Insel gelegenen **Vogelschutzreservat Contoy** **4** angeboten. Herrliche weiße Strände, Palmen und viele Seevögel erwarten den Besucher auf der kleinen Insel. Südlich von Contoy liegt, im niedrigen Wasser gut zu sehen, ein gesunkenes Piratenschiff (Abfahrt der Boote ab Muelle Contoy ca. 9 Uhr, Rückkehr 17 Uhr, 300 Mex$ inkl. Essen und Getränke, www.islacontoy.org).

Unweit davon stößt man auf **El Dormitorio** **5**, den Ruheplatz der ›schlafenden Haie‹, der von Booten mit Tauchern gerne angesteuert wird. Zwar hatte Hurrikan Wilma 2005 die Höhle beschädigt, aber die Haie kehrten im Sommer 2008 zurück.

Infos

Vorwahl Isla Mujeres: 998
Promoción Turística de Isla Mujeres: Av. Rueda Medina 130, Tel. 877 03 07, www.islamujeres.travel.

Übernachten

Hotelverband der Insel: Hoteles Isla Mujeres (HIM), Av. Hidalgo 10, Tel. 877 04 30.
Ein Haus zum Träumen ▶ **La Casa de los Sueños** **1** : Ctra. Garrafón, am südl. Ende der Insel, Tel. 877 06 51, Fax 877 07 08, www. casasuenos.com; intimes Design-Hotel an privatem Strand, moderne Architektur in blühendem Garten, mit allem Komfort, schöner Spa-Bereich, jedes der 8 Zimmer besitzt eigene Terrasse mit Meerblick, ab 4000 Mex$.
Nummer Eins ▶ **Villa Rolandi Thalasso Spa, Gourmet & Beach Club** **2** : Laguna Mar, in der Mitte der Insel (Westseite), Tel. 999

Playa del Secreto

Mar Caribe

0   150   300

Zazil-Há

Matamoros

Abasolo

Francisco I. Madero

Morelos

Nicolás Bravo

Ignacio Allende

V. Uribe

Carlos Lazo

Mercado de Artesanías

Vicente Guerrero

Miguel Hidalgo

Benito Juárez

Playa Norte

Friedhof

Campo Deportivo

Av. Rueda Medina

Leuchtturm

Autofähre

Personenfähre

Bahía de Mujeres

---

20 00, Fax 877 01 00, www.villarolandi.com; kleines Luxushotel mit sehr gutem schweizerisch-italienischen Restaurant, mediterrane Architektur, weißer Privatstrand, nur 20 Suiten, gehört zu den ›Small Luxury Hotels of the World‹, schönstes Hotel der Insel, ab 3000 Mex$ inkl. VP.

Yoga inklusive ▶ Na Balam 3 : Calle Zazil Há 118, Playa Norte, Tel. 877 02 79, Fax 877 04 46, www.nabalam.com; zweistöckige Häuser mit 30 großen Zimmern (alle AC) und Terrassen, umgeben von tropischem Grün, Pool, schöner weißer Sandstrand, Restaurant, 15. Dez.–30. April ab 2000 Mex$, 1. Mai–14. Dez. ab 1400 Mex$.

Strandhotel ▶ Cristalmar Resort & Beach Club 4 : Fracc. Paraiso, Laguna Mar Makax, 3 km vor der Südspitze der Insel, Tel. 877 03 98, Fax 877 03 97; dreistöckiger Zentralbau an der südl. Westküste, alle 38 Zimmer mit Balkon bzw. Terrasse, Pool, Garten, schöner Sandstrand, ab 1200 Mex$.

Hüttendorf ▶ Cabañas Maria del Mar 5 : Av. Carlos Lazo 1, Playa Norte, Tel. 877 01 79, Fax 877 02 13, www.cabanasdelmar.com; zweistöckiges, einst stilvolles (jetzt abgewohntes) Haupthaus und 15 cabañas, umgeben von Palmen und üppigem Grün, große

Zimmer, alle mit eigener Terrasse, AC oder Ventilatoren, Pool, ab 700 Mex$.

Praktisch ▶ Playa la Media Luna 6 : Av. Lopez Mateos, direkt am Strand (Ostseite), Tel. 877 07 59, Fax 877 11 24, www.playa medialuna.com; dreistöckiger Steinbau, teilweise strohgedeckt, alle 18 Zimmer mit Balkon oder Terrasse, AC und Eisschrank, Pool, ab 650 Mex$.

Bungalows ▶ Villa Kiin 7 : Calle Zazil-Há 129 (Punta Norte, Playa Secreta), Tel. 877 00 45, Fax 877 00 45; gemütliches, renoviertes Gästehaus (ehemals Casa Maya) mit kleinen, einfachen Bungalows in schönem Garten, 17 Zimmer, ab 600 Mex$.

Stadthotel ▶ Belmar 8 : Calle Hidalgo 110, Tel. 877 04 30, Fax 877 04 29, www.rolandi. com; Stadthotel, Zimmer im 1. und 2. Stock, sauber, AC und TV, im Parterre befindet sich der Szene-Treff Rolandi's, die beste Pizzeria der Insel, 11 Zimmer, ab 600 Mex$.

Palmen & Strand ▶ Posada del Mar 9 : Av. Rueda Medina 15, am Leuchtturm (Westseite) Tel. 877 212, Fax 877 02 66, www.posadadelmar.com; weiträumiges Strandhotel mit Garten, hohen Palmen und Pool, 62 Zimmer mit AC, 15. April–20. Dez. 500 Mex$, sonst 900 Mex$.

410

Isla Mujeres Stadt

Bequem & günstig ▶ Francis Arlene 10 : Av. Guerrero 7, Tel. 877 08 61, Fax 877 03 10, hfrancis@prodigy.net.mx; Stadthotel, neuer zweistöckiger Steinbau mit dekorativem Entree, 22 große Zimmer, alle mit AC und Eisschrank, einige mit Balkon, 1. Mai–14. Dez. ab 500 Mex$, 15. Dez.–30. April ab 800 Mex$ inkl. Frühstück.

Unter Mexikanern ▶ Vistalmar 11 : Av. Rueda Medina, gegenüber Jachthafen, Tel. 877 02 09, Fax 877 06 96; älteres einfaches Haus, 36 Zimmer, teilweise klimatisiert, ab 200 Mex$.

Für die jungen Reisenden ▶ Poc Na Hostel 12 : Matamoros 15, Tel. 877 00 90, www.pocna.com; 12 Schlafsaal-ähnliche Zimmer mit Einzelbetten, viele junge Deutsche und US-Amerikaner, lebhafter Treffpunkt, Restaurant, Bett ab 130 Mex$, DZ mit A/C ab 500 Mex$.

Essen & Trinken

Strandrestaurants mit Meerblick liegen an der Uferstraße **Rueda Medina;** sie werden von den Gruppen der Ausflugsboote aus Cancún besucht. Preiswerte und gute Restaurants gibt es in der **Av. Guerrero.**

Romantik pur ▶ Casa Rolandi 2 : im Hotel Villa Rolandi, direkt am Meer, ideal bei Sonnenuntergang, erlesenes italienisches Restaurant mit einladend gedeckten Tischen; empfehlenswert: *costolette d'angello al forno*, ab 300 Mex$.

Swing Bar ▶ Buho's 1 : Av. Carlos Lazo 1, neben dem Hotel Cabanas Maria del Mar, Tel. 877 03 01; sehr gute Fischgerichte, ab 80 Mex$.

Beste Pizza ▶ Rolandi's Pizzeria 2 : im Hotel Belmar, Calle Hidalgo 110, Tel. 877 04 29; drinnen und draußen knusprige Holzofenpizza ab 60 Mex$.

Abends & Nachts

Man trifft sich zum **Flanieren** auf dem Zócalo, meist Sa abends ab 23 Uhr **Tanz** (Kapelle aus Mérida); am Zócalo befindet sich auch das einzige **Kino** der Insel.

Aktiv

Baden ▶ Generell gilt: Die Strände an der dem Festland zugewandten Seite sind die schöneren; Schwimmen in der offenen Karibik an der Ostseite der Insel gilt bei den Mexikanern als gefährlich, Ausnahme: Der kleine **Pancholo-Strand** an der Ostseite im Norden, wegen der Felsen auch ideal zum Sonnenbaden. Der Hauptbadestrand **Los Cocos** liegt an der nordwestlichen Spitze der Insel: weißer Strand, sauberes Wasser, aufregende Sonnenuntergänge, aber nur wenig Schatten.

Schnorcheln & Tauchen ▶ Überblick über das Tauchparadies Isla Mujeres: www.diveislamujeres.com. Nördlich der Isla Mujeres in Richtung Contoy liegen ein französisches und ein spanisches Wrack in ca. 10 m Tiefe. **Sea Hawk Divers 1 :** Calle Carlos Lazo, Tel. 877 12 13, Tauchschule, Tauchausflüge zu Schiffswracks; **Caray Dive Center 2 :** Av. Matamoros 13A, Tel. 877 07 63, www.caraydivecenter.com; Ausrüstungsverleih (2 Flaschen 500 Mex$) und Tauchfahrten. **Aqua Adventures 3 :** Paraiso, an der Landebahn, Calle Idalgo 10, Tel. 877 165; die Tauchschulen bieten auch Exkursionen zu den ›Höhlen

Von Mérida nach Cancún

der schlafenden Haie‹ an (s. S. 409). In diesen versteckten Unterwasserhöhlen hat eine Gruppe von Haien ihren Ruheplatz (Tauchgang bis 20 m, 70 US-$).

Verkehr

Verindungen zum Festland:

Fähren: nach Puerto Juárez Gran Puerto (Passagiere): 6–21 Uhr alle 30 Min. (30 Min., 50 Mex$); nach Punta Sam (auch Pkw): 6 x tgl. (1 Std., 45 Mex$); nach Cancún (Passagiere, Playa Linda, Playa Caracol) ab 10 Uhr alle 2 Std. (125 Mex$).

Mobil auf der Insel:

Zu Fuß braucht man von der Nord- zur Südspitze ca. 2 Std.

Motorroller-Verleih: Es gibt auf der Insel mehr als ein Dutzend Verleiher, darunter Ciro's (Av. Guerrero 11, Tel. 877 05 68); der Straßenzustand ist gut und die gesamte Insel absolut flach (250 Mex$/Tag).

Taxis: Parken an der Anlegestelle entlang der Rueda Medina (auch Malecón genannt) in Isla Mujeres Stadt. Es gelten Festpreise für alle Fahrten auf der Insel (vgl. Fahrpreistabelle am Taxistand); Inselrundfahrt 300 Mex$/Std.

Golfcarts (mit E-Motor): werden an mehreren Stellen der Ortschaft angeboten, ab 350 Mex$/Tag.

Bus: verkehrt zwischen Fähranleger und Sac Bajo (Hacienda Mudanca), alle 30 Min., 4 Mex$.

Isla Mujeres: Tauchen, Katamaran fahren, Sonnenbaden an der Playa del Norte

Campeche

Etwas abseits der touristischen Hauptwege: Lebenslust, Seeräuberromantik und farbenfrohe Kolonialarchitektur verschmelzen in Campeche, einer von mächtigen Bastionen umgebenen Hafenstadt. Im gleichnamigen Bundesstaat liegen romantische Hacienda-Hotels und einzigartige, bislang kaum besuchte Maya-Stätten wie das fast 2000 Jahre alte Calakmul.

Campeche-Stadt ▶ 3, K 6

Cityplan: S. 417

Von Uxmal aus erreicht man in südlicher Richtung nach rund 120 km **Campeche** (300 000 Einw.), die Haupstadt des gleichnamigen Bundesstaates. Das von den Spaniern im Renaissancestil errichtete und von trutzigen Festungen umgebene historische Zentrum der Hafenstadt bezaubert als einzigartiges Juwel kolonialer Architektur und Kunst. Himbeerrot, türkis, himmelblau und zitronengelb leuchten die Fassaden der mit schweren Fenstergittern geschützten Stadtpaläste. Jedes Gebäude zeigt eine andere Farbe – so wollen es heute die Stadtväter. Meterdicke Steinmauern begrenzen die im Schachbrettmuster angelegte Altstadt, mit deren Bau die Spanier 1686 begannen und deren Vollendung bis 1704 dauerte. Seit Campeche 1999 zum Weltkulturerbe der UNESCO gehört, wurde ausgiebig restauriert: Mehr als 1500 Häuserfassaden wurden seitdem einer gründlichen Renovierung unterzogen, sodass das von hohen Bürgersteigen und Pflastersteingassen erschlossene Zentrum – gerade einmal neun Straßenblocks lang und fünf breit – einen prächtigen, wohlhabenden Eindruck vermittelt.

Plaza Principal 1

Zentraler Treffpunkt in der Altstadt ist die **Plaza Principal** (offiziell Plaza de la Independencia), zwei Querstraßen vom Meer entfernt.

Prachtvolle Bauwerke, wie der ehemalige Sitz der spanischen Marine und das einstige Zollgebäude sowie unter Arkaden liegende Geschäfte umgeben den von Bäumen und Bänken bestandenen Platz. Mit seiner Bebauung begann Francisco de Montejo 1541 keine 2 km von der Maya-Stätte Ah Kin Pech entfernt (die neue Siedlung nannte er San Francisco de Campeche). Heute fungiert der Pavillon in der Platzmitte als Café.

Wahrzeichen der Plaza Principal ist die barocke **Catedral Nuestra Señora de la Inmaculada Concepción** 2. Am 4. Oktober 1540 wurde der Grundstein für die Kirche gelegt, ihre heutige Form erhielt sie 1705, ihr Turm (›La Campechana‹) stammt aus dem Jahr 1850, seine Uhr wurde 1916 hinzugefügt. Im Garten sieht man eine kleine **Kapelle** und an der rechten Seite der Kirche das **Haus des Bischofs**.

Stadthäuser

Über die Altstadt verteilt finden sich die meist zweistöckigen Kolonialpaläste, mit hohen Räumen, großen Bögen und Balkonen aus Schmiedeeisen. Mehrere Stadthäuser ließen sich die Vertreter des spanischen Königs auf der Yucatán-Halbinsel erbauen. Eins davon ist die **Casa del Teniente del Rey** 3 in der Calle 59 Nr. 36. Das repräsentative Bauwerk mit einem zentralen Patio und hübschen Balkonen diente ab 1745 als Sitz des Statthalters und beherbergt heute Büros des Instituto Nacio-

Tipp: In der Tranvía durch Campeche

Besonders schön ist eine Stadtrundfahrt mit der **Tranvía** in den frühen Abendstunden, wenn die Altstadt stimmungsvoll erleuchtet ist und man sieht, wie sich die Campechanos zu Tanz und Gesang in den vielen Lokalen und Tanzclubs der Stadt treffen. Ein kleiner Kiosk an der Plaza Principal hält Tickets für die ›Tranvía‹ bereit: ein altertümlich aussehender offener Bus, der auf einer einstündigen Tour durch die Tore der Stadtmauer fährt, entlang der Festungsanlagen, der Meerespromenade und durch die historischen Stadtviertel San Francisco und San Ramón. Je nach anwesenden Besuchergruppen werden Erläuterungen in Spanisch oder Englisch gegeben. Ein weiteres Wägelchen fährt entlang der Uferpromenade zum hoch gelegenen Fort San Miguel (s. S. 415).

nal de Antropología y Historia, INAH (tgl. 10–17 Uhr). Aus dem 17. Jh. stammt die **Casa Seis** 4 (Nr. 6, tgl. 9–21 Uhr) an der Plaza Principal (Calle 57 Nr. 6), eines der schönsten Häuser der Stadt. Hier ist heute das Kulturzentrum von Campeche beheimatet. In den Abendstunden werden im Patio (unregelmäßig) Konzerte, Lesungen und folkloristische Darbietungen geboten. Einige Räume des prächtigen Bauwerkes fungieren als Museum (Eintritt frei), demonstrieren den Lebensstil einer großbürgerlichen campesanischen Familie im 19. Jh. Ebenfalls untergebracht in der Casa Seis sind ein Buchladen mit umfassender ethnologischer Literatur, ein Touristeninformationsbüro sowie ein Café.

Ein weiteres prächtiges Stadthaus ist in der Calle 10 Nr. 14 die **Mansión Carvajal** 5 vom Ende des 19. Jh . Der zweistöckige Palast war einst Residenz des wohlhabenden Haciendabesitzers von Uayamón und enthält drei Patios, von Arkaden umgeben. Schmiedeeisernes Dekor und maurische Bögen bestimmen das Bauwerk, eine prachtvolle Treppe ist aus einem einzigen Stück Carrara-Marmor gearbeitet. Das Gebäude beherbergt heute einen Teil der Stadtverwaltung, sodass man einen Blick hineinwerfen kann (Mo–Fr 9–18 Uhr).

Festungen und Museen

Francis Drake, Henry Morgan, der blutrünstige Diego El Mulato ebenso wie Pie el Palo, das ›Holzbein‹ – die berüchtigsten Piraten griffen die spanischen Schiffe voller Gold, Silber und Edelhölzer an, die Campeche im 16. Jh. schwer beladen verließen. Um die reich gewordene Hafenstadt besser zu schützen, begann man im ausgehenden 16. Jh. mit der Errichtung von Bastionen. Bis 1704 waren die achteckige Wehrmauer sowie die Wachtürme und Tore fertiggestellt. Insgesamt besaß die Stadt acht Forts *(baluartes),* die durch Befestigungsmauern mit vier Toren verbunden waren. Sieben Festungen und zwei Tore sowie einige Teile der ehemals 2,5 km langen, 8 m hohen und 3 m dicken Stadtmauer sind erhalten. Eine ›Circuito Baluartes‹ genannte Abfolge von Straßen folgt ringförmig dem Mauerverlauf.

Die bedeutendsten Stelen der Maya, welche im Bundesstaat Campeche gefunden wurden, darunter auch einige aus Edzná, werden ausgestellt im **Museo de Arquitectura Maya,** untergebracht im **Baluarte Nuestra Señora de la Soledad** 6 in der Nähe der Plaza Principal (Di–So 9–17 Uhr, 46 Mex$). Das meerseitige kleine Stadttor **Puerta de Mar** 7 (tgl. 8–23 Uhr) befindet sich zwischen den Baluartes de la Soledad und San Carlos. Es lag früher am Wasser, und von hier verschifften die Spanier Edelhölzer und Agrarprodukte. Das heutige Gebiet zwischen Altstadt und Meer ist durch Landgewinnung entstanden. Das Fort **Baluarte de San Carlos** 8 , der erste Festungsturm der Stadt (Di–So 8.30–17.30, Museum bis 20 Uhr, Eintritt 46 Mex$) beherbergt das **Museo de la Ciudad** mit einigen Exponaten und Dokumenten zur wechselvollen Stadtgeschichte, einer Ausstellung historischer Fotos und einem Modell der Stadtmauer. Im **Baluarte de Santa Rosa** 9 (Di–So 8.30–17.30 Uhr) zeigt man Ausstellungen von Gemälden und Zeichnungen sowie unterschiedliches Kunsthandwerk.

Das große landseitige Stadttor **Puerta de Tierra** 10 (tgl. 10–17 Uhr), 1732 zwischen den Baluartes San Juan und San Francisco errichtet und mittlerweile zum Wahrzeichen der Stadt avanciert, dient an manchen Abenden als Kulisse für das ›Espectáculo de Luz y Sonido‹ (50 Mex$): Nach einer kurzen Filmvorführung bekommen die Besucher im Freien die stimmungsvoll angestrahlten Wehrmauern zu sehen, dramatische Musik ertönt und Schauspieler in Seeräuberkostümen und anderen historischen Gewändern erinnern an wild bewegte Zeiten (Do–So 20 Uhr). Von der Puerta de Tierra gibt es über ein Teilstück der Stadtmauer einen Zugang zum **Baluarte de San Juan** 11 (tgl. 10–17 Uhr, Eintritt frei). Die Festung **Baluarte de San Francisco** 12 (tgl. 10–17 Uhr, Eintritt 46 Mex$) dient heute als Audiovisionszentrum und bietet Platz für Wechsausstellungen.

Die relativ kleine Festung **Baluarte de San Pedro** 13 (tgl. 9–13, 17–21 Uhr) wurde 1702 erbaut und war Sitz der Inquisition. Mittlerweile verkauft man hier Kunsthandwerk. Ein botanischer Garten, **Jardín Botánico Xmuch-Haltún** (Eintritt frei), liegt in der **Baluarte de Santiago** 14 (Di–Fr 8–14, 17–20, Sa/So 8–14 Uhr, 46 Mex$). Hier wachsen vorwiegend regionale Pflanzen, sowohl von der Küste als auch aus dem Regenwald. Die Festung stammt ursprünglich aus dem Jahr 1704, doch ist ihre heutige Gestalt erst 100 Jahre alt.

Am frühen Abend flaniert man über den *malecón*, eine 4 km lange Meerespromenade, auf der man eine frische Brise genießt und den Sonnenuntergang bewundert.

Außerhalb des Zentrums

Außerhalb der Stadt liegt das **Museo de la Cultura Maya** in der Festung **Fuerte de San Miguel** 15 (Av. Resurgimiento/Ctra. Escénica, Di–So 9–17 Uhr, 46 Mex$), der größten Wehranlage der Stadt. Sie liegt auf einer Anhöhe, sodass man sich nähernde Piratenschiffe schon von Weitem sah, und diente Präsident Santa Ana 1842 als Hauptquartier. Das Museum zeigt einige der größten Schätze des Bundesstaates: Ausgrabungsfunde aus den Maya-Stätten Campeches, nämlich Jademasken aus Calakmul, Grabbeigaben, Schmuck und Keramikfiguren.

Ein kleines **Museo de Barcos y Armas** (Schiffe und Waffen) ist im nördlich gelegenen **Fuerte de San José el Alto** 16 untergebracht (Av. Francisco Morazán, Di–So 9–17 Uhr, 46 Mex$). Gezeigt werden eine Sammlung historischer Waffen sowie Modelle von Piratenschiffen. Das große, fast 2000 m^2 umfassende Fort wurde 1792 fertiggestellt.

Im Stadtteil San Francisco (am nördlichen Stadtrand) steht an der Ecke der Av. Miguel Alemán und Calle Mariano Escobedo der **Templo de San Francisco** 17, in dem im Jahr 1562 Jerónimo Cortés, Sohn von Martín Cor-

Tipp: Stadtpalast Hacienda Puerta Campeche

Gleich gegenüber dem Stadttor Puerta de Tierra liegt in einem historischen Gebäude das einzige Luxushotel in Campeche-Stadt: das **Puerta Campeche** 2. Die Terrasse vor dem Stadtpalast lädt Hotelgäste und andere Besucher zum Cappuccino ein. Auch wenn man nicht dort absteigt, lohnt es sich, einen Blick ins Innere zu werfen. Besonders die in alte Mauern integrierte Poolanlage ist sehenswert. Außergewöhnlich ist die Restaurierung, in der Altes noch als solches zu erkennen ist: 5 m hohe Holzbalkendecken, abblätternde Farben und morbide Atmosphäre

verbunden mit üppigen Blumenarrangements, gestärktem Leinen, großzügigen Bädern (teils mit Glasdach), stilvollem Mobiliar und hohem Komfort (Calle 59 Nr. 71/Calle 18, Tel. 816 75 08, Fax 999-923 79 63, www.starwoodhotels.com, 10 Zimmer und Suiten, DZ ab 2500 Mex$). Auch befindet sich ein sehr empfehlenswertes **Restaurant** im Hotel, in dem sich äußerst stimmungsvoll speisen lässt: wenige, aber vorzüglich zubereitete und präsentierte Gerichte, (tgl. 8–22 Uhr, Garnelensuppe 65 Mex$, in Limone marinierter Fisch 150 Mex$).

Campeche

tés und Enkel des Eroberers, getauft wurde. Als Taufpate fungierte Francisco de Montejo aus Mérida.

Im Stadtteil San Ramón (am südlichen Stadtrand) erhebt sich die bedeutendste Kirche der Stadt, die **Iglesia de San Ramón Martyr** 18, in der Calle Bravo zwischen den Calles 10B und 12 am Parque San Ramón. Die erste Gestaltung des Gotteshauses erfolgte 1563 und es enthält seit dieser Zeit eine hölzerne Skulptur des schwarzen Christus (Cristo Negro), die in Civitavecchia (Italien) geschaffen wurde. Die heutige Form der Kirche geht auf das 17. Jh. zurück.

Infos

Vorwahl Campeche: 981
Secretaría de Turismo: Av. Adolfo Ruiz Cortines, Plaza Moch-Couoh (vor der Puerta de Mar), Tel. 127 33 00, www.campeche.travel, Mo–Sa 8–16, 18–21 Uhr.
Oficina de Turismo Municipal: Calle 55 Nr. 3 (an der Plaza Principal), Tel. 816 39 89, Fax 811 39 90, Mo–Sa 9–13, 16–18 Uhr.

Übernachten

Einmal Landlord sein ▶ Hacienda Uayamón 1: Ctra. Uayamón-China-Edzná, Tel. 810 05 30, Fax 923 79 63, www.starwood hotels.com; 27 km südöstl. der Stadt liegt eines von Campeches legendären Hacienda-Hotels. Man fährt vom Flughafen Richtung Mérida, nach 1,5 km rechts Richtung Edzná, nach 10 km rechts Richtung Uayamón und erreicht nach weiteren 8 km die orange-rot leuchtende Hacienda. Das äußerlich die Spuren der Zeit und des tropischen Klimas nicht verleugnende Bauwerk diente im 19. Jh. der Produktion von Zuckerrohr, Sisal und Mais sowie der Viehzucht. Zimmer und Suiten finden sich in 10 individuell mit Himmelbetten und Granitbädern ausgestatteten *casitas,* ehemaligen Unterkünften der Hacienda-Verwaltung, verborgen unter dichter Vegetation. DZ ab 4000 Mex$.

Luxus pur ▶ Puerta Campeche 2: s. S. 415.

Seeräuberflair ▶ Francis Drake 3: Calle 12 Nr. 207, Tel. 811 56 26, Fax 811 56 28, www.hotelfrancisdrake.com; 24 modern ausgestatte Zimmer und Suiten in einem gelben, zweistöckigen sehr schönen Kolonialhaus im historischen Zentrum, DZ ab 1200 Mex$.

Viel Patina ▶ América Campeche 4: Calle 10 Nr. 252, Tel. 816 45 88, Fax 811 05 56, www.hotelamericacampeche.com; Kolonialhaus im Zentrum mit Patio und 52 bislang nur z. T. renovierten Zimmern, ab 500 Mex$.

Geschichtsmächtig ▶ Colonial 5: Calle 14 Nr. 122, Tel. 816 22 22, Fax 816 26 30; historisches Haus, in der Altstadt gelegen, 1946 wurde es zum Hotel umgebaut, mit schönem Innenhof und 30 einfachen Zimmern, ab 400 Mex$.

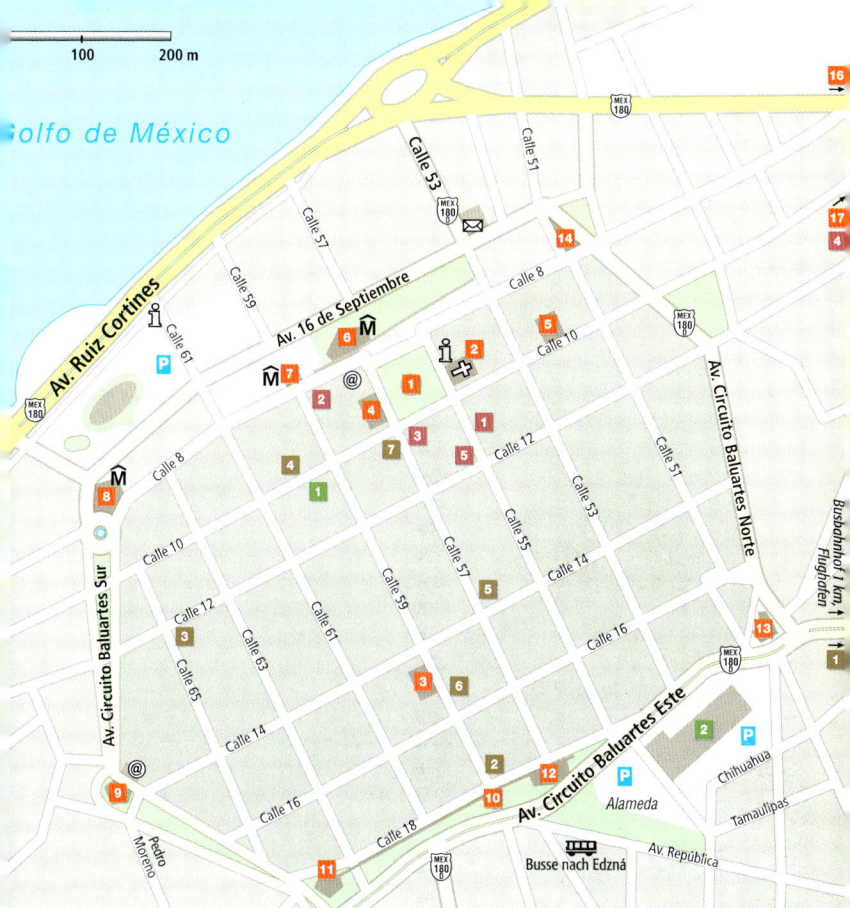

Willkommen an Bord ▶ Hostal del Pirata (Pirate Hostel) 6 : Calle 59 Nr. 47 (zw. 14 u. 16), Tel./Fax 811 17 57; ideale Lage im historischen Zentrum, fantasievoll im Seeräuber-Look ausgetatteter Empfang und Gemeinschaftsraum, Dachterrasse, einfache und funktionelle Mehrbettzimmer mit abschließbaren Spinden, Gemeinschaftsküche, Gepäckaufbewahrung, Internet sowie Fahrradverleih; 4 Doppelzimmer, 24 Betten in 2 Schlafsälen, 4 *hamacas,* DZ 250 Mex$.

Angenehmes Schlafen ▶ Monkey Hostel 7 : Calle 57/Calle 10, Tel./Fax 811 65 05; private Herberge am Zócalo gelegen, mit Küche, Internetzugang, Balkonzimmern sowie Dachterrasse mit Aussicht, Bett ab 100 Mex$.

Essen & Trinken

In der **Altstadt** liegen schöne und günstige Restaurants, gehäuft in den Calles 8, 10 und 55 an der Plaza Principal.

Elegant & Schmackhaft ▶ La Iguana Azul 1 : Calle 55 Nr. 11, Tel. 816 39 78, tgl. ab 18.30 Uhr; mit Bar, Terrasse und Patio, authentische Campeche-Küche, Schwerpunkt auf Fischspezialitäten und Fleischgerichten, ab 110 Mex$.

Beliebter Treff ▶ Marganzo 2 : Calle 8 Nr. 267 (schräg gegenüber der Puerta del Mar), Tel. 811 38 98, www.marganzo.com, tgl. 7–23 Uhr; beliebtes Restaurant in historischem Stadthaus nahe dem *malecón,* bereits zum Frühstück treffen sich hier Einheimische und Touristen, Gerichte um 100 Mex$.

417

Campeche

Unter Arkaden ▶ Casa Vieja de los Arcos
3 : Calle 10, Tel. 811 80 16, Mo–Sa 8.30–24,
So 16–24 Uhr; Freisitz im 1. Stock am Zócalo
mit Blick auf Platz und Kirche, gute kubani-
sche Küche ab 95 Mex$.

Zentrale Lage ▶ Cenaduría Portales 4 :
Portales de San Francisco, Calle 10 Nr. 86,
Tel. 811 14 91, tgl. 6–24 Uhr; in schönster
Lage unter den Arkaden des Francisco-Plat-
zes (ca. 1 km Fußweg vom Zentrum), einfa-
che regionale Küche ab 70 Mex$.

Rund um die Uhr ▶ La Parroquia 5 : Calle
55 Nr. 8, Tel. 816 25 30, www.hostalparro
quia.com, tgl. 24 Std. geöffnet; bei Einheimischen und Budget-Travellern besonders beliebte Adresse, hier gibt es die günstigsten
Mittagsmenüs der Stadt, tgl. wechselndes
Angebot, Obst- und Gemüsesäfte, schmackhafte lokale Speisen ab 40 Mex$.

Einkaufen

Kunsthandwerk ▶ Casa de Artesanías
Tukulná 1 : Calle 10 Nr. 333 (zw. 59 und 61),
Mo–Sa 9–20, So 10–14 Uhr; hochwertiges
Kunsthandwerk, in einem prachtvollen Kolo-
nialbau; mehrere Räume, dazu ein (nur mit-
tags betriebenes) einfaches Café.

Markt ▶ Mercado 2 : Av. Circuite Baluartes, Ecke Calle 53, tgl. vormittags großer
Obst-, Gemüse-, Frischmarkt; kleine Cafés.

Termine

Candelaria: 2. Feb.; Lichtmessfest mit Prozessionen, Tänzen und Feuerwerk.

**Feria del Cristo Negro (Feria de San Ro-
man):** 2. Sept.-Hälfte; im Stadtteil San Ramón feiert man mit religiösen und kulturellen
Veranstaltungen, Jahrmarkt und Kunsthandwerk.

Luz y Sonido: Jeweils Do–So ab 20 Uhr (s.
S. 415).

Verkehr

Flughafen: 9 km östl. der Stadt, Av. Lopez
Portillo, Tel. 816 46 53, tgl. nach Mexiko-
Stadt.

Busstation: ADO (Tel. 816 28 02) und Del Sur
(Tel. 811 43 34) in der Av. Gobernadores, weitere in der Av. P. Trueba; 1.-Klasse-Busse

nach Mérida (2 Std. 30 Min. stdl., www.ado.
com.mx).

Ausflüge von Campeche

Edzná ▶ 3, L 6
Karte: rechts

Kaum Besucher, grandiose Stille, herrliche
Bauwerke und üppige Vegetation prägen die
Maya-Stätte **Edzná**. Der von 600 bis 900 besiedelte Ort 55 km südöstlich von Campeche
besaß eine Ausdehnung von 25 km^2. Man entdeckte 200 Bauwerke, von denen die *Gran
Acrópolis* (Ostseite der Plaza Grande) mit
Plattformen, Pyramiden, Gebäuden, Treppen
und Höfen das Zeremonialzentrum bildet. Gekrönt wird sie von dem 30 m hohen *Edificio
de los Cinco Pisos* (›Gebäude der fünf Stockwerke‹), das weitestgehend restauriert wurde.
Eine Freitreppe führt hinauf. Ganz oben liegt
der Tempel mit einem 5 m hohen Dachkamm
(crestería). Weitere Bauwerke an der großen
Plaza sind das an der Westseite liegende *Nohoch-Ná* (›Großes Haus‹), die im Süden ab-
schließende Pyramide *Templo del Sur* und die
nördliche *Plataforma de los Cuchillos* (›der
Messer‹), die wohl Wohnzwecken diente.
Reste diverse Leitungssystems, das das Wasser von Regenwasserreservoirs *(chultunes)*
verteilte, sind ebenfalls erhalten (tgl. 8–17 Uhr,
Tel. 816 17 82, www.uacam.mx/campeche/
maya/edzna.htm, 46 Mex$; Fr und Sa 20, im
Sommer 19 Uhr Licht- und Klang-Show).

Verkehr

Auto: Von Campeche die MEX 180 Richtung
Hopelchén, rechts ab auf die 261 Richtung
Edzná und weiter über die 188.

Bus: Organisierte Touren in Hotels und Reisebüros in Campeche

14 Calakmul ▶ 3, M 10

Mitten im Calakmul-Biosphärenreservat liegt
360 km südöstlich von Campeche und 30 km
nördlich der Grenze zu Guatemala die aus der
klassischen Maya-Periode stammende Stätte

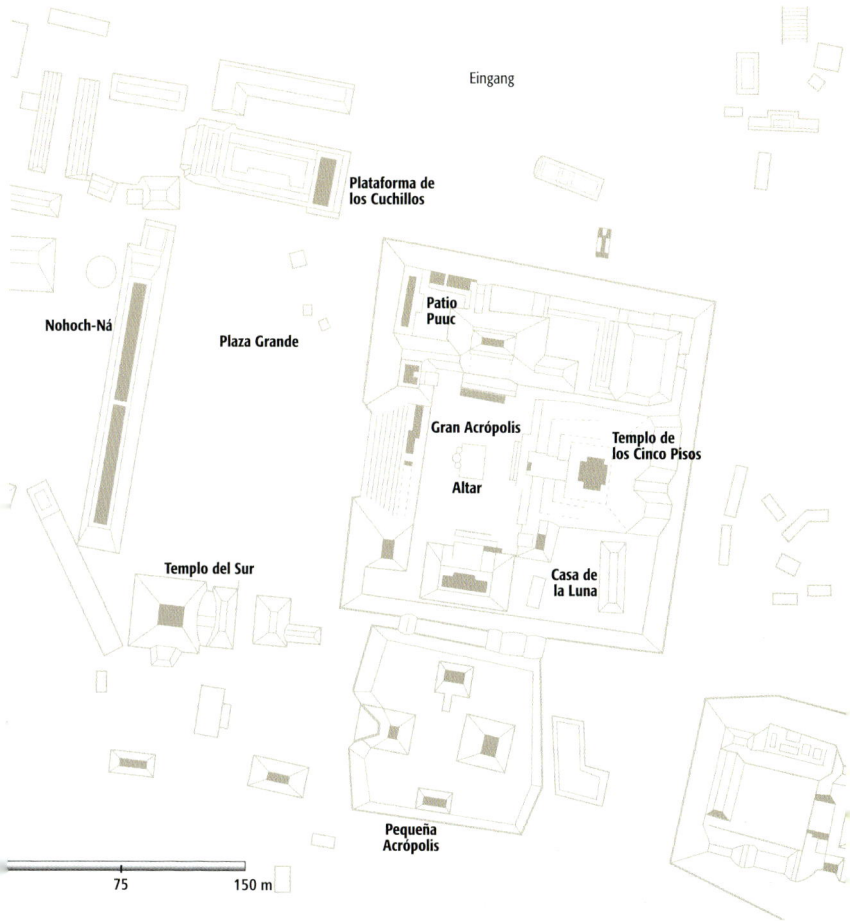

Eingang

Plataforma de los Cuchillos

Patio Puuc

Nohoch-Ná

Plaza Grande

Gran Acrópolis

Templo de los Cinco Pisos

Altar

Templo del Sur

Casa de la Luna

Pequeña Acrópolis

75   150 m

Calakmul (www.uacam.mx/campeche/maya/calakmul.htm, 46 Mex$). Die Maya-Stadt gehört mit Palenque, Copan und Tikal zu den eindrucksvollsten Anlagen Mesoamerikas. Mit ihrer gewaltigen Siedlungsfläche von 70 km² ist sie zudem auch eine der größten Maya-Stätten.

Die Anlage wurde 1931 entdeckt, weitgehend ausgegraben und restauriert, sie gehört seit 2002 zum UNESCO-Welterbe. Calakmul (›Zwei benachbarte Hügel‹) umfasste in seiner Blütezeit (250–900 n. Chr.) 70 km². 6250 Strukturen sowie 120 Stelen mit Datierungen von 435 bis 810 wurden hier entdeckt. Man schätzt die damalige Einwohnerzahl auf 60 000. In 20 Grabstätten fand man als Grabbeigaben acht Jademasken und zahlreiche Opfergaben.

Höchstes Gebäude der *Gran Acrópolis* an der *Gran Plaza* ist mit 45 m *Estructura II,* ein massives Bauwerk, das sich mit zahlreichen Treppen und Terrassen in die Höhe zieht. Die ehemals prächtigen Dekorationen aus steinernen Masken und Stuck sind jedoch nicht erhalten. Steile und hohe Treppenstufen führen auf die Pyramide, von ganz oben über-

419

Calakmul: umgeben vom guatemaltekischen Dschungel

blickt man die herrliche tropische Vegetation (tgl. 8–17, Museum bis 16 Uhr, Eintritt 46 Mex$).

Übernachten

Ein Traum von Dschungel-Camp ▶ Puerta Calakmul: an der. Mex 186, in der Mitte zwischen Campeche (ca. 200 km) und Chetumal, Tel. 998 892 2624, www.puertacalakmul.com.mx; ökologisches Resort mitten im Wald als eine Oase mit perfekter zivilisatorischer Infrastruktur, vom Schwimmbad bis zum Wlan, aber man schläft unter Moskitonetzen, ab 1800 Mex$.

Wie im Dschungelbuch ▶ Chicanná Eco-village: Chicanná (an der MEX 186), Tel. 981-811 91 92, Fax 811 16 18, www.chicannaeco villageresort.com; in der zweistöckigen rustikalen, mit Palmblättern gedeckten Lodge sind die Zimmer modern und großzügig gestaltet; die Anlage ist mit einem Pool und dem Restaurant La Biosfera ausgestattet, ab 600 Mex$.

Verkehr

Auto: Von Campeche über die MEX 180 Richtung Champotón, dann die MEX 261 bis Escárcega, anschließend Richtung Chetumal auf der MEX 186, von der man bei km 95 (Ortschaft Conhuás) nach Süden abfährt und nach weiteren 65 km Calakmul erreicht.

Bus: Reisebüros in Campeche bieten organisierte Touren (auch mit Übernachtung in Xpujil oder Chicanná) an.

Von Cancún nach Tulum – entlang der Riviera Maya

Die Ostküste der Halbinsel Yucatán ist eine der landschaftlich schönsten Regionen Mexikos, eine Symbiose von palmengesäumten weißen Sandstränden – manchmal sind sie sogar puderzuckerweiß –, herrlichen Korallenriffs und einzigartigen Maya-Ruinen. Entlang dieser Bilderbuchkulisse findet jeder Besucher einen Urlaubsort seines Geschmacks und eine passende Unterkunft.

Von Cancún bis Tulum verläuft die MEX 307 in überschaubarer Distanz parallel zum Meer, das man über kleine Straßen bzw. Feldwege schnell erreicht. Diese karibische Küste Mexikos gilt selbst unter Karibikexperten als ›Traum‹: Kleine Badebuchten (*caletas*) wechseln sich hier mit kilometerlangen hellen Sandstränden ab. Ihnen vorgelagert reihen sich Riffe aneinander, deren tropische Unterwasserwelt Taucher und Schnorchler faszinieren. Dichte, tiefgrüne Vegetation bedeckt die flache Landschaft und reicht oft bis zum Meer, dessen Farbschattierungen zwischen Hellblau und kräftigem Türkis wechseln.

Die Küstenorte und einzelne große Ferienhotelanlagen liegen direkt am Meer jeweils am Ende kleiner Verkehrsanbindungen zur MEX 307. Diesen 130 km langen Strandabschnitt ›Riviera Maya‹ nannten Reiseveranstalter früher ›Tulum-Korridor‹, um auf eine weitere Attraktion dieses Küstenabschnitts hinzuweisen: die faszinierend schöne Tempelanlage der Maya in Tulum. Zu Füßen der Akropolis von Tulum im kristallklaren, türkisfarbenen Wasser der Karibik zu baden ist ein unübertreffliches Erlebnis und begehrtes Motiv aller typischen Urlaubsfotos. Verkörpert Cancún eher die amerikanische Tourismusidee – riesige, luxuriöse Hotelanlagen entfernt von mexikanischer Realität –, so könnte man die ›Riviera Maya‹ als eine Art europäische Variante des Massentourismus charakterisieren: alles eine Nummer kleiner, nicht ganz so geplant,

ein bisschen mehr Mexiko und zumindest ein paar wenige alte Fischerorte in der Nähe.

Orientierung

Die gesamte Ostküste Yucatáns gehört zum Bundesstaat Quintana Roo, dessen Hauptstadt Chetumal zugleich Grenzort zum südlichen Nachbarstaat Belize ist. In der Sprache der mexikanischen Tourismusplaner wird die Küste zweigeteilt: Der nördlichere Abschnitt zwischen Cancún und Tulum, dem zuerst die geplante Entwicklung des Tourismus galt, heißt ›Riviera Maya‹. Hinter Tulum führt die MEX 307 durch endlos scheinenden Buschwald über Felipe Carillo Puerto nach Chetumal. Dieser Teil der yucatekischen Karibikküste wird ›Costa Maya‹ genannt (s. S. 443). Beide Abschnitte sind unterschiedlich aufregend, aber gleichermaßen schön.

Die Carretera Mexicana 307 ist Teil des bei Backpackern beliebten Central American Trail, eine längere Route, die von Yucatán durch Belize über Tikal nach Guatemala-Stadt führt.

Von Cancún nach Playa del Carmen

Wer mit dem Flugzeug nach Cancún gereist ist, kennt die Gegend im Süden der Nichupté-Lagune schon. Als ersten größeren

Tipp: Mückenschutz

Zwar sind die Mexikaner stolz darauf, die Malaria entlang ihrer Küsten ausgerottet zu haben, aber wegen der lästigen Moskitos sollte man unbedingt auf Wegen und Pfaden ein Insektenschutzmittel mitnehmen. Lästiger Juckreiz vermindert die Erlebnisqualität!

Ort, 34 km südlich von Cancún, erreicht man südlich des Flughafens das lang gestreckte Fischerdorf Puerto Morelos.

Puerto Morelos ▶ 3, T 3

Drei Leuchttürme, von denen der erste 1912 und der letzte 1978 erbaut wurde, erinnern daran, dass diese kleine Stadt auch eine lange Hafentradition besitzt. Zuletzt hatte allerdings nur noch die Fährverbindung nach Cozumel Bedeutung; sie wurde 2009 eingestellt. In Puerto Morelos trifft man nur auf eine begrenzte touristische Infrastruktur.

Wer an Naturerlebnissen besonderer Art in dieser Region interessiert ist, kann die nördlich der Stadt liegende **Crococún,** eine Farm mit frei lebenden Krokodilen, besuchen oder am südlichen Ortsrand durch **Botanische Gärten** (Jardín Botánico Dr. Alfredo Barrera Marin) wandern (tgl. 9–17 Uhr, Eintritt 276 Mex$). Mit 60 ha ist er einer der größten botanischen Gärten Mexikos. Alle prächtigen Harthölzer Mesoamerikas wachsen hier, auch der chicozapote, aus dem Gummi gewonnen wird. Außerdem umfasst der Garten eine Kollektion wilder Orchideen, medizinischer Kräuter, einen Kakteenwald und ein *chiclero camp,* sowie Modelle authentischer Maya-Wohnbauten *(palapas).* Der Gründer Dr. Alfredo Barrera Marín, hat einen Naturlehrpfad mit vielen Erläuterungstafeln angelegt. Die Chicle-Gewinnung aus dem Gummibaum gleichen Namens hatte für die Region wegen der wachsenden Beliebtheit des Kaugummis in den USA zu Beginn des 20. Jh. große ökonomische Bedeutung.

Die **Krokodilfarm Crococún Zoo** liegt an der MEX 307, km 31, 3 km nördlich von Puerto Morelos und bietet eine Krokodilzuchtstation (es gibt dort ca. 300 Exemplare) sowie einen kleinen Zoo mit Jaguar, Affen, Schlangen und anderen Spezies aus der Region mit interaktiver Streichelzooabteilung für Kinder (Tel. 998 850 37 19, www.crococun zoo.com, tgl. 9–17 Uhr, Eintritt 75 Mex$).

Infos

Tourist Information: Zentrum, Tel. 998 871 04 73, www.puertomorelos.com.

Übernachten

Ein Hotel zum Träumen ▶ **Maroma Resort & Spa by Orient Express:** MEX 307, km 51, mitten im Dschungel südlich von Puerto Morelos, direkt an der Küste, Tel. 998 872 82 00, Fax 998 872 82 20, www.maromahotel.com; edles Orient-Express-Hotel an herrlich weißem Sandstrand abseits allen Trubels, 80 Suiten, jede mit Terrasse oder Balkon mit Hängematte, perfekter Luxus, exzellenter Service, sehr gute Restaurants, wunderschöner Garten, hoteleigene Bibliothek, kultivierte Atmosphäre, individuelle Anwendungen im Kinan-Spa (Kinan = heilende Energie der Sonne), mehrfach preisgekrönte Anlage: Ein Resort für VIPs (z. B. waren schon Tony Blair und Prince Charles zu Gast); besonders für Paare geeignet, DZ ab 4500 Mex$.

Urlaub erster Klasse ▶ **Zoetry Paraiso de la Bonita:** MEX 307, km 328 (vor dem Ortseingang von Puerto Morelos), Bahia Petempich, Tel. 988 872 83 00, Fax 988 872 83 01, www.zoetryparaisodelabonita.com, elegante Anlage, ›Leading Hotel of the World‹ (www.lhw. com) im mexikanischen Stil direkt am Meer, alle 90 Suiten mit eigenem Pool bzw. großer Terrasse. Gourmetrestaurant. Massagen, Schönheits- und Thalassotherapieanwendungen, das traumhafte Hotel wurde mehrfach ausgezeichnet, Suiten ab 3000 Mex$.

Direkt am Strand ▶ **Hacienda Morelos:** Av. Rafael E. Melgar, Tel 998 871 04 48, Fax. 998 871 04 47, www.puertomorelos.com; im Zentrum direkt am Strand liegt die Hacienda, ein renovierter zweistöckiger Zweckbau mit freundlichem Innenhof, 12 angenehme DZ, ab 500 Mex$.

Essen & Trinken

Ältestes Fischlokal im Ort ▶ **Marina Pelicano's:** R. E. Melgar, direkt am Zócalo mit Zugang zum Strand, Tel. 998 871 00 14, tgl. 13–23 Uhr; das älteste, stimmungsvollste Lokal am Platz. Frühstück 50 Mex$, Hauptgerichte ab 75 Mex$.

Fangfrische Fische ▶ **Casa del Pescador:** R. E. Melgar, direkt am Zócalo, Tel. 998 871 04 49, tgl. 8–20 Uhr; Fische und Meeresfrüchte, Hauptgerichte ab 60 Mex$.

Aktiv

Baden ▶ Feinsandige Strände ziehen sich kilometerweit in beide Himmelsrichtungen – und alle sind öffentlich, auch die vor den Hotels.

Tauchen ▶ **Wet Set Dive Adventures:** Tel. 998 108 09, www.wetset.com.

Verkehr

Bus: mehrfach tgl. Verbindungen von Cancún, z. T. nur bis zur knapp 3 km von der Stadt entfernten MEX 307.

Punta Bete ▶ 3, S 3

Die MEX 307 – bis Tulum zur vierspurigen Schnellstraße ausgebaut – führt von Puerto Morelos weiter gen Süden, immer entlang der Küste und durch dichten Buschwald. Nach 24 km erreicht man ca. 50 km südlich von Cancún eine Abzweigung, die zum Strand von **Punta Bete** führt; dieser rund 3 km lange weiße Sandstrand gehört wegen seiner Kokospalmen zu den schönsten Plätzen Yucatáns. Hier reihen sich mehrere große Hotels als *all-inclusive*-Anlagen in geziemendem Abstand aneinander. Dazwischen – durch ausgedehnte Palmen- und Buschwälder getrennt – haben sich an besonders schönen Küstenabschnitten kleinere Luxushotels niedergelassen. Eines der besten ist das **Banyan Tree Mayakoba** (Mex 307, km 298, Tel. 984 877 36 89), das genau jenes karibische Flair aus Natur und Komfort bietet, das sich z. B. Paare wünschen. Es ist ein ›Leading Hotel of the World‹ (www.lhw.com), ein Golfplatz ist natürlich auch in der Nähe (El Camaleon Mayakoba, s. S. 426).

Playa del Carmen ▶ 3, S 3

Wegen seines schönen Strandes hat sich **Playa del Carmen** mit seiner weit ins Meer reichenden langen Anlegemole für Personenfährschiffe nach Cozumel in den letzten Jahren zum beliebten Treff junger Reisender entwickelt. Der lange Zeit als Geheimtipp gehandelte Fischerort besitzt heute eine hervorragende touristische Infrastruktur und zählt zu den am schnellsten wachsenden Orten entlang der Karibikküste. Ausschlaggebend ist dabei auch die zentrale Lage zwischen Cancún und Tulum, weswegen sich Playa del Carmen zum idealen Ausgangspunkt für Tagesausflüge innerhalb des sogenannten ›Tulum-Korridors‹ und auf der östlichen Seite der Halbinsel anbietet.

Playa del Carmen besitzt keine nennenswerten Sehenswürdigkeiten, erreicht aber eine gewisse Attraktivität durch seine vielen Besucher; die trifft man sowohl in der Umgebung der **Mole** als auch in der zur Fußgängerzone gewandelten **Avenida 5.** Sie wird nach Sonnenuntergang zur pulsierenden Schlagader des Ortes, hier reihen sich die Straßenrestaurants, Discos, Bars und Nachtclubs aneinander. Hauptattraktion des Ortes aber sind seine schönen sauberen Strände

Tipp: Unterkünfte in Playa del Carmen

In keinem anderen Ort an der Riviera Maya wachsen die Hotelkapazitäten so schnell. 2009 führte das amtliche Verzeichnis des ehemaligen Szene-Fischerdorfs bereits über 200 Hotels und Pensionen auf (darunter allein 22 der 5-Sterne-Kategorie, die meisten von ihnen mit *all-inclusive*-Programm). Deshalb erstreckt sich die Hotelszene bei Playa del Carmen inzwischen über mehrere Kilometer entlang der Küste, wobei die kleineren Hotels und einfacheren Pensionen fast ausschließlich im Zentrum nördlich der Mole und des Flughafens liegen, die großen teuren Ferienanlagen sich dagegen südlich der Mole im Ortsteil Playacar ausdehnen. Aktuelle Tagespreise der Hotels: www.hotelesmexico.com.

Karibikfeeling pur in Playa del Carmen

und die vielen Pelikane. Häufig liegen tagsüber große US-amerikanische oder europäische Kreuzfahrtschiffe draußen auf Reede,
deren Passagiere dann als ›Landgang‹ nach
Chichén Itzá oder Tulum fahren bzw. für mehrere Stunden den Ort besuchen.

In Playa del Carmen kann man sich leicht
zurechtfinden. Der für Besucher bedeutende
Teil erstreckt sich zwischen der ca. 1 km parallel zum Strand in Nord-Süd-Richtung verlaufenden Bundesstraße MEX 307 und dem
Strand. Begrenzt wird die Stadt im Süden von
der Landebahn des kleinen Flughafens (jenseits des Stadtteils Playacar), im Norden ver-
schwimmt die Stadtgrenze jenseits der Calle
130. Wer sich lange genug in Playa del Carmen erholt hat, kann einen Tagesausflug nach
Cozumel unternehmen. Die Insel ist es allerdings auch wert, dort einen längeren Erho-
lungs- und Wassersporturlaub zu verbringen.

Infos

Vorwahl Playa del Carmen: 984
Turismo Riviera Maya: Calle 28, Ecke MEX
307, Tel. 206 31 50, tgl. 9–12 Uhr, www.riviera
maya.com.

**Officina de la Secretaria de Turismo de
Quintana Roo:** Calle 30 Norte, Tel. 803 11 06;
www.sedetur.qroo.gob.mx.
Turismo Playa del Carmen: Es gibt kein zentrales städtisches Fremdenverkehrsbüro. Verteilt über die ganze Stadt stößt man auf
kleine, braune Kioske, an denen man (wenn
sie denn besetzt sind) bescheidenes Infor-
mationsmaterial (meist nur Werbeflyer) und
einen Stadtplan kostenlos erhält.

Übernachten

**Luxus hat einen Namen ▶ Grand Velas All
Suites and Spa Resort:** an der MEX 307,
6 km nördlich von Playa del Carmen, Tel. 877
44 00, www.grandvelas.com; man fährt 3 km
durch grünen, unberührten Dschungel und
Mangroven, bis man das direkt am weißen
Sandstrand gelegene Hotel mit seinen schönen Suiten erreicht. Ob man sich für eine mit
Dschungel-Ambiente (Blick in den Urwald
und direkten Zugang zu einem Cenote) oder
für eine klassische mit Meerblick entscheidet,
keine ist kleiner als 80 m², und es fehlt an
nichts. Mehrere exzellente Restaurants, ein
Kids- und ein Teens-Club (beide entlasten die

com; Bungalow-Anlage im *cabaña*-Stil, am Strand inmitten eines Palmenwalds und tropischem Grün, eigenes Ausflugs- und Sportangebot, 78 Zimmer, ab 1750 Mex$.

Mexikanischer Zauber ▶ **Magic Blue Boutique Hotel:** Av. 10, zw. Calle 10 u. 12 Norte, Tel. 873 20 15, www.hotelmagicblue.com; inmitten einer weitläufigen Gartenanlage voller Palmen, mit einem sehr schönen Pool, erheben sich drei zweistöckige Gebäude mit insgesamt 44 Zimmern, alle mit Balkon oder Terrasse, liebevoll eingerichtet, große Betten. Nur für Erwachsene! DZ ab 1600 Mex$.

Private Oase ▶ **Hacienda Paradise Boutique Hotel:** Av. 10, Calle 20, Tel. 873 13 97, www.haciendaparadise.com; zentral gelegen und trotzdem sehr ruhig, nur 32 Zimmer, viel Atmosphäre, schöner Garten mit Pool, aufmerksames Personal, ab 1500 Mex$.

Klein & fein ▶ **Riviera del Sol:** Av. 1 Norte/ Calle 30 Norte, Tel. 873 31 00, Fax 873 31 04, www.rivieradelsol.com; dreistöckige Anlage mit Schwimmbad im Innenhof, mexikanische Stilelemente, auch in den 23 großen Zimmern, alle AC, 1300 Mex$.

Theatralische Inszenierung ▶ **Jungla Caribe:** Av. 5/Calle 8 Norte, Tel./Fax 873 06 50, www.jungla-caribe.com; zwei Blocks vom Meer, deutsches Management, bunte, aufwendig dekorierte, große Zimmer, alle mit AC, grüner Innenhof mit kleinem Pool, gutes Restaurant, 720 Mex$.

Blau & gelb ▶ **La Rana Cansada:** Calle 10 Nr. 132, Tel. 873 03 89, Fax 803 05 86, www.ranacansada.com; 1984 entschied ein schwedischer Tourist, sich in Playa del Carmen niederzulassen, übernahm ein kleines Hotel mit 15 Zimmern und brachte viele IKEA-Ideen mit. Heute ist das Hotel ein Schmuckstück mitten im Grünen, DZ ab 620 Mex$.

Erholung im Zentrum ▶ **Nina:** Calle 6 Norte, zw. Av. 10 u. 15, Tel. 873 12 55, www.tukanhotels.com; blau-weiße, einstöckige Anlage mit Garten und Innenhof, 20 Zimmer, das Haus gehört zur Tukankette, die mehrere Hotels in Playa del Carmen besitzt, ab 550 Mex$.

Mitten im Garten ▶ **Labnah:** Calle 6 Norte/ Ecke Quinta Avenida, Tel./Fax 873 20 99,

Eltern bis 23 Uhr) und eine große Poollandschaft. Das Haus unterzieht sich regelmäßig dem Green Globe Check und gehört zu den ›Leading Hotels of the World‹, Suiten gibt es ab 3500 Mex$.

Königlich ▶ **The Royal Hideaway Playacar by Occidental:** Lote Hotelero Nr. 6 Fracc. Playacar, Tel. 873 45 00, Fax 873 45 06, www.occidentalhostels.com; das Haus gehört zu den ›Leading Hotels of the World‹, Super-Luxus, riesiger Pool, Spa und Fitnesscenter, Golfplatz, Tennisplätze, breites Wassersportangebot, eindrucksvoll ›königliche‹ Lobby, 192 Zimmer und 8 Suiten, DZ ab 3000 Mex$ *all inclusive* (einschließlich aller Sportangebote).

Designer-Hotel ▶ **Deseo:** Av. 5/Calle 12, Tel. 879 36 20, Fax 879 36 21, www.hoteldeseo.com; viel Weiß mit blauen Farbtupfern und Holzelementen, Badewanne ins Schlafzimmer integriert, sehr eleganter Poolbereich, designed von der mexikanischen Künstlerin Silvia Gruner, 15 Zimmer, wahlweise Meer- oder Poolblick, nur Erwachsene, ab 2600 Mex$.

Dschungel-Camp ▶ **Las Palapas:** Av. 34 Norte/Av. 5, ca. 1,5 km nördl. der Stadt, Tel. 873 42 60, Fax 873 04 58, www.laspalapas.

Von Cancún nach Tulum

www.labnah.com; 16 schlichte, z. T. große Zimmer liegen um einen tropischen Garten in der Fußgängerzone des alten Playa, nur zwei Minuten vom Strand entfernt, DZ ab 550 Mex$.

Essen & Trinken

Mehr als zwei Dutzend Restaurants in der **Fußgängerzone** (Av. 5) locken mit ihren Menü-Dekorationen. Die Auswahl fällt schwer, zumal alle die gleichen internationalen Gerichte anbieten. Eine Ausnahme bilden:

Musik zum Essen ▶ **La Parilla:** Av. 5/Calle 8, Tel. 873 06 87, tgl. 12–1 Uhr; mexikanische Fischgerichte und Steakspezialitäten, mit Livemusik, ab 200 Mex$.

Mit Aussicht ▶ **Casa del Agua:** Av. 5/Calle 2 Norte, Tel. 803 02 32, tgl. 12–24 Uhr; Restaurant und Cafe im 1. Stock mit wohlschmeckendem Angebot und fantastischer Aussicht, man spricht Deutsch, ab 200 Mex$.

Französische Küche ▶ **Byblos:** Calle 14 Norte zw. Quinta Avenida und Av. 10, Tel. 803 17 90, Mo–Sa 18–1 Uhr; klassische französische Küche von Schnecken bis *fois gras*; Weinbar, Hauptgerichte ab 120 Mex$.

Genüsse der Maya ▶ **Yaxché:** Av. 5/Calle 22, Tel. 87 33 25 02, www.mayacuisine.com, tgl. 8–24 Uhr; originelle Maya-Speisen und Maya-Kaffee in schöner Atmosphäre, Menü ab 70 Mex$.

Rock & Salsa ▶ **Fusion:** Calle 6, direkt am Strand. Tel. 873 03 74, www.fusionhotel mexico.com, tgl. 8–24 Uhr: Strandrestaurant und Bar, deren Tische am Abend weit bis auf den Strand reichen, immer leichte Brise, von 19–22 Uhr Rock- und Salsa-Livemusik. Junge, freundliche Bedienung. Bier 50 Mex$, Speisen ab 45 Mex$.

Einkaufen

Kunsthandwerk ▶ Entlang der **Av. 5** lässt es sich in den vielen kleinen Läden gut herumstöbern.

Aktiv

Alle nachstehenden Unternehmen bieten Tauchexkursionen, Schnorchelausflüge oder Höhlentauchen in den Cenotes an:

Tauchen ▶ **Tank-HA:** Calle 10, neben dem Hotel Rana Cansada, Tel. 873 03 02, www. tankha.com. Die Tauchschule besitzt fünf große Boote und wurde mehrfach ausgezeichnet; **Sealife Divers:** Beach Club Mamita, Calle 26a, Tel. 803 28 66, www.sealife-divers.com. Die Tauchschule liegt direkt am Strand, ausgezeichnetes Equipment, freundliche Tauchlehrer und -lehrerinnen, PADI-zertifiziert; **Scuba Playa:** Calle 10, zw. Av. 5 und Strand, Tel. 803 3123, www.scubaplaya.com; umfassendes Angebot, nur PADI-Tauchlehrer, kleine Gruppen.

Golf ▶ **Playacar Golf &Spa Club:** zum Hotel Playacar Palace zugehörig, Paseo Xaman-Há S/N. Mz. 26, Lote 1, Tel. 87 34 99, www.palaceresorts.com; 18-Loch-Platz, zählt zu den Top of the World; **El Camaleon Mayakoba:** Carr. Mex 307, km 298, Tel. 206 40 43, www.vidantagolf.com. Neue, von Stararchitekt Greg Norman konzipierte 18-Loch-Anlage auf dem Gelände des Hotels Fairmont Mayakoba. Er gehört zu den herausragenden Golfplätzen Mexikos. Im November 2013 machten hier die weltbesten Golfer auf ihrer PGA-Tour Station.

Verkehr

Fähre nach Cozumel/Ultramar: Tel. 872 15 88, (www.granpuerto.com.mx), 6 x am Tag: 6, 10, 12, 15, 18 und 20 Uhr. Fahrzeit 30 Min., 312 Mex$ hin und zurück. **Autofähre ›Cruceros Maritim del Caribe‹:** Tel. 872 08 27, Pkw 500 Mex$, 7 x tgl. von 4 bis 18 Uhr zwischen Calica am Punta Venado (8 km südl. von Playa del Carmen) und Cozumel, auch für Personen ohne Pkw (50 Mex$).

Busbahnhof (Linie ADO): Av. Juárez/Av. 5, Tel. 873 04 55; nach Mérida: 12 x tgl. (5–24 Uhr); nach Cancún: 24 x tgl. (5–24 Uhr alle 30 Min.); nach Chetumal: 5 x tgl. (5.30, 10.30, 16, 19 und 21 Uhr); nach Tulum: 15 x tgl. (5.30–21 Uhr). **Riviera Bus:** 7–19 Uhr alle 15 Min. zum Flughafen Cancún und weiter in die Stadt (10 US-$).

Fahrrad- und Scooter-Verleih: Alemaya, 1a Av. Norte zw. Calles 12 u. 14, hinter Hotel Blue Parrot, Tel. 873 06 29 (Eclipse Hotel), eclipse@playa.com.mx, tgl. 9–20 Uhr.

Cozumel ▶ 3, S/T 4

Cityplan: S. 430/431

Vor der Ostküste Yucatáns, nur 18 km Luftlinie von Playa del Carmen entfernt, liegt die größte Insel Mexikos: Cozumel. Gerne wird die vollkommen flache, ca. 44 km lange und 18 km breite, im Innern von dichtem immergrünen Regenwald bedeckte Insel ihrer Form wegen mit einem Edelstein verglichen. Mit seinen langen weißen Stränden, der ruhigen Inselatmosphäre, dem weltberühmten Korallenriff und der guten touristischen Infrastruktur steht Cozumel in Konkurrenz zum nahen Cancún. Da fast alles – außer frischem Fisch – vom Festland zur Insel herübergebracht werden muss, sind die Preise etwa um 15 % höher als in anderen mexikanischen Karibikorten auf dem Festland.

Die Ferieninsel war einst ein **Wallfahrtsort** der Maya, die über Tulum zu den Tempeln der Mondgöttin Ix Chel pilgerten. Aber auf Cozumel (das damals noch Cuzamil hieß) wurde auch die Sonne als Gottheit verehrt, denn Cozumel ist der östlichste Ort Yucatáns und somit der aufgehenden Sonne am nächsten.

Die größte Stadt der Insel ist **San Miguel.** Sie liegt in der Mitte der Westküste. Hier legen die Fähren an, hier landen die Flugzeuge, und in der Nähe von San Miguel stehen fast alle Hotels der Insel, die meisten von ihnen als Strandhotels direkt am Meer. Nahezu drei Viertel der 50 000 Einwohner Cozumels leben hier; weite Teile der Insel sind nicht bewohnt.

Von den ca. 30 Siedlungs- und Tempelstätten der Maya auf Cozumel, in deren Zentrum die Verehrung der Ix Chel stand, ist keine einzige vollständig erhalten geblieben, die meisten sind nicht einmal freigelegt. Nur eine, **San Gervasio,** wurde ansatzweise rekonstruiert. Deshalb ist die präkolumbische Geschichte Cozumels noch weitgehend unbekannt und bleibt noch zu erforschen.

Auf Cozumel betraten Europäer zum ersten Mal mexikanischen Boden. Diego de Velázquez, der spanische Gouverneur auf Kuba, sandte Juan de Grijalva mit vier Schiffen und 240 Soldaten im Auftrag der spanischen Krone auf eine Erkundungsreise. Am 3. Mai 1518, dem Tag des Heiligen Kreuzes, landeten die Eroberer auf Cozumel und nannten die Insel ›Isla Santa Cruz‹. Am gleichen Tag hielten die Spanier auf Cozumel die erste christliche Messe auf mexikanischem Boden ab. Dann zerstörten sie die religiösen Stätten der Maya, errichteten an ihrer Stelle Kirchen und gründeten die Stadt San Miguel. Die Insel ›schenkten‹ sie ihrer Königin Juana la Loca, der geisteskranken Tochter von König Ferdinand und Königin Isabel.

Ein Jahr später landete Hernán Cortés auf Cozumel. Hier traf er auch den Spanier Gerónimo de Aguilar, der 1511 mit zwölf anderen Seeleuten in der Nähe von Chetumal gestrandet war und seither auf Cozumel mit den Maya zusammenlebte. Doch die Insel bot den an Gold interessierten Spaniern zu wenig, und Cortés brach nach wenigen Wochen wieder auf, um weiter nach El Dorado zu suchen. Aguilar begleitete ihn, und seine Sprachkenntnisse kamen Cortés später bei der Eroberung des Aztekenreiches zugute.

In späteren Jahrhunderten diente Cozumel berühmten Piraten wie Jean Lafitte, Henry Morgan und Long John Silver als Unterschlupf. Während des Zweiten Weltkrieges wurde der Flughafen gebaut, von dem die US-Marine ihre Jagd auf deutsche U-Boote koordinierte. Bedauerlicherweise wurde der Flughafen genau über den Ruinen einer alten Maya-Siedlung errichtet. 1960 ›entdeckte‹ Jacques Cousteau Cozumel als einzigartiges Tauchparadies (s. S. 428); heute sind etwa die Hälfte aller Inselbesucher Sporttaucher.

Strände

Cozumel ist wegen seiner langen, sauberen Sandstrände die ideale Badeurlaubsinsel. Wer nach einigen Tagen allerdings des hotelnahen Hausstrandes überdrüssig ist, findet schnell eine andere reizvolle Bucht in der Umgebung. Hinweisschilder an der parallel zur Küste verlaufenden Straße erleichtern die Suche.

Wegen des ruhigen Meeres an der dem mexikanischen Festland zugewandten Seite der Insel stehen fast alle Hotelanlagen an der Westküste.

Auf den Spuren Jacques Cousteaus – Tauchen und Schnorcheln auf Cozumel

Tour-Infos

Start: Die meisten Tauchboote legen am südlichen Stadtrand von San Miguel ab.

Länge: Fahrt zu den Riffen ca. 20 Min.

Dauer: ein halber Tag

Wichtige Hinweise: Die gesamte Riffküste rund um die Insel steht unter Naturschutz. Deshalb ist es verboten, Korallen abzubrechen und Fische zu jagen. Prüfen Sie die Angebote der Tauchschulen, z. B. **Blue Bubble Divers**, Scuba Shack, Calle 10, Ecke Av. 10, Tel. 872 79 03, www.bluebubble.com; Blue Notes, Calle 12/Av. 40, Tel. 872 03 12, www.bluenotescuba.com.mx.

Der französische Meeresforscher Jacques Cousteau verankerte die Insel Cozumel mit seinen Unterwasserfilmen bei Tauchsportenthusiasten als Sehnsuchtsziel. Kein anderes Unterwasserrevier entlang der yucatekischen Küste bietet einen derartigen Korallen- und Fischreichtum und ist daher ideal für Tauchsportanfänger und Schnorchler. Es gibt auf der Insel drei Dutzend Tauchschulen, deren Mitarbeiter mehrsprachig sind und fast alle PADI-Tauchzertifikate besitzen. Dieses Ausbildungs- und Prüfungszertifikat für Tauchlehrer ist in den USA sehr bekannt, und fast immer arbeiten US-amerikanischer Tauchlehrer in den Tauchschulen mit. Damit die Tauchboote keine Korallen zerstören, sind im Meer vor der Küste Bojen installiert, an denen sie festmachen. Von dort beginnen die Tauchgänge und die Schnorchelausflüge. Jeder der Riffabschnitte, den die Boote ansteuern, hat seinen besonderen Reiz.

In 12 m Tiefe liegt ca. 100 m vor der Anlegestelle des Hotels La Ceiba ein zerbrochenes Passagierflugzeug: **Plane Wreck.** Etwas weiter südlich davon beginnt das **Paradise**

Ein Tauchausflug auf Cozumel entführt in eine farbenprächtige Unterwasserwelt

Reef, eine Gruppe von drei Riffen, die ca. 200 m parallel vor der Küste liegen, alle übervoll mit Korallen, Gorgonen, Schwämmen und tropischen Fischen; Tiefe 17 m. **Chankanaab Reef,** 350 m vor der Lagune, besitzt ähnliche Unterwasserformationen wie das Paradise Reef; Tiefe 10–20 m. Das **San Francisco Reef,** 800 m vor dem Strand gleichen Namens, ist 400 m lang, unterbrochen von einer 60 m breiten Sandbank; Tiefe 15–20 m. **Santa Rosa Wall** heißt das Riff, das in 18 m Tiefe senkrecht abfällt. Es ist voller Spalten, Korallen und bunter Schwämme; beste Tauchtiefe 25–30 m.

1500 m vor der Küste liegt das **Palancar Reef.** Es erstreckt sich über eine Länge von ca. 5 km parallel zum Strand und besitzt (bei Sichtweiten von 50 m) sehr verschiedene Formationen, darunter **Palancar Gardens** am nördlichen Ende, mit einem herrlichen Korallengarten zwischen 5 und 25 m Tiefe. Hier wurde am 3. Mai 1985, dem 467. Jahrestag der Ankunft der Spanier auf Cozumel, ein 5 m hohes Kreuz aus Stein auf dem Meeresgrund verankert, ein Werk des Künstlers Enrique Miralda. **Horseshoe,** wegen seiner prächtigen Korallen in Formation eines Hufeisens ein sehr beliebtes Tauchziel; Tiefe 20–28 m. Die **Palancar Caves** sind eine Ansammlung von Höhlen, Labyrinthen und Tunneln; Tiefe 20–30 m; Pinacles sind bis zu 20 m hohe Korallen-Säulen; Tiefe 20–25 m; **Deep Palancar,** Steilabfall in 30 m Tiefe hinab zum 1200 m tiefen Meeresboden.

Das **Columbia Reef** liegt 6 km südlich des Palancar Reef und verfügt über ähnlich eindrucksvolle Korallenwände, außerdem kann man Meeresschildkröten und Rochen bewundern; Tiefe 25–30 m. Das **Macaribo Reef** am südlichen Ende der Insel bietet Korallenformationen an einer Steilwand in 40 m Tiefe und starken Strömungen.

2 km nördlich von San Miguel beginnt die **Playa San Juan;** hier liegen acht große Hotels, deren Strand jedoch für jedermann zugänglich ist. Südlich von San Miguel, jenseits der Laguna Chankanaab, liegt die **Playa Maya,** ein ruhiger Strand mit Palmen. Kurz dahinter erstreckt sich die bei US-Amerikanern u. a. wegen ihrer offenen Restaurants beliebte **Playa San Francisco.**

Ein herrlicher, kilometerlanger weißer Strand weiter südlich ist die **Playa Palancar.** Besucher kommen gerne mit dem Schiff hierher. Nachdem Hurrikan Gilbert hier gewütet und die hohen Schatten spendenden Palmen zerstört hatte, wurde das riesige Familien-Strandbad **Playa Mia Grande Beach Park** eröffnet (www.playamia.com).

Am Leuchtturm von **Punta Celarain** kann man zum letzten Mal vor der Brandung geschützt baden.

Danach beginnt die atlantische Ostküste mit den Stränden **Punta Chiqueros** und, etwas weiter nördlich, **Playa Chen Río** mit vorgelagertem Korallenriff. Beide Strände liegen an der offenen Karibik. Der sich anschließende Strand von **Punta Morena,** etwa dort, wo die Island Crossroad die Ostküste erreicht, ist nur für Wellenbadende von Reiz und nicht ungefährlich. Die anderen Strände an der Ostküste sind nur über einen Feldweg zu erreichen, der von Punta Morena zum Faro Molas an der Nordspitze Cozumels führt. Dazu gehören die **Playa Bonita** mit einer kleinen Bucht und die **Playa Hanan** mit zwei vorgelagerten Inselchen. Am nördlichen Ende, in der Nähe des Molas-Leuchtturms, kann man nur in den Lagunen schwimmen.

Nur ca. 1,5 km vor der Südwestküste Cozumels erstreckt sich das unter Tauchern weltbekannte, etwa 5 km lange **Palancar-Riff.** Dieses ideale Tauchrevier lockt jedes Jahr Tausende von Tauchern an. Die gesamte Riff-Küste rund um die Insel steht unter Naturschutz: Deshalb ist es unter Strafe verboten, Korallen abzubrechen und Fische zu jagen.

Sehenswertes auf der Insel

Im Regionalmuseum **Museo de Isla de Cozumel** ▮1▮ in San Miguel in der Av. Melgar,

Cozumel

Ecke Calle 6, wird viel Ertauchtes und Ausgegrabenes eindrucksvoll dargestellt. Das Museum ist als Kulturzentrum konzipiert. Vom Café im 1. Stock hat man einen herrlichen Blick bis hinüber zum mexikanischen Festland (tgl. 9–17 Uhr, Eintritt 30 Mex$, Tel. 872 14 75, www.islacozumel.com.mx).

Die **Laguna Chankanaab 2** (Kleiner See), 9 km südlich von San Miguel an der Westküste, ist durch einen unterirdischen Kanal mit dem offenen Meer verbunden. Ständig können Fische ein- und ausschwimmen. Um die Lagune herum sind Wege und ein Park angelegt. Das Wasser ist kristallklar, sodass man die Unterwasserflora und exotische Fische auch sehr gut vom Ufer aus sehen kann. Baden und Schnorcheln an dem der Küste vorgelagerten Riff sind ebenfalls eindrucksvoll. Chankanaab ist als *nature landmark* auf Touristen vorbereitet: Es gibt einen Schnorchelverleih, ein Restaurant, Liegestühle, WC (Tel. 872 40 14, tgl 8–17 Uhr, Eintritt 250 Mex$, Kinder bis 11 Jahre 150 Mex$, www. islacozumel.com.mx).

El Cedral 3 liegt im Südwesten der Insel in Höhe des San-Francisco-Strandes (ab hier 4 km ins Landesinnere). Lange wurde die Maya-Stätte als Gefängnis genutzt. Wenn man von hier den Feldweg in östlicher Richtung fährt, erreicht man die **Ruinas Buenavista 4**, um deren Freilegung sich eine Gruppe der Harvard University bemüht.

Faro Celarain Eco Park 5, ganz im Süden, der ehemalige Leuchtturm, ist über eine 1 km lange Straße zu erreichen, die von der Scenic Road an ihrer südlichsten Stelle abzweigt. Der restaurierte Leuchtturm ist Bestandteil des Parque Punta Sur Ecological mit dem schönsten Strand der Insel (Tel. 872 09 14, tgl. 9–16 Uhr, 100 Mex$).

Vom kaum durchdringbaren Dschungel wird **San Gervasio 6**, das Zeremonienzentrum und die besterhaltene Maya-Stätte im Herzen der Insel, gehütet. Die Anlage ist dennoch leicht über die Carreterra Transversal bei km 7,5 zu erreichen. Sie besteht aus sieben größeren Ruinen mit einem Torbogen und dem Tempel der Ix Chel. Zwischen 1250 und 1500 errichtet, diente San Gervasio als Wallfahrtsort für Frauen, als Handelszentrum und religiöser Mittelpunkt der Ix-Chel-Verehrung. Erst 1980 begannen Freilegung und Restaurierung, ebenfalls durch ein US-Forscherteam der Harvard-Universität. Die Farm, auf deren Gelände die Maya-Ruinen heute liegen, gab der Anlage den Namen (tgl. 8–16 Uhr, Eintritt 46 Mex$, www.islacozumel.com. mx).

Das **Castillo Real 7** gehört zu den größten Maya-Anlagen der Insel, ist aber nur über eine Piste zu erreichen. Es liegt relativ weit nördlich und wurde lediglich bescheiden restauriert. Allerdings wird die Anlage wegen ihrer Strandnähe als Ausflugsziel gerne besucht.

Eine weitere Maya-Stätte auf Cozumel ist **Aguada Grande 8**. Sie befindet sich im Norden der Insel hinter dem Faro Punta Molas.

Infos

Vorwahl Cozumel: 987

Fideicomiso de Promoción Turística de Cozumel: Calle 2 Norte Nr. 299 (Zócalo), Tel. 872 75 85, Fax 872 76 36, www.cozumel. travel, Mo–Fr 9–17 Uhr; außerdem www.isla cozumel.net.

Von Cancún nach Tulum

Übernachten

Die meisten, vor allem bessere Hotels liegen an der Westküste; preiswerte Unterkünfte gibt es nur in San Miguel (www. cozumel-ho tels.net).

Erholung vom Feinsten ▶ Presidente Intercontinental Cozumel **1** : Ctra. Chankanaab km 6,5, Tel. 872 95 00, Fax 872 95 01, www.intercontinentalcozumel.com; großzügige Luxusanlage an einem abgeschiedenem Strand, ein ›Leading Hotel of the World‹ (www.lhw.com) mit vielen hoteleigenen Sportangeboten, 220 Zimmer, ab 3000 Mex$.

Am Strand ▶ Melia Cozumel Golf & Beach Resort **2** : Carr. Costera Norte km 5.8, Tel. 872 98 70, Fax 872 09 95, www.meliacozumel.com; schönes Familienhotel mit großem Freizeitangebot, Palmen und Korallenriff direkt vor der Tür, Golfclub gegenüber. DZ (inkl. VP für 2 Pers.) ab 3800 Mex-$.

Sportclub ▶ Playa Azul Golf and Beach Resort **3** : Ctra. a San Juan km 4, nördliche Hotelzone, Tel. 869 51 60, Fax 869 51 73, www. playa-azul.com; ideale Kombination für Golfen, Schwimmen und Tauchen, mehrstöckige Hotelanlage am Strand mit Pool, alle 34 Zimmer mit Meerblick, ab 1400 Mex$.

Beste Tradition ▶ El Cid La Ceiba **4** : Ctra. Chankanaab km 4,5, gegenüber dem International Pier, Tel. 872 08 44, Fax 872 08 16; Hotelturm mit gepflegten Räumlichkeiten, von Tauchern bevorzugt, 125 Zimmer, 1200 Mex$.

Direkt am Strand ▶ Casa del Mar **5** : Ctra. Chankanaab km 4, Tel. 872 19 00, Fax 872 18 55, www.casadelmarcozumel.com; Taucherund Familienhotel, großer Pool, eigener Strand jenseits der Straße, 87 Zimmer und 8 *cabañas,* ab 1000 Mex$.

Felsenschloss ▶ Coral Princess **6** : Ctra. Costera Norte km 2,5, Tel. 872 32 00, Fax 872 28 00, www.coralprincess.com; weißes, zehnstöckiges Apartmenthotel mit allem Komfort am Strand, eigene Tauchschule, Tennisplatz, 139 große Zimmer, 900 Mex$.

Freundlich bunt ▶ La Casona Real Cozumel **7** : Av. Benito Juarez 501 (zw. Av. 25 und 30 Norte), Tel. 872 5471, http://hotel-la-casona-real-cozumel.com; Stadthotel in Familienbesitz, mit einladender Lobby und schönem Schwimmbad sowie freundliche Einrichtung in den 13 großen Zimmern, DZ ab 800 Mex$.

Kleines Stadthotel ▶ Palma Dorada Inn **8** : Calle Doctor Adolpho Rosada Salas 44, nahe Zócalo, Tel./Fax 872 03 30; zweistöckiges Stadthotel, einfach, 7 Zimmer, ab 550 Mex$.

Essen & Trinken

Auf Cozumel wird für mexikanische Verhältnisse früh zu Abend gegessen (Hauptandrang: 19–20 Uhr). Der Grund: Die vielen Tauchsportler, die am nächsten Morgen ab 8 Uhr wieder unter Wasser sein wollen, sind abends hungrig und früh müde. Die feinsten Restaurants sind die der großen Hotels, allen voran das **Cozumel** **2** und **Presidente Intercontinental** **1** . An der Avenida Rafael Melgar reihen sich viele Restaurants aneinander, alle mit Meerblick, u. a.:

Hafenkneipfe ▶ Palmeras **1** : Anlegestelle der Fähre nach Playa del Carmen, Tel. 872 05 32, tgl. 7–23 Uhr; beliebter Traveller-Treff, Suppen ab 30 Mex$, Menü 90 Mex$.

Aktiv

Tauchen ▶ Es gibt auf Cozumel ca. 30 Tauchschulen mit ausgebildeten Tauchlehrern (www.islacozumel.com.mx/dive/diveshops) für Tauchgänge (inkl. Verleih der Ausrüstung, Bootsfahrten zu den Tauchgebieten), z. B.: **Blue Bubble Divers** **1** : Scuba Shack, Calle 19, Ecke Av. 10, Tel. 872 79 03, www. bluebubble.com. **Blue Notes** **2** : Calle 12/Av. 40, Tel. 872 03 12, www.bluenotescuba.com. mx; Tauchunternehmen mit 30-jähriger Erfahrung. Trockenen Fußes die Schönheiten der Unterwasserwelt erleben kann man mit dem batteriegetriebene **U-Boot Atlantis** **3** . Das 20 m lange Boot bietet Platz für 48 Personen (alle Fensterplätze!) und erreicht bei seiner 45-min. Rundfahrt durch die Korallenwelt bis zu 35 m Tiefe (Ctra. Chankanaab, km 4, Tel. 987 872 5671; www.atlantissubmarines.travel.com, 1200 Mex$, Kinder 690 Mex$).

Reiten ▶ Am Strand von El Mirador und Punta Morena können Pferde gemietet werden, ebenso in zahlreichen Hotels in den beiden Hotelzonen um San Miguel. **Rancho Buenavista** 4 : Av. Rafael Melgar & Calle 11 Sur, Tel. 987 25 37.

Golf ▶ Das **Hotel Melia Cozumel** 2 besitzt einen sehr schönen 18-Loch-Platz, auf dem auch Nicht-Hotelgäste herzlich willkommen sind.

Verkehr

Verbindungen zum Festland:

Fähre: 6 x tgl. (7, 11, 13, 16, 20 und 21 Uhr) pendelt die Jet-Personenfähre zwischen Cozumel und Playa del Carmen (Reederei: UltraMar Tel. 869 27 75, einfache Fahrt 156 Mex$).

Autofähre von Cozumel nach Calica: (8 km südlich von Playa del Carmen), Abfahrt: 4.30, 9, 15 Uhr, einfache Fahrt 650 Mex$/Pkw, Tel. 872 08 27.

Mobil auf Cozumel:

Die Insel verfügt über ca. 70 km geteerte Straße. Beliebt zur Erkundung sind Taxis, Mopeds oder leichte Motorroller; Leihwagen sind eher die Ausnahme.

Taxi: von der Av. R. Melgar, der Av. 2 Sur und den Hotelzonen aus verkehren Taxis über die gesamte Insel (Tel. 872 15 08, 872 11 30, 872 02 36, 877 00 66), im Stadtgebiet 70, zum Flughafen 150, nach Chankanaab 150, nach San Gervasio 350 Mex$, Tagestrips zu allen archäologischen Stätten 700 Mex$. Wesentlich günstiger sind Sammeltaxis (*colectivos/ combis*).

Motorrad/Moped: Die luftige Alternative zum Mietwagen auf Cozumel sind Kleinmotorräder oder Roller, die man für 300 Mex$/Tag (inkl. Benzin und Freikilometer) leihen kann; es genügt die Vorlage eines Führerscheins für Pkw. Im Zentrum konkurrieren viele Anbieter, z.B. Smart, Tel. 872 56 51, Av. 10 Norte/Calle 1 Sur.

Leihwagen: am Flughafen und in San Miguel Niederlassungen der internationalen Firmen, z. B. Hertz (Tel. 872 01 51), Budget (Tel. 872 09 03) und Localiza (Tel. 872 21 11).

Bus: entlang der Küstenstraße, Halt an allen Hotels.

Badeorte an der Riviera

Xcaret   ▶ 3, S 4

Auf dem Festland biegt von der MEX 307 nur 7 km südlich von Playa del Carmen (72 km südlich von Cancún) eine 2 km lange Straße zu einem ehemaligen Hafen der Maya mit dem Namen Xcaret ab. Einst war Xcaret (Kleine Bucht) eine Lagune, von der aus die Maya seit ca. 1100 nach Cozumel hinüberfuhren. Aus dieser Zeit stammen auch die Ruinen der Maya-Tempel und der Cenote in Xcaret. Bis 1985 gehörte das gesamte Gelände zu dem mexikanischen Bauernhof Rancho Xcaret und suchte wegen seiner Ursprünglichkeit seinesgleichen. 1993 wurde Xcaret nach dem Vorbild von Xel-Há als privater Naturpark in die Vermarktung der Riviera Maya einbezogen. Obwohl nach wie vor als *nature's sacred paradise* (Heiliges Naturparadies) in allen Prospekten gepriesen, wandelte sich Xcaret zum durchorganisierten Freizeitpark mit Pferde- und Delfinvorführungen mit einer Lagune für Kinder, Aquarium, Schildkröten-Becken, Cafés und Restaurants, Souvenirshops und Schnorchelverleih. Eine weitere Attraktion ist es, 500 m durch einen unterirdischen Flusslauf eines Cenote zu schwimmen. Dennoch: Schön sind die Lagune, der weiße Sandstrand und die Unterwasserflora schon.

Abends beginnt gegen 18 Uhr ein Programm, das die Maya-Geschichte wiederbelebt. Dazu gehört auch die Aufführung des rituellen Maya-Ballspiels Pelota. Xcaret ist wohl der einzige Ort der Welt, wo man jeden Abend eine Partie dieses faszinierenden Ballsports ansehen kann, der seit etwa 2000 Jahren ausschließlich mit Hüften und Oberschenkeln gespielt wird (Tel. 881 24 00, www.xcaret.com.mx, tgl. 8.30–22 Uhr, Eintritt: Basico nur bis 18 Uhr, ohne Schnorchelausrüstung, 69 US-$, 2 Tage 2070 Mex$, Kinder unter 1 m Körpergröße frei, bis 1,40 m 50 %; nur Abendvorstellung ab 18 Uhr: 600 Mex$).

Übernachten

Wer Xcaret besucht, zahlt für das gesamte Besichtigungs- und Unterhaltungsangebot einen hohen Eintrittspreis. Davon hat man am meisten, wenn man in unmittelbarer Nähe wohnt.

All-inclusive ▶ Occidental Grand Xcaret: Ctra. 307, km 282, neben dem Unterhaltungspark gelegene luxuriöse *all-inclusive*-Anlage mit Eintritt zum Park (ein Tag kostenlos), Tel. 871 54 00, www.occidentalhotels.com; große Apartments, Zimmer mit Balkon, 796 Zimmer, 2000 Mex$)

Nur 9 km südlich der Abzweigung nach Xcaret biegt von der MEX 307 eine unbefestigte Straße zum **Strand von Paamul** ab. An dem langen Sandstrand befindet sich ein **Restaurant.**

Puerto Aventuras ▶ 3, S 4

Die Bundesstraße verläuft jetzt in einer Entfernung von weniger als 1 km parallel zum Meer. In Richtung Süden trifft man nach 2 km auf Ruinen der Maya, die noch vom Dschungel stark überwuchert und daher leicht zu übersehen sind. In dem vor kurzer Zeit freigelegten zweistöckigen Gebäude sind noch Wandmalereien und farbige Handabdrücke zu erkennen.

Die Ferienanlage Puerto Aventuras an der yucatekischen Ostküste südlich von Cancún wurde auf dem Reißbrett entworfen und einschließlich Jachthafen und Golfplatz binnen weniger Jahre erbaut. Das ausschließlich für den gehobenen US-Tourismus konzipierte Projekt mit imitierter Kolonialarchitektur liegt ca. 30 km südlich von Playa del Carmen (97 km südlich von Cancún) und hat die einst einsame Bucht zum Jetset-Treff werden lassen. Die Voraussetzungen dazu waren ideal: türkisblaues Meer, herrlich weißer Sandstrand und tropische Vegetation, soweit das Auge reicht. Mittelpunkt von Puerto Aventuras ist die neue Marina mit 300 Liegeplätzen, an denen das ganze Jahr über Jachten aus aller Welt festmachen.

Zur Ferienstadt Puerto Aventuras gehören private Ferienhäuser, Eigentumswohnungen, mehrere Hotels, Läden und Restaurants, eine Time-Share-Anlage mit 300 Wohneinheiten, mehrere Einkaufszentren und das CEDAM-Museum zur Unterwasserarchäologie (Museo

Pablo Bush) mit Funden aus verschiedenen Schiffswracks (Mo–Sa 10–14, 15–18 Uhr, Eintritt frei).

Weil die Strände in diesem Teil der Riviera Maya besonders schön sind, hat 1 km südlich des Club Oasis Puerto Aventuras eine US-amerikanische Filmgesellschaft einen Strandabschnitt erworben. Sie dreht hier in ihrem Freiluft-Studio Rancho Viejo für alle Filme jene Szenen, in denen später die Hauptdarsteller an einsamen Sandstränden mit Kokospalmen und türkisblauem Meer die Zuschauer begeistern. Auch viele der unsere Sehnsüchte weckenden Werbespots wurden in Rancho Viejo gedreht, unter anderem für Mastercard und Coca-Cola. Nur 4 km südlich von Puerto Aventuras hat 1994 der erste Robinson Club des deutschen Reiseveranstalters TUI eröffnet, jetzt ist es das Hotel Maeva.

Übernachten

Großes Feriendorf ▶ Bel Air Collection Xpu-Ha Riviera Maya: Ctr. 265 km 205, südl. von Puerto Aventuras, Tel. 875 10 10, Fax 875 10 12, www.xpuha-palace.com; Naturpark in einer Meeresbucht, zweistöckige Hüttenhäuser mit 464 großzügigen Zimmern, Terrasse mit Hängematten, naturnahes Wohnen, *all inclusive* 3000 Mex$ pro Pers.

Gut aufgehoben ▶ Dreams Puerto Aventuras Resort: km 269,5 an der MEX 307, Tel. 875 30 00, Fax 873 52 10, www.dreams resorts.com; Luxusanlage an privatem Strand, mehrere Schwimmbäder und ein Aquafit-Center, ideal für Familien, *all incusive* ab 2800 Mex$.

Ferienwohnung ▶ Marina San Carlos: Calle Caleta Xel-Há, Tel. 873 51 33, www. puertoaventurasinfo.com; 69 komfortable Timeshare-Suiten direkt am Jachthafen gelegen, mit Kochnische ausgestattet, mit großem Balkon und schönem Meerblick, dazu hat die Anlage 2 Pools, ab 850 Mex$.

Aktiv

Bootsfahrten ▶ Catamaya: Tel. 984 80 34 008, www.catamaya.com. ; Bootsfahrten mit Möglichkeit zum Schnorcheln, Ganztagestouren ab 100 US-$ pro Person, Kinder bis 12 Jahre ab 60 US-$.

Akumal ▶ 3, S 4

Die nächste große, lang gezogene und palmenumsäumte Bucht (102 km südlich von Cancún) gehört zu den besonders schönen Strandabschnitten entlang der MEX 307. Hier, am ›Platz der Schildkröten‹, begann genau genommen der Tourismus an der Riviera Maya, denn hier entstand auf dem Gelände einer Kokosnussplantage die erste Ferienanlage, nachdem 1958 eine Gruppe von Tauchern eine vor der Küste gesunkene spanische Galeone gehoben hatte. Diese Gruppe gründete den mexikanischen Taucherverband CEDAM, der sich seitdem mit viele Engagement für die Erhaltung der Umwelt einsetzt. Lange Zeit war Akumal der bestgeeignete Aufenthaltsort für einen Badeurlaub und der nächstgelegene zur Besichtigung von Tulum und Cobá. Heute trifft man hier viele junge US-Amerikaner, die die herrliche Bucht mit ihrem langen Sandstrand, der mehrmals täglich gereinigt wird, aufsuchen, um an den vorgelagerten Riffs zu tauchen. Von der MEX 307 führen zwei Stichstraßen zur Bucht: Auf der nördlichen erreicht man den Abschnitt der **Bahía de Akumal** mit der Hotelanlage Villas Maya–Club Akumal Caribe, mehreren Restaurants, Geschäften für Badeartikel und guten Bademöglichkeiten. Zu Fuß entlang des Strandes unter Palmen oder über die südlichere Stichstraße gelangt man zu dem Strandabschnitt, an dem sich die Hotelanlage Akumal Cancún ausdehnt.

In Akumal bieten mehrere Tauchstationen, deren Qualität von den US-amerikanischen PADI-Instrukteuren (Lehrer für die US-amerikanischen Tauchlehrerprüfungen) gewährleistet wird, vollständige Ausrüstungen und Bootsfahrten für Tauchgänge zu den Schiffswracks und Korallenriffen an. Zwar gilt Akumal wegen seines küstennahen Riffs unter Tauchern aus der ganzen Welt als Geheimtipp, aber auch andere Besucher schätzen Akumal wegen seiner friedlichen, tropischen Atmosphäre und seiner Abgeschiedenheit. Wen in Akumal auch Spuren der Maya interessieren: An der nördlichen Abzweigung westlich der MEX 307 liegen ein Tempel mit einem Schlangenfries und die 1976 im Dschungel entdeckte Cueva del Jaguar (Höhle des Jaguars), eine Tropfsteinhöhle mit Spuren der Maya.

Zum Strand von Akumal gehören auch die 4 km weiter südlich liegenden Hotelanlagen Aventuras Akumal und Club Oasis Akumal, erreichbar von der 307 über eine eigene Stichstraße. Es sind Hotels und Ferienwohnungen mit Komfortarchitektur für hohe Ansprüche, freundlich einladend unter Palmen am Strand.

Nur 2 km südlich von Akumal (109 km südlich von Cancún) erreicht man über eine unbefestigte Abzweigung den von vielen Kokospalmen gesäumten **Strand von Chemuyil**. Die hufeisenförmige Bucht mit ihrem smaragdgrünen Wasser ist im Besitz einer Hotelkette und nicht offiziell zugänglich, weil sie sich seit 2005 langsam zu einer Baustelle entwickelt. Dennoch finden sich an ihren Rändern noch unberührte Abschnitte mit weißem Palmenstrand – gut geeignet zum Schwimmen und Schnorcheln oder einfach für ein ruhiges Picknick im Grünen.

Weitere 2 km südlich von Chemuyil wurde in **Xcacel** ein neuer Badestrand mit Schatten spendenden Palmen und vorgelagertem Riff erschlossen. Aber Xcacel bietet noch mehr als fantastische Schnorchelmöglichkeiten: Ein Abschnitt ist als **Schutzzone für Meeresschildkröten** (Sanctuario de la Tortuga Marinera) ausgewiesen.

Übernachten

Direkt am Strand ▶ **Las Villas Akumal:** Ctra. 307 Bahia Akumal, Tel. 875 70 50, Fax 875 70 50, www.llasvillasakumal.com; 18 Reihenbungalows am nördlichen Strandabschnitt gelegen, mit Suiten, zu denen jeweils 2 Zimmer gehören, mit persönlichem Zimmerservice, sehr komfortabel, Suite 1800 Mex$.

Erholsame Ferienanlage ▶ **Hotel Akumal Caribe:** Ctra. 307 km 104, Tel. 875 90 10, Fax 875 90 11, www.hotelakumalcaribe.com; die renovierte Hotelanlage besteht aus verschie-

Von Cancún nach Tulum

denen Gebäudekomplexen: Hüttenbungalows mit Duschbädern, zwei dreistöckige Gebäude mit 61 modern ausgestatteten Zimmern, ein Trakt mit Ferienwohnungen, ab 1200 Mex$.

Essen & Trinken

Leckerer Fisch ▶ Lol Ha: im Hotel Akumal Caribe, Tel. 875 90 14, tgl. 7.30–23 Uhr; internationale Küche, abends Fisch, Menü ab 90 Mex$.

Am Strand ▶ La Buena Vida: Lote 35, Half Moon Bay, Tel. 875 90 61, tägl. 11–23 Uhr (Happy Hour 17–19 Uhr), www.labuenavida restaurant.com; aufregendes Stadtlokal im Palappa-Stil, gute Küche.

Aktiv

Geführte Touren ▶ Das **Centro Ecológico Akumal** am nördlichen Ende der Bucht bietet geführte Touren in die Natur (7–19 Uhr).

Tauchen ▶ Akumal Dive Adventures: L 41 seccion G, Tel. 875 91 57, www.akumaldive adventures.com.

Xel Há ▶ 3, S 4

Genau in der Mitte zwischen Akumal und Tulum (122 km südlich von Cancún) liegt die Lagune **Xel-Há,** die über eine Stichstraße von der 307 aus zu erreichen ist. Xel-Há war ein heiliger Ort der Maya, heute ist es ein kommerzialisiertes Disneyland-ähnliches Naturreservat bevorzugt von Gruppenreisenden. Xel-Há bezeichnet sich selbst als das ›größte natürliche Aquarium der Welt‹, weil es im klaren Wasser der schönen Lagunen, Buchten und Meeresarme, die sich in den Kalksteinfelsen eingegraben haben, von exotischen Fischen nur so wimmelt. Die Wege im Gelände des Naturparks nehmen auf die natürliche Umgebung Rücksicht. Cenotes mit unterirdischen Flussläufen sind integriert. Von Plattformen am Ufer aus können Nichttaucher die Fische ausgezeichnet beobachten. Die offene See ist von der Lagune aus schwimmend zu erreichen. Xel-Há verfügt über Duschen, Läden, Restaurant und ein **Museo de Oceanografía** (Museum für Meereskunde). Tauch- und Schnorchelausrüstungen kann man sich

ausleihen (tgl. 9–19 Uhr, Tel. 884 94 22, www.xelha.com; *all inclusive* Erw. 900 Mex$, Kinder 500 Mex$, bei Internetbuchung alle Tickets 10 % billiger).

Einen halben Kilometer südlich von Xel-Há liegen westlich der MEX 307 mehrere **Maya-Ruinen**, darunter der sogenannte Templo de los Pájaros (Vogeltempel) mit Malereien an den Innenwänden. Ein Fresko wird als Jaguar descendente (vom Himmel herabstürzender Jaguar) ausgelegt; ein Besuch einschließlich des Cenote ist empfehlenswert.

Auf der anderen Straßenseite erreicht man wenige Kilometer vor Tulum einen der vielen Cenotes Yucatans, die **Casa Cenotes.** Sie liegt in unmittelbarer Nähe der Küste und ist Teil eines kleinen Süßwasserflusses, der sich teils unterirdisch, teils durch dichtes Buschwerk seinen Weg ins Meer bahnt, und sie besitzt eine entsprechende Infrastruktur (z. B. Toiletten, Umkleidekabinen, ggf. Verleih von Schnorchel, Neoprenanzügen, Tauchbrillen, Restaurant). In das Becken, das von oben gesehen halb mit Wasser gefüllt ist und einer finsteren Höhle gleicht, haben vereinzelte Mangroven ihre Wurzeln tief an einer Seite des Cenote hineinwachsen lassen. Nach dem Einstieg mit Schnorchel und Tauchbrille öffnet sich plötzlich ein gigantischer felsiger Unterwasserraum. Man schwebt über starken Mangrovenwurzeln und erstarrten Tropfsteinsäulen, sieht im klaren Wasser mächtige glatte Kalkfelsen neben bizarren, Jahrmillionen alten Filigranformationen. Obwohl das Thermometer oben im Schatten ca. 30 °C anzeigt, ist das Wasser sehr kalt (ca. 15 °C).

15 Tulum ▶ 3, R 5

Karte: S. 439

Nach wenigen Kilometern (130 km südlich von Cancún) erreicht man eine der herrlichsten archäologischen Stätten Mexikos, die unmittelbar auf einem Felsplateau am Meer liegende Tempelstadt **Tulum.** Die Anlage, die kunsthistorisch der nachklassischen Periode der Maya zugeordnet wird, ist architektonisch weniger bedeutsam als andere. Aber die Ge-

Tulum: eine breite Treppe führt zum Castillo in der Mitte des Tempelbezirks

schlossenheit der Ruinenstadt mit der sie umgebenden Mauer, ihre Lage am Rand der hellen Kalksteinklippen, die Farbkontraste zwischen dem türkisblauen Meer, den grau-weißen Tempelruinen unter blauem Himmel sowie den Palmen im Hintergrund beeindrucken nachhaltig. Tulum bietet dem Besucher Kulturerlebnis und Karibikurlaub in symbiotischer Perfektion.

Der Name Tulum bedeutet Mauer oder Festung. In spanischen Chroniken wird die Stadt Zama (Sonnenaufgang) genannt. Wer Tulum frühmorgens besucht, wenn die Sonne aus dem Meer steigt und die ersten Strahlen die Stadt von Osten erreichen, erlebt eindrücklich, wie treffend dieser Name gewählt wurde.

Geschichte

Tulum, dessen Gebäude überwiegend zwischen 1000 und 1300 n. Chr. errichtet wurden, war von ca. 1250 an das religiöse Zentrum der zahlreichen Maya-Siedlungen an der Ostküste Yucatáns. Die Stadt hatte damals eine Ausdehnung von ca. 6 km, doch bis auf wenige steinerne Plattformen, auf denen die strohgedeckten Bambushäuser standen, ist davon nichts mehr zu sehen. Sehr gut erhalten ist nur der weiträumige, zentrale Palast- und Tempelbezirk, der an den Landseiten von einer Mauer umgeben ist. Tulum war einer der wenigen Orte, die bei der Ankunft der Spanier noch besiedelt waren. 1518 entdeckte Juan de Grijalva, der mit einer spanischen Expedition die yucatekischen Küsten entlangsegelte, als erster Europäer die Maya-Stadt.

Auch nach der Eroberung Yucatáns blieb Tulum noch eine Weile lang Zentrum des Küstenhandels, zumal die Spanier einzelne Teilgebiete im Süden nie ganz kontrollieren konnten. Englische Piraten plünderten im 18. Jh. mehrmals die Stadt. Als der amerikanische Archäologe John Lloyd Stephens und

Tipp:
Tulum in bestem Licht

Wer die Tempelstadt **Tulum** besuchen möchte, sollte den Rundgang so planen, dass er den Templo de los Frescos am Nachmittag erreicht. Beim Wandeln durch den Säulengang sind dann nämlich die Wandmalereien besonders gut zu erkennen.

sein britischer Zeichner Frederick Catherwood Tulum 1842 wiederentdeckten, war die Siedlung vom Dschungel überwuchert. Erst zwischen 1916 und 1922 konnte sie mit Hilfe des US-amerikanischen Carnegie-Instituts von den Archäologen Morley und Howe freigelegt und rekonstruiert werden.

Besichtigung

Besonderes Kennzeichen des relativ kleinen Tulum ist seine Mauer, die die Anlage von der Landseite her schützt. Dieser Befestigungswall ist im Westen 355 m, im Norden und Süden je 155 m lang. Früher besaß das Zentrum fünf Tore, heute kann man es nur noch durch das Westtor betreten. Der Wall ist bis zu 5 m hoch und 6 m dick; ob er der Verteidigung diente oder den Zeremonial- und Wohnbezirk der Herrscherkaste von den Wohnbereichen des Volkes abschirmte, ist nicht überliefert. Innerhalb des befestigten Areals stehen ca. 50 große und kleine Bauten.

In der Mitte des Tempelbezirkes, hoch über den Meeresklippen, erhebt sich das **Castillo.** Das Gebäude wurde mehrmals erweitert. Eine breite Treppe führt zum Tempel mit drei Eingängen. Die Eingangssäulen verkörpern riesige Schlangen, deren Köpfe den Boden berühren und deren Schwanzenden den Dachbalken stützen. Reste von Wandmalereien sind im Inneren zu erkennen.

An die Nordseite des Schlosses schließt sich der **Templo del Dios Descendente** (Tempel des herabsteigenden Gottes) an, ein rechteckiges Gebäude, dessen Name von der Figur abgeleitet wird, die über dem Eingang mit dem Kopf nach unten abgebildet ist.

Die in der Nische über dem Eingang als Stuckplatte dargestellte Gottheit besitzt Flügel und einen Vogelschwanz. Vermutlich ist dies der Bienengott Ab Muzen Cab (Honig war der einzige Süßstoff der Maya und deshalb von großer Bedeutung). Im Innern stehen zwei Bänke für religiöse Riten, durch eine Fensteröffnung blickt man aufs Meer.

Am nördlichen Klippenrand des alten Hafens erhebt sich der **Templo del Dios de los Vientos** (Tempel des Windgottes), errichtet auf einer gerundeten Plattform. Von hier aus hat man einen sehr schönen Blick auf das Castillo und über die ganze Stadt.

Mitten im Zentrum stehen der **Palacio del Gran Sacerdote,** Palast des Oberpriesters, und die **Casa de las Columnas,** Haus der Säulen, auch Gran Palacio genannt. Sie sind nach dem Castillo die größten Gebäude der Anlage und belegen die Entwicklung der Maya-Architektur. In der nachklassischen Periode waren die Maya nicht mehr auf Krag-Gewölbe angewiesen, sondern konnten auch säulengestützte Decken erbauen.

Das wegen seiner Wandmalereien kunsthistorisch bedeutendste Bauwerk Tulums ist der gut erhaltene **Templo de los Frescos** (Tempel der Fresken). Er steht im Zentrum der ummauerten Stadt, in unmittelbarer Nähe des Hauses der Säulen. Der Dachfries an der Westseite hat drei Nischen, in deren mittlerer wieder der ›herabstürzende Gott‹ dargestellt wird. In den beiden anderen Nischen sitzen in Stuck gearbeitete Figuren. Die Wände des Säulenganges schmücken blaugrüne Malereien auf dunklem Hintergrund. Sie bilden Götter, Blumen, Schlangen und symbolische Zeichen ab. Sehr schön erhalten ist die Darstellung der Fruchtbarkeitsgöttin Ix Chel, die den Regengott Chac auf Händen trägt (tgl. 8–17 Uhr, letzter Einlass 16.30 Uhr, Eintritt 116 Mex$). Von der Ruinenanlage führt eine Holztreppe hinunter zum schönsten Sandstrand Yucatans.

Infos
Vorwahl Tulum: 984
An der Tulum-Kreuzung der MEX 307 liegt ein **Besucherzentrum** mit einem Museum.

Tulum

Map labels:

Tor (Eingang)
befestigter Wall
Tor
Wachturm
Casa del Cenote
Plataformas
Templo del Dios de los Vientos
Palacio del Gran Sacerdote
alter Hafen
befestigter Wall
Templo del Dios Descendente
Casa de las Columnas
Tickets (taquilla)
nur Ausgang
El Castillo
Mar Caribe
Templo de los Frescos
Verbrennungs-plattform
Templo del Mar
befestigter Wall
befestigter Wall
Tor
Wachturm
Tor
↓Camino a Boca Paila / Hotels
N
0   50   100 m

Touristenbahn: Wer den Fußmarsch scheut, kann vom Besucherzentrum aus mit einem *tren* zur archäologischen Stätte fahren.
Info-Center: am Busterminal, Tel. 871 24 61, tgl. 8–18 Uhr (mit Internetcafé).

Übernachten

Information: Hotel & Restaurant Association, www.hotelstulum.com. Tulum ist einer der teuersten – im Übernachtungsbereich sogar überteuerten – Orte an der Riviera Maya. Be-

Von Cancún nach Tulum

sonders bei den kleinen *cabañas* in Strandnähe südlich der Ruinenanlage *(Zona Hotelera)*, einst von jungen Rucksackreisenden bevorzugte Unterkünfte, stimmt das Preis-Leistungs-Verhältnis nicht mehr. So bleiben im *low budget*-Segment nur *tipis* (Zelte), Hängematten oder einfache Hostels mit Mehrbettzimmern. Wer große Komforthotels bevorzugt, muss sich nördlich von Tulum in den Hotelanlagen und Ferienzentren entlang der Riviera Maya einbuchen.

Für Honeymooner ▶ Mezzanine: Ctra. Tulum–Boca Paila, km 1,2, Tel. 984 131 15 96, www.mezzaninetulum.com; ökologisches Boutique-Hotel, 7 Zimmer, schönes Restaurant, DZ ab 3500 Mex-$.

Traumhaft ▶ Piedra Escondida: Camino a Boca Paila km 3,5, Tel. 100 14 43, www.piedraescondida.com; zweistöckige, einladende Steinhäuser, strohgedeckt, sehr schöne Architektur mit viel Holz, am Strand, alle Zimmer mit Bad und Balkon bzw. Terrasse, italienisch-mexikanisches Restaurant, 8 DZ, ab 2800 Mex$.

Zwischen Urwald und Meer ▶ Nueva Vida de Ramiro: Ctra. Tulum–Boca Paila, km 8,5, Tel. 877 85 12, www.tulumnv.com; *palapa*-Bungalows, Luxus im Dschungel, dazu nur wenige Schritte vom Strand, Kinder nur ab 12 J., DZ ab 2600 Mex$.

Sportlich ▶ Villas Las Ranitas: Camino a Boca Paila km 9, Tel./Fax 871 10 90, www.lasranitashotel.com; Öko-Touristhotel gehobenen Standards mit Schwimmbad, Sportgeräteverleih, 20 DZ, ab 1800 Mex$.

Paradies unter Palmen ▶ Villas Azulik: Camino Tulum–Boca Paila km 6, Tel. 0054 115 984 15 75, www.azulik.com; Öko-Resort mit luxuriösen *cabañas*, alles mit Terrasse, breites Wellness-Angebot, 15 DZ, ab 1250 Mex$.

Perfekt ▶ Zamas: Camino a Boca Paila km 5, Tel. 871 20 67, 877 85 23, www.zamas.com; strohgedeckte Bungalows und Zentralbau am Strand, alles sehr ursprünglich, gutes Restaurant, 15 DZ, ab 1100 Mex$.

Robinson Feeling ▶ Cabanas La Luna: Camino A Bocca Paila km 6,5, Tel. 0198 4146 77 37, www.cabanaslaluna.com; 9 Bunga-

lows, gehobener Komfort unter Palmen, 50 m zum Strand, nettes Restaurant, ab 100 US-$.

Direkt am Meer ▶ Maya Tulum: Ctra. a Boca Paila, km 7, Tel. 770 483 02 38, Fax 770 785 92 60, www.mayatulum.com; große *palapa*-Bungalows inmitten eines tropischen Gartens am Strand, große Zimmer mit Moskitonetzen, gutes Restaurant, Wellnessangebot ›yoga retreat‹, 43 *cabañas*, ab 300 Mex$.

Essen & Trinken

Einfache Restaurants liegen entlang der Straße vor der archäologischen Stätte.

Unter Einheimischen ▶ Café Calipso: Calle Orion Sur/Ecke Av. Tulum, tgl. 7–23 Uhr; Maya-Küche, Fisch und Meeresfrüchte, Hauptgerichte ab 60 Mex$.

Traditionell mexikanisch ▶ La Malquerida: Calle Centauro Sur, Av. Tulum, Tel. 879 57 22, tgl. 6–24 Uhr; mexikanische Küche kombiniert mit internationalen Gerichten, guter Fisch, ab 50 Mex-$.

Treffpunkt ▶ I-Tur: an der MEX 307, gegenüber Supermarkt San Francisco, Tel. 802 55 93, tgl. 6–24 Uhr, www.i-tourmexiko.com; idealer Treffpunkt, nette Café-Bar, die auch kleine Gerichte und wenige Zimmer anbietet.

Aktiv

Tauchen ▶ An der Straße von Tulum nach Cobá liegen zu beiden Seiten mehrere Cenotes. Unter ihnen ist der **Gran Cenote** der eindrucksvollste (10 km hinter Tulum, tgl. 8–18 Uhr, Eintritt 100 Mex$, Verleih Taucherbrille und Schnorchel 120 Mex$.). Holzplattformen, Leitern und Seile erleichtern den Zugang zur Wasseroberfläche (Süßwassertemperatur: 19 °C). Mit Taucherbrille und Schnorchel kann man in dem klaren Wasser die Formationen der Tropfsteinhöhlen sehr gut erkennen. Besitzt man eine Unterwasserlampe, begleiten einen Fische und Schildkröten beim Durchqueren der Kanäle. Man wird von Fledermäusen erschreckt, wenn man an den Stalaktiten an der Höhlendecke zu nahe kommt.

Verkehr

Busbahnhof: Av. Tulum, zw. Calle Alfa Sur und Juper Sur, Tel. 871 21 22, alle Buslinien,

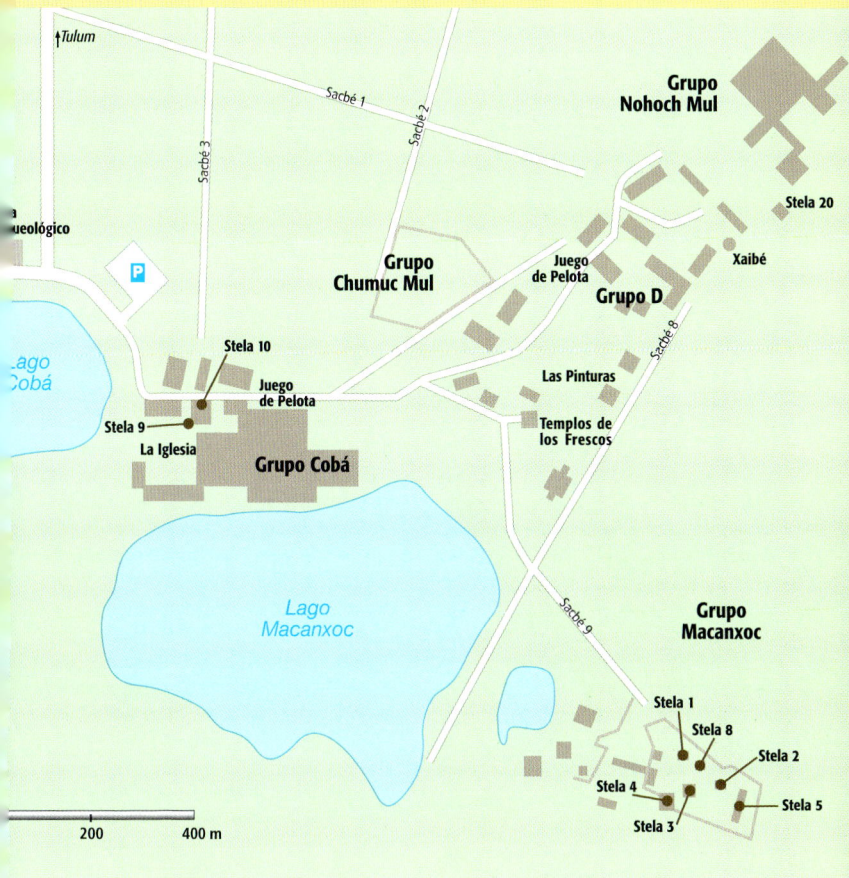

Karte: oben

Seit 1973 führt von Tulum eine asphaltierte Straße 43 km schnurgerade gen Nordwesten durch dichten Dschungel zu den Maya-Ruinen von Cobá. Man kann den Ort auch von Norden über asphaltierte Straßen von Nuevo X-Can (42 km) bzw. von Chemax (31 km) erreichen. Die ausgedehnte Zere-

nach Cancún ab 7 Uhr alle 30 Min.; nach Chetumal ab 10.15 Uhr stdl. 6 x; nach Cobá: 6.30, 7, 8.30, 11,14.30, 18 Uhr.

Cobá ▶ 3, R 4

monialstätte Cobá gruppiert sich um zwei große und drei kleine Seen. Die weit verstreuten Ruinen – darunter die Nohoch-Mul-Pyramide, mit 42 m die höchste in Yucatán – lassen auf eine einst sehr große Stadtansiedlung mit ca. 40 000 Bewohnern schließen. Mehr als 40 befestigte Wege (Sacbé, Plural: Sacbeob) von bis zu 100 km Länge führten schnurgerade von Cobá durch den Dschungel zu anderen Siedlungszentren (z. B. gen Westen nach Yaxuna, südöstlich von Chichén Itzá). Wegen der üppigen Vegetation sind die Sacbeob vom Boden nur an wenigen Stellen, vom Flugzeug aus dagegen deutlicher auszumachen.

Von Cancún nach Tulum

Geschichte

Kunsthistorisch ist Cobá der klassischen Periode zuzuordnen. Aber auch danach wurde in Cobá gebaut. Da jeder Hinweis in spanischen Aufzeichnungen fehlt, gilt als erwiesen, dass die Conquista diese Großsiedlung mit dem Maya-Namen ›Ort des vom Wind gekräuselten Wassers‹ nie entdeckt hat. Im 17. Jh. wurde Cobá von seinen Bewohnern verlassen, danach vergessen und erst 1891 durch den österreichischen Archäologen und Fotografen Teobert Maler wiederentdeckt; 1926 begannen die ersten Freilegungsarbeiten durch den US-amerikanischen Maya-Forscher Sylvanus G. Morley und 1973 die systematischen archäologischen Grabungen unter mexikanischer Leitung. Bis heute sind nur ganz wenige Großbauten freigelegt und restauriert.

Cobá ist schon allein wegen seiner Lage an den Dolinen-Seen und wegen seiner relativen Abgeschiedenheit inmitten dichter, tropischer Vegetation sehenswert. Wer versunkene Maya-Pyramiden kennenlernen möchte, bevor sie durch Freilegungs- und Rekonstruktionsarbeiten für Touristen ›aufbereitet‹ werden, wer etwas Zeit und Ruhe mitbringt, um im Dschungel steinerne Spuren der Maya selbst zu entdecken, der darf Cobá nicht auslassen.

Rundgang

Bisher sind vier sogenannte Gruppen im dichten Dschungel für Besucher zugänglich. Weil sie relativ weit voneinander entfernt liegen, kann man hinter dem Eingang Fahrräder (35 Mex$) ausleihen. Hinter dem Eingang der Zona Arqueológica befindet sich die bequem zu erreichende **Grupo Cobá** genau zwischen den beiden großen Seen Lago Cobá und Lago Macanxoc. Die große Pyramide, die teilweise rekonstruiert wurde, wird in der Literatur ›Kirche‹ oder auch ›Schloss‹ genannt. Sie ist 24 m hoch und trägt auf ihrer höchsten Plattform die Reste eines Tempels. Eine Stele befindet sich am Fuß der 20 m breiten Treppe. Mehrere einstöckige Gebäude mit Krag-Gewölben stehen rechts und links vor dem Treppenaufgang. Von der

Spitze der Pyramide hat man einen herrlichen Blick über ganz Cobá.

Der **Grupo Nohoch Mul,** ca. 2 km nordöstlich der Cobá-Gruppe, ist die höchste Pyramide Yucatáns zuzuordnen (42 m hoch, 128 Stufen); sie trägt einen gut erhaltenen Tempel auf ihrer Spitze. Den Eingang des Tempels schmückt die Skulptur eines ›herabstürzenden Gottes‹ (Dios Descendente), wie man sie auch von Tulum her kennt. Auf einer Stele (heute unter einem Bambusdach) vor der Pyramide ist eine überdimensional große Herrschergestalt abgebildet, die auf dem Rücken zweier knieender Menschen, Sklaven oder Gefangener, steht.

Der **Grupo Las Pinturas,** gegenüber der Nohoch-Mul-Gruppe in südlicher Richtung, besteht aus mehreren, wenn auch schlecht erhaltenen Gebäuden, von denen das wichtigste eine Tempel-Pyramide ist. Am Türsturz des Tempels und an dessen Simsen sind noch Spuren der ursprünglichen Figurenbemalung zu entdecken. Zwischen dem großen Lago Macanxoc und dem kleinen Lago Sacalpuc liegt der **Grupo Macanxoc,** dessen Bauwerke meist abgetragen sind, aber mehrere Stelen sowie Reste einer alten Sacbé lohnen dennoch den Besuch.

Der **Grupo Chumuc Mul,** eine fünfte Gruppe nördlich des Anlagen-Weges, ist noch nicht freigelegt (Zona Arqueológica, tgl. 8–17 Uhr, Eintritt 56 Mex$, Pkw-Parkplatz 20 Mex$).

Für die Rückfahrt nach Tulum muss man die gleiche Straße benutzen, auf der man Cobá erreicht hat.

Übernachten

Ideale Lage ▶ **Villa Arqueológicas:** direkt am See, rechter Hand von Tulum kommend, leider Ende 2012 (vorübergehend?) geschlossen. Sehr bescheidener Ersatz am Dorfeingang: **Hotelito Fac-Be Coba:** Tel. 019 848 799 340, sehr einfach.

Verkehr

Busse: 2 x tgl. (6 Uhr und 15 Uhr) über Tulum nach Playa del Carmen. Haltestelle am Eingang der Pyramiden-Anlage.

Entlang der Costa Maya

Noch steht die Costa Maya am Beginn ihrer touristischen Vermarktung. Das ist ohne Zweifel ein Vorteil für jene Besucher, die sich neben karibischen Traumstränden auch für Mangrovenwälder und geheimnisvolle Lagunen, für tropischen Dschungel mit seinen seltenen Tierarten und vor allem für naturbelassene Ursprünglichkeit begeistern.

Weil die meisten Urlauber wegen der vielen Erlebnismöglichkeiten entlang der Riviera Maya nur bis Tulum und vereinzelt noch bis Cobá vordringen, trifft man in dem sich anschließenden Teil des Bundesstaates Quintana Roo bis zur Grenze nach Belize relativ wenige Touristen. Zudem ist im großen Naturschutzgebiet Sian Ka'an zum Erhalt seines einmalig schönen Wildwuchses die Besucherzahl kontingentiert und auch die Infrastruktur entlang der Laguna de Bacalar ist auf größere Besuchergruppen noch nicht vorbereitet.

Sian Ka'an ▶ 3, R 5–S/R 6/7

Die südlich von Tulum beginnende **Reserva de la Biosfera Sian Ka'an,** ein Naturschutzgebiet mit dem treffenden Mayanamen ›Geschenk des Himmels‹ ist mehr als 5000 km^2 groß. Das Reservat zählt somit zu den großflächigen Beiträgen Mexikos zur Erhaltung der Natur und zugleich zu den herausragenden Angeboten des mexikanischen Ökotourismus. An den fünf Eingängen (Pulticub, Santa Teresa, Chumpón, Chunyaxché, Chac Mool) werden Eintrittsgebühren in Höhe von 30 Mex$ erhoben. Die Lagunen Sian Ka'ans können auch unter fachkundiger Führung erforscht werden (s. S. 446).

Die Bundesstraße MEX 307, die hinter Tulum die Küste verlässt und ins Landesinnere einbiegt, bildet über weite Strecken die westliche Begrenzung von Sian Ka'an. Quer durch das Gebiet führen von Kancabchen und vom weiter südlich gelegenen Felipe Carillo Puerto Straßen zum Dorf **Vigía Chico** direkt an der Küste. Innerhalb des Reservats liegen auf einer schmalen Landzunge auch noch zwei Fischerdörfer: ca. 25 km südlich von Tulum **Boca Paila** und weitere 20 km südlich, am Ende der Halbinsel, **Punta Allen.**

Sian Ka'an ist eines der bedeutendsten Küstenökosysteme der Welt, ein riesiger Naturpark mit Tropenwäldern, Lagunen, Feuchtgebieten, Korallenriffen und exotischer Meeresfauna. Im Schutzgebiet sind Affen, Pumas, Ozelote und Krokodile beheimatet, und vom Aussterben bedrohte Meeresschildkröten benutzen die einsamen Strände der Region als Brutstätten.

Auch für Vogelbeobachter bildet Sian Ka'an ein Paradies, allein 350 Vogelarten findet man hier. Tausende von Wasservögeln nisten auf Sandbänken und in den Buchten, darunter auch Silber- und Blaureiher, Kormorane, Eis- und Fregattvögel. Und wenn man Glück hat, begegnet man auch dem seltenen Jabirú-Storch. Immer aber trifft man auf unzählige Schmetterlingsarten. Am vorgelagerten Riff tummeln sich jene exotische Fischarten, die für die Korallengründe Mexikos typisch sind, und 56 verschiedene Korallenarten vervollständigen den Naturreichtum des Reservats. 1987 wurde es von der UNESCO als besonders schützenswertes Biosphären-Reservat zum Welterbe erklärt.

Entlang der Costa Maya

Von Tulúm nach Punta Allen sind es ca. 45 km; für die schlaglochübersäte Piste sind etwa 3 Std. Fahrt einzuplanen. Um das Reservat Sian Ka'an kennenzulernen, muss man nicht bis Punta Allen fahren. 8 km hinter dem Eingangsportal liegt das **Sian Ka'an Visitor Center.** Es wird von engagierten Naturschützern gemanagt und verfügt über einen 30 m hohen **Besucherturm,** von dem man das Reservat kilometerweit überblicken kann. Buchen kann man auch in Tulum einen Tagesausflug ins Naturreservat Sian Ka'an: CESIAK, Centro Ecológico Sian Ka'an, Tel. 871 24 99, www.cesiak.org.

Felipe Carillo Puerto
▶ 3, S 6

Von Tulum kommend erreicht man nach 95 km durch flachen, yucatekischen Buschwald **Felipe Carillo Puerto,** eine Kleinstadt mit ca. 40 000 Einwohnern. Die Stadt trägt den Namen des sozialistischen Gouverneurs von Yucatán, der den Maya-Arbeitern nach dem Ersten Weltkrieg half, sich in Gewerkschaften und Kooperativen zu organisieren, und wegen dieses Engagements für die Armen auch sein Leben lassen musste.

Während des sogenannten ›Krieges der Kasten‹ (1847–1901) beherrschten aufständische Maya unter dem Zeichen eines *Chan Santa Cruz* (›Sprechenden Kreuzes‹) für längere Zeit einen unabhängigen Maya-Staat auf dem Gebiet von Chetumal bis Tulum. Felipe Carillo Puerto wurde auf den Trümmern ihres 1901 vollständig zerstörten Widerstandszentrums errichtet.

Die Ruinen des **Tempels des Sprechenden Kreuzes** (Sanctuario de la Cruz Parlante) stehen an der Ecke Calle 60/Calle 69; auf dem Hauptplatz der Stadt befindet sich die **Kirche** dieses Kultes von 1858. Das ebenfalls an der Plaza Principal liegende **Museo de la Guerra de Castas** informiert anhand von Fotos, Dokumenten und Militaria über den wenig bekannten Bürgerkrieg um die Wende zum 20. Jh. (Di–Do 10–18 Uhr, Eintritt frei).

Infos
Vorwahl: 983
Informationskiosk: in der PEMEX-Tankstelle an der MEX 307 südl. des Verkehrskreisels, tgl. 7–23 Uhr.

Verkehr
Bus: an der PEMEX-Tankstelle (s. o.), nach Mahahual, Xcalak und Chetumal.

Zwischen Punta Herrero und Xcalak ▶ 3, R 7–9

Streng genommen ist die eigentliche **Costa Maya** nur jener ca. 70 km lange, traumhaft schöne Küstenstreifen zwischen **Punta Herrero** im Norden und **Xcalak** im Süden, den man am besten über eine Abzweigung erreicht, die 3 km hinter dem Ort Limones von der MEX 307 nach Osten abbiegt, entlang der südlichen Ausläufer von Sian Ka'an führt und nach 40 km in **Mahahual** auf die Mitte der Costa Maya trifft. Die langen weißen Sandstrände dieser Küste werden sowohl in Richtung Norden als auch nach Süden nur vereinzelt von kleinen Fischerdörfern mit einfachen Übernachtungsmöglichkeiten oder Bauernhöfen unterbrochen. An die Costa Maya kommen auch Jahr für Jahr im Sommer die **Riesenschildkröten,** um ihre Eier abzulegen.

Banco Chinchorro ▶ 3, S 9
Eine halbe Bootsstunde der Küste vorgelagert erstreckt sich das **Banco Chinchorro,** mit 240 km² Mexikos größtes Atoll und wegen seiner geringen Tiefe ein Paradies für Schnorchler und Taucher. Auf Grund der unmittelbar der Küste vorgelagerten **Korallenriffe** ist der Wellengang entlang der Costa Maya relativ ruhig. Die Riffe selbst sind Heimat einer Vielfalt von Korallenarten, Seeanemonen und Schwämme sowie bunter tropischer Fische.

Touristische Erschließung
Besonders der Küstenabschnitt südlich von **Mahahual** wird – weil er in der Faszination

seiner Strände in nichts denen der Riviera Maya nachsteht – zunehmend erschlossen. Bis vor wenigen Jahren waren die Fischerdörfer entlang der Costa Maya, z. B. **Puerto Bravo** und **El Uvero** nördlich von Mahahual oder **Santa Rosa, Santa Cecilia** und **Xcalak** südlich von Mahahual nur das Ziel von Rucksackreisenden oder von Privatyachten, die vor der Küste ankerten. Doch im Jahr 2000 begann mit dem Bau einer Mole für Kreuzfahrtschiffe in **Puerto Costa Maya** (www.pu erto costamaya.com) nördlich von Mahahual die touristische Erschließung dieser schönen Küste.

Das kleine Fischerdorf **Xcalak** (1200 Einw.), von Chetumal auch mit der Fähre erreichbar, hat sich bereits zum ›Versorgungsstützpunkt‹ für Taucher an der Costa Maya entwickelt. Inzwischen führt in den 60 km südlich von Mahahual liegenden Ort auch eine neue, asphaltierte Landstraße: der Xcalak-Highway, parallel zur Küste, aber in einigem Abstand. Er soll den zunehmenden Autoverkehr von der sehr einfachen, schlechten Pistenstraße entlang des Strandes abziehen.

Dank der Investitionen der mexikanischen Regierung in die touristische Infrastruktur gibt es in **Mahahual** inzwischen auch einen kleinen Flughafen und eine neue Tankstelle, die bisher einzige an der Costa Maya.

Skeptiker vergleichen schon jetzt die Entwicklung Mahahuals mit der von Playa del Carmen. Noch aber stellen europäische Rucksackreisende und Bohemiens, darunter viele Aussteiger aus den USA und Tauchsportler, die Mehrzahl der Gäste in den *cabañas*, insbesondere im Küstenabschnitt nördlich von Xcalak ist das zu beobachten. So hat die Costa Maya noch nichts von ihrer – zur Riviera Maya gegensätzlichen – Attraktivität eingebüßt.

Infos

Vorwahl Costa Maya: 983

Secretaria de Turismo: www.costamaya.ca ribemexicano.com.

Fideicomiso de Promoción Turística de la Costa Maya: Calle 22 de enero, Tel. 832 66 47, www.grandcostamaya.com.

Übernachten

Links zu kleinen *cabañas* unter **www.maha hualmexico.com**, z. B.:

Paradies ▶ **Playa Sonrisa:** Xcalak, Tel. 839 46 63, www.playasonrisa.com; traumhaft schöne Bungalowanlage am Strand, mit Bootssteg, ein Schnorchlerparadies, ab 900 Mex$ (mind. 3 Nächte).

Unter **www.xcalak.tv/xcalak.html** gibt es Infos zu weiteren Häuschen oder *cabañas* am Strand nördlich von Xcalak, darunter:

Tauchereldorado ▶ **Maya Palms:** bei km 9,5; 18 *cabañas* (für maximal 4 Pers.), Maya Palms ist sehr beliebt bei Tauchern dieser Region, 1430 Mex$/*cabaña.*

Robinsons Traum ▶ **Sandlewood Villas:** bei km 8; drei Bungalows, mit je zwei Zimmern, Bad und WC ausgetstattet, ab 900 Mex$/Bungalow.

Familiär ▶ **Casa Carolina:** bei km 1,5, www.casacarolina.net; liebevoll erbautes, schilfgedecktes Steinhaus mit 4 DZ, ab 800 Mex$.

Essen & Trinken

Unter Palmen ▶ **Las Conchitas Restaurante & Cantina:** Calle Principal, Xcalak; Gartenrestaurant, Menü ab 18 Mex$.

Einfach & gut ▶ **Margaritas Veggie Stand:** 50 m vom Strand entfernt, Xcalak; einfache Garküche, Menü ab 15 Mex$.

Aktiv

Bootstouren ▶ In **Mahahual** oder **Xcalak** kann man Boote mieten, um die Inseln des Banco Chinchorro zu besuchen.

Tauchen ▶ **XTC Dive Center:** Xcalak, Tel. 831 04 61, www.xcalak.tv/xtcdivecenter.html; Motorroller- und Fahrradverleih, Tauchen, Exkursionen zum Banco Chinchorro, Abfahrt tgl. 7 Uhr, Ausrüstung (3 Tanks), Fahrt und Verpflegung 150 US-$/Pers., Schnorcheln 75 US-$/Pers.

Verkehr

Bus: Seit 2007 fährt dreimal täglich ein ADO-Bus von Cancún, Playa del Carmen und Tulum nach Mahahual (www.ticketbus.com. mx).

aktiv unterwegs

Im Biosphärenreservat Sian Ka'an

Tour-Infos

Start: Die Tour Operator holen ihre Gäste an jedem Hotel ab; es geht über die Straße von Tulum nach Punta Allen.

Länge: 20–25 km

Dauer: ganzer Tag

Wichtige Hinweise: Um viel zu erleben, sollte man sich einer organisierten Tour anschließen, ca. 700–1000 Mex$/Pers. (inkl. Verpflegung, Transport und Eintritt). Empfehlenswert **Eco Colours – Ecotourism in the Mayan World**, Cancún, Camaron 32, Tel. 998 884 36 67, Fax 998 884 92 14, www.ecotra velmexico.com.

Nach dem Ortsausgang von Tulum, hinter der Abzweigung zur *zona Hotelera* Richtung Boca Paila und Punta Allen säumen anfangs noch kleine Strandpensionen das zunehmend schmalere Asphaltband. Hinter dem letzten Hotel, nach dem Eingangsbogen zum **Biosphärenreservat Sian Ka'an** wandelt sich die Straße in eine Piste. Dichter Urwald säumt jetzt den mit hellem Sand aufgeschütteten Weg, auf dem an manchen Stellen dicke Taue quer zur Fahrtrichtung liegen, um als *topes* die Autos zur vorgeschriebenen Geschwindigkeit von 30 km/h anzuhalten.

Nach ca. 8 km versperrt eine Schranke den Weg. Rechter Hand steht ein kleines Holzhaus mit dem Büro der ›**Comision Nacional de Areas Naturales Protegidas**‹. Hier muss sich jeder Besucher registrieren lassen und die Gebühr für die Naturschutzarbeiten entrichten. Vor dem Büro befindet sich auf einer Plakatwand eine überdimensional große Landkarte, auf der man sich über das gesamte Biosphärenreservat und vor allem über die Strecke seiner geplanten Tour noch einmal informieren kann. Spätestens jetzt wird einem klar, dass man nur einen ganz kleinen Zipfel von Sian Ka'an kennenlernen wird.

Wenn die UNESCO ein Stück Landschaft unter den Schutz der Weltgemeinschaft stellt, dann gilt es, mit diesem Erbe besonders sorgsam umzugehen. Und so hat sich eine Gruppe von jungen Wissenschaftlern und Umweltschützern für das Biosphärenreservat Sian Ka'an zum Ziel gesetzt, durch anspruchsvolle Führungen Besuchern die Teilhabe an diesem einmaligen Erbe zu ermöglichen und durch einen Teil des Führungspreises zur Erhaltung des Reservats beizutragen.

Für die Fahrt durch das Reservat auf dem Maya-Wasserweg der **Chunyaxché-Lagune** wird ein Motorboot benutzt. Während des Ausflugs besteht die Möglichkeit zu schwimmen und zu schnorcheln. Auf den Bootsausflügen folgen die Besucher den Spuren der Maya, die im 5. Jh. hier ein Verkehrsnetz mit weitverzweigten Kanälen erbauten, über das sie riesige Kalksteinblöcke zum Bau ihrer Tempel zu entlegenen Orten im Dschungel transportierten. Noch immer warten mehr als 20 vom Urwald überwucherte Maya-Stätten auf Archäologen. Zu den größten gehört **Muyil** mit einer aufregenden Pyramide. Keramikfunde und Steininschriften verweisen auf ein Alter von mehr als 2000 Jahren.

Sian Ka'an bietet geschützten Lebensraum für unzählige Tierarten (s. S. 443). Mit etwas Glück sieht der Besucher in den Gewässern nicht nur fantastische Fische, sondern auch Krokodile, Kaimane und ein Exemplar der selten gewordenen **Seekuh**. Ein besonderes Schauspiel ereignet sich alljährlich im Sommer. Während der heißen Nächte legen an der Küste Sian Ka'ans vier bedrohte **Meeresschildkröten-Arten** ihre Eier in den Sand. Nach etwa einem Monat schlüpfen die von der Wärme der Sonne ausgebrüteten Jungtiere und wandern ins Meer.

Der Tourismus im Naturreservat ist strengen Auflagen unterworfen. Generatoren und Solaranlagen sorgen für Strom; ein Telefon-

Laguna de Bacalar ▸ 3, P 8

Knapp 80 km hinter Felipe Carillo Puerto trifft die MEX 307 im Ort **Pedro Antonio de los Santos** auf eine flache, ruhige Süßwasserlagune mit dem Namen **Laguna de Bacalar,** die die nächsten 50 km parallel zur Landstraße verläuft. Am südwestlichen Ende der Lagune liegt 38 km vor Chetumal das alte Dorf **Bacalar.** Es wurde 1545 von Gaspar Pacheo als Villa de Salamanca de Bacalar gegründet und ist Sitz der spanischen Festung **Fuerte San Felipe Bacalar,** die 1729 zum Schutz vor britischen Eroberern erbaut wurde. Später diente das Fort spanischen Siedlern als Schutz vor Seeräubern und Holzplünderern aus British Honduras. Auch während des Maya-Aufstandes von 1847 spielte es eine Schlüsselrolle. Heute beherbergt die Anlage das **Museo del Fuerte de Bacalar** (Di–Do 10–18, 56 Mex$).

Südlich des Dorfes Bacalar liegt der **Cenote Azul** inmitten üppiger Vegetation, ein blauer, 80 m tiefer See von 200 m Durchmesser mit Bademöglichkeiten und Restaurant (33 km vor Chetumal, westlich der MEX 307, tgl. 8–19 Uhr, Eintritt frei).

An der Südspitze des sich in Nord-Süd-Richtung erstreckenden Laguna de Bacalar hat sich der Badeort **Xul-Ha** entwickelt.Nur wenige Kilometer nach dem Ende der Lagune mündet die MEX 307 auf die MEX 186, über die man nach 20 km Chetumal erreicht.

Essen & Trinken

Ausblick zum Essen ▸ **Rancho Encantado:** in der Ferienanlage 3 km nördl. von Bacalar, www.encantado.com; sehr schönes Restaurant mit Blick auf die Lagune, Menü ab 80 Mex$.

Chetumal ▸ 3, P/Q 9

Die Hauptstadt des Bundesstaates Quintana Roo liegt am südöstlichen Ende der Halbinsel Yucatán in einer großen natürlichen Bucht, der Bahía de **Chetumal.** Hier mündet der Río Hondo, der Grenzfluss zum Staat Belize (früher British Honduras) ins Meer. Mehrmals

---

netz existiert nicht. Die einzige befahrbare Verbindung zieht sich über eine schmale Halbinsel. Knapp 1000 Nachkommen der Maya leben hier – hauptsächlich verteilt auf die beiden Fischerdörfer Boca Paila und Punta Allen. Die von Veranstaltern angebotenen Exkursionen nach Sian Ka'an führen meist bis Boca Paila und kehren dann um.

Wem das nicht genügt: An der weißen Holzbrücke von Boca Paila warten kleine Boote, mit denen man ca. zwei Stunden lang den Mangroven-Dschungel erkundet kann. Allerdings müssen Sie mit den Fischern über Ausflugsrouten und Preise verhandeln. Gleiches gilt im benachbarten Punta Allen. Die 600 Einwohner am südlichsten Zipfel der Halbinsel leben vorwiegend vom Fisch- und Langustenfang, den sie per Schnellboot zum Verkauf nach Tulum bringen. Wer am späten Nachmittag nicht mehr die 45 Pistenkilometer bis zur Asphaltstraße von Tulum zurückzockeln möchte (gegen 18 Uhr wird es dunkel!), der findet in Punta Allen schlichte Übernachtungsmöglichkeiten.

Wer nur einen Tag für Sian Ka'an einplanen kann, sollte nicht bis Punta Allen fahren, sondern z. B. einen Ausflug bei den engagierten Naturschützern von **Eco Colours** zu buchen und das Reservat per Motorboot, Kajak und Mountainbike kennenlernen. Die Exkursionen beginnen an einer kleinen Forschungsstation ca. 10 km hinter dem **Visitor Center,** zu der ein 30 m hoher Holzturm gehört. Es gibt keine bessere Aussichtsplattform in ganz Sian Ka'an als diesen Turm: Kilometerweit überblickt man die Mangrovensümpfe und kann bei schönem Wetter sogar im Süden Punta Allen und im Norden Tulum sehen. Der Führer kennt sichere Wege, weiß, wo die Seevögel ihre Nester bauen, die Schildkröten an Land gehen, und er kennt die Kanäle und Fahrrinnen in den Lagunen – durchaus ein Vorteil für die Erkundung Sian Ka'ans.

Entlang der Costa Maya

(z. B. 1942 und 1955) wurde die Stadt von Wirbelstürmen heimgesucht, aber immer und jedesmal großzügiger wieder aufgebaut.

Chetumal ist ein traditionsreicher Ausfuhrhafen für Edelhölzer, die seit Jahrhunderten begehrtes Gut dieser Gegend sind; seit 1970 ist es zudem Freihafen und Zentrum einer Freihandelszone für Güter aus Panama. Sieht man von den wenigen alten Holzhäusern ab, die die Wirbelstürme stehen ließen, bietet die Stadt kaum Sehenswertes. Abgesehen von ihren abwechslungsreichen Bademöglichkeiten bietet sie sich aber als Ausgangsort für Besuche von Maya-Stätten in der Umgebung an, z. B. Kohunlich, oder als Zwischenstopp auf der Weiterreise nach Belize

Wegen der Hurrikan-Gefahr gibt es auch heute keine Hochhäuser in der Stadt. Die alten und neuen (Holz-)Häuser erinnern in ihrem Stil an eine verträumte englische Kolonie. Zentrum der Stadt ist die **Plaza de la República.** Das bedeutendste Museum, das **Museo de la Cultura Maya,** liegt zentral an der Ecke Av. Héroes/Mahatma Gandhi. Ausgestellt werden dort seit 1994 auf zwei Etagen Funde zur Kultur der Maya und Modelle ihrer Kultstätten in Mexiko, Honduras und Guatemala (Di–Do 9–19 Uhr, Fr/Sa 9–20, So 9–14 Uhr, 50 Mex$).

Geschichte der Stadt

Die Gegend um Chetumal war lange vor der Ankunft der Spanier ein Siedlungsgebiet der Maya; dies belegen Funde aus präkolumbischer Zeit und viele Maya-Stätten in der Umgebung. **Chactemal** (›Platz des Rotholzes‹) hieß die Mayasiedlung, die damals schon eine zentrale Funktion als *cacicazgo* (Territorium eines Häuptlings) besaß. Der Überlieferung nach war sie der Ort, an dem es zur ersten Begegnung zwischen Spaniern und Maya kam und in dem der erste Mestize geboren wurde.

Hier strandeten nämlich 1512, lange vor der Landung Cortés' in Veracruz, spanische Schiffbrüchige, darunter **Gonzalo Guerrero,** der von den Maya gefangengenommen wurde. Bald lernte er ihre Sprache, nahm ihre Sitten an und heiratete später ganz nach

Maya-Brauch die Tochter eines Häuptlings. Aus der Ehe gingen drei Kinder hervor.

Im Zuge der Eroberung Yucatáns durch Francisco de Montejo gelangte 1531 Kapitän Davila auf der Suche nach Gold nach Chactemal und gründete die spanische Siedlung **Villa Real de Chetumal.** Zwischen 1543 und 1544 ›befriedeten‹ spanische Soldaten im Auftrag Montejos unter der Führung der Brüder Pacheco die Gegend, indem sie kurzer Hand alle Maya töteten, derer sie habhaft werden konnten.

In den folgenden Jahren trug die Siedlung den Namen **Payo Obispo.** Stadtrechte bekam sie von Othon P. Blanco im Jahr 1898 verliehen. Seit 1935 trägt sie offiziell den Namen Chetumal und seit 1974 ist sie Hauptstadt des neugeschaffenen Bundesstaates Quintana Roo.

Infos

Vorwahl Chetumal: 983

Secretaria de Turismo: Av. del Centenario 622, Tel. 835 08 60, www.chetumal.com, www.sedetur.qroo.gob.mx, Mo–Fr 9–12, 16–18, Sa 9–12 Uhr.

Asociación de Hoteles: Av. Hereos, zwischen Av. Gandhi und Aguilar, Tel. 833 24 77, www.chetumalhoteles.com. Informationen über die Hotels der Stadt und viele andere touristische Infos.

Übernachten

Vertraute Qualität ▶ Holiday Inn: Av. Héroes 171, Tel. 835 04 00, Fax 835 04 29, www.holiday-inn.com/chetumalmex; neues Haus gegenüber dem Maya-Museum. Mit Pool, hellen Zimmern, gehobene, zweckmäßige Einrichtung, 77 Zimmer, 8 Suiten, DZ ab 1200 Mex$.

Schön & zentral ▶ Los Cocos: Av. Héroes 134 (zwischen Lázaro Cárdenas und Chapultepec), Tel. 832 04 30, Fax 832 09 20, www.hotelloscocos.com.mx; blumengeschmücktes Haus an der Hauptstraße, 122 große Zimmer, 17 Villen und Suiten, mit Pool, Garten, Parkplatz, DZ 980 Mex$.

In die Jahre gekommen ▶ Príncipe: Av. Héroes 326, Col. López Mateos, Tel. 832 47

99, Fax 832 51 91, www.hotelprincipeche
tumal.com; zweigeschossige, blau-weiße Anlage in der Innenstadt, 5 Min. zum Maya-Museum, grüner Innenhof mit Pool, 54 Zimmer
mit Balkon, ab 700 Mex$.

Weißes Haus ▶ Casa Blanca: Av. Álvaro
Obegón 312, Tel. 832 12 48, Fax 832 16 58,
www.casablancachetumal.com; einstöcki-
ger, lang gezogener Bau mit Terrasse, der
61 große und komfortable Zimmer bietet, ab
600 Mex$.

Stadtpension ▶ Fernández: Calle Juan
José Siordia 185, Tel. 832 833; eingeschos-
siger, rosafarbener Zweckbau, 25 Zimmer,
wahlweise mit AC oder Ventilator, mit oder
ohne Bad, ab 200 Mex$.

Essen & Trinken

Sehr schmackhaft ▶ ▶ Terenga: Av. San Salvador 441, Tel. 832 55 40, So–Do 20–24 Uhr;
internationale und mexikanische Gerichte,
viele Salate, Menü ab 150 Mex$.

**Meeresfrüchte ▶ Marisquería El Taco-
loco:** Av. Morelos, No. 87, Tel. 832 12 13, tgl.
11–22 Uhr, Hauptgerichte ab 60 Mex$. Fisch
und andere Meeresspezialitäten in eher
schlichtem Ambiente.

Viva Tequila ▶ Chichos: Calle Turin 411,
Tel. 832 19 05; regionale Küche, das Haus ist
beliebt bei Einheimischen, einfaches Menü
ab 40 Mex$.

Termine

Fiesta de San Joaquín: 13.–16. Aug.; Fest
des Heiligen Joachims mit feierlicher Prozession und anschließenden Straßenfesten.

Aktiv

8 km nördlich in der Bucht von Chetumal liegt
das Fischerdorf **Calderitas** mit einer bereits
1530 erbauten Kapelle, das gute Bademöglichkeiten bietet. Entlang der Lagune gibt es
sehr gute Fischrestaurants; vorgelagert ist die
Insel **Temalcab.** Busverbindungen alle 15 Minuten von Chetumal.

Ebenfalls ausgezeichnete Bademöglichkeiten trifft man in der **Laguna Milagros**
(›Wunderlagune‹) an, südwestlich der Stadt
im Landesinneren.

Verkehr

Flughafen: 2 km außerhalb, Tel. 832 208 98.
Aeroméxico bietet tgl. Flüge nach Mérida,
Cancún und Mexico-Stadt an; wer nach Belize fliegen möchte, kann dies nur von Cancún. Von Chetumal gibt es lediglich Busse in
den Nachbarstaat (s. u.).

Zentraler Busbahnhof: ca. 2 km nördlich
des Zentrums, am Ende der Av. Revolución
(Busticket-Büro im Zentrum Calle Belice/
Ecke Gandhi, Tel. 832 51 10), von hier mehr-
fach tgl. Verbindungen nach Mérida, Cancún,
Tulum, Playa del Carmen, Campeche und
Mexiko-Stadt. Busse nach Bacalar (alle 30
Min) und nach Mahahual/Xcalak (tgl. 6 und
15.30 Uhr) starten vom Terminal de Combis.
Busse nach Belize: Av. Belize 172, Batty
Brothers Bus (Tel. 832 39 64, Express 3 Std.,
normal 5 Std.), Venus Bus (Tel. 207 20 25, Ex-
press 3 Std., normal 6 Std.), alle stdl. ab 6
Uhr.

Kohunlich ▶ 3, O 9

Die Maya-Stätte **Kohunlich,** 67 km westlich
von Chetumal, ist eingebettet in dichtes Ur-
waldgebiet. Auf einem Hügel steht die ein-
malige **Pirámide de los Mascarones,** eine
Stufenpyramide, deren Aufgang beiderseits
von acht überdimensionalen, rötlichen Mas-
kenköpfen (Stuckarbeit) flankiert wird. Zwei
davon sind noch sehr gut erhalten. Die Gesichter sind Abbilder des Sonnengottes; der
sich darunter befindliche Jaguar symbolisiert
die Wanderung der Sonne in die nächtliche
Unterwelt. Eindrucksvoll sind auch die große
Plaza de las Estelas und der **Ballspielplatz.**

Die Anlage, die im 8. Jh. entstand, wurde
1968 entdeckt und wird seit 1970 systematisch von dem mexikanischen Archäologen
Victor Segovia Pinto ausgegraben und restauriert (tgl. 8–17 Uhr, 55 Mex$).

Verkehr

Auto: Von der MEX 186 führt vor Francisco
Villa eine Abzweigung nach Süden, von dort
9 km geteerte Straße bis zur ›Zona Arqueológica‹.

Register

Der Haupteintrag ist **fett** hervorgehoben.

Register

Der Haupteintrag ist **fett** hervorgehoben.

Register

Der Haupteintrag ist **fett** hervorgehoben.

Das Klima im Blick

Reisen verbindet Menschen und Kulturen. Wer reist, erzeugt auch CO_2. Der Flugverkehr trägt mit bis zu 10 % zur globalen Erwärmung bei. Wer das Klima schützen will, sollte sich – wenn möglich – für eine schonendere Reiseform entscheiden. Oder die Projekte von *atmosfair* unterstützen: Flugpassagiere spenden einen kilometerabhängigen Beitrag für die von ihnen verursachten Emissionen und finanzieren damit Projekte zur Verringerung des CO_2-Ausstoßes in Entwicklungsländern *(www.atmosfair.de)*. Auch der DuMont Reiseverlag fliegt mit *atmosfair*!

nachdenken • klimabewusst reisen

atmosfair

Abbildungsnachweis/Impressum

Abbildungsnachweis

Hans-Joachim Aubert, Bonn: Umschlagklappe vorn, S. 3 u., 9 o., 34/35, 39, 57, 59, 70/71, 93, 97, 110 li., 147, 106/107, 174 li., 195, 209, 343, 366 re., 380, 412
DuMont Bildarchiv, Ostfildern: S. 2 o., 3 o., 5 u., 6 (2x), 7 (3x), 8 u., 22/23, 66/67, 108, 120/121, 122, 134, 143, 160/161, 174 re., 190/191, 199, 200/201, 212 (2x), 232, 238, 267, 274, 276, 279, 283, 294/295, 298, 303, 317, 320, 322 re., 350, 356, 362, 364, 388/389, 399, 420 (Maeritz)
F1Online, Frankfurt/Main: Titelbild (Prisma)
Andreas M. Gross, München: S. 5 M., 242/243, 252, 260
Rainer Hackenberg, Köln: S. 1 re., 2 u., 19, 26/27, 40, 89, 300 li., 313, 322 li., 332, 337, 395, 437, Umschlagrückseite u.

LOOK, München: S. 10/11 (age fotostock); 428 (Dirscherl)
laif, Köln: S. 1 M., 5 o., 17, 210, 222/223, Umschlagrückseite o. (Fautre); 52/53, 177, 300/301, 306 (Gonzalez); 4 (2x), 8 o., 9 u. + M., 13, 172, 186, 227, 240, 242 li., 271, 310/311, 318, 424/425 (Heeb); 171, 180, 255 (hemis.fr/Frilet); 1 li., 250/251, (hemis.fr/ Hervé); 216, 218 (Hoagland); 3 M., 100 (Hoa-Qui); 366 li., 372 (Hub); 110 re., 155 (Mayer)
Mauritius Images, Mittenwald: 133 (Harding)

Kartografie

DuMont Reisekartografie, Fürstenfeldbruck
© DuMont Reiseverlag, Ostfildern

Umschlagfotos

Titelbild: UNESCO Welterbe Tlacotalpan-Stadt im Bundesstaat Veracruz
Umschlagklappe (vorn): Blick auf den großen Palast von Palenque

Über die Autoren: Gerhard Heck ist Historiker und Pädagoge, Manfred Wöbcke Psychologe. Beide reisen seit den 1970er-Jahren regelmäßig nach Mexiko, sie verbrachten dort längere Studien- und Arbeitsaufenthalte – und entwickelten sich zu Globetrottern. Mexiko und Zentralamerika, aber auch die Arabische Halbinsel sind die Spezialität der beiden Reiseautoren. 2007 erhielten sie aus der Hand des mexikanischen Staatspräsidenten Felipe Calderón für diesen DuMont-Reiseführer die Pluma de Plata (Silberne Feder), den höchsten reisejournalistischen Literaturpreis des Landes.
Danksagung: Die Autoren danken Dr. Carolin Lauer und Dr. Fee Lauer für ihr kenntnisreiches Engagement und ihre Unterstützung bei den Aktualisierungen dieser Auflage.

Lektorat: Susanne Schleußer, Nadia Al Kureischi; Sabine Zitzmann-Starz

Hinweis: Autoren und Verlag haben alle Informationen mit größtmöglicher Sorgfalt geprüft. Gleichwohl sind Fehler nicht vollständig auszuschließen. Alle Angaben erfolgen ohne Gewähr. Bitte schreiben Sie uns! Über Ihre Rückmeldung zum Buch und über Verbesserungsvorschläge freuen sich Autoren und Verlag:
DuMont Reiseverlag, Postfach 3151, 73751 Ostfildern, E-Mail: info@dumontreise.de

2., aktualisierte Auflage 2013
© DuMont Reiseverlag, Ostfildern
Alle Rechte vorbehalten
Grafisches Konzept: Groschwitz, Hamburg
Printed in China